天河年鉴

2022 TIANHE NIANJIAN

中共广州市天河区委员会
广州市天河区人民政府 主办
广州市天河区地方志编纂委员会 编

鹿步司圖

方志出版社
Publishing House of Local Records

图书在版编目（CIP）数据

天河年鉴.2022/广州市天河区地方志编纂委员会编.—北京:方志出版社,2022.12
ISBN978-7-5144-5433-8

Ⅰ.①天…Ⅱ.①广… Ⅲ.①天河区－2022－年鉴
Ⅳ.①Z526.54

中国国家版本馆CIP数据核字(2023)第018591号

Tianhe Nianjian· 2022
天河年鉴 · 2022
广州市天河区地方志编纂委员会 编

责任编辑：高孟君
责任校对：刘玉霞
责任印制：梅中英
出 版 者：方志出版社
地　　址：北京市朝阳区潘家园东里 9 号（国家方志馆4层）
邮　　编：100021
网　　址：http：//www.zgfzcb.cn
发　　行：方志出版社图书营销中心（010-67110500）
印　　刷：广州市人民印刷厂股份有限公司
开　　本：889 毫米×1194 毫米1/16
印　　张：19
字　　数：643千字
版　　次：2022年12月第1版
印　　次：2022年12月第1次印刷
定　　价：260.00元

天河区地方志编纂委员会

主　任：陈建荣

副主任：查显春　邓　萍　王海鸿　孟令才

成　员：（按姓氏笔画排序）

王和维　王　鹤　卢祖国　叶春青　吕懿华　庄　雄　刘开勤　刘宏海　刘俊杰　江　波
李军初　李　强　杨建新　肖泽顺　邹学仁　冷冰霜　宋爱平　张绍辉　张　昶　陈志宏
陈志贤　邵文新　林　剑　赵　翔　袁晓文　唐德成　黄永常　黄启林　龚　维　魏　兵

天河年鉴编辑部

主　审：陈建荣

副主审：查显春　邓　萍　王海鸿

主　编：孟令才

编　辑：靖　婧　陆一锋　张　硕　罗晓霖

地　址：广州市天河区天园街天府路 1 号机关大院 2 号楼 8 楼

邮　编：510655

电　话：（020）38622013

各单位年鉴撰稿和审校人员

（按姓氏笔画排序）

范玉光　戴继红　江美琴　蔡文君　陈　媛　何静雯　高　娟　曹　伟　陈枫婷　帅先勇
林　莉　陈洪林　严荫权　尹　雪　陈惠媚　周　玮　叶健宗　王凤娟　李锡伟　易　斌
骆钊文　戴沛娟　王子木　陈小燕　黄泽龙　李　卿　张　婧　陈怡昕　桂　楠　李建华
丘月华　喻　震　张代应　梁翰周　傅馨怡　黄　孜　张译尹　赵中华　伍　雪　常本瑞
刘珉旻　陈闽惠　庞碧容　张　玉　邓成菊　王　卉　高艳梅　贺铁艺　彭纤雯　邓心怡
廖文波　廖嘉蕙　麦蕙雯　王逸凡　宋素瑜　傅文强　林泽航　孙振林　黄思源　庞益萌
马凯欣　梁锦春　李华州　郑聪逊　李勇峰　陈炎南

未注明撰稿员的供稿单位

（按单位名称笔画排序）

区委办公室、区委组织部、区委统战部、区委老干部局、区政府办公室、区住建园林局、区贸促会、区商务金融局、区财政局、区农业农村局办公室、区代建局、市生态环境局天河分局、区交通运输局、东站地区管委办公室、区教育局

【编辑说明】

1.《天河年鉴》以马克思列宁主义、毛泽东思想、邓小平理论、“三个代表”重要思想、科学发展观、习近平新时代中国特色社会主义思想为指导，坚持辩证唯物主义和历史唯物主义的立场、观点和方法，全面、客观、系统地记录天河区自然、政治、经济、文化和社会的基本面貌和发展情况，为社会各界了解和研究天河区情提供信息资料和基本数据，为天河区经济建设和社会发展服务。

2.《天河年鉴》是中共广州市天河区委员会、广州市天河区人民政府主持编纂的一部综合性地方年鉴。2001 年创刊，每年出版一卷，以出版年份作为卷号。

3.《天河年鉴（2022）》采用分类编辑法，以类目、分目、条目组成框架结构主体部分，在部分分目、条目中，增加子分目、子条目的层次。全书条目标题统一用黑体加【】表示，条目以下段落标题以楷体字表示。全书前有目录，后设索引，方便读者查阅。

4.《天河年鉴（2022）》设特载、大事记、总述、重大平台建设、党政、军事、民主党派与工商联、群众团体、法治、经济、城市建设与管理、科教文体卫、社会生活、行政街、人物和荣誉、附录共 16 个类目。为保证事件完整性，本书内文记述个别事件突破年度性，适当上溯追记。

5. 年鉴所用资料部分由本刊编辑部选编，其余由各单位年鉴撰稿员提供，并经单位领导审阅。年鉴文稿由本刊编辑部编纂、校正后，再由撰稿员复核。各单位提供的数字，由于统计口径不一，个别数字可能不一致，使用时应以天河区统计局编印的《天河区国民经济统计资料》为准。本刊所指“党”是中国共产党；“团”是中国共产主义青年团；“省”是广东省；“市”是广州市；“区”是广州市天河区。

天河区地图

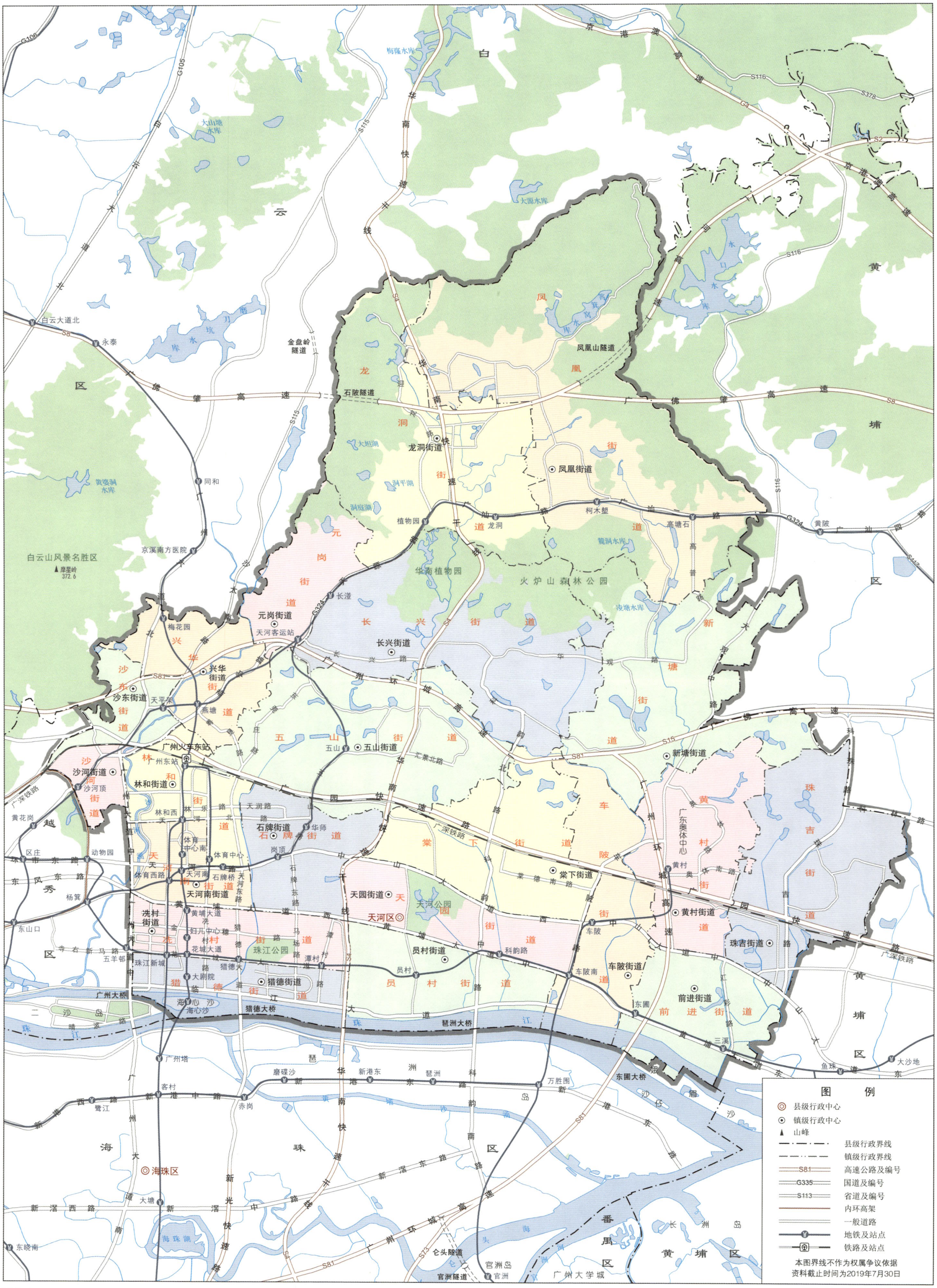

审图号：粤S（2020）01-005号

监　制：广州市规划和自然资源局

数说天河 2021

▲ 天河区成立时间：1985 年 5 月

▲ 行政区域面积：136.62 平方千米

▲ 区划：21 个街道办事处 230 个社区

▲ 人口：常住人口 223.86 万人，户籍人口 104.93 万人

▲ 地区生产总值（GDP）6012.20 亿元，比 2020 年（下同）增长 8.2%，总量连续 15 年全市第一

▲ 第一产业增加值 2.00 亿元，增长 0.2%；第二产业增加值 447.81 亿元，增长 5.5%；第三产业增加值 5562.39 亿元，增长 8.5%。人均 GDP26.78 万元，增长 12%

▲ 现代服务业增加值 4300.69 亿元，增长 7.2%，占 GDP 比重 71.5%。五大主导产业增加值 4134.08 亿元，增长 8.1%，占 GDP 比重 68.8%。其中，金融业增加值 1189.79 亿元，增长 4.9%；新一代信息技术增加值 1105.70 亿元，增长 7.9%；现代商贸业增加值 820.75 亿元，增长 16.7%；高端专业服务业增加值 675.19 亿元，增长 4.8%；现代都市工业增加值 342.65 亿元，增长 7.9%

▲ 规模以上工业总产值 938.32 亿元，增长 8.6%

▲ 天河中央商务区（建成区）实现规模以上工业总产值 789.35 亿元，增长 8.1%；资质以上建筑业企业总产值 454.54 亿元，增长 27.5%；社会消费品零售总额 1035.42 亿元，增长 29.7%。天河智慧城实现规模以上工业总产值 95.86 亿元，增长 18.5%；资质以上建筑业企业总产值 200.35 亿元，增长 9.1%。天河科技园完成技工贸总收入 2849 亿元，增长 8%；天河软件园完成软件业务收入 1445 亿元，增长 12%

▲ 税收收入 879.20 亿元，增长 3.3%。增值税、企业所得税、个人所得税分别实现收入 322.05 亿元、274.85 亿元和 143.15 亿元

▲ 一般公共预算收入 77.76 亿元，增长 2.0%；一般公共预算支出（含市资金）160.56 亿元，增长 8.6%

▲ 外贸进出口总额 689.55 亿元，增长 13.9%；合同利用外资 33.84 亿美元，下降 38.3%；实际利用外资 12.60 亿美元，增长 88.2%

▲ 专利授权量 3.19 万件，增长 19.4%。其中，发明专利授权量 6847 件；PCT 国际专利申请量 442 件；高价值发明专利量 1.12 万件。商标有效注册量 44.92 万件。10 项成果入选国家科技奖，占广州市比重 45.5%

▲ 幼儿园 211 所，在园幼儿 57319 人；中小学 128 所（其中公办中小学 77 所、企事业办学和社会力量办学 51 所），在校学生 174606 人

▲ 全区医疗卫生机构 909 个，包括：54 个医院，844 个基层医疗卫生机构，8 个专业卫生机构，3 个其他卫生机构。医疗卫生机构床位数 1.38 万张，在岗职工 3.63 万人

▲ 全年空气质量达标 321 天，空气质量达标天数比例 87.9%，环境空气质量综合指数 3.68

▲ 新增就业 6.61 万人，登记失业人员实现再就业 1.13 万人

▲ 居民人均可支配收入 89206 元，增长 12.3%

庆祝中国共产党成立 100 周年

1—2. 2021 年 3 月 18 日，天河区正式启动“学史力行，天河争先”主题宣教活动，并为天河区党史学习教育百人宣讲团成员代表授牌 （陈芷慧 摄）

3. 2021 年 6 月 23 日，区委组织部党支部组织全体党员到毛主席视察棠下纪念馆开展主题党日活动

（区委组织部供稿）

4. 2021 年 6 月 25 日，天河区召开“两优一先”表彰会议，表彰全区 80 名优秀党员、60 名优秀党务工作者和 60 个先进基层党组织

（陈芷慧 摄）

①

名城建设
不忘初心 牢记使命
永远跟党走
②

1. 2021 年 6 月 28 日，天河区各领域 100 名预备党员代表在花城广场举行入党宣誓　　（区直机关工委供稿）
2. 2021 年 6 月 29 日，天河体育中心设置景观小品庆祝中国共产党成立 100 周年　　（区委宣传部供稿）
3. 2021 年 6 月 30 日，花城广场、中信大厦举行庆祝中国共产党成立 100 周年主题灯光秀　　（陈志强 摄）
4. 2021 年 7 月 1 日，天河区举办庆祝中国共产党成立 100 周年系列活动之“不忘来时路·奋进新征程”演说比赛决赛暨征集、书法比赛颁奖活动　　（区直机关工委供稿）

①

②

1. 2021 年 7 月 1 日，天河区小学生热烈庆祝中国共产党成立 100 周年 （区教育局供稿）
2. 2021 年 7 月 8 日，"学习百年党史 汲取奋进力量"主题征文活动颁奖仪式暨交流会在天河区新时代文明实践中心举办 （陈芷慧 摄）
3. 2021 年 7 月 23 日，广州市天河区人力资源和社会保障局异地务工人员党支部联合天河区山海心连之家服务站开展"奋斗百年路 启航新征程"观摩红色电影活动 （陈婷婷 摄）
4. 2021 年 7 月 28 日，"赓续红色血脉 弘扬建党精神"天河区基层党建宣传月系列活动启动 （区委组织部供稿）

创新驱动发展　平台提质升级

1. 2021 年 3 月 29 日，粤港澳大湾区（广东）创新创业孵化基地开园仪式在天慧路举行（天河科技园管委会供稿）
2. 2021 年 3 月 30 日，“数字赋能　智创天河”2021 第七届中国广州国际投资年会天河区专场举行。会上，天河中央商务区获“国家数字服务出口基地”授牌，天河区 5G 数字经济大厦启动招商（区发展改革局供稿）
3. 2021 年 5 月 8 日，粤港澳电竞发展研究院正式落户天河，成为华南地区首家电子竞技研究创新基地（陈芷慧　摄）
4. 2021 年 9 月 29 日，广州环贸中心开业活动举行。该中心位于天河北路 239 号，天河北商业区再添一座商业综合体（区商务金融局供稿）

粤港澳电竞发展研究院
正式成立
中国·广州 | 2021年5月
③

④

1. 2021 年 10 月 19 日，正佳广场被评为首批国家级夜间文旅消费聚集地　（韩璐 摄）
2. 2021 年 11 月 29 日，天河路商圈入选省级示范特色步行街（商圈），2021 年新引入国际品牌 51 个、首店 97 家，成为商务部内贸流通体制改革推广案例　（区商务金融局供稿）
3. 2021 年 12 月 12 日，以“绿色引领 种业振兴”为主题的中国农业绿色产业大会暨第二十届广东种业大会在天河区凤凰街柯木塱村开幕　（《南方农村报》供稿）
4. 2021 年 12 月 20 日，2021 广州国际创新节在广州（国际）科技成果转化天河基地开幕　（区科工信局供稿）
5. 2021 年 12 月 22 日，2021 第五届天河人才文化节在广州（国际）科技成果转化天河基地举行　（区人力资源社会保障局供稿）

绿色引领
种业振兴
中国农业绿色产业大会
第二十届广东种业大会
合作协议
合作协议
合作协议
合作协议
中国农业绿色产业大会
第二十届广东种业大会
3

FOR COLLABORATIVE INNOVATION
2021广州国际创新节
2021广州国际创新节
2021 GUANGZHOU INTERNATIONAL INNOVATION FESTIVAL
中国·广州　2021.12　GUANGZHOU,CHINA
聚力策源　协同创新
Guangzhou International Innovation Festival
广州国际创新节
4

2021第五届天河人才文化节
Guangzhou International Innovation Festival
广州国际创新节
天河人才港
Tianhe Talent Culture Festival
天河人才文化节
行稳致远　再创新篇
2021 第五届天河人才文化节
创新创业人才项目
Pioneering Entrepreneurs and Innovators
创新创业领军人才
5

优化城区功能　建设宜居天河

1. 2021年2月9—26日，第28届广州园林博览会在海心沙举行，展览以“湾区花开”为主题，整体布展面积约10万平方米
（区绿化管理中心供稿）
2. 2021年4月，凤凰街结合党史学习教育继续建设欧阳支涌等水体生态环境，改造沿岸景观
（李华洲 摄）
3. 2021年5月26—28日，猎德涌水生态恢复案例在2021年城市水环境大会上做经验分享
（区河长办供稿）
4. 2021年6月，区辖内7个高快速路出入口完成改造提升。图为改造后的环城高速公路科韵路站桥下空间　（区住建园林局供稿）
5. 2021年6月，天河公园地铁站场复绿及景观提升工程完工。图为缤纷步道　（何小茹 摄）

③

④

⑤

1. 2021年7月，在广州市林业和园林局主办的2021年广州最美花境活动中，区口袋公园——天河公园西北角的“活力新天河”获综合金奖
（区绿化管理中心供稿）

2. 2021年7月，在广州市林业和园林局主办的2021年广州最美花境活动中，区口袋公园——天河北“花港观鱼”景观获综合银奖和单项最佳设计奖
（何小茹 摄）

3. 2021年9月22日，庆祝2021年中国农民丰收节暨花城农园启动仪式活动在花城汇举行，天河区农业主题公园——花城农园开园 （许建梅 摄）

4. 2021年9月22日，区农业主题公园——天河精品农业公园开园，该园位于前进街道石官路40号（区农业农村局供稿）

5. 2021年12月12日，区农业主题公园——天河智慧农业公园开园，该园位于凤凰街道柯木塱南路30号 （吕华当 摄）

品质教育　学在天河

1

AFFILIATED SCHOOL OF JNU
广州暨大港澳子弟学校揭牌仪式
THE ASJ UNVEILING CEREMONY
仰望星空
俯瞰大地
暨大本色
州暨大港澳子弟学校揭牌仪式暨课程体验日
OPENING CEREMONY AND EXPERIENTIAL LEARNING DAY

2

1. 2021年6月23日，区教育局与广东农工商职业技术学院签署《红英小学移交协议书》，红英小学改制为公办小学 （区教育局供稿）
2. 2021年7月18日，广州暨大港澳子弟学校揭牌成立 （沈梦冉 摄）
3. 2021年9月1日，广州市执信中学天河校区建成 （区代建局供稿）
4. 2021年9月1日，清华附中湾区学校建成 （田蓉 摄）

Maths
今日，奇思

5

6

1. 2021 年，天河区推进劳动教育，打造劳动特色学校。图为学生参加劳动教育课　（区教育局供稿）
2. 2021 年 10 月 31 日，天河区第四届“天英汇”青少年科技创新成果展暨第 37 届天河区青少年科技创新大赛发明作品复赛活动在广州中学凤凰校区举办　（区教育局供稿）
3. 2021 年 11 月 11 日，天河区组织学生参加广州市第六届中学生运动会　（区教育局供稿）
4. 2021 年 11 月 14 日，天河区组织学生参加第六届“羊城学校美育节”系列活动之中小学生舞蹈比赛优秀节目展演　（区教育局供稿）
5. 2021 年 12 月 6 日，由广州市天河区和深圳市南山区联合主办的第二届“山河对话”2021 大湾区中小学德育“双城”主论坛在天河区举行　（区教育局供稿）
6. 2021 年 12 月 24 日，天河区第十二场能力提升及国家数字教材“五合一四应用三课程”优课解码活动在广州奥林匹克中学举行　（区教育局供稿）

抗击疫情　众志成城

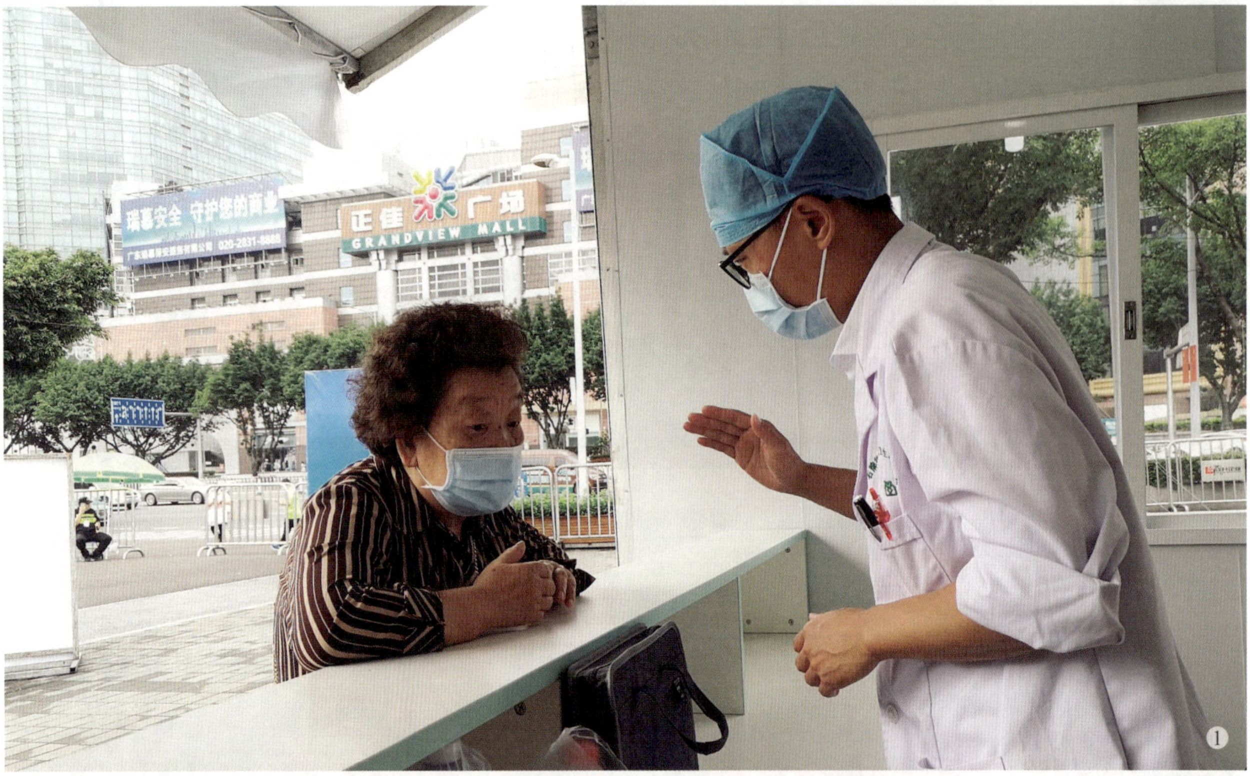

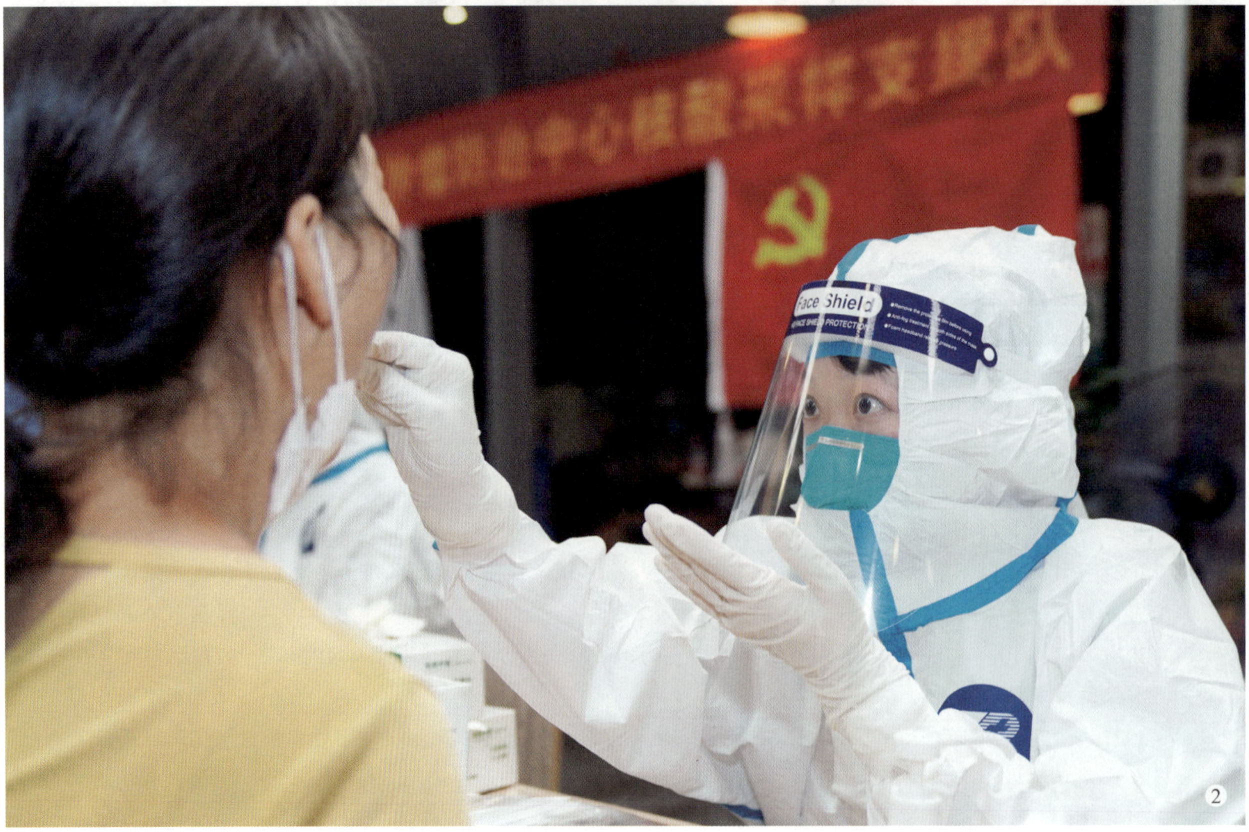

3

1. 2021年5月5日，居民向天河体育中心新冠疫苗大型临时接种点工作人员咨询老年人接种新冠疫苗注意事项　（区卫生健康局供稿）
2. 2021年5月31日，天河区医护工作者为居民开展全员核酸检测工作　（《南方日报》供稿）
3. 2021年6月2日，天河区辖内广电城市服务集团战役先锋队支援荔湾区抗疫物资保障工作　（田竹　摄）
4. 2021年6月3日，天河区工青妇“齐抗疫 送温暖”行动在区慈善会举行　（区妇联供稿）

4

战疫情 保家园
坚定信心、同舟共济、科学防治、精准
我们完全有信心、有能力打赢这场疫情
防控就是责任
天河区石牌街道社区卫生服务中心

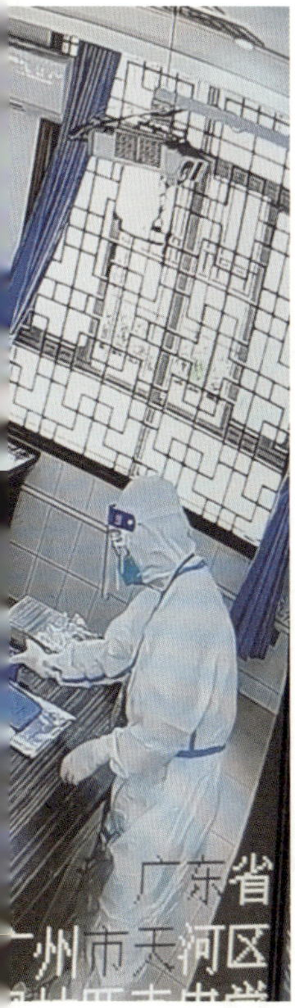

1. 2021 年 6 月 7 日，一名新冠肺炎阳性的考生在天河区隔离考点参加高考，天河区安排专班、专人、专车，提供闭环服务　　（区教育局供稿）
2. 2021 年 6 月 9 日，天河区石牌街道社区卫生服务中心医护人员到荔湾区与当地民兵开展疫情防控　　（区卫生健康局供稿）
3. 2021 年 6 月 16 日，天河区供销联社将贵州省大方县企业捐赠的爱心蔬菜派送给辖区部分参与疫情防控的单位　　（田竹　摄）
4. 2021 年 6 月 24 日，天河区石牌街道在龙口西小学（穗园校区）设置核酸检测临时采样点　　（区卫生健康局供稿）
5. 2021 年 6 月 25 日，天河区社会应急志愿者支援沙河街新冠疫苗接种工作　　（《南方日报》供稿）

1. 2021年6月25日，石牌街道三人小组连夜排查涉疫人员情况

（区卫生健康局供稿）

2. 2021年12月22日，区辖内南国会1站酒店新冠疫苗临时接种点开展团体疫苗接种

（区卫生健康局供稿）

3. 2021年12月24日，广州嘉逸皇冠酒店疫情隔离专班综合协调组开展新冠肺炎疫情防控工作（黄柯 摄）

目录

重大平台建设

党 政

军　事

民主党派与工商联

群众团体

法　治

城市建设与管理

科教文体卫

特　载

政府工作报告

广州市天河区人民政府区长　陈建荣

（2022 年 1 月 21 日）

各位代表：

我代表天河区人民政府向大会作工作报告，请予审议，并请政协委员和其他列席人员提出意见。

一、2021 年工作回顾

2021 年是中国共产党成立一百周年，是“十四五”规划和第二个百年奋斗目标开局起步之年。一年来，我们坚持以习近平新时代中国特色社会主义思想为指导，以党史学习教育为动力，深入学习贯彻中共十九届六中全会、中央经济工作会议精神，全面贯彻中央决策部署和省委省政府、市委市政府及区委工作要求，牢记使命、接续奋斗，统筹疫情防控和经济社会发展，凝心聚力做好改革发展稳定各项工作，地区生产总值连续 15 年全市第一，获评 2017—2020 年度平安中国建设示范县，位列 2021 年赛迪投资竞争力百强区榜首、中国城区经济高质量发展百强区第二，实现“十四五”良好开局。

（一）高质量发展迈出坚实步伐。坚定不移贯彻新发展理念，持之以恒拓展新空间、培育新动能，推动经济实现质的稳步提升和量的合理增长。

经济综合实力持续增强。预计全年地区生产总值超 6000 亿元、增长 8% 以上；实现税收收入 879.2 亿元、一般公共预算收入 77.8 亿元；实现社会消费品零售总额 2050.6 亿元、增长 15.1%，固定资产投资增长 8.1%。商品销售总额突破 1.2 万亿元，规模以上软件业营收突破 2000 亿元，高端专业服务业营收突破 1000 亿元。精准出台“双统筹 36 条”和软件业、高端专业服务业专项政策，兑现高质量发展产业扶持资金 5.8 亿元。新增企业 16.4 万户，增长 37.5%，占全市的 35.6%；新增“四上”企业 1307 家，增长 21.5%，占全市的 17.8%，数量均居全市第一。新引入持牌金融机构 13 家，中望龙腾、品高软件、洋葱集团分别在科创板和境外上市，上市企业达 42 家，总数占全市的 20.6%。成功引进韩国现代财产保险等重点产业项目 81 个。

平台发展能级不断提升。天河中央商务区“四个出新出彩”示范区建设稳步推进，广州环贸中心、寺右万科中心、广发证券大厦等楼宇投入使用，广州期货交易所揭牌运营，新引进 500 强企业投资项目 11 个。广州国际金融城新引入农业银行、酷狗音乐等百亿级项目，澳门国际银行成功进驻；起步区累计 8 个项目封顶、3 个项目竣工或分期验收，棠下新墟村民复建房完成分房；东区国有土地新签约或结案 8 宗。天河智慧城（含天河智谷片区）新开工小鹏科技园等重点项目 13 个，新引进注册资本亿元以上企业 34 家，网易总部二期、时代（天河）二期等重点项目竣工投产，天河软件园获评四星级国家新型工业化产业示范基地。天河路商圈入选省级示范特色步行街（商圈），新引进国际品牌 51 个、首店 97 家，正佳广场获评首批国家级夜间文旅消费集聚区。沙河片区城市设计和控规获市规委会审批通过。

创新核心地位更加彰显。升级打造“一赛一节一基地”创新服务平台，新增科技类企业 3.4 万家，占全市的 38.2%；高新技术企业总数达 2995 家，占全市的 26%；新认定国家级专精特新“小巨人”企业 2 家；5 家企业入选 2021 年中国互联网百强，占全市的 55%；4 家企业入选 2021 中国新科技百强，占全市的 80%。中国工业互联网研究院广东省分院成功落户。广州（国际）科技成果转化天河基地累计入驻创新项目 28 个，孵化具有国际引领性、突破性成果 16 项。新增国家级孵化器 4 家，居全国各区（县）首位。联合主办“第十一届亚洲知识产权营商论坛”粤港澳大湾区专题论坛，全区专利授权量达2.9万件，总量连续19年全市第一。10项成果入选国家科学技术奖，占全市的45.5%。

（二）全面深化改革扩大开放纵深推进。用好改革开放这个关键一招，持续推进重点领域改革，不断提高对外开放合作水平，发展活力和内生动力进一步增强。

重点领域改革取得新突破。落实市营商环境4.0改革要求，深入实施优化营商环境六大工程，持续提升天河的吸引力竞争力。全面推行企业开办“一网通办、一窗通取”，实现企业注销“一网办、简易办、联合办”，344项高频事项纳入“跨域通办”政务服务事项清单，企业开办“照、章、税、保、金、银”六环节一起办理；全市率先试点提供“交房即交证”服务。全区“一盘棋”推动招商引资和企业服务体制机制改革，区投资服务中心获评省年度最佳招商服务团队。国企改革纵深推进，区属全民所有制企业公司制改革全面完成。深化“村改居”管理体制综合改革，所有村改制公司、“村改居”社区党组织实现“三个一肩挑”，农村集体资产全部实现电子化交易，农村集体产权制度改革经验被农业农村部总结推广。

对外开放合作开创新局面。深入推进“双区”建设、“双城”联动，制定实施支持横琴、前海两个合作区建设实施方案。粤港澳大湾区（广东）创新创业孵化基地投入使用，协助港澳台青年创办企业223家，“1＋1＋N”港澳台青年创新创业基地服务体系初见成效。高标准推动国家数字服务出口基地建设，625家企业成功开设自由贸易账户，全区实现服务贸易出口额15.6亿美元。“打造粤港澳大湾区世界级电竞中心”入选国家文化出口基地首批创新实践案例。广粤国际社区服务中心和汇景国际社区服务中心建成投入使用。

（三）城区功能品质不断提升。牢固树立系统观念，坚定不移走生态优先、绿色发展的现代化道路，用“绣花”功夫打造群众安心、暖心、舒心的人民城市。

综合承载能力不断增强。坚持规划引领城区科学发展，完成土地收储73.9公顷，攻坚克难完成机场二高南段工程天河段等重点项目征拆工作。市区合力加快推进38个重点交通项目建设，地铁18号线首通段开通运营，天润路东段等4个项目顺利完工，7个高快速路出入口改造提升、10个拥堵点整治全面完成。累计建成5G基站7315座。金融城起步区220千伏员热变电站按期投产送电。

城区建设质量大幅提升。稳步有序推进城市更新改造，冼村改造取得重大突破，签约率达99.65%，已签约房屋拆卸率达99.64%，首期、二期复建房已回迁；新塘、新合公司改造项目新分复建房2668套。完成老旧小区微改造27个，核发既有住宅电梯加装规划许可313宗。完成17个专业批发市场转型疏解，整治提升村级工业园37.2公顷，治理违法建设393.4万平方米。

生态环境质量持续改善。抓好第二轮中央生态环境保护督察反馈问题整改。空气质量综合指数排名居广州中心城区第一。以碧道为牵引统筹推进水安全补短板和水污染治理，建成碧道13.7千米，完成35条合流渠箱清污分流治理，新增海绵城市建成区面积2.8平方千米，累计完成排水单元达标认定2143个、达标率83%，猎德涌“降水位、少清淤、不调水”治理方式得到国家部委充分肯定。深入实施白云山“还绿于民、还景于民”工程，完成白云山缓冲区天河段综合环境提升和伍仙桥入口路径整治。建成区、街、村（社区）三级林长体系，建成口袋公园14个，天河智慧农业公园、天河精品农业公园（一期）对外开放。深入推进垃圾分类，创建星级投放点199个，建成“两网融合点”159个。新增机械化保洁设备160台，新建、改建公厕17座，连续6年获评全市建设干净整洁平安有序城市环境A档。

（四）民生社会事业全面进步。坚持以人民为中心的发展思想，用心用情用力解决突出民生问题，让发展成果更多更公平惠及全体人民。

社会保障体系不断完善。大力实施“粤菜师傅”“广东技工”“南粤家政”工程，组织培训15.9万人次，新增就业6.6万人，登记失业人员再就业1.1万人。兜牢困难群众保障底线，及时足额向困难群众发放各类社会救助金3557.3万元。建成街道颐康中心21个、家庭养老床位1718张，街道长者饭堂提供“刷卡就餐”服务142万人次，五山街五所社区获评“全国示范性老年友好型社区”。结对帮扶协作工作扎实开展，推动35家企业落地协作帮扶地区，助力帮扶地区销售农特产品超15亿元，“民主党派＋东西部协作”共建模式受到全国政协高度评价。

教育医疗事业提质发展。扎实开展“双减”工作。清华附中湾区学校一期校区、执信中学天河校区建成开办，广州中学凤凰校区加扩建项目一期、广州市第八十九中学北区、华景小学综合楼等项目完工，天河外国语学校智慧城校区控规获市规委会审批通过。新开办小学2所，新增规范化幼儿园6所，以“优秀”等次圆满完成学前教育“5080”攻坚任务，区属公办高中特控率连续5年全市第一。加大优质医疗资源供给，完成区医疗卫生机构布局规划编制，广东省骨科研究院北侧大楼建成移交。新增社会办医疗机构113家，数量居全市第一。为1.9万名常住人口孕产妇及其1岁以内的婴儿统一购买保险，为2.9万名65岁以上户籍老年人免费接种流感疫苗。打造全省首个“线上+线下”用药服务模式。珠吉护理院获评全省首批医养结合示范机构。

疫情防控更加扎实有力。坚持“外防输入、内防反弹”总策略，坚决打赢打好“5·21”广州本土疫情、林和疫情等多场抗疫硬仗，成立全市首个区级流调溯源指挥部，建立集中隔离酒店三级责任体系，完成全程新冠病毒疫苗接种220.4万人、覆盖率98.3%，组织核酸检测1015万人次，累计接待入境人员6.3万余人，为经济社会发展营造安全环境。

文体事业发展成果丰硕。深化9个新时代文明实践阵地市级示范点建设，做强猎德人家社区综合服务品牌，组织开展群众性文化活动1792场、公益文化艺术普及活动220场。完成毛泽东视察棠下农业生产合作社旧址提升工程。区文化馆获评国家一级文化馆，车陂街获评省民间文化艺术之乡。成功创建省全域旅游示范区。粤港澳电竞发展研究院、广东省新形态网络游戏协审中心成功落户；12家企业入选市文化企业30强，居全市首位。

（五）政府自身建设扎实推进。坚持党的全面领导，继承和弘扬伟大建党精神，着力转作风、提效能，全面提升履职水平，努力为人民群众提供优质高效服务。

法治政府建设加快推进。坚持依法向人大及其常委会报告工作，向人民政协通报情况，100%办复人大代表建议168件、政协提案137件。成立全市首个区级法律援助专家委员会，入选首批省级法治政府建设示范地区，在法治广州建设考评中获评优秀等次。区司法局获评2016—2020年全国依法治理创建活动先进单位，天河南司法所获评“全国模范司法所”，天园街环宇社区、车陂街旭景社区荣获省级民主法治示范社区。

政府工作作风持续改进。始终严守政治纪律和政治规矩，扎实开展党史学习教育。坚决落实中央八项规定及其实施细则精神，持之以恒整治“四风”。深化政务公开，自觉接受纪律监督、监察监督、派驻监督和巡视巡察监督，审计监督实现对区财政一级预算单位常态化全覆盖。

政府治理效能不断提升。数字政府建设扎实推进，上线5G消息+智能咨询服务平台，通过“12345”政府服务热线解决群众诉求36万件，区政府门户网站获评2021年度中国优秀政务网站。高标准建设“令行禁止、有呼必应”区街综合指挥调度平台，建成区来穗人员服务示范中心，基层治理“七力凝聚”协同共治模式被中央政法委推广，“3+1+3”车陂街社区社联自治创新实践入选全国市域社会治理创新优秀案例。常态化开展扫黑除恶斗争，刑事治安警情下降11.8%。深入开展道路交通秩序大整治和安全生产大排查大整治专项行动，平安建设（综治工作）考核连续7年全市第一。双拥、人民武装、妇女儿童、信访、对台、侨务、外事、民族宗教、人防、档案、地方志、供销等工作取得新进步。

各位代表，过去一年的成绩来之不易。这些成绩的取得，根本在于有习近平总书记作为党中央的核心、全党的核心掌舵领航，在于有习近平新时代中国特色社会主义思想科学指引，这是我们最大的信心所在、底气所在、力量所在！这些成绩的取得，也是省委省政府、市委市政府和区委正确领导、科学决策的结果，是区人大、区政协和社会各界有效监督、鼎力支持的结果。我代表区政府，向全区人民、驻区部队官兵、各民主党派、人民团体以及所有关心、支持天河发展的社会各界人士致以崇高的敬意和衷心的感谢！

在肯定成绩的同时，我们也清醒地看到，我区经济社会发展还存在一些问题和不足：一是产业结构亟待优化调整，重点平台建设还需进一步加快，创新资源集聚优势尚未完全转化为技术和产业发展优势。二是营商环境对标国际一流仍有差距，招商引资和企业服务工作的深度精度温度还有不足。三是用“绣花”功夫治理城市水平还不高，城市管理精细化智能化品质化水平有待提升，城市规划建设管理事中事后监管还不够到位。四是民生保障与人民对美好生活的期待还有不少差距，教育、医疗、养老等优质公共服务供给还不够充分。对这些问题，我们要勇于面对，采取坚决有力措施加以解决。

二、2022年工作安排

做好当前和今后一个时期工作，首要任务是深入学习贯彻习近平总书记重要指示精神，坚持和捍卫“两个确立”，坚决扛起大规模迁移砍伐城市树木问题整改的政治责任、主体责任，从严从实推进整改落实，努力把整改过程变成提高政治能力、加强理论武装、走好群众路线、提升能力素质、锤炼党性修养的过程，进一步增强“四个意识”、坚定“四个自信”、做到“两个维护”，确保天河各项工作始终沿着习近平总书记指引的方向前进。

今年是党的二十大召开之年，做好政府工作意义重大。今年政府工作总体要求是，以习近平新时代中国特色社会主义思想为指导，全面贯彻落实党的十九大和十九届历次全会及中央经济工作会议精神，深入贯彻习近平总书记对广东系列重要讲话和重要指示批示精神，弘扬伟大建党精神，落实省委十二届十五次全会和市委十一届十六次全会、市第十二次党代会、市委十二届一次全会、区第十次党代会要求，坚持以经济建设为中心，坚持稳中求进工作总基调，完整、准确、全面贯彻新发展理念，服务和融入新发展格局，全面深化改革开放，坚持创新驱动发展，推动高质量发展，坚持以供给侧结构性改革为主线，统筹疫情防控和经济社会发展，统筹发展和安全，主动服务、推动“双区”建设、“双城”联动，全面推进数字化、绿色化、国际化转型，继续做好“六稳”“六保”工作，持续改善民生，保持经济运行在合理区间，保持社会大局稳定，凝心聚力推动实现老城市新活力、“四个出新出彩”，在全面建设社会主义现代化国家新征程中走在全国全省全市前列，以优异成绩迎接党的二十大胜利召开。

今年经济社会发展主要预期目标是：地区生产总值增长6%，一般公共预算收入与经济社会发展水平相适应、与财政政策相衔接，固定资产投资增长8%，全社会研发投入强度达3.4%，城市居民人均可支配收入与经济增长基本同步，节能减排约束性指标完成市下达的年度任务。为实现上述目标，我们将坚持稳字当头、稳中求进，认真落实区第十次党代会、区委十届二次全会工作部署，重点抓好以下7个方面工作：

（一）坚持优化调整产业结构，打造高质量发展新的动力源和增长极。始终坚持将产业作为经济之本，全面落实“链长制”，紧扣产业结构优化调整，闭环抓好招商引资和市场主体培育、重点项目建设和固定资产投资、政策兑现和企业服务、财税收入和税源培植等重点工作，加快构建具有国际竞争力的现代产业体系。

提质发展现代服务业。强化高端金融要素集聚，加快发展数字金融、科创金融、供应链金融等特色金融，开展供应链金融监管沙盒建设试点，争取广东数字金融创新产业园挂牌，优化风险投资发展扶持政策，争取“跨境资产转让”试点，打造粤港澳大湾区跨境理财和资产管理机构中心城区聚集区。围绕广州期货交易所建设期货特色楼宇（片区），推动各类期货、基金公司集聚发展，建设风险管理中心优质载体。提升高端专业服务业发展能级，出台高质量发展行动方案，推动会计、法律、广告营销等高端专业服务业向数字化国际化发展，大力支持国际知名企业设立法人机构，加快建设广州南方人才大厦，打造一批专业特色楼宇，培育更多亿元律所。发挥行业龙头企业带动作用，做强工程技术与设计服务，推动研发设计、技术转移、知识产权等科技服务机构集聚发展，强化科学研究和技术服务业对科技创新、产业发展的支撑作用。

做大做强战略性新兴产业。深入落实国家“十四五”数字经济发展规划和省、市数字经济促进条例，促进数字技术和实体经济深度融合，赋能传统产业转型升级，不断做强做优做大数字经济。选准赛道重塑新一代信息技术发展优势，做优通信、金融、地理信息等高端行业应用软件；提升关键软件技术创新和供给能力，加快推进中国工业互联网研究院广东省分院建设，规划打造工业软件专业园区，支持龙头企业组建产业联盟，推动工业软件集聚发展。发展壮大广州“鲲鹏+昇腾”生态创新中心暨通用软硬件适配测试分中心（广州），推动中国人工智能（广州）产业园年内开工。大力发展数字创意产业，活化利用大型场馆，招引国际国内大型赛事，构筑粤港澳大湾区世界级电竞中心。持续推进数字服务出口基地建设，推动音乐版权等产品出口，在数字服务市场准入、国际规则衔接、跨境数据流动等方面先行先试，打造国家数字贸易先行示范区。加快发展智能网联新能源汽车、生物医药与健康、智能装备等现代都市工业，加快推进小鹏科技园建设，大力推动先进X射线数字成像技术项目落地，谋划打造工业专业化园区，导入一批研发型、销售型、结算型工业总部企业。

拓展产业发展空间。突出重大产业平台这个发展之基，为持续提升产业基础高级化和产业链现代化水平提供支撑。深入推进天河中央商务区“四个出新出彩”示范区建设，做优做强楼宇经济、总部经济，持续推动楼宇可持续发展指数评定，出台楼宇专项政策，高效用好粤海大厦等新增载体资源，整合楼宇产业上下游，力争新增亿元税收楼宇2栋。全力推动广州国际金融城开发建设取得更大成效，提速推进32个重点产业和基础设施项目建设，力争广州太平金融大厦、中国人寿大厦等7个项目封顶，城际中心等2个项目投产，攻坚推动东区剩余国有地块收储，地块出让与载体招商双管齐下，高效导入一批优质产业项目；加快完成西区、北区城市设计和控规编制，采取国企主导方式，谋划推动黄洲工业园收储和开发建设。高标准完成天河智慧城核心区控规调整和天河高新区产业发展规划编制，进一步优化天河智谷片区控规和城市设计，大力推进马鞍山和小新塘先行片区开发建设，稳步推进高压架空线下地迁改，提速推进中移动南方基地二期、中望龙腾、品高云计算等24个重点产业项目建设，力争新开工8个、竣工投产2个；提质扩容升级天河软件园，制定分园激励扶持政策，积极推动天河软件园科韵园区打造广州软件谷核心区。有序推动沙河片区品质提升、文化振兴、产业活化，全力打造城市文化新名片。

（二）坚持扩大内需战略基点，增强经济发展内生动力。充分发挥消费基础性作用和投资关键性作用，持续释放内需潜力，更好服务和融入新发展格局。

培育建设广州国际消费中心城市核心承载区。提质发展商贸业，大力促进百货新零售、汽车销售、电子商务、品牌连锁等细分领域发展；积极引进和扶持大宗商品贸易龙头企业，鼓励企业延链补链，提升大宗商品市场核心竞争力。推动岗顶片区、沙河片区传统批发市场和零售业态创新转型。积极培育消费新业态新模式，大力发展首店（首发）经济、品牌经济、夜间经济、直播经济、免税经济，积极开展离境退税“即买即退”试点，引进广州首店40家以上。做强“天河路—珠江新城”世界级商圈，加快天河路—体育东路人行地道工程建设，做优后街经济，深化商圈内载体与零售、餐饮、住宿、娱乐、文化、体育等领域融合发展，以文化和科技体验赋能住宿餐饮，结合传统节日、广州国际购物节等，精准策划开展多领域、多层次、多元化的促消费系列活动，持续推动交通布局优化和商圈业态丰富，打造国内文商旅体融合发展第一商圈。

强化招商引资和重点项目建设。坚持目标导向，紧紧围绕招大商、招优商、招好商，出台精准有力政策措施，建立招商工作绩效考核监督和第三方评估机制，盘活用好楼宇、园区等各类载体资源，抢抓机遇引进央企总部，科学精准引入一批龙头企业、链主企业、骨干企业，力争全年引进3个百亿级重点项目、10个500强企业投资项目，签约项目100个，注册（落地）项目110个、协议投资总额超450亿元。聚焦土地收储、企业落户、项目建设难点痛点堵点，建立健全重大产业项目全流程跟踪协调机制，全面开展并联审批、联合审批、定制审批，强化项目建设服务保障，推动实现土地收储、招商引资、项目建设无缝衔接，确保企业加快落户、投资加快落地、项目加快建设。把握国家适度超前开展基础设施投资机遇，围绕重点平台开发建设，强化项目谋划，争取更多支撑性、枢纽型项目布局，及早储备一批打基础、利长远、增后劲的大项目、好项目，夯实投资增长基础。完善“要素跟着项目走”机制，全力加快101个市“攻城拔寨”项目和130个区重点项目建设；积极争取地方政府债券10亿元左右，推动重点项目纳入基础设施领域不动产投资信托基金（REITs）试点。

（三）坚持创新第一动力，打造具有全球影响力的创新枢纽。坚持创新在现代化建设全局中的核心地位，深度融入广深港、广珠澳科技创新走廊建设，构建全过程创新生态链，让科技创新这个“关键变量”成为发展的“最大增量”。

强化创新主体作用。积极争取国家和省、市重大创新平台布局，全力支持岭南现代农业科学与技术广东省实验室（广州总部）等项目建设。瞄准企业加速成长堵点痛点，针对细分行业领域，精准制定高新技术企业高质量发展政策措施，加大应用场景开放力度，探索构建全要素一体化配置创新服务体系，加速发展壮大一批具有核心竞争力的龙头科技企业、“专精特新”企业、“隐形冠军”和“独角兽”，力争规模以上高新技术企业突破1000家。支持行业领军企业牵头组建创新联合体，鼓励企业联合高校院所、科研机构加强共性技术平台建设，引导企业进一步加大研发投入。

优化创新创业生态。加快编制“环五山”创新策源区规划方案，出台专项政策措施，充分发挥广州（国际）科技成果转化天河基地示范带动作用，强化高校、科研院所以及国有企业资源导入，整合“产、学、研、用、金”要素，盘活用好存量地块和公有房产，鼓励打造更多科技成果转化项目孵化培育基地，促进创新链产业链资金链深度融合，打造科技研发、创新创业、成果转化、产业发展全链条创新服务体系。优化完善“一赛一节一基地”创新服务平台，深入实施“天河优创”计划，聚焦企业全生命周期，引导孵化育成、加速成长载体提质增效，力争国家级孵化育成载体数量超过35家。积极申报知识产权强国建设试点区，着力构建知识产权创造、运用、保护生态体系，探索知识产权证券化，力争专利授权量达2.9万件，全年技术合同交易额突破500亿元。

建设创新人才高地。落实人才强市“五大实践行动”，深化“一区一品”人才发展布局，用好重点人才激励办法，充分发挥天河人才港、广州人力资源服务产业园天河先导区引才聚才作用，支持科技创新“链主”企业精准引进国际化高端创新人才和“高精尖缺”人才，推动新设院士、博士后和博士工作站10家。加快构建“宜居宜业宜创”全链条人才服务体系，完善人才绿卡制度，出台人才公寓建设和使用管理办法，多措并举建设和筹集房源，以多元化方式为人才提供金融、落户、住房、教育、医疗、养老等服务，因地制宜打造最优人才发展生态。

（四）坚持全面深化改革开放，增创天河营商环境新优势。牢牢扭住服务和融入新发展格局目标任务，破解发展难题，增强发展活力，构建更高水平开放型经济新体制。

推进粤港澳大湾区建设。深度对接“港澳所需、湾区所向”，突出抓好规则衔接、机制对接，高水平建设粤港澳大湾区服务贸易自由化示范区，完成粤港澳大湾区国际商务与数字经济仲裁中心组建，吸引更多港澳地区专业服务机构集聚发展。积极争取上级金融开放政策在广州国际金融城试点，支持广州期货交易所与港交所开展合作，推动创兴银行、澳门国际银行等更多港澳金融机构设立境内法人总部，打造粤港澳大湾区金融合作示范区。强化与横琴、前海两个合作区资源共享、产业联动，探索推动天河高新区与大湾区先进园区组建发展联盟，打造粤港澳大湾区产业合作典范。推动与港澳科技产业园、高等院校、科研机构等在技术研发、创业孵化、成果转化等领域开展深度合作，推动广州（国际）科技成果转化天河基地纳入粤港澳大湾区国际科技创新中心体系。深入落实港澳青年来穗发展“五乐计划”，用足用好粤港澳大湾区（广东）创新创业孵化基地、天河区港澳青年之家总部等平台，大力支持港澳行业协会和社团在天河设立办事处，吸引更多港澳青年在天河创新创业就业。

打造市场化法治化国际化营商环境。抢抓广州建设国家营商环境创新试点城市契机，深入落实市营商环境5.0改革要求，以“绣花”功夫打造一流的市场化法治化国际化营商环境。拓展政务服务“一网通办”，升级“跨域通办”服务，推进“一照通行”涉企审批服务改革，优化政务服务体验。完善社会信用体系，推进“一区一品牌”信用示范创建工作。大力优化企业服务，建设亲商一体化服务平台，用好市（区）政企沟通服务中心，建立企业信息、问题和服务清单，闭环做好诉求收集、办理、督查、反馈，做到“有求必应、无事不扰”；健全完善政策评估常态化和企业家参与涉企政策制定工作机制，出台更具针对性的政策措施，推动新一轮减税降费政策直达企业，不断扩大政策兑现“免申即享”范围，全力提升惠企政策可达性、可读性、兑现便捷性。加大对实体经济融资支持力度，充分发挥金融资源集聚优势，深化“信易贷”等平台推广应用，鼓励辖内金融机构为企业定制金融产品，促进中小微企业融资增量、扩面、降价；优化完善企业上市服务体系和工作机制，助力企业利用多层次资本市场融资发展。落实柔性监管措施，推广实施市场轻微违法经营行为“双免”清单，针对新经济形态领域，实行触发式监管、信用分级分类监管，做到宽严相济、包容审慎。

扎实推进重点领域改革。深化国企国资改革，优化区属国企布局结构，加快推动区属国企整合重组，完成企业负责人配备；加大国企注资力度，完成首批资产注入，形成“资源—资产—信用—资金”良性循环；推动区属国企深度融入城区开发建设，力争主导或参与一批重点项目，做大做强国企国资；支持区属国企开展产业投资、高新技术投资、创新创业投资，以投促引，推动一批优质项目落户。扎实推进区森林公园管理体制改革、生活垃圾收运处置一体化改革。深化“村改居”管理体制综合改革，持续完善村集体经济组织法人治理结构，推动村集体经济多类型、多渠道发展；积极稳妥推动出租屋智能门禁系统建设，配齐配足村居微型消防站器材装备；坚持试点先行，下大力气推动石牌、棠下、龙洞、凤凰等街道美丽村居建设，持续提升人居环境和公共服务水平，推动区域协调发展，促进共同富裕。

（五）坚持“一个尊重、五个统筹”，持续优化提升城区功能品质。坚持“人民城市人民建、人民城市为人民”，强化全生命周期管理，以高水平保护、高标准治理推动高质量发展、创造高品质生活。

重塑有机融合城市形态。自觉认识、尊重、顺应城市发展规律，高度重视历史文化保护传承，敬畏历史、敬畏文化、敬畏生态。严格城市建设审批把关和事中事后监管，健全城市建设重大事项报告、重大工程备案、施工会商研判等工作机制。强化国土空间规划引领和刚性管控，科学编制区国土空间总体规划，加快推进全区住房建设用地专项规划。扎实推进珠江沿岸（天河）高质量发展，打造世界一流滨水活力区。以产业发展、配套完善为导向闭环抓好土地收储。加强片区统筹和计划管控，坚持“留改拆”并举，结合重点区域、重大发展平台建设，稳妥有序推进城市有机更新工作。加速5G网络、人工智能、区块链等新型基础设施建设，推动传统基础设施数字化、智能化改造。采用微改造“绣花”功夫，多措并举提升华南植物园周边、天河路商圈、天河软件园科韵园区功能品质；加快推进23个老旧小区微改造，核发既有住宅电梯加装规划许可100宗以上。“一场一策”推动10个专业批发市场整治提升和业态升级，整治提升村级工业园37.4公顷，治理违法建设210万平方米。

完善内通外畅交通体系。抢抓高铁入城契机，以国际一流标准加快推进广州火车东站改造，协调推动地铁11号线、18号线、13号线二期天河段加快建设。市区合力攻坚推进火炉山隧道、临江大道东延线、车陂路北延线等28条主干道路建设，大力推动天河科技园10号路、大观街二期等24条次支道路建设，力争临江大道—阅江路隧道、广园路—五山路立交工程、华观路—科韵路节点改造等10个项目开工，推动车陂路过江隧道、华观路西段等12个项目完工通车。加快实施非沥青路面整治二期工程，力争打通汇景北路延长线、水荫四横路等一批断头路。持续推进公交、地铁衔接互补，优化提升慢行系统，全面提升城区交通效能。

建设清新怡人生态环境。出台2030年碳达峰行动方案，开展全域综合能源专项规划，加快广州国际金融城综合能源项目建设，加强重点用能单位能耗“双控”管理，积极发展环境友好型产业，推动减污降碳协同增效。强化科学绿化理念，完善园林绿化公众咨询机制，加强古树名木保护。深入推行“林长制”，健全“生态公园—城市公园—社区公园—口袋公园”四级公园体系，大力推进白云山“还绿于民、还景于民”工程，力争建成5个口袋公园，打造“公园内的城区、城区里的公园”。支持华南植物园创建国家植物园。坚决落实第二轮中央生态环境保护督察整改工作。强化多污染物协同控制和区域协同治理，做好扬尘、餐饮油烟、挥发性有机物和机动车等污染防治。加强土壤污染风险管控和修复。坚持系统治水，新增海绵城市建成区面积2.5平方千米，建设碧道11千米，推进剩余38条合流渠箱清污分流治理，推动排水单元达标比例达85%以上。新建、改建公厕16座。提升垃圾分类精细化管理水平。

（六）坚持在发展中保障和改善民生，全面推动共同富裕。坚持以实现共同富裕为根本目标，着力补齐民生短板，破解民生难题，努力让人民群众获得感成色更足、幸福感更可持续、安全感更有保障。

做好基本民生保障。发挥经济增长的就业带动力，深入实施“粤菜师傅”“广东技工”“南粤家政”工程，组织开展职业技能培训8000人次以上，聚焦特殊困难群体、高校毕业生等实施精准就业服务，帮扶就业困难人员实现就业3000人以上，确保特困失业人员、“零就业”家庭一人就业率保持100%，新增城镇就业4万人。积极推动新业态就业人群社会保障政策落实落地。建成未成年人保护工作站21个。全面提升街道颐康中心管理服务水平，力争社区颐康服务站覆盖率达50%，持续推进家庭养老床位建设和老年人居家适老化改造，优化区老人院运营管理，打造省五星级养老机构。坚持房子是用来住的、不是用来炒的定位，落实房地产长效机制，促进房地产业良性循环和健康发展，切实保障好人民群众住房需求。持续做好对口帮扶地区产业、就业、消费“三项帮扶”，推动巩固拓展脱贫攻坚成果同乡村振兴有效衔接。

发展优质均衡教育。持续推进“天河优教行动”，扎实开展“双减”工作，义务教育学校100%实现校内课后托管服务，促进义务教育提质增效。坚持公益普惠方向，巩固提升学前教育“5080”成果。加快推动天河外国语学校智慧城校区、广州中学凤凰校区二期等重点工程建设，确保清华附中湾区学校二期校区年内开工，新建公办中小学、幼儿园5所，新增优质公办学位不少于5000个。坚持引育结合，打造高素质专业化充满活力的教师队伍。

建设健康天河样板。坚决贯彻“外防输入、内防反弹”总策略和“动态清零”总方针，始终保持哨点监测的敏感性，落实常态化疫情防控举措，扎实抓好重要节点、重点场所、重点人群疫情防控，安全规范、科学精准做好核酸检测，持续推进疫苗接种，织密筑牢疫情防控防线。有序落实医疗卫生机构布局规划，完成区第二人民医院立项和中山大学肿瘤医学科学中心控规调整，确保广东省骨科研究院南侧大楼项目完成立项、北侧大楼投入使用。持续推进“互联网+医疗健康”，推动全民健康信息平台天河区医疗机构一网联通。免费提供新生儿疾病筛查和复筛服务，助力三孩生育政策落地。加强社区卫生服务中心标准化建设，完成沙东街道社区卫生服务中心升级改造工程。

繁荣文化体育事业。深化新时代文明实践中心（所、站）建设，持续夯实基层宣传思想文化阵地。加强历史文化街区、历史建筑保护和利用，提升非遗项目活态传承与系统性保护水平，加快推进刘氏家庙等文物保护工程，完成省历史文化名村珠村保护规划修编上报，推动文物保护单位安全保护设施全覆盖。大力推动天河艺术公园共建项目建设，加快区图书馆新馆等重点项目建设。进一步完善公共文化服务体系，提升社区综合性文化服务中心覆盖率和达标率，举办文化艺术惠民活动200场次、公益文化艺术培训200场次。巩固提升省全域旅游示范区创建成果，提升文创产业大会·天河峰会、尚天河文化季、广州乞巧文化节、车陂国际龙舟文化艺术节等品牌影响力。提质发展国家文化出口基地，支持广州文化发展集团做大做强，打造具有全国竞争力的骨干文化企业群。

加强平安天河建设。创新区域金融风险防治模式，强化高风险类公司预警和信息互通，防范化解上市公司风险，坚决维护经济金融安全。加快推进区储备粮仓储基础设施建设，完成项目用地选址，确保储备粮安全。严格落实安全生产责任制，加强食品药品安全监管，坚决遏制重特大安全生产事故，切实提升城市安全韧性水平。深入创建100个综合减灾社区，强化最小应急处置单元协同联动，健全特殊困难群体自救互救协同机制，提升基层综合防灾减灾及应急处置能力。坚持不懈常态化推动扫黑除恶斗争，严厉打击各类违法犯罪行为。做好党的二十大、冬奥会等重大节点期间安全保障。

（七）坚持加强政府自身建设，全面提升政府治理体系和治理能力现代化水平。坚持和捍卫“两个确立”，胸怀“两个大局”、牢记“国之大者”，不断提高政治判断力、政治领悟力、政治执行力，建设人民满意的服务型政府。

全面加强依法行政。坚持全过程人民民主，认真执行人大及其常委会决议和决定，依法接受人大及其常委会监督，自觉接受政协民主监督。规范重大决策公众参与、专家论证、风险评估、合法性审查、集体讨论决定等程序，强化司法监督、舆论监督、社会监督，切实提高政府科学决策、民主决策、依法决策水平。加强规范性文件制定监督管理。深化行政复议体制改革，探索建立行政复议咨询委员会。完善全民普法工作机制，加快推进公共法律服务体系建设。

切实增强治理能力。建立天河“政务云窗”服务体系，深化区块链技术运用，推动各领域政务数据“上云”“上链”、协同共享，全面主动落实政务公开，打造专业高效数字政府。进一步优化“12345”政府服务热线工单办理机制，不断提升市民群众满意度。加快“穗智管”区级平台建设，实现“城市运行一网统管”。坚持和发展新时代“枫桥经验”，扎实推进市域社会治理现代化试点，加快综治中心标准化建设，健全完善“令行禁止、有呼必应”共建共治共享社会治理格局。

持续推进作风建设。锲而不舍落实中央八项规定及其实施细则精神，一刻不停推进党风廉政建设和反腐败斗争，持之以恒纠“四风”树新风，力戒形式主义、官僚主义。牢固树立过“紧日子”思想，严格预算约束和绩效管理，切实把钱用在为民办实事上。拿出敢破敢立的锐气，推动政府系统干部牢固树立大局意识，保持攻坚克难的斗志，鼓起迈进新征程、奋进新时代的精气神，全面提升专业能力和专业精神，着力保持平稳健康的经济环境、国泰民安的社会环境、风清气正的政治环境，作出无愧于党、无愧于人民、无愧于时代的新业绩。

各位代表，奋斗创造历史，实干成就未来！让我们更加紧密团结在以习近平同志为核心的党中央周围，在省委省政府、市委市政府和区委的领导下，踔厉奋发、笃行不怠，埋头苦干、勇毅前行，奋力开创天河高质量发展新局面，努力在全面建设社会主义现代化国家新征程中走在全国全省全市前列，以优异成绩迎接党的二十大胜利召开！

名词解释

1.“双统筹36条”：为深入贯彻落实习近平总书记重要讲话和重要指示批示精神，全面落实党中央、国务院决策部署和省委、省政府工作要求，奋力夺取疫情防控和实现经济社会发展目标“双胜利”，2021年7月7日，区委、区政府印发《天河区关于更好统筹疫情防控和经济社会发展坚定不移推动高质量发展的若干措施》，含36条具体工作举措。

2.“四个出新出彩”：2018年10月22日至25日，习近平总书记亲临广东视察，要求广州实现老城市新活力，在综合城市功能、城市文化综合实力、现代服务业、现代化国际化营商环境方面出新出彩。

3.“一赛一节一基地”：由广州天英汇国际创新创业大赛、广州国际创新节两大重点活动和广州（国际）科技成果转化天河基地构建而成的创新创业服务平台体系，为创新创业提供持续动能，实现科技创新推动产业发展的工作目标。

4.“一网通办、一窗通取”：将申办营业执照、刻制印章、申领发票、就业和参保登记、住房公积金缴存登记、预约银行开户等涉及开办企业的事项整合为一个环节，申请人只需进入平台完成一次身份认证、一表填报信息，0.5天内即可在企业住所、经营场所所在区政务服务中心开办企业“一窗通取”专窗领取包括营业执照、印章、发票和税务Ukey在内的开业“大礼包”。

5.企业注销“一网办、简易办、联合办”：企业注销开通全流程网上办理服务渠道，符合条件的企业可申请简易注销快速办结，并提供营业执照和高频经营许可证“一口受理、联合注销”服务。

6.“跨域通办”：企业和群众办事，不再受地域和层级限制，实现就近可办、跨区办理、跨层联办。

7.“交房即交证”：开发商在交房的同时将房产证交给购房者。对购房者而言，是指购房者在收房拿钥匙后，无论是按揭购房，还是全款付清，仅需结清税款、备齐资料，即可在收房时同步办理不动产登记，领取不动产权证书，无需再跑办事大厅。

8.“村改居”管理体制综合改革：该项改革包括加强党对“村改居”的全面领导、完善“村改居”社区公共事务管理体制、健全集体经济组织监管机制、完善村改制公司现代企业法人治理结构、深化集体经济组织股份制改革5个专项改革任务。

9.“三个一肩挑”：村改制公司党组织书记和社区党组织书记、居委会主任由同一人担任。

10.“1＋1＋N”港澳台青年创新创业基地服务体系：“1＋1”即粤港澳大湾区（广东）创新创业孵化基地和天河区港澳青年之家总部基地，

“N”即专创空间港澳青年创新创业基地、TIMETABLE精品联合办公等区内港澳台青年创新创业平台。

11. 自由贸易账户：即FT账户，是依托广东自由贸易分账核算单元（FTU）开立的规则统一的本外币账户。FT账户独立于现有的传统账户体系，是探索投融资汇兑便利、扩大金融市场开放、促进金融改革的一项重要制度安排。

12. 猎德涌“降水位、少清淤、不调水”治理方式：即取消珠江补水，将大观净水厂中水再生利用补入河涌，实行低水位运行，保持河涌在自然水位（0.3～0.5米）运行，让阳光透进河床、让淤泥原位消纳、让生态自然恢复，全面改善水环境、修复水生态、提升水景观。

13. “两网融合点”：城市环卫系统与再生资源系统两个网络有效衔接。

14. “粤菜师傅”“广东技工”“南粤家政”工程：“粤菜师傅”是以“专业引领、传承创新、交流研修、传业授徒”为宗旨，以“培养工匠精神的新型劳动者”为目标，推进实施乡村振兴战略、推动乡村人才振兴的重要工程。“广东技工”是以服务现代产业发展、促进更充分更高质量就业为导向，推动职业教育（含技工教育）高质量发展，大规模开展职业技能培训的重要工程。“南粤家政”是围绕新形势下“一老一小”对家政服务的迫切需求，以母婴服务、居家服务、养老服务、医疗护理服务等领域为重点，推动家政服务业提质扩容的重要工程。

15. “民主党派+东西部协作”共建模式：在毕节市七星关区朱昌镇双堰社区，致公党中央和天河区携手合作，实施“产业富村、生态靓村、文化润村、治理铸村、民生惠村”五项工程。

16. “双减”：指要有效减轻义务教育阶段学生过重作业负担和校外培训负担。

17. 学前教育“5080”攻坚任务：2018年7月，省人民政府办公厅印发《广东省促进学前教育普惠健康发展行动方案》，提出到2020年全省公办幼儿园在园幼儿数占比达到50%以上，公办幼儿园和普惠性民办幼儿园占比达到80%以上。

18. 特控率：达到特殊类型招生控制线的考生比例，基本相当于“高优率”。2021年新高考改革起，广东高考将不再设置优先投档线即“高优线”，设特殊类型招生控制线，基本相当于原高优线。

19. “线上+线下”用药服务模式：线上模式指依托小程序、家庭药师工作平台等媒介，利用互联网数据整合，开展线上药学咨询服务、科普宣教、制定用药指导书等；线下模式指面对面收集患者用药、用药评估、给予用药相关建议与指导，上门开展家庭药箱整理、用药指导、定期随访评估等居家服务。

20. 基层治理“七力凝聚”协同共治模式：深入贯彻中央市域社会治理现代化试点部署要求，以党委统揽为核心，增强治理“聚力”；以法治建设为保障，增强治理“定力”；以德治引领为导向，增强治理“内力”；以多元共治为基础，增强治理“活力”；以科技赋能为支撑，增强治理“智力”；以改革创新为抓手，增强治理“动力”；以矛盾化解为重点，增强治理“合力”，探索基层协同共治新路径。

21. “3+1+3”车陂街社区社联自治创新实践：整合社区社会组织资源，搭建基层党建促进平台、社区文化营造平台和公益服务枢纽平台三大平台，打造一个党建引领社区发展治理支持中心，提供社区治理专业人才培育、创新社区治理品牌引领、社区志愿公益平台搭建等三项专业服务。

22. “六稳”“六保”：“六稳”指稳就业、稳金融、稳外贸、稳外资、稳投资、稳预期。“六保”指保居民就业、保基本民生、保市场主体、保粮食能源安全、保产业链供应链稳定、保基层运转。

23. 监管沙盒：是指金融监管部门在为促进金融创新所设立的专门机构/部门中制定的特殊管理机制，旨在为金融机构或为金融服务提供相应支撑的非金融机构测试金融创新提供一个时间和范围有限的“安全空间”，在此空间内企业可享受一定的监管豁免，如果测试效果得到认可，测试完成后可进行大范围推广。其目的在于有效管理金融创新企业。

24. “跨境资产转让”试点：跨境资产转让是金融资产的跨境转让，即银行与他行或者其他金融机构之间跨境买卖一笔或一组融资业务，按照协议约定，将本行在其经营范围内自主、合规发放且未到期的资产，跨境转让给对方的融资业务。《关于金融支持粤港澳大湾区建设的意见》（银发〔2020〕95号）第十二点“稳步扩大跨境资产转让业务试点”：支持粤港澳大湾区内地金融机构按照商业可持续原则，在满足风险管理要求的基础上，规范开展贸易融资资产跨境转让等业务。

25. 离境退税“即买即退”：境外旅客购物离境退税的一种方式，无退税金额限制。

26. 后街经济：是指利用城市主要商业中心内部或周边支马路、沿街小巷，打造特色商品和品牌，集聚餐饮、零售及休闲娱乐服务等业态的特色商业街区，从而与商业中心主干道的业态形成互补互促发展格局的经济发展方式。

27. 基础设施领域不动产投资信

托基金（REITs）试点：是国际通行的配置资产，具有流动性较高、收益相对稳定、安全性较强等特点，能有效盘活存量资产，拓宽社会资本投资渠道，提升直接融资比重，增强资本市场服务实体经济质效。试点主要包括交通基础设施、能源基础设施、市政基础设施、生态环保基础设施、仓储物流基础设施、园区基础设施、新型基础设施、保障性租赁住房等行业。

28.“专精特新”企业：具有“专业化、精细化、特色化、新颖化”特征的中小企业。

29.“天河优创”计划：2018年，天河区在全省各区县率先实施孵化育成载体绩效评价体系建设工作，以服务区域产业发展为导向、突出单位面积产出为特色，通过优中选优的方式形成科技创新载体的“天河样本”，进而引导传统物业打破对低水平“收租经济”的路径依赖，向专业化、资本化、国际化方向转型，为天河区不同层次、不同发展阶段的科技企业提供最适宜的载体空间。

30.人才强市“五大实践行动”：为着力建设具有全球影响力高水平人才强市，打造粤港澳大湾区高水平人才高地重要战略支点，广州市提出要全力推进五大实践行动，包括战略人才锻造工程实践行动、人才培养强基工程实践行动、人才引进提质工程实践行动、人才体制改革工程实践行动、人才生态优化工程实践行动。

31.“一区一品”人才发展布局：广州市为贯彻落实加快发展现代产业体系、推动经济体系优化升级的部署要求，促进人才链和产业链深度融合，加强各区产业人才队伍建设，形成比较优势，构建重点产业人才“一区一品”格局，打造细分领域人才集聚的“单项冠军”，支持各区围绕本区重大发展战略、发展定位和产业布局，突出1项优势或特色产业，全方位、全链条打造引领该重点产业发展的人才队伍。

32.“一照通行”：2021年5月，省人民政府办公厅印发《广东省“一照通行”涉企审批服务改革试点实施方案》，提出依托数字政府建设，将多业态经营涉及的多项许可事项与营业执照一次申请、并联审批、限时办结，并通过营业执照归集各类许可信息，推行电子证照应用，实现“一照通行”。广州是省改革试点，已于2021年12月30日推出首批14项高频行政许可事项“一照通行”服务。

33.市场轻微违法经营行为“双免”：对部分轻微违法行为免于行政处罚，免于强制措施。

34.“一个尊重、五个统筹”：“一个尊重”是指尊重城市发展规律。“五个统筹”是指统筹空间、规模、产业三大结构，提高城市工作全局性；统筹规划、建设、管理三大环节，提高城市工作的系统性；统筹改革、科技、文化三大动力，提高城市发展持续性；统筹生产、生活、生态三大布局，提高城市发展的宜居性；统筹政府、社会、市民三大主体，提高各方推动城市发展的积极性。

35.“天河优教行动”：为落实全国、省、市教育大会的精神，加快我区教育改革发展步伐，满足新时代天河人民对“公平而有质量教育”的新期待和新要求，制定教育未来三年改革发展规划顶层设计，主要内容为“优质量、优均衡、优校园、优队伍、优技术、优治理”六大行动计划。

36.“互联网+医疗健康”：以互联网为载体和技术手段的健康教育、医疗信息查询、电子健康档案、疾病风险评估、在线疾病咨询、电子处方、远程医疗和康复等多种形式的健康医疗服务。

37.“政务云窗”：充分运用5G、远程视频、远程协助等技术手段，通过升级天河政务自助一体机、天河政务智能咨询平台等方式，打造不见面、非接触、云端批的远程服务窗口，为企业群众提供视频咨询、信息交互和即时审批等服务。

38.“城市运行一网统管”：整合线上线下各类网格化管理和服务资源，建设跨部门、跨层级、跨区域的城市运行管理体系，推动数据联通、服务联接、治理联动，进一步实现城市精细化管理。

39.新时代“枫桥经验”：“枫桥经验”是20世纪60年代初，浙江诸暨枫桥干部群众创造的“依靠群众就地化解矛盾”的社会治理经验，并根据形势变化不断赋予其新的内涵，成为全国的一面旗帜。2020年4月，习近平总书记在陕西考察时指出，要加强和创新社会治理，坚持和完善新时代“枫桥经验”。

大事记

（2021 年）

1月

7 日 天河区举办关于推动天河路商圈高质量发展新闻发布会，会议介绍《关于推动天河路商圈高质量发展的工作方案》出台背景及主要内容，提出天河路商圈的发展定位和发展目标。

10 日 庆祝首个中国人民警察节 2021 广州公安警营开放日活动在区辖内海心沙亚运公园举办。

12 日 天河区首批 66 个垃圾分类星级投放点建成并投入使用。

15 日 广州金融城起步区综合能源项目宣贯会召开，该项目是广州市能源改革先行先试的示范项目，也是广州市首个综合能源项目，总投资约 13.48 亿元。

是日 由天河区人民检察院、广州网易计算机系统有限公司联合打造的“互联护苗计划”在区辖内广州市图书馆正式启动。这是国内首个由检企合作的未成年人网络保护公益项目。

19 日 《广州国际金融城东区（AT0914、AT1018 规划管理单元）城市设计优化及控制性详细规划》正式获广州市人民政府批准。新规划将金融城东区的控高从 300 米提高到 330 米，总建设量提高到 317 万平方米，并提出 6 项措施优化金融城东区交通。

21 日 天河区新的社会阶层人士游戏电竞分会成立，成立仪式上为天河区新媒体人士工作站——天河区新联会“新媒体同心汇”授牌，正式搭建天河区新联会“1＋4＋6＋N”创新型组织架构。

是日 《关于推动广州天河智慧城高质量发展的实施意见》发布，该意见在体制机制、产业培育、公服配套、基础设施建设、土地开发、生态品质、管理区域等方面充分考虑与天河高新区方案举措衔接。

22 日 人民网舆情数据中心发布《2020 年政务微博影响力报告》，广州天河发布微博入选 2020 年“全国十大广电微博”，位列全国第四。

25 日 《广州市天河区关于扶持游戏产业健康发展的实施意见》发布，该意见围绕助力天河区建设成为粤港澳大湾区游戏产业引领区的目标，提出游戏产业“三个一批”工程。这是天河区 2021 年发布的 1 号文件。

26 日 中共广州市天河区第九届委员会第十四次全体会议召开。全会总结 2020 年工作，研究部署 2021 年工作。会议强调要做强创新平台、做大创新主体、做优创新生态，努力打造粤港澳大湾区创新策源地。

是日 广州环贸中心在广州市楼宇经济发展情况媒体交流会上被评为“广州市数智化楼宇（试点）单位”，成为湾区数字经济专业楼宇示范项目。

2021 年 1 月 10 日，庆祝首个中国人民警察节 2021 广州公安警营开放日活动在天河区辖内的海心沙亚运公园举办　（王维宣 摄）

2月

2日 《国家卫生健康委办公厅 国家中医药局办公室关于通报表扬2020年“优质服务基层行”活动中表现突出、成效显著机构的通知》发布，天河区车陂街、沙东街、天园街、冼村街、五山街华工社区卫生服务中心共5家基层医院受到通报表扬。

9日 第28届广州园林博览会在海心沙举办，是届博览会以“湾区花开”为主题，布展面积10万平方米，展览持续至2月26日。

10日 天河区应急管理局与南方医科大学第三附属医院在天河区综合指挥中心举行战略合作框架协议签约仪式，标志着社会力量开始参与天河区应急管理工作。

20日 中国社会治理研究会公布“全国市域社会治理创新优秀案例（2020）”入围名单，天河区车陂街社区社会组织联合会的“3＋1＋3”车陂街社区社联自治创新实践成功入围。

25日 天河区召开党史学习教育动员大会，会议传达中央及省、市有关会议精神，并对全区开展党史学习教育进行动员部署。

是日 全国脱贫攻坚总结表彰大会在北京举行，天河区车陂小学校长、纳雍天河实验学校首任校长詹雯获得全国脱贫攻坚先进个人称号。

3月

1—3日 天河区第九届人民代表大会第九次会议第三次全体会议在区机关大院大会场举行。会议表决通过天河区人民政府工作报告、天河区国民经济和社会发展第十四个五年规划和二〇三五年远景目标纲要等决议事项。

8日 天河区前进街天力居社区和沙河街水荫四横路社区入选2020年广州市容貌示范社区。

11日 区辖内广州中望龙腾软件股份有限公司正式在上海证券交易所科创板上市，成为国内A股首家研发设计类工业软件上市企业。

是日 广东省文学艺术界联合会主席许钦松个人名家工作室——许钦松艺术空间落户区辖内天河公园。

15日 由天河区港澳青年创业服务中心与华南理工大学共建的华南理工大学学生就业创业实践基地在天河区港澳青年之家总部挂牌成立。

17日 广州日报数据和数字化研究院（GDI智库）发布广州企业创新TOP50榜（2020），天河区7家企业入选，分别是酷狗、极飞科技、日立电梯、电信广东院、亿航智能、佳都集团和优视网络科技。

18日 天河区启动“学史力行，天河争先”主题宣教活动，以“学党史、悟思想、办实事、开新局”为主线，采取线上自主学习、深入基层宣讲、主题实践活动等方式开展。

是日 宽10米、长358米的华南快速路龙洞出口左转立交匝道桥正式开通，旨在缓解龙洞片区交通压力。

21日 广州暨大港澳子弟学校签约暨启动仪式在广州奥园集团大厦举行。该校位于天河区龙洞街，是全国第一所由国内知名高校指导、按照教育主管部门规定并参照外籍子女学校管理的、非营利性质的港澳子弟学校。

29日 粤港澳大湾区（广东）创新创业孵化基地在天河区开园。园区由广东省人力资源和社会保障厅、天河区人民政府合作共建，建筑面积6.65万平方米，总投资超7亿元。

30日 “数字赋能 智创天河”2021中国广州国际投资年会天河区专场正式举行。会上，天河中央商务区正式获得“国家数字服务出口基地”授牌，天河区5G数字经济大厦宣布启动招商。

是月 天河区黄村街、石牌街开设社会心理服务室，引进中山大学附属第三医院专科执业医生坐诊。这是广东省委政法委在全省的两个试点单位，目的是探索建立健全社会心理服务体系。

4月

2日 天河区启动首个新冠疫苗临时接种场所——前进街盈科智谷临时接种场所，区辖内南方医科大学第三附属医院与广州华侨医院医护团队进驻服务。

9日 经广州市人民政府同意，天河区的城乡特困人员基本生活标准提高至每人每月1792元。

11日 天河区在全市率先为暨南大学港澳籍学生开展新冠病毒疫苗接种工作。这是全省港澳及外籍人员新冠疫苗接种的第一针，也是全国针对此类人群接种的第一针。

12日 区辖内珠江公园西区约3万平方米的大草坪正式对外开放，这是市属公园内面积最大的草坪。

13日 广州市天河区人民法院召开新闻发布会，发布《广州市天河区人民法院金融审判白皮书（2018—2020年）》暨十大典型案例，运用法治力量优化营商环境。

14日 “沿着高速看广东”主题采访活动在广州启动。由《人民日报》、中央广播电视总台等媒体组成的采访团以高速路为经纬，探访广东21个地市经济社会发展亮点，采访团调研的第一站是广州市天河区。

19日 国家级金融机构——广州期货交易所在天河区正式揭牌办公，这是中国首家混合所有制的交易所，也是境外机构首次获准入股内地期货交易所。

20日 《天河区马鞍山以北地块（AT0607规划管理单元）控制性详细规划》正式获广州市人民政府批准，规划显示国际妇儿医院选址天河智谷中部马鞍山北片区，用地面积约19400平方米。

是日 由中央广播电视总台、《经济日报》、《中国日报》等媒体组成的“大湾区、大未来”主题采访团到广东省开展集中采访活动，天河区港澳青年之家总部接受采访。

22日 由广州市人民政府指导的中国（广州）人工智能与数字经济融合大会召开，会上举行中国工业互联网研究院广东省分院暨国家工业互联网大数据中心广东省分中心签约仪式，该院正式落户天河区。

26日 广州市最大的新冠疫苗临时接种点——天河体育中心新冠病毒疫苗临时接种点正式启动，占地面积1890平方米。

30日 广州市城市规划委员会通过《天河区白云山南麓（沙河）片区城市设计及控制性详细规划》，规划将沙河片区定位为云河芯、粤文坊（即广州数字创意·艺术专区），并形成“两轴两组团”的新发展格局。

5月

7日 区卫生健康局联合南方医科大学第三附属医院举行天河区药学联盟居家药学服务项目启动活动，拟在全区铺开实行广东省首个“线上+线下”家庭药师居家药学服务。

8日 粤港澳电竞发展研究院在区辖内广州体育职业技术学院正式挂牌成立，拟打造具有学术引领作用的华南地区首家电子竞技研究创新基地。

23日 南方电网广东广州天河供电局建成的广州市首座跨河配网电力行人桥架正式吊装完毕。该电力桥架位于AEC（美林）变电站，旨在解决东圃区域电力严重受限的问题。

25日 全国首个智能咨询热线+5G消息平台正式上线。这是区政务服务数据管理局与中国电信广州分公司在全国5G+政务应用领域共同打造的一个创新突破和落地实践。

26日 由29家高等院校、技工院校、职业培训机构及家政企业组成的天河区家政服务人才培养联盟正式成立，同时举行助推“粤菜师傅”“广东技工”“南粤家政”三项工程促进就业创业专属融资服务客户签约仪式。

29日 《广州人工智能与数字经济试验区产业导则》印发实施，文件明确广州国际金融城将打造粤港澳金融合作示范区和金融科技先行示范区。

30日 广州国际金融城起步区首座220千伏枢纽变电站——员热变电站两台主变成功投产，该站是构建广州中部网架的重要枢纽变电站，为金融城片区电网网架提供强力电源支撑。

6月

2日 《广州市天河区国民经济和社会发展第十四个五年规划和2035年远景目标纲要》印发实施，重点明确“十四五”规划时期（2021—2025年）天河区经济社会发展的指导思想、必须遵循的原则、主要目标、重大任务。

23日 天河区以广州市城实投资有限公司“珠江四季花园”项目作为试点，在全市率先开展“交房即交证”现场服务，即通过全流程网办模式让购房人在收楼时一并领取不动产权证。

24日 国家知识产权局公布《第二十二届中国专利奖授奖的决定》，天河区获14项奖项，其中华南理工大学凭借“一种城市污水改良A2/O强化脱氮除磷处理装置及工艺”获中国专利金奖，广州小鹏汽车科技有限公司申报的“汽车”获中国外观设计金奖。天河区成为广州市唯一一个在本届专利奖评审中获得金奖的市辖区。

是月 天河公园地铁站场复绿及景观提升工程（拆围透绿二期）完工。

7月

1日 天河区各单位组织收听收看庆祝中国共产党成立100周年大会。

3日 天河区学习贯彻习近平总书记

在庆祝中国共产党成立100周年大会上重要讲话精神干部动员大会在区机关大院南会场召开。

18日　广州暨大港澳子弟学校在天河区正式揭牌，全国首家港澳子弟学校正式落户天河。

20日　位于天河东部商圈的美林M·LIVE天地二期开业。落户该商场的广州东山姆会员商店同步开业，这是沃尔玛山姆会员店系列中的华南地区唯一一家旗舰店。

28日　天河区举办基层党建宣传月系列活动，主要开展《广州市天河区革命老区发展史》出版首发式、天河区党群服务阵地示范点授牌、天河区党员教育微视频观摩交流评比活动颁奖等活动。

是日　天河区正式启动12～17岁人群新冠疫苗接种工作，其中7月实行15～17岁人群接种，8月实行12～14岁人群接种，9月完成12～17岁人群全程接种。

是月　由区辖内驴迹科技公司负责设计的天河智慧旅游服务平台小程序上线，内容涵盖旅游资讯、导游导览、兴趣POI点查询、路线推荐、虚拟漫游、旅游地图服务等功能板块。

8月

1日　区辖内暨南大学体育学院副教授苏炳添在2020东京奥运会男子100米半决赛上取得9秒83的成绩，打破亚洲纪录，成为中国首位闯入奥运会男子百米决赛的运动员。

9日　2021·广州乞巧文化节开幕，以“七夕天河　精彩广州”为主题，以乞巧文化传承与创新为主线，在天河区珠村设主会场，活动持续至15日。

10日　广州市城市更新高端商贸业政企对接会在天河区广州国际金融中心举行，本次活动以天河区为主场，意在依托天河商贸资源优势及城市更新发展空间，打造两者相结合的“天河样本”。

15日　区委组织部与广州日报数据和数字化研究院（GDI智库）联合发布《广州市天河区两新组织党建白皮书（2021）》，这是广州首份聚焦区域两新组织党建工作的白皮书。

17日　赛迪顾问城市经济研究中心编制的《2021年中国城区经济高质量发展白皮书暨2021年赛迪百强区》正式发布，天河区位列2021年中国城区高质量发展水平第二。

是日　区辖内猎德大桥实施人行道微改造。

19日　广东省妇幼保健院天河院区试业。该院区位于天河区沙太南路163号，占地面积5.67万平方米，按照三级甲等医院标准建设，建筑面积3万平方米，开放床位300张。

20日　天河区作为广东省唯一一家签约单位与15个省（自治区）45个县（市、区），以“跨省云签”方式签署《省际联盟“跨省通办”合作协议》，正式启动81项高频政务服务事项“跨省通办”。

23日　广州市天河区九届人大常委会第六十二次会议任命陈建荣为天河区人民政府副区长并决定其为天河区人民政府代理区长。

28日　《天河区加快推动软件和信息技术服务业高质量发展的若干政策措施》开始实施，该文件分为3部分18条措施，从强企业、聚人才、优环境3个维度推动天河区软件业高质量发展。

29日　CCTV发现之旅《揽胜神州》栏目播出广州市天河区专题节目《恰是天河风华茂》，讲述天河区城市化的变迁历程。

9月

1日　天河区4所高质量学校——清华附中湾区学校、广州市执信中学天河校区、天河区智慧城第一小学、天河区体育东教育集团均和小学正式开学。

2日　市推进粤港澳大湾区建设领导小组支持港澳台青年来穗创新创业专项小组公布2021年度广州市港澳台青年创新创业示范基地名单，天河区港澳青年之家总部、微谷众创社区两家创业基地入选。

2—7日　2021年中国国际服务贸易交易会在国家会议中心与首钢园区举行，天河区组织区内近20家重点园区与企业约50人参展，展示天河在推动数字经济与服务贸易创新融合、集聚发展的成就。

6日　中国政府采购网发布《天河区马场地块功能提升发展策划项目中标（成交）结果公告》，广州市城市规划勘测设计研究院中标。中标人需在签订合同后一年内，完成马场地块基地研判、功能定位、案例分析、空间设计4项规划设计成果。

7日　《2021中国楼宇经济高质量发展白皮书》发布，天河区被评为中国楼宇经济高质量发展标杆范例，区辖内两大数字楼宇广州环贸中心、越秀金融大厦入选中国楼宇经济新地标项目。

13日 为期一个月的“披荆斩棘，智荟天河——2021广州天河名校百企空中双选会”公益活动在智联招聘、“天河企聘”小程序上同步开展，活动采用“直播推介+线上平台互动”的方式。

16日 华南快速路石门堂山隧道扩建工程通车，隧道通车后从原双向4车道变为双向8车道。其中新建石门堂山隧道全长670米，是国内首条紧邻既有双连拱隧道新建的超大跨度隧道。

19日 天河区第二棉纺厂地块（AT0805规划管理单元）控制性详细规划调整开始征询意见公示，该地块将变为中国人工智能（广州）产业园，用地主要为商务兼容商业用地，最高建筑250米。

22日 天河区举办庆祝2021年中国农民丰收节暨农业公园开园仪式活动。两大农业主题公园——大湾区首个都市现代农业园花城农园和天河精品农业公园同日开园。

27日 中国共产党广州市天河区第十次代表大会召开，区委书记陈加猛代表九届区委向大会作报告，会议回顾过去五年天河区各个领域取得的成就，明确未来五年的工作要求。

28日 广州地铁十八号线首通段（冼村—万顷沙）开通运营，该段线路长58.3千米，设计时速160千米，采用高铁标准，是国内最快的地铁线。

29日 广州城市新中轴线北端起点——广州环贸中心（广州ICC）开业，同时举行“数字广州·智启未来”2021广州数字经济发展论坛，本次活动以“湾区力量 拥抱世界”为主题。

是日 2021广州国际购物节启动仪式及主会场活动在天河路商圈举行，各区重点商圈也设立分会场，重点打造商贸数字化、时尚消费、首店经济、文商旅体深融合四大主题购物月活动。该次购物节持续至10月28日。

30日 由中共广州市天河区委党史学习教育领导小组办公室指导，区委组织部、区委宣传部主办的“祖国耀我心 冠军伴我行”天河区城市体育文化发展史宣传活动在花城广场党群服务站开幕，花城全民健身志愿服务队正式成立。

是日 酷狗剧院2021“天河呈现·酷狗酷艺术优秀剧目展演”正式开幕，国内首部以冼星海为题材的原创音乐剧《烽火·冼星海》同时上演。

是月初 位于天河区东北部的广州市第八十九中学北校区启用，新增教育教学面积3万平方米，提供宿位2100个。

2021年9月28日，广州地铁十八号线首通段（冼村至万顷沙）开通运营，图为冼村站 （李天研 摄）

10月

1日 全球最大的乐高品牌旗舰店在区辖内的正佳广场开业，营业面积721平方米。

14日 位于广州国际金融城起步区的地标项目CFC汇金中心封顶，高度320米，也是广州唯一可售的地标资产。

15日 广州市天河区田径协会举行成立大会，会议颁布天河区田径人才奖励基金激励政策，协会与区少年儿童业余体校签订合作协议。

18日 由区科工信局设立的外国人来华工作许可服务点——天河人才港主窗口、汇景国际社区和广粤国际社区两个分窗口启动对外试运行，为企业和境外人才在天河创业就业提供便利服务。

19日 国家卫生健康委、全国老龄办发布《关于命名2021年全国示范性老年友好型社区的通知》，天河区五山街道五所社区被命名为全国示范性老年友好型社区。

是日 文化和旅游部公布首批120个国家级夜间文化和旅游消费集聚区，广东有五家单位入选，其中天河区正佳广场上榜。

20日 “天河区兜底民生服务社会工作双百工程”社会工作服务站（点）挂牌仪式在天园街举行。全区21个“双百工程”社会工作服务站、230个“双百工程”社会工作服务点全部完成挂牌。

26—28日 中国人民政治协商会议第九届广州市天河区委员会第一次会议召开，会议选举产生政协第九届广州市天河区委员会常务委员会，选举邵国明为天河区政协主席。

27日 《天河外国语学校智慧城校区地块控制性详细规划》在广州市城市规划委员会地区规划及城市设计专业委员会上获得通过，该学校选址天河区东北部的长湴三鸟市场地块。

是日 《天河区第二棉纺厂地块（AT0805规划管理单元）控制性详细规划》在广州市城市规划委员会地区规划及城市设计专业委员会上获得通过，该地块规划定位为中国人工智能（广州）产业园。

是日 第29届广州博览会在中国进出口商品交易会展馆举办，展期4天。天河区以“追梦新天河，共筑大湾区”为主题，带领20多家高科技企业和数字企业参展，参展面积396平方米。

是日—29日 广州市天河区第十届人民代表大会第一次会议召开，代理区长陈建荣向大会作工作报告，报告明确天河区未来五年发展的主要目标和任务。会议选举蓝小环为天河区第十届人民代表大会常务委员会主任，选举陈建荣为天河区人民政府区长。

28日 广东省卫生健康委办公室公布第一批广东省医养结合示范机构名单，天河区珠吉护理院等10家机构入选。

30日 由区文联、区民间文艺家协会主办的“岭南苏韵•天河风华”——致敬东坡古今书画特展在天河艺苑开展。本次展览是继北京、杭州东坡主题书画邀请展之后国内少见的东坡文化主题展。

11月

1日 天河区正式启动3～11岁人群新冠疫苗接种工作。

3日 2020年度国家科学技术奖励大会在北京召开，广州地区获奖22项，天河区占10项，其中2项国家自然科学奖，2项国家技术发明奖，6项国家科学技术进步奖。

9日 位于辖内前进街兰亭盛荟裙楼的天河区来穗人员服务示范中心正式揭牌运营，总占地面积约1300平方米，设置12个功能服务区，这是广州市首家集来穗业务办理和融合服务于一体的区级示范中心。

是日 广州超甲级写字楼首个“数字化+急救”服务体系在区辖内越秀金融大厦落地，同时开展“空地联动”航空医疗救援模拟演练，这也是广州市首例直升机救援演练案例。

16日 由区文联、区文化广电旅游体育局与胜宝投资控股（广东）有限公司联合主办的“孙中山和辛亥革命先驱的墨迹”——纪念辛亥革命110周年主题展在天河艺苑开展。

17日 天河区干部大会召开，传达学习贯彻中共十九届六中全会精神及全省、全市干部大会精神，对全区学习宣传贯彻工作进行全面动员部署。

是日 天河区首届绿色发展论坛暨广州市天河区环保产业行业协会成立大会在广州（国际）科技成果转化天河基地召开，协会与广东省人力资源研究会、广州市绿色金融协会、广州市志愿者协会环保志愿总队建立战略合作伙伴关系，同时启动“绿色小天使”公益项目。

23日 第五届文创产业大会•天河峰会在区辖内广州图书馆举行。本届文创大会以“文化创新，数字赋能”

2021年11月16日，“孙中山和辛亥革命先驱的墨迹”——纪念辛亥革命110周年主题展在天河艺苑开幕（区文化广电旅游体育局供稿）

为主题，“文化科技融合”为主线，突显创意经济和新国潮，涵盖数字文化、创意设计、非遗创新、影视传媒等领域。

是日 工信部下属机构赛迪顾问城市经济研究中心发布《赛迪投资竞争力百强区（2021）》，广州市天河区位列全国906个地级市市辖区第一名。

26日 由第五届文创产业大会·天河峰会组委会、网易电竞、广东省电子竞技运动协会等共同举办的“2021最强星主播”暨电竞主持解说职业技能专业大赛在广州图书馆举办，这是全国首个线下电竞解说技能专业大赛。

28日 中央宣传部、中央文明办、全国妇联在浙江嘉兴召开加强家庭家教家风建设工作推进会，现场公布2021年全国“最美家庭”名单，天河区的郑蕙家庭入选。

30日 天河区召开优化营商环境社会监督员聘任仪式暨培训上岗会议，选聘20名人大代表、政协委员、企业人士担任天河区营商环境的社会监督员。

是月 广州市天河区政府门户网英文网站正式上线。

12月

1日 广州交易集团在天河区正式注册成立。该集团是由全国公共资源交易规模最大的广州公共资源交易中心和具有行业领先地位的广州交易所集团联合组建。

2日 2021年第十一届亚洲知识产权营商论坛——“粤港澳大湾区专题论坛”在天河中央商务区召开。来自国家知识产权局和粤港澳三地业界代表围绕“‘十四五’规划下粤港澳大湾区的知识产权机遇”开展讨论。

5日 在2021粤港澳大湾区公共文化和旅游产品（东莞）采购会上，车陂以“车陂扒龙舟”项目获得由广东省文化和旅游厅授予的2021—2023年度“广东省民间文化艺术之乡”的称号。

是日 2021广州文化企业30强发布暨粤港澳大湾区背景下文化产业高质量发展论坛系列学术会议在广州越秀国际会议中心举行，12家天河企业入选2021广州文化企业30强。

7日 位于天河智慧城的后山当代艺术中心开馆，同时“岭南意象——从巴黎到广州”中国广东水墨八人展开幕。该馆是一个由政府、社会共建，面向公众开放的艺术名家工作室，不以营利为目的。

8日 盈科律师事务所华南区总部落户天河区珠江新城，盈科律师事务所是全球首家单体突破10000名律师的律师事务所，可提供全球“一站式”商务法律服务。

9日 天河区委人才工作会议召开，会议要求围绕新时代人才强省“五大工程”、人才强市“五大实践行动”，实施人才强区“五项计划”，会上还为天河英杰等天河区重点人才项目入选者颁授高层次人才证书。

是日 2021年广州国际美食节活动开幕，天河分会场主打“首店经济”，联合天河路商圈及辖内各大商场内的多家品牌广州首店推出活动，打造“食尚天河”名片。

12日 中国农业绿色产业大会暨第二十届广东种业大会在天河区柯木塱开幕，开幕式上举行天河智慧农业公园揭牌仪式。该公园是广东省农业技术推广中心和广州市天河区人民政府共同建设的现代都市农业示范项目。

15日 平安中国建设表彰大会在北京举行，广州市天河区被评为“平安中国建设示范县（市、区、旗）”，是广州市唯一获得该奖项的城区。

20日 2021广州国际创新节在广州（国际）科技成果转化天河基地举办。是届创新节以“聚力策源 协同创新”为主题，开幕式上发布广州首个由政府牵头成立的区域类创新联合体——环五山协同创新联合体，以及五大行业创新联合体。

22日 2021第五届天河人才文化节在广州（国际）科技成果转化天河基地举行。是届文化节以“行稳致远，再创新篇”为主题，设置主会场和五大系列分会场活动。

24日 中国信息化研究与促进网联合国衡智慧移动大数据联盟等机构发布《2021年中国优秀政务平台推荐及综合影响力评估结果通报》，天河区政府门户网站被评为优秀政务网站，区门户网英文网站被评为设计创新型外文版政府网站。

31日 升级改造后的广州市天河区人民法院诉讼服务中心正式启用，集安检、立案、信访、档案查阅、诉调对接、自助服务等功能于一体，并设置24小时自助立案区，实现诉讼服务全年无休。

是月 华南首个策展型商业购物广场YCC天宜开业，该商场位于天河区林和中路156号，原宜家家居东站店旧址。

总　述

区情概况

【地理位置】　天河区地处珠江三角洲腹地，广东省中南部，广州市东部，是广州市中心城区，其范围为北纬23°6′0″～23°14′45″，东经113°15′55″～113°26′30″。东到吉山岐山一带，与黄埔区广州科学城相连；南到珠江，与海珠区隔江相望；西到广州大道，与越秀区相接；北到筲箕窝，与白云区相邻。

【建置沿革】　天河地区历史悠久，最早可溯源至距今4000多年前的新石器时代，位于华南植物园的飞鹅岭新石器遗址曾出土大量的磨制石器、陶片、玉器等。天河地区在春秋时期属百越，战国时期属扬越，秦朝到清朝，天河地区由番禺、南海交替管辖。中华人民共和国成立前，天河地区基本上属番禺县。中华人民共和国成立后，辖区隶属也曾多次变更。1973年10月至1985年5月建区前，辖区全部归属广州市郊区。1985年5月24日，天河区经国务院批准成立，从广州市郊区分出，成为广州市辖行政区。建区时只有沙河街、五山街、员村街、车陂街以及沙河区（镇）（含同和乡、京溪乡）、东圃区（镇）。当时面积102.5平方千米，人口20.04万人。此后，辖区范围曾多次调整。1987年9月，同和镇（由同和乡和京溪乡组成）划归广州市白云区管辖。1992年4月，杨箕村从东山区划归天河区；1994年2月，原市农工商联合总公司凤凰农工商公司属下的柯木塱和渔沙坦2个行政村划归天河区。1994年8月，沙东村二队（自然村）从东山区划归天河区。2000年9月，原属市新塘农工商公司的新塘、沐陂、凌塘、玉树4个行政村移交天河区。2005年6月7日，登峰街和杨箕村划归越秀区，新塘街玉树村划归萝岗区（今黄埔区）。

【行政区划】　天河区辖有21个行政街：沙河街（1950年7月成立，以行文批准为准，下同）、五山街（1950年成立）、员村街（1960年7月成立）、车陂街（1981　年5月成立）、石牌街（1987年3月成立）、天河南街（1992年10月成立）、林和街（1995年8月成立）、沙东街（1995年8月成立）、兴华街（1995年8月成立）、棠下街（1997年11月成立）、天园街（1999年9月成立）、冼村街（1999年12月成立）、猎德街（1999年12月成立）、元岗街（1999年12月成立）、黄村街（1999年12月成立）、龙洞街（2002年12月成立）、长兴街（2002年12月成立）、凤凰街（2002年12月成立）、前进街（2002年12月成立）、珠吉街（2002年12月成立）、新塘街（2002年12月成立）。中共天河区委、区政府驻地为天园街道，天河区机关办公地址在天园街天府路1号。

【面积和人口】　天河区行政区域总面积约136.62平方千米，占广州市总面积的1.8%。2021年，全区常住人口223.86万人，下降0.6%；户籍人口104.93万人，增长3.8%；户籍人口出生数1.04万人，出生率10.1‰，死亡率3.3‰，自然增长率6.8‰。

【气候特点】　2021年，天河区气候特点与广州市气候特点一致：温高雨少干旱重，台风影响利大于弊。

·气温·　2021年，天河区年平均气温24.0℃，创历史新高，较近十年（2011—2020年，下同）平均偏高0.7℃，比2020年高0.5℃。是年，天河区4—10月平均气温在22.0℃以上，其余月份在22.0℃以下；最高气温38.4℃，比2020年高0.7℃，出现在7月；最低气温2.2℃，比2020年低3.1℃，出现在1月。

·降水·　2021年，天河区年降水量偏少且季节分布更加不均。天河区是年平均雨量1503.3毫米，较2020年少279.5毫米，较近十年平均减少22.5%。其中，4—9月累计降水1243.9毫米，较近十年平均减少20%。

·日照·　2021年，天河区年日照时数1830—1860小时，较常年偏多12%—15%。

·主要气候事件·　2020年10月至2021年3月，天河区冬春连旱，2月上旬和4月上旬气象干旱达到特旱等级。龙舟水期间（5月21日至6月20日），天河平均降雨量307.3毫米，较近十年同期偏少6.5%，连续7年龙舟水偏多趋势被中断。

2021年5月31日至6月2日，天河区出现是年最强暴雨过程，达到严重影响级别。

是年受台风影响程度偏轻，共有5个台风影响天河，分别是“查帕卡”（7月）、“卢碧”（8月）、“狮子山”（10月）、“圆规”（10月）和“雷伊”（12月），其中“狮子山”和“雷伊”影响较大，“雷伊”是历史上影响广州最晚的台风。

是年，天河区高温具有“出现早、结束迟、过程强、日数破纪录”的特点。5月9日出现是年第一个高温日，为历史第三早；7月22—29日出现是年最强高温过程，9月8—17日出现持续10天的年内最长过程，也是9月历史最强高温过程。2021年，天河区出现3次强冷空气过程，年头和年尾强冷空气影响较大。

【地形地貌】 天河区地势分3个区域：北部是以火成岩为主构成的低山丘陵区，海拔222～400米；中部是以变质岩为主构成的台地区，海拔30～50米；南部是冲积平原区，海拔1.5～2米。全区地势由北向南倾斜，形成低山丘陵、台地、冲积平原三级地貌。其中，丘陵28.41平方千米，占20.72%；台地21.85平方千米，占15.94%；平原86.84平方千米，占63.34%。

中部台地区地质较为复杂。元岗天河客运站至石牌华南师范大学地下有花岗岩残积土层，遇水极易软化崩解。五山地下有孤石群，硬度非常高。瘦狗岭地下断裂带（农科院幼儿园地下16米）有急流地下水。

北部低山大体以筲箕窝水库为中心分东西两面排列，并以此为天河区与黄埔区、白云区分界。全区最高处为大和嶂（391米），山脊南北两侧分别为天河区渔沙坦村与白云区太和镇。以大和嶂为起点往东与黄埔区的分界主要有杓麻山（388米）、凤凰山（373.3米）、石狮顶（304米）等海拔261～388米的11个山头，往西与白云区分界主要有洞旗峰（312米）等海拔147～312米的9个山头。筲箕窝水库以南有火炉山（322米）。中部台地从东到西分布有吉山台地和五山台地，五山台地中有地势较高的瘦狗岭（131米）。南部冲积平原分布在广深铁路以南，前进、车陂、员村、石牌、猎德一带。有“七涌一湖”：“七涌”从东到西依次为深涌、车陂涌、棠下涌、程界涌、潭村涌、猎德涌、沙河涌，“七涌”均由北向南流入珠江；“一湖”是天河公园中心湖。南临珠江，江岸线11千米。

【自然资源】 ·土地资源· 1991年起，天河区城市化进程加快，耕地面积逐年减少。天河区尚有地形坡度大于25度且难以利用的低山丘陵土地42平方千米，主要集中在区东北部。

·林木资源· 2021年，天河区森林总面积3214.88公顷，比2020年减少25.21公顷，森林覆盖率23.54%，比2020年减少0.18个百分点。森林主要分布在北部、西北、东北、中部低山丘陵区。按林种划分，全区有用材林604.52公顷、防护林298.86公顷、特种用途林1058.42公顷、经济林169.87公顷；按地类划分，全区有乔木林1715.07公顷、竹林104.77公顷、灌木林地145.85公顷、未成林地0.98公顷、无立木林地141.35公顷、宜林地15.47公顷、苗圃地8.19公顷。

·地下水资源· 天河区地下水资源主要集中在区东北部，主要有位于珠村东北处的珠村矿泉水，龙眼洞村洞旗峰南坡山腰的龙眼洞矿泉水，渔沙坦村以北的凤凰山矿泉水和柯木塱村的长寿村矿泉水。矿泉水类型绝大部分是单一偏硅酸型，矿化度低。此外，从天河北路到瘦狗岭一带地下有温泉水源，水温达36℃，含丰富的偏硅酸、氟、铁等微量元素，有一定的医疗作用。沙河禺东西路军体院一带有矿泉水源。

·矿物资源· 铋、钨。分布于龙眼洞南社水冲岭、白虎窿一带，深窿、大窝、崩岗等处也有。1956年，国家在此开办采矿场，开采有色金属，两年后停办。

铝。分布于马坑园村东侧，表土层一米以下的土壤是一种黑白混合泥，因其含铝量高达23%～28%，被称为铝质泥，储量不详。20世纪60年代开采，加工成泥粉，出售给车陂水厂和郊区铝厂，数量超过15000吨。水厂用于沉淀水中杂质；铝厂则用于制取硫酸铝。20世纪80年代停采。

河沙。1991年前，尚有沙河涌等河涌上游的河沙可采用为建筑材料。后来由于环境污染，河水变浊，可利用的河沙逐渐减少。2000年起，已无河沙可采。

岩石资源以花岗石为主，主要分布在北部岑村火炉山和龙眼洞洞旗峰一带。早在20世纪50年代，火炉山就有东升石矿场并开始采石。至1991年，火炉山下有市东升石矿场和凌塘、新塘等石材场，洞旗峰下主要有市派安石矿场和龙眼洞石场，加上元岗、长湴等石材场，大小石场共44个。1995年以后，为保护生态环境，石场陆续关闭。

·地下木材资源· 长湴村往东一带有地下林木。长湴，古时是沼泽地，因泥湴过膝得名，据说地下六七米深处有古河道和林木。20世纪60年代，很多村民挖掘至2.5米时发现泥层中尚有未腐透的乔木。

【自然地名简介】 ·瘦狗岭· 位于

广汕公路东侧。因地势形状略似瘦狗，故名。西北—东南走向，长1千米，宽0.5千米，面积0.5平方千米，海拔131.3米。由石炭纪石英岩组成，岭上岩石裸露，表层为红壤，坡地种有马尾松疏林。山有瓷土，在山南曾建有广州建筑陶瓷厂。

·大和嶂· 位于广汕公路东侧渔沙坦村，海拔391米，为天河区海拔最高处。山上有20世纪30年代侵华日军修建的大、小碉堡各1个，2004年被列入广州市文物保护单位。南麓于唐代建有石门古庙，“宝寺僧归”曾为清代龙洞八景之一。该寺于20世纪30年代被侵华日军拆毁。

·火炉山· 曾名火罗岭，位于广汕公路和银屏岭以南，岑村、凌塘以北。山体面积6.25平方千米。因山体表层为红壤，加之以前山体绿化少，地表裸露，在太阳照射下呈现红光，故名。该山近东西走向，主峰海拔322米，次峰海拔235米。山顶有巨石，酷似昂首猪头，故名猪头石，清代曾为龙洞八景之一——火罗夜月。南麓风化层薄，东升等石矿场曾在此采石。现坡地有马尾松，山下有泥窿水库、东大湖、南大湖等水体。

·洞旗峰· 位于龙洞西北部，沙太公路以东，是天河区与白云区分界线。山体面积2.25平方千米，近东北—西南走向，主峰海拔312.4米。山体由花岗岩组成，表层为红壤，坡地种有马尾松。因风化层薄，易采石料。

·凤凰山· 位于筲箕窝水库东南，东北—西南走向，主峰海拔373.3米，山体由花岗岩和页岩构成，植被为亚热带常绿阔叶林。山顶上有一大草窝，传为凤凰栖息之处。凤凰山由此得名。

·天平架· 位于沙河以北、瘦狗岭以西、沙河旧广从公路一带。相传有仙人秤白云山和瘦狗岭的重量，便在两山之间建造一座天平，遗留天平架子，故名。清代形成村落，现为城市居民区。

·龙眼洞盆地· 位于龙眼洞一带。由车陂涌侵蚀而成，四周环绕花岗岩山丘。北起旺岗，南至华南植物园，与车陂涌相连，东至广州林业学校，西至大坦岭，面积约9.3平方千米。盆地底部平坦，地面海拔30～40米，边缘为海拔40～60米的二级台地，车陂涌流经东部。水源充足，土壤肥沃，为砂壤土。曾出土新石器时代磨制石器、陶器。

·瘦狗岭断裂· 又称广州—罗浮山断裂。近东西走向活动性断裂，西起三元里，向东经瘦狗岭、黄埔区、增城区至博罗罗浮山，长达80多千米。断面南倾，倾角50°～60°，断裂带北部为隆起区，长期上升并遭受剥蚀，露出燕山期花岗岩和震旦纪变质岩，形成孤立残丘，如鸡笼岗、茶山等；南盘为沉降区，形成白垩纪红层低台地和第四纪组成的三角洲平原。断裂至今还在活动，特别在广从断裂和文冲断裂交界处，常诱发小地震，但没有造成过灾害。

·五仙桥· 位于白云山东麓、兴华街广从公路西侧，属银河村，现为居民区。古时，这里是北方进入广州的要道，曾有5块长石板铺砌的一座山溪小桥。相传古代有五位骑羊持穗的仙人降临广州时经过此处，故名。民间流传，“未有五羊城，先有五仙桥”。现溪水已无，石板桥填埋在地下。

【历史文化】 近代的天河地区曾为广州东部军事重地，历史上著名的猎德炮台、天河机场等重要军事设施均设于此，辖内还有黄埔军校燕塘分校旧址、十九路军淞沪抗日阵亡将士陵园、新一军征缅阵亡烈士公墓等。天河机场建成于1930年，因机场建在天河村的土地上，故名。1984年，广州市在天河机场旧址建设天河体育中心，天河区因此而得名。

天河历来重视教育。清代，该地有6所社学和7所书院。其中，禺山书院发展演变为今广州市第十八中学。民国时期，广东军事政治学校和中山大学也在此选址创办。中华人民共和国成立初期，广东省有5所普通高校，天河地区就有其中3所：华南工学院、华南农学院、华南师范学院。而后，暨南大学在此复校，大批大中专学院和科研单位兴办。截至2021年，天河区辖有普通高等院校32所、科研单位50所。

天河崇尚体育文化。清代至天河建区前，该地民间盛行武术、醒狮、赛龙舟等体育活动。建区后，群众体育组织发展迅速，场地设施逐步增加，为国家输送大批优秀运动员，如国家击剑队队员董兆致、国家女子游泳队队员刘湘、国家男子跳水队队员陈艾森等。辖内天河体育中心、广东奥林匹克体育中心曾承办第六届、第九届全国运动会和第十六届亚洲运动会的多项赛事。近年，天河辖内多次举办广州马拉松、国际垂直马拉松、亚足联冠军联赛等国内外重大赛事。

【传统民俗】 天河地区自宋代渐成村落，村民先祖皆从中原南迁而来，民俗与中原相似。数百年间，民俗历经传承、再造、消逝、复兴等演变，天河仍保留的民俗主要有扒龙舟、乞巧、迎春花市、摆中元、客家山歌等。

·扒龙舟· 龙舟竞渡即粤语中俗称的“扒龙舟”，是一项具有水乡特色的民间游艺娱乐活动，包括起龙、采青、赛龙、探亲、招景、趁景、吃龙船饭、唱大戏、藏龙、散龙等环节。中华人民共和国成立后，扒龙舟的风俗从禁止到恢复，几经波折。近年，龙舟竞渡得到发展弘扬，已经成为天河城市文化不可或缺的一部分。每年端午，天河区有河涌的村落都要举行龙舟竞渡，尤以车陂、珠村、猎德、棠下最负盛名。2017年5月，“车陂村扒龙舟”被列入广州市非物质文化遗产。2018年12月，广州首个非遗文化传承保育展览馆——车陂“一水同舟”龙舟文化展览馆开馆。之后，每年举办“一水同舟”国际龙舟文化艺术节。

·乞巧· 旧时乞巧节，天河珠村地区有祭拜织女的习俗，并举办“乞巧会”，仪式繁复，包括“摆七娘”“拜七娘”“睇七娘”等活动。该民俗发展历程与扒龙舟相似，乞巧在消失半世纪之后，于1998年在珠村民间开始恢复，2005年珠村乞巧节被提升为广州乞巧文化节，而后年年举办，现已发展成天河乃至广州的民俗文化品牌。除开展传统民俗活动外，还打造乞巧竞技、文化论坛、乞巧传承成果展、当代女子成人礼、主题游园等衍生项目。2011年，“天河乞巧习俗”入选国家非物质文化遗产名录，天河珠村入选文化部“中国民间文化艺术之乡”。2014年，全国首个乞巧文化博物馆在珠村开馆。2019年，《天河区珠村历史文化名村保护规划》公布，乞巧等传统文化习俗被纳入保护范围。

·迎春花市· 迎春花市是岭南独特的春节习俗，迎合广府文化“讲意头”的传统。天河区于1986年举办第一届迎春花市，此后年年举办。按惯例，花市从农历十二月二十八持续至除夕，通过搭建花市牌楼、摆卖年花营造过年喜庆气氛。市民青睐于寓意美好的花卉，如金橘，粤语中“橘”和“吉”同音，象征大吉大利；桃花，象征大展宏图（桃）；兰花，象征富贵吉祥。

·摆中元·“摆中元”是天河区车陂村沙美梁氏宗祠的传统祭祀活动，至今已百余年。农历七月十五，俗称中元节，是民间庆贺丰收、祭祀先祖的日子。仪式由沙美梁氏宗祠的“太婆”带领氏族中的女性后人，身穿汉服，在宗祠正厅进行传统祭拜。大厅内摆放手工艺品，祈求来年五谷丰登、风调雨顺，是为“摆中元”。随着时代发展，车陂村在传统基础上不断完善，逐渐成为中元节系列民俗活动，包括中元河灯祭、中元晚会、中元公益市集、车陂潮墟、汉服巡游等。

·客家山歌· 天河区凤凰街辖内的柯木塱村是山区，村民大多是客家人，喜唱客家山歌。2004年11月，凤凰街客家山歌协会成立，定期在不同歌墟点举行客家山歌歌墟活动，开设客家山歌文化、历史讲座和表演培训。参与者除本地居民外，还有来自增城区、白云区、惠阳市等外地的客家山歌爱好者。2010年10月，客家山歌曾被中央电视台新闻频道《亚运与我》栏目专题报道。同年，凤凰街因独具风格的山歌歌墟、客家祠堂、客家美食，被市委宣传部、第16届亚运会组委会宣传部等部门命名为“广州市十大特色街”。

【地方特产】 历史上天河地区盛产名优农业土特产。据同治《番禺县志》卷7《物产》记载，主要有东圃的糯米和葛、燕塘竹笋、石牌香芋、冼村和石牌的藿香、猎德的杨桃和蚬，以及黄村至珠村一带的各类水果等。中华人民共和国成立至天河建区前期，除上述特产外，天河地区蜚声国内的品牌还有岐山黄皮、宦溪妃子笑荔枝、沙东吊丝丹竹笋等。但随着城市化迅速推进，天河区至今尚存的特产主要有沙河粉和白云猪手。

·沙河粉· 沙河粉创始于清末民初的沙河镇，现已传遍全国。沙河粉是由山泉水浸泡的大米磨成的米浆蒸制而成的薄片粉，洁白透明，体薄柔韧，爽滑可口，烹调方便，可荤可素。既可作街头小食品，又可作正餐主食，可汤、可炒，或与调料生拌，若拌以肉丝之类，其味更佳。2011年5月，沙河粉制作工艺被列入广州市第三批市级非物质文化遗产名录。

·白云猪手· 白云猪手相传创始于白云山能仁寺，后在山下沙河墟声名远扬。天河建区之初，白云猪手是沙河食品厂的名牌产品，现已成为广州市的一道名菜。制作白云猪手最考究的一个环节是要将猪蹄浸泡在白云山水中，以保证其色泽亮丽，口味更佳。

【方言】 天河区辖内以使用粤方言为主，粤方言是现代汉语方言的七大方言之一。天河区所在的广州市区是粤方言的中心，是所有粤方言区的标准语。普通话有4个声调，粤语有9个。另外，在凤凰街的渔沙坦村和柯木塱村、沙河街少数地段等客家人聚居地，日常以使用客家方言为主。近年，客家方言使用人数和流行区域逐渐缩小。

【民族宗教】 2021年，天河区辖内的少数民族约10.2万人，其中，流动人口约6.2万人，56个民族族别齐全。人数较多的是壮族、土家族、回族、苗族和满族。

是年，天河区已登记开放的宗教活动场所有11处。其中佛教2处，石门禅院、慈林寺；天主教2处，分别是天河区天主教活动点、露济亚堂；基督教7处，分别是天河堂、沙河堂渔沙坦聚会点、天河希尔顿酒店外国人宗教活动临时点、广州鸿德酒店外国人宗教活动临时点、员村临时活动点、石牌临时活动点、棠下临时活动点。

【华侨华人】 2021年，天河区海外华侨华人主要分布在北美、西欧、澳大利亚、新西兰、东南亚等地；归侨、侨眷主要集中在五山街、员村街、石牌街、车陂街、天河南街、棠下街、兴华街、龙洞街等街道，尤其是华南理工大学、暨南大学、华南师范大学、华南植物园等单位归侨、侨眷相对较多。

经济强区建设

【经济实力增强】 2021 年，天河区实现地区生产总值（下称“GDP”）6012.20 亿元，GDP 首次超过 6000 亿元，比 2020 年（下同）增长 8.2%，总量连续 15 年全市第一。实现全口径税收收入 879.2 亿元，一般公共预算收入 77.8 亿元。主导产业支撑有力，现代服务业增加值占 GDP 的 71.5%，新增持牌金融机构 13 家。国际消费中心城市核心区作用进一步增强，实现社会消费品零售总额 2050.6 亿元，增长 15.1%，占全市的 20.3%。新增企业 16.4 万户，增长 37.5%，占全市的 35.6%；新增“四上”企业 1307 家，增长 21.5%，占全市的 17.8%。重点建设项目超额完成年度计划，区主管的 82 个市“攻城拔寨”项目完成投资 228.5 亿元，完成年度投资计划的 135.6%，带动全年固定资产投资增长 8.1%。

【创新驱动发展】 2021 年，天河区新增科技类企业 3.4 万家，占全市的 38.2%。2 家企业被认定为国家级专精特新“小巨人”；4 家企业入选 2021 中国新科技百强，占全市的 80%；5 家企业入选 2021 年中国互联网百强，占全市的 55%；18 家企业入选广州“独角兽”“未来独角兽”“种子独角兽”创新企业榜单。广州（国际）科技成果转化天河基地累计入驻创新项目 28 个，粤港澳大湾区（广东）创新创业孵化基地正式投入运营，引入项目 124 个。科技孵化育成载体建设取得新进展，新认定国家级孵化器 4 家，认定数量居全国各区（县）第一。联合主办第十一届亚洲知识产权营商论坛——粤港澳大湾区专题论坛。2 项专利获得第二十一届中国专利奖金奖，10 项成果入选 2020 年国家科学技术奖。

【重大平台提质升级】 2021 年，天河中央商务区“四个出新出彩”示范区建设稳步推进，新引进 500 强企业投资项目 11 个，广州环贸中心、寺右万科、广发证券大厦等商务楼宇投入使用，广州期货交易所揭牌运营。广州人工智能与数字经济试验区广州国际金融城片区引入农业银行、酷狗音乐等百亿级项目，澳门国际银行成功进驻；高标准完成片区产业规划，起步区 8 个项目已封顶，3 个项目竣工或分期验收。天河智慧城继续深化核心区控规调整，小鹏科技园等 13 个重点项目开工，引进注册资本亿元以上企业 34 家，网易总部二期、时代（天河）二期等重点项目竣工投产，天河软件园被评为四星级国家新型工业化产业示范基地。中国工业互联网研究院广东省分院落户天河智慧城。天河路商圈入选省级示范特色步行街（商圈），引进国际品牌 51 个、首店 97 家。正佳广场被评为首批国家级夜间文旅消费集聚区。

【深化开放与区域合作】 2021 年，天河区继续推进“双区”建设、“双城”联动，制定实施支持横琴、前海两个合作区建设实施方案。高标准推动国家数字服务出口基地建设，625 家企业成功开设自由贸易账户，全区实现服务贸易出口额 15.6 亿美元。“打造粤港澳大湾区世界级电竞中心”案例入选国家文化出口基地首批创新实践案例。外商投资快速增长，新设外资项目 998 个，增长 59.7%；实际利用外资 12.6 亿美元，增长 88.2%。粤港澳大湾区（广东）创新创业孵化基地投入使用，协助港澳台青年创办企业 223 家，“1＋1＋N”港澳台青年创新创业基地服务体系初见成效。广粤国际社区服务中心和汇景国际社区服务中心建成投入使用。

高效政府建设

【营商环境改革】 2021 年，天河区全面落实市营商环境 4.0 改革要求，印发实施《天河区营商环境建设现代化国际化样板示范实施方案》，聚焦政务服务提质、要素保障供给、科技创新赋能、法治环境提升、国际规则衔接和市场运行护航六大工程，提出 177 项改革新措施，在赛迪投资竞争力百强区榜单中排名第一。政务服务进一步优化，开办企业“照、章、税、保、金、银”全流程半天办结；区级政务服务事项 100% 可网办，344 项高频事项实现“跨域通办”；上线“穗好办”App 天河专区，进驻政务服务事项 362 项。

【重点领域改革】 2021 年，天河区“一盘棋”推动招商引资和企业服务体制机制改革，区投资服务中心被评为省年度最佳招商服务团队。完成区属全民所有制企业公司制改革。深化“村改居”管理体制综合改革，所有村改制公司、“村改居”社区党组织实现“三个一肩挑”，农村集体资产全部实现电子化交易，农村集体产权制度改革经验被农业农村部总结推广。

【优化政府治理效能】 2021 年，印发天河区街道第一批权责清单，进一步厘清区政府及职能部门与街道的权责边界。街道成立综合行政执法办公室，逐步实现“一支队伍管执法”。整合全区行政复议资源，完成行政复议体制改革。印发《关于贯彻实施〈民法典〉推进法治政府建设的实施方案》，推动有效市场和有为政府更好结合。高标准建设“令行禁止、有呼必应”区街综合指挥调度平台，建成区来穗人员服务示范中心，基层治理“七力凝聚”协同共治模式被中央政法委推广，“3＋1＋3”车陂街社区社联自治创新实践入选全国市域社会治理创新优秀案例。

【推进政务公开】 2021年，天河区改版上线区政府门户网站移动版，上线英文网站。将全区1792项政务事项导入区政府门户网站后台，上线区政策兑现服务平台，区政府门户网站被评为2021年度中国优秀政务网站。完成全区26个领域共2533项基层政务公开事项标准目录编制和发布。建立政府信息常态化更新机制，规范政务公开事项标准目录信息加载工作。聚焦营商环境优化开展政策解读，上线“营商政策云课堂”，举办“广州政务讲堂”在线直播宣讲，利用新媒体开展“天河区推动经济高质量发展”等政策推广。

品质城区建设

【增强城区承载能力】 2021年，天河区科学规划城区发展，完成土地收储73.9公顷，完成广州新白云国际机场第二高速公路南段工程（天河段）等重点项目征拆。市区合力推进38个重点交通项目建设，地铁18号线首通段开通运营，天润路东段、华南快速路石门堂山隧道等4个项目完工。完成7个高快速路出入口改造提升、10个交通拥堵点整治。完成27个老旧小区微改造，17个专业批发市场转型疏解，整治提升村级工业园37.2公顷。累计建成5G基站7315座。广州国际金融城起步区220千伏员热变电站按期投产送电。

【提升城市治理水平】 2021年，天河区继续推进扫黑除恶专项斗争，刑事治安警情下降11.8%，连续7年在全市平安建设考评中排名第一，被评为“2017—2020年度平安中国建设示范县”。治理违法建设393.4万平方米。提升综合防灾减灾救灾能力，建成区街联动、信息共享的应急指挥调度平台。推进食品安全示范城市创建工作，粮食储备规模增至11万吨。妥善化解房地产、涉众金融、“双减”政策等重点领域矛盾纠纷。

【改善生态环境质量】 2021年，天河区环境空气质量综合指数排名中心城区第一。建成碧道13.7千米，完成35条合流渠箱清污分流治理，新建成海绵城市面积2.8平方千米。累计完成排水单元达标认定2143个，达标率83%。猎德涌“降水位、少清淤、不调水”治理方式得到生态环境部、住房和城乡建设部、水利部肯定。完成白云山缓冲区天河段综合环境提升和伍仙桥入口路径整治。建成区、街、村（社区）三级林长体系，建成口袋公园14个，天河智慧农业公园、天河精品农业公园（一期）对外开放。推进垃圾分类，生活垃圾回收利用率43%，新建“两网融合”网点159座，连续6年被评为全市建设干净整洁平安有序城市环境A档。推进节能降碳，启动广州国际金融城综合能源项目建设，单位GDP能耗全市最低。

幸福天河建设

【提高社会保障水平】 2021年，天河区实施“粤菜师傅”“广东技工”“南粤家政”工程，组织培训15.9万人次。是年，新增就业6.6万人，登记失业人员再就业1.1万人。受理各类就业创业补贴6.04亿元，惠及36万人次。向困难群众发放各类社会救助金3557.3万元。建成街道颐康中心21个、家庭养老床位1718张，街道长者饭堂提供“刷卡就餐”服务142万人次，五山街五所社区被评为全国示范性老年友好型社区。

【文旅事业进步】 2021年，天河区深化9个新时代文明实践阵地市级示范点建设，继续打造猎德人家社区综合服务品牌，组织开展群众性文化活动1792场、公益文化艺术普及活动220场。完成毛泽东视察棠下农业生产合作社旧址提升工程。区文化馆被评为国家一级文化馆，车陂街被评为省民间文化艺术之乡。成功创建省全域旅游示范区，正佳广场被列入第一批国家级夜间文化和旅游消费集聚区名单。粤港澳电竞发展研究院、广东省新形态网络游戏协审中心落户天河。区辖内12家企业入选市文化企业30强，入选数量居全市首位。

【教育卫生均衡发展】 2021年，天河区开展“双减”工作。新增规范化幼儿园6所，被评为广州市第三期学前教育行动计划“优秀”等次。新开办小学2所，区属公办高中特控率连续5年全市第一。清华附中湾区学校一期校区、执信中学天河校区建成开办，广州中学凤凰校区加扩建项目一期、广州市第八十九中学北区、华景小学综合楼等项目完工。新增基础教育公办学位1.34万个。加大优质医疗资源供给，完成区医疗卫生机构布局规划编制，广东省骨科研究院北侧大楼建成移交。新增社会办医疗机构113家，数量居全市第一。为1.9万名常住人口孕产妇及其1岁以内婴儿统一购买保险，为2.9万名65岁以上户籍老年人免费接种流感疫苗。打造全省首个“线上+线下”用药服务模式。珠吉护理院被评为全省首批医养结合示范机构。

【精准防控疫情】 2021年，天河区遵循“外防输入、内防反弹”原则，迅速稳妥处理“5·21”广州本土疫情、涉东莞疫情、林和街疫情等。加强公共卫生应急体系建设，成立全市首个区级流调溯源指挥部，建立集中隔离酒店三级责任体系。全面接种疫苗加强针，全年累计接种疫苗505.9万剂次，完成全程接种220.4万人，覆盖率98.3%。严格落实集中隔离人员闭环管理措施，累计核酸检测1015万人次，接待入境人员6.3万余人。

天河区组织机构

中国共产党广州市天河区委员会

书记：陈加猛

副书记：谭明鹤（任至8月）、陈建荣（8月任职）、刘武鹏

常委：陈晓晖（任至8月）、谢伟（任至8月）、龚伟河（任至8月）、孟献营（任至3月）、张文胜、邵国明（任至7月）、黄凯旋、查显春、张鉴君（3月任职）、杨海涛（7月任职）、饶洁怡（8月任职）、谢长林（8月任职）、刘庆进（9月任职）

广州市天河区人民代表大会常务委员会

主任：蓝小环

副主任：林志云（任至10月）、倪瑞兰（任至10月）、李笑娟、陈少龙（任至9月）、黄泽鹏、余电芳（3月任至10月）、石泽润（10月任职）、吴杰（10月任职）、林泽波（10月任职）

广州市天河区人民政府

区长：谭明鹤（任至8月）、陈建荣（8—10月任代理区长；10月任职）

常务副区长：龚伟河（任至8月）、黄凯旋（8月任职）

副区长：饶洁怡（任至9月）、刘庆进、罗永忠（任至8月）、郭华、谢长林（任至8月）、袁笑一（8月任职）、段希（9月任职）、邓萍（8月任职）、黄卓丰（10月任职）

中国人民政治协商会议广州市天河区委员会

党组书记：邓庆彪（任至9月）、邵国明（9月任职）

主席：邓庆彪（任至10月）、邵国明（10月任职）

党组副书记：谢伟（任至8月）、邵国明（8月任至9月）、谢长林（8月任职）、陈祖进

党组成员：邓庆彪（9月任职）、王亚平、姚忠伟（9月任职）、邹彦庭（3月任至10月）、邱裕辉

副主席：廖国胜（任至3月）、陈祖进、岳朝阳（10月任职）、王亚平、张海玉、曹利元（3月任职）、姚忠伟（10月任职）、邹彦庭（3月任至10月）、吴兰桂（任至10月）、王壮（任至3月）

中国共产党广州市天河区纪律检查委员会、广州市天河区监察委员会

区纪委书记、区监委主任：张文胜

区纪委副书记、区监委副主任：黄鹏、林泽波（任至9月），张广前（9月任职）

区纪委常委、区委巡察办主任：梁彬

区纪委常委、区监委委员、案件监督管理室主任：欧阳习中

区纪委常委、区监委委员、办公室主任：李小玲

区纪委常委、区监委委员、第三纪检监察室主任：唐源杨（8月起任第三纪检监察室主任，9月起任区纪委常委、区监委委员）

区监委委员：吕星（9月任职）、吴智锋（9月任职）

表1　中国共产党广州市天河区委员会工作机构表

机构名称（全称）	简称	负责人
中共广州市天河区委办公室	区委办公室	主任：查显春
中共广州市天河区委组织部	区委组织部	部长：邵国明（兼，任至8月）、杨海涛（兼，8月任职）
中共广州市天河区委宣传部	区委宣传部	部长：陈晓晖（兼，任至8月）、饶洁怡（兼，8月任职）
中共广州市天河区委统一战线工作部	区委统战部	部长：谢伟（兼，任至8月）、谢长林（兼，8月任职）
中共广州市天河区委政法委员会	区委政法委	书记：黄凯旋（兼，任至8月）、刘武鹏（兼，8月任职）
中共广州市天河区委机构编制委员会办公室	区委编办	主任：陈志贤
中共广州市天河区直属机关工作委员会	区直机关工委	书记：赵用能
中共广州市天河区委老干部局	区委老干部局	局长：肖琰（任至4月）、刘开勤（4月任职）
中国人民解放军广东省广州市天河区人民武装部	区人武部	部长：邵文新
中共广州市天河区委党校	区委党校	校长：刘武鹏（兼，任至8月）、杨海涛（兼，8月任职）

续表 1

机构名称（全称）	简称	负责人
广州市天河区国家档案馆	区国家档案馆	馆长：魏兵
广州市天河区融媒体中心	区融媒体中心	主任：余彦

表 2

广州市天河区人民代表大会常务委员会工作机构表

机构名称（全称）	简称	负责人
广州市天河区人民代表大会常务委员会办公室	区人大常委会办公室	主任：陈小林
广州市天河区人民代表大会常务委员会监察和司法工作委员会	区人大常委会监察司法工委	主任：曾晓元
广州市天河区人民代表大会常务委员会财政经济工作委员会	区人大常委会财经工委	主任：黎文涛
广州市天河区人民代表大会常务委员会城乡建设环境与资源保护工作委员会	区人大常委会城乡建设环境资源工委	主任：林合顺（任至 8 月）、张盛旺（9 月任职）
广州市天河区人民代表大会常务委员会教育科学文化卫生工作委员会（广州市天河区人民代表大会常务委员会华侨外事民族宗教工作委员会）	区人大常委会教育科学文化卫生工委（区人大常委会华侨外事民族宗教工委）	主任：吕懿华
广州市天河区人民代表大会常务委员会农村农业工作委员会	区人大常委会农村农业工委	主任：陈廷（任至 8 月）、杨演锋（8 月任职）
广州市天河区人民代表大会常务委员会社会建设工作委员会	区人大常委会社会工委	主任：范晓轩（任至 8 月）、林惠娜（8 月任职）
广州市天河区人民代表大会常务委员会选举联络人事任免工作委员会	区人大常委会选联工委	主任：郭民

表 3

广州市天河区人民政府工作机构表

机构名称（全称）	简称	负责人
广州市天河区人民政府办公室	区政府办公室	主任：姚忠伟
广州市天河区发展和改革局	区发展改革局	党组书记、局长：邹学仁
广州市天河区教育局	区教育局	党组书记、局长：王海鸿
广州市天河区科技工业和信息化局	区科工信局	党组书记、局长：宋爱平
广州市天河区民政局	区民政局	党组书记：聂昌洪 局长：张海玉（任至 11 月）、聂昌洪（11 月任职）
广州市天河区司法局	区司法局	党组书记、局长：刘奇志
广州市天河区财政局	区财政局	党组书记、局长：吴杰
广州市天河区人力资源和社会保障局	区人力资源社会保障局	党组书记、局长：石泽润
广州市天河区住房建设和园林局	区住建园林局	党组书记、局长：陈志宏
广州市天河区水务局	区水务局	党组书记、局长：许文进（任至 9 月）、张绍辉（9 月任职）
广州市天河区农业农村局	区农业农村局	党组书记、局长：李桂明（任至 9 月）、刘宏海（9 月任职）
广州市天河区商务和金融工作局	区商务金融局	党组书记、局长：王鹤
广州市天河区文化广电旅游体育局	区文化广电旅游体育局	党组书记、局长：江波
广州市天河区卫生健康局	区卫生健康局	党组书记、局长：唐德成
广州市天河区退役军人事务局	区退役军人事务局	党组书记、局长：何淳
广州市天河区应急管理局	区应急管理局	党组书记、局长：林穗炜

续表 3

机构名称（全称）	简称	负责人
广州市天河区审计局	区审计局	党组书记、局长：黄永常
广州市天河区市场监督管理局	区市场监管局	党组书记、局长：肖泽顺
广州市天河区统计局	区统计局	党组书记、局长：王本成
广州市天河区城市管理和综合执法局	区城市管理综合执法局	书记、局长：刘建华
广州市天河区信访局	区信访局	党组书记、局长：陈文荡（任至 8 月）、丘立峰（8 月任职）
广州市天河区政务服务数据管理局	区政务服务数据管理局	党组书记、局长：林惠娜（任至 9 月）、侯利荣（9 月任职）
广州市公安局天河区分局	区公安分局	党组书记、局长：郭华
广州市规划和自然资源局天河区分局	区规划和自然资源分局	党组书记、局长：严志明（任至 8 月）、刘俊杰（12 月任职）
广州市生态环境局天河分局	区生态环境分局	党组书记、局长：杨庆耀（任至 12 月）、庄雄（12 月任职）
广州市天河区协作办公室	区协作办	党组书记：曾晓东 主任：谭小瑜
广州市天河区机关事务管理局	区机关事务局	局长：杨立鸿
广州市天河区广州火车东站地区管理委员会办公室	东站地区管委办	党组书记、主任：曾平（任至 4 月）、马东升（4 月任职）
广州市天河区供销合作社联合社	区供销联社	党组书记：朱焕周 理事会主任：吴小妹
广州市天河区建设工程项目代建局	区代建局	党组书记、局长：黄新锋

表 4　中国人民政治协商会议广州市天河区委员会工作机构表

机构名称（全称）	简称	负责人
中国人民政治协商会议广州市天河区委员会办公室	区政协办公室	秘书长：邱裕辉
中国人民政治协商会议广州市天河区委员会提案委员会（中国人民政治协商会议广州市天河区委员会农业农村委员会）	区政协提案委（区政协农业农村委）	主任：郑桂金
中国人民政治协商会议广州市天河区委员会社会法制学习文史委员会	区政协社会法制学习文史委	主任：黄启林
中国人民政治协商会议广州市天河区委员会经济委员会	区政协经济委	主任：潘巧玲
中国人民政治协商会议广州市天河区委员会教科文卫体委员会	区政协教科文卫体委	主任：洪榕（任至 9 月）、吴文章（9 月任职）
中国人民政治协商会议广州市天河区委员会联络委员会	区政协联络委	主任：薛健斌

表 5　广州市天河中央商务区管理委员会、天河科技园管理委员会表

机构名称（全称）	简称	负责人
广州市天河中央商务区管理委员会	天河中央商务区管委会	主任：查显春（兼）（任至 8 月）、饶洁怡（8 月任职） 常务副主任：全小敏（任至 7 月）、袁晓文（7 月任职）
广州市天河科技园管理委员会	天河科技园管委会	党委书记：詹延遵 党委副书记、主任：邹彦庭（任至 8 月）、许文进（8 月任职）

表 6　广州市天河区人民法院、人民检察院表

机构名称（全称）	简称	负责人
广州市天河区人民法院	区法院	党组书记、院长：杜传杰
广州市天河区人民检察院	区检察院	党组书记、检察长：林伟忠（党组书记任至 7 月，检察长任至 11 月）、陈焯霖（7 月任党组书记、11 月任检察长）

表 7

民主党派与工商联天河区基层组织表

机构名称（全称）	简称	负责人
中国国民党革命委员会广州市天河区基层委员会	民革天河区基层委员会	主委：吴小妹
中国民主同盟广州市天河区基层委员会	民盟天河区基层委员会	主委：邓谦
中国民主建国会广州市天河区基层委员会	民建天河区基层委员会	主委：张海玉
中国民主促进会广州市天河区基层委员会	民进天河区基层委员会	主委：曹利元
中国农工民主党广州市天河区基层委员会	农工党天河区基层委员会	主委：吴文章
中国致公党广州市天河基层委员会	致公党天河区基层委员会	主委：刘建
九三学社广州市天河委员会	九三学社天河委员会	主委：谭小瑜
中国台湾民主自治同盟广州市天河区基层委员会	台盟天河区基层委员会	主委：林峥
广州市天河区工商业联合会	区工商联	党组书记：陶小民 主席（会长）：应华江

表 8

广州市天河区群众团体表

机构名称（全称）	简称	负责人
广州市天河区总工会	区总工会	主席：陈少龙
中国共产主义共青团广州市天河区委员会	团区委	书记：王沫
广州市天河区妇女联合会	区妇联	主席：蔡进
广州市天河区科学技术协会	区科协	主席：李春兰
广州市天河区文学艺术界联合会	区文联	主席：王芹
广州市天河区归国华侨联合会	区侨联	主席：陈健生
广州市天河区残疾人联合会	区残联	理事长：汤达凡
中国国际贸易促进委员会广州市天河区支会	区贸促会	党组书记：梁克强 主任：刘小娴

表 9

广州市天河区街道党工委、办事处表

街道机构名称（全称）	简称	负责人
中共广州市天河区沙河街道工作委员会	沙河街党工委	党工委书记：赵端生
广州市天河区人民政府沙河街道办事处	沙河街办事处	办事处主任：曾晓东
中共广州市天河区五山街道工作委员会	五山街党工委	党工委书记：徐佳（任至 7 月）、张妙娟（7 月任职）
广州市天河区人民政府五山街道办事处	五山街办事处	办事处主任：陈胜蓝
中共广州市天河区员村街道工作委员会	员村街党工委	党工委书记：杨建新
广州市天河区人民政府员村街道办事处	员村街办事处	办事处主任：杨德创（任至 6 月）、林晓刚（7 月任职）
中共广州市天河区车陂街道工作委员会	车陂街党工委	党工委书记：曾东标（任至 8 月）、范继军（9 月任职）
广州市天河区人民政府车陂街道办事处	车陂街办事处	办事处主任：谭峰（任至 6 月）、黄沛泉（6 月任职）
中共广州市天河区石牌街道工作委员会	石牌街党工委	党工委书记：黄卓丰
广州市天河区人民政府石牌街道办事处	石牌街办事处	办事处主任：潘海彪
中共广州市天河区天河南街道工作委员会	天河南街党工委	党工委书记：张海波
广州市天河区人民政府天河南街道办事处	天河南街办事处	办事处主任：范继军（任至 9 月）、田从华（9 月任职）
中共广州市天河区林和街道工作委员会	林和街党工委	党工委书记：张妙娟（任至 7 月）、徐佳（7 月任职）

续表 9

街道机构名称（全称）	简称	负责人
广州市天河区人民政府林和街道办事处	林和街办事处	办事处主任：林剑辉
中共广州市天河区沙东街道工作委员会	沙东街党工委	党工委书记：杨演锋（任至 9 月）、李桂明（9 月任职）
广州市天河区人民政府沙东街道办事处	沙东街办事处	办事处主任：马东升（任至 3 月）、梁业敬（6 月任职）
中共广州市天河区兴华街道工作委员会	兴华街党工委	党工委书记：周舟
广州市天河区人民政府兴华街道办事处	兴华街办事处	办事处主任：李新辉
中共广州市天河区棠下街道工作委员会	棠下街党工委	党工委书记：钟铭兴
广州市天河区人民政府棠下街道办事处	棠下街办事处	办事处主任：李强
中共广州市天河区天园街道工作委员会	天园街党工委	党工委书记：柳恩铭
广州市天河区人民政府天园街道办事处	天园街办事处	办事处主任：岳海川
中共广州市天河区冼村街道工作委员会	冼村街党工委	党工委书记：黄泽鹏
广州市天河区人民政府冼村街道办事处	冼村街办事处	办事处主任：黄海文（任至 9 月）、冯海涛（9 月任职）
中共广州市天河区猎德街道工作委员会	猎德街党工委	党工委书记：李明
广州市天河区人民政府猎德街道办事处	猎德街办事处	办事处主任：刘建波
中共广州市天河区元岗街道工作委员会	元岗街党工委	党工委书记：刘杨新
广州市天河区人民政府元岗街道办事处	元岗街办事处	办事处主任：刘华
中共广州市天河区黄村街道工作委员会	黄村街党工委	党工委书记：张盛旺（任至 9 月）、黄海文（9 月任职）
广州市天河区人民政府黄村街道办事处	黄村街办事处	办事处主任：何旭权
中共广州市天河区龙洞街道工作委员会	龙洞街党工委	党工委书记：龚维
广州市天河区人民政府龙洞街道办事处	龙洞街办事处	办事处主任：王澄彬
中共广州市天河区长兴街道工作委员会	长兴街党工委	党工委书记：余电芳（任至 6 月）、李永辉（6 月任职）
广州市天河区人民政府长兴街道办事处	长兴街办事处	办事处主任：李永辉（任至 6 月）、姚永营（6 月任职）
中共广州市天河区凤凰街道工作委员会	凤凰街党工委	党工委书记：李汶强
广州市天河区人民政府凤凰街道办事处	凤凰街办事处	办事处主任：肖敏
中共广州市天河区前进街道工作委员会	前进街党工委	党工委书记：黄德树
广州市天河区人民政府前进街道办事处	前进街办事处	办事处主任：龚政权
中共广州市天河区珠吉街道工作委员会	珠吉街党工委	党工委书记：左建方
广州市天河区人民政府珠吉街道办事处	珠吉街办事处	办事处主任：曹利元（任至 6 月）、蓝蓝（6 月任职）
中共广州市天河区新塘街道工作委员会	新塘街党工委	党工委书记：黄伟平
广州市天河区人民政府新塘街道办事处	新塘街办事处	办事处主任：王强

重大平台建设

天河中央商务区

【概况】 广州市天河中央商务区（以下简称“天河 CBD”）是全国三大商务区之一，包括天河北、珠江新城以及广州国际金融城三个部分，规划总面积约 20 平方千米，其中建成区 12 平方千米，是广州总部经济最发达、高端资源最集聚、现代化程度最高的区域。2011 年，天河中央商务区管委会挂牌。天河 CBD 高端载体规模不断扩大，至 2021 年年末，入驻天河 CBD 企业超过 9 万家。在 582 家广州市认定的总部企业中，120 家入驻天河 CBD。天河 CBD 已发展成为国家中心城市广州的总部中心、金融中心、创新中心、商贸中心和服务中心，对全市经济社会发展产生重大示范和带动作用。

2021 年，天河 CBD（建成区）实现生产总值 3471.42 亿元，占全区的 57.7%，比 2020 年（下同）增长 9.5%；新增注册登记 CBD 内的企业约 5.5 万户，增长约 140%。其中内资约 5.4 万户，外资超 500 户；注册资本 1 亿元以上的超 120 户，增长约 6%；注册资本 5000 万元以上的近 300 户，增长约 1.75%；注册资本 1000 万元以上的超 1400 户，下降约 2.23%。截至是年底，天河 CBD 拥有亿元税收楼宇 86 栋，10 亿税收元楼宇 14 栋。

【天河中央商务区综合优势】 区位、交通、人才等方面优势推动天河 CBD 朝经济引擎、城市客厅、幸福新城和国际一流中央商务区的目标迈进。

天河中央商务区 （孔剑锋 摄）

·区位· 2008 年，《珠三角地区改革发展规划纲要》出台，国务院对广州确立“国家中心城市”的战略定位，为天河 CBD 带来巨大发展机遇。2010 年 11 月 12 日，天河 CBD 海心沙举办第十六届亚运会开幕式。后亚运时期，天河 CBD 与北京朝阳 CBD、上海陆家嘴 CBD 形成三足鼎立的态势，分别服务中国珠三角、环渤海、长三角三大经济圈。2016 年，完成“全国中央商务区知名品牌创建示范区”验收，品牌建设逐步常态化。

·交通· 天河 CBD 交通路网发达，除拥有直达香港的广州火车东站、全市最密集的地铁站点、快捷的 BRT、城市绿道外，还有全球首个无人驾驶旅客运输系统（APM）。30 分钟可抵达广州白云国际机场，1 小时可达珠三角地区各城市。

·产业实力· 天河 CBD 经济基础较为雄厚，建成区地均产值 255.49 亿元 / 平方千米，在全国处于领先地位。第三产业发达，是高端产业和总部经济发展重要载体。天河 CBD 是广州市总部经济最为密集的区域，总部效益和财税贡献在全市名列前位。总部聚集形式多样，有安联保险、渣打银行、花旗银行等金融服务业巨头，正佳广场、天河城、太古汇等现代商贸业代表，南方电网、中石油、中石化等能源总部企业，中国移动、中国联通、中国电信等通信运营商，富力、雅居乐等地产总部，宝洁、安利、高露洁等全球知名企业。世界四大会计师事务所、五大国际地产行及周生生、喜威、新世界、三井住友等外资行业巨头均在此落户。天河 CBD 高端商业楼宇林立，商业面积 1409 万平方米。区内云集四季、丽思·卡尔顿、威斯汀等 20 多家五星级酒店，是全市高星级酒店密集区域。

·文化· 天河 CBD 内有广东省博物馆、广州大剧院、广州图书馆、广州少年宫、红线女艺术中心等，集中展现传统文化和现代文化。800 多年历史的古村落——猎德村，被誉为岭南水乡，猎德码头、龙舟、神庙、宗祠、炮台、大鼓、古商业街等展现广州变迁轨迹。

·环境· 天河 CBD 时尚的都市风光和优美的自然风景和谐统一，新城市中轴线由北到南依次有广州火车东站广场、花城广场和海心沙广场以及珠江公园，是广州形象对外展示重要窗口。

·人才资源· 天河 CBD 是华南地区高校集中、人才密集的区域，拥有华南理工大学、暨南大学、华南师范大学、华南农业大学等院校和中科院能源所等科研院所，专业技术人员 20 余万人，为天河 CBD 提供各方面高级人才。辖内南方人才交流中心、前程无忧、智联招聘、仕邦等专业人才服务机构，为人才与企业搭建合作桥梁。

·政务· 省、市政府机构较多，有省国土资源厅、省工商局、省证监局、省税务局、省商检局、省旅游局、省外经贸厅、广州海关等行政办事机构。美国、英国、德国、加拿大等外国领事机构汇聚，为外籍高级管理人才提供便利领事服务。广州市政务中心开设专门窗口为入驻企业提供全方位服务。天河中央商务区管委会入驻天河 CBD 地标性建筑——广州国际金融中心，零距离服务管理天河 CBD。

·载体· 天河 CBD 硬件设施相对完善，集中 124 栋商务楼宇，投入使用商务楼宇面积 1409 万平方米。

【推进粤港澳大湾区服务贸易自由化示范区建设】 2021 年，天河区以国家数字服务出口基地为核心，开展各类专题研究，推动天河数字服务出口创新发展。对接人民银行、农业银行等单位，推动自由贸易账户（FT 账户）向广州市科创企业全面推广，汇量科技成为首批开通客户。7 月，赴辽宁省大连市参加 2021 年中国国际数字和软件服务交易会，作为国家数字服务出口基地代表在会上作“聚焦数字经济，发展数字贸易，争创高质量发展的标杆”主题发言。9 月，组织中望龙腾、汇量科技等数字服务代表企业赴北京参加 2021 年中国国际服务贸易交易会，首次设置基地专题展区，展示天河企业在数字服务创新发展成果。11 月，赴上海参加第四届国际进口博览会。天河中央商务区国家数字服务出口基地入选“广州城市治理榜活动”数字经济优质案例。与广东省服务贸易协会合作建立广东省服务贸易协会天河 CBD 跨境并购专业委员会，开展投资推介和跨境业务培训 12 场、会员单位间交流活动 10 次。

【推动“四个出新出彩”示范区建设】 2021 年，天河区梳理任务清单列入年度工作计划 155 项，形成《广州市将天河中央商务区打造成为“四个出新出彩”示范区行动方案任务清单》。与广州市总部经济协会开展合作，成立天河区总部企业服务中心，推动龙头企业设立独立法人机构和功能型总部，打造总部经济高地。与广州仲裁委、区政法委、区法院沟通，研究起草《关于支持粤港澳大湾区国际商务与数字经济仲裁中心建设的工作方案》并通过区政府常务会审议，推动粤港澳大湾区国际商务与数字经济仲裁中心落地。

【招商引资】 2021 年，天河 CBD 继续统筹协调全区招商引资工作。是年，修订《天河区招商选资工作规范》《天河区产业用地项目引进工作指导意见》，制定印发《天河区招商项目线索管理指引》，优化招商流程。依托天河中央商务区、广州国际金融城等平台，梳理土地供应，按照产业规划和功能定位，开展以地招商选资带动产业连片招商，加快集聚现代服务业、战略性新兴产业龙头项目和“链主”企业，重点打造千亿级产业集群、百亿级企业等动力源和增长极。引进符合区产业发展定位重点项目 81 个，美国 SOM（思奥摩）建筑设计事务所广东公司等高端专业服务业项目 29 个，上海中期期货等金融机构省级总部项目 8 个，长城汽车坦克品牌全国首店等商贸业项目 12 个，广电云融数字科技、极飞科技服务等数字经济产业项目 28 个，广州数字金融创新研究院等研究机构 4 个。引进韩国现代财产保险广东公司、中国建筑上海设计研究院华南总部等 11 个 500 强企业投资项目；引进农业银行金融城项目、酷狗音乐项目、合景泰富悠活·教育·健康总部 3 个百亿级重点产业项目。

梳理全区商务楼宇、产业园区、孵化器等各类载体空间情况，根据招商项目需求精准匹配场地。常态化监测天河 CBD124 栋商务楼宇出租情况，每季度编写商务楼宇及招商载体租赁情况。召集广州周大福金融中心、广州国际金融中心、太古汇、凯华国际中心、雅居乐中心等 30 多栋重点楼宇建立常态化联络机制。与广州环贸中心（ICC）、寺右万科中心、广发证券大厦3栋新落成楼宇成立“管委会+楼宇”招商小分队，重点引入在天河区新注册、外市迁入以及对区有经济增量贡献的企业。摸查广州国际金融城已投入使用及近两年内拟投入使用楼宇，梳理广州国际金融城项目建设及企业进驻的各类诉求，释放区重要产业载体和发展空间。

利用第一百三十届中国进出口商品交易会、第十届中国（广州）国际金融交易博览会、第二十九届广州博览会、第四届中国国际进口博览会等展会，收集招商线索、拜访重点企业。举办“数字赋能，智创天河”2021中国广州国际投资年会天河区专场活动、2021世界超高清视频产业发展大会、广州市城市更新高端商贸业政企对接会等主题推介活动。参加全球商务区联盟2020年度全体大会，推介天河CBD营商环境，吸引国际优质项目进驻天河。

【企业服务】 2021年，天河CBD继续统筹协调全区企业服务工作。天河区制定《2021年企业服务工作方案》《天河区领导干部联系服务重点企业工作方案》《2021年度天河区重点企业名单以及服务分工表》，完善用地支持、子女入学等12项重点企业服务措施操作指引，形成企业信息梳理、诉求解决、空间载体资源梳理等工作机制。对全区357家重点企业设立“一对一”服务专员，建立企业档案并印制“天河通”办事优先卡。为超250家重点企业解决429个学位需求。为广州博冠信息科技有限公司等11家重点企业提供“人才绿卡”申报指引和受理服务。开展2021年度天河区使用总量控制类指标引进紧缺急需人才入户遴选工作，为19家企业52名人才解决入户难题。建立全市首个区级总部企业发展服务中心，打通总部企业间互市消费内循环。

【中英金融人才教育培训】 2021年，天河CBD管委会与英国国际贸易部联合主办、广东—诺丁汉高级金融研究院承办主题分别为“绿色金融”“金融创新与数字经济发展”“共同富裕目标下财富管理新发展”的中英金融人才教育培训，邀请国内外专家和代表，就广州天河金融产业政策、金融前沿问题深入分析讲解并对广州金融行业发展建言献策。培训采取现场和线上相结合的授课形式，全程网络直播，吸引来自广州期货交易所、广州银行等金融机构中高级管理人员参加学习，实现对广州金融行业高管人群全覆盖，观看人数超20万。

（*李彦君*）

天河智慧城

【概况】 天河智慧城位于天河区东北部，是广深港澳科技创新走廊节点之一。2017年天河智谷片区纳入天河智慧城后，规划面积由原来的63平方千米增至78.2平方千米，核心区面积20.69平方千米，是广州市第一个通过控规审批和付诸实施的重大战略性发展平台。天河智慧城以新一代信息技术产业为引领，发挥国家软件产业基地、国家火炬计划软件产业基地、国家海外高层次人才创新创业基地实力优势，强化空间集约、产业集聚，龙头带动、多园互动，支持网易、酷狗、南方测绘等企业强化总部功能，扶持佳都、小鹏汽车、奥翼材料与器件研究院等重点企业，推动极飞科技等市级“独角兽”企业创新发展，促进互联网、大数据、地理信息、人工智能、生物工程等产业园区建设，加快构建以新一代信息技术产业为主体，人工智能、新材料等新业态为支撑的“1＋N”现代化产业体系。2016年，全市第一个“海绵城市”试点大观湿地公园（2020年更名为天河湿地公园）建成开放，园区功能品质不断提升。2020年2月25日，省政府同意认定天河智慧城为省级高新技术产业开发区。2021年，园区集聚软件和信息服务业企业404家，高新技术企业421家，建有市级以上各类工程技术研究中心89个，孵化器和众创空间29家，核心区建成产业载体200多万平方米。

【园区经济】 2021年，天河科技园完成技工贸总收入2849亿元，比2020年（下同）增长8%，实现利润总额178亿元。天河软件园被评为四星级国家新型工业化产业示范基地，实现软件业务收入1445亿元，增长12.5%；实现利润总额176亿元，增长30%；天河软件园完成全口径服务外包17.1亿美元，增长8.74%。园区累计认定软件企业301家，注册资金约277.21亿元，其中IAB企业207家，注册资本超亿元企业34家。天河智慧城核心区企业营业收入约900亿元，增长35%。天河智慧城实现土地出让收入29.44亿元，占区土地出让收入的17.41%。

【天河智慧城建设】 2021年，天河科技园管委会加快谋划天河智慧城核心区、天河高新区、天河科技园（软件园）协同发展，强化平台规划布局。完成天河智慧城“十四五”发展规划编制，推动天河智慧城核心区建设成为软件产业发展先导示范区、天河智谷片区建设成为数字技术与产业融合发展引领区，加快布局“两区联动”产业空间格局。深化天河高新区产业发展规划，推动产业结构优化调整。立足产城融合发展，深化天河智慧城核心区控制性详细规划调整，全面审查完善前期阶段性成果，关注城中村改造、综合交通、特殊用地、军民融合空间、高压线入廊等核心矛盾和重点问题，着重优化路网、产业用地布局及公服配套供给，形成“1＋4＋4”规划成果体系。

完善专业产业园区、重大公共服务配套布局，计划在科韵路两侧地块打造城绿交融绿色门户，在南部居住地块打造智慧城东门户地标，在育新街南地块打造品质社区。推进4个重点地块控规优化以及网易城概念城市设计，科韵路东侧地块完成控规调整。

推进土地收储出让，完成广州高新区天河科技园、天河高新区两个开发区土地利用全面评价，建立土地资源信息数据库和园区开发建设项目库，整合土地信息资源，推动土地要素高效集约利用。制定《天河智慧城核心区土地储备及出让3年计划》，2021年，重点推进15宗地块收储工作，面积131.95公顷。其中，科韵路东侧地块、柯木塱零星夹缝地块2宗31.61公顷用地结案；进新塘村南部居住地块（东北角地块）、岑村大

表10　　2021年天河智慧城重点项目情况表

项目	内容
中国移动南方基地二期工程二阶段项目	项目位于新塘街道高唐路天河软件园内（软件路以北、高唐路以西），总用地面积4.99万平方米，规划总建筑面积12.7万平方米。其中，首期工程计划建筑面积10.5万平方米，投资7.42亿元，工程于2020年启动，预计2023年6月投入使用
趣炫总部项目	项目位于天河科技园高唐新建区AT0305146地块，规划总用地面积1.04万平方米，建筑总面积约30565平方米，地上有五栋单体建筑，地下三层。其中，首期工程计划建筑面积约30565平方米，投资2.7亿元，工程于2020年8月启动，预计2022年12月投入使用
浹馨集团总部项目	项目位于天盈路，总用地面积6884平方米，规划总建筑面积2.2万平方米。其中，首期工程计划建筑面积2.2万平方米，投资2亿元，工程于2021年启动，预计2022年10月投入使用
联奕科技股份有限公司研发基地项目	项目位于天慧路46号，总用地面积6114平方米，规划总建筑面积3.10万平方米。其中，首期工程计划建筑面积3.10万平方米，投资3.5亿元，工程于2021年启动，预计2023年12月投入使用
小鹏科技园项目	项目位于长兴街道岑村沐陂西路与科韵路交叉口，总用地面积约6.8万平方米，规划总建筑面积37万平方米。投资42亿元，工程于2021年12月启动，预计2023年6月投入使用
南方数码空间大数据创新项目	项目位于天河智慧城核心区，总用地面积4828平方米，规划总建筑面积1.46万平方米。其中，首期工程计划建筑面积1.46万平方米，投资5亿元，工程于2022年启动，预计2025年6月投入使用
天河区广氮AT0607142地块（龙狮大厦）项目	项目位于车陂街道天坤四路以南、健明三路以东、天坤三路以北、健明二路以西，总用地面积5231平方米，规划总建筑面积3.13万平方米。其中，首期工程计划建筑面积3.13万平方米，投资5亿元，工程于2022年启动，预计2024年12月投入使用
易简中心	项目位于车陂街道天健上城东，总用地面积8075平方米，规划总建筑面积3.23万平方米，投资8亿元，工程于2021年启动，预计2025年2月投入使用
百奥总部办公大楼	项目位于广氮AT0607143地块（棠下街道天坤四路以南、健明三路以东、天坤三路以北、健明二路以西）。总用地面积6300平方米，规划总建筑面积3.6万平方米。其中，首期工程计划建筑面积3.6万平方米，投资4.5亿元，工程于2021年启动，预计2025年投入使用
中望大厦项目	项目位于广氮AT0607087地块（天坤四路以南、健明三路以东、天坤三路以北、健明二路以西），总用地面积6889平方米，规划总建筑面积2.76平方米（地上）。其中，工程计划建筑面积4.4万平方米（含地下），投资5亿元，工程于2021年启动，预计2024年6月前投入使用
粤科天河智能制造产业园项目	项目位于车陂街道健明三路与天坤三路交界处，总用地面积4878平方米，规划总建筑面积19512平方米。总投资4亿元，工程于2022年启动，预计2026年3月投入使用
贪玩游戏华南运营总部项目	项目位于航天奇观北一期地块，总用地面积7430万平方米，规划总建筑面积4.1万平方米（其中，计容建筑面积2.30万平方米，地下非计容面积7245平方米）。项目总投资5亿元，工程于2021年启动，预计2024年12月投入使用
联嘉置业大厦项目	项目位于大观中路东侧，总用地面积1000平方米，规划总建筑面积3万平方米。其中，首期工程计划建筑面积3万平方米，投资5.5亿元，工程于2022年启动，预计2024年12月投入使用
天河·生活智慧谷项目	项目位于大观路东侧，总用地面积21337平方米，规划总建筑面积2.92万平方米。其中，首期工程计划建筑面积2.92万平方米，投资5亿元，工程于2022年启动，预计2025年5月投入使用
路通总部大楼（暂定）	项目位于航天奇观一期北AT1003060地块，总用地面积为1.28万平方米，规划总建筑面积4.33万平方米，其中地上3.29万平方米，地下1.04万平方米。项目总投资1.05亿元，工程于2022年启动，预计2026年4月投入使用

井凉剩余地块等13宗100.34公顷土地收储工作正在推进。完成土地出让9宗，面积约17.85公顷，实现出让金总计29.44亿元；协调推进马鞍山北、航天奇观二期西16宗地块出让。

推进6个基础设施项目建设，其中南部道路（一期）、软件路西延长线等2个项目建成通车；天河科技园10号路完成设计招标；开展华观北五街和软件南街及支路工程、高唐北二街跨杨梅河桥梁工程、地铁21号线天河智慧城站周边道路工程等3个项目前期工作。加强协调36个省市重点主干路网项目建设，华观路西段工程总体形象进度完成88%，天河智慧城综合管廊总体形象进度完成95%，火炉山隧道工程总体形象进度完成约20%。

优化天河智慧城环境品质。推进天河软件园科韵分园整体提升研究，形成初步方案。完成地铁21号线天河智慧城站出入口周边环境整治、天河湿地公园水鸟栈道建设及文化角周边灯光改造、粤港澳大湾区（广东）创新创业孵化基地品质化提升及周边道路环境整治提升等16个环境改造项目建设，推动后山艺术中心项目落成。

【智慧城重点项目建设】 2021年，天河智慧城加快重点产业项目建设，建立“1＋1＋1＋N”产业项目全生命周期服务机制（即1名VIP服务官、1个服务专班、1份服务指南、N个部门联动）。建立每周协调会机制，解决制约项目开工建设的瓶颈问题，累计收集问题220多个（次），解答政策60多次，解决5个项目管线迁改、13个项目临时施工借地、2个项目地铁保护方案对接等问题。是年，网易总部二期、时代园区（天河）二期等2个项目竣工；玖的总部大厦、中望龙腾总部大厦、易简集团总部大厦等12个项目开工。2021年，园区26个重点产业项目计划投资约24.2亿元，完成年度投资约34.3亿元。

·时代园区（天河）二期· 项目总投资9亿元，总用地面积32765平方米。项目计划建设7栋，其中1栋～3栋为13层，均为商业、办公用房，4栋～7栋为5层，均为商业用房。规划总建筑面积14.82万平方米，其中地上11.18万平方米、地下36409平方米，2021年8月通过工程验收。项目以新一代智能、创新技术产业为基点，结合天河东北部城市建设发展规划，以智能、生态、平台、创新为主题，重点引进智能应用＋智能技术平台企业，集聚科技企业总部，打造智能创新产业园区。

·网易总部二期· 项目总投资17.4亿元，总用地面积52552平方米，计划建设网易科研办公楼。项目共5栋建筑，规划总建筑面积17.21万平方米，设计依循“低碳、智慧、生态”设计理念，以现代简约建筑结合临绿面水周边环境，实现景观与建筑的互动结合。

【园区招商引资】 2021年，天河科技园系统梳理23个分园及园区553家规上企业、995家高新技术企业运营数据，初步形成产业地图框架。以科韵路东侧地块、航天奇观二期西地块、马鞍山北地块为重点，强化重点片区产业策划研究，精准开展产业导入。完成小鹏汽车、亿航等7个产业龙头企业落地，加快咏声动漫、宜通世纪等4个重点产业项目落户，推进国际妇儿医院等重点公共服务配套项目落地。建立“管委会—载体—企业”三级载体服务平台，推动23个分园招商资源共享、联动，为不同成长阶段企业提供差异化、个性化发展空间。建立天河智慧城招商储备项目库，推动入库企业100家，提交项目投资计划书45家。

是年，园区新洽谈入库项目84个，签约项目39个，注册项目49个，协议投资总额159亿元，协议达产年产值或营收完成524.6亿元。引入企业301家，其中IAB企业207家，注册资本超亿元企业34家。

【园区企业服务】 2021年，天河科技园完善重点企业服务专员制度，分层分类做好企业服务。对接31家重点企业，对发展波动较大企业开展上

天河软件园高唐园区　　（天河科技园管委会供稿）

门走访、精准纾困、安商稳商服务。强化创新创业金融服务，发挥“天河二号”基金引导作用，支持科技型中小企业创新发展，是年，共投资项目2个（2轮次），累计投资金额约0.2 亿元，带动社会投资约2.8亿元；联合区商务金融局和中国工商银行为园区企业提供3款专属定制金融服务，累计融资2300万元。强化人才发展服务，协助22家企业申请学位83个，协助35家企业申请人才入户116人。通过政策宣传“全覆盖”、政策推送“精准化”、政策兑现“便利化”的措施，向111家（次）企业兑现产业扶持资金1784万多元。推动国有物业租金减免政策落实到位，减免77家承租户租金约907万元，涉及面积16.85万平方米。加强上下班高峰期和重点路段交通疏解，保障园区交通秩序。

【天河软件园被评为四星级国家新型工业化产业示范基地】 2021年4月，工业和信息化部发布《2020年国家新型工业化产业示范基地发展质量评价结果通报》。该通报对各示范基地总体水平、产业实力、质量效益、创新驱动、绿色集约安全、融合发展、发展环境等方面进行评价，天河软件园被评为四星级国家新型工业化产业示范基地，是广州5家四星级示范基地之一。（天河科技园管委会）

广州国际金融城

【概况】 广州国际金融城位于天河区东南部，北起中山大道、黄埔大道，南临珠江，东至天河区界，西至华南快速干线，是广深港澳科技创新走廊、广州沿江经济带、广州科技创新轴的交汇点。规划总用地面积约8平方千米，总建筑面积1988万平方米。2020年，广州国际金融城整体纳入广州人工智能与数字经济试验区，与琶洲片区（含广州大学城）、鱼珠片区一同构建“一江两岸三片区”空间格局。2021年5月，《广州人工智能与数字经济试验区产业导则》印发实施，根据广州试验区3个片区的空间格局及各片区现有产业基础、资源禀赋，全面统筹各片区差异化布局，其中广州国际金融城片区定位重点发展数字金融，着力打造粤港澳金融合作示范区和金融科技先行示范区。

广州国际金融城有起步区、东区、北区和西区4个功能片区。起步区占地面积1.32平方千米，定位为金融总部集聚区，是发展数字金融的核心承载区，为广州试验区提供数字金融支撑，包括金融总部、总部办公、商业综合、滨水休闲和生活居住五大功能分区。东区占地面积1.31平方千米（不含水域），定位为科技创新总部集聚区，是发展人工智能与数字经济的产业拓展区，引进人工智能等战略性新兴产业以及在各细分行业处于领先地位、有核心竞争力企业，凸显科技创新、科技金融等功能。北区占地面积1.44平方千米，重点打造综合办公配套区。北区作为金融城与天河软件园连接区，依托天河区国家文化出口基地、羊城创意产业园，形成具有影响力的数字文化产业集群。西区占地面积3.65平方千米，承接珠江新城高端服务业及总部办公外溢，重点发展总部办公、商业及金融、科技服务，着力推动产业数字化，引进人工智能与数字经济领域龙头企业。

截至2021年年底，广州国际金融城起步区引进金融机构13家，包括广发银行、广州银行、南粤银行、华兴银行、农业银行5家银行机构的全国总部或区域总部，中国人保、中国人寿、平安保险、太平保险、新华人寿、太平洋保险6家保险机构的省级区域总部，以及广州金控（万联证券）、省产权交易集团2家交易机构，金融业总部初具规模。东区引进澳门国际银行1家跨境金融机构境内总部，酷狗音乐、尚品宅配2家科技创新企业总部，中建四局、景龙集团2家建筑领域企业总部，深圳鹏瑞集团等高端商贸业载体运营商。北区的羊城创意产业园，作为全省唯一的国家文化出口基地和国家文化产业示范基地，聚集网易CC直播、荔枝FM、洋葱O’MALL等数字音乐、互联网直播、游戏动漫、人工智能领域优秀企业，形成数字文化产业集群。西区已签约

建设中的广州国际金融城（张业斌 摄）

建设中国人工智能（广州）产业园、T.I.T智慧园等项目。

【《广州人工智能与数字经济试验区产业导则》印发实施】 2021年5月29日，市工业和信息化局印发《广州人工智能与数字经济试验区产业导则》，引导试验区“一江两岸三片区”以发展数字产业化、推动产业数字化、加强数字化治理、推进数据价值化为方向，推动互联网、大数据、人工智能和传统产业深度融合，强化数字化、网络化、智能化对高端产业的引领功能。根据导则，作为珠江北岸人工智能与数字经济产业融合发展区一部分的广州国际金融城片区，主要定位是发挥金融、贸易等现代服务业资源优势和新一代信息技术赋能作用，大力发展数字金融、数字贸易、数字创意以及各种消费新业态新模式，打造粤港澳金融合作示范区和金融科技先行示范区。重点发展数字金融，引进国内外知名金融机构或区域型总部企业，探索打造全国性数字金融基础设施创新平台及数字金融创新中心。发展数字文化，培育一批具有国际影响力的动漫游戏品牌和电子竞技项目。发展数字服务贸易，集聚一批行业性、区域性数字服务贸易品牌和龙头企业。发展新业态新模式，打造“移动支付数字商圈”，推动电商直播、无人销售等服务新业态发展。

【金融城招商引资】 2021年，广州国际金融城重点引进农业银行、澳门国际银行等金融机构区域总部，酷狗音乐、尚品宅配、中建四局等行业龙头总部，以及深圳鹏瑞集团等推动广州城市品质提升的企业。起步区已启动招商的在建楼宇以出售为主，保利金融大都汇和绿地中心2个项目限高以下部分投入使用，南方财经大厦、汇金中心、城投湾区金融港等7个项目启动招商。

【金融城产业地块规划】 2021年，天河区持续推进金融城起步区未出让产业地块规划优化。核发翠鸟地标地块等3个地块规划条件，优化调整金融城片区东区城市设计方案，编制《广州国际金融城东区（AT0914、AT1018规划管理单元）城市设计优化及控制性详细规划》。总建设量由259万平方米提高至317万平方米，产业用地的公共服务设施配比提高至6%～11%，金融城东区控高由300米提升至330米，结合AT091417、AT101823地块各新增一处邻里中心（含文体及平价商业设施）。核发东区17个产业地块规划条件。金融城北区规划成果通过区委、区政府以及市规划和自然资源局规划和用地专题业务会审查及批前公示。金融城西区形成城市设计及控规初步方案。

【金融城土地出让】 2021年，广州国际金融城出让产业用地9宗，其中起步区1宗，东区8宗，用地面积10.52公顷，计容总建筑面积69.8万平方米，出让总收入119.76亿元，总投资额超300亿元。

【金融城项目建设】 2021年，天河区继续推进金融城片区建设，全年完成投资71.6亿元，比2020年增长16.4%。至是年底，金融城起步区汇金中心、广州金控总部大楼、南方财经大厦、越秀金融城、城投AT090955地块、城投AT090958地块、城投AT090960地块、金融城交通枢纽等8个项目封顶。长江中心、城投AT090962地块、广州太平金融大厦、新华保险大厦、中国人寿大厦、广发银行总部大楼、广东华兴银行广州分行办公大楼、广东南粤银行金融大厦、广建公司AT090915地块等9个项目开展主体结构施工。（*李彦君*）

天河路商圈

【概况】 天河路商圈西起天河立交，东至岗顶，北至天河北路，南至黄埔大道，以天河路为核心轴线，全长约2.8千米，总面积约4.5平方千米。商业面积240万平方米，汇聚300个国际一线品牌，每天客流量超150万人，集聚14家大型商业综合体，6家数字消费产品综合体，3家地下商业综合体，2家文化体育活动载体。

天河路商圈经过十年提升发展，商圈业态国内领先，其中零售业态占57%，餐饮占24%，商务配套占9%，休闲旅游业态占8%，文化艺术占2%。商圈“政府+商会+企业”共建共治模式被评为国内贸易流通体制改革推广案例、“粤治—治理现代化”政府治理创新优秀案例。天河路商圈成功入选广东省级特色示范步行街（商圈），正佳广场、太古汇2家购物中心销售额连续7年位列全国购物中心前十五，其中太古汇成为广州首个销售额破百亿的大型商业综合体。正佳广场入选首批国家级夜间文旅消费集聚区，太古汇是全球首个获得LEED（绿色能源与环境设计先锋奖）铂金级认证的室内购物中心，天环广场获2017年ICSC（国际购物中心协会）中国购物中心金奖、2021第四届“金灯奖·奢华地标大奖”。

【天河路商圈业态提升】 2021年，天河区继续探索构建“党委+政府+商会+企业”共建共治共管模式，推动天河路商圈、珠江新城商圈协调联动，不断提升商圈发展能级。推进天河智能商贸示范区建设，在正佳广场、太古汇分别开发建设“正佳广场网络协同和数据智能平台”“AI CRM业务中台”等智慧商场项目，上线天河智慧旅游服务平台——“一部手机游天河”小程序。截至是年底，天河路商圈建成5G基站886座、智慧灯杆232根，光纤覆盖率100%。

天河路商圈新增“四上”商贸企业154家，其中大型批发零售企业127家，新开设卡游（全国首家奥特曼主题旗舰店）、FRED（法国服饰华南首店）、TOPTOY（潮玩店广州首店）等各类首店97家，引进国际品牌（含港澳台）51个，打造商圈核心精品旅游和CITYWALK沉浸式精品体验2条游览路线。

通过建设系列品质化项目、优化商圈户外广告和交通设施布局、推进绿色商圈建设等措施，推动商圈环境品质整体提升。是年，天河体育中心完成屋顶绿化提升，太古汇项目全面使用可再生电能，实现“净零碳”。

【2021广州国际购物节】 2021年9月29日，由市政府主办、天河区政府及市商务局承办的第十届广州国际购物节在天河体育中心启动，购物节为期一个月。以天河路商圈为核心，带动全区其他商圈共25家商贸载体近4000个商家，按照潮汇天河、文旅天河、智购天河、夜玩天河四大主题联手推出100场系列消费体验活动。根据有关监测统计，购物节期间天河路商圈客流总量超4000万人，比2020年增加10%。

【全球最大乐高品牌旗舰店落户正佳广场】 2021年10月1日，全球最大乐高品牌旗舰店在正佳广场正式开业。旗舰店位于正佳广场一楼，面积721平方米，是乐高品牌在中国开设的第一家全面互动式新零售门店。店内展出“舞狮”“花舫粤韵”“粤食粤点”等多个大型积木颗粒展品致敬南粤地区传统文化和地标，此外有多媒体产品介绍、自制马赛克像素画、自制个性化乐高小人仔等互动体验装置，为消费者提供沉浸式零售体验。

【正佳广场入选首批国家级夜间文旅消费集聚区】 2021年11月5日，文化和旅游部发布《关于公布第一批国家级夜间文化和旅游消费集聚区名单的通知》，公布首批120个国家级夜间文化和旅游消费集聚区，位于天河区的正佳广场入选，是广州唯二、广东唯五入选的旅游景区。正佳广场满足市民和游客“夜文化”“夜生活”需求，打造“夜景、夜市、夜食、夜秀、夜展、夜读”的正佳夜游模式，开展新夜间集市活动，延长夜间消费，融合多元化户外休闲娱乐创意元素，注重购物消费的沉浸式、娱乐性、参与性、艺术性。

（区商务金融局）

天河路商圈　　（区商务金融局供稿）

党　政

中共广州市天河区委员会

·区委重要会议及政策

【中共广州市天河区委九届十四次会议】 2021年1月26日，中国共产党广州市天河区第九届委员会第十四次全体会议召开。全会全面贯彻党的十九届五中全会、中央经济工作会议、中央农村工作会议精神，深入学习贯彻习近平总书记在省部级主要领导专题研讨班上的重要讲话精神，一体学习贯彻习近平总书记出席深圳经济特区建立40周年庆祝大会和视察广东重要讲话、重要指示精神，认真落实省委十二届十三次、市委十一届十四次全会精神，总结2020年工作，研究部署2021年工作。全会听取区委书记陈加猛代表区委常委会所作的报告和区长谭明鹤关于经济工作的讲话。

【中共广州市天河区委九届十五次会议】 2021年7月15日，中国共产党广州市天河区第九届委员会第十五次全体会议召开。会议审议通过《天河区委换届选举工作方案(审议稿)》，审议和表决通过《关于召开中国共产党广州市天河区第十次代表大会的决议（草案)》。

【中共广州市天河区委九届十六次会议】 2021年8月16日，中国共产党广州市天河区第九届委员会第十六次全体会议召开。全会以习近平新时代中国特色社会主义思想为指导，深入学习贯彻习近平总书记“七一”重要讲话和对广东系列重要讲话、重要指示批示，特别是关于横琴、前海开发开放的重要论述精神，落实省委十二届十四次全会、市委十一届十五次全会精神，总结2021年以来工作，研究部署支持横琴和前海两个合作区建设、推进珠江沿岸高质量发展及下半年重点工作。全会听取区委书记陈加猛代表区委常委会所作的报告和副区长饶洁怡代表区政府所作的讲话，审议通过《关于推进珠江沿岸（天河）高质量发展的实施方案》。

【中共广州市天河区委九届全体（扩大）会议】 2021年9月2日，中国共产党广州市天河区第九届委员会全体（扩大）会议在区机关大院南会场召开。全会对新一届区委、区人大、区政府、区政协领导班子成员，区法院院长，区检察院检察长和区纪委副书记开展民主推荐，对现任区领导班子及成员进行民主测评和评议。

【中共广州市天河区委九届十七次会议】 2021年9月18日，中国共产党广州市天河区第九届委员会第十七次全体会议在区机关大院北会场召开。全会审议通过《陈加猛同志在中国共产党广州市天河区第十次代表大会上的报告》和《中共广州市天河区纪律检查委员会向区第十次党代表大会的工作报告》，审议通过中共天河区第十届委员会委员、候补委员和中共天河区第十届纪律检查委员会委员候选人预备人选名单，圈选确定天河区出席广州市第十二次党代表大会代表候选人预备人选。

【中共广州市天河区第十次代表大会】 2021年9月26—29日，中国共产党广州市天河区第十次代表大会召开。大会审议通过中国共产党广州市天河区第十次代表大会关于九届区委报告的决议和中国共产党广州市天河区第十次代表大会关于区纪委工作报告的决议，选举产生中共广州市天河区第十届委员会常务委员会委员和书记、副书记，审议通过十届区纪委第一次全体会议关于十届区纪委常务委员会委员和书记、副书记选举结果的报告，选举产生天河区出席广州市第十二次党代会的代表。

【区委重要议事会议】 2021年，中国共产党广州市天河区第九届委员会共召开全体会议5次、常委会会议45次，召开中共广州市天河区第十次代表大会完成区委领导班子换届工作，中国共产党广州市天河区第十届委员会召开全体会议1次、常委会会议11次。区委围绕庆祝中国共产党成立100周年系列活动和党史学习教育、学习宣传贯彻中共十九届六中全会精神和习近平总书记“七一”重要讲话精神、大规模迁移砍伐城市树木问题整改、省委巡视反馈问题整改、换届选举等重要议题，审议并通过《中共广州市天河区委〈关于开展党史学习教育的实施方案〉的通知》《中共广州市天河区委印发〈天河区庆祝中国共产党成立100周年活动方案〉的通知》《关于推进珠江沿岸（天河）高质量发展的实施方案》《广州市天河区贯彻落实〈广州市关于支持横琴粤澳深度合作区和前海深港现代服务业合作区建设行动方案〉的实施方案》《中共广州市天河区委办公室　广州市天河区人民政府办公室关于印发〈广州市天河区全面推行林长制工作方案〉的通知》5份规范性文件。

【区委重要决策】 2021年，中共广州市天河区委及其办公室印发《中共广州市天河区委、广州市天河区人民政府印发〈关于推动广州天河智慧城高质量发展的实施意见〉的通知》《中共广州市天河区委关于深入学习贯彻习近平总书记出席深圳经济特区建立40周年庆祝大会和视察广东重要讲话重要指示精神　努力在全面建设社会主义现代化国家新征程中走在全国全省全市前列的实施意见》《中共广州市天河区委关于制定天河区国民经济和社会发展第十四个五年规划和二〇三五年远景目标的建议》《中共广州市天河区委〈关于开展党史学习教育的实施方案〉的通知》《中共广州市天河区委办公室关于印发〈天河区贯彻落实省、市加强党的基层组织建设三年行动计划（2021—2023年）的实施方案〉的通知》《中共广州市天河区委印发〈天河区庆祝中国共产党成立100周年活动方案〉的通知》《中共广州市天河区委办公室 广州市天河区人民政府办公室关于印发〈广州市天河区全面推行林长制工作方案〉的通知》7份规范性文件。

（区委办公室）

·区委综合事务

【区委办文和会务】 2021年，中共广州市天河区委办公室（以下简称“区委办公室”）配合上级妥善安排中央、省、市领导到天河区开展调研活动52次，接待中央政治局常委、国务院副总理韩正，中华人民共和国副主席王岐山，全国人大常委会副委员长王晨，全国政协副主席、国家发展和改革委员会主任何立峰，全国政协副主席、民进中央常委副主席刘新成，最高人民法院院长周强，中央宣传部副部长张建春以及省委书记李希、市委书记张硕辅等上级领导考察调研任务，接待兄弟区（县）考察9次。组织参加省、市等各类上级会议191次，举办区级各类会议、会见、调研活动300余次。2021年，区委办公室办理文件1434件，包括中央、省委、市委传阅件739件。印发文件325件，以区委名义发文182件，以区委办公室名义发文143件，制定党内规范性文件5件，报备通过率100%。办理区委主要领导批示4357件。

【区委信息】 2021年，区委办公室采编各类信息1560篇，编发《天河信息》58期，被中央办公厅采用10篇，被省委办公厅采用10篇，被市委办公厅采用557篇，获省、市、区领导批示528条。是年，区委办被评为2021年度全省党委办公厅（室）系统信息工作先进单位、2021年度广州市党委系统信息工作优秀单位。

【区委督办】 2021年，区委办公室承办市委督查事项60件342项，按时办结率100%，立项督办区委交办事项291件1345项，开展涉疫情现场检查督办130余次，对460多个涉新冠疫情事项开展督导督查，对区委工作部署的重点专项事项实地督办70余次。开展规范督查检查考核、巡视整改、政协提案、为基层减负等45项专项工作，清理全区2021年督查检查考核事项，保留13项事项，

表11　2021年天河区委重要文件表

文件号	文件名称
穗天字〔2021〕1号	中共广州市天河区委　广州市天河区人民政府印发《关于推动广州天河智慧城高质量发展的实施意见》的通知
穗天字〔2021〕2号	中共广州市天河区委关于深入学习贯彻习近平总书记出席深圳经济特区建立40周年庆祝大会和视察广东重要讲话重要指示精神　努力在全面建设社会主义现代化国家新征程中走在全国全省全市前列的实施意见
穗天字〔2021〕3号	中共广州市天河区委关于制定天河区国民经济和社会发展第十四个五年规划和二〇三五年远景目标的建议
穗天字〔2021〕4号	中共广州市天河区委印发《关于开展党史学习教育的实施方案》的通知
穗天字〔2021〕6号	中共广州市天河区委印发《天河区庆祝中国共产党成立100周年活动方案》的通知

表12　2021年天河区委办公室重要文件表

文件号	文件名称
穗天办〔2021〕2号	中共广州市天河区委办公室关于印发《天河区贯彻落实省、市加强党的基层组织建设三年行动计划（2021—2023年）的实施方案》的通知
穗天办〔2021〕3号	中共广州市天河区委办公室　广州市天河区人民政府办公室关于印发《广州市天河区全面推行林长制工作方案》的通知

连续3年保持无新增。印发《中共广州市天河区委办公室关于加强督促检查提升工作效能的通知》，推动区委工作部署及时有效贯彻落实。

【综合调研】 2021年，区委办公室完成区委九届十四次、十五次、十六次、十七次全会，区第十次党代会，区委十届一次、二次、三次全会报告及材料，以及学习贯彻中共十九届六中全会精神材料。完成中央、省、市领导到天河调研时的汇报材料、党史学习教育材料、区委主要领导专题会议讲话稿、各类会议纪要等综合性文稿350余篇，组织做好《关于认真学习宣传贯彻习近平总书记在庆祝中国共产党成立100周年大会上重要讲话精神的通知》等重要文件起草工作。开展疫情防控、重大平台建设等方面调查研究，促进各项工作制度机制的建立和落实。围绕就业、教育、养老、医疗等民生实事开展调查研究，推动“我为群众办实事”实践活动落实落地。

【重点改革】 2021年，区委推动一批重点改革事项取得阶段性成效。营商环境综合改革：制定实施建设现代化国际化营商环境样板示范实施方案，广州（国际）科技成果转化天河基地项目入选广州市优化营商环境典型经验复制推广清单（第四批），天河区位列2021年赛迪全国投资竞争力百强区第一。经济体制改革：推进中央商务区“四个出新出彩”示范区建设，理顺天河智慧城开发建设和运营管理体制机制，纳入全民所有制企业改革的10家企业全部完成公司制改革。行政管理体制改革：持续深化街道体制改革，构建“穗智管”城市运行管理中枢区级分平台，推进城区运行“一网统管”。“村改居”综合改革：持续推进以党建为引领深化“村改居”管理体制综合改革，制定实施村改制公司结对共建协同发展工作方案。民主与法治领域改革：探索新阶层人士统战工作新路径，推进民事诉讼程序繁简分流改革试点。文化体制改革：探索建立文化出口全链条服务体系，加快推动电竞产业发展，完成中国幸福城市实验室建设。社会治理体制改革：探索构建“党建引领、智慧治理、多元参与、风险防控、法治服务”五位一体的新时代天河中央商务区特色社会治理新模式。城市管理体制改革：推进区街城市维护管养体制机制改革，推动生活垃圾收运处置一体化改革。重大民生领域改革：形成区、街、社区三级居家养老服务网络，20家颐康中心投入运营。生态文明体制改革：空气质量稳居全市中心城区第一，珠江猎德断面水质为Ⅳ类，“生态补水”“低水位运行”等治水模式被住房和城乡建设部推广。党的建设制度改革：实施天河人才强区“五项计划”，深化构建“楼宇网格基础—街道片区统筹—CBD区域支撑”三级党组织联动体系。纪律检查体制改革：深化派驻机构改革，制定实施派驻机构职责清单，提升监察站规范化制度化水平。

是年，区委全面深化改革委员会审议通过3份改革文件，天河区6期（次）改革经验被省、市刊登推广，其中《广州市天河区以“支部建在楼上”引领推动中央商务区高质量发展》被《广东改革信息专报》采用并专报中央改革办。

【档案管理】 2021年，区档案局对15家单位开展现场指导，完成26个档案中介公司备案，对3家公司开展企业档案达标测评。印发《天河区党史学习教育文件材料收集归档工作指引》《广州市天河区新型冠状病毒肺炎疫情防控指挥部办公室疫情防控文件材料收集整理和移交工作指引》。规范党史学习教育档案收集归档工作，指导区新冠疫情防控指挥办13个工作组（专班）向区国家档案馆移交2020年疫情防控档案，其中文书档案3311件和照片档案179张。组织开展国际档案日系列宣传活动，组织区属各单位参加“十四五”全国档案事业发展规划公益大讲堂在线培训。

【保密管理】 2021年，区委保密办（区国家保密局）将保密工作责任制落实情况纳入区委巡察内容，完成10个单位巡察保密专项检查任务，组织对各街道分管保密工作领导开展集体保密谈话提醒。全年累计实施行政执法43次（宗），其中行政强制2宗、行政检查41次。制定实施《“十四五”时期天河区全覆盖保密自查督查实施方案》，组织开展年度全覆盖保密自查督查及6次专项保密检查，现场检查31个单位，网上检查全区1.1万余台非涉密计算机，处置发现的保密安全隐患。建设电子政务外网保密检测系统。在全市率先实施涉密信息设备统一运维服务。对区属各单位保密室建设进行检查验收。完成38场次全区重大涉密会议以及高考、中考等5次涉密考试保密服务保障任务。开展保密“两识”教育，举办保密干部岗位培训班，在处级领导干部任职培训班开设保密课程。开展保密宣传活动，组织开展红色保密故事征集、红色保密故事讲演大赛、党的保密历史知识竞赛等活动。是年，区国家保密局被评为广东省保密工作先进集体。（区委办公室）

·组织建设

【概况】 2021年，中共广州市天河区委组织部（以下简称“区委组织部”）组织开展庆祝中国共产党成立100周年、党史学习教育、区领导班子换届、专项整改等大事要事，为天河争创新时代高质量发展典范提供坚强组织保证。是年，全区有区属党委6个，党工委24个，二级党委191个，党组38个，党总支部117 个，党支部2492个。全区有党员58373名，其中预备党员643名，女性党员25732名。全区有市管干部42名、区管干部660名（不含公安系统）。

【天河区庆祝中国共产党成立100周年惠民演出】 2021年6月26日，由区委党史学习教育领导小组主办，区委宣传部、区文化广电旅游体育局承办，区直机关工委、区教育局、区卫生健康局和区文联协办，区文化馆执行的“百年风华 天河逐梦”天河区庆祝中国共产党成立100周年惠民演出录制完成。因受疫情影响，该次惠民演出采取录播的方式进行线上发布。演出由“守初心”“担使命”“创未来”三个篇章组成，展现中国共产党百年奋斗历程。参与该次演出的人员全部是来自天河区各行各业的党员、干部、职工和群众代表。

【干部任用】 2021年，区委组织部组织区人大、政协“两会”人事选举工作。协助市委组织部完成区委、区人大、区政府、区政协领导班子成员调整配备工作。是年，天河区新提拔（含进一步使用）区管干部73人，试用期满转正38人，晋升一级至四级调研员109人次，指导区属各单位开展一级主任科员以下职级晋升338人次。

【干部监督管理】 2021年，区委组织部制定《天河区严肃换届纪律加强换届风气监督工作实施方案》，派发“十严禁”换届纪律明白卡等宣传，组织签订《严肃换届纪律公开承诺书》，观看警示教育片《警钟长鸣》。在各街道各社区、重点单位和天河区机关大院张贴公布1400余张换届纪律宣传海报。在全区主要媒体公布“12380”举报电话及举报网站。制定违反换届纪律问题联查联办和快查快结处理办法以及换届网络舆情监测和处置预案，会同区纪委监委建立11个换届巡回督查组，巡回督查区属各单位换届风气，对违反换届纪律问题的举报快速分类、严肃查处。严格执行领导干部个人有关事项报告制度，完成557名领导干部和55名拟提拔对象的个人有关事项填报工作，加大对领导干部房产、投资等重点事项的专项查核和分析研判力度，完成个人有关事项核查373人。对区委和57个年内开展选任工作的区属单位开展“一报告两评议”工作。开展领导干部违规兼职取酬问题专项整治，摸排全区行政、事业单位干部。对17名领导干部开展任期经济责任审计。受理、转办及办结各类信访举报。全年进行提醒谈话29人次，批评教育2人次，诫勉1人次。

【干部培训】 2021年，区委组织部开展各类干部教育培训26期次，培训各级干部29741人次。强化政治理论学习，举办市管干部和正处级主要领导干部党史学习教育专题研讨班、区管处级干部党史学习教育专题研讨班、市管干部和正处级主要领导干部学习贯彻习近平总书记“七一”重要讲话精神专题辅导报告会、学习贯彻中共十九届六中全会精神宣讲报告会暨天河区区管处级干部学习贯彻中共十九届六中全会精神专题研讨班，组织全区干部参加党的十九届五中全会精神、党史学习教育、学习贯彻习近平总书记“七一”重要讲话精神网上专题培训。落实整改工作要求开展专题培训，举办市管干部和正处级主要领导干部学习贯彻习近平总书记重要批示、关于城市工作重要论述和重要指示批示精神专题研讨班、天河区城市规划建设专题研讨班，培训领导干部750余人次，组织公务员参加广州市城市规划建设管理网上专题培训。组织各级领导干部履职能力培训，举办2期处级领导干部任职培训班、2期科级领导干部任职培训班，共培训新提拔处级领导干部48名、新提拔科级干部58名。协助对口帮扶贵州省毕节市大方县、纳雍县和七星关区开展干部培训，为干部培训班提供网络在线专题培训课程，培训干部150余人。

【人才建设】 2021年，区委组织部组织召开区委人才工作会议，邀请辖内高校、科研院所、重点企业和高层次人才代表参会，总结天河区人才工作成效，提出人才强区五项计划，整合全区人才工作力量，打造人才强区。

落实《广州市天河区推动经济高质量发展重点人才激励办法》，开展政策宣传，制作人才政策宣传短片，印制政策宣传手册1万余册，开展政策宣讲会8场次。组织开展2020年度重点人才项目申报，为115名重点项目人才、5家设站企业、

表13　2021年天河区处级干部大学堂课程表

授课时间	授课主题	授课教师
2021年8月19日	区委理论学习中心组学习贯彻习近平总书记“七一”重要讲话精神专题学习会暨正处级主要领导干部学习贯彻习近平总书记“七一”重要讲话精神专题辅导报告会	杜新山
2021年10月14日	区委理论学习中心组（扩大）会议暨习近平新时代强军思想专题辅导报告会	郑玉民
2021年10月25日	区委理论学习中心组（扩大）会议暨提升产业链供应链现代化水平专题辅导报告会	顾乃华

341 名产业贡献人才进行支持，绩效考核 42 名创新创业领军人才，全年拨付人才政策支持资金约 7400 万元。

强化天河人才港人才综合服务平台效能，在 41 个园区设立服务站，形成“1＋41 人才服务舰队”，服务人才 6 万多人次。打造广州（国际）科技成果转化天河基地，与华南理工大学等 6 所高校和科研院所签订战略合作协议，引进、孵化具有引领性的科技成果 13 项。发挥粤港澳大湾区（广东）创新创业孵化基地的辐射效能，引入培育项目 107 个，吸引港澳创业青年人才 700 余名。

印发《天河区领导干部联系高层次人才名单》，区领导在春节期间对辖区内的 28 名院士以及国家、省、市重大人才工程入选者开展“一对一”联系走访。实施人才安居工程，为 156 家企业人才配租人才公寓 540 套。召开天河区高校人才工作座谈会，与辖内 27 所高校建立人才工作常态化联系服务制度。抓好人才服务保障，全年发放人才绿卡 578 张，为 150 名高层次人才提供免费体检服务，为人才子女提供优质学位 400 个，为 700 余名人才提供疫苗接种服务，累计向高层次人才提供“科技战疫贷”等专属贷款 9.15 亿元。

【公务员管理】 2021 年，区委组织部组织区属单位参加省“四级联考”招录公务员 46 名，面向国内双一流建设高校和国（境）外知名高校招录选调生 25 名。全区 30 岁以下公务员 435 名，占全区公务员总数的 8.3%。有序推进公务员行政执法分类改革，指导 26 个单位开展行政执法类公务员职级套转和职级设置，配合完成军转干部接收安置等工作，接收安置为公务员（含参公管理单位工作人员）身份的军转干部 43 名。

【基层党组织建设】 2021 年，区委组织部开展“我为群众办实事”实践活动，推动党组织和党员深入企业和群众之中领办微项目、微心愿，共形成区级 15 项、区委区政府 100 项、区属各单位 670 项重点民生项目清单。其中全区老旧小区加装电梯、政策兑现标准化管理、5 所中小学建设、14 个口袋公园建设、21 个街道综合养老服务中心（颐康中心）和“粤菜师傅、广东技工、南粤家政”三项工程等重点任务提前完成，解决家门口民生实事 1751 件。完成全区 5029 名老党员“光荣在党 50 年”纪念章颁发工作，全覆盖走访慰问获得党内功勋荣誉表彰的党员、生活困难党员等 3900 多名。

2021 年 3 月 31 日，区委组织部与广州市律师行业党委、广州公证处党委在广州国际金融中心党群服务站举办党建共建签约仪式 （陈芷慧 摄）

构建“令行禁止、有呼必应”党建引领基层共建共治共享社会治理格局，组织全区 78 个单位召开专题培训会、工作推进会，印发党员下沉居住地发挥作用工作指引、全面构建五级基层组织架构工作指引等文件，推动全区 58373 名党员全部下沉，接收下沉党员 83190 名。全区 230 个社区组建网格党支部 2171 个，网格党小组 4146 个，设置党员责任区 20107 个。

全区 25 个村改制公司和 230 个社区“两委”完成换届工作。制定各领域党支部和党员评星定级参考标准，开展“双星双评”工作，全区评出五星党支部 598 个、五星党员 8257 名。优化提升“村改居”党建，将 25 个村改制公司党组织整建制转入对应的“村改居”社区党组织管理，优化“三个一肩挑”运行机制，建立制度文件 96 份。开展“百个机关支部联百站”活动，发出政策礼包 4500 多份。出台《关于在深化区属国有企业改革中坚持党的领导加强党的建设的实施意见》，将区属 5 家国有企业党组织归口区国资监管部门党组管理。深化构建街道、社区、新兴领域、公共空间“21＋230＋N＋X”四级党群服务阵地体系，建成花城广场和正佳广场党群服务站，新建快递小哥爱心驿站 58 个。

印发疫情防控应急演练工作方案，制定出台《天河区隔离酒店驻点专班关心激励保障工作办法》《天河区加强疫情防控集中隔离场所工作专班一线党支部建设八条措施》等制度规范，落实集中隔离酒店“日点评、周评估、月小结”工作机制。向区属 26 个党委、党工委划拨 332.33 万元区管留存党费，用于开展疫情防控和组织慰问。组织 761 支党员突击队、2.1 万多名突击队员到街道社区支援开展疫苗接种、核酸检测、社区值守和督导检查等任务。建立专班人员诉求收集和解决机制，为专班人员统一购买抗疫专项保险，联合工、青、妇等单位开展“冬日暖阳”等活动。

【两新组织党建】 2021 年，天河区有两新党组织 1009 个，在册党员 12002 名。是年，天河区编制印发两新组织党建白皮书，为推动两新党建工作发展提供借鉴参考。举办第 5 期、第 6 期“天河・红联共建”论坛。开展“百个机关支部联系百个党群服务站”结对共建活动。构建“党建+公证法律服务+营商环境”新模式，与市律师行业党委、市公证处党委、两新党组织等开展合作共建，在商务楼宇、园区等设立法律服务点，引导法律专业人士参与区域治理。指导成立区民办教育行业党委、区“小个专”行业党委，推动成立 21 个街道“小个专”党建工作指导站。天河中央商务区南区联合党委被评为广东省先进基层党组织，“‘红棉双塔’引领楼宇党建 3.0，助推区域高质量发展”“党建引领街道商会参与商圈治理”被评为 2021 年度广东基层党建创新十大最佳案例。“支部建在楼上‘红色纽带’串起 CBD”和“非公企业党组织参与应对新冠肺炎疫情的广州天河战法”被评为《非公有制企业党建杂志》年度百个两新党建优秀案例。

【党史学习教育】 2021 年，区委组织部组建广州市首个区两新组织中共党史宣讲团，推动党史学习教育进楼宇、进园区、进商圈、进企业、进社会组织，全年组织开展教育宣讲 43 场次。挖掘毛泽东视察棠下农业生产合作社旧址等辖区红色革命资源，融入科技展陈，传承红色基因。举办基层党建宣传月活动，组织 3.8 万名党员重温入党誓词，“七一”前夕安排 100 名新党员代表到花城广场开展集中入党宣誓。编纂红色史料《广州市天河区革命老区发展史》《天河家门口的红色史迹》，中央及省、市级媒体共刊载天河区党史学习教育相关报道 9500 多篇次。

【“党史微课”】 2021 年 4 月 28 日，区委组织部举办首堂“党史微课”。“党史微课”是区委组织部围绕党史学习教育重点打造的学习教育“品牌”，每月定期举办一期，每期安排区委组织部党支部若干名党员上台授课，每名党员授课时长控制在 20～30 分钟。授课主题由授课党员围绕党史自行选取，并组织撰写发言内容，制作党史课件，确保支部每名党员都能上讲台、讲党课。首期的课堂上，来自 3 个党小组的青年党员分别围绕天河区党史、粤北党史、西柏坡党史进行授课。

2021 年 4 月 28 日，区委组织部开办首堂“党史微课”

（区委组织部供稿）

【党员电教】 2021 年，区委组织部以庆祝中国共产党成立 100 周年为契机，结合党史学习教育，组织开展基层党建宣传月系列活动。在全区举办“迎建党百年，守初心使命”党员教育微视频观摩评比活动，组织、指导全区各党委、党工委、党组拍摄制作微视频 56 部、专题片 8 部、党课 13 部，其中，《湾区青年 筑梦路上》获广州市“羊城红讲台”微视频三等奖。是年，2020 年拍摄制作的《以歌叙史忆初心》在省委组织部“百部精品党课百名优秀党史宣讲员”评选活动中，被评为精品党课。

（区委组织部）

·宣传事务

【概况】 2021 年，中共广州市天河区委宣传部（以下简称“区委宣传部”）坚持以习近平新时代中国特色社会主义思想为指导，牢牢把握正确政治方向，学习宣传贯彻习近平总书记重要讲话精神和党的十九大、十九届二中、三中、四中、五中和六中全会精神，准确把握党史学习教育总要求和目标任务，围绕“举旗帜、聚民心、育新人、兴文化、展形象”使命，推动宣传思想文化工作取得突破。

【理论学习】 2021 年，区委宣传部组织召开区委理论学习中心组学习会 13 场，举办全区正处级主要领导干部专题研讨班 4 次。组建区委党史学习教育巡回指导组，开展专题学习、专题培训、专题宣传、革命传统教育、党史进校园等工作。购置党史学习教育指定用书7种，征订学习期刊7种，共派发约9000册。开展“领导干部讲政策、专家学者讲理论、学校教师讲思政、青年学生诵经典、基层百姓讲故事”等宣讲活动共1200余场，受众约12.5万人次。是年，天河区“学习强国”学习平台使用和注册上线人数约3.5万人。

【舆论宣传】 2021年，天河区在各级媒体见稿3200篇（次），在《人民日报》《经济日报》等中央媒体刊发报道880篇（次），在《南方日报》《羊城晚报》《广州日报》等本地主流媒体推出头版报道（含广州观察版）2538篇（次）；在人民网、新华网等全国性网络媒体及重点门户网站发布稿件11000万余篇（次）。

·重大主题宣传· 是年，区委宣传部策划庆祝中国共产党成立100周年、中共十九届六中全会和区第十次党代会等重大主题宣传。设置建党百年景观小品等宣传作品110处，在城市主干道沿线设置建党百年和党史相关道旗2527套。参与中宣部“大湾区·大未来”“沿着高速看中国（广东）”等大型采访活动，连续在《南方日报》等省市主流媒体刊出“沿着高速看中国（广东）”。聚焦天河高质量发展，推介天河区“世界级中央活力区”、打造CBD楼宇党建特色品牌等重磅内容500余篇（次），中央电视台等主流媒体累计报道或转发240余篇（次）。

·疫情防控宣传· 2021年，区委宣传部制定天河区疫情舆情引导和信息发布工作方案，报送疫情日报64期。落实24小时舆情值守制度。组织省市媒体深入社区进行体验式采访。“广州天河发布”微信视频号制作的《天河区建成全市第一大临时接种点》小视频，阅读量逾1600万次，点赞量超43万次，转发量33万次。纪实片《风雨同舟》真实记录疫情防控一线工作者抗疫故事，阅读量逾980.4万次，点赞量超38万次。持续在“广州天河发布”公众号和政务门户网站转发省、市、区关于疫情防控的工作部署。2021年春节期间，设计制作疫情防控贺卡、电子贺年卡和“我是文明人”、萌牛表情包、“天河牛”元素疫苗接种标识贴，制作针对60岁以上人群疫苗接种宣传纸巾，线上推送“同心抗疫”天河牛漫画。利用辖内各类电子屏循环播放疫情防控相关宣传内容超168万次，印制派发公益宣传海报4.53万份。开展“疫苗接种”主题实践活动，强化防控知识宣传教育。

【网络信息安全】 2021年，区委宣传部联合区委统战部等单位，专项督查相关单位意识形态工作。举办区“扫黄打非”工作会议和培训会议，开展出版物市场专项行动，严厉打击各类涉疫情非法言论和不实信息。制定网络安全工作责任制，将构建安全保障体系纳入天河区“数字政府”规划，落实风险评估和安全测评，保障“数字政府”基础设施整体环境的安全。全年审核网站备案1379个，完成App安全评估432个，处置重点网站高危安全漏洞26家次，处罚存在网络安全违法违规行为的企业95家，清理违法和有害不良信息276条。落实网络舆情“日报告、周汇报、专特报”的闭环报告机制。排查网络舆情风险，营造清朗安全的网络环境。全年报送网络舆情日报257份，周报49份，专报7份。

【精神文明创建】 2021年，《天河区全面推进文明城市创建常态化长效化三年行动计划（2021—2023）》印发实施，天河区继续落实《广州市天河区精神文明创建13项专项行动实施方案》，拓展新时代文明实践中心（所、站）建设，整合公园等阵地，建设基层志愿服务阵地圈。打造花城广场新时代文明实践服务驿站和毛主席视察棠下农业合作社旧址新时代文明实践站，设计“中国精神”“道德模范”等特色展览，弘扬好人精神。成立天河区志愿者协会，业务指导和资金扶持“天河好人”工作室。是

2021年4月20日，由中共中央宣传部统一部署，中央广播电视总台、《中国日报》等60家媒体组成采访团到天河区港澳青年之家总部集中采访

（区委宣传部供稿）

年，评选“天河好人”33名，8人被评为“广州好人”、4人被评为“广东好人”。出台《关于进一步加强对广告设施和内容的管理的通知》，规范公益广告发布管理。成立文明城市创建专项整治行动巡查督办组，推动全域创建工作。

【文化建设】 2021年，区委宣传部联合相关部门成立粤港澳电竞发展研究院，指导网易等电竞企业成立天河区电子竞技协会。推动中国电子竞技行业年会连续三年落户天河，举办天河区文化出口业务培训会。联合广州市文化广电旅游局、广东省演出有限公司出品创排大型现实题材话剧《卢永根》，并被纳入广东省“百年辉煌—百年百场”精品剧目。2021·尚天河文化季期间举办第四届广州户外艺术节、广州当代艺术博览会等17场文化活动，推进“文化+旅游+商业”融合发展。举办第五届文创产业大会·天河峰会开幕式暨主论坛，邀请著名专家学者和企业家参与活动。完成中国幸福城市实验室建设。

【版权管理】 2021年，天河区持续提高行业审批，提高即办率、办事不用跑率、可网办率、可预约率和可快递率。宣传新修订的《中华人民共和国著作权法》，提高版权保护意识。开展辖区印刷复制企业的“双随机、一公开”抽查工作和出版物零售单位的年度核验工作。开展打击网络侵权盗版等各项版权保护专项整治。加强315个“扫黄打非”基层站点规范化标准化建设。全年查办上级交办转办核处案件27宗，承办案件数量和办结速度均居全市第一。 （范玉光）

·统战事务

【概况】 2021年，天河区台湾事务局被评为2021年中央台办“两刊”对台宣传工作先进单位。区工商联被评为2020—2021年度全国“五好”县级工商联。冼村街道商会被评为2019—2020年度全国工商联“四好”商会。中共广州市天河区委统一战线工作部（以下简称“区委统战部”）被中共广东省委评为广东省先进基层党组织。天河区港澳青年之家总部入选2020—2021年度广东省科技孵化育成体系高质量发展项目、2020年度广东省科技企业孵化载体粤港澳众创空间。天河区港澳青年之家总部、微谷众创社区入选2021年度广州市港澳台青年创新创业示范基地。

【构建“大统战”格局】 2021年，区委常委会全年8次研究统战工作，区委主要领导多次出席统战工作重要会议和重大活动，全年对统战工作作出批示29次。全面推进《中国共产党统一战线工作条例》贯彻落实。在全市率先开展构建“大统战”工作格局走访调研工作，破解基层统战工作力量较弱等重点难点问题。在全市率先推动成立广州市天河区统一战线综合服务中心，专门管理统战实体平台运营和服务统战成员。

【多党合作】 2021年，区委统战部组织开展重要人事安排民主协商、重大决策征求意见、调研协商、经济社会发展情况通报等活动7场。支持各党派建设党员之家、会员之家，推动民主党派自身建设更加规范化和制度化。全区8个民主党派共有成员1379人，基层委员会8个、支部64个。制订完善党外代表人士队伍建设三年培训计划，加强无党派人士及党外知识分子代表教育培训和实践锻炼。建立全区无党派人士和党外知识分子人才库。全区副处级以上党外干部共33名，其中市管干部5名。推荐47名民主党派代表人士分别担任省、市和区人大代表，推荐85名党外代表人士担任区政协委员，推荐21名民主党派代表人士到各民主党派市委任职。是年，各民主党派提交集体提案28件，占区政协提案总数的26.2%，其中区委书记、区长督办提案2个。区各民主党派30人到一线参与疫苗接种、核酸检测等工作。累计发动统一战线成员捐款捐物约200万元。7项理论成果获2021年广州市统战理论政策研究创新成果奖，其中二等奖2个、三等奖2个，区委统战部获优秀组织奖。

【民族宗教事务】 2021年，天河区打造“西藏林芝源”“一水同舟龙舟文化展览馆”等民族之家，全区累计创建民族之家35个。制定出台《关于在天河区全面深入持久开展民族团结进步创建工作铸牢中华民族共同体意识的实施方案》《天河区开展铸牢中华民族共同体意识示范城市创建工作2021—2025年五年规划和2021年行动方案》。创建天河区港澳青年之家总部、石牌风情街等10个铸牢中华民族共同体意识教育实践基地，辖内广州市第七十五中学被命名为第八批全国民族团结进步示范区示范单位。区民族团结进步协会成立天河同心义工队，对清远市连山壮族瑶族自治县开展交流帮扶活动，向连山县禾洞镇中心学校捐赠5400余册书籍以及价值3.5万元学习一体机。全区首家佛教活动场所石门禅院正式动工建设。指导市佛教协会筹备重建慈林寺，慈林寺获批成为宗教活动场所。落实宗教活动场所（含民间信仰场所）疫情防控工作，全区宗教领域实现“零报告、零感染”。推进天河区宗教活动场所消防安全达标工程建设及消防安全标准化管理。全年巡查宗教场所500多次，打击非法宗教活动3宗，处置非法宗教活动点27个。

【港澳台事务】 2021年，中央政治局常委、国务院副总理韩正到天河区港澳青年之家考察，与港澳青年交流座谈。天河区打造“1＋1＋N”专业化特色产业园区群，与省人社厅共建粤港澳大湾区（广东）创新创业孵化基地，通过天河区港澳青年之家总部服务团队链接全区N个港澳青年创新创业基地。设立支持港澳、对台工作专项经费及创新创业工作经费并纳入区财政预算，将45岁以下入驻创业基地的港澳台青年纳入区人才公寓分配范围。全国首家港澳子弟学校——广州暨大港澳子弟学校落户并正式招生授课。区人力资源社会保障局与青年之家、南方人才市场合作开辟湾区线上招聘专区，发动青年之家会员企业线上送岗并提供直播带岗服务。天河基金与青年之家联合设立首期规模3700万元的港澳青年创业投资基金，南洋商业银行、富邦华一银行提供离岸金融和信用卡服务。广州天英汇国际创新创业大赛港澳台赛区7个精品项目落户天河。全年开展港澳台青年交流活动22场次，接待各地领导及港澳参访团57个。组织17批次港澳台同胞共1523人次完成新冠疫苗接种。累计帮助223家港澳台青年创办企业落地、58名港澳台青年创业者申请人才公寓。

【非公经济领域统战事务】 2021年9月13日，天河区工商联（总商会）第八次会员代表大会召开并选举产生第八届执委会，区工商联被评为2020—2021年度全国“五好”县级工商联，2个所属商会被评为2021年度广东省、广州市工商联系统“四好”商会。全区在册商会会员3052个，所属商协会28个。推动市、区合作共建广州市首个政企沟通服务中心落地，成立天河区工商联（总商会）商事纠纷调解委员会。《广州市天河区工商联：商会考评工作出新出彩》被刊登在省工商联（总商会）主办的《新粤商》2021年第1期。向3家新成立的重点行业、重点领域社会组织拨付支持金额25万元。结对帮扶贵州省毕节市纳雍县乡村建设。发起“民企同心抗疫撑天河”行动，累计捐赠价值超120万元的物资。非公经济领域党建工作成果显著，区工商联党支部被评为五星级党支部；全区有非公企业党组织854家，2021年以来新组建非公企业党组织92家，举办区非公企业党组织书记培训班12期；《广州天河：党建引领街道商会参与商圈治理》等多个案例获得全国、省、市、区表彰。

【侨务】 2021年，区委统战部承接市级行政权力事项委托事项，优化涉侨业务流程，实现涉侨业务即办、网办，全年办理华侨回国定居证4件，接待来访、来电咨询办理“三侨生”、归侨和侨眷证明45人次，办理归侨和侨眷证明14份。区委统一战线工作领导小组印发《关于加强新时代天河统战侨务工作统筹协调的意见（试行）》。在省海归国际产业创新中心挂牌成立区首个新侨创新创业基地。与省侨界海归协会、粤港澳大湾区创新智库联合主办大湾区科创故事分享活动。组织开展海外侨领天河行活动，举办2021年区侨界新春座谈会。走访慰问贫困归侨侨眷。举办2021年天河区侨务系统干部业务培训班，开展天河区华侨历史文化资源保护利用情况调研。

【新的社会阶层人士事务】 2021年，天河区新的社会阶层人士联谊会（以下简称“区新联会”）完善“1＋6＋4＋N”新阶层人士工作架构，以“联系、联谊、联动、联合”为工作理念，打造“天河新e代”系列活动品牌。打造天河科技园省级新的社会阶层人士统战工作实践创新示范基地，完成宏太智慧谷和天河新阶层创业之家品质提升，新设立金发科技创新社区实践创新基地。全省新的社会阶层人士统战工作培训班暨实践创新基地建设现场推进会（广州片会）在天河召开。在全市率先选派3名新阶层代表人士到群团组织担任副职领导。推荐区新联会13名新的社会阶层代表入选市第二届新的社会阶层理事会。评选18名天河区“新阶层之星”。是年，区新联会项目成果转化取得新进度，酷狗音乐与自雇自足签署战略合作，律师分会与盛达工作委员会确立战略合作，共同开展精准服务活动。区新联会自由职业者分会举办“自力市集”和2021年自由职业嘉年华活动。（区委统战部）

·区直机关党建

【概况】 2021年，中共广州市天河区直属机关工作委员会（以下简称“区直机关工委”）有二级机关党委26个，党总支26个，党支部481个，党员10111人，涉及行政单位56个。全年审批发展党员126人，其中35岁以下新党员87人，女党员71人；预备党员转正73人。指导、审批52个机关和事业单位党组织改选、补选工作。完成888人次党员组织关系接收、迁转。

【机关党的政治建设】 2021年，区直机关工委严格贯彻集体研究民主集中议事规则，召开专题民主生活会，紧扣主题深入查找，全面梳理检视问题，坚持把抓专项整改作为对践行“两个维护”的政治检验，举一反三落实整改。开展党史学习教育，发送“党史百年天天读”推文300多期，邀请党史专家学者开展专题辅导讲座，组织参观红色教育基地、阅读红色经典、观看红色影视等党员活动48次，策划举办“不忘来时路·奋进新征程”

演说比赛、“壮丽百年·筑梦天河”征集比赛、“领悟新思想 挥毫颂党恩”书法创作大赛等系列活动。

【机关党的思想建设】 2021年，区直机关工委常态化开展党史、新中国史、改革开放史、社会主义发展史教育，全年工委理论中心组集中学习7次，委务会学习11次，组织党员干部以“三会一课”形式学习25次。加强意识形态阵地建设，学习中央和省、市、区委关于意识形态文件精神，学习《中华人民共和国宪法》《中华人民共和国保密法》等法律法规，召开保密工作会议，做好党员干部职工保密“两识”教育工作。持续办好区机关“笃学致远讲堂”，举办党史学习教育、党务专业理论和业务技能等7期讲座，培训党员干部1000多人次。

【机关党的组织建设】 2021年，区直机关工委严格落实《基层组织工作条例》《支部工作条例》《党员教育管理条例》，规范指导26个党组织换届，优化调整书记委员44人。实施书记述职评议、支部评星定级、党员民主评议三项考评机制，优化党组织书记党建述职评议考核，创新推进“细化标准规范、体现行业特点、贴近工作实际”的支部评星定级。完成党群系统区人大代表选举工作。创新举办党组织书记、党务骨干两期培训班。150多个党员和党组织被评为省市区“两优一先”等称号，10个项目和多名选手在市机关创新大赛获奖；区直机关工委被评为建设活力新天河先进集体、先进基层党组织、区信息工作先进单位等称号。拍摄党建工作片，召开模范机关推进会，推广经验案例，表扬标兵先进，推动模范机关创建。50多篇次信息报道被“学习强国”、《人民日报》数字媒体、市委《每天快报》、《广州日报》、南方$^+$、《南方都市报》等主流媒体刊用。

【机关党风廉政建设】 2021年，区直机关工委深化基层评议机关作风工作，推动机关作风改进、行政效能提高、营商环境优化。落实全面从严治党、党风廉政建设“两个责任”，领导班子带头在民主生活会上报告个人重大事项，做出廉洁承诺。常态化开展“纪律教育学习月”活动。开展“我为群众办实事”实践活动，开展“百个机关支部联百站”“双报到”“双微”行动，认领微项目290多个，微心愿5000多个。组织机关党员突击队到员村、黄村、龙洞等街道10多个社区支援核酸检测、堂食检查等防疫工作。组织机关党员节假日到花城广场开展便民利民服务600多人次，联合区税务局、区供销联社、邦华环球广场党群服务站共40多名党员，在花城广场党群服务站开展“助力乡村振兴 优化营商环境”实践活动，“红蓝绿”（志愿红、税务蓝、供销绿）党员先锋队合作打造城市客厅党建品牌。

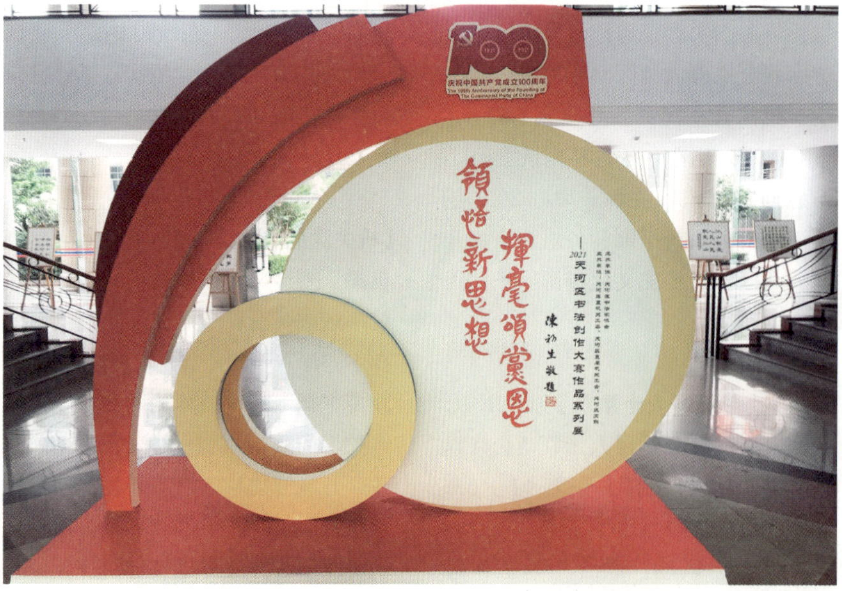

2021年7月，天河区举办庆祝中国共产党成立100周年系列活动之“领悟新思想 挥毫颂党恩”2021天河区书法创作大赛作品系列展

（区直机关工委供稿）

【机关群团建设】 2021年，区直机关工委落实党建带群建服务机制，持续开展“悦动天河”群众系列文体活动，举办瑜伽、太极、八段锦、形体礼仪培训班，摄影、插花等文化艺术课，及登山、羽毛球等体育比赛，建设区机关干部职工活动中心，普惠机关干部职工2000多人次。在春节、“七一”、国庆等节日对老党员、困难党员进行走访慰问，并发放慰问金，颁发“光荣在党50年”纪念章871枚。

（戴继红、江美琴）

·老干部事务

【概况】 2021年，天河区有离休干部20人；副处级以上退休干部921人，其中机关市副局以上退休干部45人，机关处级退休干部809人，企、事业单位处级退休干部67人。

【离退休干部党组织建设】 2021年，中共广州市天河区委老干部局（以下简称“区委老干部局”）举办离退休干部党支部书记（委员）培训班，在区老干部党校推出党史学习教育主题党日活动套餐。持续开展“银映红棉 添彩天河”品牌创建，组织全区1900多名离退休党员到社区报到，打造绢麻老党员之家。组织机关老党员到社区开展义务写春联等活动。组织党史学习教育4场次，动员老党员认领群众12个微心愿。

【离退休干部政治待遇落实】 2021年，区委老干部局组织离退休干部深入学习领会习近平新时代中国特色社会主义思想和中共十九届六中全会精神，收听收看庆祝中国共产党成立100周年大会。全年走访慰问获得党内功勋荣誉表彰的党员、生活困难党员、老党员、老干部378人次。建立离退休干部纪念章赠予制度，为全区4350多名老干部赠予离退休干部纪念章。

【离退休干部生活待遇落实】 2021年，区委老干部局帮扶有特殊困难老干部9人次，发放帮扶资金14.5万元。为企业离退休干部发放政策性补助600万元，组织企业离退休干部进行体检。为全区离休干部增发1个月的生活补贴，为20名离休干部办理提高医疗待遇手续。建立在职党员联系离休干部制度，优化提升“乐享晚晴”居家养老服务品牌内容，为全区离休和80岁以上高龄退休干部提供生活照料等社会服务。

【离退休干部文化生活】 2021年，区委老干部局组织老干部围绕庆祝中国共产党成立100周年开展“十个一”系列活动，召开老干部庆祝中国共产党成立100周年座谈会暨“光荣在党50年”纪念章赠予仪式，举办老党员“迎华诞 送祝福”祝福语征集活动、老干部“皓首丹心庆华诞”书画摄影作品展。组织区老干部合唱团、模特队参加党史学习教育专题文艺会演等活动。举办专题座谈、征文活动、知识问答、网上点赞、挥毫泼墨等活动20多场次。组建老党员红色故事宣讲队到校园、社区、企业、单位宣讲红色故事27场次，听众4400多人次，先后被《广州日报》等主流媒体报道10余篇次。

【关心下一代工作】 2021年，天河区关心下一代工作委员会利用辖区毛主席视察棠下旧址等红色资源和花城广场等现代化场所，推动打造十大青少年教育基地。利用教育基地开展“小小讲解员”培训、青少年学习乞巧非遗手工技艺、向青少年讲述广州红色史迹、“祖国耀我心 冠军伴我行”天河区城市体育文化发展史宣传等志愿活动，为老党员开展青少年辅导教育提供平台。 （区委老干部局）

·机构编制

【概况】 2021年，中共广州市天河区委机构编制委员会办公室（以下简称“区委编办”）围绕区委、区政府工作部署，开展天河机构编制工作，为推动天河区在全面建设社会主义现代化国家新征程中走在全国全省全市前列提供体制机制保障。全年印发穗天编字文件41份、穗天编办文件36份，办理实名入编978人次。2021年，区委编办按时报送机构编制实名制数据和月报表，完成省委编办布置区编外工作人员情况摸查统计。严格执行用编报批程序，全年在实名制系统完成613项用编申请审批。落实保护关心爱护医务人员的部署要求，开展抗疫一线医务防疫人员招聘等工作。

【街道体制改革】 2021年，区委编办推进街道体制改革，指导、督促街道党工委、办事处严格按照“三定”规定履行管理职权，厘清各机构职责边界，加强工作平台建设，构建协同高效运行机制。会同区司法局、区应急管理局、区城市管理综合执法局等部门开展深化街道体制改革调研评估，围绕机构设置、编制人员配备等8类20项改革内容，评估总结街道改革成效，并组织召开区委深化街道体制改革领导协调小组扩大会议。研究拟订街道编外人员清理规范“1＋N”方案，以街道体制改革为契机，加强和规范街道编外人员总体规模、薪酬待遇、日常管理和经费保障等，支持

2021年7月8日，天河区深化街道体制改革评估工作调研座谈会在长兴街道举行
（区委编办供稿）

并指导珠吉、车陂街道率先探索开展协管员队伍整合试点工作。

【体制机制创新】 2021年，区委编办深化招商引资体制机制创新，改革招商工作机构，调整职能配置、职责任务和隶属关系，理顺工作机制。研究理顺森林防灭火、森林公园管理工作机制，明确职责分工，厘清工作边界。推进落实区、街、居（村）公共卫生委员会建设，健全公共卫生体系和疫情防控机制，加强公共卫生与重大疾病防治工作。调整区扶贫工作机构设置，设立区乡村振兴局，将区委农村工作办公室更名为区委农村工作领导小组办公室。推进行政复议体制改革，整合行政复议职责，增设行政复议应诉工作机构。研究推进群团组织改革创新。规范区级议事协调机构管理，严格审批程序和规范管理，持续更新台账。

【事业单位改革】 2021年，天河区成立区委深化事业单位改革试点工作领导小组，印发试点实施方案。完成广州市广播电视大学天河区分校、区个体劳动者协会分类改革工作。规范开发区管理机构，推进天河科技园管委会管理体制改革。推进生活垃圾收运一体化改革，推动印发《天河区生活垃圾收运处置一体化改革实施方案》。优化教育布局，设立体育东教育集团均和小学、天河智慧城第一小学。设立区粮食和物资储备管理中心、区旅游发展中心，推动天河区粮食和物资储备、全域旅游等工作发展。核增区供销联社事业编制3名，增设监事会主任、监事会办公室，健全监事会组织机构，强化社有资产监管。指导区卫生健康局拟订属下事业单位改革方案，筹备提交区委编委会议研究审议。加强事业单位法人监管，2020年全区事业单位法人年度报告报送及公开完成率100%。推动事业单位法人注销登记，召开工作推进会、印发督促办理通知、开展实地核查。

【机构编制监督检查】 2021年，区委编办开展《中国共产党机构编制工作条例》《机构编制监督检查工作办法》学习和宣传，将《中国共产党机构编制工作条例》主要内容编入党校科级领导干部任职培训课程，在区委党校处级领导干部任职培训班上作专题讲座。贯彻落实上级关于加强机构编制问题整改的有关要求。梳理超编进人和超职数配备领导干部情况，“一事一策”，与有关部门共同推进问题整改。制止机构编制“条条干预”，对各类正式文件及征求意见稿中涉及机构编制事项的，分类甄别研究，及时上报并反馈有关单位。组织开展天河区第二次机构编制核查工作，确保全区机构编制基础数据的真实性、准确性、完整性，进一步核清机构编制资源的数量、结构、分布等实际配置情况。从实地核实情况看，受检单位均按照最新“三定”规定和事业单位调整文件设立机构、配备人员等，未发现存在《广州市天河区第二次机构编制核查工作实施方案》指出的擅自设立、撤并、调整所属行政机构、事业单位或内设机构等9种机构编制违规违纪问题。 （蔡文君）

·党校教育

【概况】 2021年，中共广州市天河区委党校（以下简称“区委党校”）学习贯彻习近平新时代中国特色社会主义思想、习近平总书记“七一”重要讲话精神、党的十九大和十九届三中、四中、五中和六中全会精神，开设习近平新时代中国特色社会主义思想课程、理论教育课程、党性教育课程。全年举办各类培训班27期，培训学员3231人。

【党校业务培训】 2021年，区委党校组织主体班、专题培训班学员学习习近平新时代中国特色社会主义思想、党的十九届五中、六中全会精神。举办城市规划建设管理专题研讨班，邀请专家学者做习近平生态文明思想专题辅导，开展城市规划建设管理、历史文化保护传承、城市社会治理现代化专题培训。运用专题辅导、案例教学、新闻发布会、红色文化现场教学、区情特色参观学习、学员论坛、线上转播等手段，推动理论宣讲和实践指导“双促进”。组织学员到杨匏安旧居、中共中央机关春园旧址、猎德人家开展现场教学，体会广州历史名城的底蕴魅力，提升教学培训质量和成果转化水平。

【党校课题调研】 2021年，区委党校开展《党建引领基层社会治理创新的天河样本》调研，提炼天河区构建基层社会治理新体系的特点经验，参加“建党百年·坚持党的全面领导——历史与现实”广州地区党史党建专家理论圆桌会研讨。基于产业链与创新链融合发展逻辑与视角，形成《横琴粤澳深度合作区产业链与创新链融合发展研究》调研文章，针对现状与不足，提出对策建议。开展“天河区实施《粤港澳大湾区发展规划纲要》的成效、经验与前瞻”调研，提炼总结天河区工作成效与经验，梳理存在不足提出对策建议，发挥科研咨政作用。

【党校业务指导机制】 2021年，区委党校着力整合资源，开展办学质量评估和送教活动，健全完善业务指导机制，推动区街党校全面建设。推动基层党校组织建设，推动新成立天河区科技园党委党校，形成“1＋21＋4＋N”区、街道及行业党校系统合力。举办基层党校业务培训班，培训学员46人次。会同区委组织部对街

2021 年 7 月 8 日，“学习百年党史 汲取奋进力量”主题征文活动颁奖仪式暨交流会在区委党校举办 （陈星波 摄）

道党校 2020 年度办学质量开展系统评估，其中天园、冼村、猎德、车陂、石牌 5 个街道党校被评为优秀等次，落实以评促建、以评促改、以评促教。开展送教下基层活动，面向基层党校开展 27 场“学习百年党史 汲取前进力量”送教下基层活动和义务宣讲会，受众达 2209 人次。围绕“四史”设计送教菜单，推出特色专题，组织省、市委党校专家教授深入基层，推动党史学习教育延伸至基层一线，提高送教实效。根据省委组织部、省委党校关于开展市县党校办学质量评估工作的通知，成立办学质量评估工作小组，对照评估指标体系评分标准及解读细则，查缺补漏。

【建党百年主题征文活动】 2021 年，区委党校联合区委组织部、区委宣传部开展“学习百年党史 汲取奋进力量”主题征文活动，收到征文作品近 400 份。举办主题征文活动颁奖仪式暨交流会，以百篇优秀征文庆祝中国共产党成立 100 周年。《人民日报》、央媒网、南方+、《广州日报》、《南方都市报》等媒体进行报道，优秀作品在区融媒体中心、《天河学苑》系列刊载。 （陈媛）

广州市天河区人民代表大会

【概况】 2021 年，广州市天河区人民代表大会常务委员会（以下简称“区人大常委会”）围绕全区中心工作，依法履行职责。全年召开常委会会议 19 次，任免地方国家机关工作人员 98 人次；完成人大换届选举工作，选出天河区新一届人大代表 349 名。听取和审议“一府一委两院”专项工作报告 25 项，开展执法检查 3 项、专题调研 52 项，备案审查规范性文件 7 件；依法处理群众来信来访 27 件次。依托“天河人大”公众号创新代表联系群众方式的做法和天河区人大财政预算监督的做法被全国人大专题简报刊发推广各地学习借鉴。

【人大监督】 2021 年，区人大常委会围绕全区经济社会发展大局和事关人民群众切身利益的重大问题，依法有效开展监督工作。

·财政经济工作监督· 区人大常委会召开企业座谈会，了解区营商环境和企业发展情况；听取前三季度经济运行情况专题报告，提出相关工作建议。听取和审议政府半年工作、计划执行情况等报告，开展优化营商环境、天河一号二号基金使用发展情况、人工智能和数字经济试验区建设、产业园区发展、科技成果转化工作情况等调研监督，开展天河路商圈专题调研，促进产业转型升级。开展参与式预算审查监督工作，组织代表提前介入审查政府预算草案和部门预算草案，跟踪监督部门预算执行全过程。深化预算联网审查监督，实现与相关部门数据实时对接。建立每月预算联网预警情况分析工作机制，监督预算执行情况、民生实事实施进程。联合审计部门跟踪整改审计查出的问题，首次选取政府组成部门向区人大常委会作整改报告，并进行满意度测评。

·保障改善民生工作监督· 区人大常委会围绕疫苗接种工作开展专题调研，制定《关于对天河区新冠病毒疫苗接种工作的监督方案》。开展人大代表疫苗接种议事活动，21 个人大街道工委先后开展 60 多场“疫苗接种大家谈”活动。组织人大代表“现身说法”和医疗专家现场答疑解惑。发动医疗行业人大代表及其所在单位，增援医护人员、提供接种设备物资。围绕教育医疗文化发展和乡村振兴，听取和审议区政府关于推进教育信息化建设工作情况的报告，跟踪监督天河区学前教育工作情况。听取和审议天河区医疗卫生服务体系规划（2018—2020 年）目标完成情况报告，并进行满意度测评。结合督办“天河区公办社区卫生服务中心全覆盖”和“加强东部地区医疗配套问题”等代表建议，召开约见国家机关负责人座谈会。开展创建广东省全域旅游示范区专题调研。跟踪监督石门禅院项目建设。听取和审议区政府关于天河区落实乡村振兴战略、美丽村居三年行动计划推进工作相关专项报告和民族宗教工作情况报告。围绕民生实事项目人大代表票决制工作，建立健全民生实事项目征集、票决、督查和评议

2021年12月8日，区人大常委会党组书记、主任蓝小环带队开展2021年天河区民生实事票决项目实施情况专题调研　（区人大常委会办公室供稿）

等机制。跟踪代表大会票决产生的十件民生实事实施情况，将民生实事预算纳入预算联网监督之中，掌握项目资金支出、项目进度。组织人大代表开展民生实事调研、专题座谈和满意度测评。

·法治天河建设监督· 区人大常委会加强对法治建设重点领域监督，听取和审议法治政府建设情况工作报告，专题调研社区矫正工作、“七五”普法决议贯彻执行和“八五”普法规划起草情况。执法检查《广州市绿化条例》《中华人民共和国老年人权益保障法》等法律法规实施情况，提出意见建议。听取和审议天河区贯彻实施《安全生产法》情况专项工作报告并进行满意度测评。首次听取和审议区监察委员会专项工作报告。督促区法院依法履行职责，规范司法行为。督促区检察院推进民事行政诉讼监督、公益诉讼工作，履行法律监督机关职责。全年向市人大常委会报送规范性文件2件，备案审查规范性文件7件。发挥咨询专家智力支持作用，参与专家21人次，收集专家意见30条。协助省、市人大常委会开展地方立法调研工作，进行法律法规草案和立法计划征求意见工作，完成《广州市临空经济区条例》等7部法规草案在天河区的征求意见工作。

·城区功能品质提升监督· 区人大常委会开展交通大整治和系统防范化解道路交通安全风险工作检查监督，制定专项监督工作方案，对全区各街道、35个考核路口开展调研。围绕黄埔大道华侨医院路段优化交通组织、水荫四横路段工程征拆、天润路断头路打通等问题开展交通微循环、交通整治专题调研8次，召开人大代表议事会6场，推动问题解决。聚焦社区物业管理水平提升，推动区住建园林局制定《天河区贯彻落实〈广州市物业管理条例〉的实施方案》，促进《广州市物业管理条例》在天河区落实。聚焦排水单元达标，听取和审议区政府关于排水单元达标情况的专项工作报告并进行满意度测评。开展合流渠箱“开闸”专题调研，推动“开闸”任务中合流渠箱所涉及商业类单元、大型排水单元加快推进自行整改进度，推动排水单元达标认定率83%。聚焦老旧小区微改造工作，听取和审议区政府关于老旧小区微改造情况的专项工作报告并进行满意度测评。

【人大代表“两个联系”】 2021年，区人大常委会严格落实常委会组成人员联系代表制度，定期走访慰问、邀请代表列席常委会会议、开展代表议事活动等，听取代表意见。聚焦天河智慧城核心区交通拥堵问题，组织市区两级代表开展议事活动。全年区人大常委会组成人员直接联系代表120多位，其中，人大常委会主任会议组成人员联系代表80多位。提质升级全区254个人大代表社区联络站点规范化建设。在“天河人大”公众号开辟“云接访”“代表连线”栏目，实现代表全天候、零距离倾听群众诉求。全年组织代表进社区接待选民群众1780人次，网上连线160多人次，收集意见建议420余条。推广代表在社区节假日接访、夜间接访、流动接访、代表进网格等做法，密切人大代表与群众的联系。

【人大代表履职】 区人大常委会先后举办5期区十届人大代表初任培训班和1期履职能力提升专题培训班。依托“天河人大”公众号开设网络课程72门，组织代表参加专题网络直播学习。完善代表履职积分制，加强代表履职档案管理。创新代表暗访调研机制，运用“随手拍”常态化网络监督，建立完善转办、交办、督办工作机制，收集垃圾分类、餐饮浪费、共享单车管理、市容环境卫生等问题602个，95%以上的问题完成整改。“天河人大”公众号共发布代表风采18期，代表履职动态信息1912条。

【代表议案建议督办】 2021年，区人大常委会在区九届人大九次会议上向“一府两院”交办大会建议86件、闭会建议16件全部办结；在区十届人大一次会议上向“一府两院”交办大会建议45件。推动构建“一府两院”负责人领办、常委会负责人督办、代表约见督办、现场视察督办、连续跟踪督办工作格局，及时回应民生关切，解决“关于保护天河湿地公园生态环境”“关于旧楼加装电梯加强设计审查”“关于将五山东延线跨越华南快速路位置西往南车行匝道桥改为人行道”等一批代表反映的事关群众切身利益的问题。

2021年10月27—29日，广州市天河区第十届人民代表大会第一次会议在区机关大会场召开 （区人大常委会办公室供稿）

【天河区第九届人民代表大会第九次会议】 2021年3月2—3日，广州市天河区第九届人民代表大会第九次会议在区机关大会场召开。区人大常委会主任蓝小环主持开幕式和闭幕式大会。区委副书记、区长谭明鹤向大会作工作报告。会议表决通过《关于天河区人民政府工作报告的决议》《关于天河区国民经济和社会发展第十四个五年规划和二〇三五年远景目标纲要的决议》《关于天河区2020年国民经济和社会发展计划执行情况与2021年计划的决议》《关于天河区2020年预算执行情况和2021年预算的决议》《关于天河区人民代表大会常务委员会工作报告的决议》《关于天河区人民法院工作报告的决议》《关于天河区人民检察院工作报告的决议》。投票表决天河区2021年民生实事项目。选举余电芳为天河区第九届人民代表大会常务委员会副主任，陈小林为天河区第九届人民代表大会常务委员会委员，杜传杰为区人民法院院长。

【天河区第十届人民代表大会第一次会议】 2021年10月27—29日，广州市天河区第十届人民代表大会第一次会议在区机关大会场召开。区人大常委会主任蓝小环主持开幕式大会，区人大常委会副主任林志云主持闭幕式大会。代理区长陈建荣向大会作政府工作报告。会议表决通过《关于天河区人民政府工作报告的决议》《关于天河区人大常委会工作报告的决议》《关于天河区人民法院工作报告的决议》《关于天河区人民检察院工作报告的决议》。选举蓝小环为天河区第十届人民代表大会常务委员会主任，选举陈建荣为天河区人民政府区长，选举李笑娟、黄泽鹏、石泽润、吴杰、林泽波为天河区第十届人民代表大会常务委员会副主任，选举黄凯旋、刘庆进、袁笑一、郭华、段希、邓萍、黄卓丰为天河区人民政府副区长，选举张文胜为天河区监察委员会主任，选举杜传杰为天河区人民法院院长，选举陈焯霖为天河区人民检察院检察长，选举王异军等38人为天河区第十届人民代表大会常务委员会委员，选举王凤丽等57人为广州市第十六届人民代表大会代表。（何静雯）

广州市天河区人民政府

·政府综合事务

【政府议事会议】 2021年，广州市天河区人民政府组织保障区政府党组专题民主生活会2次、区政府党组会议36次、区政府全体会议3次、区政府常务会议32次，区长办公会议94次，及时研究部署政府各项工作。制定和通过《广州市天河区人民政府关于印发天河区农村集体资产交易管理实施细则的通知》《广州市天河区人民政府关于印发天河区加快推动高端专业服务业高质量发展若干政策措施的通知》《广州市天河区人民政府办公室关于印发天河区困难群众及家庭爱心扶助办法的通知》《广州市天河区人民政府办公室关于印发天河区计划生育家庭特别扶助办法的通知》等规范性文件，《广州市天河区人民政府办公室关于印发天河区区级财政专项资金管理办法的通知》《广州市天河区人民政府办公室关于印发广州市天河区火灾事故应急预案的通知》《广州市天河区人民政府关于印发广州市天河区疫苗安全事件应急预案的通知》《广州市天河区人民政府关于印发广州市天河区药品安全事件应急预案的通知 》等工作方案，《广州市天河区人民政府办公室关于延续实施天河区落实〈广州市人才绿卡制度〉实施办法的通知》等规章制度。

【政府信息】 2021年，广州市天河区人民政府办公室（以下简称“区政府办公室”）围绕区委、区政府中心工作，以服务经济社会发展、服务领导科学决策为宗旨，采编及刊发反映天河经济社会发展取得新成果、新亮点的信息，发挥信息参谋辅政作

表 14　　2021 年天河区人民政府主要文件表

文件号	文件名称
穗天府〔2021〕1 号	广州市天河区人民政府关于公布天河区传统风貌建筑名单的通知
穗天府〔2021〕3 号	广州市天河区人民政府关于天河智慧城东大湖建设项目征地补偿安置的公告
穗天府〔2021〕4 号	广州市天河区人民政府关于印发《广州市天河区国民经济和社会发展第十四个五年规划和 2035 年远景目标纲要》的通知
穗天府〔2021〕6 号、8 号	广州市天河区人民政府征地补偿安置公告
穗天府规〔2021〕1 号	广州市天河区人民政府关于印发《天河区农村集体资产交易管理实施细则》的通知
穗天府规〔2021〕2 号	广州市天河区人民政府关于划定广佛环线广州南站至白云机场段天河区范围线路安全保护区的通告
穗天府规〔2021〕3 号	广州市天河区人民政府关于印发《天河区加快推动高端专业服务业高质量发展若干政策措施》的通知
穗天府规〔2021〕4 号	广州市天河区人民政府关于印发《天河区加快推动软件和信息技术服务业高质量发展若干政策措施》的通知

表 15　　2021 年天河区人民政府办公室主要文件表

文件号	文件名称
穗天府办〔2021〕2 号	广州市天河区人民政府办公室关于印发《广州市天河区 2021 年度政府重大行政决策目录》的通知
穗天府办规〔2021〕1 号	广州市天河区人民政府办公室关于印发《天河区区长质量奖评审管理办法》的通知
穗天府办规〔2021〕2 号	广州市天河区人民政府办公室关于延续实施穗天府办规〔2020〕4 号文的通知
穗天府办规〔2021〕3 号	广州市天河区人民政府办公室关于印发《天河区困难群众及家庭爱心扶助办法》的通知
穗天府办规〔2021〕4 号	广州市天河区人民政府办公室关于印发《天河区计划生育家庭特别扶助办法》的通知

用。全年编发《天府简报》工作动态 31 期、专刊 33 期、专送 1 期；编发《天河舆情要闻》250 期，主要收集国家、省、市重要会议及重点事项；编发《要闻参考》20 期、《信息参阅》12 期。办理涉及天河各类舆情 112 件、省政府主要领导建言献策类留言涉及天河事项 9 件。向《穗府信息》报送工作动态 438 篇、专刊 25 篇、专送 1 篇，其中工作动态被采纳 51 篇，专刊被采纳 13 篇、专送被采纳 1 篇。2021 年，天河区政府被评为广州市政府系统信息业务积极单位。

【政府督办】 2021 年，区政府办公室对上级党委、政府和区委、区政府的重大决策、重要工作部署，区政府全体会议、区政府常务会议、区长办公会议、区政府工作会议议定事项，《政府工作报告》部署事项，区人大代表议案、建议和区政协提案以及市人大、市政协转区政府办理事项，上级领导和区领导有关指示、批示、交办事项等进行跟踪落实。全年办理省、市会议纪要件、督办件等各类文件 700 余份。其中，办理省、市会议纪要 556 份，根据会议纪要内容及市政府督查室要求，立项督办 22 件，涉及任务 48 项；跟进督办区政府常务会议、区长办公会议决定事项 302 项；督办区十件民生实事任务 17 项；跟进区重点工作事项 124 项，推动区政府重点工作落实。编发《天河区疫情防控工作督查专报》20 期。2021 年，承办各级建议提案 345 件。其中，省人大代表建议 2 件，省政协提案 5 件，市人大代表建议 64 件，市政协提案 35 件，区人大代表建议 142 件，区政协提案 97 件。区政协社情民意 48 件，均在规定时间内完成办理，代表满意度 100%。

【外事服务管理】 2021 年，天河区举办涉外疫情防控工作培训。向区各行业主管部门、各街道、外管服务站转发多语种版本疫情防控通告，制作中英双语提示。派出涉外翻译到流行病学调查防控一线，及时回应法国、伊朗、俄罗斯、印度等 30 多个国家驻穗领事馆咨询，宣传解释广州市最新防控政策，提供快速核酸采样保障服务。“5・21”疫情防控期间为俄罗斯驻穗领馆提供上门核酸检测服务。处理领馆照会或“12345”热线投诉等涉外事项 29 宗。开展涉外疫苗宣传，在华外国人可通过精准预约、集体团约方式预约疫苗接种。天河区定点接种医院广州市第十二人民医院为外籍人士接种约 4500 剂次新冠疫苗。协助市委外办做好 40 家使领馆，337 名领事官员及家属返回天河复工、居住的保障工作。受理 163 个国家机构，293 名外籍人员来华申请，助力企业复工复产。猎德街凯旋新世界、五山街汇景新城打造广州首批国际社区。

【法治政府建设】 2021 年，天河区继续推进法治政府建设。完成中央依法治国办法治政府建设实地督查。印发《关于贯彻实施〈民法典〉推进法治政府建设的实施方案》，推动有效市场和有为政府结合。街道成立综合行政执法办公室，在全市率先印发街道综合行政执法协作办法、执法争议协调办法，健全街道综合行政执法配套制度。整合全区行政复议资源，完成行政复议体制改革。行政规范性文件合法性审查、报送备案率100%。按时公布2021年度区政府重大行政决策目录，重大行政决策事项承办单位严格按照法定程序推进。全年依托广东省行政执法信息公示平台公开执法结果信息41万余条。开展行政执法案卷评查，评查对象首次覆盖全区所有行政执法单位。设立首个街镇一级生态环境纠纷人民调解工作室。选取猎德街辖内外国人聚集的广粤国际社区为试点，探索实施社区涉外公共法律服务。完善刑事法律援助工作衔接机制，成立全市首个区级法律援助专家委员会。是年，天河区成立全市首个区级法律援助专家委员会，入选首批省级法治政府建设示范地区，在法治广州建设考评中被评为优秀等次。区司法局被评为2016—2020年全国依法治理创建活动先进单位，天河南司法所被评为全国模范司法所，天园街环宇社区、车陂街旭景社区被评为省级民主法治示范社区。

（区政府办公室、区司法局）

·政务服务

【概况】 2021年，广州市天河区政务服务数据管理局（加挂广州市天河区行政审批局牌子）（以下简称“区政务服务数据管理局”）接待群众超103.8万人次，办件量129.8万宗，群众满意率超99.99%。“12345”政府服务热线天河分中心承办工单36.07万件，承办量居全市第一，全年工单按时完成率100%。是年，区政务服务数据管理局被评为2021年度政务服务与优化营商环境示范单位，“5G消息助力广州天河政务智能咨询更便民”项目获工信部“绽放杯”5G应用征集大赛优秀创新奖，天河区政府门户网站被评为中国优秀政务网站，区门户网英文网站被评为设计创新型外文版政府网站。

【审批服务】 ·“一枚公章管审批”改革· 2021年，区行政审批局依托区统一审批管理平台，对纳入相对集中行政许可试点的159项事项进行全链条优化，实行“三级目录、三级风险”管理，印发《天河区行政审批局行政审批工作制度》，细化完善审批工作流程及审批事项风险划分表，规范行政审批行为。行政许可事项总体审批时限压缩92.71%，所有事项100%可网办、100%实现“不见面审批”，全年业务量超40.4万件。

·商事登记改革· 2021年，区行政审批局创新实施商事登记“1＋4＋N”审批机制，设立企业开办“一站式”服务专区，推行全流程电子化登记服务，实现标准地址库范围内企业住所自动登记确认。全面整合“照、章、税、保、金、银”等开办企业事项，全流程一个环节、半天办结，免费发放纸质介质和电子介质开办大礼包。推行简易注销、承诺制注销登记改革，畅通企业退出渠道。

·政务服务提质· 2021年，区政务服务数据管理局持续推动审批服务事项标准化，实行“一源五端”统一管理，全区依申请事项可网办率、最多跑一次率、电子证照应用率及绑定率均达100%，行政许可即办率84.34%、时限压缩率93.56%。开通线上专栏、大厅专窗、“穗好办”App专区、自助服务等多种办事渠道，实现344项高频事项与60余个地区跨域通办。上线区政策兑现服务平台，集成天河惠企政策展示、通知、解读和申报等服务功能，全年累计发布131项兑现事项，办理兑现业务2110件，在线办理率100%，完成政策资金拨付5.08亿元。全面优化“一件事”服务，绘制“一件事”办理导航图，覆盖200多个常见办事场景，实现76个“一件事”场景服务“一次告知、一套材料、一网申报、一次办成”。实行工程建设项目综合受理，推行全流程免费代办服务，全年办理业务3003件，提供各类代办服务1260次。建立天河区政务服务“好差评”工作考评机制，实现全区267个政务服务大厅评价全覆盖，推动政务服务质量有效提升，全区政务服务好评率达99%以上。

【互联网＋政务】 ·政务服务一体化· 2021年，区政务服务数据管理局推进审批管理服务平台优化升级，完成区统建审批平台与12个业务系统对接，优化网上申办、综合受理、行政审批、事项管理功能，实现全区政务服务事项73.1%可免快递全流程网上办理。开设“穗好办”天河专区，推动362项区级政务服务事项进驻“穗好办”App，涵盖医疗卫生、政策兑现等高频事项。加强政务自助服务网络体系建设，全区共布设政务自助服务一体机50台，覆盖区、街政务服务中心、大型社区、园区、甲级写字楼等人流密集场所，实现社保、医保、民政等2595项事项自助办理，在辖区171台建设银行智慧柜员机上线103项政务服务事项。上线区政务智能咨询＋5G消息服务，全融合5G消息、微信、政府门户网站、邮件、智能机器人以及自助终端等多种咨询服务渠道，打造精准、主动和高效的“可视化”智能服务模式，发送消息10万余条。

·数据资源共享共用· 2021年，区政务服务数据管理局建设区政务大数据平台，建立政务服务信息数据实时共享的政务信息交换机制，促进数据整合、共享应用和业务协同，汇聚区企业法人、人口、“四标四实”、疫情、信用、劳社和卫健等各类数据5亿余条，通过政务数据分析和可视化系统展示，支撑政务服务管理优化提升工作。推动电子证照、数据共享、电子签章、网络实名核验等“应用尽用”，推进“减证便民”行动，推出“亮码办事”服务功能，实现政务服务大厅“免证办”。是年，天河区材料免提交率35.22%，累计签发电子证照715.7万张，调用32.5万次，制发电子印章182个，实现电子印章全覆盖，签发应用数量居全市各区前列。

【“数字政府”建设】 2021年，天河区上线5G消息+智能咨询服务平台，通过“12345”政府服务热线解决群众诉求36万件。是年，区政府门户网站被评为2021年度中国优秀政务网站。

·信息化项目管理· 2021年，区政务服务数据管理局强化信息化系统统一管理，印发《天河区政务信息化项目管理办法》，规范项目的规划、立项、实施、验收、评估等各项环节，实施集约化建设管理。全年办理信息化项目立项107个，立项总金额18713万元，完成83个项目验收、15个项目终验备案，清理关停区级信息平台和系统21个。

·数字化应用支撑· 2021年，区政务服务数据管理局印发《“穗智管”城市运行管理中枢天河区级分平台建设工作方案》，完成“穗智管”标准屏页面建设，搭建无人机远程调研场景特色屏，推进城区运行“一网统管”。建成全区统一的区政务邮箱系统、OA系统、短信平台、视频会议系统。紧急开发区核酸检测预约登记系统、区新冠疫苗接种预约登记系统，开展核酸检测、疫苗接种每日数据统计分析工作，汇集各类涉疫数据1.4亿条，精准推送防疫提醒消息超6000万条。

·信息化安全保障· 2021年，区政务服务数据管理局建立7×24小时信息安全监控运营机制，全年累计保障视频会议756场，处理桌面IT设备、网络、OA系统、短信平台等问题6731单，修复系统高危漏洞1504个，对336台服务器资源实行性能监控，确保区信息化系统安全稳定运行。

【政务公开】 2021年，区政务公开领导小组办公室科学制定《天河区2021年政务公开工作要点分工方案》，建立要点落实情况、政府信息主动公开、政府信息依申请公开等工作台账，编制《天河区试点领域政务公开事项标准目录》，完成全区26个领域2533项基层政务公开事项标准目录动态更新发布工作。强化政策解读，制定《天河区加强涉企政策宣传解读提高政策知晓度工作方案》，通过各类政务新媒体及政务服务大厅、党群服务站、工业园区等政企渠道，开展市、区营商环境政策、惠企政策宣传。是年，全区主动公开政府信息48.75万条，受理政府信息公开申请案件360件。

【“12345”热线】 2021年，区“12345”政府服务热线中心统筹全区热线工作，加强培训学习，印发实施《天河区广州“12345”政府服务热线综合评分方案》《天河区广州“12345”政府服务热线信息发布及反馈机制（试行）》，建立疑难工单协调机制，有效解决各类咨询、投诉等民生热点难点问题。建设热线管理智能辅助系统，开发上线重办工单智能承接、工单自动转派等功能，提升工单办理效率。运用现场勘查、协调会、区内联合审定、市热线系统联合审定等形式推进校外教育培训机构、网络交易平台、在线旅游等热线疑难工单处理解决，完成新冠肺炎疫情防控、中央环保督察等专项工作。是年，全区受理各类工单36.07万件，比2020年增长36.55%，工单量位列全市各区第一，按时办结率100%，满意率76.57%。

（高娟）

·应急管理

【概况】 2021年，天河区发生安全生产事故19起，比2020年（下同）下降24%，死亡16人，上升14.3%。未发生较大以上生产安全事故。全年启动应急响应55次。其中，防暴雨三级应急响应40次，防暴雨二级应急响应13次，防暴雨一级应急响应1次，防台风四级应急响应1次，出动抢险队伍1.8万人次。

【安全隐患排查】 2021年，广州市天河区应急管理局（以下简称“区应急管理局”）部署防疫期间清明、重阳等重点时期的森林防火工作，出动无人机12台次，接待游客10.5万人次。开展防汛部署，启动应急响应55次，出动抢险队伍1.8万人次，出动抽水泵2922台次。申请专项资金，依托专业评价机构对全区工艺复杂、生产专业的22家危险化学品使用和5家粉尘涉爆企业开展隐患排查。组织区城市管理综合执法局、区消防救援大队、区住建园林局等部门对天河区医学隔离点和拟作为隔离点的酒店进行安全生产检查，及时消除各类安全隐患。

【安全监察】 2021年，区应急管理局严格开展现场检查和取证调查，严格执行安全生产行政执法统计制度，开展安全生产交叉执法检查。组织开展

2021 年 11 月 22 日，区应急管理局组织开展 2021 年天河区在建工地极端天气综合应急演练（区应急管理局供稿）

“五类企业”专项检查和“小化工”企业专项执法。指导组织全区开展监督检查各类生产经营单位 8486 家次，发出责令整改指令书 1829 份，发出现场处理措施决定书 400 份，发现并消除隐患 2566 条，立案查处安全生产非法违法案件 426 宗，经济处罚 774.07 万元；查处涉危化品非法违法案 13 宗，查处涉案危化品 2.45 吨。

【行政许可与安全生产责任保险】 2021 年，天河区受理危化品经营许可证申办企业 328 家，其中新核发危险化学品的经营许可证企业 188 家；受理易制毒化学品生产经营备案申办企业 64 家，受理安全生产应急预案备案企业 342 家。行政许可实现全程网上办理，实现“一门”办事，“一窗”受理，自助办率 100%、即办率 94.89%、时限压缩率 98.86%、场景式服务 100%。超额完成广州市安全生产委员会办公室下达给天河区购买安全生产责任保险的任务，全年 2235 家企业购买安全生产责任保险。

【应急演练】 2021 年，区应急管理局指导各部门、各街道开展地震、森林防火、防风防汛、特种设备安全事故、燃气事故、危险化学品事故、火灾事故、建筑工程事故等灾种的应急演练 2629 场，参演人数约 30 万人次。

【减灾社区创建】 2021 年，区应急管理局完成全区 100 个减灾示范社区的创建任务，重点打造凤凰街柯木塱社区、车陂街美好社区、棠下街棠德北社区、员村街天福社区、长兴街岑村西社区、新塘街天慧社区、沙河街新一街社区、猎德街广粤国际社区 8 个综合减灾样板社区。打造一支集灾害信息员、应急救护员、安全宣教员、应急协调员“四位一体”的社区应急响应志愿者队伍，总人数约 4600 人，开展各类培训 26 场。

【安全生产宣传教育】 2021 年，区应急管理局开展“安全生产南粤行”系列宣传活动。推进安全宣传“五进”工作，宣讲 6.3 万次，参与企业、学校和社区累计 6.7 万家次。全年组织举办各类应急安全培训 8 期，培训 1800 余人。开展《中华人民共和国安全生产法》宣贯培训班 3 期，线上、线下累计 400 余人。全年在国家级媒体、省级媒体、市级媒体和区级媒体分别发布报道应急管理新闻信息 11 篇、12 篇、25 篇、35 篇。开展线上线下宣传活动，线下派发和张贴宣传海报 1.5 万份，线上推送应急安全及交通秩序整治知识 100 余条，安全月视频 30 份。（曹伟）

·信访

【概况】 2021 年，广州市天河区信访局（以下简称“区信访局”）接收、转送信访案件 5515 件，其中来信 522 件，来访 803 批 1862 人次，网上信访 4190 件。办理人民网留言件 1554 件。

【责任信访】 2021 年，天河区党政主要领导、分管领导召开会议 64 次，专题听取信访工作情况汇报，研究部署信访工作。区四套班子领导挂点联系 21 个街道，接访下访群众 138 批 281 人次，落实包案重点信访事项 369 宗。

【重点信访】 2021 年，区信访局办理省级攻坚案件（“省专件”）7 宗，化解率 100%。办理国家信访局交办重复信访治理、化解信访积案专项件 345 宗，按期完成省、市制定工作目标。办理市领导包办案件 3 宗、市长批示件 7 宗，办结率 100%。

【信访“四办”工作机制】 2021 年，天河区各街道将信访事项“四办”工作机制纳入“令行禁止、有呼必应”综合调度党建平台。21 个街道将信访投诉处理中心融入综治信访维稳中心建设，共设有群众接待室 22 个，矛盾纠纷调解室 23 个、心理咨询室 22 个（社区居委 7 个）、专职从事信访矛盾纠纷调处人员 59 名，228 个社区设置综治中心（工作站），共有 539 名社会力量参与信访矛盾调处。全年天河区纳入“四办”办理化解信访事项 818 宗，其中急事 16 宗、简事 133

2021 年 12 月 28 日，天河区群众信访诉求综合服务中心揭牌成立

（区信访局供稿）

宗、繁事 534 宗、难事 135 宗。

【天河区群众信访诉求综合服务中心成立】 2021 年 12 月，天河区群众信访诉求综合服务中心（信访超市）建成。该中心位于中山大道西 930 号，设有来访登记、接待调处、综合服务、社工园区、信访轮候、公安研控中心六大功能区，设置部门随驻或轮驻接访室，新增建设面积 153 平方米，改造面积约 570 平方米，建筑总面积 1380 平方米。（陈枫婷）

·机关事务管理

【概况】 2021 年，广州市天河区机关事务管理局（以下简称“区机关事务局”）进一步完善各项管理制度，完成膳食服务、基建维修、安保消防、会务服务、环境美化、车辆管理等各项机关后勤保障服务，组织开展区机关大院新冠疫情防控，确保大院工作人员健康安全，全年组织完成大院全员核酸 51 轮 10.8 万人次。

【机关食堂膳食服务】 2021 年，区机关事务局制定食材采购计划，完成机关食堂服务项目政府采购，提升机关大院干部职工就餐满意率，全年完成膳食保障 58 万人次，工作餐和公务接待 510 人次，增加周末及节假日就餐供应，实现全年 365 天不间断供餐，强化食堂疫情防控措施，严格推行错峰就餐，分隔就座，确保安全。

【机关大院安保会务】 2021 年，区机关事务局组织防恐防暴应急演练；制作消防疏散图，定时巡查大院各场所消防设备设施，定期联动测试消防系统，实操训练消防应急队员。重新梳理会务服务，制定完善会务管理制度、服务人员考核管理制度，加强服务员培训，规范礼节礼仪。完善会场硬件设施，更新购置部分会议桌、演讲台、投票箱、红旗、国徽、党徽等。完成换届考察、区党代会、区“两会”等后勤保障任务，全年保障会议 991 次。加强大院门岗防疫管理，严格实施来访登记、扫码、测温、戴口罩等防控措施。

【机关基建工程建设】 2021 年，区机关事务局完成办公用房修缮、改造任务 44 单、零星维修任务 920 余项。天华街 50 号历史遗留问题取得重大进展，完成大楼整体确权工作。天河区机关干部职工活动中心、大院篮球场、大院北门、东北角改造工程完成并投入使用。

【机关垃圾分类和环境建设】 2021 年，区机关事务局全面推进垃圾分类智能化工作，购置智能感应垃圾桶，引进自动垃圾回收设备等多种垃圾分类设施；完善大院垃圾分类宣传标识，满分通过区机关单位垃圾分类工作绩效考核。完善疫情防控措施，增加电梯、会场、公共场所的消毒频次，加强防疫指引和宣传，保障大院防疫安全。围绕“四季有花、开窗有景、出门见绿”目标，进行大院绿化景观布置工作。

【公务用车管理】 2021 年，区机关事务局严格落实公务车政府采购规定，办理各项公务用车定编业务 130 余件，完成广州市公务用车网上办公系统车辆数据全部迁移至广东省公务用车平台，核对确认全区 255 个单位 2200 余台车辆信息。走访区规划和自然资源分局、天园街道办事处等 11 个部门和街道，了解公务车使用管理情况，指导解决存在的问题，全年安排公务用车 533 次，安全行驶 27000 余千米。

【机关通信保障】 2021 年，区机关事务局共维护电话 1200 门，新装电话 21 门，迁移电话 35 门，处理通信故障 813 台次，布线 400 余米，调整优化机房线路，协调电信、移动、联通三大移动运营商优化调整大院网络信号。（帅先勇）

中国人民政治协商会议广州市天河区委员会

【概况】 2021 年，中国人民政治协商会议广州市天河区委员会（以下简称“区政协”）履行政治协商、民主监督、参政议政职能，为推动天河经济社会高质量发展贡献政协力量。是年，区政协召开10次主席会议、5次常委会会议，召开2次政协全体会议，九届一次全体会议期间选举产生新一届政协领导班子成员、常务委员65名。开展各类视察、调研、座谈、情况通报等活动175次；委员共提交提案139件，立案107件。区政协组织重点提案视察、提案“回头看”活动6次。

【协商议政】 2021年，区政协通过召开政协委员全体会议、政协党组会议、主席会议、常委会会议、专门委员会会议及其他座谈协商会议，就天河政治、经济、文化、社会和生态发展等重要问题及政协重要工作进行协商。八届六次、九届一次政协全会期间，区委、区人大、区政府主要领导出席大会，政协会议讨论小组交流探讨，听取委员意见和建议。区政协领导和政协委员应邀参加或列席区委、区政府召开的有关会议，参与重大事项研究协商。

【民主监督】 2021年，区政协发挥政协委员担任监察员和社会监督员作用，参与意见征询会、座谈会等工作，监督政府机关及其工作人员工作。组织委员参加“进社区”履职活动68次，接待群众450多人次，收集群众问题建议120多条，协商解决重点民生实事18件，被市政协评为反映社情民意信息工作先进单位。通过74个政协委员工作室汇集民情民意，帮助党委和政府了解民情、协调关系、化解矛盾。全年收集社情民意89条，遴选62条分送市政协和区委、区政府。其中，7份《社情民意专刊》得到区委主要领导的批示督办。《关于以防疫工作为契机，加强农贸市场升级改造和精细化管理的建议》等2件社情民意，被市政协评为优秀社情民意信息。

【政协提案】 2021年，区政协委员、区政协各参加单位和各专门委员会，共提交提案形式的意见、建议139件，经审查立案107件，立案率77%。其中，科技、经济建设类提案22件，占20.6%，主要涉及数字产业、商圈建设、楼宇经济、粤港澳大湾区建设等；城建资源环境类提案18件，占16.8%，主要涉及智慧城市建设、东北部森林公园建设、优化道路管线及设施、垃圾分类等；教科文卫体类提案29件，占27.1%，主要涉及教育管理、历史文化保护、医疗行业等；社会事务类提案38件，

表16　区政协八届六次会议以来优秀提案表

提案种类	名称	获奖单位（委员）
集体提案	关于建设东北部智慧森林小镇推动天河绿色发展的建议	民革天河区基层委员会
	关于整治规范医疗美容行业的建议	民革天河区基层委员会
	关于建立天河区不可移动文化遗产升降级和退出机制的建议	致公党天河区基层委员会
	关于持续推进街道综合养老服务中心（颐康中心）优化建设工作的建议	民建天河区基层委员会、民进天河区基层委员会、滕桂杰、刘敏宁
	关于加快建设粤港澳大湾区（广东）创新创业孵化基地的建议	民建天河区基层委员会
	关于加强和改进天河区学校美育工作的建议	农工党天河区基层委员会
	关于加快推进天河区云游戏产业发展，提升城区文化综合实力的建议	九三学社天河委员会
	加强港澳子弟班爱国主义教育，促进港澳青少年在穗健康成长	致公党天河区基层委员会
	促进我区粤港澳青年科技创新交流与合作的建议	台盟天河区基层委员会
	关于碧道建设的若干建议	区政协经济委
个人或联名提案	转变教育帮扶方式、助力区域教育和谐发展	邓谦
	深化退役军人融合发展服务，打造退役军人创新创业就业综合服务产业园，为退役军人营造一个家	王英来
	关于加快街道级综合养老服务中心发展的建议	王汉弟、黄启林、郑木荣
	关于打造天河区消费商圈，促进经济发展的建议	黄佩珊、隋颂伟、罗新燕
	关于新时代（形势下）天河区打造历史文化 岭南特色剧目及发展爱国主义教育基地，构建文化历史名片的建议	陈筱棠
	关于加快推进5G、智能充电等新型基础设施建设的建议	庄志强
	关于在我区公办幼儿园率先设立校内课后托管的建议	吴小平
	关于加快高标准建设天河区“火龙凤森林小镇”的建议	赵群、潘巧玲、郑永仪、陈俊民、林锦俊、郑子健、阿孜古丽
	重视城市标志性景观作用，助力天河智慧城新一轮大发展	刘小娴、潘巧玲、郑永仪、滕桂杰、庄文胜、林殿魁、林锦俊、胡忠顺、马耀海、陈永红、张敏
	关于加强港澳青年走进国际社区合作的建议	林惠斌、马翔、袁少鸣、黄宏波、陈贤翰、黄伟健

2021年10月26—28日，中国人民政协协商会议第九届广州市天河区委员会第一次会议在区机关大会场召开 （全伟民 摄）

占35.5%，主要涉及社区养老、疫情防控、社区自治、政务服务等。在立案的提案中，委员提案78件，占72.9%；集体提案29件，占27.1%。其中区各民主党派提案28件，专门委员会小组提案1件。立案107件提案交由23个主办单位办理，均全部办理答复完毕，办结答复率和委员满意率均为100%。表彰20件优秀提案和15个先进承办单位。督办的4件重点提案：区委书记督办重点提案《关于持续推进街道综合养老服务中心（颐康中心）优化建设工作的建议》，区长督办重点提案《关于加快建设粤港澳大湾区（广东）创新创业孵化基地的建议》，区政协主席会议督办重点提案《深化退役军人融合发展服务，打造退役军人创新创业就业综合服务产业园，为退役军人营造一个家》《关于加强港澳青年走进国际社区合作的建议》。

【专题视察调研】 2021年，区政协围绕天河区“十四五”规划以及区委中心工作开展调研，组织开展调研、座谈等活动12次，形成《加强城市更新顶层设计，同步推进城市更新软硬环境规划建设》《完善公共配套设施，提升城区功能品质》等调研报告4篇，提出意见建议60多条。围绕人民群众关注的医疗卫生、教育就业、社会保障、公共交通等热点问题开展视察调研活动80多次，向各职能部门提出意见建议160多条。围绕区委重点工作部署和民生热点关注问题，定期对文明创建、垃圾分类、河涌治理、换届选举等工作情况开展监督视察。

【换届选举】 2021年，区政协开展委员摸查和换届宣传工作，统计分析272名八届政协委员的年龄、任期、履职及工作变动等情况，征求委员留任意愿，对于不宜留任的委员进行解释说明，推荐112名留任委员（占原委员总数的40%），会同区委组织部、统战部开展新一届委员推荐考察提名，最终产生代表30个界别的329名新一届政协委员，完成政协换届人事安排工作。在新一届政协委员产生过程中，加强换届纪律教育，严格执行中央“十严禁”换届纪律要求，组织委员观看警示教育片。

【政协疫情防控】 2021年，区政协组建党员突击队和委员突击队，支持一线社区防疫工作。倡议委员捐款捐物，累计2360万余元。围绕科学防控、复工复产和“六稳”“六保”重难点问题，到隔离酒店、企业、社区开展调查研究、协商监督80多次，征集相关提案和社情民意信息9件，提出意见建议100多条。 （林莉）

中共广州市天河区纪律检查委员会 广州市天河区监察委员会

【概况】 2021年，中共广州市天河区纪律检查委员会 广州市天河区监察委员会（以下简称“区纪委监委”）以习近平新时代中国特色社会主义思想为指导，增强“四个意识”，坚定“四个自信”，做到“两个维护”，坚定不移推进全面从严治党、党风廉政建设和反腐败斗争，纪检监察工作取得成效，全区政治生态不断优化，党廉考核成绩在全市各区排名第二位。

【中国共产党广州市天河区第九届纪律检查委员会第六次全体会议】 2021年3月26日，中国共产党广州市天河区第九届纪律检查委员会第六次全体会议召开。区委书记陈加猛出席会议并讲话。区委副书记、区长谭明鹤传达习近平总书记在十九届中央纪委五次全会上的重要讲话精神和中央纪委、省纪委、市纪委全会精神。会议总结天河区2020年纪检监察工作，研究部署2021年主要工作任务，听取2名区领导班子成员和10名区属单位主要负责人的述责述廉述德报告，审议通过区委常委、区纪委书记、区监委主任张文胜所作的《扎实履职尽责以纪检监察高质量工作发展为天河区各项事业走在全国全省全市前列提供坚强保障》工作报告。

【中国共产党广州市天河区第九届纪律检查委员会第七次全体会议】

2021年9月17日，中国共产党广州市天河区第九届纪律检查委员会第七次全体会议召开。区委常委、区纪委书记、区监委主任张文胜主持会议。全会听取张文胜对《中共广州市天河区纪律检查委员会向区第十次党代表大会的工作报告（讨论稿）》起草情况的说明，对工作报告（讨论稿）和全会决议（草案）开展分组讨论，审议通过工作报告（讨论稿）和全会决议（草案），同意将工作报告按程序提交区委九届十七次全会和区第十次党代会审议。九届区纪委委员，区纪委监委领导班子成员，区公安分局、天河科技园纪委书记、街道纪工委书记，区纪委监委机关各室、各派驻纪检监察组、区委各巡察组负责人，区委巡察办专职副主任等80多人参加会议。

【中国共产党广州市天河区第十届纪律检查委员会第一次全体会议】 2021年9月29日，中国共产党广州市天河区第十届纪律检查委员会第一次全体会议召开。会议通过十届区纪委常务委员会委员、书记、副书记候选人名单，选举产生十届区纪委常务委员会委员和书记、副书记，当选的十届区纪委书记张文胜作表态讲话。

【纪检监察系统党史学习教育】 2021年，区纪委监委成立领导小组，制定贯穿全年的13项具体工作，统筹推进全区纪检监察系统党史学习教育。区纪委监委主要领导向全区纪检监察干部讲专题党课，组织参观“两山论”诞生地、毛主席视察棠下纪念馆等红色教育基地，举办庆祝中国共产党成立100周年座谈会暨“光荣在党50年”纪念章颁发仪式。邀请华南师范大学专家教授开班深入解读十九届六中全会精神。开展“我为群众办实事”实践活动，制定6项民生项目清单推动解决群众问题。

2021年6月28日，区纪委监委举办庆祝建党100周年座谈会暨“光荣在党50年”纪念章颁发仪式 （邹强 摄）

【惩贪治腐】 2021年，区纪委监委保持反腐败高压态势，受理信访举报407件，比2020年（下同）下降26.8%；受理检举控告266件，其中初次检举控告229件，下降33.81%；实名举报174件，实名举报率75.98%，位列全市各区第一。总体呈现出信访举报总量、上级转交办件总量、检举控告总量、初次检举控告量，以及对县处级、乡科级和一般干部信访举报量下降，实名举报率上升的“五降一升”态势。处置问题线索908条，增长23.7%；立案431件431人，增长7.5%；结案437件，处分321人；留置7件7人，其中自办留置案件3件3人；追回在逃人员3人，追回境外赃款1000万港币。排查基层正风反腐问题线索693条，党纪政务处分192人，组织处理86人；查处群众身边腐败和作风问题22件23人，党纪政务处分13人。

【履行监督职责】 2021年，区纪委监委聚焦“国之大者”和重大政治任务强化政治监督，持续开展常态化疫情防控专项监督。处置上级交办、领导批示、网络舆情反映等有关问题16个，处理13人，通报曝光问题3起9人。开展党史学习教育专项监督，督促整改问题32个。协同推进政法队伍教育整顿，处理政法干警44人，查办私车公养系列案。开展生态环境问题督查，对中央生态环保督察组交办的138件信访件反映的问题，逐一督促整改落实。开展粮食购销领域腐败问题专项整治，发现问题11个。加强换届风气监督，严格把好教育警示、党风廉政意见回复、信访核查和执纪问责关口。

加强“一把手”监督和同级监督，协助区委建立区委常委会集体审议重大违纪违法案件深化以案促改工作制度，制定责任清单，细化责任37项。在全市率先探索“三述”活动视频直播，组织2名区领导班子成员及10名区属单位“一把手”在纪委全会上“三述”。制定政治生态分析研判指引，以“一把手”和班子成员履职情况为重点做好区属各单位政治生态分析，相关做法被省委刊发。落实日常监督，全区各级领导干部开展党内谈话1030人次，回复党风廉政意见7859人次，提出暂缓使用或不宜使用51人次。开展财务管理问题专项治理，推动相关单位健全财务管理制度54项，设立或重组内控内审机构10个。精准运用“四种形态”批评教育帮助和处理849人次；严格执行党员权利保障条例，为8名受到失实检举控告的党员干部澄清正名；制发纪检监察建议书76份。

【作风建设】 2021年，区纪委监委督促区属各单位对照形式主义、官僚主义四方面12项负面清单自查整改，制定23条为基层减负具体工作措施，围绕营商环境、“三旧”改造、农村“三资”等重点领域开展专项整治，全区查处各类形式主义、官僚主义问题60件86人，处置“为官不为”问题133件190人。紧盯公款吃喝、奢侈浪费、私车公养等问题精准施治，开展公务接待中“吃公函”、公职人员酒驾醉驾和违规参与民间借贷等问题专项整治，全区查处享乐主义、奢靡之风有关问题47件47人。用好民情速递作风曝光台，曝光问题138个次、单位102个次，对43名领导干部操办婚丧喜庆有关事项进行审核备案，对20名领导干部廉政档案中申报经商办企业情况比对不符问题进行核查，公开通报10起违反中央八项规定精神典型案例。

【纪检监察体制改革】 2021年，区纪委监委为80个监察站选优配强监察站专职人员179名，出台专职人员管理细则，建立监察站效能实地明查暗访参考标准。探索实施村改制公司监察站指导员制度，派出25名科级纪检监察干部进行“点对点”帮扶。设立全区第一个区属国有企业监察站——天河智慧城第一监察站。“双向回路增压式基层监督机制”项目被评为“广州市廉洁创新十大优秀案例”第一名、2021年广州市区直机关工作创新大赛一等奖。优化调整综合派驻和驻点派驻单位，制定《天河区纪委监委派驻机构职责清单》，完善五方面51条职责，理顺派驻机构与机关各室、巡察机构、驻在部门党委（党组）关系。开展规范基层群众自治组织管理人员处分后工资待遇调整试点工作，联合区民政局、区农业农村局规范细化受处分人员扣减薪酬待遇的情形，探索建立社区居委会专职人员处分执行制度。与区公安分局、区法院、区检察院建立监察执法和刑事司法衔接工作协调会机制，定期就相关问题加强沟通协商，定期组织审查调查人员旁听案件庭审。严格规范线索处理、信访举报、审查调查等工作，制定13类常见职务犯罪规范取证工作指引、区街两级审查调查和审理工作手册等相关工作制度10余项。

【廉政宣传教育】 2021年，区纪委监委开展纪律教育学习月活动，举办全区领导干部党章党规党纪教育培训班，邀请名校专家作党风廉政建设专题讲座，组织全区市管干部、处级领导干部到市党员干部纪法教育基地接受教育。开展教育回访，全区教育回访受处分党员干部145名。强化警示教育，选取天河区17个典型案件编写警示录《鉴诫》，摄制警示片《自筑囚牢》。开展廉洁文化“一进一主题”活动，联合中建四局探索“纪企共建”，开通“廉洁天河”微信公众号，打造天河廉洁教育新品牌。完善和规范舆情处理机制，建设网络信息员队伍，强化正面宣传和舆论引导，处理各类舆情信息32起，区纪委监委被评为中央纪委国家监委2021年度宣传工作先进单位。

【政治巡察】 2021年，区纪委监委对全区25个村改制公司领导班子、230个社区“两委”换届开展专项巡察，发现问题166项，形成“一村一社区问题清单”。与市委巡察公安系统上下联动，对区公安分局下属22个派出所进行政治巡察，发现问题896个，移交问题线索35条，推动完善制度161项，挽回经济损失365万元。启动十届区委第一轮巡察，与省市上下联动开展对涉粮领域的专项巡察，发现突出问题36个。对全区“双统筹”落实情况开展专项巡察，发现问题431个。开展两轮巡察“回头看”，对4个街道、16个部门（单位）进行政治巡察“再体检”，发现问题341个。严格执行巡察组纪律作风评估制度，健全巡察工作运行流程、工作规则、协作配合、整改监督等34项工作制度，健全巡察干部抽调、考核、评优评先机制。结合实际选派新提拔干部、基层党员干部参加巡察锻炼，将区属单位支持配合及落实巡察工作情况纳入党风廉政建设年度考核。加强巡察数据信息网络平台运用，提高巡察工作信息化水平。

（陈洪林）

2021年9月8—9日，天河区处级领导干部分批次到广州市党员干部纪法教育基地接受教育

（尹晓姗 摄）

军　事

人民武装

【概况】 2021年，中国人民解放军广东省广州市天河区人民武装部（以下简称“区人武部”）学习贯彻习近平新时代中国特色社会主义思想和习近平强军思想，围绕学习贯彻中共十九届六中全会精神进行动员部署，坚定维护核心、聚焦备战打仗、夯实发展基础。落实广东省军区、广州警备区和中共天河区委、天河区政府工作部署要求，抓好国防动员和后备力量建设。是年，天河区推进民兵整组工作，2人被评为民兵军事训练先进个人。区征兵办被市征兵办表彰为征兵工作先进单位。全区8个单位、10名个人被市通报表彰。

【思想政治建设】 2021年，区人武部专题学习中共十九届六中全会精神，开展“不忘初心、牢记使命”“传承红色基因、担当强军重任”主题教育，召开组织生活会和女民兵冼爱屏典型事迹宣讲会，讲述天河武装好故事。增强“四个意识”，坚定“四个自信”，做到“两个维护”，贯彻军委主席负责制。

【后备力量建设】 2021年，区人武部细化完善国防动员方案和战备计划，编实建强基干民兵队伍。4月，组织天河区无人机侦察救援排参加拉动点验训练。是年，组织区民兵应急连集中轮训、民兵专业分队集训，参加广州警备区组织的广州市民兵调整改革教学法网上集训，组织多批人员进行拉动点验、基地化轮训和任务分队专攻精练。

【国防动员】 2021年，天河区调整区国防动员专业办公室，编实建强国防动员专业力量队伍，组织优质企业潜力核查，推进省属国企成立武装部，占全市新成立基层武装部总数的40%。组建国防教育讲师团，到院校、企业等开展国防知识、征兵政策等宣讲活动百余场，完成24所学校的大学新生和高中新生军训任务。

【兵役征集】 2021年3月，区人武部召开天河区上、下半年阳光征兵定兵大会；9月，召开天河区新兵入伍欢送大会。是年，天河区遴选聘请廉洁征兵监督员，超额完成年度征兵任务。

【双拥工作】 2021年，天河区组织各单位走访慰问军人军属，接收安置转业干部、退役士兵、随军家属、军休干部，协调军人子女入学入托。为在第七届世界军人运动会上夺得4枚金牌的天河籍运动员樊振东送上喜报、奖励金和“一等功臣”牌匾。

【党管武装】 2021年10月，天河区召开区委议军会议，专题研究区人武部独立营区建设、基层武装部正规化建设、区人武部“四个秩序”抓建3个议题。落实党委议军、双向兼职、党管武装述职、过军事日等规章制度，促进党管武装法制化、制度化、规范化。是年，投入资金用于打造猎德、冼村街道武装部试点和其他街道武装部达标建设，指导华南农业大学展开高校武装部正规化建设试点工作。

（严荫权）

人民防空

【概况】 2021年，广州市天河区人民防空办公室（广州市天河区民防办公室）[以下简称“区人防办（区民防办）”]贯彻《人民防空法》，开展人防指挥所建设、人防工程监察、防汛防灾、人民防空演习、通信警报建设、人防宣传教育、人防专业队伍整组和培训等工作。

【人防指挥通信建设】 2021年，区民防办完成机动指挥所升级改造，指挥通信系统贯通全区，21个行政街道实现全层级指挥一体化。接待各层级人防主管部门和机关单位集体参观学习建设经验7次。组织区、街、社区三级工作人员巡检全区防空警报器。投入使用防空警报智能管理系统，实现线上对在点警报器的电子巡检、调试、故障回示、覆盖范围分析等。人防演习全区防空警报器100%正常鸣响。

【人防按纲施训】 2021年，区民防办开展指挥通信训练134次，开展远程机动拉练2次；完成区、街两级人防专业队伍和区级人防志愿者组建任务，组织人防专业队伍骨干开展整组集训。

（区民防办）

退役军人事务

【概况】 2021 年，广州市天河区退役军人事务局（以下简称“区退役军人事务局”）遵循退役军人事务部“法律政策落实年”要求，围绕服务保障退役军人，修订完善规章制度 8 项。开展“忠心献党”“我为退役军人办实事”实践活动，集中化解退役军人信访积案。完成全国示范型退役军人服务中心（站）和省退役军人服务中心（站）星级示范“双创”验收。推进全区退役军人事务工作领域治理能力建设经验被《广东退役军人》杂志（2021 年第 3 期）刊载。

【退役军人服务保障】 2021 年，天河区林和街、兴华街、新塘街、珠吉街、车陂街、黄村街、员村街、棠下街 8 个街道退役军人服务站被评为广东省五星级退役军人服务站；天河区辖内退役军人服务站连续两年通过广东省退役军人服务中心（站）五星级示范创建验收工作；天河区、街两级 22 个退役军人服务中心（站）全部实现“星级”创建。区退役军人事务局开展退役军人“大走访”活动，全区走访比例超过 90%。开展三级服务保障体系工作人员大练兵。挂牌成立退役军人教育培训基地——南方公务培训中心，为退役军人就业提供专业培训。指导街道服务站开展退役军人应急救助。组建区、街道、社区、非公企业红棉老兵志愿服务队，退役军人参与疫情防控、文明创建、老兵调解、社区治理等志愿服务。成立竞宇金服退役军人服务站、中英保退役军人服务站 2 个企业退役军人服务站。全区退役军人党员与非党员结对。联合广东国鼎律师事务所成立天河区退役军人法律援助服务基地，协调区司法局设立天河区公共法律服务中心退役军人工作站，联合区图书馆开设天河区退役军人服务中心分馆。

【优待抚恤】 2021 年，天河区审批新增优抚对象 98 人，办理伤残关系转移 71 人，参战身份认定 5 人，为烈士遗属、病故军人遗属办理定期抚恤、更换烈士证明书、办理优待金 19 人次，换发各类残疾人员证件 669 份。整理享受国家定期抚恤优待的人员档案，为重点优抚对象发放定恤定补、门诊补助、优待金、生活补助、煤气补助、护理费及丧葬补助费和义务兵家庭优待金。研究制定《关于进一步做好优抚对象医疗救助工作有关问题的通知》，建立区级优抚对象困难帮扶实施细则。清明节及烈士纪念日期间，组织开展“学党史、祭英烈、我行动”活动，邀请彭湃烈士孙女彭伊娜进行“信仰的力量”主题授课；重点走访慰问烈士遗属。组织烈士遗属代表和社会各界人士参加广州市“缅怀先烈 • 致敬英雄”系列活动、广州起义纪念活动以及网上祭英烈等公祭活动。为天河区户籍烈属开具烈士亲属异地祭扫介绍信。

【退役军人安置】 2021 年，天河区接收安置 2021 年度转业军官、随军家属和随调家属。组织接收自主就业退役士兵，安置符合政府安排工作条件退役士兵，办理城镇退役士兵社保接续。组织 2021 年度退役士兵参加全员适应性培训。承办广州市 2021 年秋季退役军人网络招聘月活动。创新推出“军创下午茶”模式，搭建就业创业政策宣讲、咨询、经验分享和资源共享平台。发放 2020 年度、2021 年度自谋职业退役士兵一次性经济补助金；发放 2020 年度、2021 年度符合政府安排工作条件退役士兵待安置期生活补贴；发放 2020 年度自主就业退役士兵和非广州籍毕业大学生退役士兵一次性经济补助金。补缴 2020 年度、2021 年度符合政府安排工作条件退役士兵待安置期社保；发放自谋职业随军家属生活补贴；发放自主择业军转干部住房改革补贴、地方差额补贴和节日费。

【军地双拥共建】 2021 年，区主要领导以及双拥工作领导小组成员单位多次参加双拥活动，召开天河区 2021 年度双拥工作领导小组暨军地座谈会、双拥工作联席会议。军地协力启动广东省双拥模范区“八连冠”创建工作。春节和“八一”期间，组织区党政代表团走访慰问驻区部队。区双拥办强化国防安全和国防法规教育宣讲，加强爱国主义教育及革命传统教育阵地建设。组织 11 所中学 5350 名新生参加军训、接受国防教育，4 所学校申报 2021 年天河区国防教育“五进”授课专题，开展专题讲座 7 场。发布天河区“家门口的红色学堂”名录，打造具有天河特色的红色文化品牌项目。解决军人子女入学问题。为立功受奖的现役军人家属送喜报。开展“四美”评选宣传活动，天河区竞宇金融有限服务公司董事长鄢红胜被评选为广州市“最美拥军人物”。

【军休服务】 2021 年，区退役军人事务局推进军队离退休干部三年集中移交安置工作。调整军休干部服务管理关系，完成军休干部护理申报与审批，提高军队离、退休干部和无军籍离休干部职工医疗待遇。完成军休所电梯加装、雨污分流、适老化建设、消防升级改造、军休干部活动中心升级改造、家庭医生签约、引进社工服务等“办实事”活动。开展军休场所疫情防控和军休干部疫苗接种工作。迎接省、市对军休机构服务管理调研检查。天河区军休一所、军休三所被广东省评为四星级军休服务管理机构。

（尹雪）

民主党派与工商联

民主党派

·中国国民党革命委员会广州市天河区基层委员会

【概况】 2021年，中国国民党革命委员会广州市天河区基层委员会（以下简称“民革天河区基层委员会”）下设9个支部，242人。主任委员吴小妹。其中市政协委员2人，区政协常委1人，区政协委员7人。

【参政议政】 2021年，民革天河区基层委员会提交建议提案35篇，其中向民革中央提交提案1篇，向民革广东省委会、民革广州市委会提交提案9篇，向区政协提交提案25篇。其中有6篇提案被广州市政协采纳。于欣伟、刘根生的《关于规范人脸识别应用，防范伦理与法律风险，促进人工智能产业健康发展的提案》，被评为市政协大会优秀提案、省政协大会优秀提案，作为民革中央集体提案提交全国政协大会。倪瑞兰的《关于在全市主要公共场所配置自动体外除颤器（AED）以提升院外心脏骤停的救治成功率的提案》入选广州市政协第十三届第四次会议以来优秀提案名录。吴小妹、张强、陈旭华的《双城联动背景下携手打造广深数字经济核心产业集群的对策建议》被评为“我为广州发展献一策”二等奖。吴小妹、刘根生的《信息化社会背景下，完善老年人权益保障措施的建议》被区政协作为代表提交至民生实事座谈会。开展参政议政、统战理论、政协理论和孙中山思想等各类课题研究，向区委统战部提交统战理论课题16个。举办2021年度民革天河区基层委员会参政议政培训班。是年，吴小妹被评为民革广东省委会2020年度反映社情民意信息工作先进个人；吴小妹、刘根生被评为民革广东省委会2020年度参政议政工作先进个人二等奖；刘根生被评为广州市统一战线智库专家；吴小妹、万理政、孟丽华等16名委员被评为民革广州市委会2020年度参政议政工作先进个人。

【组织建设】 2021年，民革天河区基层委员会升级改造天河民革党员之家。制作关于“坚定不移跟党走”——庆祝中国共产党成立100周年主题微视频。教师节、重阳节组织老党员慰问活动。与海珠、花都、番禺区基层委员会开展友好支部结对共建活动，参观廖仲恺何香凝故居，到惠州市开展“学党史走红军之路、提升参政议政能力”活动，组织“党建+旅游+农业+宜居”乡村振兴模式调研，到花都区红山村开展9项提升改造工程。是年，民革天河区基层委员会被评为民革全国组织工作先进集体；第八支部被评为全国示范支部；第五支部第二个党员之家被评为全国优秀党员之家；吴小妹被评为2020年度团结报工作先进个人；吴小妹、张卫、陈国柱等14名党员被评为民革广州市委会2020年度党务工作先进个人。

【社会服务】 2021年，民革天河区基层委员会助力区供销联社与贵州省毕节市纳雍县贵州纳福康贸易有限公司签订百万农产品战略合作协议，与民革贵州安顺市委会签订特色产品战略合作意向书。定向对毕节市纳雍县、清远市英德市横石水镇横岭村等落后片区开展捐资助学、教育医疗、法律支持等社会服务。在英德市横石水镇横岭小学（民革天河小学）建立民革天河总支同心助学基地，持续开展长达9年的结对帮扶。与企业家代表对口资助纳雍天河实验小学24名贫困学生。组织调配医务人员、民革党员及社会热心人士志愿者团队参与天河区全员核酸检测。协助社区开展疫情防控及排查数据收集汇总工作。协助区卫生健康局协调安排车辆转运密切接触者。支部及企业家代表向结对共建的车陂街道捐赠防疫物资13.86万元。企业家联谊会会长林伟雄向揭西教育发展基金会筹备捐赠人民币450万元，助力当地教育事业发展。民革天河区基层委员会被评为广东民革脱贫攻坚工作先进集体；吴小妹被民革中央评为助力脱贫攻坚工作先进个人；吴小妹、列海娴、罗晓星、钟国泉、林伟雄、赵勇、彭锐、周灿鸿被评为广东民革脱贫攻坚工作先进个人；吴小妹、韦锡南、宋川等16名党员被民革广州市委会评为2020年度社会服务工作先进个人。

·中国民主同盟广州市天河区基层委员会

【概况】 2021年，中国民主同盟广州市天河区基层委员会（以下简称“民盟天河区基层委员会”）下设13个支部，248人。主任委员邓谦。其中省人大代表1人，区人大代表3人，区政协委员9人。

【参政议政】 2021年，政协第八届天河区委员会第六次会议上，民盟天河区基层委员会盟员代表和政协委员提交案件12件，议案3件。林蔓的《关于加快推进学校食用农产品质量安全快速检测室的建议》及滕桂杰的《关于加强产业链招商，大力发展产业集群的建议》被评为区政协八届五次会议优秀提案。天河区九届人大九次会议上，盟员中的人大代表提交案件8件。

【组织建设】 2021年，民盟天河区基层委员会组织盟员参加民盟广州市委2021年“永远跟党走”主题朗诵会演等活动。组织慰问生病住院的老盟员，向老盟员汇报组织建设、参政议政、社会服务等工作情况，并听取老盟员对民盟工作的意见和建议。是年，民盟天河区基层委员会被民盟广东省委员会评为广东省优秀基层组织。袁清惠被民盟广东省委员会评为脱贫攻坚工作先进个人。

【社会服务】 2021年9月，民盟天河区基层委员会综合二支部与爱心企业家、深圳福顺基金会一起为贵州省毕节市大方县更换课桌椅。黄毅辉、王志、官金福、岑少毅、赖益民、林浩贤、林嘉莹、关文玲筹集捐赠搬运新课桌椅费用。盟员个人或团体通过天河区慈善会等平台捐款捐物，并参与省市区定点医院防疫一线的医疗救治工作。是年，民盟天河区基层委员会被民盟广州市委评为2019—2020年度盟务工作先进集体。

·中国民主建国会广州市天河区基层委员会

【概况】 2021年，中国民主建国会广州市天河区基层委员会（以下简称“民建天河区基层委员会”）下设10个支部，239人，发展新会员14人。主任委员张海玉。其中省政协委员1人，市人大代表1人，市政协委员1人，区人大代表2人，区政协委员11人。

【参政议政】 2021年，民建天河区基层委员会向区政协报送集体和委员提案12件，2件被列为区委书记和区长督办的重点提案，1件被评为区政协八届五次会议优秀提案。在市政协提案立案6件，1篇材料被采用为市政协发言材料，2篇被选用为市政协集体提案，1件被列为市领导督办4号提案；3件建议在市人大立案。被评为省政协优秀提案1件、市政协优秀提案1件、市人大优秀代表建议1件。参与民建广州市委会和天河区委统战部课题申报，民建广州市委会参政议政课题立项7个，其中重点课题2个；理论研究课题立项7个，其中重点课题1个；区统战理论政策研究课题立项1个，该课题获2021年度全市统战理论政策研究创新成果二等奖。参加2021年市委统战部“我为广州发展献一策”活动，获二等奖2篇。社情民意被民建中央采用2篇，全国政协采用1篇，民建广东省委会采用2篇，市委统战部采用1篇。组织会内专家学者和骨干会员到深圳、珠海等地开展专题调研。探索成立参政议政智库团，为参政议政提供人才支撑。是年，民建天河区基层委员会被民建广州市委会评为2020年度参政议政工作先进集体，8人被评为参政议政工作优秀个人，6人被评为民建广东省委会参政议政工作优秀个人，付伟分别被民建中央、市政协评为2021年度反映社情民意信息工作先进个人。

【组织建设】 2021年，民建天河区基层委员会召开线上线下全体委员会议9次。举办履职能力提升培训会。外出开展调研学习。开展中共党史和民建会史学习宣讲活动，到汕尾市海丰县、梅州市大埔县、江西省鹰潭市、惠州市博罗县等红色革命教育基地开展党史学习教育活动。重阳节组织慰问老会员。区人大、政协换届后会员中有区人大代表2人、政协委员11人。是年，民建天河区基层委员会被民建广州市委会评为2016—2020年度会务工作先进基层组织、26人被评为会务工作优秀会员。

【社会服务】 2021年，民建天河区基层委员会打造“同心”社会服务品牌，凝聚会内力量，链接社会资源，持续依托天河区慈善会民建分会平台募集捐款116万多元，用于开展扶贫济困、乡村振兴、赈灾救济、疫情防控等“同心”系列社会服务活动。开展“同心圆梦”活动，为区辖内困境儿童捐赠微心愿礼物；开展“同心扶困”活动，上门探访慰问辖内困难群众；开展“同心助老”活动，到天河区老人院开展敬老助老慰问活动；开展“同心助学”活动，与龙洞小学困难家庭结对帮扶，为帮扶学生发放助学金和生活学习物资。开展消费扶贫，发动会员采购荔枝500多公斤，购买河北丰宁、贵州毕节、清远连山等地8万多元农产品。助力乡村振兴工作，发动会员筹集3万元捐款支持河北省丰宁满族自治县万胜永乡种羊养殖项目，为茂名市信宜怀乡镇中堂和平村捐建太阳能路灯。为河南防汛救灾捐款106万多元；组织会员参加区辖内员村街、车陂街、五山街、林和街等街道大规模核酸检测。向荔湾、海珠、黄埔、从化、增城及天河等市辖区一线防控单位和广州市社会组织联合会、天河区市场监管局等单位捐赠防疫及后勤保障物资。是年，民建天河区基层委员会张海玉等7人被评为2021年度社会服务工作优秀个人。

·中国民主促进会广州市天河区基层委员会

【概况】 2021年，中国民主促进会广州市天河区基层委员会（以下简称“民进天河区基层委员会”）下设13个支部，205人。主任委员曹利元。其中省政协委员1人，市人大代表2人，区人大代表1人，区政协委员14人。

【参政议政】 2021年，民进天河区基层委员会召开参政议政工作会议，撰写提案12件，被民进市委会选用为重点提案2件，被区政协选用为重点提案1件，选用提案4件，被区人大选用议案5件；编写社情民意信息6条，被市政协、省政协采用7次。刘惠萍的《关于修改〈中华人民共和国外国人永久居留管理条例〉的建议》被评为广州市第十三届政协优秀社情民意信息。吴俊松的《完善监管溯源体系 筑牢校园食品安全防线》《加快培育新型职业农民 优化壮大乡村振兴主体》，刘琼的《关于规划建设天河区智慧教育产业集聚区的提案》，刘惠萍的《中华人民共和国外国人永久居留管理条例的若干意见》、陈晓岸的《紧急呼吁尽快成立汛期抗疫应急专家组》《关于疫期立即阻断病源性污水进入公共排水系统的呼吁》、马建平的《建议做好后疫情防控期轨道交通大型站场综合体室内空气质量安全保障》分别获民进广州市委会2020年优秀议政调研成果一、二、三等奖及优秀奖。开展专题调研工作，其中《呼吁高度重视核酸检测采样风险》《建议加强对新冠病毒易感区域的管理工作》社情民意信息被民进广东省委会采纳，《关于持续推进街道综合养老服务中心（颐康中心）优化建设工作的建议》被纳入天河区委书记重点督办提案。《关于提升社区养老服务品质，打造“老有颐养”民生幸福城市的建议》《培育农业独角兽企业，壮大广州都市农业》被民进广州市委会纳入年度重点议政调研课题。

【组织建设】 2021年，民进天河区基层委员会组织学习习近平总书记系列重要讲话精神，党中央、省、市、区重要会议精神以及民进各级会议精神。全年召开各类专题学习会8次，座谈会6次，报告会2次，宣讲会1次。组织会员参加各级各类培训学习。开展中共党史学习教育，举行线上线下学习活动：开展基层会员党史、会史网络知识竞赛。组织会员到天河区棠下农业生产合作社纪念馆开展实地红色教育活动。组织全体会员到广州图书馆开展红色读书角党史学习会、观看党史纪录片《重生》、参观“羊城红八景”非遗文化剪纸作品展和体验“粤语接龙”党史小故事诵读音频录制等活动。举行敬老重阳茶话会，并组织老会员游览天河公园。开展为期两个月“同心送温暖”慰问活动，慰问困难会员家庭。

【社会服务】 2021年，民进天河区基层委员会联合广州民进开明画院开展送文化进社区活动，与广州民进开明画院、天河区珠吉街道办事处、广州市珠村实业有限公司共同承建天河珠吉“同心墙”。联合民进广州市委会宣传工作委员会、民进荔湾区基层委员会和南沙东涌中学联合举办“真情关爱大山学子，爱心助力成才圆梦”主题活动，为贫困学生捐款、捐物，并组织东涌中学与贵州省黔南布依族苗族自治州贵定县第一中学优秀贫困生参观游览广州。到河源市东源县仙塘中学开展教育帮扶活动。发动会员捐资捐物支援抗疫一线，助力社区抗疫。是年，会员续红、陈海清、李震霄等被评为民进全国社会服务暨脱贫攻坚工作先进个人。

·中国农工民主党广州市天河区基层委员会

【概况】 2021年，中国农工民主党广州市天河区基层委员会（以下简称“农工党天河区基层委员会”）下设8个支部，172人，发展新党员4人。主任委员吴文章。其中英德市政协委员1人，区人大代表2人，区政协委员7人。

【参政议政】 2021年，农工党天河区基层委员会召开参政议政工作会议。向区政协报送集体和委员提案8件，其中，集体提案《深化天河区农村股份合作制改革的建议》被确定为区政协2021年度重点提案。向区人大常委会提交议案3件。组织党员参加天河区统一战线理论政策研究课题申报，《当代中国文化海外传播的现状和探索》被评为2021年广州市统战理论政策研究创新成果优秀奖。

【组织建设】 2021年，农工党天河区基层委员会组织各支部党员认真学习贯彻习近平总书记重要讲话精神暨全国两会精神以及习近平总书记在庆祝中国共产党成立100周年大会上的重要讲话精神。组织参加农工党广州市委会、中共天河区委、区政协和区委统战部等举办的各种学习培训。推选政协委员7名，人大代表2名。慰问医卫界党员以及退休党员。组织退休党员召开重阳敬老座谈会，听取退休党员对基层委员会工作的意见和建议。

【社会服务】 2021年，农工党天河区基层委员会联合车陂街道办事处举办“百年风华忆先贤，重温党史创辉煌”主题读书活动。组织观看爱国主义电影《长津湖》。发动全区农工党员、企业家募集善款，用于购买医疗物资和生活用品。副主委陈鹏向西双版纳州红十字会捐赠一次性医用防护服525套，为辖区内棠下街道37个核酸检测点捐赠慰问品以及N95口罩，为员村街道核酸检测点捐赠充电宝和手电筒，并到核酸检测点担任志愿者。第二支部主委黄远新在大规模核酸采样筛查中志愿服务。党员田宗亮、林志霞、蔡锦芳参加天河区疫苗接种服务。党员方磊、刘芬、李志健、范凤玲等医生支援天河区社区的核酸采样。

·中国致公党广州市天河区基层委员会

【概况】 2021年，中国致公党广州市天河区基层委员会（以下简称“致公党天河区基层委员会”）下设5个支部，141人。主任委员刘建。其中省人大代表1人，区人大代表1人，区政协委员5人。

【参政议政】 2021年，致公党天河区基层委员会到广东建筑消防设施检测中心、天河南街道办事处、天河区退役军人服务中心，就天河区老旧小区微改造中的消防隐患及相关策略、天河区退役军人服务保障工作状况开展专题调研。4月，全国政协常委、副秘书长，致公党中央常务副主席蒋作君到广东就“关于加强医学和科技创新，积极应对人口老龄化”开展调研，并实地考察天河区居家养老服务示范中心。向区政协大会提交大会发言《增强港澳青年的国家认同感、文化归属感、生活幸福感，把天河打造成为港澳青年进入湾区的首选地和首发站》，提交《加强港澳子弟班爱国主义教育，促进港澳青少年在穗健康成长》等集体提案3件，提交《关于增强业主大会电子投票系统功能，便于小区自治管理》等个人提案4件。参加区统战理论政策研究课题工作，提交课题《香港青年来穗发展研究：现状、问题与对策》。组织开展致公党广州市委“我为广州发展献一策”课题申报。是年11月，李江的课题《关于打造世界一流文化创意产业链的建议》获致公党广州市委会2021年重点课题汇报演示比赛二等奖。

【组织建设】 2021年，致公党天河区基层委员会召开基层委员会扩大会议和各支部会议，组织全体党员认真学习贯彻中共十九大精神和十九届二中、三中、四中、五中、六中全会精神，以及习近平总书记“七一”重要讲话精神。组织青年党员代表到广州花城职业培训学院党史学习馆参观学习。组织各支部开展“探访永庆坊文化传承，追寻致公党历史足迹”等活动。通过基层委员会和各支部组织生活会及时向全体党员传达学习中共天河区委全会和区人大、政协“两会”以及区委统战部会议精神。制定党员参政议政培训、加强党员联络工作走访代表企业等计划。慰问离退休老党员，发展新党员。是年11月，张洁雯、李江被选为致公党广州市第十届委员会专委会海外联络与留学人员工作委员会副主任；叶建华、罗东红、杨阳被选为致公党广州市第十届委员会专委会培训工作委员会、企业发展促进会和青年工作委员会副主任。

【社会服务】 2021年，致公党天河区基层委员会组织党员参加2021年“广东扶贫济困日”捐款活动。11月25日，党员张洁雯担任致公党市委会第五期致公精英讲堂主讲嘉宾，通过现场访谈和直播互动形式分享运动员奋斗历程及退役后的生活工作经历。12月10日，党员徐立律师送服务进社区，为产业园中小企业代表授课，指导企业加强财税管理、及时规避财务风险。郭大双、丁斌、杨阳、杨静、曾雁、伍静敏等党员投入疫情防控工作，参加核酸检测、核酸排查和疫苗接种工作。

·九三学社广州市天河委员会

【概况】 2021年，九三学社广州市天河委员会（以下简称“九三学社天河委员会”）下设6个支社，109人，发展新社员5名。主任委员谭小瑜。其中省人大代表1人，区人大代表4人，区政协委员7人。

【参政议政】 2021年，九三学社天河委员会组织人大代表和政协委员参加天河区“两会”，提出《关于加快推进天河区云游戏产业发展，提升城区文化综合实力的建议》《关于建立区级智慧养老信息平台，为居家养老保驾护航的建议》集体提案2个，提出政协个人提案4个，社情民意1个。社员黄立强作为省人大代表，在省“两会”期间提交人大代表个人建议1个、联名建议3个。撰写参政议政课题，提交5份课题参加九三学社广州市委2021年参政议政课题评审会议。谭小瑜、黄立强、林珊莉的统战理论政策研究课题《数字经济助力民营企业应对重大突发事件对策研究——以新冠疫情防护品产业为例》被评为2021年广州市统战理论政策研究创新成果三等奖。黄立强、林珊莉、陈杰的《广州市科技成果转化存在的问题及建议》获“我为广州发展献一策”三等奖。

【组织建设】 2021年，九三学社天河委员会推选出11名社员代表出席九三学社广州市第九次代表大会。召开委员会议和委员扩大会议，研究天河委员会各项工作。规范委员会财务管理、社会服务、档案管理、先进表彰等工作。组织社员学习贯彻中共十九届六中全会精神暨开展“诗书飘香”读书会活动。全年参加各类学习近300人次。区人大、区政协换届后九三学社天河委员会有新一届人大代表4人，政协委员7人。自行研发“天河九三”短信平台，为社员提供信息通报、生日及节日问候。组织新社员参加九三学社广州市委举办的新社员培训班。参加九三学社广州市委举办的广州九三讲坛和教师节暨敬老节活动。慰问退休老社员。举办2020年总结会及全体社员新春联谊活动。是年，九三学社天河委员会被九三学社广州市委会评为2016—2021年优秀先进基层组织。

【社会服务】 2021年，九三学社天河委员会到五山街汇景社区开展迎春活动。到中海康城社区开展九三学社迎新春赠对联送祝福到社区活动。走访天河科技园社员企业6家，并开展科技创新调研活动。走访结对共建的黄村街道办事处，与街道领导共同商定社会服务计划并落实任务。发动社员参加天河政协“助力扶贫 书画传情”——“同舟”基金慈善募资活动。发动社员采购荔枝，助力广州市荔枝销售工作。在贵州威宁小海二中开展音乐艺术欣赏讲座活动。组织社员投入疫情防控。

·中国台湾民主自治同盟广州市天河区基层委员会

【概况】 2021年，中国台湾民主自治同盟广州市天河区基层委员会（以下简称“台盟天河区基层委员会”）有盟员23人。主任委员林峥。成员中有台盟广州市委会委员3人（其中副主任委员1人），市人大代表2人，市政协委员1人，区政协常委1人，区政协委员3人。

【参政议政】 2021年，台盟天河区基层委员会提交区政协大会发言《多措并举，促进天河区粤港澳青年科技创新交流与合作》，提交相关集体提案，提交个人提案《提升消费能级，打造品质天河的建议》。参与天河区统战理论政策研究课题申报工作，提交课题《科技赋能广州文化打造粤港澳大湾区文化新产业集群》。参与台盟广州市委会联合课题《关于在老旧小区改造中一体化完善社区养老设施》。许瑾撰写市委会课题《加大水环境保护力度，加强生态文明建设》。盟员中的特约审计员参加市审计局“十四五”规划座谈会并发表建议；教育监督员参加区教育局和社区教育监督工作；人大代表在社区接访过程中发现并建议解决交通灯设置等问题；人民监督员参加拟不起诉案件听证会和法院弘扬社会主义核心价值观案件新闻发布会等活动。是年，台盟天河区基层委员会被台盟广州市委员会评为2016—2021年参政议政先进集体；林峥、许瑾、邓昉、林旭初被评为参政议政先进个人。

【组织建设】 2021年，台盟天河区基层委员会组织盟员先后台盟广州市委会盟员骨干研修班、广州市党外干部专题培训班、天河区政协委员培训班、天河区党外干部专题培训班、台盟中央优秀骨干培训班等参加中共广州市委、市政协和台盟广东省委会、广州市委会组织的各类学习会、报告会，开展“学党史，跟党走”学习教育活动、“阅思源、忆党史”读书活动。组织盟员观看爱国主义电影《长津湖》。参加“同向奋力，再创辉煌”台盟盟员、台胞书画摄影作品微展。何维容的摄影作品《共鸣》入选“同心向党 携手共进”——广东统一战线庆祝中国共产党成立100周年书画摄影展展览作品。到新盟员单位考察，并召开参政议政工作会议。召开民主生活座谈会。慰问基层委员会退休盟员。参加台盟广州市委员会第九届盟员大会，推选市委会委员3名，监督委员会委员1名。

【社会服务】 2021年，台盟天河区基层委员会到广州广播电视台开展普法教育。参与疫情防控捐款、捐物、志愿服务。募集善款，交由台盟广州市委会统一购买防疫物资捐赠给有需要的街道社区。副主委邓昉向荔湾区相关街道社区捐赠物资。基层委员会委员何维容、盟员周淑华参加志愿服务，协助街道社区开展疫情防控工作。

（区委统战部）

天河区工商联合会

【概况】 2021年，广州市天河区工商业联合会（以下简称“区工商联”）有会员3052人，街道商会21个，直属商会（团体会员）7个。是年，区工商联开展参政议政、会员服务、商会建设、公益慈善、信息建设等工作。区工商联被评为2020—2021年度全国“五好”县级工商联、2019年度新时代天河发展出新出彩突出贡献先进集体、2019—2020年脱贫攻坚突出贡献集体、天河区直机关创建模范机关先进单位，区工商联党支部被评为五星级党支部。冼村街道商会被评为2019—2020年度全国工商联“四好”商会，沙河街道商会被评为2020年广东省工商联系统“四好”商会，兴华街道商会被评为2021年度广州市工商联系统“四好”商会，天河区民营女企业家商会被评为2021年度广东省工商联系统“四好”商会、2020年度广州市工商联系统“四好”商会。

【工商联换届】 2021年9月13日，广州市天河区工商联（总商会）第八次会员代表大会召开。大会审议通过天河区工商联（总商会）第七届执委会工作报告，选举产生天河区工商联（总商会）第八届执委会委员和领导班子。应华江当选为新一届天河区工商联（总商会）主席（会长），陶小民当选为常务副主席（常务副会长），孔健楠等17人当选为副主席，郝惠霞当选为秘书长，王娟等15人当选为副会长。

【工商联服务非公经济】 2021年，区工商联推动市、区合作共建广州市首个政企沟通服务中心落地。走访企业、街道商会开展优化营商环境工作调研。举行《天河区推动经济高质量发展的若干政策意见》等6场宣传活动。举办深交所服务粤企面对面活动（第五期）暨“天河未来IPO企业面对面”活动和2场知识产权培训学习活动。与区法院联合制定《关于建立促进民营企业健康发展沟通合作机制的实施意见》。成立天河区工商联（总商会）商事纠纷调解委员会。

【工商联基层商会建设】 2021年，区工商联指导前进、林和、石牌、沙东、黄村街道商会完成换届工作和天园、猎德街道商会增补领导班子成员。推进对异地商会的归口管理，举办天河区商会与异地商会资源对接座谈会等3场活动。吸纳广东省山东潍坊商会作为团体会员，促成广州市天河区民营企业家商会和广州市连山壮族瑶族自治县商会缔结为友好商会。向3家新设立的社会组织拨付支持金25万元。商会考评工作被广东省工商联（总商会）专题刊登在《新粤商》2021年第1期刊物中。

2021年9月13日，广州市天河区工商业联合会（总商会）第八次会员代表大会召开 （陈惠媚 摄）

【工商联公益事业】 2021年，区工商联发出《天河区工商联致辖区内各异地商会的一封信》《疫情防控不松懈 留穗过年更安全倡议书》；开展“民企同心抗疫撑天河”行动，组队参与核酸检测工作，累计捐赠物资超过120万元。完成与毕节市纳雍县6条村结对帮扶任务，发动会员企业向对口贵州省毕节市大方县捐赠300万元用于星辉足球小将项目建设。是年，区工商联1名领导干部被评为广东省脱贫攻坚先进个人。

【工商联宣传平台建设】 2021年，区工商联在市工商联网站、市非公有制经济组织党委平台和天河门户网站等多个媒体平台发布简讯300余篇次。“天河区工商联”微信公众号推送信息近千条，包括各类咨询政策、会务动态等内容。在疫情防控期间自制“三法一条例”防疫线上普法宣讲视频。

【工商联非公党建】 2021年，天河区有区非公经济组织党组织854家（单独组建647家，区域组建142家，联合组建65家），其中党委14家，党总支17家，党支部823家。是年新组建非公企业党组织92家；举办天河区非公企业党组织书记培训班12期，参与人员超过400人次。是年，区非公经济党组织中有65个党组织和党员获省、市、区“两优一先”荣誉表彰，15个党组织被评为广州市非公有制经济组织“双强六好”党组织，《广州天河：党建引领街道商会参与商圈治理》等6个案例获表彰，区工商联1名干部被评为区优秀党务工作者。 （陈惠媚）

群众团体

天河区总工会

【概况】 2021年，广州市天河区总工会（以下简称“区总工会”）推动73家企业完成建会，推动一批企业加入街道小微企业工联会，新发展会员9800余人。组织开展“学史力行·劳动光荣”职工优秀书画摄影作品展、庆祝“五一”国际劳动节爱国影片展映周等系列活动，开展“行走中的红色党课”。开展“您为大家•我帮您家”“双节有你，疫线有爱”关爱疫情防控一线工作人员专项行动，及时组建关爱疫情防控一线工作人员及家属“三人”后援小组，先后3次对隔离酒店一线工作人员进行专项慰问，慰问人数近3000人。

【工会组织建设】 2021年，区总工会走访辖内“三新”领域行业企业200多次。推进行业性、区域性工会联合会建设，在冼村等街道试点运行小微企业工会联合会建设。6月，召开天河区街道社区工会联合会组建工作推进会，在全区推进小微企业工会组建工作。9月，广州市首家美团骑手工会在天河区正式成立。推进“粤工惠”平台工会组织注册和会员数据录入工作，登记工会组织4000多家，注册会员18万多人。

【劳动权益维护】 2021年，区总工会制定下发《关于2021年工资集体协商春季要约行动月活动》，指导重点企业、100人以上企业开展集体协商、签订集体合同和厂务公开。86家企业签订劳动安全卫生专项集体合同，涉及职工6000余人。调解案件数及调解成功率均居全市前列。

【工会帮扶】 2021年，区总工会开展节日送温暖、生活救助、紧急救助、阳光助学等帮扶活动，发放补助50多万元；推进住院关爱计划、素质提升工程等，累计为辖内7000多名在职会员办理省总工会住院二次医保互助保障的参保、续保手续。为2800多名住院职工发放慰问金140多万元，为1600多名一线职工送上免费体检服务，组织400名一线职工参与疗休养活动。为876名职工发放省、市总工会学历教育补助金200多万元。推动职工服务站（点）建设，棠下街道汇智通信工会职工服务站被省、市总工会评为服务示范点，区职工服务中心户外劳动者爱心驿站被全国总工会评为广东省最美工会户外劳动者服务站点。

【劳动技能竞赛与劳模评选】 2021年，区总工会与城市管理综合执法局联合举办庆祝中国共产党成立100周年暨天河区2021年第五届“工匠杯”环卫技能竞赛，指导区公安分局工会举办第五届“工匠杯”警务技能竞赛。是年，区总工会推动开展天河区劳动模范和先进集体评选表彰活动，收到基层上报劳动模范申报材料130份，先进集体申报材料84份，区劳动竞赛委员会召开会议通

2021年8月6日，区劳动竞赛委员会办公室组织召开2021年度劳动模范和先进集体评选动员大会

（区总工会供稿）

过80名劳动模范和40个先进集体候选名单。1人获得广东省五一劳动奖章。

【工会换届】 2021年11月11日，天河区总工会召开第九届委员会第二次全体会议。区总工会第九届委员会全体委员参加会议，广州市总工会党组副书记、常务副主席朱承志等出席会议。会议审议通过相关决定，并以无记名投票等额选举的方式替补石泽润为区总工会第九届委员会常委、主席。

【工会经费管理】 2021年，区总工会严格落实疫情防控相关要求，及时调整年度审计工作方案，推进审计业务开展。委托会计师事务所先后完成41个单位2019—2020年度的工会经费收支情况审计工作，提出审计意见和建议162条。 （周玮）

中国共产主义青年团广州市天河区委员会

【概况】 2021年，中国共产主义青年团广州市天河区委员会（以下简称“团区委”）有直属基层团委34个，其中机关团委12个，团工委22个。全区在册团员41193人，少先队员11.6万人。

【志愿者服务】 2021年，团区委制定《天河区疫情防控青年志愿服务工作指引》《天河区分级分层大规模新冠病毒核酸检测等志愿服务工作方案》，发动1.2万人次青年志愿者在区内各核酸检测点参与秩序维护、咨询指引、扫码登记等志愿服务。组织疫苗接种志愿者18416人次，服务时长近8.3万小时。举行“我为群众办实事”志愿服务十项行动320余场。开展春运、广州园博会、清明祭扫等青年志愿服务品牌项目，参与青年志愿者超3820人次，服务时长超2.5万小时。开展文明交通志愿服务，联动互联网配送企业开展骑行戴盔宣誓仪式，募集骑行头盔500个，安排“蓝骑士”志愿者为辖内困难家庭及基层一线工作者提供配送服务。组织6750人次青年志愿者整理共享单车近8300辆，派发宣传单张22500余份。

【青少年服务】 ·青年就业服务· 2021年，团区委动员来穗就业无房青年填写来穗就业青年发展状况调查问卷300余份，开展调研走访和深度访谈，收集来穗就业无房青年数据资料。联动区属职能部门及区青联资源，为在广东高校就读的港澳台大学生提供实习岗位200个。

·青少年权益保护· 是年，团区委挂牌成立青年地带驻天骄中英文学校服务站、天河区未成年人“一站式”保护室。全年各类阵地链接社会机构37个，介入个案178个，为7名未成年被害人提供救助支援保护服务40余次，为82名涉罪未成年人提供社会调查、观护帮教服务，为28210人次青少年提供成长支持服务。开展“合理关爱·共护成长”2021年“天河之夏”青少年法制宣传教育主题活动，逾450人次青少年参与以《中华人民共和国未成年人保护法》《中华人民共和国预防未成年人犯罪法》为主题的宣传教育活动。举办“同在天河 爱在盛夏”关爱来穗青少年主题活动。开展“暖阳行动”，联动社工及大学生志愿者每周为25名困境青少年提供一对一课业职业辅导。在全区中小学设置“秘密花园”心理支援服务信箱，收信量近400封，开展专题信件服务76次，发掘重点个案13个、咨询个案262个。

·青年交友活动· 2021年，团区委在华南植物园举办第十二届“缘聚天河·秋日森林派对”单身青年交友联谊活动，辖内100位适龄单身男女青年参加活动。至2021年，团区委累计为1500余名适龄单身青年搭建交友平台。

【共青团宣教活动】 2021年，团区委组织“线上+线下”相结合的党史学习教育培训、专题研讨、调研实践等活动58场。组织开展“学党史、强信念、跟党走”主题团日活动、队日活动13376场，参与的团员青年、少先队员53.12万人次。号召全区青少年参与“学党史、强信念、跟党走”庆祝中国共产党成立100周年“七个一”主题活动，共开展活动396场，参与青少年26800人次。动员团员青年参与团中央“青年大学习”网上主题团课学习。为荔支、UC、百田、酷狗等天河区“两新”企业团员青年提供党史学习教育平台。创新启动青年马克思主义者“育苗工程”中学试点项目，与华南师范大学（石牌校区）、华南农业大学等高校团委、马克思主义学院达成战略合作。开展“请党放心 强国有我”主题实践活动。运营“青春天河”微信公众号和视频号，推送资讯423篇，其中青年志愿者参与疫情防控、青少年党史学习教育等工作被《人民日报》、中央电视台外语频道、“学习强国”、广州电视台等登载宣传。

【共青团建设】 2021年，团区委完成5309名毕业生团员组织关系转接，收缴团费99.88万元。年度评议团员35425名，推动255家非公企业和60家社会组织建团，指导全区181个社区团组织同步换届，实现超期未换届团组织的整改清零。开展“育苗工程”项目，按要求做好团前教育和入团培养，落实“三会两制一课”，明确“8 学时团课学习合格、年度 20 小时志愿服务时长”为基本入团标准，规范发展 2460 名学校领域和 167 名社会领域团员。精准调控团青比例，初中、高中毕业班团学比例控制不超过 20% 和 40%。（叶健宗）

天河区妇女联合会

【概况】 2021 年，广州市天河区妇女联合会（以下简称“区妇联”）下属街道妇联 21 个，社区妇联 230 个，区直属机关事业单位妇委会 13 个，妇女发展促进会 1 个。是年，区妇联创建全国家庭亲子阅读基地 1 个、省级“舒心驿站”1 个、培育省级“巾帼文明岗”1 个。郑蕙家庭被评为全国最美家庭。

【妇联学习宣传】 2021 年，区妇联坚持把党史学习教育结合妇联工作实际学习，将教育成果贯彻妇联工作全过程，严格落实党组会议“第一议题”制度，认真学习习近平总书记在党史学习教育动员大会上的重要讲话精神，习近平总书记“七一”重要讲话精神，党的十九届五中、六中全会精神，区委九届十六次全会精神，天河区第十次党代会精神等，领导干部发挥“头雁”效应，带头讲党课 31 次。利用“天河女性”微信公众号、粤政易等开展新媒体宣传活动，在各大媒体平台刊登信息 32 篇。

【妇联组织建设】 2021 年，区妇联召开专题组织生活会，开展批评与自我批评。组织参观广州起义纪念馆、毛主席视察棠下纪念馆等红色教育基地，重温入党誓词。开展“我为群众办实事”实践活动，认领微项目 1 个，在职党员认领微心愿 10 个，参加社区志愿服务 20 次。召开区妇联八届二次执委会议，选举产生替补执委 7 名，增补两名区妇联常委。完成 230 个社区妇联换届选举工作，产生新一届社区妇联领导班子、社区妇联执委 3300 名。加强“两新”组织妇女之家建设，分别在广州产业投资基金管理有限公司和粤港澳大湾区（广东）创新创业孵化基地成立妇女之家。定期召开保密工作会议，开展保密“两识”教育。落实巡视巡察和审计整改措施。增强规范化制度化意识，修改完善“三重一大”制度和请休假制度。

【妇联帮扶】 2021 年，区妇联为百名困难母亲家庭以及困境儿童代表赠送节日礼品。成立企业巾帼志愿服务队，与社区妇儿之家结队，开展送温暖、送教育、送健康、送活动服务。推进实施“玫瑰公益——第四期广州妈妈爱心计划”。开展爱心妈妈送健康活动，累计参与妇女群众 49587 人。

【家庭建设】 2021 年，区妇联以车陂街社区家校社“1＋1＋N”模式构建天河“家力量”品牌，车陂街家长学校成为广州市选送课程唯一社区代表。深入 230 个社区分组指导开展家庭教育工作，车陂街旭景社区家长学校成为广州市示范点。开展“星级最美家庭”评选活动，评选出“文明家庭”“最美家庭”“书香家庭”“绿色家庭”“慈善家庭”“星级文明户”等先进示范家庭。开展“党史进万家”活动，在“线上+线下”分期宣传先进家庭典型事迹。

【妇女儿童权益维护】 2021 年，区妇联联合广州市律师协会、中国人寿党支部、众心心理巾帼志愿队打造心理服务、法律维权服务、健康保障服务三支志愿服务品牌，发展约 200 名志愿者下沉到区来穗人员服务管理局服务中心以及 21 个街道社区。推动区法院、区公安分局依法依规发放人身保护令以及家暴告诫书。在区法院成立婚姻家庭矛盾纠纷调解室，推动家事案件调解。与区检察院联动落实妇女儿童司法救助合作机制，构建区、街道和社区“三位一体”婚姻家庭矛盾纠纷调解网络，推进成立婚调委（室）22 个。创建省级“舒心驿站”，开展“舒心驿站”社会心理健康服务系列活动。全年受理来信来访 106 例，其中婚姻家庭维权案件 77 例，办结率 100%。

【妇女儿童规划】 2021 年，天河区妇女儿童规划十年发展达标率位列广州市前列，93 项妇儿规划可量化指标中，达标 91 项，达标率 97.8%；其中在经济、教育、福利保障、参与决策和管理、法律保护、环境等 6 个领域达标率 100%。开展新一轮妇女儿童规划（2021—2030 年）编制工作。

【优秀妇女团体建设】 2021 年，区妇联培育推荐省级巾帼文明岗 1 个，拍摄《党建引领，天河各级巾帼文明岗显担当》专题片，指导推进区妇女发展促进会建设。举办天河女性“她空间”首次论坛直播，邀请 4 名天河优秀女性代表，以“时代女性与社会发展”主题进行分享。（王凤娟）

天河区科学技术协会

【概况】 2021 年，广州市天河区科学技术协会（以下简称“区科协”）普及科学知识，传播科学思想，提高公民科学素质，服务天河创新驱动发展战略。是年，天河区有基层科技团体 21 个，其中街道基层科协 21 个。

全年举办各项科普活动 25 场次，派发科普宣传资料 5000 多份，发布微信科普推文 148 篇。

【线下科普活动】 2021 年，区科协围绕“世界地球日”“全国科普日”等主题开展科普宣传。在灵秀小学举办以“珍爱地球，人与自然和谐共生”为主题的天河区第 52 个“世界地球日”纪念活动，在华融小学举办以“百年再出发，迈向高水平科技自立自强”为主题的天河区 2021 年全国科普日活动。安排专家到社区开展系列科普大讲堂活动，举办认识阿尔茨海默病、妇女健康、老年保健等讲座。组织广州市第八十九中学、华颖外国语学校、天河中学猎德实验学校师生到人工智能科普研学基地体验，组织车陂小学师生到广汽埃安新能源智能生态工厂学习。组织辖区内 100 个机关干部家庭到南粤航空航天科技创新研究院开展科普亲子活动。在天河公园制作 6 期科普宣传栏，内容涵盖疫情防控、电磁辐射、医疗健康等主题。

【线上科普活动】 2021 年，区科协利用“广州天河发布”微信公众号“科普天河”栏目，结合科普宣传重要节点与社会热点事件进行科普宣传，每周推送 3 篇推文，全年推送约 150 篇推文。在天河区中小学举办 13 场广州“院士专家校园行”线上讲座，近 4000 名中小学生收听收看讲座。举办中小学“科普小能手”网络竞赛，收到科普讲解作品 100 余件。结合“世界地球日”和“全国科普日”活动，在“广州天河发布”微信公众号平台上举办两次网上科普知识竞答活动，题目涵盖航空潜海、科学家精神以及碳中和、碳达峰等科普知识，4 万多人参与答题。

2021 年 4 月 24 日，广州市天河区第 52 个“世界地球日”纪念活动暨灵秀小学科技嘉年华活动在灵秀小学举行。图为活动开幕式表演 （区科协供稿）

【基层科协活动】 2021 年，区科协召开基层科协工作培训会议，总结和部署科协工作。组织区政协教科文卫体委员、中小学分管科技教育校长和科技教师到小翼航空科普基地开展航空科普教育活动。组织天河区中小学校校长和科技教师到广东省紫泥堂科普教育基地开展科普研学活动。

【院士团队人才服务】 2021 年，区科协完善院士人才联系沟通机制，加强走访天河区院士和院士工作站，开展区领导联系走访院士服务工作。完善院士工作站项目申报指南，明确申报条件及支持措施，点对点指导相关企业申报，按政策给予航天精一（广东）信息科技有限公司院士工作站 50 万元科研启动经费。 （李锡伟）

天河区归国华侨联合会

【概况】 2021 年，天河区有基层侨联会 22 个，其中街道侨联会 21 个，区教育系统侨联会 1 个。是年，广州市天河区归国华侨联合会（以下简称“区侨联”）履行服务经济发展、依法维护侨益、拓展海外联络、参政议政、参与疫情防控等工作。

【侨联防控新冠肺炎疫情】 2021 年，区侨联倡议侨胞、归国留学人员配合疫情防控，主动参加核酸检测。组织机关党员先锋队多次支援社区一线防控工作。动员侨界力量募集抗疫物资，捐赠医用防护面罩、生活物资等价值 11.5 万元。

【新侨服务】 2021 年，区侨联引导侨界企业家、新侨群体投身天河经济建设。联络以归国留学人员为主的新侨群体，与广东省海归国际产业创新中心共建首个新侨创新创业基地。与广东省侨界海归协会、粤港澳大湾区创新智库共同主办“生于湾区、造福世界”——“非凡匠人”金彩科博士的大湾区科创故事分享活动，向海外科技团队宣传介绍天河区营商环境。是年，区侨联委员郑振霖用新理念让土地“活起来”的创新模式被中国新闻网专题采访报道，该报道被国内外媒体转载。广州市欧美同学会天河分会副会长孙峻岭被授予“广州市荣誉市民”称号，广州市欧美同学

2021 年 9 月 23 日，天河区侨联与广东省海归国际产业创新中心共建首个新侨创新创业基地　（区侨联供稿）

会天河分会理事赵淦森获全国五一劳动奖章。

【侨联参政议政】 2021 年，区侨联严格把关区政协侨界委员推选工作，推荐 7 名侨界代表当选为第九届区政协委员，2 名代表当选为常务委员。服务和支持人大归侨代表、政协侨联界委员履职尽责。组织市、区侨界人大代表、政协委员深入侨界群众、侨资企业开展调研。

【侨益维护】 2021 年，区侨联新建首个党群服务活动中心“侨胞之家”。宣传《中华人民共和国归侨侨眷权益保护法》及其实施条例、《广东华侨权益保护条例》，提高辖内群众对侨联、侨法的认知度。春节期间，联合市、区有关涉侨单位，上门慰问辖区 16 户困难归侨侨眷。迅速妥善解决棠下街困难归侨因突发重病无力支付治疗费用问题。落实省侨联扶贫专项资金在天河区的发放工作，为辖区 4 户困难归侨发放扶贫资金 1.3 万余元。到街道、高新技术企业孵化基地调研新侨创业就业和生活中存在的实际困难。　（易斌）

2021 年 3 月 8 日，区文联和区妇联在区机关大院 1 号楼一楼大堂联合举办“春暖花开”——第八届女子书法作品展　（区文联供稿）

天河区文学艺术界联合会

【概况】 2021 年，广州市天河区文学艺术界联合会（以下简称“区文联”）下属有书法家、美术家、摄影家、作家、音乐家、舞蹈家、民间文艺家、戏剧家、客家山歌、珠江月诗词 10 个文艺家协会。是年，区文联开展各类主题活动，学习宣传贯彻习近平总书记关于宣传思想文化工作、文艺工作重要论述和中央党史学习教育活动精神，加强文艺领域意识形态建设，开展党史学习教育活动，围绕庆祝中国共产党成立 100 周年主线，团结和引领广大文艺工作者繁荣创作、服务人民，为推进文化强区建设做出贡献。

【文艺创作及展演】 2021 年，区文联举办“野旷天遥”许钦松艺术空间落户天河公园山水画展、“游艺至善”——天河区文艺助力乡村振兴作品展、孙中山和辛亥革命先驱的墨迹展、“春暖花开”——第八届女子书法作品展、春萌——向建党百年献礼书法展、草图三人行书法展、“领悟新思想 挥毫颂党恩”——2021 天河区书法创作大赛、“忠心献党”书画创作比赛等高品质展会活动，配合区总工会筹办“学史力行·劳动光荣”——职工优秀书画摄影作品展。围绕庆祝中国共产党成立 100 周年、弘扬伟大抗疫精神、复兴传统文化、脱贫攻坚、乡村振兴、生态文明、河涌治理等重大事件和时事热点举办展会活动。开展组诗、组歌、组画、组书、组影文艺作品创作190余件。聚焦“老城市新活力”和改革开放40年来的伟大成就，创作天河版“清明上河图”——40米巨幅长卷《幸福路上》。

【天河区文艺助力乡村振兴作品展】 2021年9月23日，“游艺至善”——天河区文艺助力乡村振兴作品展在天河艺苑展出，展期为9月23日至10月10日。该次展览展出的120余件作品包括天河区对口帮扶地区写生创作精选作品以及省、市著名艺术家反映乡村新貌的特邀作品，作品涵盖连环画、国画、油画、书法、诗词、音乐、摄影等多种艺术门类。

【文艺志愿服务】 2021年，区文联带领天河区文艺志愿者送文化进公安、进校园、进社区。在全区40个社区开展“培育好家风，共建文明城”书法家进社区活动。组织区摄影家协会、区书法家协会等协会参与天河艺苑文艺品牌活动建设，开展文艺讲座及文艺演出。指导区民间文艺家协会承办2021年中华慈善日公益宣传活动暨助力天河对口帮扶地区乡村振兴公益宣传行动，开展“非遗进校园”青少年传统文化教育项目，在天河区内10所中小学建立非遗传承基地。指导天河区文艺家联合党支部与车陂小学党支部、纳雍天河实验学校党支部结对共建，举行“百个图书角捐赠庆建党百年”活动，为广州市、湖北省随州市广水市、贵州省毕节市纳雍县、贵州省毕节市大方县四地共41所中小学捐赠300个图书角。是年，天河艺苑开展惠民展览各类讲座、演出45场，累计接待参观群众4.73万人次。区文联被广州志愿者协会评为2020—2021年度广州最佳新时代文明实践文艺志愿服务基地。

【文艺宣传】 2021年，区文联运用“图文报道+网络直播”的形式报道重大活动、展演，将“天河文艺”公众号打造成为传播天河优秀文学艺术和党史学习教育的主要载体，全年为群众推出各类党史学习教育和文艺活动资讯182条，阅读量3.6万余人次。

（骆钊文）

天河区残疾人联合会

【概况】 2021年，广州市天河区残疾人联合会（以下简称“区残联”）下属有残疾人专门协会5个，街道残联21个，康园工疗站18个。天河区有残障人士9401人。

【残疾人康复】 2021年，天河区为1678人次残疾儿童及持证残疾人提供康复服务，精准康复率99%，投入金额507万元。其中精神障碍患者专科门诊治疗资助501人次；康复训练资助147人次；发放辅具472件；医疗康复资助253人次；首次办证评残费用报销417人次。天河区社区精神康复综合服务中心全年为400名精神障碍康复者提供社区康复服务，服务工时2.5万小时。

2021年4月30日，家政人员为某户残疾人士家庭提供厨房清洁服务（区残联供稿）

【残疾人就业】 2021年，天河区就业年龄段残疾人有4658人，其中就业1870人，就业率40%。按比例安排残疾人就业年审，对接用人单位向残疾人推荐就业岗位。是年，为

2021年5月15日，区残联在棠下街棠德花苑举办天河区第三十一次全国助残日暨天河区残联活动学党史、守初心、办实事主题活动（区残联供稿）

2511 家用人单位提供就业年审服务，动员 31 家企业提供 35 个面向残疾人招聘的岗位；向残疾人推荐就业服务 87 次，成功推荐 4 名残疾人就业。开展残疾人应届毕业生推荐就业工作，7 名待就业 2021 届残疾人毕业生中就业 5 人。举办手工皮雕工艺制作培训班 3 期，培训 60 人。

【残疾人教育】 2021 年，天河区学前在读残疾儿童 34 人，义务教育阶段在读残疾人学生 308 人，中高等教育在读残疾学生 73 人。全年为在读残疾学生及贫困残疾人在读子女发放教育生活资助 70 万元、教育奖励 8.75 万元。

【残疾人民生保障】 2021 年，区残联发放残疾人专项补助 7.95 万人次，金额 502.81 万元。资助 1000 余人参加城乡居民养老保险，给 38 人发放城镇企业职工养老保险补贴。为 319 名残疾人机动轮椅车主发放燃油补贴 8.3 万元。开展 679 户居家无障碍升级改造工作。为辖区 602 名残疾人提供居家安养服务，资助全日制寄宿托养残疾人 628 人，为 351 名残疾人提供日间照料服务。（戴沛娟）

2021 年 11 月 30 日，天河区贸促会标杆企业参访暨资源对接会举办

（杨婷 摄）

中国国际贸易促进委员会广州市天河区委员会

【概况】 2021 年，中国国际贸易促进委员会广州市天河区委员会（简称区贸促会）强化党建引领，拓展贸易投资促进及对外交流平台，为企业提供务实高效服务，助力企业开拓国内国际市场，为天河经济高质量发展服务。

【商事法律服务】 2021 年，区贸促会累计代办一般原产地证 1507 份、优惠原产地证 288 份。联合中国贸促会法律事务部、广东省贸促会、广州市贸促会举办广州市企业国际化经营合规培训暨风险排查活动，为现场逾 200 家企业进行合规风险排查，指导企业开展合规体系建设，降低国际化经营风险。联合中国贸促会中小企业综合服务平台举办“RCEP：中国企业的机遇与挑战”免费线上主题讲座，约 800 名企业代表在线收听收看。

【贸促会会员服务】 2021 年，区贸促会提供现场咨询活动、专题培训、政策宣讲等会员服务。全年走访有关商（协）会、会员企业超 50 家，举办企业专题座谈会，及时了解企业生产经营情况。推荐 5 家企业及商协会加入广州市四大产业联盟并参加广州贸促“走出去”系列论坛。召开主题为“拥抱湾区 创新发展”2021 专题年会。举办天河区贸促会标杆企业参访暨资源对接会活动。

【贸易促进】 2021 年，区贸促会加强与港澳地区的经贸合作交流，与香港贸易发展局联合开展“天河·香港线上展览”推广项目，运用在线商贸模式扶持天河区电子行业企业开拓境外市场。协调促成香港贸易发展局及澳门贸促局广州代表处参观调研粤港澳大湾区（广东）创新创业孵化基地。组织中医药类等相关企业参加 2021 澳门国际投资展览会（MIF）线上商业配对专场活动。组织近 120 家企业代表参加广东 21 世纪海上丝绸之路国际博览会主题论坛、中国进出口商品交易会、上海进博会、广州国际食品食材展等重点展会。发动会员企业参加广州第二届直播节天河分会场活动。组织企业参加首届 2021IEAE 广州国际电子及电器博览会、GCBE2021 国际跨境电商产业博览会等商协会主办的各类会展活动。

（区贸促会）

法 治

政法委及综治

【概况】 2021年，中共广州市天河区委政法委员会（以下简称“区委政法委”）推进平安天河、法治天河建设，开展扫黑除恶专项斗争，排查化解暴恐风险，深化市域社会治理现代化试点，开展社区疫情防控，进行政法队伍教育整顿，各项政法工作取得新成效。天河区连续7年在全市平安建设考评中排名第一，被平安中国建设协调小组办公室授予2017—2020年度平安中国建设示范县（市、区、旗）称号。

【法治天河建设】 2021年，区法院受理案件10万件，结案81127件，结案率81.1%，法官人均结案730.87件。率先推行社会化有偿调解服务机制，打造“当事人支付低价+专业机构专人调解+法院诉调双向对接”诉源新模式，与7个司法所签署联动联调共建协议。区检察院办理各类案件10094件，逮捕2682人，起诉3471人。宣传推广“3＋X”矛盾纠纷化解机制，选派法官助理对口21个街道，建立司法附设专职调解队伍，聘请特邀调解员141名，诉前调解案件2.6万件。举办普法培训班599场，开展法律知识竞赛等其他普法活动387场。协调组建粤港澳大湾区国际商务与数字经济仲裁中心。员村街山顶社区和猎德街南国花园社区被评为省民主法治示范社区，天园街被评为首批广州市法治示范镇街。天河区在2020年度法治广州建设考评中被评为优秀等次，在2020年度全省普法依法治理工作完善量化评估县（市、区）得分排名第一，在全市率先实现21个街道行政复议案件受理点全覆盖。成立全市首个区级法律援助专家委员会，在2020年度全市法律援助案件质量评核中排名第一。

【社会稳定维护】 2021年，天河区推进信访维稳应急处突专班和社会矛盾问题专项治理专班实体化运作，制定印发《关于加强和改进天河区信访稳定工作的实施方案》等指导性文件，下发风险预警告知书、任务交办书、督办通知书。启动全局性三级以上勤务响应13次106天。建成2744个最小应急处置单元并落实每日一调度，发动22万余人次“广州街坊”群防群治力量参与社会面防控。落实区领导包案化解责任制，滚动排查并上报市委政法委重大不稳定问题55宗，化解54宗，化解率98.2%。开展全区基层矛盾纠纷化解专项行动，排查重点个案111宗，化解100宗，化解率90.1%。开展集中治理重复信访、化解信访积案专项行动，办结国家信访局第一批交办专项件、省联席办交办专项件及省交办重点个案。严格落实“1、3、5分钟”巡防处突勤务，加强5个市级、3个区级、19个街镇级重点目标及周边巡逻防控，路面案件类警情比2020年下降8.9%。

【扫黑除恶】 2021年，天河区办结上级督办、转办的涉黑恶线索15条及教育整顿线索1112条。持续推进“惩腐打伞”，在全市率先打造片区专职监督模式，设立80个监察站并配备专职监督人员，立案查处涉嫌充当恶势力犯罪集团“保护伞”1案1人，处理涉违纪违法政法干警44人。开展五大重点行业领域整治，带动十大重点行业领域全面推进，制发“三书一函”（即监察建议书、司法建议书、检察建议书和公安机关的提示建议函）16份，其中涉五大重点行业领域的12份。举办线下宣传活动1000余场，派发宣传资料60多万份，发送扫黑除恶宣传短信300多万条，制作《疯狂医美贷》警示微视频并在各大主流媒体平台播放，点击量破百万。

【社会基层治理】 2021年，天河区推进市域治理现代化试点，优化调整103项基本要求、6项负面清单、203项评估事项。培育“党建引领中央商务区社会治理出新出彩示范区”“社会化有偿调解对接机制”“‘智汇新塘’来穗人员融合服务”等创新项目。其中后两项入选2021年广州市市域社会治理创新立项项目。区法院“天融”金融案件一体化处理平台被评为广州市市域社会治理优秀创新项目奖，《“3＋1＋1”车陂街社区社联自治创新实践》入选全国市域社会治理创新优秀案例

(2020)。基层治理“七力凝聚”协同共治模式被中央政法委“长安评论”微信公众号刊登推广。推动平安联创，打击沙东街、兴华街制售假酒问题，开展专项整治和打假宣传184次，查获8个制假窝点；棠下街接报电信网络诈骗664起，比2020年下降30.7%。开展清查行动和道路交通秩序大整治。排查公共安全隐患，关停违规经营场所134间。开展护航金融“利剑2021”专项行动，侦破涉众型大要案19宗，成效评估排名全市第三。智能化提升基层治理效能，实施全区视频防控体系智能化改造工程。持续开展综治中心标准化建设，推广应用省社会治安综合治理信息系统。在全区422间中小学幼儿园安装一键式紧急报警装置并建立最小应急处置单元，推进广州天河中学等18所学校视频安防监控系统。推进智慧安防医院建设，建成市级示范级智慧安防医院1间，立项区级智慧安防示范级医院1间、基础级智慧安防医院13间，实现二级以上医院一键式报警装置全部联网。推进出租屋智能门禁建设，累计安装智能门禁4546栋。推出多维多态智能感知终端系统、犯罪热点预测巡逻防控系统和无人机自动巡航系统落地应用。

【政治安全】 2021年，天河区开展维护政治安全工作，落实定期分析研判机制和协同联动机制，重点做好全国“两会”、庆祝中国共产党成立100周年、国庆等重要时期的政治安全防控，加强信息收集和研判处置，将隐患化解在萌芽状态。2021年，未发生规模性非法聚集和重大涉政治安全案事件。推进防范打击邪教组织专项行动。开展反邪教警示教育宣传，天河区设计的反邪教IP名称被采用为广东反邪教IP形象名称，漫画《悔不当初》获市漫画征集活动金奖。发动辖内学校参与广州市反邪教主题征文大赛，5名学生获奖。联合区委国安委、华南农业大学等单位举办系列全民国家安全教育主题宣传暨反邪教警示教育进校园活动。组建反邪教宣讲团，培训全区政法干部和基层工作人员，开展高校巡回宣讲。开展线上疫情防控活动2场，组织相关部门和街道开展反邪教宣传“七进”活动682场，覆盖群众11.2万人次。

【来穗人员服务管理】 2021年，天河区建成区来穗人员服务示范中心，开展来穗人员融合行动30余场次。实施出租屋屋主责任制，开出全市首张1万元出租屋屋主违规罚单。截至2021年12月底，全区登记在册来穗人员134.61万人、出租屋80.66万套，新办理居住证7.9万张，征收出租屋综合税6.46亿元。受理5588名来穗人员积分入户申请，成功入户的主迁人1339名、随迁人1718名，来穗人员随迁子女积分入学有效报名3447人。

【社区防控新冠肺炎】 2021年8月，天河区建成“四种形态”“三人小组”并投入工作，其中封控状态（200户一组）标准配备4074组，实际配备4086组；管控状态（400户一组）标准配备2201组，实际配备2201组；防范状态（800户一组）标准配备1018组，实际配备1025组；常态标准配备290组，实际配备290组。是年，天河区“三人小组”排查国内涉疫风险人员44.95万人次，纳管人员15.21万人次。（王子木）

公安

【概况】 2021年，天河区立刑事案件11128宗，比2020年（下同）下降1.2%。摧毁涉黑涉恶犯罪团伙、集团55个，侦破涉黑恶案件332宗，涉黑恶案件破案率93.4%，涉黑警情下降32.2%。破获电诈案件1477宗，打掉电诈团伙23个，电诈案件破案率31.8%，电诈警情下降16.3%。组建预警劝阻工作专班，有效劝阻预警数据22.2万余条，及时拦截转账2946万余万元；“国家反诈中心”App累计下载注册116万人。是年，广州市公安局天河区分局（简称区公安分局）实现新发命案、性侵、“两抢”案件100%侦破；侦破涉野生动物违法犯罪案件19宗、制假售假案件175宗；查处黄赌嫌疑人3418人，整治违规场所286间，涉黄、涉赌警情分别下降5.4%、5.2%；打掉贩毒团伙10个，查处吸毒人员476人，涉毒警情下降9.5%。

【打击违法犯罪】 ·扫黑除恶· 2021年，区公安分局打掉涉黑团伙1个、恶势力犯罪集团2个、涉恶团伙2个、一般团伙50个，刑拘涉黑恶犯罪嫌疑人679人，逮捕231人。侦破案件332宗，破案率93.4%，提升6.9个百分点，查封、冻结、扣押涉案资产价值9541.58万元．全年侦破故意伤害案122宗，其中轻伤一级以上28宗，破案率100%。

·打击严重暴力犯罪和“两抢一盗”· 区公安分局开展严打暴力犯罪和个人极端暴力犯罪。全年立刑事案件11128宗，比2020年（下同）下降1.2%；刑事案件破案率36.6%，上升12个百分点。侦破新发命案12宗，破案率100%，侦破1998年元岗抢劫杀人案、2010年沙东抢劫杀人案等重大命案积案5宗。侦破新发性侵案件141宗，破案率100%，侦破性侵积案12宗。查获气枪2支、水弹枪8支、仿真枪8支，钢珠200颗，起诉涉枪嫌疑人7名。2021年，天河区侦破“两抢”案件19宗，破案率100%；侦破盗窃案644宗，破案率47%，上升8.3个百分点；侦破入室盗窃案件108宗，破案率72.5%，提升17.4个百分点。接报入室盗窃原始警情371起，下降28%，伤害类警情下降40.3%，“两抢”立案下降27%。

·打击民生领域违法犯罪· 2021年，天河区刑拘电信网络诈骗嫌疑人721人，逮捕214人；打掉电信网络诈骗团伙23个，破案1477宗，破案率31.8%。破获百万元以上案件58宗，破案率89.2%，抓获375人，刑拘292人；办理资金原路返还143笔，返还人民币849.2万元。严打“两卡黑灰产”犯罪，抓获2292人，刑拘568人。其中抓获涉银行卡诈骗2107人，刑拘512人。组建预警劝阻专业队伍守护人民群众“钱袋子”，接收广州市打击治理电信网络新型违法犯罪预警平台发出的预警数据38万余条，处理率100%。有效劝阻22.2万条，发送上门劝阻指令2.3万条，成功拦截269名被骗群众转账，共计2946万余元。严打走私犯罪，参与全市“12·23”“7·18”“9·16”等3次收网行动，侦破案件7宗，逮捕37名嫌疑人。严打涉众型经济犯罪，立案16宗，破案20宗，刑拘160人，逮捕94人，起诉110人。侦破广州升华汇盈信息科技有限公司、中财沃顿资本管理有限公司等非法吸收公众存款案等一批重特大涉众型案件。全年挽回财产损失2.03亿元（含扣押房产、车位、车辆估值），其中冻结2568.43万元，执行发还150万元，追缴赃款1051.28万元，上缴国库一块恐龙化石（未估值）。严厉打击食药环、知识产权以及野生动物领域犯罪活动，侦破刑事案件175宗，刑事拘留304人，逮捕156人，涉野生动物案件移送起诉15人，打掉犯罪团伙41个，捣毁制假窝点137个。

·打击黄赌毒、网络违法犯罪· 2021年，天河区开展涉毒犯罪财富调查案件71宗，调查人数112人，银行查询112次，发起支付宝协查112宗，财付通协查112宗，其他调证110余宗。全年破获毒品案件71起，刑事拘留涉毒嫌疑人112名，逮捕156人，查获毒品约5.2千克。查处黄赌案件607宗，下降5.6%；查处涉黄赌人员3418人，下降4.6%；全年查处黄赌团伙38个，刑拘233人、治拘327人。破获侵犯公民信息、黑客攻击、利用网络信息进行犯罪等新型网络违法犯罪案件58宗，抓获119人，刑拘109人，逮捕78人，起诉63人。

【刑事侦查】 2021年，区公安分局开展追逃专项行动，累计抓获逃犯321人，抓获率171%。利用电子物证、声纹等新型技术破案1172宗；指导各单位采集指纹入库18286人次，采集DNA17681份。审核派出所采集入库的声纹16896条、虹膜19217条、DNA库Y库数据31274条。区公安分局刑事技术室通过技术室等级评定、DNA实验室等级评定及鉴定中心资质认定飞行检查。经侦部门加快构建防范打击经济犯罪的能力体系，深入推进“排雷洗楼”。与商务金融局、证监、中基协等行政部门联手推进行政前置监管工作。联合多部门组织上门现场核查21次，上门查处企业126户，查明失联、注销基金公司154户，查明涉虚拟货币7户，现场信息提取226户，行政前置处理重点企业47户。全年大队接报涉众型案件16起，其中总部在本地集资诈骗涉案企业6起，占案发总数37.5%，个案涉案金额亿元以内。经侦大队“金铲子”出口退税企业模型参加广州公安“穗警工匠杯”经侦系统“铸剑2021”数据建模大赛获三等奖。

【治安整体防控】 ·警情预警防控· 2021年，区公安分局组织制定全区各个防护敏感期社会治安防控工作方案，完成各项安保维稳工作。围绕全国“两会”、五一、创文省检、第十八届中国国际社会公共安全博览会、七月系列防护期、庆祝中国共产党成立100周年、十九届六中全会等重要活动、重要节日，部署启动敏感重大防护期等级勤务响应工作。启动全局性一级勤务响应5次29天、二级勤务响应6次26天、三级勤务响应11次50天；根据各所警情预警响应机制启动区域性等级响应26次。

·立体化巡逻防控· 2021年，区公安分局深化警情研判和勤务动态部署工作机制，强化各类巡控力量分级分类叠加投放。全面加强5个市级3个区级19个街镇级重点目标及周

2021年1月10日，区公安分局举办首个中国警察节庆祝活动
（区公安分局宣传部供稿）

边的武装值守和巡逻防控。严格落实“1、3、5分钟”巡防处突勤务，开展拉动测试165次，对常态备勤梯队进行拉动测评3次。盘查可疑人员100余万人次，抓获在逃人员28人、现行违法犯罪人员285人。

·新冠疫情防控· 区公安分局对接区政府设立的11个功能组、10个工作专班和对应市局设立的7个工作专班，围绕“外防输入，内防反弹”主线落实各项防疫工作。区公安分局指挥中心（疫情防控指挥部）负责各类方案制定和信息情况汇总，2021年度先后制定疫情防控工作方案、专项通知12份，撰写《天河分局疫情防控专刊》72期，报送市局、区各类报表信息106份。2021年，防控办先后组织制定荔湾专项、凤凰专项、林和专项疫情防控工作，统筹各专班运作，开展涉疫数据排查、流调溯源、分级封控管控及核酸检测等各项工作。

【警卫保卫】 2021年，区公安分局制定警卫方案和安保方案，强化无人机、人像识别、人流热力图等技术应用，发动群防群治力量，完成春运、清明、高考、中超联赛等275场次大型群众性活动安保任务，投入警力5925人次、安保辅助力量41900人次。全年完成警卫工作185批次。

【智慧警务建设】 ·智慧警务基础建设· 2021年，天河区111个封闭式居住小区完成智感安防小区建设，打造4个智感安防小区示范点，在全市智感安防小区建设情况中排名第一。全年区公安分局推进智慧门禁建设，全区新增门禁覆盖房屋27169套，新增轨迹上传4285.04万条。通过大数据开展实有人口精准核查，完成实有人口核查数据3299条、疑似未登记流动人员信息54750条、防诈重点人群信息2万多条，完成涉盗窃人员信息241条和在逃人员信息21条的核查任务。

·智慧警务应用· 区公安分局“线上线下”同步推动防诈骗宣传成效显著，是年，“穗安防诈”小程序累计注册123.9万次，完成进度的103.1%；“国家反诈中心”App注册量116万次，全市排名第五。

【社区警务】 2021年，天河高等级派出所比例排全市前列，4个一级派出所和8个二级派出所的配比远超省公安厅标准。天园派出所东晖社区警务室被命名为第二批岭南标杆警务室，棠下派出所冯景佩被评为2020—2021年度岭南百佳社区民警。猎德、天园、冼村派出所被评选为广州市枫桥式公安派出所。林和派出所华新社区警务室、天园派出所东晖社区警务室、五山派出所汇景社区警务室被评选为广州市标杆警务室。车陂派出所民警梁绍威、棠下派出所民警冯景佩、林和派出所民警易智勇、沙河派出所民警林浩杰、五山派出所民警陈东斌被评选为广州市优秀社区（驻村）民警。选定猎德、林和、新塘派出所为“两队一室”改革试点单位，天河区有25人以上派出所22个，全部按“两队一室”模式运行。打造新时代天园、猎德2个智慧派出所示范点，提升天河派出所服务效能。

【重点行业领域安全监管】 2021年，区公安分局推行“借力+嵌入+融合”治理模式，加强公共安全监管。全年对全区约756家寄递物流企业开展检查，停业整顿333家，发现安全隐患820项并全部整改。组织收缴各类枪支48支、子弹7864发，仿真枪169支，处置废旧炮弹8枚。检查刀具经营使用单位2237家，刀具销售单位2866家，录入纳管刀具销售单位94家，清退不符合刀具销售资质场所38家。发现涉刀安全隐患152个、整改涉刀安全隐患152个，收缴管制刀具344把。

【网络安全管理】 2021年，天河区办结行政审批网吧3家，行政处罚14家。推进Wi-Fi管控工作场所管控10192家，开展行政处罚159家次。处置网络漏洞459个，行政处罚103宗不履行网络安全义务行为。网站备案审核1391家，检查709个App，处置违法信息813条，网络安全检查单位311家，开展网络安全应急演练2次。开展大型网络安全及防范诈骗宣传213家次，受众100余万人次。

【户政管理】 2021年，区公安分局户政窗口受理各项业务44.04万件次。办理出生登记11777人，死亡注销3552人，办理身份证15.79万张、办理临时身份证6338张。编列门牌1397个，推行“不见面”审批，受理网上申请办理户政业务40945件次，全区自助办证设备办理身份证40752张。全区街道公共集体户办理集体户口迁入33475人，办理港澳台居民居住证2476张。全区常住居民30.12万户、104.93万人，登记在册流动人员144.18万人，完成居住证审核签发10.62万人。

【出租屋管理】 区公安分局人口大队会同兴华、沙东派出所开展伍仙桥地区专项清查整治行动，清查出租屋834套、采集登记屋主（代理人）信息222人、上门检查登记流动人员558人、签订治安责任书17份、发放宣传资料664份。对不按要求备案、不履行登记手续或未按照要求安装租住人员信息采集系统的屋主处以警告、罚款等行政处罚。开展全区性“五合一”专项整治清查行动，各派出所联合街道等职能部门开展清查整治，累计排查出租屋178.02万套次、流动人员214.75万人次，新增采集出租屋5663间，新增登记流动人员31.91万人，注销流动人员33.63万人。查处违法案件223起、抓获违法嫌疑人496人，处罚违法违规出租屋主435人次。全区“入所”流动人员登记率76.16%，全市排名第二。

【出入境与往来港澳管理】 2021年，区公安分局出入境窗口受理出入境业务7.8万件次，全区安装“签注易”自助办证点33个，设置39台自助办证设备。其中24小时办证点27个，疫情防控期间出入境自助设备暂停使用。办理港澳居民回乡证666人次，办理外国人证件签证签发4395件次。

【交通治理】 2021年，区公安分局开展道路交通秩序大整治工作，每周联合街道、交警、派出所、区城市管理综合执法等部门组织开展“五类车”集中整治和车辆乱停放整治。全年组织查扣“五类车”10923辆，比2020年（下同）下降23.6%；查处非机动车违法20121宗，上升20%。协调天河交警、区市场监管局、区残联查处残疾车、便民服务车、共享单车、外卖送餐车及邮政快递车辆的各类违法行为，并督促有关企业落实主体管理责任。交通管理大队对内街内巷违法停车多发路段加大巡逻，及时查处违法停车行为。全年增设电子警察138套，开展内街内巷机动车违停执法57645宗。其中通过手持PDA开展违停执法34447宗，上升89.04%，通过固定式交通技术监控设备进行违停执法23198宗。

【涉外管理】 2021年，区公安分局加大打击妨害国（边）境犯罪，立妨害国（边）境刑事案件37宗，比2020年（下同）上升280.0%；刑事破案数33宗，上升266.7%。刑事拘留涉妨害国（边）境管理犯罪嫌疑人60人，上升57.9%；逮捕、直诉犯罪嫌疑人29人，上升16.7%。是年，区公安分局破获组织他人偷越国（边）境团伙案4宗，刑事拘留45人。

（陈小燕）

检察

【概况】 2021年，广州市天河区人民检察院（以下简称“区检察院”）办理各类案件10094件，其中审查批准逮捕案件1771件、审查起诉案件2634件、公益诉讼案件95件，各类检察监督案件5594件。是年，区检察院被评为2021年度全省检察院信息直报点先进单位、全国检察机关宣传先进单位。

【刑事检察】 2021年，天河区重点打击危害社会大局稳定和侵害人民群众生命财产安全犯罪，批捕817人、起诉1013人。依法办理涉案金额巨大的陈某某骗取票据承兑案、吴某某等37人走私冻肉案和陈某某等12人开设赌场案等有较大社会影响的案件。办理涉黑涉恶犯罪案件10件65人。共建检警协作新平台，与区公安分局共同成立侦查监督与协作配合办公室。进一步完善监察机关的案件线索移送和衔接协调工作机制，与区纪委监委、区公安分局、区法院联合签署《天河区监察执法和刑事司法衔接工作会议纪要》，成立专业化办案小组，全年办理职务犯罪案件21件24人。

【检察监督体系】 2021年，区监督侦查机关立案11件、撤案22件，纠正漏捕12人、漏诉34人，提出书面纠正侦查违法意见14件。贯彻宽严相济刑事政策，决定不（予）逮捕1199人，决定不起诉628人。强化刑事审判监督，对认为确有错误的刑事裁判提出抗诉2件，姜智维贩卖毒品案入选全省检察机关十大刑事抗诉优秀案例。推进认罪认罚、精准量刑制度适用，认罪认罚适用率89.35%，确定刑量刑建议提出率为91.31%，法院采纳率91.44%。加强羁押必要性审查，审查311件，提出变更强制措施45件，采纳19件，审前羁押率59.36%，比2020年下降19%。

强化监管场所执法活动监督，对监管场所执法活动中的违法或不当情形提出监督意见183件。办理羁押期限核查催办2267人次，筛查久押不决情况89人次。开展财产执行检察，核查财产刑执行案件1075人2198.1万元。深化监外执行和社区矫正监督，监督社区矫正对象入矫668人次，解矫486人次，办理监外执行违法违规案件229件。

深化民事行政检察监督，办理民事检察监督案275件，提请抗诉9件，获再审改判4件。依法监督虚假诉讼案10件，提请抗诉8件，涉案金额7145万元。推进民事执行监督和审判程序违法监督，发出检察建议239件。办结行政非诉执行监督案34件，实质性化解行政争议工作取得突破。

推进公益诉讼检察，审查案件线索149件，立案95件，办理诉前程序案件并向行政机关发出检察建议79件，建议均获采纳。依法办理覃某某刑事附带民事公益诉讼案，促进涉案林地补种复绿。开展食品药品、城市设施等重点领域专项监督。督促行政机关全面排查城中村个体经营商户违规经营食品行为，发出检察建议。推进无障碍环境建设和窨井盖设施安全隐患公益诉讼专项监督活动，对盲道、窨井盖等城市设施存在安全隐患问题收集线索并立案监督。开展红色革命资源保护问题专项监督，对抗日战争革命老区根据地长湴村旧址管护不当问题制发检察建议，督促修缮监管。依法提起广州市首宗侵犯公民个人信息刑事附带民事公益诉讼案。

2021 年 12 月 22 日，区检察院与区公安分局举行侦查监督与协作配合办公室揭牌暨《侦查监督与协作配合实施方案》签署仪式　　（区检察院供稿）

【未成年人检察】 2021 年，天河区批捕侵害未成年人犯罪 70 人、起诉 75 人。对未成年犯罪嫌疑人不批捕 67 人、不起诉 7 人，附条件不起诉 10 人，落实帮教措施 28 人。与广州网易公司共同创建未成年人网络安全保护项目“互联护苗计划”，举办学术研讨会、网络防沉迷主题检察开放日等活动，组织检察官进驻网易家长关爱平台，开设未成年人网络安全保护视频课程，构建新型未成年人网络安全保护模式。暗访校园周边场所，就发现问题、隐患向行政监管部门发出诉前检察建议书。联合“天晴正途”青少年社会法律服务中心对未成年被害人进行救助评估，实施个性化救助。根据区检察院办理的未成年人救助案件拍摄制作的微电影《追光》获第二届全国检察视频作品大赛二等奖。

【经济秩序司法保护】 2021 年，天河区办理涉经济犯罪刑事案件 373 件 948 人。依法办理涉民营企业刑事案件，对符合条件的在押民营企业家及时变更强制措施。开展刑事风险防控、问需问计、源头治理等工作，依法对 4 家企业进行合规宣告，促进企业合法经营。打击金融领域犯罪，维护金融安全，依法办理涉案金额 16 亿余元的林某某等 45 人涉私募基金非法吸收公众存款案，以及涉案金额 14 亿余元、注册账号 10 余万个的罗某某等 45 人组织、领导传销活动案等一批有较大社会影响案件。开展涉非公经济控告申诉案件清理和监督活动，开通“12309”检务大厅民营企业法律服务“绿色通道”，办理涉非公经济申诉案件 34 件。召开辖区银行业金融风险防范研讨会，并向 9 家银行公开送达预防金融风险检察建议。调研课题《私募基金犯罪实证研究——以天河区检察院近五年办案情况为样本》入选全省检察机关理论研究课题。

【检察参与社会治理】 2021 年，区检察院受理各类控告申诉信访案件 1659 件，办结率 100%，首次在信访案件中开展公开听证，加强检察环节诉源治理。开展司法救助线索专项排查，运用多元化救助机制进行司法救助 24 人次。建立检律定期会商机制，与市律师协会、区司法局召开业务会商座谈会，共建协商、协调、协作新型检律关系。发挥检察建议在社会治理中的作用，制发各类检察建议 107 份，把法律监督效果由一案一事提升为更高层面的社会法治意识引领。（黄泽龙）

法院

【概况】 2021 年，广州市天河区人民法院（以下简称“区法院”）受理各类案件 10 万件，比 2020 年（下同）增长 5.91%，其中新收案件 83397 件，增长 8.79%；办结案件 81127 件，增长 4.26%；法官人均结案 730.87 件，增长 13.65%。一审案件改判发回重审率 2.76%，生效案件改判发回重审率 0.33‰。是年，区法院被评为全国优秀直播法院和全省法院信息工作成绩突出集体。9 个集体和 15 人获市级以上表彰，立案庭被评为全省法院先进集体，刑事审判庭获集体三等功，4 人立个人三等功，3 个团队、26 名个人分别被评为“基本解决执行难”优秀团队、先进个人；17 名个人获“荣誉天平奖章”。

【刑事审判】 2021 年，区法院打击各类刑事犯罪，审结刑事案件 1953 件，判处罪犯 2970 人，依法审结全市首宗袭警案。严惩危害社会治安犯罪，审结严重暴力犯罪、盗抢骗、黄赌毒、食药环等群众反映强烈的犯罪案件 1002 件 1386 人。严惩危害公共安全犯罪，审结失火放火、危险驾驶等案件 578 件 600 人。突出打击重点领域犯罪，维护防疫秩序，依法快审快结涉疫犯罪案件 8 件 8 人。严惩电信网络新型违法犯罪，审结电信网络诈骗及涉“两卡”犯罪案件 131 件 208 人。严厉打击侵犯公民个人信息犯罪行为，审结相关案件 7 件 24 人。推进扫黑除恶常态化，审结涉黑涉恶案件 4 件 33 人。

【民商事审判】 2021 年，区法院加

2021年12月3日，区法院员额法官向《宪法》宣誓　（区法院供稿）

强民生司法保障，审结教育、就业、医疗、住房、社会保障等民生领域案件2713件。优化法治化营商环境，审结商事案件36923件，解决合同争议金额147.99亿元，营商环境“五类合同”案件办理时长比2020年缩短38.32天。审结知识产权刑事案件24件59人，审结知识产权民事案件8003件，审结网络游戏、网络用工、数据权利等新业态案件747件。服务金融健康发展，审结金融纠纷案件18887件，发布《金融审判白皮书》暨十大典型案例。组建环境资源审判专业合议庭，加强历史文化风貌与乡土树种、古树名木等自然资源司法保护，审结环境资源案件62件、执结行政非诉环保案件10件。维护农村经营主体合法权益，审结涉农补贴、苗木种植、水产养殖等案件223件。

【案件执行】 2021年，区法院兑现当事人胜诉权益，受理执行案件41997件，执结35672件，比2020年分别上升8.20%、5.94%；执行到位金额35.8亿元，居全市基层法院首位。在全省率先探索执前督促机制，拓展综合治理执行难格局。与区司法局、天园街共建执行联动机制，借力执行联动联络员协助查人找物、协助或代为送达执行文书等工作。严格终结本次执行程序，规范财产查控处置流程，网络查控2.87万件次，司法网拍成交金额12.04亿元。加大失信惩戒力度，公布失信被执行人名单23988人次，限制高消费25738人次，拘留罚款8人次，移送拒执犯罪线索7条，促使4069名失信被执行人主动履行法律义务。强化善意文明执行，和谐执结世纪绿洲小区新旧物管公司交接纠纷案。

【矛盾纠纷化解】 2021年，区法院坚持推行非诉讼纠纷解决机制，诉前调解成功6860件。与区总工会、区妇联、区金融调解委员会等24家单位建立诉前联调机制。在全省率先探索金融商事纠纷社会化有偿调解机制，“当事人支付低价+专业机构调解+法院诉调双向对接”诉源治理新模式入选全省法院“抓示范促改革惠民生”改革培育项目。先后与12家律所、调解组织对接，有偿调解案件3162件，赛恒公司与联悦公司买卖合同纠纷社会化有偿调解案入选广州法院十大调解案例。

【繁简分流机制】 2021年，区法院健全刑事、民事、执行案件繁简分流工作体系，推进案件轻重分离、快慢分道。组建速裁快执团队，运用要素式审判、类案连审、程序性事务集约等措施，速裁快执案件42771件，占结案总量52.71%，速裁快执法官人均结案1944件。作为全国法院案件繁简分流机制改革示范法院，区法院完成最高人民法院深化民事诉讼程序繁简分流改革试点任务，独任制审结案件39401件，适用小额诉讼、简易程序审结案件29298件。

【办案运行机制】 2021年，区法院全面落实司法责任体系改革，制定审判权力和责任清单，明晰院庭长监管责任。完善院庭长办案示范机制，院庭长办结案件14470件，居全市基层法院首位。加快推进四级法院审级职能定位改革试点，完善“四类案件”识别监督机制，细化报请提级管辖案件范围。强化集体监管责任，审判委员会、专业法官会议讨论疑难复杂等案件178件。

【诉讼服务】 2021年，区法院新诉讼服务中心揭牌启用，配置智能云柜、自助立案机、司法公开终端等便民设施，24小时服务群众“不打烊”。启用“天法蓝”等特色诉讼服务新标识。深化“一站式”改革，依托“移动微诉讼”平台，实现诉讼业务全流程一网通办。网上立案7.95万件，网上缴费1.02亿元，电子送达60.95万人次，线上调解、开庭4262次，诉讼服务质效在全国法院动态评估考核中居全市前列。

【智慧法院建设】 2021年，区法院推动智慧法院建设，全面推进电子卷宗随案同步生成和深度应用，构建无纸化办案新体系。升级“天融”一体化处理平台，在线处理金融案件25067件，“天融”被评为广州市市域治理优秀创新项目。深化应用“天和”线上纠纷多元化解平台，让群众足不出户化解纠纷。“天融”“天和”平台被评为广州市区直机关工作创新大赛三等奖。　（李卿）

司法行政

【概况】 2021年，天河区入选首批省级法治政府建设示范地区，在2020年度法治广州建设考评中获优秀等次，在推进法治政府建设、服务保障全市经济社会发展方面获广州市2020年督查激励，在2020年度全省普法依法治理工作网上量化评估县（市、区）得分排名第一。广州市天河区司法局（简称区司法局）被评为2016—2020年全国依法治理创建活动先进单位。区司法局天河南司法所被司法部授予全国模范司法所称号，该所“3＋X”矛盾纠纷多元化解工作机制被推荐申报省级法治政府建设示范单项项目，并入选2021年广州市改革创新经验复制推广清单。

【纠纷调处调解】 2021年，区司法局实践新时代“枫桥经验”，打造矛盾纠纷多元化解机制“天河样本”。推广天河南司法所“3＋X”矛盾纠纷多元化解工作机制。探索诉源治理的实践路径，组织7家司法所与天河区法院基层法庭共同打造“庭所共建”机制。完善部门、行业联调联动机制，与区市场监管局共建区知识产权调解工作站，联合广州金融消费纠纷调处中心设立天河调解工作室，联合市生态环境局天河分局、车陂街道办事处设立首个街镇一级生态环境纠纷人民调解工作室。全年开展矛盾纠纷排查3293次，成功调解矛盾纠纷3530宗，调解成功率99.27%。

【特殊人群管控帮扶】 2021年，区司法局在全市率先成立社区矫正委员会，制定《天河区社区矫正执行实施规范》。落实社区矫正和安置帮教风险评估工作，开展减刑、假释、暂予监外执行社区矫正工作专项排查整治。打造“醉后一次机会”区域教育品牌，开展以“线上＋线下，现场＋自学，集中＋个别”的“3＋”教育学习活动。统筹开展严重精神障碍患者排查评估工作。2021年，天河区在册社区矫正对象568人，刑满释放人员889人，帮教率100%。发现2名社区矫正对象重新犯罪，1名刑满释放人员重新犯罪，未发生严重精神障碍人员肇事肇祸事件。

【普法宣传】 2021年，区司法局组织召开国家机关“谁执法谁普法”履职报告评议会。推进精准普法，确立《宪法》《民法典》依法防控新冠肺炎疫情、行政处罚法、优化营商环节、防范电信诈骗等精准普法项目55个。推进多领域法治创建活动，天园街环宇社区、车陂街旭景社区被评为省级民主法治示范社区。天河区法治文化主题公园（天河公园）成功入选省法治文化主题公园名单。广州发展集团股份有限公司等3个企业被评为省法治文化建设示范企业。全年举办法治课及讲座768期，培训近4.4万人次；举办法律咨询1783场，接受咨询8.8万余人次；开展法律知识竞赛、法治文艺演出等其他普法宣传活动503场，普及人员6.1万人次，派发普法宣传资料40万余份，出刊法治宣传栏270期共2794栏。

【法律服务】 2021年，《天河区关于加快推进公共法律服务体系建设的分工方案》印发实施。区司法局与区退役军人事务局联合设立退役军人公共法律服务工作站，在区来穗人员服务示范中心设立公共法律服务室、人民调解室。与广州市公证处联动，实现21条街公共法律服务站公证常驻窗口全覆盖。选取猎德街外国人聚集的广粤国际社区为试点，探索开展社区涉外公共法律服务。全年社区法律顾问累计服务对象24873次，处理诉讼及非诉讼案件共7751件。成立全市首个区级法律援助专家委员会，开展农民工、未成年人等特殊群体的法律援助。是年区司法局受理法律援助案件1537件，其中刑事案件831件，民事案件706件，提供法律咨询5235人次，提供刑事法律帮助2621件。在2020年全市法律援助案件质量评核中排名第一，林某涉嫌信用卡诈骗罪法律援助案被评为2020年度广州市刑事法律援助优秀案例。

【律师服务管理】 2021年，区司法局探索构建“党建＋法律服务＋营商环境”融合的工作模式，组建广州市第一支律师行业党员突击队，制定服务纳统企业工作制度，建立法律服务专员机制。是年天河区辖内61家纳统律所（含1家公证处、1家法律咨询公司）实现营收55.13亿元，比2021年增长16.7%。 （张婧）

2021年4月30日，天河区“3＋X”矛盾纠纷化解机制推广宣传现场会在天河南街道召开 （区司法局供稿）

经 济

综合经济管理

·发展规划与体制改革

【概况】 2021年，广州市天河区发展和改革局（以下简称“区发展改革局”）开展经济运行分析，逐行业研究制定稳增长工作措施。组织实施《广州市天河区2020年国民经济和社会发展计划执行情况与2021年国民经济和社会发展计划草案的报告》，编制印发《广州市天河区国民经济和社会发展第十四个五年规划和二〇三五年远景目标纲要》。围绕优化调整产业结构，制定印发《天河区加快推动高端专业服务业高质量发展的若干政策措施》，牵头起草《关于进一步做好天河区重点领域产业招商工作的通知》。编制出台《天河区医疗卫生机构布局规划（2021—2035年）》。推进营商环境改革，印发实施《天河区建设现代化国际化营商环境样板示范实施方案》。印发实施《天河区关于更好统筹疫情防控和经济社会发展坚定不移推动高质量发展的若干措施》。

2021年，天河区经济社会发展主要特点：疫情防控有力有序，经济发展稳中有进。创新引领显著增强，改革开放持续深化。区域协调平衡发展，城区品质稳步提升。生态文明稳步推进，民生福祉稳定改善。地区生产总值6012.2亿元，增长8.2%，高于年度预期目标2.2个百分点，总量连续十五年全市第一；地方一般公共预算收入77.80亿元，增长2.1%；全社会固定资产投资578.48亿元，增长8.1%，高于年度预期目标2.1个百分点；社会消费品零售总额2050.6亿元，增长15.1%，高于年度预期目标11.1个百分点。

【规划编制及政策研究】 2021年，天河区对标先进地区开展专题调研，编制形成《广州市天河区国民经济和社会发展第十四个五年规划和二〇三五年远景目标纲要》，谋划提出全区“十四五”时期十项重点任务，345个重大工程项目，计划总投资约2025亿元。开展区产业发展“十四五”规划编制工作，按照国家和省市区有关产业发展战略和部署安排，摸清现状、研判趋势，提出“十四五”规划时期天河区产业发展目标、产业发展体系以及重点工作任务，形成规划征求意见稿。牵头起草《天河区关于更好统筹疫情防控和经济社会发展坚定不移推动高质量发展的若干措施》，提出八个方面36条工作措施，围绕疫情防控、复工复产复市、为企业纾困减负、重点项目建设等，统筹推进疫情防控和经济社会高质量发展。

【产业政策调整】 2021年，天河区梳理产业政策条款，构建支持有力度、方向有准度、服务有温度、奖励有精度的专项产业政策体系，推出软件业及高端专业服务业2个产业高质量发展政策，印发《天河区加快推动高端专业服务业高质量发展的若干政策措施》。研究建立天河中央商务区高质量发展指标体系，提出推动中央

2021年11月30日，天河区举行优化营商环境社会监督员聘任仪式，并对聘请的社会监督员进行培训（区发改局供稿）

商务区高质量发展的意见建议，印发实施《关于进一步做好天河区重点领域产业招商工作的通知》。编制出台《天河区医疗卫生机构布局规划（2021—2035年）》，促进城区医疗卫生资源均衡布局。

【重点项目管理】 2021年，天河区有年度重点项目131个，含省重点预备项目1个，市重点项目24个，市“攻城拔寨”项目82个，涉及总投资约2486亿元。2021年，计划投资约219亿元，完成省重点项目投资0.47亿元，完成市重点项目投资77.42亿元。重点项目中有提升城区能级类项目30个、科技创新类项目30个、现代服务业类项目29个、民生幸福类项目29个、推进生态文明建设类项目13个。把好政府投资项目审批关，全年受理56个，批复47个，涉及总投资约123.65亿元。批复社会投资项目273个，其中社会投资项目备案204例，社会投资项目信息变更46例，社会投资项目信息延期23例。

表17

2021年天河区列入广东省重点建设项目表

项目名称	项目类别	建设内容及规模	建设起止年限	总投资（万元）	责任单位
广州金融城起步区综合能源项目	提升城区能级类项目	项目规划建设3个冷站、多种能源设施和1个智慧能源控制系统，通过冰蓄冷系统供冷实现电力削峰填谷，运用智慧能源系统实现多能互补。项目考虑建设供冷能力为249兆瓦（70811冷吨）的集中供冷设备及配套供冷管网、一套20兆瓦/20兆瓦时储能系统、210支充电桩、437.4千瓦（峰值）光储充一体化系统等	2022—2026	134824	广州综合能源有限公司

表18

2021年天河区列入广州市重点建设项目表

项目名称	项目类别	建设内容及规模	建设起止年限	总投资（万元）	责任单位
广州金融城起步区综合能源项目	提升城区能级类项目	项目规划建设3个冷站、多种能源设施和1个智慧能源控制系统，通过冰蓄冷系统供冷实现电力削峰填谷，运用智慧能源系统实现多能互补。项目考虑建设供冷能力为249兆瓦（70811冷吨）的集中供冷设备及配套供冷管网、一套20兆瓦/20兆瓦时储能系统、210支充电桩、437.4千瓦（峰值）光储充一体化系统等	2022—2026	134824	广州综合能源有限公司
天河区冼村“城中村”改造项目	提升城区能级类项目	项目位于冼村，占地面积116477平方米，建筑面积855000平方米；使用用途：村民复建安置；主要建筑物：酒店、公寓、住宅（集体、个人物业复建）	2015—2022	1500000	广州市冼村实业有限公司、保利发展控股集团股份有限公司
中国移动南方基地二期	科技创新类项目	项目建设产业聚集中心、互联网公司、研发中心等；占地面积4.8万平方米，建筑面积14万平方米	2017—2022	143831	中国移动通信集团广东有限公司
网易总部二期	科技创新类项目	项目建设网易广州研发基地，占地面积52552平方米，总建筑面积约172126平方米。涵盖研发中心、客服基地、市场营销、内部培训及旗下产品展示和体验、生活配套中心等功能区域	2018—2022	174000	广州博冠信息科技有限公司
宝供物流企业集团总部暨南方大宗商品电子交易中心	科技创新类项目	项目占地面积约4.7万平方米，建筑面积约9.3万平方米，建设宝供物流企业集团总部暨南方大宗商品电子交易中心	2017—2023	150000	广州宝供电子商务发展有限公司
贪玩游戏华南运营总部项目	科技创新类项目	项目建设贪玩游戏华南运营总部，承载集团管理、研发、发行及平台运营职能，同时兼顾产业孵化业务。项目占地面积7430平方米，计容建筑面积23033平方米，地下非计容面积7245平方米	2021—2024	50000	广州市泽达新文创产业发展有限公司
龙狮俱乐部（天河广氮AT0607142地块项目）	科技创新类项目	项目占地面积5231平方米，建筑面积约28938平方米，地下3层，地上11层。建设内容：办公、商业、多功能训练厅、地下车库及其配套设施	2021—2024	10000	稳晟（广州）体育文化投资有限公司

续表 18

项目名称	项目类别	建设内容及规模	建设起止年限	总投资（万元）	责任单位
中国联通华南信息产业运营中心项目	科技创新类项目	项目总建筑面积 39000 平方米，建设内容：生产管理用房、营业厅、地下室及配套用房	2019—2022	39491	中国联合网络通信有限公司广东省分公司
粤海总部大厦	现代服务业类项目	项目总面积约 30 万平方米，其中超甲级写字楼约 23 万平方米，特色商业区约 3 万平方米，车位约 4 万平方米	2017—2022	840000	广东粤海城市投资有限公司
汇金中心	现代服务业类项目	项目地块位于黄埔大道南侧，科韵路西侧，用地单位为广州穗荣房地产开发有限公司，规划用地面积 27595 平方米，总建筑面积约 40 万平方米，其中地下建筑面积 8.75 万平方米。项目规划共 4 栋建筑及一个 4 层整体地下室，其中 A 栋 69 层（320 米）、D 栋 5 层(29 米)、B 栋 47 层(220 米)、C 栋 21 层(85 米)	2014—2023	787439	广州穗荣房地产开发有限公司
城际中心	现代服务业类项目	项目拟建 1 栋地上 39 层地下 3 层商业商务办公楼(含珠三角城际轨道交通调度指挥中心)	2015—2021	323776	广东省铁路建设投资集团有限公司
中国人保广州国际金融中心	现代服务业类项目	项目拟建写字楼塔楼+配套商业裙楼的综合体，总投资约 24 亿元，用地面积 13832.08 平方米，规划容积率≤ 4.5，总建筑面积约 86000 平方米，其中地上建筑面积 61594 平方米，地下建筑面积约 24000 平方米，建筑高度 80～100 米	2020—2024	240000	中国人民财产保险股份有限公司、中国人民健康保险股份有限公司、中国人民人寿保险股份有限公司
广东南粤银行金融大厦	现代服务业类项目	项目位于广州国际金融城起步区，建设一栋高 180 米，地上 39 层地下 4 层，建设总面积 12.2 万平方米的超甲级写字楼，作为广东南粤银行广州分行及广东南粤银行总行资金运营中心的营业办公大楼	2020—2023	300000	广东南粤银行股份有限公司广州分行
广州金控总部大楼项目	现代服务业类项目	项目建设广州金控总部大楼 1 栋，用地面积 8423 平方米，总建筑面积 119254.7 平方米	2018—2022	296303	广州金融控股集团有限公司、万联证券股份有限公司
广州国际金融交易广场	现代服务业类项目	项目位于广州国际金融城起步区，建设一栋高 230 米，地上 50 层地下 5 层，建设总面积 14.9 万平方米的超甲级写字楼，作为广东省产权交易的营业办公大楼	2018—2024	345697	广东省产权交易集团投资开发有限公司
广州太平金融大厦	现代服务业类项目	项目位于广州国际金融城起步区（AT090941 地块），建设一栋大厦（广州太平金融大厦），总建筑面积 140492.8 平方米，容积率（含地下）12.52，占地面积 8825.85 平方米，层数地上 49 层，地下 5 层。建筑高度 229.85 米，规划用作商业写字楼	2020—2023	359620	太平置业（广州）有限公司
新华保险大厦	现代服务业类项目	项目位于广州国际金融城起步区 AT090942 地块，用地面积 8423 平方米,总建筑面积 133826 平方米（包括办公、配套商业、文化活动中心）	2020—2024	300000	新华人寿保险股份有限公司
中国人寿大厦	现代服务业类项目	项目计容建筑面积 117352 平方米，占地面积 8825.85 平方米。项目建成后，将承载中国人寿广东省分公司办公业务功能	2018—2024	390500	中国人寿保险股份有限公司广东省分公司
广发银行总部大楼	现代服务业类项目	项目位于广州国际金融城 AT090959 地块，总建筑面积约 14 万平方米，项目建成后，将承载广发银行总部办公业务功能	2018—2024	398221	广发银行股份有限公司
南方财经大厦	现代服务业类项目	项目位于黄埔大道中路南侧，项目占地约 8839.68 平方米，容积率 9.40，计容建筑面积 83093 平方米，总建筑面积 106336.2 平方米，建筑高度 140 米	2019—2023	220000	广东保利房地产开发有限公司、南方财经全媒体集团
清华附中湾区学校（一期）	民生幸福类项目	项目建设学校行政中心区、教学中心区、运动中心区、艺术中心区和生活中心区。学校总建筑面积 94386 平方米	2019—2021	54323	天河区建设工程项目代建局

续表 18

项目名称	项目类别	建设内容及规模	建设起止年限	总投资（万元）	责任单位
广州市执信中学天河校区建设工程	民生幸福类项目	项目总建筑面积 202890 平方米，其中地上建筑面积 168832 平方米，地下建筑面积 34058 平方米	2019—2021	209846	天河区建设工程项目代建局
广州市天河区第二人民医院建设工程	民生幸福类项目	项目建筑面积约 22.39 万平方米，拟建设成为三级甲等综合医院，设置病床数 980 床	2022—2025	195410	中山大学附属第六医院
海心沙东区微改造项目	民生幸福类项目	项目占地面积 4 万平方米，现有建筑面积 2.2 万平方米，计划建设为集高端特色酒店、商业餐饮、休憩游览等多功能的综合区域	2020—2022	17200	广州市城投资产经营管理有限公司

是年，天河区发行专项债 2.96 亿元，其中天河区高新技术产业开发区基础设施提升改造工程发行 7000 万元、天河区水环境综合提升改造工程项目发行 1.4 亿元、天河区城市更新改造补短板工程项目发行 8600 万元。

【营商环境优化】 2021 年，天河区持续发力营商环境改革。对照市营商环境 4.0 改革，制定《天河区建设现代化国际化营商环境样板示范实施方案》，以将天河中央商务区打造成“四个出新出彩”示范区为总体目标，聚焦政务服务提质、要素供给保障、科技创新赋能、法治环境提升、国际规则衔接、市场运行护航六大工程，清单化推进 177 项改革措施。2021 年，天河区新增企业 16.4 万户，占全市新增企业数的 35.6%，名列赛迪全国投资竞争力百强区排行榜第一名。围绕“五个找”打造科技成果转化基地的改革经验被列入广州市营商环境可复制举措清单，并在全市推广。

【社会信用体系建设】 2021 年，天河区开展广州市城市信用状况监测预警指标季度考核、国家第三批社会信用体系建设示范区评审、2021 年全市社会信用体系建设考核工作，归集信用信息数据 268 万余条，全区“双公示”信息上报率、合规率 100%，及时率 99.75%。在全区广泛推行信用承诺制，共享信用承诺信息 116 万条。在 77 个重点公共行业领域根据企业风险等级进行信用分级分类监管，推动联合奖惩措施落地，实现信用奖惩闭环管理。开展严重失信主体、失信信用服务机构和失信政府专项治理工作，通过重点约谈、信用修复，各专项治理台账退出率 100%。推动“信易贷”工作，召开全区“信易贷”工作对接会、“信易贷”平台宣传活动 20 余场，“信易贷”平台累计注册企业 13112 家，促成融资授信规模 246.77 亿元，累计放款 188.71 亿元。

【能源管理】 2021 年，天河区启动“十四五”能源“双控”课题调研，制定《广州市天河区能源消费总量和强度“双控”2021 年工作要点》《天河区 2021 年能耗“双控”工作方案》。完成“十三五”天河区政府节能目标责任评价考核、“十三五”区监管重点用能单位节能目标责任评价考核、2021 年天河区公共机构能源资源消费统计工作，推动落实重点用能监管单位能源信息系统对接。兑现 2021 年绿色发展专项资金政策，给予绿色应用类项目奖励扶持 50 万元，发放 2020 年市级光伏发电项目补贴资金 36.85 万元。开展 2021 年天河区节约型机关单位创建，推动节能降耗宣传活动。 （陈怡昕）

·推动粤港澳大湾区建设

【概况】 2021 年，天河区落实中央、省决策部署以及市、区工作要求，释放粤港澳大湾区、中国特色社会主义先行示范区“双区”驱动和广州、深圳“双城”联动的利好叠加效应，印发实施区落实市推动广深“双城联动、比翼双飞”行动方案的实施方案，研究制定区支持横琴、前海两个合作区建设的实施方案，全力推动大湾区建设。

【湾区平台建设】 2021 年，《支持广州市天河中央商务区建设“四个出新出彩”示范区行动方案》经中共广州市委全面深化改革委员会、中共广东省委全面深化改革委员会经济体制改革专项小组审议通过。广州环贸中心、寺右万科中心、广发证券大厦等楼宇正式投入使用，新增甲级写字楼面积 28.7 万平方米，新引进 500 强企业投资项目 11 个。广州人工智能与数字经济试验区广州国际金融城片区开发建设提速，全年完成投资 80.59 亿元，起步区有 8 个项目封顶、3 个项目竣工或分期验收，新引入农业银行、澳门国际银行、酷狗音乐、尚品宅配、中建四局等龙头企业。天河智慧城（含天河智谷片区）完成全省首个土地成片开发方案申报，全年共出让土地 9 宗，新开工小鹏科技园等重点项目 13 个。

【湾区科技创新】 2021 年，天河区加强穗港澳科技协同创新，全年新增国家重点实验室 2 家，省级重点实验室5家，省级工程技术研究中心29家，支持粤港澳光电磁功能材料联合实验室等4所粤港澳联合实验室落户天河区。成功举办2021广州天英汇国际创新创业大赛，设立港澳台赛区并联动大湾区10余个港澳青年创新创业基地推进赛事互联。港澳台赛区最终评选出7个年度获奖项目。建立健全港澳青年创新创业服务体系，粤港澳大湾区（广东）创新创业孵化基地正式投入运营，协助港澳台青年创办企业223家，累计引入优质项目124个，其中港澳项目103个，占比超过83%。3个基地被粤港两地政府认定为粤港青年创新创业基地，4个基地被认定为广州市港澳台青年创新创业示范基地。

【湾区公共服务设施建设】 2021年，天河智慧城南部道路一期、软件路西延长线工程等项目完工并投入使用，加快推进广州新白云国际机场第二高速公路南段工程（天河段）项目，推动广州东站改造开展前期工作。在全省率先打造大湾区“易税家”税收服务站，为大湾区市场主体提供无障碍便利化税收服务。清华附中湾区学校一期校区正式开办，持续扩大港澳子弟班办学规模，广州暨大港澳子弟学校成功开办，招收港澳子弟学生的公办学校增至3所，招生计划扩至120人，招生学校数量及招生计划均位居全市前列。（陈怡昕）

·统计

【概况】 2021年，广州市天河区统计局（以下简称“区统计局”）继续开展经济运行分析、监测预警工作，撰写《2020年天河区主要经济指标运行情况、2021年形势研判及工作建议》《关于天河区现代都市工业发展的思考和工作建议》《关于天河区招商引资工作的思考和建议》等各类经济运行监测分析及专题分析报告80余篇。完成7380家“四上”企业和2028家规模以下企业年报数据采集，对2020年企业年报和2021年企业定报数据审核实现全覆盖。优化入库申报流程，全年新增“四上”企业1307家（含固定资产投资单位）。开展第七次全国人口普查数据汇总和开发利用工作，发布《广州市天河区第七次全国人口普查公报》《聚人气显新经济活力 强人才促高质量发展——天河区第七次全国人口普查主要数据解读》。抓好城乡一体化住户调查、月度劳动力调查样本优化调整、小微企业和个体经营户跟踪调查、万户居民调查等工作，强化数据监控和评估，真实反映区域居民生活状况。

【年报月报工作】 2021年，区统计局做好年报、月报统计工作，审核“四上”企业年报7380家。其中，资质内建筑业企业年报463家，规模以上工业企业年报和工业高新技术企业年报149家，房地产业企业年报172家，限额以上批发和零售业企业年报2711家，限额以上住宿和餐饮业企业年报611家，规模以上服务业企业年报3213家，固定资产投资单位年报61家；完成金融证券银行业企业年报325家，农业企业年报84家。完成规模以上企业定期报表7021家。其中，完成资质内建筑业企业季报463家，规模以上工业企业月报141家，房地产业企业月报172家，限额以上批发和零售业企业月报2514家，限额以上住宿和餐饮业企业月报567家，规模以上服务业企业月报3101家，固定资产投资单位月报63家；完成行业事业单位月报128家，规模以下服务业企业季报319家，交通运输邮电业企业月报3家，限额以上餐饮个体户月报33家，农业企业季报84家。

【统计基层基础建设】 2021年，天河区加强统计基层基础建设。针对基层统计力量不足和统计员薪酬偏低等突出问题，提高统计员薪酬标准，增聘81名统计员，组织开展统计员业务培训20余场次。制定《天河区统计局防范和惩治统计造假弄虚作假责任制和问责制实施办法》，保障统计数据质量。结合企业年报培训开展《中华人民共和国统计法》宣讲20余场次，开展重点企业法治宣传3场次。加强企业统计信用管理，从统计失信企业公示专栏移除公示期满企业1家，新增公示统计失信企业1家。建立统计从业人员统计信用档案，完成199名统计从业人员信用信息采集和认定。

【“四上”企业入库】 2021年，天河区印发《2021年天河区新增“四上”企业工作方案》，细化工作措施，明晰入库流程。全区新增“四上”企业1307家（含固定资产投资单位），比2020年增长21.5%，位居全市前列。（桂楠）

·审计

【概况】 2021年，广州市天河区审计局（以下简称“区审计局”）发挥审计监督服务职能作用，对全区77个一级预算单位实行常态化预算审计全覆盖。开展审计项目26项，完成审计项目21项，提交审计报告和专项审计调查报告23份，查出应收未收非税收入625万元、应缴未缴非税收入1043万元。提出审计建议46条，向区纪委监委机关移送线索2条，向被审计单位发出建议函、提醒函10份；向区委、区政府、区委审计委员会提交审计专报1篇、审计简报49篇、其他重要报告2篇。

【预算执行和财政收支审计】 2021

年，区审计局对2020年度天河区本级预算执行和其他财政收支的真实、合法和效益情况，区77个一级预算单位2020年度预算执行及其他财政收支情况进行审计。审计结果表明，2020年度天河区财政管理及收支情况总体较好，存在个别项目支出年初预算未能细化至基层单位、部分非税收入应征缴未征缴、未按规定计提建立国有土地收益基金等问题。

【领导任期经济责任审计】 2021年，区审计局开展领导干部任期经济责任审计工作。完成经济责任审计项目13项，查出违规金额65.32万元，管理不规范金额36722.77万元。在审计13个项目中，绝大部分单位领导能严格执行财务管理制度，部分单位领导存在未按规定对已验收的信息化项目实施绩效评价、农村集体资产交易监管不到位、不相容岗位未相互分离、对国有企业监督不够到位、对下属单位监管不到位、未严格执行资产管理规定等情况。

【公共投资审计】 2021年，区审计局完成天河区妇幼保健院建设改造工程审计，统筹开展天河中学天河东校区微改造工程、粤港澳大湾区（广东）创新创业孵化基地装修改造工程、广州海关石牌西路配套小学建设工程等11项工程项目的预算执行、概算审核情况审计，结合经济责任审计抽查区农业农村局、珠吉街、凤凰街等6个部门、单位的工程项目。审计查出合同管理、工程变更、工程档案管理等方面问题44个，促进各有关单位完善制度、规范管理，加强工程变更审批，强化工程档案管理，促进工程质量管理和资金审批管理。

【重大政策落实情况跟踪审计】 2021年，区审计局开展是年国家、省和市重大政策措施落实情况跟踪审计及“三促进”专项审计，重点关注2020年新冠肺炎疫情发生后国家、省出台的相关促进就业政策和资金落实情况，贯彻落实国家、省和市促进优化营商环境情况，相关部门推进“散乱污”治理整体情况及老旧小区微改造政策落实情况等。审计发现问题：部门向6家企业重复发放失业保险稳岗配套补助2.24万元、“一网通办”应用效能需进一步优化、老旧小区微改造部分设计变更未完善变更手续、10家按规定应办理排水证企业未及时取得排水证。

【区属国有企业审计】 2021年，区审计局完成天河区保安服务公司财务收支情况审计。审计查出问题23个，通过整改促进企业完善制度9项，上缴国资收益283.94万元，清退各项违规款项49.96万元，追责问责22人，规范企业在资产、车辆维护、接待、培训、应收账款、合同等方面管理，健全企业内部控制，防范企业经营风险。

【其他审计】 2021年，区审计局加强指导监督村（社区）“两委”换届审计。成立督导组现场指导监督长兴街、车陂街、天河南街、新塘街和龙洞街等15个街道的17个村改制公司和113个社区换届审计。督导发现审计程序不规范、未及时传达指引内容、未编制审计方案、审计内容不全面、未将以往审计或巡察发现问题整改情况列入审计内容等问题，并向审计组、街道反馈，根据职能对5批次4123人提出审查意见。 （李建华）

·经贸管理

【概况】 2021年，天河区推动商贸业产业发展提质升级，制订印发《天河区商贸业高质量发展三年行动方案（2021—2023）》，推动商贸业产业结构优化。定期开展商贸业、金融业、外贸进出口等经济运行情况分析，强化对重点商贸细分行业、重点商贸企业监测。是年召开百货、汽车、大宗商品等10场企业座谈会，找准商贸业发展的痛点、难点、发力点。开展商贸业产业研究，摸清天河商贸业细分行业情况和底数，分别就石油石化、大宗商品、供应链等细分行业形成分析报告。与暨南大学粤港澳经济发展研究中心合作，开展区商贸业新业态课题研究。

【招商引资】 2021年，广州市天河区商务和金融工作局（简称区商务金融局）制定本年度招商工作方案，开展常态化招商线索收集、项目落地推动和持续跟进服务。实际利用外资12.6亿美元，向天河中央商务区管委会以及天河科技园管委会推送有效线索55条。推动市文化发展集团、科盛创新港、广州数字金融创新研究院等17个项目在区注册落户。结合2021·金融四十人年会暨专题研讨会以及2021年中国国际服务贸易交易会契机，由区领导带队赴北京开展招商，拜会银泰百货、蚂蚁金服、建信金融等知名企业，推动其在天河区成立总部、投资项目或开展交流合作。

【商贸促进】 2021年，区商务金融局按照“以周保月，以月保季，以季保年”工作思路，制定2021年批发零售业、其他营利性服务业稳增长工作方案。专人跟进中石化华南分公司等119家头部企业，推动企业应统尽统。对接走访中食安泓、君信药业、理想汽车、诚通能源等2020年新增纳统亿元以上企业，推介各级优惠政策，鼓励尽快导入效益。分类施策做好六类重点企业工作：利用日常工作信息招商，引进广州比亚迪、凯禾供应链、董烨能源、健民药业等企业；做好异地经营企业服务，推动海南永励、协和发酵等企业在天河区纳统；对接走访服务降幅较大企业，中海船舶等企业增速实现转负为正，华南通商贸等企业实现降幅收窄；挖掘存量“四上”企业潜力，推动汇奥通、启润纸业等企业年度规模达50亿能级；重点摸查罗浮宫家居艺术中心、居然之家、维家思广场等交易额超亿元高端专业市场内的商户品牌情况，推动商圈载体场内产业活动单位转法人单位。

【企业服务】 2021年，天河区对154家重点企业和每月新增注册重点企业提供全方位“一对一”专员服务。为国家管网华南分公司、建发（广州）等10家重点企业（项目）分配人才公寓77套，指导115家重点企业申请员工子女入学学位259个，为78家企业220名员工申报天河区引进紧缺急需人才入户，为28家企业35位员工及家属申请来华邀请函。为中石油广州分公司、越秀集团、中石化广州分公司、永旺天河城等重点企业协调解决政企合作等诉求33个；协助区农产品进口大户广东俊杰农产品有限公司对接金融机构并获得2亿元授信，及时缓解俊杰资金周转压力。推进企业AEO认证，区商务金融局联合天河海关组织召开重点企业AEO政策辅导会，敏视科技、宝迪科技、君信药业等10多家企业参会，建发（广州）获得AEO认证。

区商务金融局会同企业属地街道，摸查全区2400余家批发零售业“四上”企业，了解企业发展经营、办公场地面积、租赁期限、重大经营变动、困难和诉求。将批发零售业“四上”企业分类进行标注，协调街道及相关部门分梯次服务，协助80家企业寻找合适办公场地，对100家有增资扩产意向的企业逐家对接争取形成增量，协调解决124家企业160个合理诉求。在广州（国际）科技成果转化天河基地召开天河区中小企业融资、办公场地、政策、税务筹划对接会，集中解决企业诉求。为危化证临期的石化化工销售企业提供服务，协助84家企业完成换证续期、场地续租手续。

【国际消费中心城市培育建设】 2021年，《天河区商贸业高质量发展三年行动方案（2021—2023）》《关于推动天河路商圈高质量发展2021年工作计划》相继印发，天河区从产业提升、消费供给、商圈打造、商旅文融合等方面促进广州国际消费中心城市建设。引进国内外各层次优质品牌旗舰店、概念店、体验店、首店进驻重点商圈，提升国际化、品质化消费吸引力。是年，天河路商圈引进国际品牌（含港澳台）51个，新增“四上”商贸企业154家（其中大型批零企业127家），开设各类首店97家。聘请专业咨询策划公司加快谋划珠江新城商圈优化提升，推动珠江新城商圈和天河路商圈协同联动发展。打造天河东部新商圈，完善广州国际金融城生活商业配套，支持美林M•LIVE天地转型升级，引入沃尔玛山姆会员店等项目。印发《天河区全城联动促消费•活经济工作方案》，推动假日经济发展，结合传统节日和中超联赛等体育盛事，举办11个特色主题活动，重点商圈内大型商场、超市等180多家次参与，组织超450场次促消费活动。

【《天河区商贸业高质量发展三年行动方案（2021—2023年）》】 2021年7月，天河区印发《天河区商贸业高质量发展三年行动方案（2021—2023年）》，围绕商贸业提质升级主线，促进消费扩容提质，推动商贸业创新力、竞争力、影响力全面提升。方案包含五大重点工作：引领消费扩容提质，高起点建设国家消费中心城市示范区；增强资源配置能力，高标准建设国际商贸中心城市示范区；优化产业空间布局，完善商业功能体系建设促进产业聚集；提升企业服务水平，推动现代化国际化营商环境出新出彩；引进培育高端专业人才，打造现代商贸业人才集聚高地。

【物资保障疫情防控】 2021年，天河区建立健全生活必需品市场供应突发事件预警和应急机制，制定封控、管控区域生活必需品保供应应急处置工作指引。根据市疫情防控办物资保障工作组统一部署，选定华润万家、好又多、永旺、盒马鲜生、朴朴等18家重点生活必需品保供应企业，建立物资保障对接联络机制，指导各大商超、超市提前做好物资保障储备和供应工作，并向永旺、每日优鲜等重点保供应配送企业提前下发车辆通行证、工作人员证。是年，区商务金融局组织重点保供应企业、生活物资保障组成员单位进行2次桌面推演、2次现场应急演练和1次工作培训，推进、强化全区生活物资保障能力。

（区商务金融局）

·粮食管理

【粮食储备管理】 2021年，广州市天河区粮食和物资储备局（简称区粮食和物资储备局）落实区级储备粮储备任务，广州天河粮油储备管理有限公司全年完成大米4批次轮换。启用广州市番禺粮食储备有限公司作为区级储备粮承储主体，选用广州天河粮油储备管理有限公司作为新增储备粮承储主体。强化储备粮监管力度，委托广东省粮食科学研究所有限公司对入库储备粮实行一批一检；每月对花都联安粮库、番禺港口粮库开展实地检查，重点检查储备粮数量、质量、安全及库区日常管理情况。2021年市本级储备粮绩效评价中，天河粮食储备公司获AA等级。

【粮情监测】 2021年，区粮食和物资储备局在沙东、棠下两个街道布点47户居民，开展为期3个月的城镇居民粮油消费情况调查，粮油区内流通、省际间流通和社会粮食供需平衡调查等19个专项调查任务。上报周、月、旬、季和年报，建立粮食统计台账；科学布点，组织辖内企业动态实时监测粮油集市价格信息，加强粮情监测预警。 （陈怡昕）

·市场监督管理

【概况】 2021年，天河区为激发市场活力，出台“助企10条”，从审批提速、鼓励创新、分级管理、减免处罚、信用修复等方面为企业纾困减负，优化营商环境，助力市场主体渡过难关。实行先照后证、证照联办、证照分离、一站式审批等系列改革措施，广州市天河区市场监督管理局（简称区市场监管局）承接市市场监管局涉及食品经营许可证、医疗器械经营许可证（备案）等19项行政权力委托事项。行政审批事项“一门率”“一窗率”“零跑动”均达100%，办理时限压减率93.14%，即办率83.22%。2021年，天河区个体工商户期末实有145342户，比2020年增长6.87%。全局办理食品生产经营事项24466件、药品经营（零售）事项457件、医疗器械经营事项2894件、特种设备使用登记1832宗4961台。

【企业扶持】 2021年，《广州市天河区推动经济高质量发展的若干政策意见》出台，发放2019年度专利工作专项资金546.39万元，加大对专利综合运用、高质量知识产权转化的资金支持。是年，区市场监管局受理审查专利授权和商标注册资助、高价值专利和商标培育、知识产权金融等5700余个项目，资助金额636.35万元。发放2021年标准化战略资助313万元，资助25个项目，其中包括4个主导国际标准制修订项目。是年，区市场监管局开展2022年度天河区标准化战略专项资金资助申报工作，拟资助项目17个，预算208万元。

【质量强区建设】 2021年，天河区继续实施质量强区战略，出台《天河区实施质量强区战略2021年行动计划》，修订《天河区区长质量奖评审管理办法》。推动小鹏汽车有限公司参与电动汽车用动力蓄电池国际质量比对研究提升项目，组织广州亿航智能技术有限公司、广州优飞信息科技有限公司、广州极飞科技有限公司开展无人机企业质量比对提升研究工程，构建“政产学研检用”六方联合的产品质量国际比对提升机制。10家企业入围广州市“百年百品”100强名单。

【标准化建设】 2021年，天河区加强各领域标准体系建设，印发《天河区推进广州市标准国际化创新型城市创建工作实施方案》。辖区企事业单位主导和参与制修订国家标准142个；315家企业公开1272种产品共1080项标准，191项团体标准在全国团体标准信息平台上公开声明。推动企业开展对标达标和企业标准“领跑者”工作，累计16家企业完成19个对标达标项目，辖区广东省农村信用社联合社、广州银行股份有限公司被评为企业标准“领跑者”。推进广州公共资源交易服务标准化试点、广州儿童福利标准化试点、广东公共安全技术防范标准化试点3个国家级试点和广东省“一号接听”政务服务标准化示范点省级试点的创建。开展电竞产业标准体系研究，推动企业开展电竞产业标准化工作。组织小鹏汽车、网易、趣丸网络参加标准国际化人才培训；联合省、市市场监管局标准化部门、省标准化研究院、国际电工委员（IEC）主席团队到小鹏汽车科技有限公司开展IEC国际标准化工作。

【知识产权管理】 2021年，天河区深入实施质量强区、知识产权强区战略，推进国家知识产权强县工程试点区、天河区知识产权运营服务体系建设，探索建立知识产权联动机制。选取天河中央商务区等产业园区设置代理机构服务点，探索高校—服务机构知识产权联合运营商业化模型，推进知识产权成果从实验室走向生产车间。培育高新技术企业7家，技术合同登记1721项，交易金额10.87亿元。开展知识产权金融创新，探索推进知识产权证券化，全年完成专利权质押融资金额25.78亿元、商标权质押融资金额0.1亿元。

截至是年底，天河区专利授权量31894件，比2020年（下同）增长19.4%，其中发明专利授权量6847件，增长45.8%；PCT国际专利申请量442件，增长27.3%；天河区有效发明专利量、商标有效注册量分别达到27371件和449194件。专利授权量、发明专利授权量、有效发明专利总量、有效商标注册量位居全市之首。每万人发明专利拥有量121.6件，是全市平均水平的2.4倍。2021年，天河区获第二十二届中国专利奖15项，其中中国专利金奖1项、外观设计金奖1项、银奖1项、优秀奖11项、外观设计优秀奖1项。

【知识产权保护】 2021年，天河区持续构建知识产权保护体系，打造集行政执法、司法保护、仲裁调解、行业自律于一体的知识产权纠纷调解机制。推进天河区重点产业知识产权维权援助和知识产权保护工作站建设，全年开展知识产权宣传3次、培训7次，开展知识产权维权、侵权判定等技术服务咨询47次，完成知识产权侵权投诉受理、纠纷调解等38次。加强多部门沟通联动，与广州仲裁委签订知识产权仲裁战略合作框架协议。与区司法局共建天河区知识产权调解工作站，推进开展知识产权行政调解、维权援助等工作，成功调解案件11宗。加强知识产权全链条保护，集中排查整治重点领域知识产权侵权行为，加大汽车配件、服装饰品等重点领域知识产权案件查处力度，共查处商标侵权案件124宗，罚没款166.68万元；查处假冒专利案件1宗，罚没款0.26万元；通过行政裁决、行政调解等方式处理专利侵权纠纷案件14宗。

【食品安全监管】 2021年，天河区推进危害分析和关键控制点体系和食品安全电子追溯体系、食品生产全过程动态监管平台、食用农产品市场销售监管平台、学校食堂互联网+“明厨亮灶”等平台建设运用，加强各环节食品安全监管。累计抽检食品2930批次，向社会公布抽检结果12期。完成以肉、菜、鱼为主要品种的每日农贸市场（超市）快检352766批次。加强婴幼儿配方奶粉、乳制品安全监管，对经营点全面摸底造册，开展婴幼儿配方乳粉销售检查1476家次，专项整治29次。全年创建餐饮量化等级A级单位99家、B级单位275家。学校（托幼机构）食堂互联网+“明厨亮灶”覆盖率100%。全年处理食品安全舆情448宗、安全应急突发事件54宗，食品安全事件比2020年下降78.2%。

【药品安全监管】 2021年，天河区印发《药品安全事件应急预案》《疫苗安全事件应急预案》，健全安全事件处置机制。加强无菌和植入性医疗器械等高风险产品监管、“两品一械”质量抽检，推进落实《医疗器械不良事件监测和再评价管理办法》，12家医疗机构注册为监测用户。累计开展药品抽检220批次、化妆品110批次、医疗器械58批次，检查新冠病毒疫苗接种单位95家次。完成377家药品零售企业许可验收，816家公司8867款普通化妆品开展备案后检查。规范一类医疗器械生产企业6家、一类备案产品6个，取缔不符合备案资质生产企业1家、不符合备案生产技术要求产品3个。

【特种设备安全监察】 2021年，天河区推进市场监管领域安全生产专项整治，开展快开门式压力容器、锅炉安全等专项检查，推进工业管道安全风险分级。选取9家压力管道使用单位开展评估，所使用的19条工业管道均为低安全风险等级。按30%比例抽查在用电梯1263台，实现全区超期电梯清零，继续推行电梯托管管家模式，累计托管加装电梯128台。处理超期未检和检验不合格起重机械和叉车60台，查处使用未经检验合格叉车1台，消除5469台电梯鼓式制动器安全隐患。

【工业产品质量监管】 2021年，天河区完善广东省产品质量监管系统行业数据库，录入生产企业信息7812家，经营企业信息241416家。开展重点产品质量安全“问诊治病”，对135家企业进行产品实名实证专项核查，邀请专家为全区电动自行车销售企业进行培训，签订电动自行车销售企业产品质量承诺书198份。开展危险化学品、消防产品、电动自行车、燃气器具、电线电缆等28个专项整治，累计检查生产、流通领域企业21191家次，计量器具14500余台。组织认证机构开展小微企业质量管理体系认证自查行动，排查认证证书2184张，暂停认证证书145张、撤销认证证书241张。组织区级重点工业产品抽查94批次，柴油和车用汽油快速检验13批次。处理各级不合格检验报告511份，整改率、复查率和严重不合格立案查处率100%。全年查处产品质量及认证类案件113宗，罚没款89.46万元。

【计量监督管理】 2021年，天河区进一步加强民生计量强制检定衡器工作，检定集贸市场商贸衡器3866台，维修、清理铅封损坏等问题秤900余台，检定合格3326台，合格率86%。推进集贸市场诚信计量建设，印发《天河区集贸市场诚信计量示范建设实施方案》，选取猎德新街市作为天河区第一批诚信计量制度建设的示范市场。全年开展民生计量专项监督检查12项，包括定配眼镜企业计量检查、货运源头单位称重设备、集贸市场强制检定衡器闭环、节日计量专项等，检查范围包括集贸市场、商场、超市、餐饮企业、眼镜店、加油站等。全年处理计量举报投诉161宗，发出责令改正通知书100余份，查处计量违法行为23宗。指导集贸市场、加油站、停车场商场酒楼、眼镜店等200余家企业签订天河区诚信计量自我承诺书。受理计量标准器具核准35项，已办结发证14项，不予许可2项。检查重点用能单位2家。检查用能产品6类型号122个以及用水产品3类型号82个。对17家安检机构开展检查，对14家生态环境检（监）测领域、建材检验的检验检测机构开展检查，落实对110家检验检测机构2020年年度报告和自查表的审核上报。

【市场管理】 2021年，天河区有各类市场108个。其中农副产品综合市场56个；工业品市场51个；生产资料市场1个。农贸市场有照经营4530户，工业品市场有照经营25063户，生产资料市场有照经营670户，各类有照率100%。

表 19

2021 年天河区农贸（肉菜）市场名单表

序号	市场名称	市场地址	面积（平方米）	开业时间
1	珠村综合市场	珠村东横一路 2 号	4500	1988 年 3 月
2	广州市天河沙河顶市场	水荫一横路 2 号	5409.71	1989 年
3	员村程介农贸综合市场	员村二横路程介村口自编 201 号	2000	1992 年
4	广州市天河侨怡苑肉菜综合市场	天河北路侨怡一街 8 号首层	1000	1994 年
5	广州市天河棠发农贸综合市场	中山大道棠下涌东 3 号之二	3500	1994 年 1 月
6	沙东甘园农贸综合市场	广州大道沙东段 161 号	7231	1995 年
7	员村市场	员村三横路白水塘 35 号一、二层	5700	1995 年
8	员村石东综合农贸市场	员村一横路田心路 8 号	3000	1996 年 2 月
9	广州市天河区长湴综合市场	长湴中路 3 号大院自编 1 号、2 号、3 号、4 号	10000	1997 年
10	广州市天河区沙东陶庄肉菜市场	陶庄路一号之八	1371.18	1997 年
11	石牌市场	石牌东路 87 号	2500	1997 年
12	广州市天河上社综合农贸市场	上社第二工业区 2 号	1600	1997 年 2 月
13	南华农贸市场	天源路 15 号	1500	1999 年
14	广州市天河区棠德农副产品综合市场	棠德西路 33 号	6018	1999 年 11 月
15	广州市天河龙口东综合农贸市场	龙口东路 133 号首层	1200	1999 年 8 月
16	广州市天河石牌餐餐鲜新街市市场	中山大道石牌东二巷 34 号首层	1100	2000 年
17	东圃农贸综合市场（十四社）	车陂东康路 4 号	6100	2000 年 3 月
18	广州市南门综合市场	濂泉西路 105 号	1688	2000 年 9 月
19	黄村新富综合市场	黄村南路	4000	2001 年
20	石溪新农贸综合市场	石溪牛涌街 6 号	9600	2001 年 11 月
21	广州市天河燕塘农贸综合市场	燕塘路燕塘 1 号大院自编 3 号、4 号	2700	2001 年 2 月
22	吉山市场	吉山新路街自编 91 号	2600	2001 年 5 月
23	广州市华南农业大学农贸市场	华南农业大学商业楼一楼	950	2003 年
24	上元岗农贸市场	上元岗大街 18 号	1300	2003 年
25	东南综合市场	泰安北路 1 号	4000	2003 年 1 月
26	广州市天河红旗农贸综合市场	广州大道北 987 号	3430	2003 年 2 月
27	天平农贸市场	兴华直街 24 号齐兴楼首层	570	2003 年 7 月
28	广州市天河区渔沙坦综合市场	渔沙坦渔中路 13 号	4400	2004 年 3 月
29	体育东市场	体育东横街 39～43 号	2245	2005 年
30	天河珠盈农贸综合市场	盈溪路力子园	6060	2005 年 9 月
31	广州市龙洞上社市场	龙洞直街 68 号	1400	2006 年
32	新塘综合市场	新塘南约村口大街	17000	2006 年
33	天河汇新街市	天河直街 160 号负一层	1580	2007 年
34	五山花园泽生市场	五山街茶山路 251～253 号首层	960	2007 年
35	广州市天河龙洞农贸市场	迎龙路 9 号	2700	2008 年
36	广州市天河广园中综合市场	广园东路 1872 号	8000	2008 年 1 月
37	广州市天河杨箕天河肉菜市场	广利路 43 号	900	2009 年
38	广州市国六宝肉菜市场	兴盛路 9 号 201 及 301 房	2256	2010 年
39	天河区海安路街市（原安居房街市）	海安路 18 号	1200	2010 年
40	广州市国六宝林和苑肉菜市场	龙口东路 389 号	850	2010 年

续表 19

序号	市场名称	市场地址	面积（平方米）	开业时间
41	林和东综合肉菜市场	林和东路沾益直街 170～188 号首层、二层	1000	2010 年 1 月
42	天河区田园街市	天府路 239～257 号	720	2010 年 3 月
43	天河区盈怡农贸市场	宦溪西路 17 号	6000	2010 年 8 月
44	馨怡综合农贸市场	龙口东路 414 号	900	2011 年
45	岑村农贸市场	岑村沙埔大街 38 号	3500	2012 年
46	天河区柯木塱农贸市场	广汕二路自编 11 号	2910	2012 年 3 月
47	久凌新街市	沙太南路 133 号	2500	2013 年 1 月
48	广州市天河区金燕农贸市场	金燕路 20D 号	1080	2013 年 8 月
49	员村新街肉菜市场	员村新街 5 号	525	2014 年 12 月
50	石牌福河市场	石牌东二巷 2 号、4 号首层	450	2015 年
51	广氮新街市	车陂北街 29 号首层	2600	2015 年 2 月
52	国六宝市场	广氮南环街 9 号	1000	2016 年 2 月
53	天河车陂四社农贸市场	车陂北街 9 号	3700	2016 年 4 月
54	车陂十五社市场	陂东路 18 号	3800	2020 年
55	沙河德伦生鲜市场	先烈东路 295 号	2500	2022 年

【市场整治】 2021 年，区市场监管局继续打击各类经济违法行为，整顿市场经济秩序。

·整治无照经营· 2021 年，查处无照经营案件 4 宗，查处无照食品经营 3 户，罚没金额 11.35 万元，移送和函告相关主管部门 23 件。

·打击传销· 2021 年，组织打击传销行动 198 次，清查经营场所 1284 间、出租屋 3033 间，排查涉传线索 27 条，立案调查涉传案件 2 宗；发出责令改正通知书 2 份，结案 1 宗，罚没 1278.76 万元。

·打击侵权假冒商品· 2021 年，区市场监管局查办侵权假冒案件 255 宗，其中商标侵权案件 132 宗（含涉外商标侵权案件 43 宗）、假冒专利案件 1 宗、专利侵权纠纷案件 14 宗、代理恶意抢注相关奥林匹克运动会热词案件 1 宗。依法移送公安机关案件 1 宗。

【消费维权】 2021 年，区市场监管局做好“12345”、全国“12315”互联网平台咨询接诉、分流督办、预警提示、督查通报、数据分析等工作，健全与人民法院、行业协会、人民调解组织之间的消费争议多元化调解机制，累计建立消费维权服务站 143 家、ODR 企业 20 家。区消费者委员会及“12315”指挥中心接受消费者来电来访咨询 3914 人次，处理申（投）诉案件 139948 宗，成功调解 104524 宗，调解成功率 75%，为消费者挽回经济损失 1594.42 万元；处理举报线索 42828 宗，案件理结 40399 宗、立案 10255 宗。

【市场信用监管】 2021 年，天河区通过大数据、人工智能等现代技术手段，推进信用激励、信用分级分类、联合奖惩信用监管。对全区 439007 户企业划分信用等级，对重点行业进行风险细化分类，增加高风险企业抽查比例和频次，建立食品药品、产品质量、知识产权等行业检查对象名录库 41 个，抽查对象 1.5 万余户，联合抽查对象 247 户。对“四新”企业设置“审慎监管企业”标签，实行触发式监管，建立健全容错机制，实施“双免”清单关口前移，对因受疫情影响未按时申报年报的企业，暂缓列入经营异常名录，政策惠及企业 8000 多户。鼓励开展信用修复，20.85 万余户企业移出经营异常名录，4000 余户企业移出严重违法失信企业名单。

【重点场所疫情防控】 2021 年，天河区加强农贸市场常态化疫情防控，督促全区 50 多家农贸市场开办方设置 100 多个体温检测点，在出入口执行体温监测、扫码和戴口罩规定，督促市场开办方做好清洁消杀等防控措施。全面禁售活禽，督促农贸市场严格落实“一日一清洁、一周一大扫除、一月一休市、每日零存档”的“1110 制度”。加强餐饮单位疫情防控，开展防控宣传，全覆盖监督检查，督促餐饮单位做好卫生消毒通风工作。加强进口冷链视频疫情防控，落实“三强化三覆盖”和“四个必检”，对进口冷链食品、环境和从业人员进行每周全覆盖核酸检测。以日常巡查和督导检查为手段，督促进口冷链食品企业落实各类防控要求，全面推进进口冷链食品集中监管工作措施。2021 年，累计组织核酸检测 134200 份，其中从业人员 19818 人

表 20 2021 年天河区市场监管局各市场监管所表

市场监管所	办公地址
沙河所	龙岗路 8 号粤信大厦首层
五山所	燕都路 32 号侨明苑二楼
员村所	员村三横路 7 号
车陂所	东圃大马路东兴楼 E 座首层
石牌所	岗顶南大路 1 号
	龙口西路保利广场 B1 三楼
天河南所	黄埔大道路 183 号
林和所	天河北路 888 号
	林和西路 167 号威尼国际大厦写字楼 21 楼
沙东所	濂泉路 21 号沙东有利国际服装批发城西侧旧楼童装世界 5 楼
	广州大道北范屋村 43 号一楼
兴华所	沙太路银利街 2 号
棠下所	中山大道北棠下村南闸街 4～6 号
天园所	科韵路 20 号软银数码港大厦 1401
冼村所	黄埔大道马场路 519 号
	珠江新城海安路 19 号 1101 房
猎德所	华就路 12 号 13 楼
元岗所	元岗南路自编 13～15 号天汇创意园 B 座二楼
黄村所	大观南路中海康城丁香街 12 号二楼
龙洞所	龙洞东园一横路 1 号
长兴所	天源路 144 号源泉广场
凤凰所	广汕二路 602 号
前进所	东圃二马路 67 号
珠吉所	吉山新路街 10 号
新塘所	华观路 1963 号 1 栋 301 号、303 号、305 房号
	华观路中路万科云城米酷 C3 栋 201～204 商铺

次、环境 78586 份，产品 35796 份。

【价格监督检查】 2021 年，区市场监管局受理价格信访、投诉、举报和咨询 3273 宗，其中价格政策咨询 22 宗，价格举报投诉 3241 宗。内容涉及停车收费 742 宗、网络购物 11 宗、物业管理 7 宗、教育 31 宗、医药 112 宗、餐饮 319 宗。受理专业维权者案件 4 宗，行政复议案件 18 宗。立案查处价格违法案件 53 宗，退还金额 1179.13 万元，罚款 716.72 万元，没收 43.05 万元，经济制裁总额 1938.9 万元。组织开展口岸收费、转供电收费、商业银行收费等各种涉企收费的价格专项检查。（丘月华）

财政税务

·财政

【概况】 2021 年，天河区统筹推进疫情防控和经济社会发展，财政情况总体良性运行。是年，天河区财政一般公共预算收入 77.76 亿元，完成预算的 100.98%，比 2020 年（下同）增长 2.00%；区财政一般公共预算支出 147.82 亿元，完成预算的 97.53%，增长 4.78%。

【预算收支管理】 2021 年，天河区强化财政统筹力度，多次召开会议专题研究全年组织收入工作，并将组织财税收入和土地出让收入情况纳入每季度经济分析会重要研讨内容。通过追缴土地出让项目、建筑工程项目印花税、房产税和土地使用税、环保税等税费，全年实现区库收入 3969 万元，比 2020 年增长 23.72%。联合区内经济部门开展税源培植巩固工作，动态评估重点企业迁移对财政收入的影响，制定《天河区税源培植巩固工作方案》《天河区税源培植巩固联席会议制度》。对市、区梳理的典型企业展开实地走访暖企行动，了解企业诉求，统筹解决企业发展痛点难点问题。强化招商引资和税收政策衔接，针对税收分成、财政体制、部分税种征管情况等与招商工作相关政策录制财税政策培训视频，引进、培植高质优势税源。

加强财政支出执行工作，建立支出追踪和动态监控、大额支出储备及备案机制，按月对部门支出执行情况进行全区通报。年中开展两次预算调整，进一步压减非急需非刚性支出。压实各级各部门预算执行主体责任，对低于序时进度的支出预算进行统筹，回收指标用于保障“六稳”“六保”、疫情防控、上级政策性支出和区委区政府重点工作任务。

【国库集中支付电子化改革】 2021 年，广州市天河区财政局（以下简称“区财政局”）配合全省“数字财政”系统上线进程，开展国库集中支付电子化改革，提高天河区财政国库集中支付运行效能。印发《广州市天河区财政局关于开展国库集中支付电子化数字证书及电子印章制作工作的通知》，制定《天河区财政局国库集中支付电子化管理突发事件应急预案》，拟定《天河区国库集中支付业务电子印章管理暂行办法》，修订《广州市天河区财政局关于印发广州市天河区财政国库集中支付方式划分标准意见的通知》。

【财政资金审核管理】 2021年，区财政局加强工程建设项目财务决算管理，全面梳理天河区在建工程项目情况和存在问题，建立建设单位送审台账。全年完成6个单位15个项目的决算审核，涉及金额3.74亿元。加强政府采购及信息化项目资金评审，全区政府采购资金节约率2.48%，节约财政资金6736.43万元，信息化项目核减率10.17%，核减金额5380.06万元。完成审核定案的工程概算、预算、结算项目400项，综合核减率16.90%，核减金额27356.86万元；完成复核中介机构评审项目预算、结算84项，核减率10.3%，核减金额3047.51万元。

【政府采购监督】 2021年，区财政局按照《天河区财政局信息化项目资金评审委托业务分配操作规程》执行政府采购评审业务，共评审22单，送审金额9598.03万元，评审核定金额9109.19万元，核减金额488.84万元，核减率5.09%。2021年，全区政府采购预算金额27.13亿元，实际政府采购金额26.46亿元，节约财政资金6736.43万元，节约率2.48%。

【预算绩效管理】 2021年，区财政局全面实施预算绩效管理，提高财政资源配置效率和资金使用效益。拟定《天河区财政支出绩效评价管理办法》，修订《天河区预算绩效管理工作规范》（2021年版），开展事前绩效评估，将评估结果作为预算安排重要参考依据。组织2020年实施第三方评价项目开展“回头看”自评，巩固绩效评价效果。推进第三方机构重点评价、自评复核、绩效运行监控等工作。对2020年预算部门开展预算绩效管理情况考评，并将考评结果纳入天河区机关绩效考核指标体系，激励预算部门加强预算绩效管理。

【政府债务管理】 2021年，天河区加强政府债务管理，规范高效使用政府债券。申请政府债券资金5.96亿元，用于保障广州执信中学天河校区项目、清华附中二期校区项目、天河区城市更新改造补短板项目、天河区水环境综合提升改造工程项目、天河区高新技术产业开发区基础设施提升改造工程等重点项目建设，项目均按要求完成全额支付。

【国资国企监管】 2021年，天河区加强国资国企监管，推进国企改革发展。印发《天河区国有企业公司制改革工作实施方案》，“一企一策”推进实施方案落实，妥善处理企业改制中涉税、人员待遇等问题。2021年8月，区10家全民所有制企业全面完成公司制改革工作。印发国企改革配套文件10余项，在区国企改革领导小组下面增设国有资产摸查处置、国有企业职工安置、国有企业改革发展3个专项工作小组。调整企业改革重组方向，推动区属国企参与城市更新和土地收储动迁工作。全面摸查行政事业性资产，对资产实行台账式管理，全年核定涉9个单位各类办公及业务用房面积45395平方米，办理行政事业单位资产处置5.86万件，资产总额原值约3.48亿元，净值1.60亿元。 （区财政局）

·税务

【概况】 2021年，天河区实现各项税费收入（含省税务局三分局、市税务局三分局除社保费以外收入）1243.85亿元，比2020年（下同）增长14.41%，增收156.62亿元。其中，税收收入879.20亿元，增长3.31%，增收28.21亿元；费金收入364.65亿元，增长54.36%，增收128.41亿元。天河区域（含省税务局三分局、市税务局三分局）共组织区一般公共预算收入66.20亿元，增长2.28%，增收1.48亿元。

【日常征收管理】 截至2021年12月31日，国家税务总局广州市天河区税务局（以下简称“区税务局”）有登记纳税人65.13万户，比2020年（下同）增长12.45%，其中正常状态39.05万户，非正常状态9.60万户，注销状态16.48万户。社保费企事业单位缴费登记户数39.43万户；灵活就业人员登记人数13.18万人；社保登记缴费人数达133.53万人。

2021年天河区纳税额前十名企业表

表21

序号	企业名称
1	中国移动通信集团广东有限公司
2	广东烟草广州市有限公司
3	广州银行股份有限公司
4	广州博冠信息科技有限公司
5	广东电网有限责任公司广州供电局
6	招商银行股份有限公司广州分行
7	中国农业银行股份有限公司广州分行
8	国家开发银行广东省分行
9	平安银行股份有限公司广州分行
10	中信银行股份有限公司广州分行

【税收征收管理】 2021年，区税务局推进智慧税务数字化，依托国家税务总局“一户式”应用2.0及广东省税务局全链条智慧防控系统，上线推广区税务局“一户式”应用（2.0版），全年累计试点纳税人7259户，开具电子专票纳税人3640户，开具电子专票9.15万份，价税合计35.57亿元。开展增值税电子发票无纸化试点，加强对3020户开具电子专票企业监管，提出优化建议4条。通过“区块链+股权转让”应用规范

个税全链条管理，上线“区块链+非税残保金”应用，收集反馈各类系统优化需求42条次。

与多部门加强联合、联动、联控，举办税法与安全知识进高校活动，将“三所”（税务师事务所、会计师事务所和律师事务所）和其他涉税专业服务机构集中至同一税务所管理。定期举办涉税专业服务机构纳税人学堂，主办首届税收资政员聘任仪式。

加强“三项制度”（行政执法公示制度、执法全过程记录制度、重大执法决定法制审核制度）信息化监控，实现法制审核零逾期、执法过程零疏漏。建立“雷达式”税费政策差异研究机制，选取3户行业协会、1户中介机构及9户代表性总部企业建立联系制度，报送13条意见建议。实行“集中+分散”风险管理模式，选取3个税务所作为团队化管事管户改革试点，细化梳理清单，统筹划分管户，明晰业务范围，上报优化建议6条。梳理区域风险指数指标清单8项、风险管理联动工作实施清单29项，提出模型指标优化建议47条，构建风险监控指标新模型5个。

【依法治税】 2021年，区税务局坚持依法治税，做好日常涉税费事项审核。全面梳理信息公开、信访、举报投诉、纳税服务工单、合同审核、法院来函、涉税证明等18个事项的法制审核事项清单，理顺审核授权依据、审核要点、审核结果、输出方式，规范内部审核事项及流程。推行行政执法公示制度、行政执法全过程记录制度以及重大执法决定法制审核制度，将制度推行融入日常执法。2021年，税务执法部门摄制录音、录像记录607条，审核罚款数额超1万或经过听证程序的税务行政处罚决定6个。落实“首违不罚”制度，优化税务执法方式，全年办理纳税申报和报送纳税资料适用首违不罚9031户，免于处罚40.45万元。

【纳税服务】 2021年，区税务局制定纳税人满意度再提升工作方案，对外咨询热线接通率从60%升至98%，纳税人满意度提升。各基层税务所主要负责人签订提升纳税人满意度工作责任书，明确37项重点督办事项清单。推广“非接触式”办税，在全市率先将网上涉税费业务（不包括申报类）受理时长压缩至1小时。通过“不满意 请找我”活动收集纳税人缴费人意见3169条并全部回应解决。召开“潜在不满意”、重点纳税人等群体专题座谈会558场次，沟通走访9962户次，帮扶2280户次。在全市率先制定纳税服务工单集体评议工作机制，2021年投诉工单比2020年下降65.27%，建议工单下降79.33%。建立前后台沟通机制，处理业务1301宗，减少纳税人“往返跑”。形成2个自有综合办税服务厅+2个驻政务服务大厅办税点（市、区两级）+1个驻房产登记交易中心办税点的便民服务格局。

【税收优惠政策落实】 2021年，区税务局服务“六稳”“六保”大局，降

表22　2021年天河区税务局基层税务所一览表

名称	地址
第一税务所（办税服务厅）	科韵路16号D座
第二税务所	天河北路600号
员村税务所	员村三横路新街2～4号
车陂税务所	陂东路2号
石牌税务所	五山路261号9号楼B座一、二楼
天河南税务所	广和路23号1～3层
兴华税务所	先烈东路190号5楼、15楼
天园税务所	车陂路113号
猎德税务所	花城大道19号6～7楼
黄村税务所	大观南路12号三楼
龙洞税务所	龙洞东园一横路1号
凤凰税务所	软件路15号F栋103房

2021年10月22日，区税务局在华南师范大学举办“扬帆梦想之路 税收为您守护”税法进校园活动
（区税务区供稿）

低市场主体负担，累计新增减税降费49.21亿元，占全市总量的17.05%，位居全市各区第一。落实支持煤电企业纾困解难税收措施，第四季度区税务局管辖的5户煤电企业办理各项税费缓缴154.7万元。制造业中小微企业缓缴税费总额4611万元。配合开展招商引资，参与研祥集团、宜通世纪总部等6个广州国际金融城项目税收核查评估，评估投资总额约50亿元，年营收约230亿元。服务科技创新，搭建“1个重点服务名单、1个协同工作中心、1个联合工作基地”核心工作体系，助力荔支网络、小鹏汽车等24家区内企业登陆纳斯达克、香港联交所等证券市场。走访孵化器、众创空间开展优惠政策宣传。2021年，享受研发费用加计扣除企业3826户，加计扣除金额126.82亿元，受惠户数、金额均居全市前列。

【出口退税】 2021年，天河区备案出口企业3092户，其中申报出口退税企业843户（生产企业72户、外贸企业771户）。2021年，区税务局办理退库5800户次，办理出口退税税款25.57亿元，比2020年增长16.6%；办理免抵调库5.58亿元。创建天河路商圈离境退税示范街区，完成离境退税商店备案40家，数量居全市第一。2021年，天河区实行电子备案单的户数170户，占比20%。（喻震）

经济协作与对口帮扶

·经济协作

【概况】 2021年，天河区有外地驻穗企业6家。是年，广州市天河区协作办公室（以下简称“区协作办”）加强与兄弟区、市（县）合作平台建设，利用中国进出口商品交易会、广州博览会等平台，宣传当地社会经济发展情况，推介名优产品；开展双向服务，主动通报区经济发展情况，推动交流合作；协调各驻穗办配合做好派出地来穗务工人员管理服务、来穗上访人员劝退、信息沟通等工作。

【区域合作交流】 2021年，天河区推进“粤贸全国”活动开展，组织6家企业参加2021海南海口国际首届消费博览会、第22届中国青海绿色发展投资贸易洽谈会、中国国际服务贸易交易会等展会。至2021年年底，天河区与19个区（县）签订经济技术友好关系协定，通过经贸交流、招商引资、市场与新产品开发、资源有效利用、信息交流等多种方式，推进双方经济、社会领域全面合作。

【组织企业参加第二十九届广州博览会】 2021年10月，第二十九届广州博览会在中国进出口商品交易会展馆举行。天河区招展30个展位，展区面积396平方米。天河区以“追梦新天河、共筑大湾区”为主题，邀请天河区20多家高科技、数字企业参展，采取线上、线下相结合的方式，重点展示天河城市中心区及科技、金融、文化的区位特点，展现企业发展理念和企业文化。（张代应）

·对口帮扶

【概况】 2021年，天河区承担7省14县（乡）东西部协作、对口支援、对口帮扶、对口合作任务，工作重心由脱贫攻坚转变为巩固拓展脱贫攻坚成果同乡村振兴的有效衔接，乡村振兴机构队伍和任务指标相应调整。是年，区财政投入1.55亿元帮扶资金，持续推进帮扶地区巩固拓展脱贫攻坚成果，实现乡村振兴。

**【对口帮扶大方县、纳雍县、七星关

表23　与天河区签订经济技术友好关系协定区（县）表

序号	名称	签订年份
1	河南省洛阳市郊区	1987年
2	河北省邢台市柏乡县	1988年
3	江苏省扬州市郊区	1988年
4	湖北省武汉市洪山区	1988年
5	新疆维吾尔自治区乌鲁木齐市头屯河区	1992年
6	新疆维吾尔自治区乌鲁木齐市天山区	1992年
7	湖南省张家界市桑植县	1997年
8	吉林省白城市通榆县	1998年
9	湖北省孝感市云梦县	1999年
10	辽宁省大连市甘井子区	1999年
11	广西壮族自治区玉林市福绵区	2000年
12	江西省赣州市兴国县	2001年
13	辽宁省沈阳市东陵区	2001年
14	广西壮族自治区南宁市青秀区	2002年
15	内蒙古自治区鄂尔多斯市东胜区	2006年
16	江苏省南京市六合区	2010年
17	湖北省孝感市	2012年
18	陕西省延安市延川县	2018年
19	陕西省延安市宝塔区	2018年

区】 2021年，天河区与贵州省毕节市七星关区建立结对帮扶关系，选派3名干部驻七星关区开展东西部协作工作。是年，天河与纳雍县、大方县、七星关区71所学校、7所医院建立结对帮扶关系，与5个镇、72个原深度贫困村和乡村振兴示范村建立结对帮扶关系。引导19家企业落地投产，实际到位投资额9.4亿元。帮助协作地区农村劳动力转移就业7453人，其中脱贫人口转移就业1901人。助力销售农特产品超12亿元，全市排名第一。打造七星关区朱昌镇农业产业园、纳雍县李子村乡村振兴示范点，联合致公党中央探索“民主党派+东西部协作”共建模式。

【对口帮扶兴宁市】 2021年，天河区选派驻兴宁市驻镇帮镇扶村工作组（队）31名优秀干部对口帮扶兴宁市黄槐镇、罗岗镇、坭陂镇、罗浮镇、水口镇、大坪镇6个镇。选派驻镇帮镇扶村工作队员兼任重点村第一书记，建立驻镇帮扶党建共建机制。多方筹措2300万元资金，与兴宁市合建广州天河（兴宁）产业转移工业园孵化中心大楼。协助帮扶镇党委政府改善镇域公共服务能力，逐步推动区内学校、医院与兴宁市学校、医院结对。推进广州市南国学校与兴宁市锦绣学校、广州市第七十五中学与大坪中学、中山大学附属第六医院与兴宁市人民医院结对共建。

【对口帮扶连山壮族瑶族自治县】 2021年，天河区联合连山壮族瑶族自治县举办“情满珠江心系连山”2021年连山（广州）招商推介会，促成8个意向合作项目，投资意向金额40多亿元。是年，引进16家广州企业进驻连山，华南农业大学、广东技术师范大学分别与连山签订共建数字农业研究院、农村电子商务网红学院合作框架协议，筹措资金建设连山县加田片区城镇饮水工程、穗连天河农产品电商物流配送中心、太保镇中心幼儿园、县城幼儿园、永丰幼儿园等民生项目。加大教育、医疗帮扶力度，整合华阳教育集团力量支援连山第一小学，推动连山10家医院（卫生院）与天河区医院（社区卫生服务中心）建立结对帮扶关系，推动广州市第一人民医院与连山县人民医院续签帮扶合作协议，在专科共建、学术交流以及人才培养等方面进行帮扶。（区农业农村局）

农业农村

·农业

【概况】 2021年，天河区农业生产规模总体延续往年情况，累计完成农业总产值9.60亿元（不含林业产值），比2020年（下同）增长7.87%。其中种植业产值0.32亿元，渔业产值3.50亿元，农林牧渔服务业产值5.79亿元。是年，天河区投入28万元扶持凤凰街、龙洞街疏浚农田沟渠排灌。

·蔬菜种植· 2021年，天河区蔬菜种植业播种总面积7297亩，上升3.58%。种植业仍以蔬菜为主，蔬菜产量0.63万吨，产量增长0.34%，完成产值3079.5万元，下降0.47%。2021年，天河区蔬菜种植面积1508亩，分布在员村、车陂、棠下等11个街道，其中棠下、前进、新塘3个街道蔬菜种植面积较大，分别为369亩、182亩和178亩。

·水果种植· 2021年，天河区水果种植面积895亩，水果产量298吨，比2020年（下同）增长3.12%，产值83.5万元，增长3.09%。前进杨桃基地占地面积300亩，形成集生产、生活、生态功能于一体的都市型农业。

【农产品质量安全管理】 2021年，天河区检疫生鲜乳样品52批次、蔬菜水果样品1478份。立案查处农资生产经营违法案件4宗、动物卫生案件6宗、兽药案件2宗。全年共现场检查申报检疫换证的动物产品2865.77吨、检疫换证动物产品2740.44吨，产地检疫鸡苗1659.02万羽、猫犬及其他动物441只，出具动物及动物产品检疫合格证明4.86万张。

【现代都市农业发展】 2021年，天河区大力推进城市农业公园建设工作，印发《天河区推动都市农业发展工作方案》，成立天河区推动都市农业发展专项工作领导小组，建成天河智慧农业公园和天河精品农业公园，协助市农业农村局完成花城农园建设工作。天河区1家企业被认定为省重点农业龙头企业，各有3家企业被认定为市、区级农业龙头企业，3家企业的4个产品通过“粤字号”农业品牌认定。

【动物疾病监测】 2021年，广州市天河区农业农村局（以下简称“区农业农村局”）开展科研养殖场、动物诊疗机构疫病监测，采集鸡咽肛棉拭子和血清各180份，马血清和鼻腔棉拭子各240份，犬猫咽腔棉拭子和血清各54份，检测总合格率100%。指导鸡苗孵化企业采集鸡咽肛棉拭子1080份，开展高致病性禽流感抗原检测，检测结果全部合格。

【中国农业绿色产业大会暨第二十届广东种业大会】 2021年12月12日，以“绿色引领 种业振兴”为主题的中国农业绿色产业大会暨第二十届广东种业大会在天河区柯木塱开幕。1200多家企业、6000余新优品种参加大会，集中展示绿色农业模式和种植业、畜牧业、渔业等种业发展成就。大会由开幕活动、展览展示、应用场景、系列活动、多场论坛五大板块构成，设置“1＋8＋8＋N”总体架构，即1场开幕活动、8大展览展示、8大场景应用、系列活动与多场论坛。开幕式上发布广东种业大会“20年20人”“20年20企”“20年20品”，为广东省现代化美丽牧场授牌，颁发生猪育种创新服务奖，宣布广东种质资源存储交易中心启动及天河智慧农业公园开园等。

【天河智慧农业公园揭幕】 2021年12月12日，天河智慧农业公园在中国农业绿色产业大会暨第二十届广东种业大会开幕式上正式揭牌。天河智慧农业公园是广东省农业技术推广中心和广州市天河区人民政府共同建设的现代都市农业示范项目，毗邻天河智慧城和火炉山森林公园，杨梅河和柯木塱南路自北向南将园区分成东、西两个片区，东区是现代农业技术与装备示范基地，西区是特色作物产业创新开发示范基地。天河智慧农业公园依托广东省农业技术推广中心总部基地，围绕水稻、蔬菜、果树、茶叶、花卉、南药等农作物，设置都市休闲农业区、采摘体验区、智慧农田、绿色光伏智能温室、现代高效设施温室、数字设施区等，配备智能水肥一体化灌溉系统、潮汐灌溉系统、病虫害智能节能防控系统、物联网监测系统、植物工厂、全自动播种流水线、空中悬挂栽培、自动打药机械等现代农业设施装备，是集现代农业科技示范推广、智慧农业、都市休闲农业、现代农业科普教育、农业技能培训于一体的现代农业综合平台。

（区农业农村局）

·农村

【乡村振兴战略实施】 2021年，天河区深入实施乡村振兴战略，扎实推进美丽村居建设。区委乡村振兴办研究制定《天河区2021年落实乡村振兴战略建设美丽村居重点任务》，梳理明确44项具体任务清单，每季度汇总推进工作进度及存在问题。制定实施《关于加强城中村环境综合整治、美丽村居建设和常态化疫情防控工作检查督导方案》，检查督导和整治提升城中村市容秩序、环境卫生、安全管理。召开天河区实施乡村振兴战略及美丽村居建设工作现场会，现场考察前进街、车陂街美丽村居建设工作情况。

【“村改居”管理体制综合改革】 2021年，天河区继续推动“村改居”管理体制综合改革。加强党对村改居的全面领导，健全“三个一肩挑”运行机制，健全村账（街）代理各项制度，规范农村集体资产交易程序。推进以规范股权继承为核心的股份合作制改革措施，完善全区总体改革方案。总结提升形成可复制推广的改革经验，《广东农村综合改革工作动态》《广州改革》专题刊发《天河区深化“村改居”管理体制综合改革 推进集体经济组织股份合作开新局》，农业农村部将天河区《创新集体经济组织管理机制 构建城乡治理新格局》改革做法列入第三批全国农村集体产权制度改革试点典型经验在全国推广。采取“1对1”或“1对2”结对方式，推动全区25个村改制公司结成11对共建对子，签订共建协议，促进优势互补、资源共享。

是年，受理涉农信访事项103宗、处理“12345”工单254宗、政府信息公开申请6宗，办结率100%；开展村集体资产经营合同清理整改，全年整改1904份超长期限合同，整改率96.31%，集体租金通过超长期限合同整改后增加约1.23亿元。推广电子竞价交易，全区累计开展1076宗电子竞价交易，成交总额48.7亿元，增值8.31亿元，溢价率20.56%。

【农村经济组织管理】 2021年，农村集体经济持续稳定健康发展，全区农村集体资产总额445亿元（账面数），比2020年（下同）增长2.86%；村社两级经济总收入61亿元，增长5.86%。集体分配总额32亿元，增长7.54%。其中，集体股份分配总额26.5亿元，增长7.85%；生活补贴、五保、退休、养老、教育基金、医疗报销等其他分配形式5.48亿元，增长6.08%。

【农村集体资产交易和监管】 2021年，区农业农村局印发实施《广州市天河区农村集体资产交易管理实施细则》。2021年，全区累计完成1900宗交易，交易总额80.32亿元，增值总额5.60亿元，增值率7.49%。其中，公开竞投交易891宗，交易总额71.17亿元，增值额5.60亿元，增值率8.54%（其中，网上电子交易863宗、交易总额36.49亿元，增值额4.91亿元，增值率15.54%；现场交易28宗，交易总额34.68亿元，增值额0.69亿元，增值率2.03%）；村续约交易978宗，续租成交总额7.84亿元，协商谈判31宗，协商谈判成交总额1.30亿元。

（区农业农村局）

林业

【概况】 2021年，天河区森林总面积3214.88公顷，比2020年（下同）减少25.21公顷，森林覆盖率23.54%，减少0.18个百分点。森林主要分布在北部、西北、东北、中部低山丘陵区。按林种划分，全区有用材林604.52公顷、防护林298.86公顷、特种用途林1058.42公顷、经济林169.87公顷；按地类划分，全区有乔木林1715.07公顷、竹林104.77公顷、灌木林地145.85公顷、未成林地 0.98 公顷、无立木林地 141.35 公顷、宜林地 15.47 公顷、苗圃地 8.19 公顷。

【林业管理】 2021 年，天河区全面推行林长制，草拟《广州市天河区全面推行林长制实施方案》《天河区护林员管理制度》《天河区护林员绩效考核评价及奖惩办法》等，规范护林员队伍建设和管理。开展火炉山整治提升调查研究工作，形成天河区森林公园建设管理体制机制改革方案，按程序报区委区政府审议。

调整林业行政执法职权下放街道实施事项 32 项，召开天河区各街道综合行政执法培训会。加强林业监管治理，推进森林督查，开展打击毁林专项行动和违法用地审计调查等，加强自然保护地监管。加强森林防火期安全督导和值守，做好清明、重阳等节假日的安全防火工作。是年，开展执法行动 252 次，救助陆生野生动物 354 只，办理使用林地许可 6 宗、林木采伐许可 2 宗。

【区森林公园】 天河区有三大森林公园：火炉山森林公园、凤凰山森林公园、龙眼洞森林公园。

·火炉山森林公园· 位于天河区北部，东到大观路，南接岑村，西邻华南植物园，北到广汕公路，总面积 410.19 公顷。始建于 2000 年，不仅是天河区绿网工程的重要组成部分，更是天河智慧城绿核。火炉山主峰白架顶海拔 322 米，平均海拔 150 米，动植物资源、水资源丰富，处处能见黎朔、荷树、火力楠、海南红豆、美丽异木棉等亚热带和南亚热带优良阔叶树。山中有猪头石、鸡枕石等自然景观。公园建设以山、水、石、林为主体景观，是集观光、休闲、健身于一体的郊野生态公园。

·凤凰山森林公园· 1999 年 12 月开始兴建，位于天河区东北部凤凰山脉南坡，总面积 577.68 公顷，北至杓麻山南坡，与白云区交界；南抵高塘石小学，以广汕路为界；西起金鸡村，与龙洞村交界；东端为凤凰山与石狮顶一线，与联和交界。公园属低山地貌，西侧大和嶂海拔 390.8 米，是天河区最高峰，次高峰凤凰山，海拔 373 米。公园内有筲箕窝水库。公园位于北回归线以南，属南亚热带季风气候区，冬暖夏凉，气候宜人，动植物资源丰富。公园建设因地制宜，随形就势，以植物造景（林分改造）为主，园林小品为点缀。

·龙眼洞森林公园· 位于龙眼洞村西面山地东坡，东北与渔沙坦村交界，西北与白云区以山脊分界，南抵元岗、长湴村。总面积 391.02 公顷，于 1999 年 12 月开始兴建。

（傅馨怡）

都市现代工业

【概况】 2021 年，天河区加强工业运行监测，及时兑现各类扶持政策，分层分类做好重点企业服务，推动工业经济高质量发展。

是年，天河区规模以上工业企业实现总产值 938.3 亿元，比 2020 年（下同）增长 8.6%。重点行业电力、燃气及水的生产和供应业实现工业总产值 740.2 亿元，增长 10.2%，占全区规模以上工业总产值的 78.9%。制造业企业完成工业产值 198.2 亿元，增长 2.9%。工业销售产值 930.8 亿元，增长 10.6%。工业产品生产销售衔接良好，产销率 99.2%。

【亿元以上企业】 2021 年，天河区产值超亿元企业 36 家，完成工业总产值 890.48 亿元，占全区工业总产值的 94.9%。天河区总产值排名前十企业完成工业总产值 817.15 亿，占全区工业总产值的 87.09%。其中，

表 24　2021 年天河区工业产值统计数据表

指标名称	2021 年底累计（万元）	同比增长（%）
一、规模以上工业总产值	9383232	8.6
1. 按轻重分		
轻工业	950218	-3.8
重工业	8433014	10.2
2. 按企业规模分		
大型企业	7390677	10.7
中型企业	674926	21.3
小型企业	1317629	-6.3
二、工业销售产值	9308331	10.6
三、产品销售率（%）	99.2	—

说明：规模以上工业法人企业指年主营业务收入 2000 万元及以上的工业法人企业

表 25　2021 年天河区工业企业总产值前十名表

序号	企业名称
1	广东电网广州供电局
2	广州燃气集团有限公司
3	广州市净水有限公司
4	广州星际悦动股份有限公司
5	广东天普生化医药股份有限公司
6	朴诚乳业（集团）有限公司
7	广东信源物流设备有限公司
8	合诚技术股份有限公司
9	广州市天海花边有限公司
10	广州市建丰混凝土有限公司

广州星际悦动股份有限公司发展迅猛，增长 105.8%。

【电力行业】 2021 年，天河区电力行业工业总产值 665.8 亿元，占全区规模以上工业总产值的 71%。其中龙头企业产值超 600 亿元。热力、燃气和水生产行业实现工业总产值 74.35 亿元，占全区规模以上工业总产值的 7.92%。计算机、通信和其他电子设备制造业实现工业总产值 22.54 亿元。

【村级工业园整治提升】 2021 年，

天河区拆除村级工业园违法建设，整治提升村级工业园，盘活存量土地，引入信息技术、人工智能、数字内容创作等新兴产业企业。推进村级工业园排水单元达标攻坚工作，全区115个村级工业园全部完成排水单元挂牌达标工作。在微信上线“天河区村级工业园服务平台”小程序，内设园区展示、资讯发布等功能。（梁翰周）

软件和信息技术服务业

【概况】 2021年，《天河区加快推动软件和信息技术服务业高质量发展的若干政策措施》《天河区关于推动软件业高质量发展的行动方案（2021—2023年）》印发实施，突出对人工智能、5G、数字文化、电竞等新兴领域培育，加大对软件业人才扶持力度，打造软件业人才集聚高地，构建“双循环”发展格局，打造人工智能与数字经济“双引擎”。

【软件业】 2021年，天河区有5家企业入选中国互联网百强榜单，占全市入选企业总数的（下同）55.6%；2家软件企业入选广州“独角兽”创新企业榜单，占12.5%；14家软件业企业入选广州“未来独角兽”创新企业榜单，占22.2%。

2021年，天河区软件业营收2798亿元，比2020年（下同）增长16.72%，约占全市软件业营收总额的47.7%。规模以上软件企业1132家，营收2184.75亿元，增长11%。其中营收亿元以上企业277家，营业收入1908.01亿元。是年天河区软件业增加值690.32亿元，占GDP比重11.5%。

【电信业】 2021年，天河区电信业务总量379亿元，比2020年增长26.3%。截至2021年年底，天河区建成5G基站7491座，建成4G基站10609座，建设物联网NB—IOT基站1163座，建成WLAN热点3259个，AP接入点5752个。全区光纤覆盖率近100%，全区互联网宽带接入能力达100—1000兆比特每秒，主城区、城中村宽带平均接入速率分别达100兆比特每秒和50兆比特每秒。

【5G产业】 2021年，天河区继续完善5G应用生态，构建天河区“一心一带一区”5G产业空间布局。引进中国移动粤港澳大湾区（广东）创新研究院有限公司，进一步提高5G技术研发实力。广州无线电平云广场等5家企业入选广州5G产业园、5G创新中心，入选市培育5G应用项目19个，居全市第一。结合天河路商圈高质量发展，探索智慧管理、新型数字消费商业业态、智能服务等智慧化技术融合应用，打造天河智能商贸示范区，创建面向5G的智慧城市示范区。

（梁翰周）

表26　2021年天河区软件业营收前30企业表

序号	单位名称	序号	单位名称
1	广州网易计算机系统有限公司	16	中移互联网有限公司
2	广州博冠信息科技有限公司	17	广东海格怡创科技有限公司
3	广州酷狗计算机科技有限公司	18	宜通世纪科技股份有限公司
4	北明软件有限公司	19	广州聚禾信息科技有限公司
5	汇丰软件开发（广东）有限公司	20	广州九星互动科技有限公司
6	广州简悦信息科技有限公司	21	广州新科佳都科技有限公司
7	优视科技（中国）有限公司	22	广州欢聊网络科技有限公司
8	广东南方通信建设有限公司	23	广州汇智通信技术有限公司
9	广州爱九游信息技术有限公司	24	广州赛意信息科技股份有限公司
10	广州世音联软件科技有限公司	25	广州立功科技股份有限公司
11	广州趣丸网络科技有限公司	26	广州南方测绘科技股份有限公司
12	汇丰环球客户服务（广东）有限公司	27	广州灵犀互动娱乐有限公司
13	上海创思企业发展有限公司	28	超讯通信股份有限公司
14	广州贝壳科技服务有限公司	29	广州新蜂菲德网络科技有限公司
15	广州四三九九信息科技有限公司	30	广州乐牛软件科技有限公司

表27　2021年天河区规模以上软件业行业分布情况表

行业分类	规模以上企业数量（家）	比重	规模以上企业营收（亿元）	比重
行业应用软件	662	58.5	800.3	36.6
数字文创	333	29.4	1151.4	52.7
人工智能	98	8.7	135.2	6.2
信创软件	24	2.1	61.5	2.8
工业软件	15	1.3	36.2	1.7
总数	1132	100	2184.6	100

科学研究和技术服务业

【概况】 2021年，天河区科学研究和技术服务业规模以上企业332家，占全区营利性服务业企业总量的13.96%，其中专业技术服务业企业

表 28 2021 年天河区科学研究和技术服务业营收前 30 企业表

序号	单位名称	序号	单位名称
1	广州小鹏汽车科技有限公司	16	广州华工科技开发有限公司
2	广东省电信规划设计院有限公司	17	广州玛氏信息技术服务有限公司
3	华南理工大学建筑设计研究院有限公司	18	融捷投资控股集团有限公司
4	广东省交通规划设计研究院集团股份有限公司	19	广东电网物资有限公司
5	中石化广州工程有限公司	20	广州华进联合专利商标代理有限公司
6	广东景龙建设集团有限公司	21	艺田（广州）设计工程有限公司
7	广州广电计量检测股份有限公司	22	广东省工程勘察院
8	中水珠江规划勘测设计有限公司	23	广州国测规划信息技术有限公司
9	广东东篱环境股份有限公司	24	雅居乐地产置业有限公司
10	广东粤电环保有限公司	25	广东长兴润德教育科技有限公司
11	广东寰球广业工程有限公司	26	广州博厦建筑设计研究院有限公司
12	广东省建设工程质量安全检测总站有限公司	27	广东河海工程咨询有限公司
13	广东省建科建筑设计院有限公司	28	广东广晟通信技术有限公司
14	广东国地规划科技股份有限公司	29	广州城建开发设计院有限公司
15	广州市设计院集团有限公司	30	广州越建工程管理有限公司

246 家、科技推广和应用服务业企业 56 家、研究和试验发展行业企业 30 家。冼村街、五山街、天河南街、林和街、猎德街是科研技术服务业企业集聚最多的 5 个街道，企业总数约占全区的 55.59%。

【科研技术服务业营收】 2021 年，天河区科学研究和技术服务业营收总额 452 亿元，占区营利性服务业营收总额的 13.2%，占区其他营利性服务业营收总额的 36.4%，行业营收总额比 2020 年增长 20.6%。天河区科学研究和技术服务行业服务内容不断丰富，服务模式不断创新，营收前三十强企业有国有科研机构，也有新型科技服务企业。 （梁翰周）

商贸业

·对外贸易

【概况】 2021 年，天河区外贸进出口总额 689.5 亿元，比 2020 年（下同）增长 13.9%，其中出口 283.8 亿元，增长 18.2%；进口 405.7 亿元，增长 11.1%。区属全口径服务外包合同金额 43.44 亿美元，增长 11.05%。离岸执行金额 13.85 亿美元，增长 8.09%。

【外资利用】 2021 年，天河区新批外商投资项目 998 个，区内外商投资企业累计 5529 个；实际利用外资 12.6 亿美元，完成全年工作任务的

表 29 2021 年天河区外贸出口额前十名企业表

序号	企业名称
1	广州市森大贸易有限公司
2	明纬（广州）电子有限公司
3	广州吉颜贸易有限公司
4	广州市列手炮信息科技有限公司
5	广州日产通商贸易有限公司
6	广州直通国际贸易有限公司
7	广州睿蜂贸易有限公司
8	广州迅力体育用品设计制作有限公司
9	广东省外贸开发有限公司
10	广州市亿科贸易发展有限公司

表 30 2021 年天河区外贸进口额前十名企业表

序号	企业名称
1	本田贸易（中国）有限公司
2	广东广物国际能源集团有限公司
3	广东省电力工业燃料有限公司
4	广州广电国际商贸有限公司
5	广东俊杰农产品有限公司
6	广州日产通商贸易有限公司
7	建发（广州）有限公司
8	建发物流（广州）有限公司
9	广东金作农业科技有限公司
10	广州科纳进出口有限公司

163.45%。天河区将利用外资工作作为开放型经济工作重点，与市商务局及合同外资超 1000 万美元企业对接，推进实际利用外资纳统。围绕广州国际金融城、天河智慧城、天河智谷等平台建设，跟进农银国际、中星仁惠等意向投资天河的外资项目。落实《广东省进一步扩大对外开放积极利用外资若干政策措施》，协助广州市世纪恒越产业投资有限公司申报资金支持 3257.3 万元。（区商务金融局）

·国内贸易

【概况】 2021 年，天河区实现社会消费品零售总额 2050.64 亿元，比 2020 年（下同）增长 15.1%。其中限额以上批发零售业实现零售额 1217.72 亿元，增长 20.9%；限额以上住宿和餐饮业实现零售额 130.81 亿元，增长 31.4%。在限额以上批发零售业企业销售商品分类中，零售额增幅居前三位的分别是新能源汽车类、金银珠宝类、饮料类，分别增长 167.4%、51.3%、45.3%。21 个街道消费品市场呈较快增长势头，社会消费品零售总额居前三位的依次是冼村街、天河南街、林和街，分别实现零售额 375.29 亿元、256.14 亿元、211.04 亿元，增长 29.6%、25.4%、13.9%。

表 31 2021 年天河区零售企业销售额前十名企业表

序号	企业名称
1	中国石化销售股份有限公司广东广州石油分公司
2	特斯拉汽车销售服务（广州）有限公司
3	延长壳牌（广东）石油有限公司
4	中国石油天然气股份有限公司广东广州销售分公司
5	广东周大福珠宝金行有限公司
6	广东永旺天河城商业有限公司
7	广东粤海天河城商业有限公司
8	广州市捷成汽车服务有限公司
9	广东广安冠德石化有限公司
10	广东仁孚怡邦汽车销售服务有限公司

【百货业销售】 2021 年纳入统计的 3 家百货企业：广东粤海天河城商业有限公司、广州摩登百货股份有限公司、广州晦生活馆百货有限公司，实现零售额 27.67 亿元，比 2020 年增长 4.6%，占全区社会消费品零售额的 1.3%。

【大型连锁超市销售】 2021 年，天河区纳入统计的 5 家连锁超市企业：广州市好又多百货商业广场有限公司、广州市好又多（天利）百货商业有限公司、广东永旺天河城商业有限公司、永旺美思佰乐（广州）商业有限公司、广东华南通商贸发展有限公司，实现销售额 67.06 亿元，比 2020 年下降 15.7%，占全区社会消费品零售额的 3.3%。

【专业市场】 截至 2021 年年底，天河区专业批发市场有 57 家，其中服装批发市场 31 家，IT 电脑产品市场 8 家，五金建材市场 6 家，农副产品市场 5 家，此外还有个别汽配、工程机械等市场。从地区和行业来看，沙河片区的服装批发市场占比最大，占全区批发市场的 54.39%。截至是年底，该片区有服装批发市场 31 家，商铺总数约 1.86 万家，经营面积超 35 万平方米，市场从业人员约 3 万多人。日平均客流量淡季高峰 15 万人次、旺季高峰 25 万人次，日均货运量约 2000 吨。

表 32 2021 年天河区主要购物商城及百货公司表

序号	商场名单	地址
1	正佳广场	天河路 228 号
2	天河城	天河路 208 号天河城 B1
3	太古汇	天河路 383 号
4	万菱汇	天河路 230 号
5	天环广场	天河路 218 号
6	维多利广场	体育西 101 号
7	广百中怡店	天河路 200 号
8	广州购书中心	天河路 123 号
9	摩登百货	天河路 611 号
10	天娱广场	天河路 621 号
11	东方宝泰	林和中路 63 号
12	佳兆业	体育西 191 号
13	时代广场	天河北路 28 号
14	中信广场	天河北路 233 号
15	时尚天河	天河路 299 号
16	天河又一城	体育西路 54 号
17	广百展贸	体育西路 54 号
18	K11	珠江东路 6 号
19	高德置地	花城大道 85—87 号
20	花城汇	黄埔大道 89 号花城广场
21	太阳新天地	马场路 36 号
22	国金天地	花城大道 85 号
23	天汇广场	珠江新城兴民路 222 号
24	珠江新城优托邦时光里	花城大道 84、86、88 号
25	高志大厦	黄埔大道西 450 号
26	美林天地	黄埔大道东 663 号
27	居然之家	黄埔大道 823 号
28	奥体优托邦	奥体南路 12 号
29	万科云城	华观路 1934 号
30	漫广场	中山大道中 1242 号
31	曜一城	天河北路 711 号
32	乐都汇	桃园北路与盈溪路交会口东北 50 米
33	天河新天地	元岗路 18 号天河客运站
34	长兴购物中心	长兴路 13 号
35	龙洞购物中心	迎龙路 6 号
36	都市广场	员村二横路兰亭街二号
37	天德广场	临江大道 391—395 号
38	环贸天地	天河北路 237 号
39	天宜广场	林和中路 156 号

表 33　2021 年天河区大型连锁超市表

序号	名称	地址
1	百佳超市（正佳店）	天河路 228 号正佳购物广场
2	百佳超市（珠江俊园店）	枫叶路珠江俊园 1～2 栋 1 楼
3	百佳超市（天娱广场店）	天河路 621～625 号天娱广场 B1 楼
4	百佳超市（都市广场店）	员村二横路兰亭街 2 号天河都市购物广场 2～3 楼
5	百佳超市（金穗路店）	珠江新城金穗路 28 号
6	百佳超市（汇景国际店）	汇景北路 40 号汇景新城内
7	家乐福（员村店）	员村恒隆街 3 号
8	华润万家（天河北店）	天河北路 605 号华标广场
9	华润万家（天河公园店）	中山大道西 160～178 号
10	华润万家（天河东店）	天河南二路 33 号
11	华润万家（龙洞店）	龙洞迎龙大道 6 号 1～3 层
12	华润万家（东圃店）	中山大道 282 号东圃商业广场 A 座首二层
13	华润万家（东汇店）	中山大道 293 号东汇商业城首层
14	永旺（东方宝泰店）	林和中路 63 号东方宝泰购物广场 b2 层
15	永旺（天河城店）	天河路 208 号天河城地下商场
16	永旺（高德置地广场店）	花城大道 85 号高德置地广场一期春商场 B2 楼
17	易初莲花（车陂店）	车陂路 399 号
18	易初莲花（长兴店）	长兴路 13 号
19	麦德龙（黄埔大道店）	黄埔大道中 351 号
20	欧尚	奥体南路 12 号高德美居

表 34　2021 年天河区年交易额过亿元专业市场表

序号	名称	地址
1	沙东有利服装批发（南城）	先烈东路 149 号
2	沙东有利服装批发（北城）	濂泉路 21 号
3	金马服装交易城	濂泉路 1 号
4	广东益民服装城	濂泉路 27 号
5	万佳服装批发广场	先烈东路 143 号
6	百脑汇	天河路 598 号
7	天平水果批发市场	兴华路 28 号
8	展望数码广场	石牌西路 8 号

【美林 M·LIVE 天地二期开业】 2021 年 7 月 20 日，位于天河区东部的美林基业集团重点商业项目美林 M·LIVE 天地二期开业，山姆会员店、金逸 IMAX 双巨幕影院、小米 4.0 旗舰店、小鹏汽车等知名品牌同时亮相，其中广州东山姆会员店 2021 年开业首年实现营业额 6.5 亿元。美林 M·LIVE 天地二期总建筑面积约 12 万平方米，逾 2000 个车位，采用主题街区式经营模式，为消费者提供优质购物体验。

【第二届直播电商节】 2021 年 9 月 9 日，由广州市人民政府主办，广州市商务局承办的第二届直播电商节（中国·广州）在广州塔开幕，天河分会场同步举行。是届直播节天河区采取 1＋N 模式，即 1 个集中直播会场＋N 个全天候多场次直播点。万菱汇 CBD 云端直播间作为直播节天河分会场，在 9 月 9 日、17 日组织集中直播带货活动，天河区内商场超市、品牌商家、MCN 机构、直播基地利用现有直播场地、平台及设施，开展持续整个 9 月的直播带货活动。932 个品牌参与直播活动，直播间数量 244 个，直播累计时长超 1124 小时，约 1.25 亿人次观看，总销售额 1.5 亿元。除传统直播带货环节外，天河直播节活动还着力发动辖区实体商家运用数字信息新技术，采取直播打卡、达人探店等方式吸引线上流量转化线下客流，通过主播或游客实地“走播、吃播、玩播”，开发吃住行游购娱一体的多元化直播新模式。（区商务金融局）

·供销商业

【概况】 2021 年，广州市天河区供销合作社联合社（以下简称“区供销联社”）系统实现营业收入 5852.56 万元，比 2020 年（下同）增长 77%，完成商品销售 2471 万元，增长 76.5%，全系统完成税利 1085 万元。全系统收取租金 2446.6 万元，增长 15.4%。在 2021 年度全省供销合作社系统综合业绩考核中，区供销联社获县级优胜单位二等奖，广州市供销合作社系统综合业绩考核一等奖。11 月 4 日，区供销联社第一次代表大会召开，区供销联社系统社员代表大会、理事会、监事会“三会制度”正式建立。

【消费扶贫】 2021 年，区供销联社与驻镇驻村扶贫干部建立联系，打通帮扶地区农产品产端“最后一千米”，通过机团配送、电商销售、直播带货、物流合作等方式，推进多形式产销对接。截至是年底，全系统与国内 9 省近百家供应商达成长期合作关系，签订战略合作协议 9 家，建成自有电商平台4个，入驻政府专项电商平台9个，线上在售农产品700多款，构建“机团+电商”联动格局。通过数字化建设提升消费体验，建成区级消费帮扶专馆2个、区级消费帮扶专区3个、消费帮扶专柜24台，参与区级以上线下产销对接活动10场次。

天河区大件垃圾回收处理中心　　（区供销联社供稿）

【再生资源回收管理】 2021年，区供销联社系统有再生资源回收网点123个，回收处理再生资源约13万吨。天河区大件垃圾收运处理中心构建社区布点、街镇中转、区级集中处理一体化收运处理网络，完成天河区内21个街道服务全覆盖，全年收运处理大件垃圾7438吨。推进“两网融合”站点建设，截至是年底，实际管理具有资源回收站功能的“两网融合”网点12个，员村新街资源回收站作为全市“两网融合”示范点，通过“互联网+”模式，实现线上平台与智能回收箱联合使用。

【社区综合服务】 2021年，区供销联社继续推进惠爱社区服务社车陂街社工站、居家养老服务平台、南沙创文评测项目以及车陂街工会职工服务站开展服务。惠爱社区服务社通过开展广州社工“红棉守护热线”，申报“创善·微创投”项目，为25户特殊长者进行家居安全微改造等服务项目；开拓农耕体验亲子研学活动，依托城市资源开展亲子游、暑期夏令营等活动。广州家和健康养老服务有限公司与多家服务机构建立双向合作转介服务关系，推动“羊城家政”项目发展。全年，区供销联社各类社区综合服务工时43120小时，服务155000人次。通过公益ATM互助平台，帮扶社区困难群体549人次，帮扶资金约10.91万元。

【供销经营管理网点】 2021年，天河区内有148个供销管理经营网点，服务范围包括农产品经营、再生资源回收利用及社区服务。在天河区内部

表35

2021年天河区供销经营管理网点表

单位名称	地址	经营特色
龙口东综合农贸市场	龙口东路133号	肉类、家禽类、水产品类、食品类等
天河区沙河供销合作社名优产品展销部	龙口东路133号南侧	展示并经营帮扶地区优质农产品，地区包括天河区对接的7省14县（区）
天河区大件垃圾收运与处理中心	车陂农场自编56号	对接天河区内21个街道的大件垃圾收运与处理
东圃供销社废旧物资回收站（15个）	天河区辖内	再生资源回收与批发
再生资源便民回收板房（11个）	天河区辖内	再生资源回收
回收箱及智能回收箱（84个）	天河区辖内	再生资源回收
两网融合站点（12个）	天河区辖内	衔接城市环卫系统与再生资源系统，减轻生活垃圾终端处理压力，促进资源循环利用
广州市车陂街社工服务站（家庭综合服务中心）	车陂北街22号（广氮社区居委会旁）	根据“113X”服务体系，为辖区内居民提供长者服务、家庭服务、青少年服务、社区发展服务等服务项目
车陂街长者服务中心	东圃大马路188号	引进专业社工服务，以“日有所托、老有所福”为理念，为车陂街辖区内60周岁及以上老年人提供日托照顾、膳食、健康护理、社交康乐、情绪支持等全方位综合服务
车陂街沙美服务中心	车陂启明大街59号	开展“牵手同行，互助成长”车陂街工会服务职工项目
车陂街羊城家政基层服务站	车陂北街22号广氮新村29栋	提供养老服务、康复辅具适配服务、母婴生活护理（不含医疗服务）、护理机构服务（不含医疗服务）、机构养老服务、居民日常生活服务、家政服务等服务
天河智慧供销消费扶贫专柜（24台）	天河区辖内（19台）、越秀区（5台）	展销特色优质扶贫产品

分单位设置天河智慧供销消费扶贫专柜，依托智能售卖机展销特色优质扶贫产品。有供销心选、天河供销农产品优选店、供销星业、天河供销等网上销售平台4个。（黄孜）

金融业

【概况】2021年，天河区金融业实现增加值1189.79亿元，占全市金融业增加值的48.21%，比2020年（下同）增长4.9%，占全区GDP的9.79%。截至2021年年末，全区共有持牌金融机构243家，其中银行业机构78家、证券期货基金业机构89家，保险业机构71家，占广州市金融机构数量的70%以上。

全区新增境内外上市企业4家，占全市的17.39%；累计境内外上市企业42家，占全市的20.59%。“新三板”挂牌企业累计64家，占全市的26.67%；在广东股权交易中心累计挂牌展示企业2420家，占全市的26.49%。

【金融风险防控】2021年，天河区全力推进金融风险防控，完善地方金融监管体制机制。推进头部平台良性清退，采取多种方式完成网贷业务清零，实现除头部平台（万惠投资）外30家网贷机构全部清退，清退数量居全市第一。推动《防范和处置非法集资条例》落地实施，核查涉嫌非法集资风险线索128条，对风险企业开展整治、劝离行动。开展197家私募基金、998家第三方金融等类金融企业专项排查清理、整治。建立完善类金融企业常态化管理系统，对辖内52409家企业进行动态监测，形成市—区—街三级线索发布、反馈端口，达成监测—预警—处置—反馈流程100%动态管理机制。常态化开展金融放贷领域扫黑除恶斗争工作，普及扫黑除恶知识加强群众风险教育，核查处置涉黑涉恶线索，办结率100%。

【资本市场培育发展】2021年，天河区培育发展多层次资本市场。初步形成天河区支持企业上市工作综合服务体系和服务清单，与各行业主管部门、上交所南方中心、深交所广州基地、香港联交所、新三板华南基地、广东股权交易中心、投资基金等多方建立常态联系机制，为区内各阶段拟上市企业精准对接投融资资源和培育服务。依据不同上市进度将区内103家拟上市企业进行分类分层跟踪管理，定制化提供一对一上市培育服务。为区内拟上市企业举办天河资本班、涉税答疑座谈会、“一对一”上市指导座谈会等系列培训活动14场，累计参会企业超400家。与上海证券交易所签署战略合作备忘录，结合区域重点企业需求强化区内企业上市培训和服务。是年，上交所南方中心与区商务和金融工作局联合举办系列活动36场，累计培训企业1900家，培训企业人员2850人次。区商务和金融工作局研究广州期货交易所产业链招商，撰写《关于大力推动区内期货产业链集聚发展专题调研工作汇报》《天河区支持期货市场建设实施办法》，争取期货产业链上下游企业落户天河，促进期货上下游产业集聚。

【金融综合服务】2021年，天河区加强金融综合服务。举办天河区金融业政策暨民营中小企业服务体系政策申报培训活动，邀请47家金融机构和50家民营中小企业参会，为企业解读政策条款。鼓励金融机构入驻全国中小企业融资综合信用平台（广州站）、广东省中小微企业信用信息和融资对接平台、广东省中小企业融资平台等线上融资对接平台，实现银企投融资精准对接，天河区在平台注册企业超1.7万家，已授信金额超400亿元。与广州金融控股集团有限公司、交通银行广东省分行、上海证券交易所等多家机构建立战略合作关系，签订战略合作协议，围绕重点项目建设、天河资本市场生态体系等方面加强合作。

【科技金融集聚区建设运营】2021年，天河区发布《广州（国际）科技成果转化天河基地科技金融集聚区机构入驻申报指引》，推动科技金融集聚区建设运营。是年，天河区对接298家科技金融机构，引进金电联行（广州）信息技术有限公司、广州市数字金融协会和广东南方金融创新研究院入驻集聚区。在天河基地举办动产融资业务支持科技型中小微企业发展融资政策宣讲会、天河区上交所“专家问诊”上市指导座谈会、“科创下午茶”——天河区新一代信息技术交流会等活动24场。作为天河区中小企业服务站和上市培育服务站，科技金融集聚区通过两个市属信贷风险补偿资金池为天河区内70家科技企业提供债权融资金额3.48亿元，同时为4家天河科技企业补偿银行贷款损失1218万元。

【广州期货交易所在天河揭牌】2021年4月19日，广州期货交易所珠江新城广州万科中心正式揭牌，中国内地第5家期货交易所正式宣告成立。广州期货交易所注册地在南沙区，办公地点在天河区，其股东包括中国证监会管理的4家期货交易所、广东国资企业、民营企业和境外企业共8名，是我国第一家混合所有制交易所，也是境外机构首次获准入股内地的期货交易所。

【广州天河基金】2021年，广州天河基金接触投资项目140多个，实地走访和洽谈的项目80多个。天河基金作为管理人共管理4支基金，投资9个项目（含2个退出项目），作为非管理人直投参与基金1个。

2021 年天河区重点银行业机构表

表 36

序号	机构
1	广州银行股份有限公司
2	广东省农村信用社联合社
3	中国农业银行股份有限公司广东省分行
4	国家开发银行股份有限公司广东省分行
5	中国建设银行股份有限公司广州分行
6	中国邮政储蓄银行股份有限公司广东省分行
7	交通银行股份有限公司广东省分行
8	招商银行股份有限公司广州分行
9	上海浦东发展银行股份有限公司广州分行
10	中国民生银行股份有限公司广州分行
11	华夏银行股份有限公司广州分行
12	兴业银行股份有限公司广州分行
13	平安银行股份有限公司广州分行
14	中信银行股份有限公司广州分行
15	中国光大银行股份有限公司广州分行
16	广发银行股份有限公司广州分行
17	花旗银行（中国）有限公司广州分行
18	渣打银行（中国）有限公司广州分行
19	法国巴黎银行（中国）有限公司广州分行
20	摩根大通银行（中国）有限公司广州分行
21	三井住友银行（中国）有限公司广州分行
22	澳大利亚和新西兰银行（中国）广州分行
23	招商永隆银行有限公司广州分行
24	创兴银行有限公司广州分行
25	富邦华一银行有限公司广州分行

【银行机构选介】 ·广州银行股份有限公司· 成立于 1996 年 9 月 17 日，是由广州市政府控股的股份制商业银行，其前身为在 46 家城市信用合作社的基础上组建的广州城市合作银行。2009 年 9 月，更名为广州银行股份有限公司。广州银行注册资本金 117.76 亿元，截至 2021 年年末，已开业机构 144 家，其中总行 1 家，分行级机构 15 家（含信用卡中心），支行 123 家，信用卡分中心 5 家。总行办公大楼位于天河区珠江东路 30 号。

【证券期货基金机构选介】 ·万联证券股份有限公司· 该公司是广州市属全资国有证券公司，于 2001 年 8 月 23 日经中国证监会批准设立，是广东省首家规范类证券公司，现有注册资本 59.54 亿元。公司总部设在天河区，扎根粤港澳大湾区，在全国主要省份、直辖市及经济活跃的城市均设立分支机构，形成以华南为中心、辐射全国的营业网点布局。

2021 年天河区重点证券业机构表

表 37

序号	机构
1	中信证券华南股份有限公司
2	万联证券股份有限公司
3	广发证券股份有限公司广州分公司
4	国开证券股份有限公司广东分公司
5	民生证券股份有限公司广东分公司
6	中国银河证券股份有限公司广东分公司
7	安信证券股份有限公司广州分公司
8	光大证券股份有限公司广东分公司
9	海通证券股份有限公司广东分公司
10	中信建投证券股份有限公司广东分公司
11	国信证券股份有限公司广东分公司
12	广发期货有限公司广州分公司
13	国信期货有限责任公司广东省分公司
14	金鹰基金管理有限公司广州分公司
15	光大期货有限公司广东分公司
16	易方达基金管理有限公司广州分公司
17	光大保德信基金管理有限公司广州分公司
18	华夏基金管理有限公司广州分公司
19	兴业期货有限公司广东分公司
20	富国基金管理有限公司广州分公司

【保险机构选介】 ·众诚汽车保险股份有限公司· 成立于 2011 年，是由广汽集团发起设立的专业汽车保险公司，也是首家总部设在广州的中资保险法人机构，注册资本 22.69 亿元。2016 年 6 月在新三板挂牌，股票代码：835987。截至 2021 年年末，该保险机构在广东、深圳、上海、浙江等地区开设 13 个省级分公司，基本覆盖全国沿海经济发达省份。

2021 年天河区重点保险业机构表

表 38

序号	机构
1	众诚汽车保险股份有限公司
2	京东安联财产保险有限公司
3	中国大地财产保险股份有限公司广东分公司
4	中国出口信用保险公司广东分公司
5	中华联合财产保险公司广东分公司
6	中国太平洋财产保险股份有限公司广东分公司
7	中国平安财产保险股份有限公司广东分公司
8	招商局仁和人寿保险股份有限公司广东分公司
9	天安财产保险股份有限公司广东省分公司
10	华安财产保险股份有限公司广东分公司

【上市公司】 2021 年，全区新增境内外上市企业 4 家，占全市的 17.39%；累计境内外上市企业 42 家（正常存续），占全市的 20.59%。

2021 年天河区重点上市企业表

表 39

序号	企业
1	广州市品高软件股份有限公司
2	中远海运特种运输股份有限公司
3	广州中望龙腾软件股份有限公司
4	超讯通信股份有限公司
5	广东德生科技股份有限公司
6	广东电声市场营销股份有限公司
7	广州发展集团股份有限公司
8	广州越秀金融控股集团股份有限公司
9	广东电力发展股份有限公司
10	广州尚品宅配家居股份有限公司

（区商务金融局）

旅游业

【概况】 天河区旅游资源丰富，融合都市观光、时尚购物、生态科普和休闲健身等特色，辖内有AAAA级旅游景区2家，AAA级景区1家。区内有电影院36家，酒店385家，汇聚万豪、瑰丽、四季、康莱德等23家国际知名高端酒店。近年，天河区着力打造主题旅游文化景点：火炉山、凤凰山、龙眼洞三大森林公园，广州“海绵城市”首个试点项目天河湿地公园等生态公园，广东省历史文化名村珠村、毛泽东视察棠下农业生产合作社旧址和周总理视察岑村纪念旧址等历史文化古迹，风行牛奶探“鲜”科普基地、羊城创意园粤港澳大湾区青少年交流基地和广汽馆等工业旅游资源，天河体育中心、广东省奥林匹克体育中心、海心沙亚运公园等文体设施，广东省博物馆、广州图书馆、广州大剧院、广州市第二少年宫、红线女艺术中心等现代人文景点。此外，随着新中轴线景观带和天河路商圈发展，天河现代都市旅游更具魅力，天河城、正佳广场、太古汇、华南植物园、花城广场等均是广州一日游重要景点。

2021年10月，正佳广场被列入第一批国家级夜间文化和旅游消费集聚区名单。

【旅游市场监管】 2021年，广州市天河区文化广电旅游体育局（以下简称“区文化广电旅游体育局”）开展旅游市场专项整治，重点打击旅游产品存在不合理低价游、无证照经营、超范围经营等问题，严查“黑社”“黑车”“黑导”等违法行为。受理“12345”、“12301”、上级督办、信访等转交的旅游投诉纠纷工单，依托天河区旅游纠纷联合调解中心开展涉旅纠纷行政调解，从源头上预防和减少矛盾纠纷。全年，受理旅游投诉3327宗，为游客挽回经济损失200余万元。

【天河区入选省级全域旅游示范区】 2021年9月，省文化和旅游厅发布第四批广东省全域旅游示范区名单，天河区正式入选。天河区为推动文商旅融合发展，创建省级全域旅游示范区，打造都市风情游、时尚购物游、科普教育游、红色史迹游、绿色生态游、公园休闲游等10条精品旅游线路。开发“一部手机游天河”微信小程序，为游客提供“吃住行游购娱”全程智慧化服务。规范设置全域旅游导览牌、景区方向指示牌、交通标识牌等，加强旅游集散中心、停车场、公共厕所等设施建设，提升旅游景区标准化、精细化、品质化水平，优化游客出行体验。制作全域旅游手绘折页，通过短视频、推文等方式宣传旅游资源，重点推广华南植物园、天河湿地公园、临江带状公园等旅游景点。

【“一部手机游天河”正式上线】 2021年7月，天河区智慧旅游服务平台开发项目“一部手机游天河”微信小程序正式上线。该程序是借助虚拟现实、人工智能、物联网、大数据、地理位置数据等信息技术建立的多方协同智慧文旅公共服务平台，设置旅游资讯、导游导览、兴趣点查询、路线推荐、虚拟漫游、旅游地图等功能板块，为游客提供“吃住行游购娱”智慧化服务，实现“一机在手，走遍天河”。

【旅行社】 2021年，天河区内有旅行社161家，比2020年增加12家，旅行社总数占全市的18.2%，是广州旅游中介服务机构较为密集区域之一。

表40　2021年天河区辖内A级景区

名称	类别	地址
华南植物园	AAAA	天源路1190号
正佳广场商贸旅游区	AAA	天河路228号
十九路军淞沪抗日阵亡将士陵园	AAA	水荫路113号

表41　2021年天河区辖内部分旅行社表

旅行社名称	分社名称
辽宁岳圣国际旅行社有限公司	辽宁岳圣国际旅行社有限公司广州分公司
云南翔云国际旅行社有限公司	云南翔云国际旅行社有限公司广州分公司
北京途牛国际旅行社有限公司	北京途牛国际旅行社有限公司广州分公司
北京市首都国际旅行社有限公司	北京市首都国际旅行社有限公司广州分公司
万户候国际旅行社有限公司	万户候国际旅行社有限公司广州分公司
北京众达国际旅行社有限公司	北京众达国际旅行社有限公司广州分公司
北京开元周游国际旅行社股份有限公司	北京开元周游国际旅行社股份有限公司广东分公司
华人国际旅行社有限公司	华人国际旅行社有限公司广州分公司

续表 41

旅行社名称	分社名称
深圳市地球之旅国际旅行社有限公司	深圳市地球之旅国际旅行社有限公司广州分公司
广东省天马国际旅行社有限公司	广东省天马国际旅行社有限公司天河路营业部
	广东省天马国际旅行社有限公司五山分公司
广州知鸿国际旅行社股份有限公司	广州知鸿国际旅行社股份有限公司天河分公司
宝狮（上海）国际旅行社有限公司	宝狮（上海）国际旅行社有限公司广州分公司
众信博睿（北京）国际商务会议展览有限公司	众信博睿（北京）国际商务会议展览有限公司广州分公司
北京东游国际旅行社有限公司	北京东游国际旅行社有限公司广州分公司
广东志纯国际旅行社有限公司	广东志纯国际旅行社有限公司广州分公司
广东省中国青年旅行社	广东省中国青年旅行社天河第二分社
	广东省中国青年旅行社天府路分社
	广东省中国青年旅行社东圃分社
	广东省中国青年旅行社沙河分社
	广东省中国青年旅行社中山大道分社
	广东省中国青年旅行社珠江新城分社
	广东省中国青年旅行社天河分社
	广东省中国青年旅行社体育西路分社
广东熊猫国际旅游有限公司	广东熊猫国际旅游有限公司华明分公司
	广东熊猫国际旅游有限公司华港分公司
	广东熊猫国际旅行社股份有限公司广州分公司
广东风光国际旅行社有限公司	广东风光国际旅行社有限公司华旭分公司
广东阳光假日国际旅行社有限公司	广东阳光假日国际旅行社有限公司天河棠东分公司
深圳深之旅国际旅行社有限公司	深圳深之旅国际旅行社有限公司广州天河分公司
深圳市万众国际旅行社有限公司	深圳市万众国际旅行社有限公司广州分公司
康泰国际旅行社（深圳）有限公司	康泰国际旅行社（深圳）有限公司广州分公司
广东省拱北口岸中国旅行社有限公司	广东省拱北口岸中国旅行社有限公司天河分公司
黑龙江国之旅游有限公司	黑龙江国之旅游有限公司广州天河分公司
头号玩家（湖北）国际旅行社有限公司	头号玩家（湖北）国际旅行社有限公司广州分公司
雪松之旅国际旅行社有限公司	雪松之旅国际旅行社有限公司广东分公司
深圳市天下易游旅行社有限公司	深圳市天下易游旅行社有限公司广州分公司
深圳市暖心国际旅行社有限公司	深圳市暖心国际旅行社有限公司广州分公司
湖南茶旅国际旅行社有限公司	湖南茶旅国际旅行社有限公司广州分公司
甘肃国韵旅游有限公司	甘肃国韵旅游有限公司广东分公司
北京途游天下国际旅行社有限公司	北京途游天下国际旅行社有限公司天河分公司
哈尔滨所到之旅旅行社有限责任公司	哈尔滨所到之旅旅行社有限责任公司广州分公司
深圳市泰好国际旅行社有限公司	深圳市泰好国际旅行社有限公司广州分公司
广东翔游国际旅行社有限公司	广东翔游国际旅行社有限公司天河分公司
	广州翔游国际旅行社有限公司科韵路营业部
广州康辉国际旅行社有限公司	广州康辉国际旅行社有限公司珠江新城分公司
	广州康辉国际旅行社有限公司龙口西分公司

续表 41

旅行社名称	分社名称
广州康辉国际旅行社有限公司	广州康辉国际旅行社有限公司迎龙路门市部
广州康辉国际旅行社有限公司	广州康辉国际旅行社有限公司天河北门市部
广州康辉国际旅行社有限公司	广州康辉国际旅行社有限公司中山大道门市部
广州康辉国际旅行社有限公司	广州康辉国际旅行社有限公司科丰路门市部
广州康辉国际旅行社有限公司	广州康辉国际旅行社有限公司燕岭门市部
广州康辉国际旅行社有限公司	广州康辉国际旅行社有限公司华明路门市部
广州康辉国际旅行社有限公司	广州康辉国际旅行社有限公司凯悦分公司
广州康辉国际旅行社有限公司	广州康辉国际旅行社有限公司大观中路分公司
广州康辉国际旅行社有限公司	广州康辉国际旅行社有限公司花城广场分公司
四川远海国际旅行社股份有限公司	四川远海国际旅行社股份有限公司广州分社
深圳市港之旅旅行社有限公司	深圳市港之旅旅行社有限公司广州分公司
北京最慧淘国际旅行社有限公司	北京最慧淘国际旅行社有限公司广东分公司
北京中世金桥国际旅行社有限公司	北京中世金桥国际旅行社有限公司广州分公司
耀星（北京）国际旅行社有限公司	耀星（北京）国际旅行社有限公司广州分公司
北京中世金桥国际旅行社有限公司	北京中世金桥国际旅行社有限公司广东分公司
湖南一石旅行社有限公司	湖南一石旅行社有限公司广州分公司
深圳中华龙旅游集团有限公司	深圳中华龙旅游集团有限公司广州分公司
广州翼程国际旅行社有限公司	广州翼程国际旅行社有限公司第一分公司
江苏乐马国际旅行社有限公司	江苏乐马国际旅行社有限公司广州第一分公司
北京景秀旅行社有限责任公司	北京景秀旅行社有限责任公司广州分公司
珠海航空国际旅行社有限公司	珠海航空国际旅行社有限公司广州分公司
万国通（北京）国际旅行社有限公司	万国通（北京）国际旅行社有限公司广州分公司
广东和平国际旅行社有限公司	广东和平国际旅行社有限公司天河分公司
广东和平国际旅行社有限公司	广东和平国际旅行社有限公司东圃分社
广州广之旅国际旅行社股份有限公司	广州广之旅国际旅行社股份有限公司体育东门市部
广州广之旅国际旅行社股份有限公司	广州广之旅国际旅行社股份有限公司太阳新天地高端定制旅游俱乐部门市部
广州广之旅国际旅行社股份有限公司	广州广之旅国际旅行社股份有限公司东圃门市部
广州广之旅国际旅行社股份有限公司	广州广之旅国际旅行社股份有限公司时代广场国际旅游名店城门市部
广州广之旅国际旅行社股份有限公司	广州广之旅国际旅行社股份有限公司五山门市部
广州广之旅国际旅行社股份有限公司	广州广之旅国际旅行社股份有限公司体育西中石化门市部
正青春旅行社（广州）有限公司	正青春旅行社（广州）有限公司东圃营业部
正青春旅行社（广州）有限公司	正青春旅行社（广州）有限公司梅花园营业部
广州市金马国际旅行社有限公司	广州市金马国际旅行社有限公司先烈东门市部
广州市金马国际旅行社有限公司	广州市金马国际旅行社有限公司华景门市部
广州市金马国际旅行社有限公司	广州市金马国际旅行社有限公司天河时代广场门市部
广州市金马国际旅行社有限公司	广州市金马国际旅行社有限公司体育东门市部
广州携程国际旅行社有限公司	广州携程国际旅行社有限公司珠江新城花城汇营业部
广州携程国际旅行社有限公司	广州携程国际旅行社有限公司天河东圃营业部

续表 41

旅行社名称	分社名称
广州携程国际旅行社有限公司	广州携程国际旅行社有限公司天河东路营业部
	广州携程国际旅行社有限公司天河北华标广场营业部
	广州携程国际旅行社有限公司天河华景营业部
广州奇点国际旅行社有限公司	广州奇点国际旅行社有限公司前进营业部
	广州奇点国际旅行社有限公司凤凰假期渔沙坦营业部
广东省中国旅行社股份有限公司	广东省中国旅行社股份有限公司时代广场门市部
	广东省中国旅行社股份有限公司珠江南国门市部
	广东省中国旅行社股份有限公司天河中旅商务大厦门市部
港中旅（广东）国际旅行社有限公司	港中旅（广东）国际旅行社有限公司天河北门市部
	港中旅（广东）国际旅行社有限公司车陂门市部
广东中信国际旅行社有限公司	广东中信国际旅行社有限公司天河北路门市部
	广东中信国际旅行社有限公司天河门市部
盈科美辰国际旅行社有限公司	盈科美辰国际旅行社有限公司广州体育西路营业部
	盈科美辰国际旅行社有限公司广州可乐房旅营业部
广东风光国际旅行社有限公司	广东风光国际旅行社有限公司东圃营业部
	广东风光国际旅行社有限公司天河路营业部
广州南湖粤途国际旅行社有限公司	广州南湖粤途国际旅行社有限公司体育东横街营业部
	广州南湖粤途国际旅行社有限公司中山大道营业部
广东澳青国际旅行社有限公司	广东澳青国际旅行社有限公司广州市天河区燕塘营业部
广州途牛国际旅行社有限公司	广州途牛国际旅行社有限公司东圃营业部
健乐假期旅行社（东莞）有限公司	健乐假期旅行社（东莞）有限公司广州东圃营业部
	健乐假期旅行社（东莞）有限公司广州棠下营业部
	健乐假期旅行社（东莞）有限公司广州猎德营业部
广东甜蜜一号旅游有限公司	广东甜蜜一号旅游有限公司珠村营业部
广州市假日通国际旅行社有限公司	广州市假日通国际旅行社有限公司员村营业部
广州东方国际旅行社有限公司	广州东方国际旅行社有限公司天河北门市部
广州驴妈妈国际旅行社有限公司	广州驴妈妈国际旅行社有限公司国金营业部
广东大粤国际旅行社有限公司	广东大粤国际旅行社有限公司林和西门市部

【星级酒店】 ·*五星级酒店*· 2021年，天河区有挂牌五星级酒店6家：广州建国酒店、嘉逸国际酒店、广州海航威斯汀酒店、广州富力君悦大酒店、丽思·卡尔顿酒店、广州市圣丰索菲特大酒店。

·*其他酒店*· 2021年，天河区有四星级酒店5家：嘉逸豪庭酒店、燕岭大厦、华夏国际商务酒店、华威达大酒店、威尼国际酒店。三星级酒店11家。天河区餐饮企业有4000多家，拥有国家级（五钻）酒家12家：潮皇食府、广州酒家、名仕阁、炳胜品味酒家、南海渔村空中一号、天河金华安大酒楼、燕岭大厦中餐厅、南海渔村高德店、徐博馆、六合家宴、同湘会等。

【区综合公园】 天河区有2个综合公园：天河公园和珠江公园。

·*天河公园*· 位于员村，西靠天府路，南连黄埔大道，北接中山大道，交通便利。公园总面积70.7公顷，其中水体面积占10公顷，是广州市最大的区属综合性公园。公园前身是1929年成立的石牌林场。1933年，为纪念孙中山先生，易名为中山公园。1957年后先后改名为森林公园、东郊公园。1997年1月1日起，正式定名为天河公园。

公园以自然生态景观为主，划分5个功能区：百花园景区、文体娱乐区、老人活动区、森林休憩区、后勤管理区。北大门门前广场横跨宽度100米，建筑风格独特，植物色彩艳丽，布置紧凑。南门中轴广场，两侧种植风景林，配置各类棕榈植物，衬托中央立体八角花坛，充满岭南园林气息。园内有极具岭南特色的粤晖园和粤秀园。占地8万平方米的百花园景区，内含茶花园、杜鹃园、紫薇园等园，以植物造景为主。种植上百个竹品种的翠竹园分布在公园的东北面。公园设湖心亭、圆形重檐亭、临水表演广场等。博艺馆常年展出奇石、根雕、花卉、盆景、书画等艺术展品。园内的邓世昌衣冠冢，成为青少年爱国主义教育基地。公园常年举办大型主题活动，吸引数百万中外游客参观游览。

·珠江公园· 位于珠江新城东侧，占地面积28.3公顷，是一个集观赏、游憩、科普和休闲于一体的市级公园。于2000年9月起正式对外开放。公园以植物造景为主，具岭南园林特色，通过山、湖、石，形成层次丰富的自然空间。公园分为风景林区、阴生植物区、“快绿湖”区、园博区、桂花园、木兰园、白花园、棕榈园等8个主要景区。各区绿化种植多采用科属群落配置，聚散有致，层次分明。

【区森林公园】 详见林业“区森林公园”条目

【区果木公园】 天河区有2个果木公园：杨桃公园和橄榄公园。

·杨桃公园· 位于天河前进村范围内，占地面积20公顷，于1997年6月正式对外开放。公园盛产杨桃有100多年历史。园内杨桃连片成林，间种有荔枝、龙眼、番石榴等果树。游人可在园内采果、垂钓、烧烤，是集农业观光与休闲旅游于一体的村属生态公园。

·橄榄公园· 位于天河吉山村珠吉路终端，占地面积28.2公顷，1998年建成并对外开放。公园由3个品字形的小山组成，以种植橄榄树为主，兼种杨桃、龙眼、荔枝等果树。园内亭台布局别致，还有一眼几百年未间断的山泉——吉山泉。橄榄公园是区内一所集农业观光、休闲度假、品果与游乐于一体的村属公园。

【区专业公园】 天河区有2个专业公园：华南植物园和广东树木公园。

·华南植物园· 位于天源路1190号，是集科普、科教、游览等功能于一体的综合性植物园。始建于1956年。植物园占地面积300公顷，迁地保育各类植物1.7万余种。园中以热带、亚热带植物为主要品种，建有棕榈园、孑遗植物区、兰园、药园、苏铁园、凤梨园、木兰园、竹园、姜园等38多个各具特色的专类园，被誉为万国奇树博览会。其中“龙洞琪林”曾被评为“羊城新八景”之一和“广州十佳旅游景点”，也是岭南园林文化游景点之一。园内还有国家领导人及各国政要亲手种植的珍贵植物，如新加坡总理李光耀亲植的海南红豆、泰国诗琳通公主亲植的诗琳通木兰、柬埔寨国王西哈努克亲王和莫尼卡公主亲植的无忧树、朱德元帅和叶剑英元帅种下的青梅树和木棉树等。园内历史人文景观有小青山飞鹅岭新石器时代“广州第一村”遗址、南宋抗元名将文天祥的老师朱澄古墓。

此外，园内有科普馆、讲座室、餐厅、园林式小宾馆等科普旅游服务设施，并设有科普导游、科技夏令营、彩弹野战射击、旅游自行车、定向越野、拓展训练等一系列旅游项目。植物园先后被国家、广东省、广州市和天河区有关部门授予全国科普教育基地、全国青少年科技教育基地、森林生态旅游示范基地、广东省环境保护教育基地、广东省直属机关青年科普教育基地、广东省植物学科学普及基地、广州市环境保护教育基地等12个教育基地称号。2008年被正式授予国家AAAA级旅游景区。2019年获年度中国最佳植物园“封怀奖”。

·广东树木公园· 位于龙眼洞省林业科学研究院内，并隶属于该院，占地面积18.75公顷。公园前身是20世纪50年代末的省林科所树木标本园。1998年正式被建为广东树木公园。公园内树木有1100种，其中国家级保护树种56种。1995年，被国务院发展研究中心市场经济研究所及省人民政府社会经济发展研究中心评为全省收集树种最多的树木园，并被授予“广东之最”的称号。园内有树木标本区、珍贵速生树种区、竹子实验林区、文体娱乐区、木兰区、水景区、森林博物馆、胡汉民别墅等，是集旅游、休憩、科研、教学于一体的科普公园。

【区农业主题公园】 2021年，天河区建成花城农园、天河精品农业公园以及天河智慧农业公园三大农业主题公园。

·花城农园· 位于花城广场花城汇北区，建筑面积约2万平方米，2021年9月22日开园，是大湾区首个都市现代农业园。花城农园将农业、商业、文旅、研学、科普等融合，形成集技术产品展示、特色农产品销售、科普课堂、室内体验种植等元素于一体的科创农业产业链，集中展示城市农业的新成果和新技术。园内设有展示数字农业的示范区植物工厂和与华南农业大学，省、市农业科学院共建的现代农业科研成果教育区太空种子馆等。

·天河精品农业公园· 位于前进小学南门对面的前进六、七社花圃种植场地块，面积43.19亩，2021年9月22日开园。天河精品农业公园集科技示范、生态观光、科普教育于一体，向市民提供农业科普、自助采摘、亲子研学等服务。

·天河智慧农业公园· 该园是广东省农业技术推广中心和天河区人民政府共同建设的现代都市农业示范项目，毗邻天河智慧城和火炉山森林公园，2021年12月12日开园。园区面积582亩，分成东、西两片区，东区是现代农业技术与装备示范基地，西区是特色作物产业创新开发示范基地。园区设有都市休闲农业区、采摘体验区、智慧农田、绿色光伏智能温室、现代高效设施温室、数字设施区等，是集现代农业科技示范推广、智慧农业、都市休闲农业、现代农业科普教育、农业技能培训于一体的现代农业综合平台。

【天河湿地公园】 天河湿地公园位于天河智慧城高唐新建区东部，大观路西侧，背靠旧羊山，南接车陂涌的支流杨梅河。总长约3千米，总占地面积约47公顷，可容纳游人3000人。天河湿地公园于2013年9月开工，2015年建成，2016年7月2日正式向社会开放，是广州市首个按国家"海绵城市"理念试点建设的标志性生态景观，园内有花谷景观、花园绿道、亲水栈道等生态景观系统。

【其他景点选介】 天河区辖内其他景点有：花城广场、十九路军淞沪抗日阵亡将士陵园、珠江红船、红线女艺术中心、广东奥林匹克体育中心、天河体育中心、正佳广场、天河城广场、广州购书中心、《羊城晚报》印务中心、毛主席视察棠下纪念馆和刘氏家庙。

·花城广场· 位于广州市城市新中轴线珠江新城核心节点，东起冼村路，西至华夏路，北靠黄埔大道，南临海心沙，被誉为广州"城市客厅"，是广州市最大的广场。2010年10月25日起全面向市民开放。总规划占地面积约56万平方米，种植超过600棵大树和古树，有约2千米长的步行木栈道和占地超过1.5万平方米的浮岛湖。周边规划建有39幢建筑，其中包括广州图书馆新馆、广州大剧院、广东省博物馆新馆、广州市第二少年宫、广州周大福金融中心、广州国际金融中心等，地下是超大型商业广场——花城汇。2011年起，每年年底在花城广场举办广州国际灯光节，与法国、悉尼并列为世界三大灯光节。

·十九路军淞沪抗日阵亡将士陵园· 位于水荫路，地处广州市中心地带，1933年由华侨捐资，为纪念国民革命军第十九路军"一·二八"淞沪抗日阵亡将士而建。陵园是一座古罗马建筑风格的纪念性公园，是国家AAA级景区、全国爱国主义教育基地、全国重点烈士纪念建筑物保护单位、广东省重点文物保护单位。

陵园占地面积62120平方米，园内有凯旋门、先烈纪念碑、英烈题名碑、抗日亭、将士墓、战士墓、先烈纪念馆7处烈士纪念建筑物。整座陵园建筑规模宏伟，布局严谨，造型庄重典雅。主体建筑均用花岗石砌成，纪念建筑物完好保存民国时期李济深、林森、宋子文、胡汉民、陈铭、吴佩孚、蒋光鼐、蔡廷锴、戴戟等知名人士题词。1991—2001年，经3期工程整治修复，陵园成为广州市集教育、游览和休闲于一体的综合性纪念公园。

·红线女艺术中心· 位于珠江新城北侧，是广州市人民政府为表彰红线女对中华优秀文化做出的卓越贡献而投资兴建的，建筑面积4000多平方米。中心是一座以展览厅、实验小剧场为主体的综合性、多功能现代艺术建筑物，是收藏、展览、展演红线女艺术成果、开展国内外艺术交流和学术探讨、培训人才的专门场所。艺术中心设资料库，录音、录像室，会议室，餐厅，招待所等配套工程。

·正佳广场· 2005年正式开业。位于天河路与体育东路交会处，占地面积5.7万平方米，总建筑面积42万平方米，是中国最大的贯彻体验式消费模式，集零售、休闲、娱乐、餐饮、会展、康体、旅游及商务于一体的现代化购物中心之一。正佳广场以世界级商业中心为定位，包括广州友谊商店、百佳亚洲旗舰超市、苏宁电器、正佳Hi百货等商家；设有超五星级国际电影城、10000平方米大型室内主题乐园、超大型室内真冰溜冰场、正佳极地海洋世界、水文瀑布喷泉世界等休闲设施；拥有近30000平方米餐饮营业面积，包括20多家知名餐饮商家。2011年，经国家旅游局批准，正佳广场成为华南首家AAAA级商业旅游示范景区。

·珠江红船· 红船是粤剧象征，清末民初是粤剧最繁盛的年代，粤剧戏班以红船为交通工具，在珠三角水域游走，靠岸演出，极其繁盛。珠江红船长52米，宽15米，是目前珠江上最大的游船。船头借鉴1937年至1967年间"广州第一高楼"爱群大厦的建筑元素。船身包含彩色满洲窗、骑楼、西关大屋趟栊门等元素。船尾参考陈家祠和佛山祖庙的设计风格，承载不同时期的岭南记忆。珠江红船还是一座移动水上剧场，移动舞台打破固定舞台、固定视点的传统舞台模式，船内有4个可移动转换、交换互置、封闭开放的观演空间，能合并成一个容纳200人的梦幻空间，并结合3D全息投影、机械臂等高科技表现形式，为观众呈现视听盛宴。

（张译尹）

城市建设与管理

国土空间规划和自然资源管理

【概况】 2021年，广州市规划和自然资源局天河区分局（以下简称“市规划和自然资源局天河区分局”）受理业务2408宗，依申请公开1285宗，出具土地和规划守法证明480宗，出文制证3830宗；不动产登记累计收件72069宗，比2020年增加（下同）22.67%，发证53580宗，增加5.45%。累计创税费约31.80亿元，为天河区财政创收4348.79万元，增加4.4%。签订征地各类协议218份，其中补偿协议109份，支付资金13.66亿元，储备用地24.07公顷，代征地38.43公顷，移交建设用地39.17公顷，拆除建筑物约12.43万平方米，购得复垦指标11.70公顷。收到各渠道信访及承办热线工单案件5004件，其中信访件476件，来访信访人数173批374人次，“12345”热线工单4529件，按期办结率99.92%，群众满意率92.98%。

【国土空间总体规划】 2021年，天河区继续推进区级国土空间总体规划方案编制，深化研究7个专项研究报告内容。组织召开区人大代表和政协委员意见征询会和阶段成果专家评审会。是年下半年，天河区按省、市下发的划定要求部署工作，先后开展第一轮、第二轮“三区三线”试划工作，并按时提交成果以供审查。

【重点平台规划】 2021年，天河局参与完成广州国际金融城东区城市设计优化及控制性详细规划调整工作，总建设量由259万平方米提高至317万平方米，产业用地的公共服务设施配比提高至6%～11%，核发17个产业地块规划条件。推进金融城起步区建设，核发起步区地标等3个重点地块规划条件，推动AT091002、AT091007地块控规调整。金融城北区规划成果通过区委区政府及市规划和自然资源局规划和用地专题业务会审查和批前公示，金融城西区已形成城市设计及控规初步方案。

组织编制新一轮天河智慧城核心区控制性详细规划，形成阶段性成果。完成天河智慧城核心区科韵路东侧地块城市设计及控规调整工作并核发规划条件，完成育新街南侧地块、网易城等重点地块城市设计方案编制。完成天河智谷片区航天奇观二期西地块城市设计及控规调整、国际妇儿医院地块控规调整，深入推进天河智谷片区马鞍山北片街区城市设计编制。

完成珠江新城A4-3地块控规优化并核发地块规划条件。推动天河区第二棉纺厂控制性详细规划获市规委会审议通过。

【重点专项规划】 2021年，天河区完成白云山南麓（沙河）片区城市设计及控制性详细规划。推进金融城北区城市设计与控制性详细规划、金融城西区城市设计与控制性详细规划、广州人工智能与数字经济试验区金融城片区（北区和西区）城市设计深化、在建地铁天河区段各站点周边综合整治提升规划、广州国际金融城东区区域评估、天河区2020年总体规划实施评估、天河区“四块地”摸查梳理及储备用地规划利用指引、马场地块功能提升发展策划、南方面粉厂地块活化利用设计、南方面粉厂建筑房屋安全鉴定、天河中央商务区规划建设总结研究、天河智谷片区控制性详细规划检视（原天河智谷片区控规检讨及储备用地城市设计）、控规“一张图”数据整合及动态维护、天河智谷片区气候和雷电区域评估等14个专项规划。跟进广州人工智能与数字经济试验区建设、天河—黄埔衔接区融合发展规划编制等2个重点任务。

【公共项目建设】 2021年，天河区优化民生公共项目配置。完成天河外国语学校智慧城校区控规调整，核发广州中学凤凰校区改扩建用地储备项目南侧地块规划条件，推进清华附中湾区学校（二期）地块项目控规调整工作，推动天河区优质教育资源集聚。优化中山大学肿瘤医学科学中心、广东省骨科研究院等医疗机构的规划优化。协调推动阳光城变电站、党校与人武部合建地块、粮仓地块的选址。

【土地征收储备】 2021年，天河区编制是年年度土地储备计划，总收储规模298.31公顷，完成收储73.88公顷。优化金融城东区收储模式，增加区土地出让分成收益；完成金融城东区集体土地的用地结案手续，签约2宗由天河区牵头负责的国有土地。推进天河智谷片区各分片区收储工作，与广州市土地开发中心签订《天河智谷片区土地收储合作协议》，同步制订《天河智谷片区土地收储三年实施计划》，成立天河智谷片区市区联动土地储备专项小组并印发工作方案。推进小新塘分片区、广棠分片区土地收储工作。

推进重点收储项目7个。天河区国际教育园区南、北地块签订征地补偿协议，场地拆卸平整后由凤凰街围蔽看管。执信中学天河校区于是年9月正式开学。天河外国语学校智慧城校区签订岑村土地补偿协议，基本完成房屋拆卸，移交属地街道管理。广州中学凤凰校区完成南地块用地结案手续，并移交区教育局管理。清华附中湾区学校二期校区拆除建（构）筑物8.5万平方米，拆除率92.4%，与岑村签订征地补偿协议。广东电子信息职业技术学院（筹）首期工程完成征地补偿协议和地上建（构）筑物补偿协议签订，并移交业主单位广东省电子职业技术学校围蔽看管。广州市第一一三中学五山校区扩建工程完成清点摸查、测绘成果确认。

推进轨道交通项目借地12宗。地铁13号线二期项目交地率97.95%，重点完成车陂站郝氏宗祠753.33平方米地块、石牌南站汇源电脑城2600平方米地块房屋征收补偿。地铁11号线项目重点完成天河东站省机关事务局地块征借地补偿、华景路站邮通小区二期借地涉及五栋之二房屋临迁补偿。珠三角城际轨道交通广佛环线项目交地率100%，完成集体土地征收补偿。穗莞深城际铁路项目交地率100%，完成广铁地块征收补偿，收回国有土地使用权8397.31平方米。

【土地出让】 2021年，天河区公开出让成交土地19宗，均为产业用地，其中1宗位于广州国际金融城起步区、8宗位于广州国际金融城东区、6宗位于天河智谷片区、3宗位于天河智慧城核心区、1宗位于珠江新城。2021年用地面积28.95公顷，比2020年（下同）增长34.09%；建筑面积108.23万平方米，增长113.26%；成交总价169.13亿元，增长33.04%。区分成收入28.98亿元，加上2020年出让地块尾款入库3.21亿元，2021年出让收入入库32.19亿元（不含滞纳金和利息）。

【产权地籍管理】 2021年，天河区加强产权地籍管理。完成天河区2020年全国国土变更调查工作。继续推进天河区“房地一体”农村宅基地和集体建设用地确权登记发证工作，全年调查宗地数56186宗，涉及22个村集体经济组织，调查成果通过区级专家评审验收。继续解决公共服务设施确权登记历史遗留问题，截至是年底，天河辖区内公共服务设施确权登记项目778宗，完成确权登记573宗。

【工程项目报建审批】 2021年，市规划和自然资源局天河区分局跟进天河区总部经济、信息产业项目建设，对广州国际金融城片区、航天奇观一期北地块、高唐科技园地块实施专人专项服务制度。联奕科技研发基地、趣炫总部办公大楼完成报建，指导小鹏汽车二期项目、尚品总部大厦、澳门银行总部大厦、天健上城东7个地块开展方案设计，核发天河区黄埔大道东人民制革厂地块（AEC项目）设计方案，完成广氮AT0607084地块、天健上城东7个地块、奥体公园北侧悦景路AT1003036地块、汇景新城E3地块、小新塘融资区I1地块的建设工程规划许可。推进冼村改造项目等城中村改造。

【城市更新管理】 2021年，天河区开展城市更新公共服务设施配套规划与建设工作，划定城市更新单元，形成《天河区深化城市更新公共服务设施综合布点规划（市区统筹级）》阶段性成果、《天河区深化城市更新公共服务设施综合布点规划（单元管控级）》初步成果及规划纲要。组织开

2021年6月23日，天河区不动产登记中心以“珠江四季花园”项目试点开展“交房即交证”现场服务 （市规划与自然资源局天河区分局供稿）

展广州国际金融城西区土地勘测定界并形成阶段性成果，指导相关属地街道开展吉山村、棠下村（广州国际金融城北区）、岑村等土地勘测定界。办理冼村规划和用地审批等。推进吉山村详细规划方案及各专项评估，开展天河村、大观村等村的详细规划前期研究工作。开展《广州东站北延至天平架片区概念城市设计》的编制，加强城市空间形态品质塑造。梳理冼村、新塘新合城中村改造项目历史审批资料。天河区推进街区城市设计顾问制度，制作天河区街区城市设计顾问宣传册。配合开展“社区项目大师作”选点工作，开展珠吉街道珠村口袋公园“社区事•大家做”设计竞赛。

【市政基础设施建设】 2021 年，天河区优化建设市政基础设施。开展《天河区高速轨道引入影响分析及规划控制研究》专项工作，巩固广州东站交通枢纽地位，完善天河区综合交通体系。开展铁路线路安全保护区划定，制定规范性文件。推进天河区“八纵九横”主干路网建设，推进重点项目周边道路规划建设，完善地区交通路网，促进各区域互联互通、融合发展。推动电力基础设施建设，配合供电部门完成中低压配网建设实施，推动 110 千伏及以上输变电线路工程建设。推动水利基础设施建设，开展内涝治理及黑臭水体治理，推进超 50 年管龄供水管网改造。

（傅馨怡）

城市建设

·市政建设

【路网建设】 2021 年，天河区开展交通专项规划，编制天河区城市建设与综合交通“十四五”规划、天河区国土空间总体规划（2019—2035 年）交通规划专项报告，完善道路交通网络。优化市区联动机制，协调推动车陂路北延线工程、火炉山隧道、珠吉路拓宽（一期）工程等市级重点项目建设，华南快速路石门堂山隧道扩建工程提前半年通车。加快推进水荫四横路、黄云路等区级实施道路项目，同时开展悦景路、健明六路等前期工作，完成天润路东段建设。加大征拆工作协调力度，完成机场第二高速南段工程天河区段、珠吉路拓建工程（一期）北段项目、增天高速（天河区段）、机场三期扩建工程空管用地等 5 个省市级重点项目征拆任务。推进火炉山隧道、车陂路北延线等 10 个项目征拆工作，为项目实施提供用地保障。

【枫叶路拓宽工程】 枫叶路拓宽工程于 2019 年 11 月启动，2021 年 2 月基本完工并实现全线通车。工程实施范围为枫叶路南段（中山大道—粤生路），全长约 750 米。枫叶路拓宽工程基于原道路等级标准，结合道路现状，将宽 6～7 米双向两车道扩宽至宽 26 米双向四车道，工程涉及道路拓宽新建、原路面病害处理、沥青加铺、重划交通标线、移设公交车站点、改造现状检查井和雨水口、雨污分流改造、绿化提升、照明改造等。

【石门堂山隧道扩建工程通车】 2021 年 9 月 16 日，广州华南快速路石门堂山隧道扩建工程通车。石门堂山隧道扩建工程纵跨天河区和白云区，起于华南快速路石门堂山隧道以北的夕阳大桥，止于现华南快速路金鸡 1 号中桥北侧，路线全长约 2 千米，按城市快速路标准建设，单向 4 车道，设计速度 80 千米 / 小时。隧道通车后原石门堂山隧道改为双洞单向（北行）通行，与新建石门堂山隧道（南行）组成双向 8 车道，增加通行容量。其中新建石门堂山隧道全长 670 米，入口和出口分别距离既有石门堂山隧道 38 米、41 米，最大开挖面积 214 平方米，净跨度 17.9 米，净高度 11.3 米，是国内首条紧邻既有双连拱隧道新建的超大跨度隧道。

【市政设施管养】 2021 年，天河区确保 580 条区市政道路（车行道 418.48 万平方米，人行道 114.19 万平方米）、103 座桥梁、29 座隧道完好。完成辖区内市政设施自查自纠及小修复工作，推进市政设施修补维护和整治工程。推进慢行系统建设，完成东圃大马路、东方二路、东方三路等路段划定非机动车专用道路 8101 米。天坤三路清华附中北侧新建港湾式公交车站、迎龙路改造港湾式公交车站、华南农业大学岑村桥改造港湾式公交车站、东莞庄—东莞庄一横路口改造港湾式公交车站。开展 56 条（段）道路地下病害探测，探测道路总里程 54.85 千米，整改空洞面积 169.81 平方米。

【建筑市场管理】 2021 年，天河区在建建筑工程 224 项，共投资 277 亿、614 万平方米，其中重点监控工程 18 项、深基坑 48 项、高支模 55 项、人工挖孔桩 6 项。是年，广州市天河区住房建设和园林局（以下简称“区住建园林局”）开展大检查整治专项活动 12 次，发出抽查通知书 2124 份，检查工地 2180 次，抽检混凝土搅拌站 8 次，实施省动态管理安全扣分 647 次，发出停工通知书 29 份。行政处罚 13 宗，罚款 17.2 万元。

【电网基础设施建设】 2021 年，天河区协调推进电力设施建设，重点解决变电站建设场地交叉施工难、电网线路工程受阻等问题。推进广州国际金融城起步区 220 千伏员热枢纽变电站按期投产送电、珠江新城 110 千伏猎桥站投产送电、广州国际金融城东

2021 年 5 月 30 日，220 千伏员热输变电工程竣工投产

（区住建园林局供稿）

区 110 千伏美林站按期投产并架设广州市首座跨河配网电力人桥架。

【员热变电站投产】 2021 年 5 月 30 日，广州国际金融城起步区首座 220 千伏变电站员热站投产送电。作为天河区 2011 年以来投产的第一座 220 千伏变电站，员热站为广州国际金融城片区的电网网架新增变电容量 48 万千伏安，新增 220 千伏线路两回各 3.7 千米，是广州市中部网架的重要枢纽变电站。

【城市公共空间整治】 2021 年，天河区开展城市公共空间品质提升规划及行动方案编制，形成初步阶段成果。实施白云山“还绿于民、还景于民”整治行动，拆除违建 1 万平方米，完成伍仙桥门入口路径整治提升和白云山缓冲区（天河区段）综合环境提升工程。完成天河区非沥青路面整治工程（一期），天河区非沥青路面整治工程（二期）获立项批复。提升道路环境品质，完成华南快速干线—临江大道、华南快速干线—花城大道桥下空间节点综合提升改造、沐陂西路道路维修工程，规划科韵路—临江大道和广汕路桥下空间节点改造，开展高唐路—柯木塱南路沿线公共空间功能完善与景观提升等前期工作。配合天河区都市农业发展、美丽村居等工作，完成桃园西路前进小学路段道路提升工程项目，推进柯木塱村道路周边环境综合整治。

（区住建园林局）

·住房保障

【概况】 2021 年，天河区完成公共租赁住房保障申请审核 816 户，年审 272 户，资料变更 205 户，意向登记 1239 户，资格复核 658 户；完成来穗务工人员公共租赁住房保障审核 645 户、经济适用房审核资料变更 8 户、共有产权房申请审核 1026 户。多途径筹集人才公寓 94 套，筹集市场租赁房源约 7897.94 平方米，完成 33 套区属公房软硬装升级改造。编制《天河区人才公寓建设和使用管理办法（征求意见稿）》。发展住房租赁市场，推进天河区住房保障“十四五”规划目标计划任务落实，完成保障性租赁住房纳统 1.95 万套。

【房屋安全管理】 2021 年，天河区查处涉嫌破坏房屋安全行为为 37 处，行政立案查处 1 起。开展辖内 36 处历史建筑结构性安全巡查建档，发出整改通知书 2 份。对投入使用超过 20 年，特别是超过设计使用年限的玻璃幕墙进行定期安全检查，全年巡查抽查项目 358 栋，发出整改通知书 19 份。制定《天河区房屋建筑和市政设施承灾体调查及城镇房屋建筑安全风险排查工作实施方案》。各街道完成全区房屋承灾体调查 84753 栋房屋（其中城镇房屋 13829 栋、农村房屋 70924 栋）。

【房屋租赁管理】 2021 年，天河区办理房屋租赁登记备案 52952 宗，总登记备案面积 753.79 万平方米，其中住宅 19480 宗，面积 141.41 万平方米；非住宅 33472 宗，面积 612.38 万平方米。全年发出催办通知书 40967 份。

【物业监管】 2021 年，天河区有物业项目 1288 个（包括住宅、写字楼、商业营业用房、工业仓储用房及其他类型房屋等），其中实施专业化物业服务住宅 627 个，未实施专业化物业服务住宅 377 个。区辖内从事专业化物业服务公司 320 个。全区成立业主大会、业主委员会 245 个，正常运行业主委员会 135 个。

（区住建园林局）

·城市更新改造

【概况】 2021 年，天河区推进协调已批项目加快建设，冼村签约率及已签约拆除率均在 99% 以上，首期、二期复建安置房已回迁；新塘、新合公司项目首期、二、三期复建住宅已分房；棠下新墟已分房。开展 12 个村的片区策划范围及实施范围基础数据调查。推进黄埔大道东 646 地块、发展汽车城 AEC 地块、信达金茂府广场、广垦商务中心、农垦科技中心等国有旧厂房项目建设。推进纳入市城市更新三年行动计划内的老旧小区微改造，谋划新一轮老旧小区改造五年实施计划。推进老旧小区“三线”整治、排水单元达标创建和背街小巷整治。

【城中村改造】 2021年，天河区继续推进冼村、新塘、新合公司等复建安置房建设。冼村项目签约率及已签约拆除率均在99%以上，完成复建房三期竣工备案。完成新塘、新合公司复建住宅D1、D2、D5地块分房，完成复建住宅J2地块竣工备案。完成棠下新墟复建房摇珠分房，加快推进复建区周边配套道路建设。开展车陂十二社改造合作企业引入及复建区规划报建报批工作。全面启动沙东、棠下、黄村等12条村基础数据调查。是年，城中村改造项目累计完成社会固定资产投资25.64亿元。

【国有旧厂房改造】 2021年，天河区推进已批国有旧厂房在建项目。开展广州油制气厂地块一期交付筹备、二期联合验收、三期及四期主体结构施工工作。广州国际金融城起步区出让地块在建项目全面开展。截至是年底，信达金茂府广场住宅地块全面竣备，商业地块结构封顶，外立面开展施工。全年国有旧厂改造项目累计完成社会固定资产投资130.39亿元。

【老旧小区微改造】 2021年，天河区继续开展老旧小区微改造项目。纳入广州市城市更新三年行动计划内的88个老旧小区微改造项目中，87个项目基本完工，1个项目正在前期阶段。其中，区住建园林局完成老旧小区微改造项目27个，涉及用地面积79.33万平方米，总建筑面积164.45万平方米，惠及21077户、71685人；广州市天河区建设工程项目代建局完成小金燕花苑、天河东远洋小区等32个微改造项目建设工作。天河区延长既有住宅加装电梯财政补助经费申领时间至2024年4月30日。加强既有住宅加装电梯统筹力度，全年核发老旧小区住宅加装电梯建设工程规划许可证314宗，比2020年减少16.0%。组织实施华南师范大学教工宿舍成片连片加装电梯。制定暨南大学教职工宿舍东西片区成片连片加装电梯设计初步方案。

（区住建园林局）

燕塘社区燕塘大院加装电梯　（邓紫莹 摄）

·项目建设

【概况】 2021年，广州市天河区建设工程项目代建局（以下简称“区代建局”）组织实施项目58个，其中2021年市重点建设项目3个、市“攻城拔寨”项目18个、区重点建设项目30个、区十件民生实事项目14个。主要集中在民生类建设、老旧小区微改造、市政道路建设等方面。是年，完工项目25个、正在实施阶段在建项目13个、正在开展前期工作项目20个。区代建局完成各类招标采购项目15项（招投标项目14项、采购项目1项），招标金额4.77亿元。

【房屋建筑类项目建设】 2021年，区代建局推进房屋建筑类项目34个，其中教育类21个、医疗卫生类4个、文化体育类2个、民政公安类3个、复建房3个、科技创新类1个。粤港澳大湾区（广东）创新创业孵化基地装修改造工程项目、清华附中湾区学校（一期）建设工程、执信中学天河校区建设工程、广州市第八十九中学新增北区工程、广州市天河区档案馆（新馆）建设工程等10个项目已完工。广州市天河区龙口西小学太阳广场校区建设工程、广州市天河区骏景小学改扩建工程、广州市天河区中海康城小学改扩建工程、广州市天河区华景小学北校区改扩建工程、广州中学凤凰校区升级改造工程等8个项目正在推进中。清华附中湾区学校二期校区项目、天河外国语学校智慧城校区建设工程、广州中学凤凰校区加扩建工程（二期）、天河区少年宫新校区建设工程、广东省骨科研究院（长兴院区）、天河区新监管场所建设工程项目等16个项目处于前期工作阶段。

【市政工程类项目建设】 2021年，区代建局重点提升城市主干道沿线环

表 42

2021 年天河区重点建设项目表

名称	项目类别	建设规模与内容	总投资（万元）	项目进展情况	责任单位	建设时间
清华附中湾区学校（一期）建设工程	房屋建筑类项目	总用地面积约 5.3 万平方米，总建筑面积约 9.3 万平方米，建设内容包含后勤综合楼（含食堂、宿舍）、中学实验楼及教学楼、小学楼及行政楼（含图书馆）、体育馆、艺术楼、地下车库、设备用房及校园内道路、绿化等	54300	已完工	区代建局	2019—2021 年
执信中学天河校区建设工程	房屋建筑类项目	总用地面积约 21.5 万平方米，总建筑面积规模约 20.3 万平方米。地下停车场及设备用房建筑面积 1.55 万平方米，架空层建筑面积 1.68 万平方米。建设内容包含行政楼、教学楼、实验楼、宿舍等多栋单体建筑及校园内运动场、道路、绿化等	209846	已完工	区代建局	2019—2021 年
广州市第八十九中学新增北区工程	房屋建筑类项目	总用地面积约 1.8 万平方米，总建筑面积规模约 3.06 万平方米。地下停车场及设备用房建筑面积 6245 平方米。建设内容包含食堂、文体楼、一号宿舍楼、二号宿舍楼及校园内道路、绿化等	19143	已完工	区代建局	2019—2021 年
广州市天河区龙口西小学太阳广场校区建设工程	房屋建筑类项目	总建筑面积 13861 平方米，计容建筑面积 9594 平方米，不计容建筑面积 4267 平方米，容积率 2.3，教学楼基底面积 1422 平方米，建筑密度 33%，绿化率 23%。室外运动场（包含 2 个篮球场和一个 60 米长跑道）1200 平方米，室外绿化 996 平方米，室外道路 639 平方米	7673	建设中	区代建局	2021—2022 年
广州市天河区骏景小学改扩建工程	房屋建筑类项目	新建综合楼总建筑面积 6894.7 平方米、室外运动场地 2700 平方米；室外广场修复 1200 平方米；改造校园西侧后门为学校正门；原有教学楼屋面改造工程 960 平方米；升旗台区域地坪改造工程 260 平方米；学校后门台阶改造工程 50 平方米；绿化工程 3077 平方米	5565	建设中	区代建局	2021—2023 年
广州市天河区中海康城小学改扩建工程	房屋建筑类项目	新建综合楼建筑面积 3386 平方米、地下车库面积 1072 平方米、体育馆建筑面积 660 平方米、生物园 350 平方米。拆除北面教学楼音乐室旁原有楼梯，面积 80 平方米；在现有教学楼南边厕所旁加建一部电梯	3623	建设中	区代建局	2021—2022 年
天河区沙东街社区卫生服务中心升级改造工程	房屋建筑类项目	项目改造总建筑面积约 4400 平方米，建设 50 张“医养护”结合老年病床，改造内容：内外部装修及节能升级改造，不涉及用地面积、建筑规划等的变化	2900	建设中	区代建局	2020—2022 年
广州市天河区档案馆（新馆）建设工程	房屋建筑类项目	项目总建筑面积 27174 平方米，其中地上 18376 平方米，地下 8798 平方米。建设范围包括档案库房、对外服务用房、档案业务和技术用房、办公室用房、附属用房和地下车库	17366	已完工	区代建局	2019—2021 年
龙口西路 23 号大院（侦查大楼）业务用房升级改造工程	房屋建筑类项目	项目改造建筑面积 12814 平方米，对业务用房整体改造翻新，龙口西路 23 号大院环境整治、消防系统改造并新增 360 立方米消防水池、第 9 层改造为 DNA 科学技术室等	2988	已完工	区代建局	2020—2021 年
南苑小区微改造项目	老旧小区微改造项目	改造老旧小区建筑面积 60000 平方米，涉及住宅楼 6 栋、843 户	1228.91	已完工	区代建局	2018—2021 年
小金燕花苑微改造项目	老旧小区微改造项目	改造老旧小区建筑面积 92500 平方米，涉及住宅楼 10 栋、1341 户	2737.91	已完工	区代建局	2018—2021 年
天河东远洋小区微改造项目	老旧小区微改造项目	改造老旧小区建筑面积 42000 平方米，涉及住宅楼 10 栋、558 户	1027.45	已完工	区代建局	2018—2021 年
天河区五山路（天河路—翰景路）品质化提升工程	市政道路建设项目	升级改造五山路（天河路—粤汉路）路段两侧的道路、景观、照明、服务设施等，涉及道路 1.37 千米，新建人行道天桥 1 座	4281	已完工	区代建局	2021 年
广园快速路黄村立交桥大中修工程	市政道路建设项目	对广园快速路黄村立交桥进行全桥桥面系的修复、箱梁的修复、跨铁路桥 T 梁的整体更换以及桥墩加固、桥台的修复、桥梁附属设施修复等	6684	建设中	区代建局	2020—2022 年

续表 42

名称	项目类别	建设规模与内容	总投资（万元）	项目进展情况	责任单位	建设时间
广州市天河区枫叶路拓宽工程	市政道路建设项目	拓宽枫叶路南段（中山大道—粤生路），道路全长约750米，设计速度40千米/小时，规划宽度26米，双向四车道	7467	已完工	区代建局	2019—2020年
天河区旭景西街道路改造工程	市政道路建设项目	项目位于天河区东圃车陂涌东侧，起点为中山大道，止于广深铁路；道路全长约742米，道路等级为城市支路，设计速度30千米/小时，规划宽度15米，双向2车道	4466	建设中	区代建局	2020—2022年
广州市天河区建业路和建工路精细化品质化提升工程	市政道路建设项目	建业路升级改造长度600米，建工路升级改造长度330米，涉及机动车道升级改造、人行道升级改造、更换路灯、新建标识系统、排水设施改造等工程。建业路露天垃圾收集点改造为下沉式垃圾收集点，面积249平方米	1575	已完工	区代建局	2019—2021年
执信中学天河校区周边道路工程	市政道路建设项目	新建道路全长2.2千米，其中次干路1.15千米，支路1.05千米	12333	已完工	区代建局	2020—2021年
广州市天河区高快速路出入口品质化提升工程	市政道路建设项目	改造天河区高快速路出入口7个站点，包括广从站、广汕站、黄村站、科韵路站（环城高速公路）、大观站（广深高速公路）、广园站、广汕站（华南快速路），改造红线范围总面积约22万平方米。提升改造收费站点、人行道及退缩空间、城市家具、植物绿化、机动车路面、电气照明、给排水系统、交通工程等	11820	已完工	区代建局	2020—2021年
大观街道路扩建二期工程	市政道路建设项目	道路总长约1.03千米，其中大观街路扩建一期工程约0.72千米，规划宽度30米；天河区老人院前规划支路0.31千米，规划宽度20米	11506.14	建设中	区代建局	2021—2022年

境品质，优化完善现代交通网络，推进高快速路出入口品质化提升、五山路品质化提升、广园快速路黄村立交桥修复、旭景西街道路改造、大观街道路扩建工程二期、渔兴路建设工程等13个市政道路项目建设，其中已完工项目5个，在建项目4个，正在开展前期工作项目4个，累计新扩建道路总长约11.5千米。

【部分工程建设项目简介】 ·清华附中湾区学校（一期）建设工程· 项目位于天坤二路99号，是区重点建设项目之一。项目总用地面积5.32万平方米，总建筑面积9.28万平方米，建设规模为72个班（小学24个班，初中24个班，高中24个班），学生总数3480人。建设内容包含后勤综合楼（含食堂、宿舍）、中学实验楼及教学楼、小学楼及行政楼（含图书馆）、体育馆、艺术楼、地下车库、设备用房及校园内道路、绿化等配套设施。该项目于是年7月底建设完成，8月底全面交付使用。

建成后的清华附中湾区学校（一期）　　（区代建局供稿）

建成后的执信中学天河校区　　（区代建局供稿）

·广州市第八十九中学新增北区工程· 工程位于龙洞伏塘岗地段，是区重点建设项目之一。项目总用地面积约1.8万平方米，总建筑面积约3.06万平方米，建设内容包含食堂、文体楼、一号宿舍楼、二号宿舍楼及校园内道路、绿化等。该项目于是年7月底建设完成，8月底全面交付使用。该项目的建成与启用，促进基础教育扩优提质，提升天河区东北部教育质量。

·广州市天河区档案馆（新馆）建设工程· 工程位于长湴村沙塘窜地段（即华南农业大学校内），是区重点建设项目之一。总建筑面积约2.7万平方米，总投资17366万元。该项目地上12层（含夹层），首层为接待大厅，2～3层为展厅，4～8层为档案库房，9层为报告厅、技术用房，10层为厨房餐厅、服务机房，11～12层为办公区；地下2层为停车库及配套设备用房等。该项目于是年12月竣工。

【排水单元达标建设】 2021年，区代建局负责2批共66个教育类、卫健类单元的排水达标创建任务。第一批开展元岗小学东校区等43个排水单元建设，其中完工42个，正在建设1个，通过达标认定36个。第二批开展广州市第十八中学等23个排水单元建设，其中完工21个，正在建设2个，通过达标认定19个。

（区代建局）

欧阳支涌沿岸景观 （区水务局供稿）

白鹭成群的猎德涌 （赵中华 摄）

·水务

【概况】 2021年，天河区推动水务高质量发展，以流域为体系、网格为单元，持续推行河（湖）长制，强化水污染源头治理，巩固提升河涌水质。30条河涌持续实现不黑不臭、“长制久清”，辖区内黑臭小微水体全面销号，99宗小微水体达到“三无标准”（污水无直排、水面无垃圾、水质无黑臭）。劣V类一级支流水体基本消除。强化河涌水生态自然修复等措施，猎德涌“降水位、少清淤、不调水”生态治理方式获生态环境部、水利部等部门肯定。

【水环境综合整治】 2021年，天河区继续全面推行河（湖）长制，健全“区、街、片、村居”四级河长组织体系，实行差异化巡河，全区各级河（湖）长累计巡河3.65万余次，发现、处理问题1302宗。持续推进源头减污整治，实行网格化源头减污销号管理，上报问题308宗并全部销号。动态开展污染源排查，整治“散乱污”场所146家、工业企业801个、村级工业园100个、农贸市场84个。

开展排水单元达标建设，全区划分排水单元3558个，面积64.85平方千米，完成达标认定2143个，面积53.8平方千米，面积达标率83.01%。根据《广州市总河长令第9号》要求开展73条合流渠箱清污分流治理，通过“开闸”评定35条，累计建设污水管292.625千米、雨水管84.57千米。

根据《广州市总河长令第10号》部署的消除劣V类一级支流任务，编制沙河涌（天河段）、油脂厂涌“一河一策”方案，采取攻坚合流渠箱治理、排水单元达标建设、污染源防控、水生态系统保护等治理措施，已阶段性消除劣V类水体。开展“清漂”和“洗河”专项行动，常态化清理河涌漂浮物和垃圾约4507吨，全区30条河涌持续实现不黑不臭，珠江猎德断面水质稳定达到IV类。

【内涝治理】 2021年，天河区继续开展防洪排涝安全度汛工作，推进列入市级台账26个积水点、内涝点整治工作，完成23个整治任务，推进3个整治任务。建立水利工程、内涝风险点“三本台账”，落实防汛责任，完成2座水库除险加固；配置抢险力量，投入内涝抢险人员6888人次、抽水泵2501台次、车辆1722台次。

监管水务工程建设，确保25宗在建水务工程安全生产、文明施工，发现并整改问题290余宗。强化水务设施管理，清疏内涝风险点周边排水管网1513千米，整改管网错混接点353个，修复结构性隐患989处，功能性整改1071处。

发现并整改水闸泵站设施问题60余宗，修复人行道2.3万平方米，维修破损护栏7千米，维护警示标志标牌、河长公示牌1781块。注重辖内8个集中隔离酒店的防内涝治理及污水排放监管，开展日常巡查和清疏，定期全覆盖检查防汛预案、防汛物资，定期进行水质抽样检测，确保水质达标排放。

【抗旱防咸保供水】 2021年，广东省江河来水严重偏枯，广州市受旱情咸潮上溯影响，短时间出现供水紧张情况。天河区位于华南快速路以东地区的12个街道，约130万人口正常用水受到影响，其中受重点缺水缺压影响的人口约20万人。天河区印发实施《2021—2022年天河区抗旱防咸保供水工作方案》，成立区抗旱防咸保供水应急指挥部，建立健全工作预警及应对处置措施，预警期间一天一调度，24小时值班值守，发现问题及时协调处理并报告。制定短期、中期、长期抗旱防咸保供水措施，通过专项调度、节水宣传、加强水资源集约节约利用、强化应急储备、优先保障重点人群、舆情处置、应急演练等方法做好市民饮水用水安全保障。

【水资源管理】 2021年，天河区实行最严格水资源管理制度，2021年度取水计划不超过4万吨，完成县域节水型社会达标建设检查，实现用水消耗总量和强度双控。继续推动供水服务到终端工作，全年完成715户老旧用户公用用水设施改造。确保用水安全，对辖内2226个二次供水进水口、6063个二次供水出水口、7条主管网进行全覆盖监测。严格开展水行政管理执法工作，23处生产建设项目定期开展水土保持监督检查，打击违法排水、排污等水事违法行为，规范排水行为150宗。开出责令限期改正通知书72份，立案34宗，行政处罚121.7万元。完成48项水务行政执法职权调整至街道综合行政执法，提高街道工作人员业务水平。

【获得用水“三零”服务】 2021年，区水务局推出获得用水“三零”（“零申请”“零跑腿”“零费用”）服务，通过获得用水全流程再造，整合市工程建设项目联合审批平台，实现项目用水报装业务与项目规划、施工许可联动，统一办理审批手续。申请资料自动通过平台共享至供水单位，建设单位无需向供水单位单独提交申请，实现用水“零申请”。供水单位收到接入需求将主动上门服务，并向申请人发送相关阶段信息，实现用水“零跑腿”。用水报装业务由供水单位全额出资，实现用水报装“零费用”。

【区辖内河涌简介】 天河区有40条（不包括珠江前航道）河涌，长度98.83千米（含暗渠），按照汇入珠江方式，分为13个小流域，从西至东依次为沙河涌、猎德涌、潭村涌、

表43　2021年天河区主要河涌情况表

名称	发源地	集雨面积（平方千米）	主涌长度（千米）	平均坡降（‰）
沙河涌	耙齿沥水库，京溪净水厂	32.9	15（天河区段7.308）	1.35
猎德涌	华南理工大学西湖	14.1	5.135	2
潭村涌	广州无线电厂	2.2	0.9	1.4
员村涌	广州市化工设计所	1.2	1.043	1.2
程界涌	广州玻璃厂（程界西涌）	1.0	0.511	1.1
	天河公园（程界东涌）	3.2	2.085	1.3
棠下涌	广铁石牌站车辆段（广深铁路员工宿舍）	8.6	3.6	0.8
简下涌	骏景花园	1.5	1.114	1.0
油脂厂涌	黄埔大道	0.4	0.615	1.0
车陂涌	龙洞水库	80	26.591，主涌18.449，杨梅河支涌7.7	1.5
石溪涌	前进石溪村	0.8	0.38	0.7
深涌	长鹅头和钟岭（珠吉街吉山）	16.7	16.87（含横涌、左支涌、中支涌、右支涌）	0.7

员村涌、程界西涌、程界东涌、棠下涌、简下涌、油脂厂涌、车陂涌、石溪涌、深涌、乌涌。其中沙河涌、乌涌为跨区过境河涌。

【区内水库山塘湖泊简介】 天河区内有小（一）型水库1座，小（二）型水库4座。其中，小（一）型水库是龙洞水库；小（二）型水库有乌蛇坑水库、岑村水库、麓洞水库以及新塘水库。

区内有人工湖34个，其中比较重要的人工湖有天河公园天河湖，华南植物园人工湖，华南理工大学东湖、西湖，暨南大学南湖等。

区内有塘坝31座，其中主要塘坝有大坦湖、石陂湖、榄元水库、东边坑、东大湖等。

【碧道建设】 2021年，根据省、市推进碧道建设要求，天河区优化制定并印发《天河区碧道建设优化实施方案（2021—2025年）》，对67.5千米碧道建设计划实行任务目标化、项目清单化、责任具体化管理，推进水安全补短板和水污染治理工作。实施"一碧道一方案"，累计建成区级碧道39.6千米，是年建成碧道13.7千米，完成率125.69%。

【海绵城市建设】 2021年，天河区将海绵城市建设理念贯彻到各类项目，建立健全区级建设项目库，对126个建设项目实行清单化管理、动态更新和全流程管控。是年建成海绵城市面积2.9平方千米，累计建成53.9平方千米，占城市建成区面积的53.2%。 （赵中华）

·园林绿化

【概况】 2021年，天河区加强城区绿化日常管养。保持城区重要区域、重要节点9795平方米花带、3495平方米花境、557组栏杆挂花、1633个花箱及1504平方米隧道绿墙的彩化美化效果。推进天河公园拆围透绿二期工程，对天河公园地铁站天府路段已退地地块进行复绿和景观提升。完成道路绿化区街分级管理，将原双向两车道及以下道路绿化及相邻绿地、村属公园下放至属地街道管理。加强城区双向三车道以上（含三车道）市政道路绿化的养护管理。全年完成30个绿地更新改造项目。

【口袋公园建设】 2021年，天河区采用增绿拓绿、腾退还绿、开墙透绿、街角延绿等方式，把绿化建设与区域更新改造、宜居城市建设相结合，植入服务功能和文化元素，推进辖区内口袋公园建设。区住建园林局整合零星绿地、路边节点区域，推出以"文化艺术、温馨社区、趣味科普、通勤休憩"为主题的天河珠江新城公共绿地景观提升项目，将华普绿岛、礼顿绿岛、江月园、金穗幼儿园旁的公共绿地打造成14个多功能口袋公园，改造面积约5万平方米（含绿化及园建）。根据各地块的实际情况，对区域活动平台、公共设施等城市景观元素进行完善、提升，将闲置的零星绿地打造成文化艺术游园、温馨社区花园、趣味科普游园和通勤休憩花园。

金穗幼儿园公共绿地改造为口袋公园 （陈宝玉 摄）

改造后的广州图书馆公共绿地 （区住建园林局供稿）

【天河公园地铁站场复绿】 2021年，天河区推进天河公园地铁站场复绿及景观提升工程（拆围透绿二期）。工程以“园中城市，城中公园”为设计理念，依托公园现有地形及园林景观进行整体改造和提升，通过建设缤纷步道广场、台地、造型挡墙、花坛坐凳、环山绿道及微地形，打造“流线广场”“艺术客厅”“艺术草坪”“观景亭廊”“山体花园”等特色景点。

【古树名木保护】 2021年，天河区内有古树名木98株。是年，天河区对古树分门别类进行系统规划，对其特性、存在问题、应采取措施进行详细分析，开展日常巡查、复壮，并对

表44　2021年天河区部分古树名木表

编号	树种	树龄	地址	备注
44010601700100001	龙眼楠	90	华南植物园蒲岗自然保护区山顶亭旁	1937年华南植物园建园时保护下来的乡土树种 2003年第4批公布保护
44010601700100003	人面子	60	华南植物园	1961年2月朱德手植 1985年第1批公布保护
44010601700100004	无忧树	35	华南植物园办公楼旁	1986年1月柬埔寨西哈努克亲王和夫人手植 2003年第4批公布保护
44010601700100005	海南红豆	29	华南植物园办公楼旁	1992年10月新加坡前总理李光耀先生手植 2003年第4批公布保护
44010601700100007	青梅	56	华南植物园	1965年1月董必武手植 1985年第1批公布保护
44010601700100008	青梅	56	华南植物园	1965年1月朱德手植 1985年第1批公布保护
44010601700100009	红花天料木	57	华南植物园办公楼旁	1964年11月阿富汗国王和王后手植 2003年第4批公布保护
44010601700100011	木棉	41	华南植物园办公楼侧	1982年叶剑英手植 1985年第1批公布保护
44010601700400012	细叶榕	152	岑村东外街3号	2003年第4批公布保护
44010600700900014	樟树	405	沙河路85号	1985年第1批公布保护 1989年市政府曾拨款17万元保护
44010600400100015	大叶榕	130	星海音乐学院附属中等音乐学院工字楼后	2003年第4批公布保护
44010600900300016	大叶榕	177	中国人民解放军体育学院54栋门前（禺东西路38号）	1999年第3批公布保护
44010600603400018	细叶榕	118	穗园小区天阳路食得香面包屋对面	2003年第4批公布保护
44010600603400019	细叶榕	118	穗园小区天阳路2	2003年第4批公布保护
44010600603400020	细叶榕	118	穗园小区天阳路3	2003年第4批公布保护
44010600603400021	细叶榕	118	穗园小区天阳路4	2003年第4批公布保护
44010601600100022	细叶榕	185	黄村北环路（玄文星太公园西侧）	1999年第3批公布保护
44010601600100023	细叶榕	195	黄村北路黄村公园（近铁路）	1999年第3批公布保护
44010601600100024	木棉	207	珠村铁路边上社大街八巷10号	1999年第3批公布保护
44010601600100025	木棉	317	黄村东路文化中心对面	1999年第3批公布保护
44010601600100026	细叶榕	135	黄村东路25号木棉对面十字路口处	1999年第3批公布保护
44010602000100027	细叶榕	143	中山大道中中国人民武装警察部队广东省总队停车场（原华金盾酒店）	2003年第4批公布保护
44010602000100028	细叶榕	143	中山大道中中国人民武装警察部队广东省总队停车场（原华金盾酒店）	2003年第4批公布保护
44010600301400029	细叶榕	196	车陂公园外围边（车陂幼儿园旁）	1999年第3批公布保护
44010600301400030	细叶榕	195	车陂高地大街西华社区流动人员和出租屋管理服务站	1999年第3批公布保护
44010602000400031	细叶榕	176	官溪北路23号	2003年第4批公布保护

存在险情的古树名木进行抢救，签订养护协议，明确管护责任。

【第二十八届广州园林博览会】 2021年2月9—26日，第28届广州园林博览会在广州海心沙举行。是届园博会以“湾区花开”为主题，融合城市记忆、地域文化、人文特色以及园林景观元素，整体布展面积10万平方米。除户外艺术园圃，还增设8组竹艺装置、2大阳光花房共1000平方米的室内展区，以及大型钢构艺术装置。天河区参展作品“攀登”，布展面积约400平方米。作品造型动感、充满现代活力，体现蓬勃向上的城市力量，获得是届园博会“最上镜银奖”“艺术园艺银奖”。

（区住建园林局）

城市管理

【概况】 2021年，天河区加强城市环境卫生整治，推进城市管理标准化、精细化、品质化水平，继续打造干净整洁平安有序的城区环境。开展“厕所革命”三年提升计划，新建装配式公厕10座，改造公厕11座，1257座厕所上线共享。按照环卫作业疫情防控规范指引，加强环境整治和环卫设施消杀。组织实施隔离酒店医疗垃圾应急收运，专类收运大规模核酸检测医疗垃圾、居家隔离住户垃圾和封闭封控区域垃圾。指导和督促各街道综合行政执法办开展防疫各项工作，重点整治辖内农贸市场、专业批发市场、住宅小区、城中村及周边市容环境。

【市容环境整治】 2021年，天河区推进社区容貌品质全域提升工作，制定《天河区社区容貌品质全域提升行动实施方案（2021—2023年）》《天河区2021年社区容貌品质全域提升工作方案》，将全区21个街道所辖230个社区，按培育提升、巩固提升、常态提升三个类别开展工作。探索城市精细化管理深度保洁模式，制定并印发《关于打造“一路一场”和精细化保洁道路的实施方案》。制定临江大道周边环境整治综合方案，以临江大道为重点，天河北路、黄埔大道、高普路为次重点，打造“席地可坐”环境卫生示范区，以点带面提升全区环境卫生精细化管理水平。

持续开展辖区市容环境“六乱”整治工作，清理整治各类“六乱”行为20.27万宗，立案处罚298宗，罚款6.85万元。持续开展环境卫生专项整治行动，全区每周六开展“大清扫、大清洗、大清理”整治行动，全年开展大清洁行动51次，出动环卫工人3.6万人次，清理卫生死角1480余处，清洗环卫设施4900余处，清运垃圾杂物1020余吨。加强户外广告和招牌规范化管理，组织开展员村立交、沙河立交周边门店招牌整治提升工作，更新招牌92块，面积2050平方米；拆除违法户外广告和招牌2341宗，面积2.44万平方米。

【违法建设治理】 2021年，天河区完成违法建设治理2600宗、面积393.41万平方米，超额完成是年任务。其中，治理新增违建768宗、面积63.36万平方米；治理历史违建1832宗、面积330.05万平方米；立案处理违法建设8宗，处理面积3.63万平方米，处罚金额955.1517万元。截至是年底拆除白云山风景区缓冲区及周边违法建（构）筑物74宗、2.29万平方米。通过城市更新、连片开发改造等手段消除存量违建93宗、面积26.6万平方米。

【垃圾分类】 2021年，天河区加强垃圾分类投放点保洁管养，推进垃圾分类信息化建设和智能化应用，搭建垃圾分类信息化管理系统、智慧化管理系统、智慧环卫、穗回收等信息化平台。全年创建生活垃圾分类星级投放点199个，建成4条垃圾分类特色示范线路。推进“两网融合”网点建设，通过推行公房式、板房式、扩容式3种建设模式，建成159个“两网融合点”。常态化开展垃圾分类执法，全年立案处罚3117宗，行政罚款61余万元。持续开展垃圾分类宣传，入户宣传193万户次，覆盖率99%。开展垃圾分类“全民行动日”“垃圾分

元岗·智汇Park创意产业园智能化地埋式垃圾桶 （陈君宇 摄）

类五进”等主题宣传活动3294场次，组织开展“垃圾分类公交巡游”活动，通过车身喷绘、录音播放推介天河区垃圾分类示范点，多部门联合开展垃圾分类“进校园”系列宣传活动，全区384所中小学、幼儿园先后开展宣传实践活动3033次。

【元岗·智汇Park创意产业园垃圾分类示范点】 2021年，天河区推进工业园区垃圾分类，在元岗·智汇Park创意产业园打造广州市首个工业园区垃圾分类示范点。该垃圾分类示范点引入“两网融合”和智能化地埋式垃圾桶的设计，并设置智能“绿色快递回收箱”。

【第五届“工匠杯”环卫技能竞赛】 2021年5月27日，广州市天河区总工会、广州市天河区城市管理和综合执法局（以下简称“区城市管理综合执法局”）联合举办第五届“工匠杯”环卫技能竞赛。竞赛根据2021年天河区环卫工作的重点内容，设置公共卫生间保洁技能、小型扫路机清扫技能、人工清扫及快速保洁车作业技能、香口胶污迹清洁技能、油污清洁技能、垃圾分类知识等6个竞赛项目，共有53个参赛队伍，361人参赛。10月13日竞赛闭幕，环卫三所、环卫一所、新塘街分别获得团体一、二、三等奖。

【余泥渣土排放管理】 2021年，天河区做好余泥渣土排放管理工作。出动执法人员检查工地30041次，检查泥头车19598台次。发出工地类督办通知书155宗、告知函20份、线索移交函3份、案件转办函2份。查处无证施工9宗，处罚64.5万余元；查处无证排放建筑废弃物8宗，处罚48.5万余元；查处余泥撒露污染路面7宗，处罚42万余元；查处无证运输建筑废弃物6宗，处罚41万余元；查处车辆未密闭15宗，处罚11.15万余元；查处无证装修7宗，处罚43万余元；查处违法倾倒建筑废弃物3宗，处罚13.5万元。

【数字城管】 2021年，天河区继续开展数字城管工作。是年，区指挥调度中心受理转（交）办各类案件96789宗，其中“12319”案件6513宗，占6.73%；“12345”转办案件33093宗，占34.19%，来电、对讲机调度6300宗，占6.51%。视频巡查8273宗，占8.55%；PDA巡查42610宗，占44.02%；全区数字城管案件办结率100%，按期办结率100%。

【燃气安全管理】 2021年，天河区有管道燃气居民用户39.66万户，非居民用户3001户，新建燃气管道4.091千米，改造老旧管网21.37千米。全区各类燃气供应站点62个。是年区城市管理综合执法局开展燃气监督检查6564次，检查燃气经营站点、餐饮场所30879家，发现和整改燃气安全隐患851宗，发出整改通知书152份。组织管道燃气企业出动巡线检查人员检查埋地管道991千米，其他燃气设施3788处，排查整改隐患462宗。（伍雪）

环境保护

【概况】 2021年，天河区继续开展污染防治，辖区生态环境质量持续改善。天河区环境空气质量综合指数3.68，全市排名第6。涉及天河区重点考核断面周边一级支流及《广州市总河长令第10号》的劣Ⅴ类一级支流共12条河涌达到考核要求；猎德涌“降水位、少清淤、不调水”治理方式获生态环境部、住房和城乡建设部、水利部肯定；珠江猎德断面水质稳定达到Ⅳ类；区内30条河涌继续保持不黑不臭。受污染耕地安全利用率100%、污染地块安全利用率100%。

【大气环境质量】 2021年，天河区大气环境质量继续保持良好状态。全年有321天空气质量达良好以上，空气中二氧化硫、二氧化氮、细颗粒物、可吸入颗粒物和降尘的年平均浓度分别是7微克/立方米、40微克/立方米、23微克/立方米、45微克/立方米和0.99吨/平方千米·月，总体状况优于国家《环境空气质量标准》二级标准。

【水环境质量】 2021年，程界西涌水质状况为Ⅳ类，比2020年改善（由Ⅴ类变为Ⅳ类）。猎德涌、员村

表45　2021年与2020年天河区水环境质量比较表

项目		溶解氧	化学需氧量	五日生化需氧量	氨氮	总磷	总氮
河涌	2021年	4.34	21	—	1.33	0.24	—
	2020年	3.61	20	—	1.52	0.24	—
湖库	2021年	7.15	26	4.9	0.624	0.08	1.16
	2020年	7.20	8	2.4	0.469	0.08	0.69
标准		≥3.00	≤30	≤6	≤1.5	河涌≤0.3、湖库≤0.1	≤1.5

说明：1.单位是毫克/升；2.标准为《地表水环境质量标准》Ⅳ类标准

涌、程界东涌、深涌主涌水质及珠江猎德断面水质状况为Ⅳ类，与2020年持平。车陂涌水质状况为Ⅳ类，比2020年改善（由劣Ⅴ类变为Ⅳ类）。潭村涌、棠下涌水质状况为Ⅴ类，与2020年持平。油脂厂涌、前进石溪涌水质状况为Ⅳ类；沙河涌（天河段）、白沙浦涌水质状况为Ⅴ类。

【声环境质量】 2021年，天河区“声环境二类功能区”环境噪声平均值昼间50.0分贝、夜间47.1分贝；“声环境三类功能区”环境噪声平均值昼间58.0分贝、夜间49.0分贝。区域环境噪声平均值57.3分贝，优于国家规定的相应标准；交通干线噪声平均值71.9分贝。定期对28个城市区域环境噪声监测点、29个城市道路交通噪声监测点和2个功能区定点监测点开展环境噪声监测。

【大气污染防治】 2021年，广州市生态环境局天河分局（以下简称“市生态环境局天河分局”）开展机动车尾气遥感监测和道路抽检工作。抽查23家柴油车用车大户，抽检139辆柴油车，路检、遥感监测42641辆机动车；完成39辆柴油营运车辆报废工作；完成1032台非道路移动机械编码登记。加强41家加油站、95家涉喷漆汽修厂、12家印刷厂等涉挥发性有机物（VOCs）排放企业的执法监管，完成1家重点企业的深度治理、5家企业的销号式整治。及时开展污染天气应对工作，启动污染天气联合控制行动23次，累计天数167天。开展奋战80天大气污染防治专项行动。

【水污染防治】 2021年，天河区开展新一轮“散乱污”场所清理整治，排查“散乱污”场所186家，整治“散乱污”违法建设2万平方米。加强排污企业执法监管，检查工业企业（含村级工业园内工业企业）、餐饮食肆72家。开展16个水体入河排污口的排查、监测、溯源等工作，排查长度216.82千米。

【土壤和固体废物污染防治】 2021年，天河区加强对污染地块和危险废物产生、转移、处理处置情况监管。完成14家重点行业企业用地土壤污染状况调查。12个地块完成土壤污染状况调查报告评审。加强危险废物污染防治工作，结合日常巡查、“双随机”抽查、“散乱污”场所清理整治等对危险废物产生单位开展监督检查，累计检查109家单位，全部达标。督促企业进行2020年度固体废物申报登记工作，截至是年底审核通过1603家。

【环保行政审批】 2021年，市生态环境局天河分局审批13个建设项目环境影响评价报告，建设项目总投资8.23亿元。登记表备案项目298个，比2020年减少65%。完成110千伏花穗站扩建工程、执信中学天河校区周边道路、火炉山隧道等市区重点项目环评审批。全年核发排污许可发证企业37个（重点管理企业7个、简化管理企业30个），完成登记管理企业134个。

【生态环境监测】 2021年，天河区持续加强生态环境检测。做好空气自动检测站的运营保障，开展奥体、龙洞、凤凰山3个站点的空气质量自动监测工作以及天河体育中心、华南植物园等5个点位的空气降尘和硫酸盐化速率手工监测。开展猎德涌、潭村涌、员村涌等12条广佛跨界流域及重点流域一级支流、区河长办下达的31条河涌及92个小微水体的监测。开展功能区噪声、交通噪声和区域噪声监测。开展农村环境质量监测，完成龙洞股份合作经济联社的环境空气质量、地表水质量、土壤环境质量监测。

【环境保护督查】 2021年，天河区落实中央环保督察组反馈意见要求和省、市部署的整改工作。第一轮中央环保督察、2018年省环保督察涉及天河区的2项反馈意见整改任务、239件交办案件全部完成整改，并按要求完成销号。印发《天河区配合

2021年11月25日，2021年广州市突发环境事件应急演练大比武在暨南大学（番禺校区）举行。图为天河区参赛队伍进行水质监测 （邬慧 摄）

省、市迎接中央生态环境保护督察工作方案》，是年第二轮中央生态环境保护督察交办天河区138件主办案件已办结132件，阶段性办结6件。

【环境监管执法】 2021年，天河区加强生态环境监管执法，检查企业1180家次，发出责令改正违法行为决定书63份，立案62宗，发出行政处罚告知48宗，行政处罚49宗，处罚金额114.74万元。开展2020年度企业环境信用评价，参评的64家企业中有“环保诚信企业”（绿牌企业）2家，“环保良好企业”（蓝牌企业）35家，“环保警示企业”（黄牌企业）1家，“环保不良企业”（红牌企业）6家，因关闭、搬迁、转型、停产半年以上等原因不评定等级企业20家。组织6家单位开展2019年度企业环境信用修复审核。完成市、区70批约7500家单位环保守法情况核查任务。制定《2021年天河区涉环保项目“邻避”问题专项治理工作方案》，黄云路、车陂路列入低风险项目，协调建设单位、环评单位及相关街道做好风险防控。全年受理信访投诉件1974宗（噪声污染类943宗、大气污染类953宗、涉水污染类32宗、其他类46宗），均按时办结。

【生态环境应急】 2021年，天河区未接报一般及以上突发环境事件。完善应急预案体系建设，印发实施《广州市天河区突发环境事件应急预案》。加强生态环境风险管控，开展环境安全隐患排查整治，督促指导相关企事业单位落实环境安全防范措施，严格履行环境安全主体责任。科学制定应急值班计划，加强值班值守。是年，市生态环境局天河分局组队参加2021年广州市突发环境事件应急演练暨环境应急管理培训，在应急演练大比武中获得最佳应急监测奖。

（市生态环境局天河分局）

交通

·交通管理

【春运任务】 2021年1月28日至3月8日春运期间，天河区加强对广州火车东站客运站、天河客运站2个客运站场周边客运秩序管理。春运期间两大客运站发送旅客约33万人次，其中广州东站客运站发送旅客约4万人次，天河客运站发送旅客约29万人次。

【交通运输业疫情防控】 2021年，天河区开展交通站场常态化防控，根据本土疫情发展形势及时调整离穗、抵穗旅客排查管控，调整或暂停涉疫客运班线。完善站场核酸检测点设置及黄红码、发热人员快速截停处置机制，累计检测25.3万人次。做好粤港跨境货运疫情防控，“人物同防”，做好“三点一线”闭环管理。推进交通运输行业重点人群大规模接种，一线从业人员“应接尽接”。做好闭环转运，加强转运车辆、司机应急保障，安排转运车辆6673辆次。

【交通拥堵治理】 2021年，天河区完成棠德南路、荷光路、天河路—广和路路口、天河北—天河东路口、黄埔大道珠江东—珠江西、东莞庄路—东莞庄一横路交叉口、中山大道（东浦路段）、棠德东路隧道、沐陂村人行隧道、天河外国语学校周边等10个交通拥堵点治理。通过交通设施微改造、交通组织优化调整等措施，整治部分交通设施设置不当、交通组织不合理、交通管理不完善、交通秩序混乱等问题，缓解拥堵状况。

【道路运输专项整治】 2021年，天河区做好辖区1230余家运输企业安全监督。开展风险源、危险点整治排查，累计检查企业1530余家次，下发整改通知书230余份。是年，移送市交通执法部门道路运输违法违章案件60余宗。

【交通运输行业行政审批】 2021年，天河区完成交通运输行业审批328宗，其中新开业审批267宗，其他行政许可61宗。办理营运车辆IC卡审验350个；办理客运站场续期2家，备案客运招呼站9个，发放市际加班证130张。

（区交通运输局）

·广州东站地区管理

【东站地区】 广州东站位于天河区东站路1号，在林和西路与林和中路之间。始建于1940年，原名天河站，为广九铁路货运站。中华人民共和国成立后，多次扩建。1988年4月，改名广深铁路广州东站，因位于流花路广州火车站东面而得名，为客货运站。广州东站隶属广州铁路集团广深铁路股份有限公司，现为一等站。主要轨道线路有广九铁路、广深铁路、广梅汕铁路和广汕铁路。广州东站具备口岸功能，是广九直通车始发站和广深城际列车“和谐号”停靠站。每天接发旅客列车逾230趟，其中超180趟为广深城际列车，实行公交化运营，发车间隔5—10分钟；其余为开往各地长途列车。2021年，东站日均到发列车72对，到发旅客4万人次，每天进出东站地区客流量超20万人次。

广州东站为地面铁路车站，主要由站前广场、客运楼、塔楼、站场四部分组成。站场配套设施包括绿化广场、地铁站、广州市最大室内公共汽车站、二层旅客进出站绿化广场、大型人工瀑布等。候车厅面积1.6万多平方米，设12个候车室，可同时容纳2万名旅客进站候车。

广州东站地区交通网络完善，

广州东站出口处南端是东站公交站场，有38条运营线路，其中多条线路接驳广州市客运站、天河客运站、黄埔客运站、滘口客运站、海珠客运站、番禺客运站和夏茅客运站等。广州东站出站地下是地铁，有1号线和3号线，分别可直达芳村西塱和番禺广场。广州东站出口处西边是广州东站汽车客运站，有开往深圳、佛山、清远、东莞等地班车。

【广州东站春运任务】 2021年春运期间（1月28日至3月8日，历时40天），广州东站地区“四站”到发客流合计838万人次，其中广州火车东站到发旅客241.9万人次，比2020年减少16.6%；广州东站汽车客运站发出班次8159班次，发送旅客38860人次；广州东站公交总站到发乘客207万人次；广州东站地铁站进出站乘客386万人次。

春运期间，广州市天河区广州火车东站地区管理委员会办公室（简称东站地区管委办）加强春运安检力度，在广州火车东站设置站内安检机18台，站外抽检机1台，严格执行站内外人、物安全检查。春运期间开展联合执勤120次，出动执勤人员1595人次，清理乱停放共享单车900辆，劝离乱停放电动车896辆，张贴违停告知书314张，劝离滞留流浪人员63名，规整单车停放点46处。

【东站地区新冠疫情防控】 2021年，东站地区管委办协调广州火车东站、广州东站地铁站、广州东站公交总站、长途汽车客运站、出租车站场、广州车站海关、东站边检等“五站一关一检”开展“第一关口”防控，监测进站旅客体温。设置临时留观点和隔离区，统一规范科学处置步骤，确保旅客及时监测，发热及时诊断，疑似及时隔离，送医及时到位。在出站口设置核酸采样点，为从中高风险地区来穗人员进行核酸检测，全年检测20.91万人，其中旅客14.40万人，铁路一线员工6.52万人。

【东站站场管理】 2021年，东站地区管委办继续开展联合执勤和整治工作。组织市交委行政综合执法局、区交通运输局、天河交警大队等14个单位，通过开展联合整治、规范交通标线、安装隔离护栏、增加电子警察等措施，打击机动车违规运营、非机动车乱停乱放等突出问题。是年，东站地区全年组织出勤活动1180次，出勤人员15591人次。

（东站地区管委办）

·公共交通

【穗深城际铁路石牌站开办客运业务】 2021年4月10日，穗深城际铁路全线唯一客货两用综合性车站石牌站正式开办客运业务。石牌站位于天河区长岗广园快速路与科韵路交会处西南侧，是中国铁路广州局集团有限公司管辖的铁路车站。其站房为两层框架结构，设站台1座，客运到发线3条，其中候车大厅面积500平方米，最多可同时容纳500人。佛肇城际铁路和穗深城际铁路跨线运行后，旅客可由石牌站乘车快速直通肇庆、佛山、东莞、深圳等周边主要地区，最快80分钟抵达深圳，102分钟抵达肇庆，肇庆至深圳间无需再中转换乘，进一步降低旅客出行时间成本。

【广州地铁18号线冼村站开通运营】 2021年9月28日，广州地铁18号线首通段（万顷沙站至冼村站）正式开通运营。首通段横跨天河区、海珠区、番禺区、南沙区，全长58.3千米（全部为地下线），设8座地下车站，除尚未开通的广州东站，天河区辖内设冼村站。该站地处冼村村内，故得名。冼村站位于金穗路与冼村路交界处，是广州地铁8号线的终点站。该线路最高运营时速达160千米，被称为“粤港澳大湾区最快地铁”。线路采取“快慢车”模式运营，快车只停靠万顷沙、横沥、番禺广场和冼村4座车站，可实现最快30分钟从南沙区抵达珠江新城。

【城市快速公共交通系统】 广州快速公共交通系统西起天河体育中心，东至黄埔夏园，简称GBRT（Guangzhou Bus Rapid Transit）。它是利用现代化公交技术配合智能交通和运营管理，开辟公交专用道路和建造新式公交车站，实现轨道交通运营服务，达到轻轨服务水准的一种独特的城市客运系统。

GBRT试验线西起天河体育中心，东至黄埔夏园，共设26个BRT站点。包括体育中心、石牌桥、岗顶、师大暨大、华景新城、上社、学院、棠下村、棠东、天朗明居、车陂、东圃镇、黄村、珠村、莲溪、茅岗、珠江村、下沙、乌冲、黄埔客运站、双岗、沙浦、南海神庙、庙头、南湾及夏园站。其中，岗顶站和师大暨大站是世界上最长的BRT站点。

【地铁线路】 2021年，经过或者始发、终点站在天河区辖内的地铁线有7条，分别是1号线、3号线、4号线、5号线、6号线、18号线和21号线。

1号线：共设16个站。广州东站（和3号线交会）—体育中心—体育西路（和3号线交会）—杨箕（和5号线交会）—东山口（和6号线交会）—烈士陵园—农讲所—公园前（和2号线交会）—西门口—陈家祠（和8号线交会）—长寿路—黄沙（和6号线交会）—芳村—花地湾—坑口—西塱（和广佛线交会）。

3号线：包括一条主线和一条支线，共30个站。其中主线设25个站：机场北—机场南—高增（和9号线交会）—人和—龙归—嘉禾望岗（和2号线、14号线交会）—白云大道北—永泰—同和—京溪南方医院—梅花园—燕塘（和6号线交会）—广州东站（和1号线交会）—林和西（可换乘APM线路）—体育西路（和1号线交会）—珠江新城（和5号线交会）—广州塔（可换乘APM线路）—客村（和8号线交会）—大塘—沥滘（和广佛线交会）—厦滘—大石—汉溪长隆（和7号线交会）—市桥—番禺广场（与18号线交会）。支线设5个站：天河客运站（和6号线交会）—五山站—华师—岗顶—石牌桥。

4号线：共设24个站。黄村（和21号线交会）—车陂—车陂南（和5号线交会）—万胜围（和8号线交会）—官洲—大学城北—大学城南（与7号线交会）—新造—官桥（未开通）—石碁—海傍—低涌—东涌—庆盛—黄阁汽车城—黄阁—蕉门—金洲—飞沙角—广隆—大涌—塘坑—南横—南沙客运港。

5号线：共设24个站。文冲—大沙东—大沙地—鱼珠（和13号线交会）—三溪—东圃—车陂南（和4号线交会）—科韵路—员村（和21号线交会）—潭村—猎德—珠江新城（和3号线交会）—五羊邨—杨箕（和1号线交会）—动物园—区庄（和6号线交会）—淘金—小北—广州火车站（和2号线交会）—西村（和8号线交会）—西场—中山八—坦尾（和6号线交会）—滘口。

6号线：共设32个站。浔峰岗—横沙—沙贝—河沙—坦尾（和5号线交会）—如意坊—黄沙（和1号线交会）—文化公园（和8号线交会）—一德路—海珠广场（和2号线交会）—北京路—团一大广场—东湖—东山口（和1号线交会）—区庄（和5号线交会）—黄花岗—沙河顶—沙河（未开通）—天平架—燕塘（和3号线交会）—天河客运站（和3号线交会）—长湴—植物园—龙洞—柯木塱—高塘石—黄陂—金峰—暹岗—苏元（和14号线交会）—萝岗—香雪。

18号线：共设9个站。广州东站（未开通，与1号线、3号线交会）—冼村—磨碟沙（与8号线交会）—龙潭—沙溪—南村万博（与7号线交会）—番禺广场（与3号线交会）—横沥—万顷沙。

21号线：共设21个站。员村（和5号线交会）—天河公园—棠东—黄村（和4号线交会）—大观南路—天河智慧城—神舟路—科学城—苏元（与6号线交会）—水西—长平—金坑—镇龙西—镇龙（与14号线交会）—中新—坑贝—凤岗—朱村—山田—钟岗—增城广场。

【广州珠江新城旅客自动输送系统】广州珠江新城旅客自动输送系统（简称APM线）于2010年11月8日开通，全长约4千米，地处广州城中轴线，穿过珠江，连接天河区和海珠区。与其他地铁不同，APM线列车只有两节车厢，没有驾驶室，运行全部实现自动化控制。APM线连通广州中央商务区，经过中国第一高塔广州塔，穿越亚运开幕式表演地海心沙公园，从花城广场一直延伸到天河体育中心。APM线站点有：林和西（与3号线北延段换乘）—体育中心南—天河南—黄埔大道—妇儿中心—花城大道—大剧院—海心沙—广州塔（与3号线主线换乘）。

【主要长途汽车站场】2021年，天河区内长途汽车站场主要有天河客运站、广州火车东站客运站2个站场。

天河汽车客运站位于广州市天河区燕岭路633号，1997年1月建成投入使用，占地面积4.6万平方米，是国家交通管理部门核定的一级主枢纽站场。车站主停车场面积2万余平方米，发班卡位70多个，可供200多辆候发班车同时停放；天河汽车客运站推进信息化建设，陆续投入500多万元对客运管理等信息系统进行升级改造，2001年建立并通过ISO 9001质量管理体系认证。天河汽车客运站班车主要经营江苏、浙江、安徽、福建、江西等省际，以及省内广梅、广汕等方向班车，是辐射华东、粤东的枢纽站场。客运站经营班车通达11个省、直辖市、自治区和全省21个地级市，班车线路189条，其中省际线路71条、省内线路118条；参营班车1030余辆，日均发班615个班次，日均发送旅客6362人次，高峰日最高发送旅客5.2万人次，全年客运量232万人次。

广州火车东站客运站，位于禺东西路43号（火车东站地铁出口H、J出口）。班车线路以省内珠三角地区班线为主，覆盖增城、花都、从化、佛山、东莞、深圳、中山、珠海、清远、肇庆、江门、阳江、茂名、湛江、惠州、汕尾、汕头、潮州、福建、海南、广西、湖南、湖北、山东等24个地区、60余条线路。全年客运量21.2万人次，日均客流量581万人次。（区交通运输局）

科教文体卫

科技

【概况】 天河区坚持创新驱动发展，贯彻落实《广州市科技创新条例》。制定《2021年天河区落实创新驱动发展八大举措的工作方案》。出台《2021天英汇“一赛一节一基地”创新创业服务平台系列工作方案》，升级打造“一赛一节一基地”创新服务平台，为创新创业群体构建“雨林式”创新生态体系。

【创新主体培育】 2021年，天河区新增科技类企业3.4万家，占全市的38.2%；高新技术企业总数2688家，占全市的23.5%；新认定国家级专精特新“小巨人”企业2家；5家企业入选2021年中国互联网百强，占全市的55%；4家企业入选2021中国新科技百强，占全市的80%。“第十一届亚洲知识产权营商论坛”粤港澳大湾区专题论坛在天河中央商务区举办，全区专利授权量2.9万件，总量连续19年全市第一，10项成果入选2020年国家科学技术奖，占全市的45.5%。

【科技成果转化】 2021年，天河区发挥广州（国际）科技成果转化天河基地优势，促进优质科技成果落地转化。全年引进5批次10个项目，举办活动超170场。截至年底，基地已入驻15家创新企业、12家服务机构、1家孵化育成服务机构。启动2020年度广州（国际）科技成果转化天河基地专项政策申报工作，支持金额462.22万元。

【创新载体建设】 2021年，天河区继续实施“天河优创”计划，全省首创“先评后赛，以赛促评”方式开展科技创新载体绩效评价工作，推动科技企业孵化载体高质量发展。是年，区新增国家级孵化器4家，新增省级孵化器3家、众创空间5家。全区有科技企业孵化器和众创空间225家，其中国家级孵化载体32家，省级孵化载体36家。至真信息、骏伯网络、火烈鸟等10余家企业成为市场估值超5000万美元的“未来独角兽”。

【科技金融融合】 2021年，天河区拓宽中小微企业融资渠道，搭建企业与银行、风投机构的交流对接平台，与中国银行广东分行联合推出“天河创新贷”系列专属融资方案。为天河上百家注重研发的软件业企业授信超10亿元。会同广东股权交易中心设立全国首个大湾区科技成果转化板，221项科技成果项目上板注册展示，促进科技成果与资本市场无缝对接。强化与上交所南方中心、深交所广州服务基地合作，推出“天河资本班”专场培训，助力软件企业上市挂牌，为区内超60家拟上市企业提供全方位培训服务。推动中望龙腾、洋葱集团成功上市。

【粤港澳大湾区（广东）创新创业孵化基地开园】 2021年3月29日，粤港澳大湾区（广东）创新创业孵化基地在天河区开园。该孵化基地由广东省人力资源和社会保障厅和天河区人民政府合作共建，旨在为港澳青年、大学生、留学回国人员等提供全周期创业孵化育成服务，打造集交流、培育、实训、孵化、展示、对接等功能于一体的示范性平台。园区建筑面积6.65万平方米，总投资超7亿元，设有三大智慧系统、六大服务平台、八大功能分区，可同时容纳孵化企业约200家。经评审，首批落户项目51个，涵盖人工智能、新一代信息技术、节能环保、高端装备制造、新材料、生物医药与健康、新能源等前沿科学行业领域。

【2021广州国际创新节】 2021年12月20日，广州国际创新节在广州（国际）科技成果转化天河基地举办，为期3天。是届创新节以“聚力策源 协同创新”为主题，采用“线上+线下”双线结合形式举办，邀政府部门领导、高校专业学者、标杆企业家代表、投融资精英等代表，聚焦产学研协同创新主题，围绕打造环五山创新策源区和重点产业创新联合体等话题展开深入探讨。开幕式上发布广州首个由政府牵头成立的区域类创新联合体——环五山协同创新联合体，以及涵盖工业软件、信创产业、人工智能、现代都市工业、医疗健康

2021 年 12 月 20 日，“天河优创” 产业孵化器特色榜单上榜园区颁奖典礼

（区科工信局供稿）

大数据等五大行业创新联合体。开幕式还发布“天河优创”创新载体，为入驻广州（国际）科技成果转化天河基地的优质项目授牌，发布《广州市特色产业集群数字化转型成果白皮书（2021）》。创新节期间还举办创新产品专题秀、天英汇国际创新创业大赛总决赛、2021 第五届天河人才文化节等活动。

【2021 广州天英国际创新创业大赛】 9 月 15 日，2021 广州天英汇国际创新创业大赛正式启动，面向全球征集重点产业领域的创新创业项目。大赛分为内地、港澳台和国外三大赛区，设立工业互联网和智能制造、软件和信息技术、智慧服务、智慧农业四大征集主题。大赛采用“1＋N”赛事互联合作机制，落实“3＋X”服务计划，以天河基金和天河一号、二号政府引导基金为投资主导，引进社会化创投机构，共同挖掘、引进、投资、培育落地天河发展的优质创新企业。大赛吸引 747 个项目报名，最终有 20 个内地赛区项目、7 个港澳台赛区项目、3 个国外赛区项目被评为年度获奖项目。

【高新技术企业】 天河区是广州市高新技术产业集中地，在软件、新材料、生物制药等方面优势明显。2021 年，新认定高新技术企业 703 家，约占广州市的 19%，其中民营科技企业发展迅速，涌现出广州酷狗计算机科技有限公司、广州南方测绘科技股份有限公司等高新技术企业领先者。

表 46

2021 年天河区主要民营科技企业表

序号	名称	地址	成立时间	主营项目
1	广州南方测绘科技股份有限公司	科韵路 26 号测绘大厦	1989 年	卫星导航仪器、卫星定位系统、测绘仪器、地理信息系统、测绘软件开发
2	广州南天电脑系统有限公司	天河软件园建工路 1 号南天大厦	1992 年	生产、设计、开发和销售计算机产品、配套外部设备、智能电子设备及机电设备应用系统等
3	京华信息科技股份有限公司	建中路 20 号	1993 年	开发、研制、销售计算机软硬件及外围设备，计算机系统集成等
4	广东天普生化医药股份有限公司	高普路 89 号	1993 年	生化原料药及冻干粉针、制剂的开发、制造、销售、技术服务等
5	广州市高科通信技术股份有限公司	高普路 168 号	1995 年	研究开发、生产销售通信产品及软件。经营本企业自产产品及技术的出口业务和本企业所需机械设备、零配件、原辅材料及技术的进口业务
6	广州市合诚化学有限公司	珠江西路 17 号广晟国际大厦 603～604	1996 年	化工产品开发、研制。自营和代理各类商品及技术的进出口业务。经营进料加工和“三来一补”业务、对销贸易和转口贸易等
7	中数通信息有限公司	五山路 1 号华晟大厦 18～22 楼	1997 年	电信运营商移动与互联网增值业务
8	广州太平洋电脑信息咨询有限公司	高普路 115 号	1997 年	互联网信息和服务
9	广州航天海特系统工程有限公司	思成路 15 号	1997 年	计算机软硬件、电子技术等
10	广州网易计算机系统有限公司	思蕴路 5 号自编 A2 栋 2 楼 01 单元	1997 年	互联网信息、技术服务
11	北明软件有限公司	思成路 1 号北明软件大楼七层至八层	1998 年	为金融、电力、能源、政府、军工、教育、医疗、交通、电信运营商、互联网及制造业等行业提供综合性 IT 服务

续表 46

序号	名称	地址	成立时间	主营项目
12	蓝盾信息安全技术股份有限公司	科韵路 16 号广州信息港 A 栋 20～21 号	1999 年	计算机硬件开发，计算机信息系统集成、布线，承接网络工程建设项目，信息技术等
13	广东海格怡创科技有限公司	海安路 13 号财富世纪广场 A1 栋十九楼	2000 年	通信网络软件调测与技术服务、网优测试与分析、通信技术服务，以及工具软件和管理应用软件开发
14	广东和新科技有限公司	华观路 1933 号 1004 房、1005 房、1006 房	2000 年	互联网信息、技术服务
15	宜通世纪科技股份有限公司	建中路 14、16 号第三层东	2001 年	通信领域的工程建设、网络维护、网络优化、技术支持等
16	广州致远电子有限公司	思成路 43 号第 3 层 306 房	2001 年	电子工业自动化与行业高端分析与测量仪器
17	广东亿迅科技有限公司	龙口中路 130 号龙威广场 B 座	2001 年	计算机及通信软、硬件的研究、开发；电信增值业务；通信网络、计算机系统的设计、技术服务、系统集成及工程施工等
18	广州银联网络支付有限公司	建中路 61 号	2001 年	银行卡网上支付、银行卡增值服务、港澳代理收单、银行卡终端机具渠道维护等现代电子支付业务
19	广州凡拓数字创意科技股份有限公司	天慧路 12 号五楼至六楼	2002 年	三维数字图像技术开发和应用
20	越亮传奇科技股份有限公司	天河北路 898 号三楼	2002 年	电信行业应用服务与增值服务
21	广东美电贝尔集团股份科技有限公司	高普路 1033 号第一层	2004 年	专业视频及音频的研发、生产、销售和服务
22	广州明森科技股份有限公司	广汕一路 500 号 1～5 栋	2004 年	智能卡设备、制卡配套软件系统及相关系统解决方案
23	广州赛意信息科技股份有限公司	珠江东路 12 号 16 楼 1603～1605 单元	2005 年	企业管理信息化解决方案提供商
24	广州酷狗计算机科技有限公司	科韵路信息港 B 栋 13 层	2006 年	酷狗音乐系列软件
25	广州简悦信息科技有限公司	高普路 38 号 602 房	2011 年	手机网络游戏

【科研单位和技术工程中心】 天河区是广州市科研机构密集区。2021 年，区内有中央、省、市属科研院所 50 所。天河区聚集广州市三分之一的工程中心，吸引优质政府公共服务、优惠政策、财政奖励资金、项目扶持资金等资源。截至 2021 年年底，全区国家级以上工程技术研发中心 10 家，省级工程技术研发中心 451 家。

表 47　　2021 年驻天河区省级以上科研单位表

序号	单位名称	地址
1	广州信息技术研究所	天河路 34 号
2	广东省冶金产品质量监督检测中心	金慧街 88 号大院
3	广东省科学院产业技术育成中心	长兴路 363 号
4	广州气象卫星地面站	东莞庄路 280 号
5	广东省地质环境监测总站	广州大道北 910 号
6	广东省农业科学院	金颖路 29 号
7	广东省农业科学院农业经济与信息研究所	金颖路 31 号
8	广东省林业调查规划院	广汕一路 338 号
9	珠江水资源保护科学研究所	天寿路 80 号
10	广州市体育科学研究所	天河路 299 号体育中心西小门
11	广东省水利水电科学研究院	天寿路 101 号

续表 47

序号	单位名称	地址
12	广东省特种设备检测研究院	黄埔大道中 144 号～152 号
13	广州半导体材料研究所	东莞庄路 161 号
14	广东省农业科学院环境园艺研究所	五山路金颖东一街 1 号
15	广东省科学院化工研究所	棠下车陂西路 318 号
16	广州市交通运输研究所	马场路 24 号 6 楼
17	广东省农业科学院茶叶研究所	大丰路 6 号
18	广东省科学院中乌焊接研究所	长兴路 363 号
19	广东省农业科学院设施农业研究所	五山街道白石岗街
20	广东省农业科学院植物保护研究所	五山路金颖路 7 号
21	珠江水利委员会珠江水利科学研究院	天寿路 80 号
22	广东省农业科学院农业资源与环境研究所	金颖路 66 号
23	广东省农业科学院农业质量标准与监测技术研究所	金颖路 20 号广东省农业科学院创新大楼
24	广东省林业科学研究院	龙洞街道广汕一路 233 号
25	广东省现代农业装备研究所	五山路 261 号
26	广州海关技术中心	珠江新城花城大道 66 号 B 座
27	广东省中药研究所	高唐路 229 号 4 栋
28	广州市环境保护科学研究院	天河南一路 24 号
29	广东省体育科学研究所	东圃黄村奥体路 818 号
30	广东省农业科学院农业生物基因研究中心	金颖路 20 号创新大楼
31	广东省科学院生态环境与土壤研究所	天源路 808 号
32	广东省家禽科学研究所	柯木塱南路 39 号
33	广东省农业科学院水稻研究所	金颖东一街 3 号
34	广东省社会科学院	天河北路 618 号
35	中国科学院广州能源研究所	五山能源路 2 号
36	广东省农业科学院作物研究所	天河区五山路
37	广东省农业科学院蚕业与农产品加工研究所	东莞庄一横路 133 号
38	广东省科学院新材料研究所	长兴路 363 号
39	中国科学院华南植物园	兴科路 723 号
40	广东省科学院工业分析检测中心	长兴路 363 号大院
41	广东省文物考古研究所	水荫四横路 32～34 号
42	广东省农业科学院蔬菜研究所	金颖路 66 号
43	广东省农业科学院动物卫生研究所	五山白石岗
44	广东省农业科学院动物科学研究所	五山大丰一街一号
45	广东省农业科学院果树研究所	五山大丰二街 80 号
46	中国林业科学研究院热带林业研究所	龙洞街广汕一路 682 号
47	广东省科学院半导体研究所	长兴路 363 号大院
48	中国科学院广州地球化学研究所	科华街 511 号
49	广东省科学院资源利用与稀土开发研究所	长兴路 363 号
50	岭南现代农业科学与技术广东省实验室	五山路 483 号教学一区编制 15 号楼 101 房

表 48

2021 年天河区国家级工程技术开发中心表

序号	工程中心名称	级别	所属单位
1	国家医疗保健器具工程技术研究中心	国家级	广东省科学院健康医学研究所
2	国家钛及稀有金属粉末工程技术研究中心	国家级	广东省科学院资源利用与稀土开发研究所
3	国家农业机械工程技术研究中心（南方分中心）	国家级	广东省农业机械研究所
4	国家金属材料近净成型工程技术研究中心	国家级	华南理工大学
5	国家植物航天育种工程技术研究中心	国家级	华南农业大学
6	国家人体组织功能重建工程技术研究中心	国家级	华南理工大学
7	国家移动超声探测工程技术研究中心	国家级	华南理工大学
8	造纸与污染控制国家工程研究中心	国家级	华南理工大学
9	聚合物新型成型装备国家工程研究中心	国家级	华南理工大学、广州华新科实业有限公司
10	基因工程药物国家工程研究中心	国家级	暨南大学

【科普教育】 2021 年，天河区依托辖内众多高校、科研院所、科普基地开展各类科普宣传活动。通过开展科普进社区活动，对市民进行食品安全、医疗健康等科普知识宣传。通过科技大篷车进校园等活动，让青少年了解最新科学技术知识。截至是年底，天河区有科普教育基地 32 个。

表 49

2021 年天河区科普教育基地表

单位	被命名基地类别	命名单位	基地挂牌时间
广州华南植物园	广东省环境教育基地	中共广东省委宣传部、广东省环保局	1998 年
	广东省植物学科学普及基地	广东省科学技术协会、中科院华南植物所	1998 年
	广州市环境教育基地	中共广州市委宣传部、广州市环保局	1998 年
	全国科普教育基地	中国科学技术协会	1999 年
	全国青少年科普教育基地	科技部、中共中央宣传部、教育部、中国科学技术协会	1999 年
	广东省直属机关青年科普教育基地	共青团广东省直属机关工作委员会、广东省直属系统青年联合会	2000 年
	天河区青少年科技教育基地	中共广州市天河区委员会、广州市天河区人民政府	2000 年
	广州市科学技术普及基地	广州市人民政府	2001 年
	广州市青少年科技教育基地	广州市教育局、广州市青少年科技教育协会	2001 年
	广州市天河区科普教育基地	中共广州市天河区委员会、广州市天河区人民政府	2001 年
	广东省青少年科技教育基地	广东省科学技术厅、中共广东省委宣传部、广东省科学技术协会	2003 年
广东现代农业科普园	广东省科普教育基地	广东省科学技术协会	1998 年
	广州市科学技术普及基地	广州市天河区人民政府	2003 年
中国科学院广州地球化学研究所	广州市爱国主义教育基地	中共广州市委员会、广州市人民政府	2003 年
	广东省地学与资源科普基地	广东省科学技术协会	2003 年
中国科学院广州能源所	广东省青少年科技教育基地	广东省科技厅、中共广东省委宣传部、广东省旅游局、广东省科学技术协会	2004 年
	广州市科学技术普及基地	广州市科学技术协会	2006 年
	天河区科普教育基地	广州市天河区人民政府	2006 年
广东省土壤科学博物馆	天河区长兴街科普教育基地	长兴街党工委、长兴街办事处	2004 年
	广州市科学技术普及基地	广州市人民政府	2006 年
	广东省科普教育基地	广东省科学技术协会	2007 年

续表 49

单位	被命名基地类别	命名单位	基地挂牌时间
广东省土壤科学博物馆	广东省青少年科技教育基地	广东省科学技术厅、中共广东省委宣传部、广东省教育厅、广东省旅游局、广东省科学技术协会	2007 年
	广州市天河区科普教育基地	广州市天河区人民政府	2008 年
	全国科普教育基地	中国科学技术协会	2020 年
广州图书馆	广州市科学技术普及基地	广州市人民政府	2006 年
广东省博物馆	广东省科普基地	广东省国土资源厅	2008 年
广州货币金融博物馆	广州市科学技术普及基地	广州市人民政府	2008 年
	广东省青少年科技教育基地	广东省科学技术厅、中共广东省委宣传部、广东省教育厅、广东省旅游局、广东省科学技术协会	2009 年
广东树木公园	广州市科学技术普及基地	广州市人民政府	2008 年
	全国科普教育基地	中国科学技术协会	2020 年
广东省农业科学院蚕业与农产品加工研究所	广东省科普教育基地	广东省科学技术协会	2012 年
华南农业大学食品安全科普基地	广州市科学技术普及基地	广州市人民政府	2012 年
广东实验中学附属天河学校科普教育基地	广州市科学技术普及基地	广州市人民政府	2014 年
华南师范大学生物标本馆科普基地	广州市科学技术普及基地	广州市人民政府	2015 年
广州风行牛奶科普基地	广州市科学技术普及基地	广州市人民政府	2016 年
华南农业大学艺术学院广东民族服装服饰艺术博物馆	广州市科学技术普及基地	广州市人民政府	2016 年
《中国家庭医生》健康科普基地	广州市科学技术普及基地	广州市人民政府	2017 年
华南农业大学亚热带农业生物资源保护与利用国家重点实验室	广州市科学技术普及基地	广州市人民政府	2017 年
广州市水生野生动物保护科普基地	广州市科学技术普及基地	广州市人民政府	2017 年
《中国家庭医生》健康科普基地	广州市科学技术普及基地	广州市人民政府	2017 年
青少年心理健康科学传播培训基地	广州市科学技术普及基地	广州市人民政府	2017 年
广州市智慧健康科普基地	广州市科学技术普及基地	广州市人民政府	2017 年
工业机器人科技应用创新科普基地	广州市科学技术普及基地	广州市人民政府	2017 年
广州市岭南中草药科普基地	广州市科学技术普及基地	广州市人民政府	2017 年
非遗传承大师工坊科普基地	广州市科学技术普及基地	广州市人民政府	2018 年
刘金山地球历史与生命演化科普基地	广州市科学技术普及基地	广州市人民政府	2018 年
珍稀兰花科普基地	广州市科学技术普及基地	广州市人民政府	2018 年
体感教育科普基地	广州市科学技术普及基地	广州市人民政府	2018 年
广东省工业分析检测中心材料评价科普基地	广州市科学技术普及基地	广州市人民政府	2019 年
广州市正佳海洋世界生物馆有限公司	广东省科普教育基地	广东省科学技术协会	2019 年
	全国科普基地	中国科学技术协会	2020 年
半导体科技科普基地	广州市科学技术普及基地	广州市人民政府	2020 年
广州正佳自然科学博物馆科普基地	广州市科学技术普及基地	广州市人民政府	2020 年
广东省科学院产业技术育成中心	广州市科学技术普及基地	广州市人民政府	2020 年

（梁翰周）

教育

【概况】 2021年，天河区继续推进“天河优教行动”，开展基础教育“幼有善育、学有优教”幸福标杆行动计划。截至是年底，天河区辖内有中小学128所，幼儿园211所，特殊教育学校4所（区属公办1所、省市办3所）；在校中小学生174606人，在园幼儿57319人，特殊教育在校生1301人，教职工22046名，其中在编公办中小学、幼儿园教职员7065人。2021年，全区高中特招控制线上人数1696人，上线率48.54%；本科上线人数突破3000人，上线率87.46%。区属公办高中特招控制率连续5年全市第一，特招控制率线上线人数首次突破1500人，本科上线率首次突破90%，达到91.32%。区属公办初中教育教学质量提升，超600分的学生占比近50%，比全市高约3个百分点。

天河区深化教育教学改革。与华东师范大学合作开展天河区基础教育课程与教学质量提升项目，培育一批种子学校。区级规划课题立项133项，获“2021年市优秀教学成果培育奖”教学成果18项，被广州市确定为国家级优秀教学成果推广应用示范区。在天河外国语教育集团创新开设合作班，探索集团化办学的深度融合和整体发展。推动天河职业中学与天河开放大学整合，优化改善天河职业中学办学标准和办学条件。推进正面教育、立志教育校级联盟工作和社会实践大课堂建设，与深圳市南山区教育局共同举办大湾区中小学德育“双城”论坛“山河对话”，探索德育工作交流新路径。整合体育课堂、大课间、课外锻炼三个载体，打造“一校一品”特色体育项目，依托全国青少年校园足球试点区和“满天星”训练营建设，推动青少年校园足球“八大体系”行动计划。开展“天河之春”2021年第四届学校美育节系列活动，全区中小学参与率100%。补充心理教师专业队伍，开展校级心理节等系列活动，关注中小学生日常心理健康。成立科技教育专业委员会，组建科技教师骨干团队，擦亮科技创新教育品牌，参加区级以上竞赛的人数超3万人次，省级科技创新类竞赛活动获奖364项。

【教育经费投入】 2021年，天河区财政投入教育经费44.09亿元，占是年财政支出的27.46%，约占区GDP的0.73%。其中预算内投入43.97亿元，占是年财政总支出的27.39%，预算外投入1156万元。

【教育基建项目建设】 2021年，天河区重大教育项目布局优化调整全面启动。《天河区教育设施布局规划优化调整及中小学三年行动计划》编制工作基本完成，着眼全局对热点地段义务教育学校布局优化调整。广州中学凤凰校区加扩建项目一期建设完成，天河外国语学校智慧城校区完成立项和规划调整，清华附中湾区学校二期校区基本完成用地征拆。太阳广场配套小学、石牌西路配套小学、华景小学北校区等一批新建、改扩建项目进展顺利。

【学前教育】 2021年，天河区设幼儿园211所，其中公办幼儿园65所，普惠性民办幼儿园99所，在园幼儿57319人。是年，区财政学前教育经费投入39928万元，占是年财政支出的2.49%，约占全区GDP的0.07%，其中预算内投入49733万元，预算外投入195万元。根据学前教育资助制度，对18438人次幼儿资金补助293.48万元。新增16所规范化幼儿园、13所区一级幼儿园。

表50　　2021年天河区辖内幼儿园基本情况表

幼儿园名称	幼儿园地址	性质	开办年份	幼儿园规模			
				学生数（人）	教工数（人）	占地面积（平方米）	建筑面积（平方米）
广州市幼儿师范学校附属幼儿园	天河东路德荣街2号	公办	1951	1525	202	13699.28	11896.95
广州市天河实验幼儿园	黄埔大道中华翠街11号、66～68号	公办	1952	763	103	5793.35	4488.38
华南理工大学幼儿园	五山华南理工大学内	单位办	1952	594	117	17476	7025.99
华南师范大学附属幼儿园	石牌华南师范大学校内	单位办	1952	708	113	11193	10581.29
广东省军区第四幼儿园	沙和路34号	单位办	1953	199	34	2490	1585
广州市人民政府机关幼儿园	龙口西路穗园小区A栋	公办	1956	700	97	9386.38	5899.2
广州市民政局幼儿园	水荫四横路43号首层	公办	1957	399	57	3620.9	3091.5
广州市天河区金贝幼儿园	沙河水荫四横路133号	民办	1957	236	46	2217	998
广州市白云区商业企业总公司幼儿园	水荫四横路101号	单位办	1957	209	29	800	545
华南农业大学幼儿园	五山华南农业大学六一区	单位办	1958	630	118	19863	6233

续表 50

幼儿园名称	幼儿园地址	性质	开办年份	幼儿园规模			
				学生数（人）	教工数（人）	占地面积（平方米）	建筑面积（平方米）
暨南大学幼儿园	石牌岗顶暨南大学校内	单位办	1958	660	106	6159	4939
广东省农业科学院幼儿园	石牌金颖西二街 26 号	单位办	1958	154	70	4467	3814.43
广州市天河区长湴幼儿园	长湴村内	单位办	1958	315	40	1950	1613
广州市天河区棠下幼儿园	中山大道棠下荷光路一横路自编 2 号	单位办	1958	287	32	2117	1629
广州市天河区东圃幼儿园	东圃大马路荣圃街二号	公办	1959	770	114	8837	2959.48
广州邮电通信设备有限公司幼儿园	中山大道 139 号	单位办	1960	299	36	2433.62	1778.35
广州无线电集团有限公司幼儿园	员村一横路七号大院	单位办	1964	305	46	4360	2475
广州市天河区岑村幼儿园	岑村沙埔路 23 号	单位办	1969	94	15	400	680
工业和信息化部电子第五研究所幼儿园	东莞庄路 110 号	单位办	1972	92	16	100	490
中国人民解放军体育学院幼儿园	沙河禺东西路 38 号	单位办	1974	298	47	5735	5253
广州市天河区龙洞幼儿园	龙洞迎龙路自编 191 号	民办	1983	555	63	4297	2976.24
广州市天河区明阳幼儿园	燕岭路燕兴街 36 号	民办	1984	145	24	4200	1998
广州市天河区石牌三骏集团有限公司幼儿园	石牌村市头大街 30 号	民办	1985	379	55	4577	5046.45
广州市天河区珠村幼儿园	珠村东横一路 1—1 号	单位办	1987	425	49	2422	2696
广州市天河区吉山幼儿园	吉山下街北 1 号	民办	1987	330	55	6500	3840
广州市天河区车陂幼儿园	车陂祠前大街龙溪楼 C 座	单位办	1987	412	48	1338	4371
广州市天河区永福幼儿园	先烈中路永福正街 86 号	民办	1988	101	19	346	1015
广州市天河区家家乐幼儿园	员村新村 113 号	民办	1989	113	21	538	944
广州市社会福利院附属幼儿园	体育西横街 146 号	单位办	1991	81	22	2824	2122
广州市天河区儿童福利会幼儿园	体育西横街 146 号	民办	1991	241	37	1912	1912
广州军区司令部沙河中心幼儿园	沙河伍仙桥某部队院内	单位办	1992	67	12	3972	1741
广州市天河区体育东路幼儿园	体育东路六运六街 13 号	民办	1992	136	25	520	1140
广州市天河区马蹄岗幼儿园	天平架马蹄岗一横巷 31 号	民办	1992	208	29	400	1050
广州市天河区西华幼儿园	车陂西华大街 15 号	民办	1992	165	26	836.76	742
广州市天河区健康乐幼儿园	车陂荔园大街 10 号	民办	1993	113	20	620	1380
中国人民武装警察部队广东省总队幼儿园	棠下荷光路 150 号	单位办	1994	169	28	1598	2130
广州市天河区车陂欢乐幼儿园	车陂东溪大街西四巷 11 号	民办	1994	94	17	560	751
广东省文化和旅游厅幼儿园	水荫四横路 32 号大院内	单位办	1995	320	45	2608	3074
广州市天河区棠东幼儿园	棠东官育路 14 号	单位办	1995	386	56	2258	2250
广州市天河区黄村艺术幼儿园	黄村大道 39 号	民办	1995	241	31	5600	5200
广州市天河区侨翠园幼儿园	先烈东二横路 2 号	民办	1995	130	21	573	345
广州市天河区德欣幼儿园	天河东路 62 号之一	民办	1995	194	25	1100	1200
广州市华美英语实验学校幼儿园	广州华美英语实验学校内	民办	1995	177	73	7317.04	3975
广州市天河区小太阳幼儿园	东圃小新塘西约西边坑上街 9 巷 3 号	民办	1996	77	11	190	520
广州市天河区银利幼儿园	兴华街牛利岗 144 号	民办	1996	230	30	1385	1640
广州市天河区东莲幼儿园	东圃大马路 8 号后座之一	民办	1996	90	13	305	479

续表 50

幼儿园名称	幼儿园地址	性质	开办年份	幼儿园规模			
				学生数（人）	教工数（人）	占地面积（平方米）	建筑面积（平方米）
广州市天河区甘园幼儿园	沙东街甘园路涂屋 1 号	民办	1996	105	17	565	880
广州市天河区侨乐新村幼儿园	沙太南路侨乐新村 50 号	民办	1996	133	18	856	793
广州市天河区穗乐花园幼儿园	员村二横路员村西街 40 号	民办	1996	181	31	1357	943
广州市天河区力源东星幼儿园	珠村力子园路力子园 A 栋 1～2 层	民办	1996	86	17	1000	1000
广州市天河区龙苑幼儿园	车陂高地龙口龙苑三巷 3 号	民办	1997	160	28	954	1350
广州市天河区岭南中英文幼儿园	龙口西路天龙街 11 号	民办	1997	255	67	3350	3289
广州市天河区华莎幼儿园	石牌踏槐里 4 号	民办	1997	210	25	1901	1026
广州市天河区天强艺术幼儿园	天强路 4 号	民办	1997	207	27	1500	1172
广州市天河区新苗幼儿园	兴华街银和村黄猄坳 56 号	民办	1998	94	15	400	680
广州市天河区远景幼儿园	天河东路华平街 1 号	民办	1998	310	40	3300	1707.21
广州市天河区新蕾五星幼儿园	伍仙桥 39 号	民办	1998	305	46	4360	2475
广州市天河区元岗幼儿园	上元岗车房大街 8 号	单位办	1998	210	26	1392	1399
广州市天河区家乐幼儿园	渔沙坦荷苞岭 13 号之一	民办	1998	122	18	190	980
广州市天河区天天幼儿园	棠下棠新小区办公楼	民办	1998	105	12	747	765
广州市天河区程界幼儿园	员村程界西村石源大街 8 号之一	民办	1998	120	23	1300	900
广州市天河区河水幼儿园	天平架河水大街一横巷 11 号	民办	1998	165	25	580	993
广州市天河区乐宝幼儿园	柯木塱榄元新街一巷 3 号	民办	1998	210	25	800	2010
广州市天河区乐意居幼儿园	长兴路美景街 18 号	民办	1998	304	43	2236	2554
广州市天河区明日之才幼儿园	剑咀北街 1 巷 6 号	民办	1999	152	26	400	1011
广州市天河区前进幼儿园	前进村桃园中路 18 号	民办	1999	224	50	4900	3607
广州市天河区金海艺术幼儿园	天河北路金海花园金海北街 6 号	民办	1999	210	29	820	1294.19
广州市天河区棠德幼儿园	棠德花园 B 区	民办	1999	199	27	1808	1123
广州市天河区聪聪幼儿园	龙洞西街 8 号	民办	1999	200	29	200	1138
广州市天河区安安幼儿园	棠下竹基西南六巷 1 号	民办	2000	200	34	1403	2213
广州市天河区 B B 乐英语实验幼儿园	棠下棠德花园 C 区	民办	2000	210	32	1510	1510
广州市天河区金太阳幼儿园	天河北龙口东路 325 号	民办	2000	369	54	1616	2108
广州市天河区富康幼儿园	东康街 85 号	民办	2001	199	40	2258	1283
广州市天河区悦教智慧幼儿园	员村西街四号大院内	民办	2001	255	37	1473	1657.83
广州市天河区骏景花园东区幼儿园	中山大道 190 号骏景花园内	民办	2001	198	31	1544	997
广州市天河区昌乐幼儿园	员村昌乐园 63 号	公办	2001	205	27	555	635
广州市天河区尚进幼儿园	员村四横路 5 号大院 43 号	民办	2001	210	32	933	1266
广州市天河区兴华幼儿园	广州大道北 910 号	民办	2002	180	22	750	486
广州市天河区汇景新城幼儿园	汇景新城内	民办	2002	311	48	3945	2355.2
广州市天河区帝景苑幼儿园	龙口中路 6 号	民办	2002	168	28	1390	890
广州市天河区五山花园幼儿园	广州大道北瑞和街 32 号	民办	2002	361	51	2183	2099
广州市天河区五仙花园幼儿园	广州大道北绿安街 13 号	民办	2002	314	46	1500	1500
广州市天河区冠庭园幼儿园	岳洲路贤韵街 3 号之一	民办	2002	232	27	900	1627
广州市天河区米洛（骏景）英文幼儿园	中山大道骏景花园南区	民办	2003	252	59	2095	1676

续表 50

幼儿园名称	幼儿园地址	性质	开办年份	幼儿园规模			
				学生数（人）	教工数（人）	占地面积（平方米）	建筑面积（平方米）
广州市天河区阳光花园中英文幼儿园	沙太南路 261～269 号	民办	2003	344	66	1577	1884
广州市天河区启蒙中英文艺术幼儿园	龙口西路金田西街金田花苑南门 1 号	民办	2003	500	64	3267	2179
广州市天河区泰安幼儿园	车陂泰安花园内	民办	2003	299	40	1825	2125
广州市天河区旭景加拿达中英文幼儿园	中山大道车陂路段北侧旭景东街 39 号	民办	2003	299	55	2000.09	1466
广州市天河区天朗幼儿园	富力天朗明居内	民办	2003	280	41	2600	1801
广州市天河区翰景幼儿园	翰景街 2 号	民办	2003	126	20	1011	511
广州市天河区福龙艺术幼儿园	粤垦路 170 号	民办	2004	376	56	5272	5747
广州市天河区新庄艺术幼儿园	黄埔大道东启明大街南 14 巷 4 号	民办	2004	281	44	2040	2478
广州市天河区齐齐乐幼儿园	长兴街长湴东路 1 号	民办	2004	78	15	480	560
广州市天河区粤韵庭园艺术幼儿园	黄埔大道中粤韵庭园内	民办	2004	142	25	2355	1277
广州市天河区天一庄中英文艺术幼儿园	黄埔大道中员村山顶天一庄小区内	民办	2004	188	32	1410	618
广州市天河区半山翠庭世纪贝贝幼儿园	茶山贤韵街 43 号半山翠庭	民办	2004	130	23	1375	725
广州市天河区松岗园幼儿园	棠下上社东升五巷 2 号	民办	2004	301	40	2000	2500
广州市天河区艺星幼儿园	广州大道北 878 号	民办	2004	111	15	620	480
广州市天河区鸿燕幼儿园	燕都路 89 号	民办	2005	97	19	600	330
广州市天河区广氮新村幼儿园	车陂北街 22 号	民办	2005	170	21	945	762.1
广州市天河区吉米英文幼儿园	中山大道广海花园内	民办	2005	222	35	1504	1800
广州市天河区天丽幼儿园	东圃二横路 72 号	民办	2005	286	38	2600	1800
广州市天河区世纪绿洲幼儿园	天源路世纪绿洲小区内	民办	2005	238	32	1500	1160
广州市天河区珠江新城海滨幼儿园	海月路 413 号	民办	2005	277	53	3146	1713
广州市天河区金色未来幼儿园	东圃天力街 11 号	民办	2006	160	26	2067	1455
广州市天河区建丽花园幼儿园	长兴路建丽花园内	民办	2006	130	23	1439	1013
广州市天河区新燕幼儿园	燕塘路 56 号	民办	2006	284	47	2149	1465
广州市天河区都市兰亭幼儿园	员村二横路兰亭街 25 号	民办	2006	328	41	2001	2006
广州市天河区美林湖畔翰林幼儿园	桃园南二街 188 号	民办	2006	110	23	2299	1619
广州市天河区虹羽艺术幼儿园	中山大道骏景花园骏灏轩内	民办	2006	31	12	1600	776.3
广州市天河区员村幼儿园	员村北社大街自编 4 号	民办	2007	131	21	480	660
广州市天河第二实验幼儿园	粤垦路 614～624 号金燕花苑内	公办	2007	595	82	4283	4038.39
广州市天河区凯旋春田幼儿园	珠江新城海明路 281 号	民办	2007	188	51	2416	1536
广州市天河区南苑幼儿园	黄埔大道西 437 号首层	民办	2007	210	26	1100	502
广州市天河区棠德文轩幼儿园	棠德西二街 30 号	民办	2007	245	39	1315.9	1234
广州市天河区华景陶然幼儿园	华景北路 115 号	民办	2008	419	56	1700	2155.1
广州市天河区力迅上筑幼儿园	珠江新城海明路上筑街 1 号	民办	2008	211	55	2646	1878
广州市天河区童乐幼儿园	元岗路 360 号	民办	2009	420	52	2492.31	2824
广州市天河区美林海岸幼儿园	科韵路美林海岸花园棕林街 46 号	民办	2009	263	53	2000	2688.34
广州市天河区新蕾幼儿园	员村二横路程界西村大街 9 号	民办	2010	201	33	800	1534
广州市天河区新蕾艺术幼儿园	棠下上社荷光路 168 号	民办	2010	266	37	2800	1834

续表 50

幼儿园名称	幼儿园地址	性质	开办年份	幼儿园规模			
				学生数（人）	教工数（人）	占地面积（平方米）	建筑面积（平方米）
广州市天河区海贝幼儿园	城市假日园假日北街6号	民办	2010	76	23	1563	1196
广州市天河区溢童幼儿园	先烈东路机筑港6号	民办	2011	110	26	1050	1324
广州市天河区霭麟幼儿园	中山大道华景新城粤生街102号	民办	2012	241	31	1142	1486
广州市天河区明珠幼儿园	珠村力子园路1号	民办	2012	217	47	3000	4295
广州市天河区爱丁堡幼儿园	前进街官溪西路13号	民办	2012	343	45	2134	1807
广州市天河区中凯育蕾幼儿园	水荫一横路47号	民办	2012	196	28	2244	1623
广州市天河区荟雅苑幼儿园	天河北路259号荟雅苑小区内	公办	2013	488	64	3517.67	3261.6
广州市天河区新陶幼儿园	黄埔大道西新陶大街8号	公办	2013	175	24	1000	880
广州市天河区侨怡幼儿园	天河北侨怡二街15号	公办	2013	319	39	1750	1787.91
广州市天河区天晖幼儿园	天府路东晖花园内	公办	2013	315	50	2983	2088
广州市天河区体育西幼儿园	体育东路体育西横街221号	公办	2013	660	82	2317	4238.3
广州市天河区华彦幼儿园	石牌西路47号	公办	2013	409	54	4154	3435
广州市天河区童睿幼儿园	员村一横路员村西街1号大院41号（总园区）、员村东璟街2号（童欣园区）	公办	2013	415	56	3029.38	1819.3
广州市天河区华港幼儿园	中山大道西华港花园西街10号	公办	2013	535	69	4626.9	3625
广州市天河区天府幼儿园	天府路东逸花园内	公办	2013	650	82	5336	4709
广州市天河区美好居幼儿园	中山大道中71号美好居内	公办	2013	710	87	3782	3344
广州市天河区骏景稚乐幼儿园	骏景花园稚乐街8号	公办	2013	530	67	3702	2644.56
广州市天河区天润幼儿园	天润路35号天润花园内	公办	2013	420	55	2753	2133
广州市天河区金燕幼儿园	燕都路号38汇富花园内	公办	2013	589	74	3000	2613.13
广州市天河区枫叶幼儿园	中山大道枫叶路加拿大花园内	公办	2013	670	82	4085	4949.14
广州市天河区清荷幼儿园	黄埔大道中福金莲花园内	公办	2013	180	24	1375	685
广州市天河区华景泽晖幼儿园	华景路泽晖苑20号十三楼	公办	2013	285	37	629.25	2032.75
广州市天河区龙口中路幼儿园	龙口中路173号	公办	2013	570	72	3769.27	2182.6
广州市天河区侨英幼儿园	粤垦路1号之七	公办	2013	490	63	3860	3086
广州市天河区旭日雅苑幼儿园	员村一横路员村西街4号之6	公办	2013	494	60	4321	2707.14
广州市天河第三实验幼儿园	沙太南路天河北苑一街23号	公办	2013	520	72	4082	3001.66
广州市天河区金穗幼儿园	珠江新城金穗路73号	公办	2013	525	53	5430	4097.45
广州市天河区华苑幼儿园	天河路天河直街17号	民办	2014	117	23	1685	1025
广州市天河区盈溪幼儿园	中山大道中1090号	公办	2014	770	96	4945.93	4270.04
广州市天河区瑜翠园幼儿园	瑜翠街15号	公办	2014	560	71	3917	3548.72
广州市天河区珠江新城猎德幼儿园	海月路33号	公办	2014	588	81	4678	4561
广州市天河区东方熹园幼儿园	东方二路逸致街13号	公办	2014	245	33	1962.26	1776
广州市天河区红太阳幼儿园	长兴街岑村沙埔大街88号	民办	2014	262	39	2401.53	1977.52
广州市天河区丽晴幼儿园	东莞庄路13号首层、二层	民办	2014	182	26	1709	1008
广州市天河区龙步幼儿园	东圃前进街龙步西路14号	民办	2014	305	38	2575.8	2031
广州市天河区翠湖幼儿园	黄埔大道中翠湖街16号	公办	2014	245	33	1616.6	1692.2
广州市天河区雅思幼儿园	珠村东横三路8号C、D幢	民办	2014	314	39	3600	2343
广州市天河区高塘石彩虹幼儿园	广汕二路塘石中街7号	民办	2015	197	32	1873.21	2235

续表 50

幼儿园名称	幼儿园地址	性质	开办年份	幼儿园规模			
				学生数（人）	教工数（人）	占地面积（平方米）	建筑面积（平方米）
广州市天河区汇悦天启幼儿园	临江大道 431 号	民办	2016	92	30	1861.8	1112
广州市天河区万锦幼儿园	猎德大道 31 号之六	民办	2016	145	35	2102.43	2171.47
广州市天河区童心幼儿园	元岗路 399 号之自编 5～8 楼	民办	2017	227	28	1452	1965
广州市天河区阳光雅思幼儿园	吉山新路街 8 号 1 栋	民办	2017	268	40	3843.99	2464
广州市天河区迎翠春庭幼儿园	棠德南路 2—24 号 D1 栋	民办	2017	140	20	1806	1414.8
广州市天河区高乐堡幼儿园	体育东路华阳街 55 号	民办	2017	249	63	1807.83	2750.2
广州市天河区众英康桥幼儿园	车陂南天坤三路和祥街 2 号	民办	2017	258	44	2874	3058
广州市天河区育星南雅苑幼儿园	体育东横街 62 号	民办	2017	210	27	1357	1486
广州市天河区汇爱幼儿园	五山路广东省农业科学院内第 5 宗地自编 64 号	民办	2017	143	27	1505	1048.84
广州市天河区安厦幼儿园	珠吉路安厦一街 20 号	民办	2017	300	36	2489	2064.88
广州市天河区环宇花园幼儿园	中山大道西 100 号环宇花园首层、二层	民办	2017	207	36	2583.95	2820.23
广州市天河区童莘幼儿园	林和东路 267 号	民办	2017	296	57	3622	3483.85
广州市天河区佐治亚幼儿园	金穗路 68 号	民办	2017	123	32	2500	1971
广州市天河区宝翠幼儿园	宝翠路 18 号	民办	2017	275	43	1999	1690
广州市天河区月亮湾幼儿园	迎龙路临编 668 号 A 栋	民办	2017	142	31	2265.75	1513.73
广州市天河区合美华景幼儿园	华景新城信华一街 10 号	民办	2018	197	50	2393	1906
广州市天河区育丁堡幼儿园	吉山新路街 33 号之 3B 栋	民办	2018	129	29	1816	2100
广州市天河区菲切尔幼儿园	粤垦路侨源二街 13 号 103、104、201、203、204	民办	2018	87	27	1849.95	1300
广州市天河区六运幼儿园	六运二街 17 号	民办	2018	248	46	1601.72	2148.27
广州市天河区莱茵宝贝幼儿园	猎德大道 22 号	民办	2018	149	37	1800	1442.49
广州市天河区龙圣幼儿园	龙洞街迎福路 302 号之一	民办	2018	200	30	3419.9	4567.31
广州市天河区雅心幼儿园	南环街 13 号	民办	2018	316	43	4806	1770.7
广州市天河区爱宝乐幼儿园	元岗北街 11 号	民办	2018	188	25	5229	3914
广州市天河区卉华幼儿园	华景东路 202 号	民办	2018	112	26	2538.04	1142
广州市天河区康卓幼儿园	东莞庄路一横路 5 号	民办	2018	233	47	2849.8	2042.7
广州市幼儿师范学校附属天河第二幼儿园	体育东路 114 号名雅苑内华晓街 12 号	公办	2019	280	36	2980	1615
广州市天河区育星嘉怡苑幼儿园	天河北路 445 号之一	民办	2019	245	33	1590	1240
广州市天河区向日葵（天鹅花园）幼儿园	长兴路 173 号	民办	2019	265	36	2500	1049
广州市天河区广粤春田幼儿园	海月路 400 号	民办	2019	152	37	2535.33	1493
广州市天河区天云幼儿园	员村山顶街 1 号	民办	2019	277	43	2014.44	1577.75
广州市天河区道禾幼儿园有限公司	珠江新城清风街 1 号 T25 栋二、三层	民办	2019	78	58	1387.46	1797.93
广州市天河区启思幼儿园	骏景花园骏景南苑 114 号	民办	2019	101	22	815.11	678.23
广州市天河区英加美幼儿园有限公司	广汕二路 663 号天源大楼	民办	2019	67	20	4355	2786
广州市天河区博艺幼儿园	龙洞东路 210 号 C 栋	民办	2019	109	18	1470	1620
广州市天河职业高级中学附属第一幼儿园	棠下棠德路 120 号	公办	2019	280	35	1440	1627

续表 50

幼儿园名称	幼儿园地址	性质	开办年份	幼儿园规模			
				学生数（人）	教工数（人）	占地面积（平方米）	建筑面积（平方米）
广州市天河区科韵骏泽幼儿园有限公司	科韵路中棠福路 19 号	民办	2019	72	20	1800	1586.27
广州市天河区悦教布克幼儿园有限公司	东圃二马路 48 号	民办	2019	193	52	6051	4260.5
广州市天河职业高级中学附属第二幼儿园	棠德东三街 2 号	公办	2019	280	36	1307	1207.2
广州市天河区喜叻君怡幼儿园有限公司	金穗路 933 号 101 铺(部位:B1 铺)	民办	2020	47	21	800	436.6
广州市天河区博博熊幼儿园有限公司	桃园中路 339 号整栋（101 房）	民办	2020	72	22	996	966
广州市天河区启赋幼儿园	珠江新城兴民路 219 号	民办	2020	110	27	2454.25	1454
广州市天河区柯木塱幼儿园	柯木塱榄元新街 11 号	单位办	2020	320	44	960	1780
广州市天河区芬佳幼儿园	盈溪路盈紫街 56 号内（首层自编 101 及二楼整层）	民办	2020	33	19	2709.2	1974.2
广州市天河区乐童幼儿园	东圃二横路 200 号东圃潮流坊(部位：200 区）	民办	2020	298	43	2800.02	1800.01
广州市天河区新塘实验幼儿园	新塘西约新村大街 5 号	单位办	2020	524	67	3329	4083.13
广州市天河区华外爱培幼儿园有限公司	大观中路 490 号 5 栋、6 栋	民办	2020	75	40	2252.97	1724.97
广州市天河区雅贝幼儿园	嘉苑南大街 3 号	公办	2020	578	62	6114.45	5072.57
广州市天河区辰康幼儿园	中海康城香雪兰 1 街 1 号（中大班部）、蝴蝶兰街 20～23 栋首层（小班部）	公办	2020	445	56	4418	2884
广东技术师范大学附属幼儿园	广东技术师范大学内	单位办	2020	80	22	1414	1659
广州市天河区欣悦幼儿园	棠德东路棠悦花园西街 4 号	公办	2020	307	40	3100	3081.89
广州市天河区广氮实验幼儿园	车陂北街 22 号自编 1～7 栋	公办	2021	588	40	8000	4741.58
广州市天河区爱彼格林幼儿园有限公司	迎龙路 1233 号	民办	2021	94	40	6411	10000
广州市天河区楠熙幼儿园有限公司	海乐路 13 号	民办	2021	20	18	747	1950
广州市天河区红缨星晖幼儿园有限公司	黄村街道王园路 43 号 B 栋	民办	2021	171	33	1996	1852.11
广州市启明学校	兴华直街 286 号	附设班	—	18	—	—	—
广州市天河区启慧学校	员村四横路 5 号大院	附设班	—	4	—	—	—

【中小学教育】 2021 年，天河区有小学 76 所，在校学生 119001 人。其中，公办小学 59 所，在校学生 79028 人；企事业办小学 4 所，在校学生 4358 人；民办小学 13 所，在校学生 35615 人。设中学 52 所，在校学生 55605 人。其中公办中学 18 所，在校学生 35910 人；民办、企事业办、集体办中学 34 所，在校学生 19695 人。

表 51

2021 年天河区辖内小学基本情况表

学校名称	学校地址	学校规模				
		学生数（人）	教工数（人）	专任教师数（人）	占地面积（平方米）	建筑面积（平方米）
广州市天河区先烈东小学	先烈东横路 30 号	978	75	61	6339	8689
广州市天河区沙河小学	沙河塘寮街 11 号	906	58	56	4649	6396
广州市天河区四海小学	银利街 276 号	1531	87	86	14358.84	14247.98

续表 51

学校名称	学校地址	学校规模				
		学生数（人）	教工数（人）	专任教师数（人）	占地面积（平方米）	建筑面积（平方米）
广州市天河区银河小学	沙河天平架马蹄岗 16 号	1320	89	83	13303	7195
广州市天河区华康小学	体育东路华晓街 5 号	1175	73	72	7189	4208
广州市天河区华景小学	中山大道华景路 178 号	3867	229	228	25918	20686.94
广州市天河区华阳小学	天河东路信成南街 20 号	5451	303	302	34358.11	27580.19
广州市天河区体育西路小学	天河体育西横街 187 号	1511	94	93	15485	8247
广州市天河区体育东路小学	体育东路六运六街 9 号	1149	71	65	9522.77	9876.9
广州市天河区龙岗路小学	沙河顶龙岗路 22 号	769	43	42	1790	4256.5
广州市天河区石牌小学	石牌村绿荷西街 1 号	1206	63	62	13047	12026
广州市天河区昌乐小学	员村西街 18 号	1024	57	56	11170	5974
广州市天河区员村小学	员村四横路美林海岸棕林街 48 号	1669	95	94	14120	15088
广州市天河区石东小学	员村二横路 108 号	267	20	18	1943	1086.41
广州市天河区五山小学	五山茶山路 248 号	1231	72	71	13867	10870
广州市天河区棠下小学	棠下棠安路 117 号	1419	83	80	14000	9514
广州市天河区龙口西小学	龙口西路 63 号	5894	320	320	34322	25498
广州市天河区棠德南小学	中山大道棠德花苑西三街 13 号	1745	119	97	8236	10893
广州市天河区东圃小学	车陂江头北正大街二十八号	1277	73	71	8352	6750
广州市天河区车陂小学	隆兴公街 18 号	770	50	49	6918	5865
广州市天河区长兴小学	长兴路 137 号（天鹅花苑内）	741	62	48	5759	3601.66
广州市天河区第一实验小学	珠江新城海业路 80 号	1169	79	72	5331	6600
广州市天河区侨乐小学	天平架陶庄路 6 号	1453	108	82	8863	10501
广州市天河区泰安小学	泰安街 4 号	1070	79	66	6383	3880
广州市天河区华融小学	黄埔大道中恒隆街 2 号	770	49	48	4835.67	4482.33
广州市天河区新元小学	广氮新村内	872	49	48	6150	4275
广州市天河区长征小学	粤垦路 88 号	312	20	17	1500	820
华南师范大学附属小学	石牌华南师范大学内	1479	99	96	15297	9931
华南农业大学附属小学	五山华南农业大学六一区内	1461	104	89	27400	3504
广东生态工程职业学院附属小学	广汕一路 297 号	959	62	55	8000	2858
广州市天河区新蕾学校	珠山街 10 号 101 房	742	50	38	4285	3878
广州市天河区华立学校	棠下二社工业园新围一横路 4 号	—	—	—	—	—
广州市天河区岭南中英文学校	翰景路翰景街自编 32 号	627	75	55	8670.2	7295
广州市天河区京粤实验小学	棠下街道荷光路大桥西 2 号	294	30	17	3600	5486
广州市天河区志才小学	员村二横路 302 号	194	18	12	3584	3505
广州市天河区骏景小学	中山大道骏景花园内	1511	95	89	8790	6078
广州市天河区冼村小学	海安路 5 号	777	51	47	10000	6775
广州市天河区黄村小学	黄村三里长庚自编 8 号	1286	71	70	6578	7468.1
广州市天河区中海康城小学	中海康城香雪兰 2 街 2 号	1311	74	73	9859	5730
广州市天河区旭景小学	东圃旭景直街 2 号	1546	87	86	7998	5357.6

续表 51

学校名称	学校地址	学校规模				
		学生数（人）	教工数（人）	专任教师数（人）	占地面积（平方米）	建筑面积（平方米）
广州市天河区天府路小学	中山大道西 180 号东方新世界丽阳街	3444	193	192	14418	12275
广州市天河区育苗小学	天平架省军区干休所天平小区 29 栋	241	20	15	1450	4809
广州市天河区御景小学	华观路 1388 号	462	40	34	12028	6820
广州市天河区盈彩美居小学	中山大道中盈彩街 4 号	1040	60	57	7698	4863
广州市天河区棠东小学	棠东村官育路 16 号	593	37	36	4873	3341
广州市天河区珠村小学	东圃珠村东横一路 1 号	1076	63	62	17157	15710
广州市天河区吉山小学	吉山西新街 102 号	823	47	46	39000	11395
广州市天河区新塘小学	新塘街北街一号	854	50	49	39000	10051
广州市天河区凌塘小学	凌塘村环村路 8 号	478	33	32	2865	3100
广州市天河区沐陂小学	沐陂村校前里 2 号	466	35	31	5200	2482
广州市天河区前进小学	前进村石宦路 8 号	1208	69	68	20050	7013
广州市天河区嘉华小学	天力街 13 号	683	42	28	6200	5800
广州市天河区羊城花园小学	中山大道中 438 号	746	41	40	6500	4585
广州市天河区东风实验小学	珠村文华新一街 9 号	955	65	50	7693	7362
广州市天河区长湴小学	长湴禾串树路 2 号	1033	64	63	21943	8256
广州市天河区元岗小学	下元岗东街 39～40 号	720	41	40	10183.75	6958.22
广州市天河区龙洞小学	龙洞村西大街 1 号	2923	171	167	30424	24622
广州市天河区岑村小学	岑村圣堂街 4 号	734	38	37	17506	5327
广州市天河区渔沙坦小学	凤凰街渔沙坦村渔中路 1 号	792	47	46	17951	6600
广州市天河区柯木塱小学	广汕一路 761 号	652	37	36	8035	3362
广州市天河区高塘石小学	广汕二路 59 号	516	35	34	11377	3930
广州市天河区长虹小学	岑村长虹苗圃内	706	50	34	7884.53	5682
广州市天河区渔兴小学	渔沙坦东边坑东 7 号	923	55	48	6354	2422
广州市天河区汇景新城实验小学	广园东路汇景新城内	75	49	22	7604.13	4525
广州市天河区同仁艺体实验小学	广州大道北 987 号	1715	84	83	9359.23	10025
广州市天河区东明荔园小学	东圃大马路 228 号	685	46	37	3120	2170
广州市天河区灵秀小学	云宸街 27 号	1012	59	58	15865	17001
广州市天河区五一小学	东莞庄路 9 号	2150	123	119	8799.99	10863.54
广州市天河区志远小学	元辉街 2 号	218	27	17	7542.18	7713.83
广州市天河区天英小学	合景路 149 号	198	19	18	6930	4961
广州市天河区奥体东小学	悦景路 39 号	476	30	29	15868	14173.89
广州市天河区体育东路小学兴国学校	珠江新城兴国路 26 号	1811	132	106	9627	9964
广州市天河第一小学	华穗路 273 号	1535	99	95	18052	13304
广州市天河区体育东路小学海明学校	海明路上筑街 2 号	749	49	46	6023	8390
广州市天河智慧城第一小学	嘉苑南大街 1 号	79	20	11	14671	8965
广州市天河区体育东教育集团均和小学	岐山路 183 号	65	22	10	20181.16	28278.9

表 52

2021 年天河区辖内中学基本情况表

学校名称	学校地址	性质	学校规模				
			学生数（人）	教工数（人）	专任教师数（人）	占地面积（平方米）	建筑面积（平方米）
暨南大学附属实验学校	黄埔大道暨南大学内	民办	1482	158	134	14400	13030
广州市南国学校	珠江新城平月路 202 号	公办	1194	97	96	21407.11	15869.29
华南理工大学附属实验学校	华南理工大学西一区	民办	1656	123	116	24226	13136
广州市天荣中学	体育西路天荣路 3 号	公办	815	80	79	10806	7216
广州市长兴中学	长兴路美景街 148 号	公办	948	73	71	10123	6522
广州市骏景中学	中山大道骏景路和风街 1 号	公办	907	83	82	10632	7123
广州市泰安中学	中山大道棠东路泰安南路 1 号	公办	1198	93	84	12117	8353
广州市第十八中学	桃园中路 276 号	公办	1364	104	96	24633	13748
广州市天河区汇景实验学校	汇景南路 5～9 号	公办	3284	229	225	52045	37602
广州市华颖外国语学校	员村一横路 7 号大院	公办	1030	81	79	8103	5652
广州市天河区新蕾五星学校	沙河五仙桥沙太路 88 号	民办	1393	83	69	8000	5000
广州市天河区同仁学校	珠吉路 60 号	民办	1307	85	69	10200	9905
广州市天河区天骄中英文学校	棠下村荷光路三横路 5 号	民办	735	70	43	5860	4500
广州市天河区育华学校	五山省农科院花卉所	民办	1388	97	81	18250	13128
广州市天河区成龙中学	广州大道北 885 号	民办	1008	71	59	15100	11050
广州市天河区东风学校	天平架陶庄路 35 号	民办	1239	74	52	7386	5556
广州市天河区棠福学校	棠福路 638 号	民办	1614	128	94	22483.38	9918
广州市天河区嘉福学校	元岗白沙水路 268 号	民办	554	36	30	13800	6000
广州市天河区同仁实验学校	中山大道棠东东南路三担街 5 号	民办	1696	113	90	14616	8716
广州市天河区东泰学校	前进街宦溪西社路 5 号	民办	1298	97	69	13012	5632.37
广州市天河区新都学校	元岗北街 115 号	民办	1514	71	70	10113	7762
广州市天河区天泽中学	银河村银定塘后街 108 号	民办	786	44	36	17300	7244
广州市天河区培智学校	元岗路 606 号	民办	1338	78	63	6132	7382
广州市天河区大华学校	渔沙坦渔东路 9 号	民办	886	55	44	11000	6200
广州市天河区凤凰中学	凤凰街柯木塱大坪街 19 号	民办	985	68	58	11540	6300
广州市天河区同仁天兴学校	兴华街河水东直街二横巷 18 号	民办	951	69	59	9560	6782
广州市天河区明珠中英文学校	珠村力子园路 1 号 101 房	民办	2882	215	143	59587	23893
广州市天河区新昌学校	员村一横路 29 号	民办	1394	103	89	8228.3	10834
广州市天河区龙圣学校	龙洞村迎福路 302 号	民办	1594	80	67	21684	11520
广州市天河区科韵路学校	棠下村棠安路石仔墩 1 号	民办	1468	88	72	8872	9360
广州市天河区同仁艺体实验中学	广州大道北 987 号	民办	920	100	70	12000	11000
广州市天河区科技园中英文学校	科韵路华翠街 52 号	民办	1827	88	74	6510	7237.46
广州市天河区兴华培智学校	兴华街鳌鱼岗 39 号	民办	792	35	34	5296	6350
广州市天河区培艺学校	车陂大岗工业园第 10 栋	民办	617	41	30	6280.84	6698.55
广州市天河区黄村中英文学校	前进村龙步西路 10 号	民办	1859	98	85	21000	16000
广州市第一一三中学陶育实验学校	石牌东路暨南花园陶育路 121 号	公办	1575	111	104	15512	11866.08
广州市天河中学猎德实验学校	珠江新城猎德社区内	公办	1235	87	83	21495.6	11423
华南师范大学附属天河实验学校	车陂永泰市大街 2 号	民办	941	128	83	12503	5360

续表 52

学校名称	学校地址	性质	学校规模				
			学生数（人）	教工数（人）	专任教师数（人）	占地面积（平方米）	建筑面积（平方米）
广州中学	五山岳洲路段贤韵街 5 号	公办	6028	531	505	144085	105197.55
广州市第七十五中学	广州大道北 498 号	公办	3465	316	311	49729	23971
广州市第八十九中学	龙洞天源路 1219 号	公办	3439	313	301	71769.29	67523.97
广州市第一一三中学	五山路 91 号	公办	4238	356	333	52731	51109
广州市奥林匹克	中山大道黄村西路 5 号	公办	2876	283	279	42541	37328.35
广州市天河中学	天河东路 44 号	公办	3766	338	319	76352	60815
华南师范大学附属中学	中山大道西 1 号	单位办	3015	364	274	119136	98168
广东省青少年竞技体育学校	长兴路 338 号	单位办	198	145	44	53682	54496
广州市天河外国语学校	海乐路 9 号	公办	1275	152	150	22224	38779
广州思源学校	大观路 888 号	民办	469	57	53	53206	92806
广州市华美英语实验学校	龙洞华美路	民办	1287	159	113	60273	18461
广东实验中学附属天河学校	天源路 399 号	民办	2898	434	280	126773	83897
清华附中湾区学校	健明五路与天坤二路交会处西北侧	单位办	469	57	53	53206	92806
广东舞蹈学校	—	附设班	2918	352	281	66701	77335.93
星海音乐学院附属中等音乐学校	—	附设班	—	—	—	—	—
广州市艺术学校	—	附设班	—	—	33	—	—

【中等职业教育】 2021 年，天河区有天河职业高级中学 1 所中等职业学校。8 月，学校加挂广州市广播电视大学天河区分校牌子，分设沙河校区、棠德校区和科韵校区，实现学历教育、职业教育、社区教育、老年教育、劳动教育、职业体验、技能鉴定等一站式衔接。三校区总占地面积 25680 平方米，建筑面积 30750 平方米，开设 9 个中职教育专业，其中金融事务、软件与信息服务、计算机网络技术专业是广东省重点建设专业，全专业与 7 所高职院校实现“中高职三二贯通”对接试点培养。

2021 年，天河职业高级中学有在编教师 154 人，中高职学生 1984 人、电大专本科学生 1178 人。是年，学校参加“3＋证书”高职高考学生录取率 95.9%，其中 56% 的学生被广东省排名前 30 的高职院校录取，15% 的学生被广东省排名前 10 的高职院校录取。参加广州市中等职业学校学生职业技能竞赛，学前教育专业活动设计、案例分析获市第一名，互联网络营销直播获市第二名。

【普通高等教育】 2021 年，天河区辖内有普通高等学校 32 所，含本科院校 10 所、高职（专科）学校 22 所，其中“985”高校 1 所，“211”高校 3 所。

表 53　　2021 年天河区辖内普通高等院校表

序号	学校名称	机构地址	办学层次
1	华南理工大学	五山路 381 号	本科
2	暨南大学	黄埔大道西 601 号	本科
3	华南农业大学	五山路 483 号	本科
4	华南师范大学（石牌校区）	中山大道 55 号	本科
5	广州体育学院	广州大道中 1268 号	本科
6	星海音乐学院（沙河校区）	先烈东横路 48 号	本科
7	广东技术师范学院（校本部）	中山大道 293 号	本科
8	广东金融学院（校本部）	龙洞迎福路 527 号	本科
9	广东工业大学（龙洞校区）	龙洞街迎龙路 161 号	本科
10	广州新华学院	龙洞华美路 19 号	本科

续表 53

序号	学校名称		机构地址	办学层次
11	广东省外语艺术职业学院	五山校区	瘦狗岭路 463 号	专科
		燕岭校区	燕岭路 495 号	专科
12	广东工贸职业技术学院（天河校区）		广州大道北 963 号	专科
13	广东交通职业技术学院		天源路 789 号	专科
14	广东工程职业技术学院		渔兴路 18 号	专科
15	广东水利电力职业技术学院（天河校区）		天寿路沾益直街 1 号	专科
16	广东司法警官职业学院（校本部）		龙洞龙腾路 245 号	专科
17	广东体育职业技术学院		奥体路 52 号	专科
18	广东食品药品职业学院		龙洞北路 321 号	专科
19	广东农工商职业技术学院（校本部）		粤垦路 198 号	专科
20	广东邮电职业技术学院		中山大道西 191 号	专科
21	广东科学技术职业学院		科华街 351 号	专科
22	广东科贸职业学院（天河校区）		科华街 273 号	专科
23	广东青年职业学院（天河校区）		沙太南路 66 号	专科
24	广东舞蹈戏剧职业学院（天河校区）		沙河顶水荫横路 11 号	专科
25	广东卫生职业技术学院（天河校区）		龙洞渔沙坦西坑大街 1 号	专科
26	广东生态工程职业学院		广汕一路 297 号	专科
27	广州体育职业技术学院		长兴路 338 号	专科
28	广东南华工商学院（天河校区）		天平架沙太南路 113 号	专科
29	私立华联学院		合景路 99 号	专科
30	广东岭南职业技术学院（广州校区）		大观中路 492 号	专科
31	广州华南商贸职业学院		天源路 740 号	专科
32	广州现代信息工程职业技术学院		珠吉街吉山橄榄公园东面 1 号	专科

【特殊教育】 2021 年，天河区新增天河中学猎德实验学校、御景小学 2 个特教班，学前段新增天河启慧学校及天河区华港幼儿园星谷园区 2 个特殊教育幼教班，全区义务教育段共有特教班 6 个，有 39 名在读学生。

【师资队伍建设】 2021 年，天河区制定教师资源保障计划三年计划，首次开展教师区域援教跟岗工作，打造高素质教师队伍。全区新增正高级教师 8 名、特级教师 6 名、南粤优秀教师（教育工作者）10 名，各项人数均居全市各区之首。认定新一轮省市名师、名校长工作室主持人 42 名，市优秀教师（教育工作者）5 名。开展中小学在编教师公开招聘工作，核增中小学和幼儿园编外教职工 316 名。在市第二届中小学青年教师教学能力大赛中，天河区教师获各学段一等奖 47 个。

【智慧教育发展】 2021 年，天河区推动学校信息化项目建设工作，投入 6927 万元建设基于 Wi-Fi 6 的中小学无线覆盖一期项目、互动课堂系统等智能联接环境，通过整校推进、科组推进、公民办结对、微能力专项推进等途径，提升学校信息技术微能力，举办十次省市级别的线上+线下活动，覆盖广州、河源、清远及贵州省毕节市大方和纳雍等地，参与学校超过 200 所，线上参与人数超过 15 万人次。9 月，成功申报教育部第二批人工智能助推教师队伍建设试点区；12 月，以第一名成绩入选 2020 年全国中小学教师信息技术应用能力提升工程 2.0 典型案例。构建惟精、惟一、惟微、惟实的“四惟”教育协作帮扶体系，促进教育平台共建、教育模式共融、教育质量共进和教育资源共享，全面开展教育信息化帮扶。

【素质教育】 2021 年，天河区推进素质教育建设。各中小学校打造特色社团和校园，建立小红棉芭蕾舞团、小梅花粤剧社等 422 个学生艺术团。全区有全国中小学中华优秀传统学校 1 所、广东省中小学中华优秀传统文化传承学校 4 所、广东省艺术教育特色学校 10 个、广州市艺术重点基地学校 10 所、广州市体育艺术“2＋1”试点推广学校 4 所、广州市粤剧传统教育特色学校3所、广州市高水平学生美育团队16个、广州市非物质文化遗产传承基地10所、2021年天河区艺术特色项目学校45所。结合中国共产党成立100周年契机，天河区举办“传承红色基因 培育时代新人”党史进校园系列活动，开展爱国立志教育，举办立志教育校际联盟现场活动。正面教育联盟以《基于正面教育的学校德育改进的区域推荐》课题为引领，走进45所学校开展班会教研50次。

【教育“双减”】 2021年，天河区教育局落实“双减”工作。严控学生作业总量，推动“作业瘦身”。压减学科类培训机构226家，压减率99.12%。学科类培训人次明显下降，一周课时数由2021年7月的高峰值18.3万课时下降至109课时，下降99.94%。实施“午餐+午休+延时”的一条龙“官方带娃”模式，全区义务教育学校均实施校内课后服务，参加校内课后服务学生12.96万人。

【全国首家港澳子弟学校落户天河】 2021年7月18日，广州暨大港澳子弟学校在天河区揭牌，全国首家港澳子弟学校落户天河区。广州暨大港澳子弟学校由暨南大学、香港维港教育集团等四家单位联合举办，按照联合国教科文组织IB国际学校的标准建设教学场地。学校位于天河区龙洞街，占地面积60亩，面向港澳台侨及外籍人员子女招生，提供学前、小学、初中及高中15年一贯制的国际教育。

【执信中学天河校区揭牌】 2021年8月28日，广州市执信中学天河校区正式揭牌。该校区位于天河区珠吉路东侧，学校总用地约323亩，总建筑面积约20万平方米，总投资约21亿元，是执信中学高规格、高标准建设的校区，面积是执信本部的4倍。该校区办学最大规模为90个班（初中30个班，高中60个班），学生总数约4500人。2021年秋季，首批初一新生正式入学就读。

【清华附中湾区学校开学】 2021年9月1日，由广州市教育局、天河区人民政府、清华大学附属中学三方共建的清华附中湾区学校正式启用。该校为广州市属公办十二年制学校，位于天河区广园东快速路以北的广氮生活区附近，分两期建成。一期毗邻广东奥林匹克体育中心，占地面积80亩，办学规模72个班，其中高中30个班，初中18个班，小学24个班，可提供优质学位3000多个。

2021年12月6日，天河区教育局和深圳市南山区教育局联合举办2021大湾区中小学德育“双城”论坛（区教育局供稿）

【2021大湾区中小学德育“双城”论坛】 2021年12月6日，天河区教育局和深圳市南山区教育局共同举办的2021大湾区中小学德育“双城”论坛在天河区召开。此次论坛主题为“关注学生成长需求，助力学生自主成长”，聚焦育人方式与教育生态变革，通过德育经验分享、大咖专题演讲、德育公开课、德育沙龙等形式探讨教育生态创建、区域教育发展。

（区教育局）

文化

【概况】 2021年，天河区不断繁荣群众文艺，创作优秀文艺精品，开展惠民文化活动，加快推进公共文化服务设施建设，适应街道编制改革，继续理顺基层文化工作，做好国家一级文化馆评估和全省文化站评估定级工作，巩固非遗保护成果，推动文商旅体融合发展。

【文化服务体系建设】 2021年，天河区继续擦亮“广州乞巧文化节”“天河读书节”“创艺天河”“绚丽天河”等惠民文化活动品牌。区文化馆、区图书馆和基层文化阵地开展线上和线下群众性文化活动1792场。开展文化馆、图书馆总分馆制建设，完善“区—街—社区”三级公共文化服务体系。推动基层公共文化服务工作，完成《天河区基层公共文化服务情况专项调研报告》，印发《天河区社区综合性文化服务中心达标建设实施工作方案》。推动文化馆总分馆制数字化建设，区文化馆总馆以及21个街道分馆数字平台纳入广州市云平台架构，实现互联互通。配合市人大开展《中华人民共和国公共文化服务保障法》执法检查，推进社区综合性文化服务中心建设及区图书馆新馆、小天鹅艺术中心项目立项。推进高峰文化艺术名家入驻天河公园合作项目，引进鸿飞·天河艺术空间、许钦松艺术空间。将高地文化空间、湿地文化角、方所书店3家社会力量参与的公共文化场馆打造成广州市新型公共文化空间。开展文化宣传，印发内部刊物《文化天河》2021年四期。

【图书馆总分馆建设】 天河区图书馆总馆建筑面积共11731平方米，其中龙口西总馆3198平方米，直属华港分馆2033平方米，天河科技园分馆3500平方米，T.I.T智慧园超级城市客厅分馆3000平方米。总馆按照使用功能设有报刊、未成年人、综合、文学和电子5个大型阅览室、3个书库、1个多功能厅和1个自学室。图书馆建有地方文献、古籍在线阅览系统，并采购有声书、数字期刊、名师讲坛视频课程、粤剧、广东方言等特色资源，依托适合PC端的“天河云学习中心”公益线上学习平台、移动阅读平台微信图书馆、电子书借阅机，打造覆盖全区的数字阅读服务网络。2021年，天河区图书馆利用微信公众号等新媒体开展直播、展览、有声书荐读等线上活动82场，吸引24万余名读者参与。天河区推动图书馆总分馆制建设，截至是年年底，天河区有21个街道文化馆分馆，21个街道图书馆分馆，20个社会合作图书馆分馆，26个学校图书馆服务点，新建区来穗人员服务示范中心分馆等4个社会合作图书馆分馆，总分馆服务网络覆盖面进一步拓展。区图书馆与辖区中小学开展“馆校合作”计划，统一办理读者证1.2万张，开展特色活动21场，覆盖1000余名学生，推动馆校资源共建共享、共同发展。启动区域馆际图书配送，深化区域图书馆总分馆统一管理运行机制。

表54　2021年天河区街道文化站图书室基本情况表

名称	面积（平方米）	座位（个）	报刊（种）	藏书（册）	管理人员（人）
石牌街文化站图书室	400	58	60	43500	2
天河南街文化站图书室	620	40	10	28000	2
沙东街文化站图书室	1051	30	36	32000	1
兴华街文化站图书室	1091	16	37	28628	1
林和街文化站图书室	630	24	15	25000	2
五山街文化站图书室	220	35	36	15500	1
员村街文化站图书室	1000	100	20	32000	1
车陂街文化站图书室	500	80	38	57759	2
沙河街文化站图书室	102.25	15	18	23000	1
棠下街文化站图书室	600	34	35	59000	1
天园街文化站图书室	2180	20	41	36200	2
冼村街文化站图书室	500	25	44	29146	1
猎德街文化站图书室	550	10	43	24500	2
龙洞街文化站图书室	250	35	35	36000	1
前进街文化站图书室	700	56	102	32000	3
新塘街文化站图书室	199	12	40	30000	1
黄村街文化站图书室	521	50	65	19434	1
凤凰街文化站图书室	500	22	40	28439	2
元岗街文化站图书室	610	36	30	36200	2
珠吉街文化站图书室	200	12	30	33000	1
长兴街文化站图书室	260	40	30	23650	2

启动图书线上荐购活动，让读者成为文献资源建设参与者。

【第十五届天河读书节】 2021年4—6月，天河区开展“阅动天河·共享精彩”第十五届天河读书节活动。区图书馆联合书店、学校、各分馆、数字服务平台等社会各界，开展线上线下阅读推广活动140余场，吸引9万余名读者参与。联合广州购书中心等7家书店举办“书海相遇”主题寻书活动和“书适生活”短视频创作大赛，助力天河路商圈文商旅融合发展。

【群众文化活动】 2021年，天河区组织开展广东省校际管乐节、“百年风华 天河逐梦”天河区庆祝中国共产党成立100周年惠民演出、第五届文创产业大会·天河峰会肇庆广府首信（文创）论坛、艺术陶瓷巡礼、“百年巾帼·绽放天河”天河区各界妇女纪念“三八”国际妇女节111周年主题大会、“花城少儿心向党”广州市第四届少儿艺术大赛、2021广东省少儿魔术（校际）交流展演、2021年天河区公益文化艺术普及活动、“新时代文明实践·悦读天河”系列之心理辅导专题线上直播活动、“我读书，我快乐——阅读萌芽季”阅读分享活动、“发现岭南之美”巡展、“自然与田园·林丰裕作品展”等各类群众文化活动1792场。天河区文化馆与各大院校，余怀民、吴非凡等艺术名家交流合作，打造12支优秀群众艺术团队，创编文艺精品并参加各类文艺赛事。2021年，天河区文化馆获各类奖项48个，其中国家级奖1个、省级奖6个（省级金奖2个、银奖1个、铜奖2个、单项奖1个）、市级奖41个（市级金奖11个、市级银奖6个、市级铜奖6个）。天河区图书馆在广东省第二届“中华传统文化百部经典”知识大赛中获优秀组织奖。

【2021·尚天河文化季】 2021·尚天河文化季是天河区重点打造的城市文化品牌，为辖内文化企业、社团机构、名家艺人免费搭建一个展示与传播时尚文化的国际化舞台。是年文化季活动类型涵盖展览展会、潮流音乐、户外艺术、现代舞、文化沙龙、电竞赛事等。主要举办第四届广州户外艺术节、广州MDSK潮流音乐节、2021张信哲“未来式”世界巡回演唱会、广州当代艺术博览会、长流不息艺术展等17个各具特色的文化活动，惠民人数超100万，线上传播量超1亿次。

【2021·广州乞巧文化节】 2021年8月9日，以“七夕天河 精彩广州”为主题的2021·广州乞巧文化节通过线上直播方式正式启动。受疫情影响，对原定举行的52场乞巧节活动进行调整，停止25场聚集型演出，其余27场活动改为线上为主，线下为辅模式举办。8月9—15日，珠村明德堂每天举行“拜七娘”仪式，并以线上直播方式向公众展现。文化节期间吸引线上线下300万名观众参与。

【车陂街道被评为“广东省民间文化艺术之乡”】 2021年12月3日，在粤港澳大湾区公共文化和旅游产品（东莞）采购会上，车陂街道以“车陂扒龙舟”项目获广东省文化和旅游厅授予2021—2023年度“广东省民间文化艺术之乡”称号。车陂龙舟传统文化积淀深厚，百余年来代代传承，车陂龙舟活动保留起龙、采青、赛龙、藏龙、散龙等传统步骤，是广府龙舟文化代表。2017年，“车陂村扒龙舟”入选广州市第六批非物质文化遗产代表性项目。

2021·广州乞巧文化节上展出的珠村乞巧作品 （孔剑锋 摄）

表55 2021年驻天河区专业文艺团体表

名称	地址	成立时间
广州话剧艺术中心有限公司	沙河顶新二街13号	1975年
广州芭蕾文化艺术有限公司	天源路1070号	1995年
广州市杂技艺术剧院有限责任公司	水荫四横路37号	1996年
广州天河芳华十八艺术团	水荫四横路34号B座二楼	2005年
广州市天河区员村同曲异工乐团	员村四横路自编8号5楼519	2010年
广东歌舞剧院有限公司	水荫四横路34号1栋503房	2011年
广东民族乐团	水荫四横路34号演音大楼B座五楼	2011年
广州华南实验艺术团	合景路83～93号甲栋一楼	2013年
广东现代舞团有限公司	水荫四横路32～34号自编15栋一楼自编1号	2017年

【文艺团体】 2021年，天河区有9个在区注册的艺术表演团体。是年，区社会文艺团体完成演出121场，其中巡演剧目《岭南秋雨》《田园》《使命必达》48场，开展“我们的节日”元旦新年音乐会、广州电视台“幸福春晚”“亿万职工心向党”“我心向党”等惠民公益性演出63场，社会商业性演出10场，惠及线下观众13万余人，超50万线上观众点击收看。

【文物保护】 天河区文物以明清时期古建筑、古墓葬和民国时期近现代史迹占绝大多数，其中宗祠70处、墓葬62处、近现代建筑53处，约占全区文物总数的79%。截至2021年年底，天河区有各级不可移动文物229处（共296个文物单体），其中全国重点文物保护单位1处，省级文物保护单位4处，市级文物保护单位18处（81个单体），区级文物保护单位73处（77个单体），一般不可移动文物133处（其中市登记5处、区登记124处、文普线索4处）。

2021年，区文化广电旅游体育局聘请专业公司，开展文物巡查和文物“四有”档案建设。是年，完成新一军印缅阵亡将士公墓墓门东牌坊、毛泽东视察棠下农业生产合作社旧址、周总理视察岑村纪念旧址、潘文治将军故居、有余书室5项文物修缮工程，继续推进省刘氏家庙、抗日战争革命老区根据地长湴村旧址等13项文物修缮工程。

表 56

2021 年天河区辖内市级以上文物保护单位表

名称	地址	年代	级别	资料来源
陈恭尹墓	凤凰街柯木塱村塘石三街二巷 11 号门口	清康熙三十九年（1700）	广州市文物保护单位	穗府〔1983〕77 号
朱执信墓	沙河街先烈东路 127 号、执信南路 152 号	1921 年	广州市文物保护单位	穗府〔1983〕77 号
沙基惨案烈士墓	兴华街燕岭路银河公墓烈士山	1925 年	广州市文物保护单位	穗府〔1983〕77 号
邓世昌衣冠冢	天园街中山大道 220 号天河公园内	清光绪二十年（1894）	广州市文物保护单位	穗府〔1989〕125 号
粤军第一师诸先烈纪念碑	兴华街燕岭路牛眠岗	1937 年	广州市文物保护单位	穗府〔1993〕78 号
朱澄墓	长兴街华南植物园蒲岗	南宋景炎二年（1277）	广州市文物保护单位	穗府办〔2002〕35 号
拜庭许大夫家庙（含许应鑅墓）	龙洞街龙洞村火界头	清光绪二十四年（1898）	广州市文物保护单位	穗府办〔2002〕35 号
市界碑	元岗街上元岗村大街市界一巷 1 号左侧	民国	广州市文物保护单位	穗府办〔2002〕35 号
中山大学石牌旧址建筑	五山街五山路、东莞庄	1935—1939 年	广州市文物保护单位	穗府办〔2002〕35 号
胡汉民墓	广汕一路 297 号广东生态工程学院银屏岭	1936 年	广州市文物保护单位	穗府办〔2002〕35 号
毛泽东视察棠下农业生产合作社旧址	棠下街达善大街 27 号、49 号	1958 年	广州市文物保护单位	穗府办〔2002〕35 号
十九路军淞沪抗日将士坟园	沙河街水荫路 113 号	中华民国	广东省文物保护单位	粤府办〔2002〕56 号
秦悦会家族墓	新塘街凌塘村背底山	元代	广州市文物保护单位	穗府办〔2008〕67 号
苏绍箕墓（晴川苏公祠、车陂苏氏墓群）	车陂街车陂祠前大街 2 号(晴川苏公祠)	明清	广州市文物保护单位	穗府办〔2008〕67 号
	车陂街车陂石狮山（车陂苏氏墓群）	明万历年间（1573—1619）		
林伟民墓	兴华街银河革命公墓内	1927 年	广州市文物保护单位	穗府办〔2008〕67 号
李是男墓	沙河街沙河顶 65 号	1937 年	广州市文物保护单位	穗府办〔2008〕67 号
石仁窿蓄水湖碑	棠下街上社村公园	1946 年	广州市文物保护单位	穗府办〔2008〕67 号
周总理视察岑村纪念旧址	长兴街岑村南街	1974 年	广州市文物保护单位	穗府办〔2008〕67 号
云从龙墓	广州大道北兴华街银河村伍仙桥马仔岭云家山	元元贞二年（1296）	广东省文物保护单位	粤府办〔2008〕68 号
刘氏家庙	林和街广州大道中大洲地 2 号	清光绪二十六年（1900）	广东省文物保护单位	粤府办〔2008〕68 号
新一军印缅阵亡将士公墓	沙东街广园东路 2133 号、广源中农贸市场、濂泉路 28 号	1947 年	广东省文物保护单位	粤文物〔2016〕7 号
黄埔军校燕塘分校	禺东西路解放军体育学院内	近现代	全国重点文物保护单位	国发〔2019〕22 号

表 57

2021 年天河区辖内市登记保护文物单位表

名称	地址	年代	级别	资料来源
龙母庙	猎德街猎德村东南大街	清代	市登记保护	市规划局、市文化局 2002 年 9 月 1 日公布
莲池寺普同塔	兴华街广州大道北五仙桥	清代	市登记保护	市规划局、市文化局 2002 年 9 月 1 日公布
潘达微祖居	棠下街棠东村启明大街 27 号	清代	市登记保护	市规划局、市文化局 2002 年 9 月 1 日公布
胡绍宗墓	凤凰街柯木塱鸡冠山	清代	四普一批登记保护	穗文物〔2005〕327 号
日军侵华飞机库遗址	石牌街龙口东横路 28 号	1938—1945 年	四普一批登记保护	穗文物〔2005〕327 号

表 58　　2021 年天河区市级以上非物质文化遗产项目表

序号	项目名称	项目保护单位	项目类别	项目级别	入选时间
1	象牙雕刻	广州市天河区沙太路 3 号大新象牙工艺厂	传统美术	国家级	2009 年
2	七夕节（天河乞巧习俗）	广州市天河区文化馆	民俗	国家级	2013 年
3	咏春拳（广州天河）	广州市米机王文化传播有限公司	传统体育、游艺与杂技	省级	2015 年
4	广州客家山歌	广州市天河区文化馆	传统音乐	市级	2009 年
5	莫家拳	广州市林荫堂国艺院	传统体育、游艺与杂技	市级	2013 年
6	扒龙舟	广州猎德经济发展有限公司	民俗	市级	2015 年
7	扒龙舟（车陂村扒龙舟）	广州市天河区车陂经济发展有限公司	民俗	市级	2017 年

【非物质文化遗产保护】 截至 2021 年年底，天河区有 55 项各级非物质文化遗产，主要包括民俗、传统技艺、传统美术等 8 类。其中，国家级 2 项，省级 1 项，市级 4 项；各级非物质文化遗产代表性传承人 26 名，包括省级 1 人，市级 4 人；有珠村小学、天河中学、广州市米机王文化传承中心等非遗传承基地 14 处；正佳广场（广正街）、广州体育学院武术学院等非遗工作站 2 处。2021 年，天河区继续推动非物质文化遗产保护机制建立，印发《天河区非物质文化遗产保护联席会议制度》。完成天河区第十批非物质文化遗产代表性项目和第九批代表性传承人评审、认定工作。2021 年 4 月，推荐“扒龙舟（车陂扒龙舟活动）”申报广东省级非物质文化遗产代表性项目，“岭南押花艺术”等区级 7 个项目申报广州市级非物质文化遗产代表性项目。9 月，车陂街道被评为“广东省民间文化艺术之乡”。

【文旅产业服务】 2021 年，区文化广电旅游体育局落实行政审批各项政策，做好全区文化、广播电视、旅游、高危险性体育及文物等领域的行政许可与备案工作，全年办理各类审批事项 649 件。支持指导产业园区申报省、市级文化产业示范园区，发挥文化产业园区聚集引领示范作用。2 月，盛达电子信息创意园获“省级文化产业示范园区”称号。4 月，科学家之家·创工场被认定为“市级文化产业示范园区”。支持和指导企业申报广州市文化和旅游产业发展专项资金，是年广州酷狗计算机科技有限公司、广州大剧院管理有限公司等 22 家公司 29 个项目获扶持资金 730 万元。

【推进文化产业发展】 2021 年，天河区加强文化产业顶层设计，推进文化产业发展。走访调研重点企业 100 多家，摸清 1000 多家文产企业。明确 2021 年天河区文化产业主要工作任务，编制《广州市天河区文化发展“十四五”规划》《广州市天河区沙河片区“十四五”规划》。邀请 60 多家重点文化产业企业，举办天河区文化出口业务培训会，推动文化资源、社会资本、商业银行等合作，针对文化出口政策、境外保险、涉外法律、FT 账户政策等内容进行解读。开展文化产业扶持政策宣传、指导和实施兑现服务，通过“广州政务讲堂”（第 15 场）进行宣讲，线上宣讲视频点击率超过 8000 次。审核同意《2021 年天河区协作办公室（文产办）高质量发展政策拟奖励企业名单》，批准扶持企业 58 家次，累计奖励金额 814 万元。

【第五届文创产业大会 · 天河峰会】 2021 年 11 月 23—26 日，以“文化创新、数字赋能”为主题的第五届文创产业大会·天河峰会在广州市图书馆举办。大会突显创意经济和新国潮，设置 1 场主论坛、8 场分论坛、1 场展览、2 大系列特色活动，涵盖数字文化、创意设计、非遗创新、文旅、影视传媒等领域。参会文创企业、文创机构 100 多家，中国科学院院士、数学家、信号与信息处理专家徐宗本，著名经济学家、广州商学院校长教授李晓，广州美术学院视觉艺术设计学院院长、北京 2022 冬奥会吉祥物总设计师曹雪等百余位著名专家学者和企业家参加大会，开展深度交流，探讨文创产业未来。峰会促成天河区沙河片区文化产业高质量发展战略合作、广东文投大厦等多个重大项目落地，项目总投资近 70 亿元。峰会期间，广东省新形态网络游戏协审中心在天河区正式挂牌，广州市天河区天和文化艺术交流促进会成立。

【文化市场监管】 2021 年，区文化广电旅游体育局开展多项专项行动，整治校园周边文化市场、加强网络企业管理、打击侵权盗版、打击假媒体假新闻。组织开展出版物市场和印刷复制企业行政执法检查，查办出版物案件 3 起。春节、“五一”、国庆等节假日期间，对文化市场人员密集经营场所开展安全生产检查。常态化线上及线下巡查网吧、娱乐场所、演出场所、文物、网络文化企业、旅游等市场主体。全年检查辖内各类场所2838家次，发现问题350处，责令整改350家。

【文化旅游体育行业新冠疫情防控】 2021年，区文化广电旅游体育局贯彻落实省、市、区关于新冠病毒疫情防控工作部署要求，牵头开展区文化旅游体育专班常态化新冠疫情防控工作，制定《广州市天河区新型冠状病毒肺炎疫情防控指挥部办公室文化旅游体育疫情防控工作专班工作方案》等，健全完善专班疫情防控制度。组织专班各成员单位召开新冠肺炎疫情常态化防控工作会议，强化疫情防控督导检查，做好本行业本区域防控措施落实情况监管管理。根据疫情防控形势，做好酒店储备、优化调整等工作。完成全区所有隔离酒店办公区域标准化、规范化、智能化改造工作，明确无死角、无盲区、无卡顿、全时段可追溯的方向和标准。

（张译尹）

融媒体

【概况】 2021年，广州市天河区融媒体中心（以下简称“区融媒体中心”）围绕区委区政府中心工作，构建覆盖报纸、网端、社交平台的全媒体新格局，通过整合媒介资源，实现信息内容、技术应用、平台终端、管理手段共融互通。现有平台包括“广州天河发布”微信公众号及微信视频号、“广州天河发布”微博公众号、报纸《广州天河新时代》等，全年发布新闻9000余条，阅读量过亿。其中《天河新时代》发行46期，刊发稿件1610篇。全年，区融媒体中心为全区大型活动、会议摄影摄像190余条，制作天河对外宣传片及各类专题汇报片9部，制作编辑微短视频70条。

【网端平台宣传】 2021年，区融媒体中心利用“新花城”“学习强国”两大官方网端，开展基层宣传。是年，区融媒体中心为“新花城”供稿1466条，累计发稿4073条。为“学习强国”平台供稿1603条，被采用766条，有46条信息被全国总平台采用。

【社交平台宣传】 2021年，区融媒体中心从对外宣传、重要工作、政务公开、便民服务等方面着力，通过“新闻+”服务，打造“广州天河发布”官方微博和官方微信公众号。截至是年底，“广州天河发布”微博平台拥有粉丝17.1万人，新增粉丝1.7万人，发布新闻2395条，累计发布新闻23892条。“广州天河发布”微信平台拥有粉丝18.9万人，新增粉丝10.8万人，增幅133%，发布新闻1351条，累计发布新闻3900条。是年，《南方都市报》发布2021年第三季度《广州11区政务新媒体榜》，“广州天河发布”微信和微博平台凭借点赞量、阅读量、微博评论量等，位列全市第一。

【数字化媒体资产管理】 2011年开始，区融媒体中心在全市建立首个区级媒体资产管理系统，将天河建区至今的声像档案资料及新闻媒体报道资料进行数字化管理。截至2021年年底，系统储备天河建区以来图片102710张、新闻报道图片19936张、视频资料近千小时、视频素材10699条。

【疫情防控宣传报道】 2021年，区融媒体中心线上、线下全渠道开展疫情防控宣传报道，做好权威发布及大规模核酸检测、疫苗接种、抗疫一线典型等重点宣传工作。累计发布疫情防控相关新闻和信息4116条，累计阅读量约1500万。其中《天河区建成全市第一大临时接种点》《风雨同舟》2条记录天河疫情防控一线的视频播放量超千万，点赞量超80万次。

【党史学习教育宣传】 2021年，区融媒体中心制作《不忘记来时的路》《江山就是人民 人民就是江山》等党史主题宣教片，在“广州天河发布”微信和微博公众号、《天河新时代》报刊开设党史教育专栏。全年各大平台刊发天河党史学习教育稿件704条。其中“广州天河发布”微信公众号发布信息134条，阅读量超10.3万人次；“广州天河发布”微博公众号发布信息129条，阅读量超60余万人次；《天河新时代》报刊刊发稿件190篇，“广州新花城”平台天河频道刊登稿件140篇，“学习强国”平台刊登稿件114篇。

【“广州天河发布”微信视频号获广东政务号影响力排行榜区县榜第一】 2021年，南方+客户端与腾讯共建的“南方融媒实验室”联合发布2021年度微信视频号 广东政务号影响力排行榜，依据作品发布数、总点赞等数据进行综合排名，“广州天河发布”视频号获区县榜第一。2021年，“广州天河发布”微信视频号发布视频20条，粉丝数18501人，累计点赞数84.4万次，累计转发量36万次，播放量2714万次。

（常本瑞）

地方志

【概况】 2020年，广州市天河区地方志编纂委员会办公室（以下简称“区志办”）宣传推介本区历史文化，向“方志广东”微信公众号“粤故事”栏目投送稿件《天河地区旧机场的前世今生》。完成《广东年鉴》（2021卷）、《广州年鉴》（2021卷）、《广东乡村集萃系列丛书》等书稿的

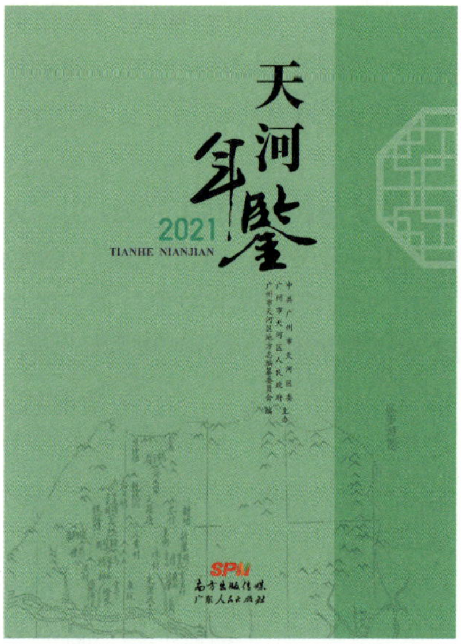

《天河年鉴（2021）》封面
（区志办供稿）

天河区部分编写任务。设置“同舟共济 志同道合”港穗双城图片展天河分展。推进地方志数字化，向省情数据库上传年鉴、志书18册。

【年鉴编纂】 2021年12月，《天河年鉴（2021）》由广东省人民出版社出版发行。该卷年鉴结合区情对篇目及组稿规划进行适当调整。规范类目设置，“总述”类目不再记述部门单位内设机构和领导等非主要职能信息。“军事”设为独立类目，不再与“党政”类目合并。将原“社会群众团体”类目改为“群众团体”，“政法”类目改为“法治”。将“荣誉”类目丰富为“荣誉和人物”，按照入鉴人物标准，收录天河区2020年各方面代表性人物，包括逝世人物、先进人物等。

【名村志编修】 2021年1月18日，广州市第二批名村志之《猎德村志》通过中共广州市委党史文献研究室终审验收。该志框架篇目设计符合丛书基本篇目要求，同时突出猎德村村域发展特点和时代特色。综合运用述、记、志、传、图、表、录等多种体裁，内容翔实，图文并茂，可读性强。7月，志稿交由方志出版社审校。12月，由方志出版社出版发行。（张硕）

体育

【概况】 2021年，天河区打造精品区级体育赛事，在广州周大福金融中心举办2021国际垂直马拉松公开赛。推动全民健身活动发展，协助广州市体育局举办广州100越野跑赛事。指导开展线上竞技云跳绳比赛。举办天河区直属机关羽毛球比赛。在中国科学院华南植物园内举办2021年羊城运动汇·天河50越野赛。举办2021年市长杯羽毛球、乒乓球赛天河区预选赛事。举办全民健身日线上启动仪式暨天河区首届线上智能跳绳大赛。指导多个街道开展羽毛球赛、篮球赛、趣味运动会等大众体育项目。组队参加省市群体比赛活动：参加2021年广州市乒协联赛，获广州市冠军；参加2021年广东省健身气功站点联赛，获两个一等奖；参加2021年羊城运动汇·“中国体育彩票”广州市传统醒狮邀请赛，获一等奖。完成国民体质监测工作，监测数据6584例；开展三级社会体育指导员培训工作，培训三级社会体育指导员2500人。

【体育基础设施建设】 2021年，区文化广电旅游体育局维修维护辖内全民健身器材400余件，确保正常使用率达98%以上。完成20条健身路径、5个篮球场、3套智能休闲公共体育设施建设工作。

【体育协会】 2021年，天河区新成立区棋类协会、区田径协会、区社会体育指导员协会3个体育协会。截至是年底，天河区有各类体育协会14个。

【青少年竞技体育】 2021年，区文化广电旅游体育局与13所学校、9家体育机构共建体育项目训练，青少年运动员新注册413人，总注册4534人，日常参训运动员1300人。举办区中小学篮球、游泳、田径、羽毛球、乒乓球、武术、手球、健美操

表59 2021年天河区体育协会概况表

协会名称	地址	成立时间
天河区高尔夫球协会	天府路1号1号楼3014室	2008
天河区游泳协会	中山大道骏景花园南苑会所	2011
天河区乒乓球协会	天府路1号1号楼1107室	2012
天河区网球协会	龙洞迎龙路自编8号二楼团支部办公室203室	2013
天河区击剑协会	黄埔大道中306号之二广州市第四十四中学体育馆一楼	2014
天河区篮球协会	广东省林业机械厂4号	2015
天河区足球协会	广东省林业机械厂4号	2015
广州市天河区龙狮运动协会	体育东横街14号103房	2015
天河区体育联合会	体育东华晓街5号华康小学	2016
广州市天河区武术协会	黄村育英路35号	2017
广州市定向运动协会	广州大道中路1418号6C10	2017
广州市天河区棋类协会	宦溪西路17号201室	2021
广州市天河区田径协会	元岗街道元京路6号B1栋1513房	2021
广州市天河区社会体育指导员协会	林和中路138号、146号六层自编A	2021

8个项目体育比赛，共7057名学生报名参加。

组队参加广州市第十八届青少年运动会，参加田径、游泳、足球、篮球、羽毛球、射击、乒乓球、排球、举重、击剑、花样游泳、网球、武术（套路、散打）、曲棍球、手球队、高尔夫球、棒球、体操等18个项目比赛，855名运动员参赛。会上，天河区获总分4625.71分、金牌97.57枚。游泳项目获27枚金牌，位列金牌榜第一、总分第二；足球4支男队有3支进入前三名，男甲、男乙夺冠，金牌榜位列第二，总分第二；篮球总分名列第二，获5.5枚金牌，男乙蝉联冠军；高尔夫球获4枚金牌，金牌数、总分数均为第一；羽毛球获6枚金牌，名列金牌榜第三，总分第五。18个比赛项目，有8个项目进入前三名，15个项目进入前六名。田径、高尔夫球、棒球、曲棍球、花样游泳5个项目获体育道德风尚奖。

【体育传统项目学校】 2021年，天河区体育传统项目有田径、足球、武术、中国象棋、游泳、羽毛球、射击、乒乓球、篮球、手球等19个。全区有省级以上体育传统项目学校3所。

【广东奥林匹克体育中心简介】 广东奥林匹克体育中心位于天河区黄村，2001年9月23日竣工，用地面积101万平方米，建筑面积32.8万平方米。体育场主馆位于奥林匹克体育中心南部，可容纳观众80012人。其飘带式顶盖新颖独特，为广东省新世纪标志性建筑。奥林匹克体育中心的体育设施及辅助设施包括足球场、射箭场、田径场、游泳馆、曲棍球场、马术场、射击馆、棒垒球场、手球馆及手球练习馆、体育科技中心、新闻会议中心、药检中心、体育俱乐

表60 2021年天河区辖内各级体育传统项目学校表

级别	项目	学校
国家体育传统项目学校	田径	华南师范大学附属中学
广东省体育传统项目学校	田径	华南师范大学附属中学
	篮球	天河中学
	羽毛球	先烈东小学、华南师范大学附属中学
	游泳	华南师范大学附属中学
广州市体育传统项目学校	田径	华南师范大学附属中学、先烈东小学、东圃小学、广州中学、市第七十五中学、市第一一三中学、华南师范大学附属小学、新元小学、华阳小学、汇景实验学校、广州奥林匹克中学、天河中学
	游泳	华阳小学、先烈东小学、华南师范大学附属中学、天河中学
	羽毛球	先烈东小学、华南师范大学附属中学、御景小学、广州中学、天河中学
	足球	高塘石小学、渔沙坦小学、华南师范大学附属中学、暨南大学附属实验学校小学部、龙口西小学、市第八十九中学、广州中学、天河中学、市第七十五中学、南国学校
	射击	市第七十五中学、广州奥林匹克中学
	篮球	员村小学、广州中学、华南师范大学附属小学、长兴小学、暨南大学附属实验学校小学部、天府中小学、第一实验学校、华阳小学、汇景实验学校、天河中学、市第七十五中学、南国学校
	乒乓球	石牌小学、员村小学、市第一一三中学、长兴小学
	棒球	岑村小学、华景小学
	手球	盈彩美居小学、新元小学、广州奥林匹克中学
	武术	华阳小学、广州中学
	击剑	华融小学、石牌小学、汇景实验学校、
	跳绳	长湴小学、柯木塱小学
	健美操	骏景中学、天河外国语学校、广州中学、天河中学
	排球	银河小学、市第七十五中学
	轮滑	骏景中学、棠东小学
	中国象棋	东圃小学
	围棋	南国学校
	国际象棋	长兴小学
	体育舞蹈	市第八十九中学

表61 2021年天河区辖内主要体育场地表

类别	名称	地址
田径	天河体育场	天河体育中心
	广东奥林匹克体育场	广东奥林匹克体育中心
足球	天河体育中心足球场	天河体育中心
	广东奥林匹克足球场	广东奥林匹克体育中心
	黄村街文体中心足球场	黄村育英路35号
	长兴街中科院化学所足球场	兴科路368号

续表 61

类别	名称	地址
足球	凤凰街银排岭公园足球场	凤凰街柯木塱新欧社区银排岭公园
	龙洞街龙汇龙洞文化体育广场足球场	龙洞东园二横路 1 号
	天河南街天河村小型足球场	广和路自编 1 号
	珠吉街足球场	大灵山路
	长兴街省科学院足球场	长兴路 363 号大院内
篮球	天河体育中心篮球场	天河体育中心、体育馆
	沙东街沙和社区篮球场	沙和社区广州大道北江园街 128 号（云龙苑）
	石牌街冠军社区篮球场	冠军社区天河区 590 号武警大院 13 栋旧篮球场
	天园街农园局篮球场	中山大道西 930 号
	长兴街岑村篮球场	岑村村委
	长兴街广东省科学院长兴科创园篮球场	长兴路 363 号广东省科学院长兴科创园
	沙东街五号服装小镇篮球场	广州大道北 83 号五号服装小镇
	黄村街文体广场篮球场	黄村文体广场
保龄球	广州大世界保龄球馆	天河体育中心
网球	天河体育中心网球场、网球馆	天河体育中心
	麦多网球俱乐部	黄埔大道西 668 号赛马场内
	马会网球场	黄埔大道西 668 号
羽毛球	员村工人文化宫体育馆羽毛球场	员村二横路
	广州市羽毛球运动管理中心	天河体育中心
游泳	天河体育中心游泳馆	天河体育中心
	广东奥林匹克体育中心游泳馆	广东奥林匹克体育中心
	员村工人文化宫游泳池	员村二横路
棒球	天河体育中心三井少年友谊棒球场	天河体育中心
健美	员村奥力健身俱乐部	员村二横路工人文化宫内
	力美健健身俱乐部	天河北路
	中体倍力健身俱乐部广州天河体育中心店	天河体育中心游泳馆东座 1～3 层
	广州健美乐体育文化传播有限公司	天河体育中心内南广场东侧
健美	广州优健身体育有限公司	天河都市广场负一楼
	上海舒适堡健身美容中心有限公司广州分公司	兴民路 222 号
健美	广州葳蒂斯健身有限公司	黄村奥体南路 12 号奥体购物中心市场西区 2008A、2008B 房
	广州市力美健花城健身有限公司	花城大道 766 号珠光御景 2—3 楼
	广州天行健身有限公司	花城大道 86 号三层 A 区
智能公共体育设施	临江大道智能公共体育设施	临江大道华南大桥以西约 500 米
	临江大道智能公共体育设施	临江大道华南大桥以东约 200 米
	临江大道智能公共体育设施	临江大道员村二横路对面亲水平台广场以东约 80 米

部、会所、商场、宾馆以及大型休闲、娱乐、康复设施等。奥林匹克体育中心是目前亚洲规模最大、配套设施最好的体育场之一。第九届全运会开幕式和田径、足球等比赛项目、中国对巴西国际足球邀请赛、四国女足锦标赛、全国女子足球超级联赛第三阶段比赛等多项重要赛事在这里举办。2010 年广州亚运会、亚残运会期间，包括足球、田径、射箭、射击、游泳、棒球、垒球等多项赛事在这里举行。

【天河体育中心简介】 天河体育中心位于天河路，1986 年落成，总建筑面积 12.47 万平方米，是中国改革开放后第一个大型综合体育中心。1987 年，第六届全运会在这里举行。主要建筑有体育场、游泳馆、体育馆，体育场可容纳 6 万多名观众。附属建筑设施有足球训练场 2 个，网球场 12 块，网球馆 1 座，田径副场、球类练习馆、体操技巧馆、棒垒球场、大型旱冰场各 1 座，还有办公大楼和新闻中心等。1995 年，天河体育中心修建全国第一条健身路径，增建树林舞场、露天羽毛球场、乒乓球活动区、儿童活动区、健身小区、篮球俱乐部等各种群体设施。体育中心既可举办各种体育比赛和群众体育活动，又可举办各类大型博览会，是集健身、娱乐、休闲和展示于一体的大型多功能综合性活动场所。2010 年广州亚运会、亚残运会期间，足球、羽毛球、水球、网球、垒球、保龄球及轮椅网球等多项赛事在此举行。30 多年来，天河体育中心承办第六届全运会、第九届全运会和广州亚运会，还举办第一届世界女足锦标赛、斯坦科维奇杯洲际篮球赛、乒乓球团体世界杯、羽毛球世锦赛、世界摔跤锦标赛、WTA 女子网球公开赛、金砖国家运动会等大批国际赛事。2011 年，天河体育中心成为广州恒大足球队主场，助力恒大连续6年夺得中超联赛冠军、2次亚冠登顶。天河体育中心注重体育为民、体育惠民，实现场地设施从专业办赛向全民健身的转变，向市民开放的健身运动项目20多个。天河体育中心自建成以来，使用各类体育设施和进入场馆市民累计超1亿人次，开放时长累计超150万小时。2015年11月17日，国家体育总局确定广州天河体育中心为国家体育产业示范单位。（张译尹）

医疗卫生

【概况】 2021年，天河区有各类医疗机构909家，其中医院54所（不包含妇幼保健院和专科疾病防治机构）、基层医疗卫生机构844个、专业公共卫生机构8个、其他卫生机构3个。全区医院中，三级医院8所、二级医院18所、一级及未定级医院28所；按经济类型分，公立医院14所、民营医院40所。基层医疗机构中，社区卫生服务机构42个（其中社区卫生服务中心26个、社区卫生服务站16个），门诊部413个，诊所、卫生所、医务室、护理站等389个。专业公共卫生机构中，妇幼保健机构1个、专科疾病防治机构2个、疾病预防控制机构3个、卫生监督机构1个、健康教育所1个。

区辖内实有床位数1.39万张，每千人口床位数6.17张。有卫生技术人员2.96万人，执业（助理）医师1.08人，注册护士1.40万人，中医执业（助理）医师0.13万人，每千常住人口医生数4.83人。

【新型冠状病毒肺炎疫情防控】 2021年，天河区加强新型冠状病毒肺炎疫情常态化防控。全年精准处置疫情760宗，其中本区散发疫情200宗，协助外区或外地处置疫情560宗。全年接待入境人员5.6万余人，管理密接5075人、次密接2703人，报告确诊病例39例（均为境外输入），无死亡病例；报告无症状感染者41例（均为境外输入）。截至2021年12月31日，天河区连续624日无新增本土确诊病例，连续613日无新增本土无症状感染者。天河区推进新型冠状病毒疫苗接种工作，优化区新型冠状病毒疫苗接种工作实施方案，形成街道接种点100%覆盖，构建新型冠状病毒疫苗接种“15分钟圈”。截至是年底，启动新型冠状病毒疫苗固定接种点52个，接种单元240个，全区累计接种新型冠状病毒疫苗505.88万剂，全程接种220.4万人，覆盖率98.3%。

广州市天河区卫生健康局（以下简称“区卫生健康局”）进一步优化调整疫情防控组织架构，在原有医疗防治组基础上，成立疫情防控组、流调溯源工作专班、核酸检测工作专班、哨点监测工作专班等区级工作组（专班）。制定落实《天河区新型冠状病毒肺炎疫情应急处置工作预案》《天河区新冠肺炎防控指挥办流调溯源工作专班工作方案》《天河区大规模核酸筛查工作方案》《天河区新型冠状病毒肺炎核酸检测阳性结果应急处置预案》等文件。完成区属医疗机构发热门诊（诊室）规范化和核酸检测能力建设，达到“应检尽检”和6小时出检测结果要求，辖区内核酸检测实验室实际检测能力（单日单管最大产能）达4.6万份／日，全年完成检测1015万余人次。科学划分管控区域，协助有关街道制定封闭封控区域管控方案，指导重点场所封闭封控超50处。完成构建基于医院、学校、药店、重点场所的多层次立体化重点场所监测哨点网。

【天河体育中心新冠病毒疫苗临时接种点启用】 2021年4月26日，设在天河体育中心东南广场的天河体育中心新冠病毒疫苗临时接种点正式启用。该接种点是广州市最大的疫苗临时接种点，由天河区妇幼保健院管理，由中山大学附属第六医院、广州市妇女儿童医疗中心等4家医疗机构负责开展疫苗接种工作。接种点占地面积1890平方米，设有咨询区、登记区、接种区与留观区，每个区域间隔区分明显、标识指引流程清晰，有效避免前来接种的市民交叉感染。现场配备20个接种单元，每天接种时间为8时至20时，在疫苗充足的情况下，接种能力达6000剂次／日。

【医疗卫生服务体系建设】 2021年，天河区推进4家高水平医院和医学科学中心（研究院）完成签约并落实项目选址。广东省骨科研究院（长兴院区）北侧大楼建成并移交南方医科大学附属第三医院，南侧地块调规方案通过城市规划工作领导小组会议审议；完成中山大学肿瘤医学科学中心（天河院区）项目立项；天河区第二人民医院选址调整至吉山地块。落实长兴街道、珠吉街道政府办社区卫生服务中心业务用房，制定猎德街道社区卫生服务中心改革建设方案。在全市范围内率先推进互联网医院建设工作，通过与省互联网医疗服务监管平台对接，实现诊疗行为全流程监管。天河区许可互联网医院、互联网诊疗41家，互联网医院数量全市第一。完成16家区属医疗卫生服务机构电子健康码改造接入和4家居民自检健康小屋建设，实现居民就诊“一人一码”。打造“1＋3＋4”家庭医生签约服务智能模式，签约居民72.14万人。2021年，天河区建立电子健康档案约165万人份，建档率92.89%，档案动态使用率77.72%。

【医药卫生体制改革】 2021年，《天河区综合医改三年行动方案（2021—

表 62　　2021 年天河区部分公立医院表

名称	地址	建立时间	医院等级	类别	床位数（张）	诊疗量（万人次）
中山大学附属第三医院	天河路 600 号	1971 年	三级甲等	综合医院	2539	392
中山大学附属第六医院	员村新街 19 号	1965 年	三级甲等	综合医院	1604	134
暨南大学附属第一医院	黄埔大道西 615 号	1981 年	三级甲等	综合医院	1872	187
南方医科大学第三附属医院	中山大道西 183 号	1988 年	三级甲等	综合医院	1127	104
广州市妇女儿童医疗中心	珠江新城金穗路 9 号	2009 年	三级甲等	其他专科医院	1655	362
广州市第十二人民医院	黄埔大道西天强路 1 号	20 世纪 90 年代	三级（未评）	综合医院	399	60
广州市残疾人康复中心	天河北龙口西路 375 号	1985 年	二级（未评）	康复医院	50	6
广州市社会福利院康复医院	龙湖路 233 号	20 世纪 70 年代	二级（未评）	康复医院	110	2
广东燕岭医院	粤垦路 533 号	1982 年	二级（未评）	综合医院	232	7
天河区人民医院	东圃大马路 13 号	1962 年	二级	综合医院	218	39
天河区妇幼保健院	天河北路 367 号	1986 年	二级甲等	妇幼保健院	80	21
天河区中医医院	棠石路 9 号	1996 年	二级甲等	中医（综合）医院	240	34

2023 年）》出台实施。深化药学联盟审方中心建设，实现辖区三级医院、区属二级医院、社区卫生服务中心医联体建设全覆盖，制定《天河区药学联盟关于推进天河区居家药学服务实施方案（试行）》，全面推进以药物治理管理为重点，以慢病用药管理为核心的居家药学服务。按“资格准入、持证上岗”模式及分片区包干服务模式，组建“高级药师+社区药师”服务队伍，是年 88 名药师被授予天河区家庭药师资格证并完成备案。在全区铺开广东省首个线上+线下家庭药师居家药学服务，居民可通过社区线下或“健康天河”公众号线上咨询、预约居家药学服务。

【公立医院】 2021 年，天河区有公立医院 14 所，其中综合医院 7 所，中医（综合）医院 1 所。三级甲等公立医院有 5 所，分别是中山大学附属第三医院、中山大学附属第六医院、暨南大学附属第一医院、南方医科大学第三附属医院、广州市妇女儿童医疗中心。

【社会（个体）医疗单位】 2021 年，天河区有社会办医疗机构 802 家，其

表 63　　2021 年天河区部分社会医疗单位表

序号	名称	地址
1	广州复大肿瘤医院	棠德西路 2 号
2	紫馨医疗美容医院	黄埔大道西 122 号
3	广州华美医疗美容医院	黄埔大道西 493 号
4	广州爱博恩妇产医院	龙口东路 2、4、6 号自编 0333 号
5	六一儿童医院	燕岭路 130～136 号
6	广州勤正中医医院	广汕路鳌鱼岗大街 4 号大院自编 1 栋
7	华兴康复医院	沙太路牛利岗大街 85 号
8	广州华新骨科医院	鳌鱼岗大街 6 号一至八层
9	广州穗华口腔医院	黄埔大道西 413 号二楼 202、三至五楼
10	广州博研医疗美容医院	建中路 1、3 号 3 号二层全层，3 号三层全层，3 号首层 01 铺（部位：之五）
11	广州现代医院	广园中路濂泉路 42 号
12	广州仁爱天河医院	天河路 108 号
13	广州蕙心医院	华观路（自编）1965 号
14	广州华港中医肝病医院	中山大道中 1033 号 C 座及 B 座顶楼
15	启维心智医院	凤凰街柯木塱坳头南街一巷 3 号
16	广州天河珠吉护理院	珠吉街吉山新路街 109 号之一
17	广州长峰医院	广州大道北 741 号
18	广州天河岑村护理院	岑村东外街 2 号
19	广州长泰医院	中山大道中 1003 号
20	广东美恩整形美容医院	天河路 108 号 1～5 层
21	海峡医疗美容医院	花城大道 663 号一层、二层
22	广州家家乐康复医院	车陂北街大岗二巷 96 号
23	鹏爱医疗美容医院	天河东路 65 号二至四楼

续表 63

序号	名称	地址
24	广州长安医院	黄埔大道西 888 号国防大厦西裙楼
25	扶元堂中医医院	黄埔大道 161 号二楼 32～35 房
26	天河长兴人民医院	乐意居美景街 146 号
27	龙洞人民医院	龙洞村龙洞东路二横路 2 号
28	广州暨博口腔医院	马场路 16 号富力盈盛广场一楼、二楼
29	凤凰医院	凤凰街渔东路 88 号
30	吉山医院	吉山村新路街 109 号
31	瑞合康复（广州）医疗科技有限公司黄埔大道康复医疗中心	黄埔大道西 495 号第六层
32	睿仁康复医疗中心	天河北路 6～8 号五楼之二
33	暨德济互联网医院	华穗路 406 号之二 2401 房
34	小懂健康互联网医院	迎龙路 199 号之三 310 室
35	慈惠医院	科韵北路 20 号
36	拜康德医汇互联网医院	华观路 1933 号 901 房
37	颐年护理院	元岗路 399 号自编 1 号楼 108 房
38	粤康医院	燕岭路 451 号 1～9 楼
39	明心康复医疗中心	五山路 1 号 A 栋 1 楼 07 单元
40	广州韩后医疗美容医院	珠江新城海安路 7 号之六首层、二层商铺
41	建康医院	沙东街兴华路 38 号一号楼 2～7 层
42	嘉禧康复医疗中心	龙怡路 89 号一楼自编 01 房
43	健安康复医疗中心	花城大道 1 号第六层 622、623、624 房

中诊所、医务室、护理站 339 家、门诊 406 家、医院 40 家。颇具特色且有相当规模的社会办医疗机构有广州复大肿瘤医院总院、紫馨医疗美容医院、广州华美医学美容医院、广州爱博恩妇产医院、六一儿童医院、广州勤正中医医院、广州华兴康复医院、广州华新骨科医院、广州穗华口腔医院。

【妇幼健康与公共卫生应急】 截至 2021 年年底，天河区常住活产数 16517 人，新生儿访视人数 16100 人，新生儿访视率 97.48%。0～6 岁常住儿童人数 10.50 万人，保健管理人数 10.40 万人，儿童保健管理率 99.13%。常住产妇 16298 人，早孕建册 15546 人，早孕建册率 94.12%，产后访视 16143 人，产后访视率 97.74%。持续开展免费婚检、孕前优生健康检查。完成 65 岁以上人群免费接种流感疫苗及母婴安康生育综合保障。制定落实《天河区完善重大疫情防控体制机制健全公共卫生应急管理体系若干措施》，成立天河区、街、居三级公共卫生委员会，组建区、街卫生应急队伍，加强公共卫生管理及应急处置人员配备。预防接种、传染病及突发公共卫生事件管理、卫生计生监督协管等服务项目均达指标要求。

【爱国卫生管理】 2021 年，天河区打造健康天河，实施健康广州、健康天河行动。成立健康天河行动推进委员会，印发《推进实施健康天河行动工作制度》《“健康天河志愿同行”健康天河志愿者行动实施方案》《健康天河行动总体宣传工作方案》等文件。开展“防疫有我、爱卫同行”“绿色环保、文明健康”等主题的爱国卫生运动。落实病媒生物预防控制工作，制定《天河区病媒生物防制专项整治行动实施方案》，累计消毒 307 万余处，定期对 21 条街 3331 个监测点进行白纹伊蚊密度监测。省病媒生物防制检查组至天河区开展病媒生物防制效果评估，给予高度评价。做好居家隔离人员生活垃圾“专收专运”工作，累计收运垃圾 830 吨。开展控烟执法，全年检查单位 1640 个，巡查公共场所 34100 平方米，依法对个人吸烟行为进行劝导及处罚。

【医疗质量监管】 2021 年，天河区联合多部门建立打击无证无照行医长效机制，查处非法行医案 24 宗，罚款 2049.13 万元，没收非法所得 186.58 万元。打击医疗诈骗、虚假宣传、乱收费、骗保等行为，作出医疗卫生行政处罚案件 211 宗，罚款 1.14 亿元，没收非法所得 1995.28 万元，吊销医疗机构执业许可证 5 间。医疗机构不良执业行为记分单位 156 间，总记分 1048 分。

【医防融合】 2021 年，区卫生健康局开展各类公众咨询、健康讲座、健康干预等活动 867 次，发放印刷资料 61.4 万份，播放音像资料 4.3 万个小时。打造“HIV 15 分钟检测圈”，全区所有街道覆盖 HIV 检测机构，是年新增初筛检测点 2 间，减少初筛实验室 1 间，48 间 HIV 检测机构完成检测 55.68 万人次。发放免费口服避孕药 930 盒、外用避孕药 16886 支（粒／张）、避孕套 106.95 万只，免费避孕药具覆盖 10892 人，覆盖率 58.52%。

（刘珉旻）

社会生活

劳动就业

【概况】 2021年，天河区新增城镇就业66066人，促进创业人数2930人，创业带动就业人数19741人；城镇登记失业人员15257人，城镇登记失业率2.22%；登记失业人员实现再就业11265人，就业困难人员实现就业人数4602人。是年，广州市天河区人力资源和社会保障局（以下简称“区人力资源社会保障局”）严格审查街道、企业申领资金真实性和使用规范性，全年组织开展就业创业补助资金使用情况现场检查55次。受理各类就业创业补贴2.92亿元，惠及12.04万人次。

【高校毕业生就业创业】 2021年，天河区生源高校毕业生3586人，通过提供“1311”服务（即免费提供1次职业指导、3次岗位推介、1次技能培训和就业见习机会），截至年底，区生源高校毕业生总体就业率97.88%，困难家庭高校毕业生就业率100%。是年，区人力资源社会保障局开展“阳光就业”高校毕业生系列招聘会和校园供需见面会28场，面向湾区举办“汇智揽才，湾区逐梦”高校毕业生双选会和直播带岗网络招聘活动，邀请优质企业617家，提供就业岗位1.4万余个。指导天河人才港在智联招聘、“天河企聘”小程序上同步开展为期一个月的“披荆斩棘，智荟天河——2021广州天河名校百企空中双选会”公益活动，涉及146家企业，提供就业岗位超3万个。做好辖内高校创业（孵化）示范基地服务管理，全区有各级高校创新创业孵化示范基地11所，其中省级1所、市级7所、区级3所。

表64　　天河区高校创业基地表

序号	基地名称	级别
1	华南农业大学大学生创新创业孵化基地	省级、市级
2	广州现代信息工程职业技术学院大学生创业（孵化）基地	市级
3	广东邮电职业技术学院大学生创业（孵化）基地	市级
4	广东金融学院大学生创业基地	市级
5	广东技术师范大学大学生创业（孵化）基地	市级
6	华南师范大学创新创业（孵化）示范基地	市级
7	广东省外语艺术职业学院大学生创新创业孵化基地	市级
8	广东工程职业技术学院大学生创业（孵化）基地	区级
9	华南理工大学大学生创新创业（孵化）基地	区级
10	广东食品药品职业学院创新创业孵化基地	区级

【对口帮扶转移就业】 2021年，天河区推进对口帮扶地区劳动力转移就业工作，累计转移贵州省毕节市、黔南州脱贫人口稳定就业265人，农村劳动力稳定就业1717人。累计为对口帮扶地区举办招聘活动6场，提供销售、保安、普工类就业岗位6000多个。

【劳动关系治理】 2021年，区人力资源社会保障局做好工伤认定工作，受理、处理工伤认定案件2388宗。联动多部门开展岁末年初农民工工资支付情况专项检查，涉及用人单位1155家，为4226名劳动者追回劳动报酬573.6万元。通过街道调解、三方调解、仲裁委调解“三管齐下”调解案件12858件，调解成功率76.5%。处理各类劳动人事争议仲裁案件7584件，审结7349件，结案率96.9%，互联网异步审结劳动仲裁案件814件。

【“三大工程”建设】 2021年，区人力资源社会保障局提升职业技能培训水平，提质推进“粤菜师傅”“广东技工”“南粤家政”三大工程。搭建职业技能等级证书、培训合格证书、专项职业能力证书等多层次培训体系，开展“粤菜师傅”培训1897人次、“广东技工”培训14.76万人次。开展“南粤家政”“粤菜师傅”东西部劳务协作技能提升培训活动27期，累计培训1451人次，其中脱贫人口1184人次。辖内5家餐厅、4名厨师、3个菜品上榜“粤菜名品名店名厨”，21名粤菜师傅被评为星级“粤菜师傅”，2家就业培训基地被评为省级产业就业培训基地。是年，审核发放适岗培训、以工代训、新型学徒制培训及个人技能晋升等各类培训补贴3.12亿元，惠及23.95万人次。

【2021第五届天河人才文化节】 2021年12月22日，由天河区委、区政府主办，区委组织部、区人力资源社会保障局承办，天河人才港、清控科创控股股份有限公司协办的2021第五届天河人才文化节在广州（国际）科技成果转化天河基地举行。活动以“行稳致远，再创新篇”为主题，采用线上线下相结合模式，围绕人才招聘、人才培训、政策服务、人力资源市场对接、项目落户服务五大板块内容，开展招聘会、职训营、分享会、论坛、对接会等18场特色活动。是届文化节服务350家企业，线下参与人数150人，线上直播观看人数25.34万人次。

【粤港澳大湾区（广东）创新创业孵化基地】 2021年3月29日，粤港澳大湾区（广东）创新创业孵化基地在天河智慧城开园。天河区进一步发挥粤港澳大湾区（广东）创新创业孵化基地作为“1”的资源枢纽作用，打造基地总部，推动成立粤港澳大湾区港澳青年创新创业基地联盟，建立健全“1＋12＋N”联动机制，即以粤港澳大湾区（广东）创新创业孵化基地为示范性平台，培育12个重点基地，带动各地建成一批社会化港澳青年创新创业孵化载体。截至是年底，累计引入157个创业项目，其中港澳项目占86.6%。

【人才综合服务】 2021年，天河人才港持续发挥广州国家级人力资源服务产业园核心区优势，创新双创人才服务模式，加强天河人才港品牌宣传。是年，人才港开展公益性招聘

2021年12月22日，2021第五届天河人才文化节在广州（国际）科技成果转化天河基地举行（区人力资源社会保障局供稿）

表65 2021年天河区公共就业服务机构表

序号	机构	地址
1	天河区人力资源市场	石牌东路147号二楼
2	沙河街综合服务中心	沙河大街89号一楼
3	五山街综合服务中心	岳洲路39号
4	员村街综合服务中心	员村新街十号之一
5	车陂街综合服务中心	东圃大马路16号一楼
6	石牌街综合服务中心	石牌东路127号一楼
7	天河南街综合服务中心	体育西横街193号一楼
8	林和街综合服务中心	林和西路101号
9	沙东街综合服务中心	范屋路145号～149号首层
10	兴华街综合服务中心	银燕路166号
11	棠下街综合服务中心	华景北路279号一楼
12	天园街综合服务中心	东方三路2号
13	冼村街综合服务中心	珠江新城平云路167号一楼
14	猎德街综合服务中心	海明路20号
15	元岗街综合服务中心	元岗路600号
16	黄村街综合服务中心	荔苑路5号
17	龙洞街综合服务中心	龙洞北路1号
18	长兴街综合服务中心	长兴路289号街道办事处一楼
19	凤凰街综合服务中心	天河区华美路88号
20	前进街综合服务中心	桃园路3号
21	珠吉街综合服务中心	珠村东环路99号
22	新塘街综合服务中心	合景路（141～147单号）首层

表66 2021年天河区经营性人力资源机构表

序号	单位名称	地址
1	广东邮电人才服务有限公司	华景路1号7层全层、8层A、C房
2	广州南方人才发展有限公司	天河路198号10层

续表 66

序号	单位名称	地址
3	广东方胜人力资源服务有限公司	金穗路 3 号 1301～1302、1303A、1303B、1102 房
4	广东锐博人力资源服务有限公司	海安路 13 号之一 2602 室
5	广州仕邦人力资源有限公司	天河北路 183 号大都会广场 21 楼
6	广东民企人力资源开发服务中心有限公司	华穗路 406 号之二 1323 房
7	广东羊城人力资源管理有限公司	华穗路 263 号 2201、2202 房
8	广州七方人才服务有限公司	体育西路 103 号维多利广场 B2305
9	广州智唯易才企业管理顾问有限公司	黄埔大道西路 33 号 2 楼 A—E 房
10	广州骏伯人力资源有限公司	中山大道西 140 号华港商务大厦东塔 803～806
11	广州智服人力资源有限公司	体育东路 122 号之二 3302 室
12	广东银雁科技服务有限公司	天河北路 894 号 502 房自编 505 房 508 房
13	广州南方人才市场有限公司	天河路 198 号 901～903、905～907
14	广州海纳人力集团有限公司	黄埔大道西 76 号 3202
15	广州市锐旗人力资源服务有限公司	体育西路 189 号三楼自编 301 单元
16	广东沃德人力资源咨询有限公司	珠江东路 13 号 1401 室（部位：自编 01、06 单元）
17	广州精英人力资源有限公司	体育西路 191 号 B 塔 1310 房
18	广州政方人力资源有限公司	天河路 365 号 2903 房
19	广州友方国际劳务有限公司	天河路 365 号天俊阁 2903 房
20	广州博瑞智人力资源服务有限公司	华强路 9 号 2305 室
21	广州市南方人才服务有限公司	天河路 198 号 908 房
22	广州市达智人力资源有限公司	体育东路 108 号创展中心西座 1310
23	广东前锦众程人力资源有限公司	华穗路 406 号之二 1324 房
24	广州易维人力资源有限公司	天河东路 67 号丰兴广场 A 座第 16 层 05 单元
25	广东允公人力资源服务有限公司	海安路 13 号之一 2201 室
26	广州华信人力资源有限公司	粤垦路 611 号力达广场 A1 栋 16 楼 01～04 房
27	晟一弘（广东）人力资源有限公司	中山大道西 140 号 716 房
28	广州市北昂科技有限公司	高唐路 237 号（部位：906 室）
29	广州空间无限人力资源服务有限公司	华庭路 4 号 201 室之 06 之 2A21
30	广州仕丰人力资源有限公司	天河北路 183～187 号 2113 单元

会 134 场，线下招聘会 7 场，提供就业岗位逾 5.2 万个；开展“赢在大湾区”精英人才职训营空中直播课程 5 场、线下职训营 4 场；开展线上政策宣讲 3 场、线下政策宣讲 9 场，服务企业近 2000 家；设立 42 个人力资源服务站，开展人力资源供需对接会 6 场、粤港澳合作与交流活动 4 场。

天河区着力打造一批人力资源服务行业品牌企业，提高人才服务水平。辖区 16 家人力资源服务机构申报广州市创新人力资源服务机构、10 人申报广州市人力资源服务业领军人才，申报广州市人力资源服务业创新项目 12 项，累计申报人才项目 38 项。推行人才引进全类别全流程网上办理，受理人才引进 14294 人；进一步完善人才绿卡行政事项审核工作，全年发放人才绿卡 578 张。（陈闽惠）

社会保障

【概况】 2021 年，天河区深入实施全民参保，全区城镇职工养老保险参保 155.84 万人，失业保险参保 153.51 万人，工伤保险参保 146.64 万人，生育保险 180.41 万人，城乡居民医疗保险参保 150.62 万人，灵活就业人员参保 13.02 万人。村改制公司工作人员参加企业职工社会保险 5260 人。开展稳岗暖企补贴发放工作，为 62549 家符合条件的中小企业发放金额 8816.24 万元。发放失业保险技能提升补贴 498.97 万元，惠及人数 3109 人。

【社保服务改革】 2021 年，市医保天河分中心、区人力资源社会保障局、区税务局建立三方联席会议制度，成立“优服务、保民生”先锋队，共同协商解决社保业务办理中的难点问题，不定期在花城广场政务小屋开展公益宣传讲解。推进“综合柜员制”，统一处理社保咨询等综合性业务。

进一步提升社保经办服务便捷性，推进“通办”“网上办”“就近办”服务。开展全省通办业务试运行，辖内社保经办网点可受理省内 43 项、跨省 16 项社保业务。区 72 项社保服务事项实现网上办理，全年网上审核失业技能补贴业务 3109 笔，多渠道网上办结申领失业保险待遇业务超 10 万笔。推进社保业务下沉至全区 21 条街道受理工作，组织区、街社保工作人员系统操作培训，确保社保服务水平。

【退休人员社会化管理】 2021 年，天河区共有社会化管理退休人员 8.56 万人，是年新增社会化管理退休人员 4000 余人。区人力资源社会保障局开展探访慰问工作，为退休人员发放春节、中秋节节日慰问金 16.68 万人次，为 8000 名退休人员发放慰问品。规范、安全管理退休人员档案，实行档案利用预约制并在“穗好办”手机应用程序中上线查档开具电子证明功能。开展养老金资格

认证事项网上办理，关爱服务特殊退休人员，打造老年大学线上党史学习教育微课堂。（陈闽惠）

民政

【概况】2021年，天河区做好社会救助、基层社会治理、社会组织管理等民政事务。实施养老机构封闭式管理，对辖内养老机构疫情防控工作进行督导检查，确保全区20家养老机构的工作人员及服务对象开展核酸检测与接种疫苗。21个街道颐康中心投入运营，24户困难老年人完成居家适老化改造，建成家庭养老床位1718张。全区社区社会组织2539家，是年新增社会组织17家，平均每个社区拥有社会组织11家。开展婚姻登记“跨省通办”试点工作，全年办理婚姻登记业务1.45万宗。

【社会救助】2021年1月1日起，天河区城乡最低生活保障标准从每人每月1080元提高至每人每月1120元，低收入困难家庭认定标准按最低生活保障标准的1.5倍，从每人每月1620元提高至每人每月1680元，特困人员基本生活标准提高至每人每月1792元。是年，天河区新增低保家庭107户184人，新增低收入困难家庭35户82人，新增特困家庭17户17人，全年累计发放低保金、特困供养金、残疾人两项补贴、“爱心天河”生活补助金等各类困难群众救助补助资金3557.3万元。

2021年，天河区成立区未成年人保护工作委员会，开展“合力监护、相伴成长”关爱保护困境儿童专项行动，对全区5000多名儿童工作从业者及相关人员进行儿童保护政策法规培训。对694名困境儿童实施动态分类管理，入户探访44名事实无人抚养儿童。通过购买社工服务对困境儿童进行精神关爱、心理疏导等工作，开设服务个案45个；广泛连接社会资源完成349名困境儿童每人500元标准的微心愿。流动救助服务队共劝导、指引流浪乞讨、露宿人员934人次，其中护送12人次至广州市救助管理站救助。审核4833宗居民家庭的经济状况，保障最低生活保障、公租房、医疗救助、临时救助等社会救助事项的科学公正实施。

2021年12月14日，天河区困境儿童关爱保护工作业务培训暨政策宣讲进村（居）活动在区政府大会堂举行（庞碧容 摄）

【慈善捐助】2021年，天河区部署开展2021年广东省扶贫济困日暨羊城慈善为民活动，备案慈善项目32项，筹集捐款1714.36万元，实施项目拨付1259.58万元。五山街、员村街等10个街道成立社区慈善基金，筹款金额30.63万元。开展疫情物资捐赠，募集抗疫物资折合超424万元。是年，区慈善会为天河区困难群众发放慈善医疗救助金20.45万元。

【基层社会治理】2021年，天河区完成230个社区换届选举工作，组织1815名社区居委会成员及社区工作人员培训。推进社区15分钟生活服务圈建设，全区建成便民生活服务圈207个、优质生活服务圈122个。推进国际社区建设，广粤国际社区和汇景国际社区服务中心正式投入运营；大湾区“易税家”税收服务站落户广粤国际社区服务中心。设立外国专家书屋，推动外国人来华工作许可事项下沉国际社区。成立天河广粤国际社区涉外公共法律服务室，为国际社区内境外人员提供一站式公共法律服务。

【社工服务】2021年，天河区推动社会工作事业发展。全区21个“天河区兜底民生服务社会工作双百工程”（以下简称“双百工程”）社会工作服务站、230个“双百工程”社会工作服务点全部挂牌。广州市天河区民政局（简称区民政局）指导各街道社工服务站深入探索“113X”服务模式，推进构建全方面社区服务体系。21个街道社工服务站开展居家探访及电访服务6.84万人次、个案服务1963个、小组服务3177个，开展社区活动1683场，服务社区居民78万余人次。推行“社工+慈善+志愿者”联动服务模式，依托社工站设立21个社区慈善捐赠站点、21个广州公益“时间银行”志愿服务站点，培育10个社区慈善基金，279支志愿服务队伍，发展在册志愿者24260人，组织开展志愿服务活动2889场，服务居民162万余人次，整合各类公益慈善资源折合约 1137 万元。

【养老服务】 2021 年，天河区完善以社区为依托、居家养老为主体、机构养老为补充、公办养老为托底保障，医养相结合的养老服务体系。是年 21 个街道颐康中心投入运营，打造“家政+养老”服务，累计服务 6.46 万人次。优化区老人院运营管理服务和周边环境配套，第二期 300 张床位全部投入运营，运营床位达到 500 张，区老人院获得广东省四星级养老机构称号。完成 24 户困难老年人居家适老化改造，建成家庭养老床位 1718 张。全区 104 个长者饭堂为 2.1 万名老人提供就餐服务，累计服务 145 万人次，送餐服务 9146 人次。发放 70 周岁及以上长者 79.7 万人次长寿保健金 4910 万元。

2021 年 10 月 10 日，天园街“双百工程”社会工作服务站挂牌

（陈婷婷 摄）

【社会组织培育与监管】 2021 年，天河区有社区社会组织 2539 家，新增社会组织 17 家，平均每个社区拥有社会组织 11 家。全区 AA 级以上社会组织 38 家，其中 AAAAA 级社会组织 10 家，AAAA 级社会组织 8 家，AAA 级社会组织 19 家，AA 级社会组织 1 家。12 家社会组织获 136 万元广州市社会组织公益资助资金。加强对社会组织监管力度，做好年度报告审查、管理社会组织活动异常名录等工作。全年审核公示 604 家社会组织年报，按程序列入年度活动异常名录 76 家，核查涉嫌非法社会组织线索 12 宗。

【区属社团】 2021 年，天河区新增区属社团 8 个。是年底，全区共有社团 125 个。

表 67

2021 年天河区社会团体登记表

序号	社团名称	业务主管部门	登记日期	性质
1	广州市天河区慈善会	广州市天河区民政局	1995 年 3 月 26 日	法人
2	广州市天河区建筑业联合会	广州市天河区住房建设和园林局	1995 年 3 月 26 日	法人
3	广州市天河区企业信用促进会	广州市天河区市场监督管理局	2001 年 5 月 14 日	法人
4	广州市天河区侨商会	广州市天河区侨务办公室	2001 年 8 月 1 日	法人
5	广州市天河区工矿企事业医疗卫生机构管理委员会	广州市天河区卫生健康局	2001 年 8 月 8 日	法人
6	广州市天河区海外联谊会	中共广州市天河区委统战部	2001 年 8 月 8 日	法人
7	广州市天河区专家技术协会	广州市天河区科学技术协会	2001 年 10 月 22 日	法人
8	广州市天河区环境科学学会	广州市天河区环保局	2001 年 12 月 14 日	法人
9	广州市天河区环卫行业协会	广州市天河区人民政府相关职能部门	2002 年 10 月 25 日	法人
10	广州市天河区私营企业协会	广州市天河区人民政府相关职能部门	2003 年 3 月 31 日	法人
11	广州市天河区个体劳动者协会	广州市天河区人民政府相关职能部门	2003 年 3 月 31 日	法人
12	广州市天河区工商行政管理学会	广州市工商行政管理局天河分局	2003 年 4 月 7 日	法人
13	广州市天河区建筑学会	广州市天河区住房建设和园林局	2003 年 12 月 18 日	法人
14	广州市天河区学前教育协会	广州市天河区教育局	2004 年 6 月 28 日	法人
15	广州市天河区中小学教学研究会	广州市天河区教育局	2004 年 12 月 31 日	法人
16	广州市天河区民营医疗机构行业协会	广州市天河区人民政府相关职能部门	2005 年 1 月 17 日	法人
17	广州市天河区物业管理协会	广州市天河区人民政府相关职能部门	2005 年 1 月 26 日	法人
18	广州市天河区医学会	广州市天河区卫生健康局	2005 年 6 月 16 日	法人
19	广州市天河区广吴经济发展促进会	广州市天河区工商业联合会	2005 年 12 月 12 日	法人

续表 67

序号	社团名称	业务主管部门	登记日期	性质
20	广州市天河区全国各地驻穗机构、人员协会	广州市天河区协作办公室	2006年1月6日	法人
21	广州市天河区福利彩票发行工作促进会	广州市天河区民政局	2007年7月3日	法人
22	广州市天河区青年志愿者协会	中国共产主义青年团广州市天河区委员会	2007年8月3日	法人
23	广州市天河区书法家协会	广州市天河区文学艺术界联合会	2007年12月14日	法人
24	广州市天河区高尔夫球协会	广州市天河区体育局	2008年3月25日	法人
25	广州市天河区游泳协会	广州市天河区体育局	2009年9月15日	法人
26	广州市天河区各届知识分子联谊会	中共广州市天河区委统战部	2010年5月6日	法人
27	广州市天河区民办教育协会	广州市天河区教育局	2011年4月19日	法人
28	广州市天河区人才服务协会	广州市天河区人力资源和社会保障局	2012年7月13日	法人
29	广州市天河区天河路商会	广州市天河区人民政府相关职能部门	2012年7月27日	法人
30	广州市天河区乒乓球协会	广州市天河区文化广电旅游体育局	2012年7月31日	法人
31	广州市天河区服装商会	广州市天河区人民政府相关职能部门	2012年9月18日	法人
32	广州市天河区车陂街道商会	广州市天河区工商业联合会	2012年9月25日	法人
33	广州市天河区兴华街道商会	广州市天河区工商业联合会	2012年11月30日	法人
34	广州市天河区棠下街道商会	广州市天河区工商业联合会	2012年12月20日	法人
35	广州市天河区新塘街道商会	广州市天河区工商业联合会	2012年12月26日	法人
36	广州市天河区林和街道商会	广州市天河区工商业联合会	2013年1月7日	法人
37	天河区骏景社区友禾服务队	广州市天河区人民政府相关职能部门	2013年3月18日	法人
38	广州市天河区美术家协会	广州市天河区人民政府相关职能部门	2013年3月18日	法人
39	广州市天河区黄村街道商会	广州市天河区工商业联合会	2013年4月26日	法人
40	广州市天河区网球协会	广州市天河区体育局	2013年5月9日	法人
41	广州市天河区石牌街道商会	广州市天河区工商业联合会	2013年5月9日	法人
42	广州市天河区前进街道商会	广州市天河区工商业联合会	2013年11月12日	法人
43	广州市天河区凤凰街道商会	广州市天河区工商业联合会	2013年11月18日	法人
44	广州市天河区护理学学会	广州市天河区卫生健康局	2013年12月3日	法人
45	广州市天河区冼村街道商会	广州市天河区工商业联合会	2013年12月16日	法人
46	广州市天河区珠吉街道商会	广州市天河区工商业联合会	2013年12月25日	法人
47	广州市天河区药品行业协会	广州市天河区市场监督管理局	2014年1月13日	法人
48	广州市天河区沙河街道商会	广州市天河区工商业联合会	2014年2月26日	法人
49	广州市天河区社会工作协会	广州市天河区人民政府相关职能部门	2014年4月29日	法人
50	广州市天河区天园街道商会	广州市天河区工商业联合会	2014年5月4日	法人
51	广州市天河区五山街道商会	广州市天河区工商业联合会	2014年6月13日	法人
52	广州市天河区元岗街道商会	广州市天河区工商业联合会	2014年10月21日	法人
53	广州市天河区猎德街道商会	广州市天河区工商业联合会	2014年12月1日	法人
54	广州市天河区员村街道商会	广州市天河区工商业联合会	2015年1月16日	法人
55	广州市天河区大成商业地产从业者协会	广州市天河区人民政府相关职能部门	2015年2月10日	法人
56	广州市天河区妇女发展促进会	广州市天河区人民政府相关职能部门	2015年4月21日	法人
57	广州市天河区登山户外运动协会	广州市天河区人民政府相关职能部门	2015年5月18日	法人
58	广州市天河区安厦关爱互助队	广州市天河区人民政府相关职能部门	2015年6月9日	法人
59	广州市天河区长兴街道商会	广州市天河区工商业联合会	2015年7月30日	法人
60	广州市天河区反邪教协会	广州市天河区民政局	2015年8月7日	法人
61	广州市天河区摄影家协会	广州市天河区文学艺术界联合会	2015年8月14日	法人
62	广州市天河区龙洞街道商会	广州市天河区工商业联合会	2015年8月25日	法人

续表 67

序号	社团名称	业务主管部门	登记日期	性质
63	广州市天河区民族团结进步协会	广州市天河区委统战部	2015 年 9 月 24 日	法人
64	广州市天河区龙狮运动协会	广州市天河区人民政府相关职能部门	2015 年 10 月 10 日	法人
65	广州市天河区瑞智校企合作促进会	广州市天河区人民政府相关职能部门	2015 年 11 月 13 日	法人
66	广州市天河区足球协会	广州市天河区人民政府相关职能部门	2015 年 11 月 24 日	法人
67	广州市天河区篮球协会	广州市天河区人民政府相关职能部门	2015 年 12 月 11 日	法人
68	广州市天河区兴华街老年协会	广州市天河区人民政府相关职能部门	2016 年 3 月 9 日	法人
69	广州市天河区石牌街老年协会	广州市天河区人民政府相关职能部门	2016 年 3 月 9 日	法人
70	广州市天河区体育联合会	广州市天河区人民政府相关职能部门	2016 年 3 月 11 日	法人
71	广州市天河区绿日同学公益服务促进会	广州市天河区民政局	2016 年 4 月 21 日	法人
72	广州市天河区杨箕龙舟协会	广州市天河区人民政府相关职能部门	2016 年 5 月 4 日	法人
73	广州市天河区沙东街道商会	广州市天河区工商业联合会	2016 年 5 月 6 日	法人
74	广州市天河区教育学会	广州市天河区人民政府相关职能部门	2016 年 6 月 23 日	法人
75	广州天河科技园信息产业联合会	广州市天河区人民政府相关职能部门	2016 年 7 月 12 日	法人
76	广州市天河区天河南街道商会	广州市天河区工商业联合会	2016 年 7 月 12 日	法人
77	广州市天河区青少年科技协会	广州市天河区人民政府相关职能部门	2016 年 8 月 17 日	法人
78	广州市天河区五山街老年协会	广州市天河区人民政府相关职能部门	2016 年 10 月 21 日	法人
79	广州天河区众创孵化促进会	广州市天河区科技工业和信息化局	2016 年 10 月 21 日	法人
80	广州市天河区民营女企业家商会	广州市天河区工商业联合会	2017 年 1 月 20 日	法人
81	广州市天河区武术协会	广州市天河区人民政府相关职能部门	2017 年 4 月 26 日	法人
82	广州市天河区定向运动协会	广州市天河区人民政府相关职能部门	2017 年 6 月 15 日	法人
83	广州市天河区文化创意产业协会	中共广州市天河区委宣传部	2017 年 9 月 18 日	法人
84	广州市天河区软件和信息产业协会	广州市天河区科技工业和信息化局	2017 年 11 月 28 日	法人
85	广州市天河区社区卫生服务管理协会	广州市天河区人民政府相关职能部门	2017 年 11 月 30 日	法人
86	广州市天河区车陂龙舟文化促进会	广州市天河区人民政府车陂街道办事处	2017 年 12 月 26 日	法人
87	广州市天河区舞蹈家协会	广州市天河区文学艺术界联合会	2017 年 12 月 26 日	法人
88	广州市天河区知识产权联合会	广州市天河区市场监督管理局	2018 年 1 月 16 日	法人
89	广州市天河区珠江月诗词学会	广州市天河区文学艺术界联合会	2018 年 5 月 28 日	法人
90	广州市天河区金企促进会	广州市天河区工商业联合会	2018 年 9 月 3 日	法人
91	广州市天河区民营企业商会	广州市天河区工商业联合会	2018 年 11 月 1 日	法人
92	广州市天河区音乐家协会	广州市天河区文学艺术界联合会	2018 年 12 月 11 日	法人
93	广州市天河区林和街平安促进会（广州市天河区林和街社区社会组织联合会）	中共广州市天河区委政法委员会	2019 年 1 月 9 日	法人
94	广州市天河区天河南街平安促进会（广州市天河区天河南街社区社会组织联合会）	中共广州市天河区委政法委员会	2019 年 1 月 10 日	法人
95	广州市天河区冼村街平安促进会（广州市天河区冼村街社区社会组织联合会）	中共广州市天河区委政法委员会	2019 年 1 月 10 日	法人
96	广州市天河区平安建设促进会	中共广州市天河区委政法委员会	2019 年 1 月 13 日	法人
97	广州市天河区沙东街平安促进会（广州市天河区沙东街社区社会组织联合会）	中共广州市天河区委政法委员会	2019 年 1 月 13 日	法人
98	广州市天河区员村街平安促进会（广州市天河区员村街社区社会组织联合会）	中共广州市天河区委政法委员会	2019 年 1 月 13 日	法人
99	广州市天河区龙洞街平安促进会（广州市天河区龙洞街社区社会组织联合会）	中共广州市天河区委政法委员会	2019 年 1 月 13 日	法人
100	广州市天河区棠下街平安促进会（广州市天河区棠下街社区社会组织联合会）	中共广州市天河区委政法委员会	2019 年 1 月 13 日	法人

续表 67

序号	社团名称	业务主管部门	登记日期	性质
101	广州市天河区黄村街平安促进会（广州市天河区黄村街社区社会组织联合会）	中共广州市天河区委政法委员会	2019 年 1 月 13 日	法人
102	广州市天河区前进街平安促进会（广州市天河区前进街社区社会组织联合会）	中共广州市天河区委政法委员会	2019 年 1 月 13 日	法人
103	广州市天河区天园街平安促进会（广州市天河区天园街社区社会组织联合会）	中共广州市天河区委政法委员会	2019 年 1 月 13 日	法人
104	广州市天河区新塘街平安促进会（广州市天河区新塘街社区社会组织联合会）	中共广州市天河区委政法委员会	2019 年 1 月 13 日	法人
105	广州市天河区长兴街平安促进会（广州市天河区长兴街社区社会组织联合会）	中共广州市天河区委政法委员会	2019 年 1 月 13 日	法人
106	广州市天河区兴华街平安促进会（广州市天河区兴华街社区社会组织联合会）	中共广州市天河区委政法委员会	2019 年 1 月 13 日	法人
107	广州市天河区凤凰街平安促进会（广州市天河区凤凰街社区社会组织联合会）	中共广州市天河区委政法委员会	2019 年 1 月 13 日	法人
108	广州市天河区车陂街平安促进会（广州市天河区车陂街社区社会组织联合会）	中共广州市天河区委政法委员会	2019 年 1 月 13 日	法人
109	广州市天河区猎德街平安促进会（广州市天河区猎德街社区社会组织联合会）	中共广州市天河区委政法委员会	2019 年 1 月 13 日	法人
110	广州市天河区元岗街平安促进会（广州市天河区元岗街社区社会组织联合会）	中共广州市天河区委政法委员会	2019 年 1 月 13 日	法人
111	广州市天河区五山街平安促进会（广州市天河区五山街社区社会组织联合会）	中共广州市天河区委政法委员会	2019 年 1 月 13 日	法人
112	广州市天河区珠吉街平安促进会（广州市天河区珠吉街社区社会组织联合会）	中共广州市天河区委政法委员会	2019 年 1 月 13 日	法人
113	广州市天河区沙河街平安促进会（广州市天河区沙河街社区社会组织联合会）	中共广州市天河区委政法委员会	2019 年 1 月 13 日	法人
114	广州市天河区石牌街平安促进会（广州市天河区石牌街社区社会组织联合会）	中共广州市天河区委政法委员会	2019 年 1 月 13 日	法人
115	广州市天河区警察协会	广州市公安局天河区分局	2019 年 4 月 18 日	法人
116	广州市天河区民间文艺家协会	广州市天河区文学艺术界联合会	2019 年 8 月 21 日	法人
117	广州市天河区新的社会阶层人士联谊会	中共广州市天河区委统战部	2019 年 10 月 8 日	法人
118	广州市天河区房地产行业协会	广州市天河区住房建设和园林局	2021 年 4 月 8 日	法人
119	广州市天河区棋类协会	广州市天河区文化广电旅游体育局	2021 年 5 月 31 日	法人
120	广州市天河区田径协会	广州市天河区文化广电旅游体育局	2021 年 7 月 19 日	法人
121	广州市天河区科韵青年创业联合会	广州市天河区工商业联合会	2021 年 8 月 10 日	法人
122	广州市天河区“两新”组织党建研究会	中共广州市天河区委党校	2021 年 8 月 10 日	法人
123	广州市天河区电子竞技协会	中共广州市天河区委宣传部	2021 年 8 月 24 日	法人
124	广州市天河区社会体育指导员协会	广州市天河区文化广电旅游体育局	2021 年 10 月 14 日	法人
125	广州市天河区环保产业行业协会	广州市生态环境局天河分局	2021 年 10 月 26 日	法人

【婚姻登记服务】 2021 年，天河区实行婚姻登记预约时间错峰登记，全年办理婚姻登记业务 1.45 万宗。有序开展“跨省通办”试点工作。推进中华人民共和国成立以来天河区婚姻登记历史数据的补充完善和电子档案上传工作。提供婚姻家庭辅导服务，受理婚姻家事辅导、咨询 115 宗，服务时数 180 小时，满意度 100%，离婚前调解成功率 93%。推进纸质与电子档案同步建档，开展疑难复杂的婚姻登记、补办结婚证业务音像档案的采集工作，完成建档 1.45 万份。

【殡葬工作】 2021 年，区民政局牵头制定天河区清明拜祭安全保障工作方案，细化责任，投入保障力量 1.6 万人次，完成 2021 年清明拜祭安全保障。做好户籍居民殡葬基本服务费减免工作，减免服务费 358.76 万元。

【地名工作】 2021 年，区民政局核对 21 个街道管辖图资料，完成行政区划图的印制工作。清理整治不规范

表 68

2021 年天河区住宅区命名表

名称	申请单位	位置	规模	文号
合景臻颐府	广州市景智置业发展有限公司	奥体公园北侧、半山溪谷以东、帝景山庄以南	用地面积 50379 平方米，规划总建筑面积 13.47 万平方米，绿地率 35%	穗天府地名〔2021〕1 号
鑫保花园	广州鑫保房地产开发有限公司	科韵路西侧的 AT050747 地块	用地面积 43205 平方米，规划总建筑面积 14.28 万平方米，绿地率 35.13%	穗天府地名〔2021〕2 号

表 69

2021 年天河区大厦（楼、广场）命名表

名称	申请单位	位置	规模	文号
网易科技园	广州博冠信息科技有限公司	新塘街道内，天慧路与天顺路交汇处南侧、思成路、天盈路北侧	用地面积 52552 平方米，总建筑面积 17.21 万平方米	穗府地名〔2021〕11 号
城隆大厦	广州市城隆房地产开发有限公司	员村街道内，春融三路南侧、金硕五路东侧、金硕六路西侧	用地面积 8422.96 平方米，总建筑面积 9.90 万平方米	穗府地名〔2021〕44 号
城裕大厦	广州市城裕房地产开发有限公司	员村街道内，春融三路南侧、金硕四路东侧、金硕五路西侧	用地面积 8422.96 平方米，总建筑面积 10.89 万平方米	穗府地名〔2021〕45 号
城祥大厦	广州市城祥房地产开发有限公司、广州银行股份有限公司	员村街道内，临江大道北侧、春融三路南侧、金硕三路东侧、金硕四路西侧	用地面积 8423 平方米，总建筑面积 10.84 万平方米	穗府地名〔2021〕74 号
华兴银行大厦	广东华兴银行股份有限公司广州分行	员村街道内，金硕一路西侧、金硕一街东侧、金硕二街北侧	用地面积 8740.44 平方米，总建筑面积 8.63 万平方米	穗府地名〔2021〕131 号
铭恩园	广州市殡葬服务中心	兴华街道内，燕岭路北侧、燕岭公交综合楼东侧、银龙商业广场西侧地段	用地面积 46728 平方米，总建筑面积 6.68 万平方米	穗府地名〔2021〕316 号
新华保险大厦	新华人寿保险股份有限公司	车陂街道内，春融一路与金硕六路交会处西北侧地段	占地面积 5470.1 平方米，总建筑面积 13.38 万平方米	穗府地名〔2021〕317 号

表 70

2021 年天河区街巷更名表

更名情况	申报单位	地址	规模	文号
华旭街更名为万科华旭街	广州市规划和自然资源局天河区分局	天河区新塘街道辖内	起于华观路，止于万科华旭街，长 400 米，宽 4 米	穗府地名〔2021〕8 号

地名 16 个。完成 9 宗地名命名更名案件的现场查验工作，其中住宅命名申请 2 宗，大厦（楼、广场）命名申请 7 宗。审核完善《广州市地名保护名录》天河区地名词条，以及《广州市标准地名词典》（天河卷）1036 条标准地名资料。（庞碧容）

人口监测与家庭发展

【概况】 2021 年，天河区户籍人口出生数 10363 人，户籍人口符合政策生育率 96.26%，出生率 10.14‰，自增率 6.84‰；常住人口出生数 19573 人，符合政策生育率 93.90%，出生率 10.31‰，自然增长率 8.47‰。

【计生经费投入】 2021 年，区卫生健康局开展计划生育家庭奖扶工作，全年为独生子女父母发放奖励金 1.37 亿元、特别扶助金 1072.21 万元，惠及独生子女死亡、残疾家庭父母 984 人。继续开展母婴安康生育综合保障服务，投入 67.2 万元为全区新生儿及孕产妇购买保险，惠及符合政策生育人员 19216 人。全年受理计生家庭意外保险理赔 115 宗，理赔率 100%，累计支出保险补偿金 63.25 万元。全年免费为 6183 名妇女进行妇女病普查普治和“两癌”筛查。

【医养结合服务】 2021 年，天河区 10.35 万名 65 岁及以上老年人建立健康档案，59709 名老年人接受健康管理，老年人健康管理率 52.09%。截至是年底，天河区有养老机构 22 间，其中养老机构办医疗机构 9 家，医疗机构办养老机构 8 家，与医院签约养老机构 5 家。22 家养老机构均为医养结合机构，医养结合率 100%，共有养老床位 4748 张。全区有康复医院 2 家，护理院 4 家，提供上门护理服务的护理站 19 个。辖区 26 家社区卫生服务中心全部与街道社区居家养老服务平台或养老机构签订合作协议，为老年人提供医疗健康服务。是年，五山街道五所社区被评为全国示范性老年友好型社区，珠吉护理院被评为广东省第一批医养结合示范机构。（刘珉旻）

行政街

沙河街

【概况】 沙河街建于1950年7月，由原白云区沙东乡沙河大街地区组成，因辖内沙河大街、沙河墟、沙河涌而得名。沙河街位于天河区西部，东起广州大道中、禺东西路、沙河立交桥，与林和街相依；南达水荫横路、菜寮村，与越秀区东风公园、福来花园相连；西到内环路、广深铁路，与广州动物园、永福西约相接；北至广深铁路，与沙东街相邻。全街面积1.26平方千米，下辖7个社区居委会：西街、左竹园、濂泉西、先烈东横路、新一街、永福正街、水荫四横路社区居委会。2021年，沙河街户籍人口32973人，出生234人；常住人口37726人，出生408人；流动人口（居住一个月以上）19267人，出生223人。

沙河街辖内店铺市场林立、经济活跃，有万佳服装批发市场、沙东有利（南城）服装批发市场、金马服装交易城、濂泉路服装批发市场、沙河商业一条街等24个大中型服装（批发）市场，有档口2万余间，每天人流量在15万至20万人，旺季高峰时期人流量达30万人以上。沙河街辖内有省直机关1个（广东省农业农村厅），事业单位3家（广东省艺术研究所、广东省文化馆、广州市画院），文艺演出单位及文化企业9家（广东歌舞剧院有限公司、广东民族乐团、广东星海现代舞蹈艺术有限公司、广东省演出有限公司、广州歌舞剧院、广州话剧艺术中心、广州市杂技艺术剧院、广州市美术有限公司、中国唱片公司广州分公司），大中专院校5所（广东舞蹈戏剧职业学院、星海音乐学院、广东工业大学沙河校区、广州市政职业学校沙河校区、广东经济贸易职业技术学校）。此外，辖内有省级文物保护单位1处（十九路军淞沪抗日阵亡将士陵园）、市文物保护单位2处（朱执信墓、李是男墓）、区级文物保护单位1处（邓镜人夫妇合葬墓），另有沙河横马路骑楼建筑群等一批民国时期建筑。

【街道建设与管理】 ·街区管理及环卫建设· 2021年，沙河街根据市政道路规划，继续开展水荫四横路房屋征收工作，完成前期项目招标和现场红线防线勘察，征收村集体物业2404.84平方米和住宅房屋453.13平方米。15个老旧小区微改造项目基本完工。完成排水达标认定26个，面积16.23公顷。升级优化57个垃圾分类投放点，建设5个星级投放点、5个“两网融合”板房和3个“两网融合”公房改造。开展环境卫生综合整治大清洁行动，清理各类垃圾700多吨，清除卫生死角400多处、乱张贴乱涂写3000多处以及沙井明渠1000多处，更换垃圾桶280只。开展“我为人人、人人为我”垃圾分类居民自治试点活动工作，垃圾分类上门宣传4.2万余次。推动“门前三包”制度和“六乱”整治，签订市容环境卫生责任告知书1066份，开展专项巡查督导73次，联合执法行动10次，整治占道经营7176宗、占道堆放10286宗、“六乱”2863宗。拆除违法建设131宗，面积30779.2平方米。

·社会治安综合治理· 2021年，沙河街邀请一线禁毒从业人员在辖内中小学、高校、人流聚集地开展禁毒宣传巡展活动40场，整治易涉毒场所400余次，抓获涉毒人员12人，兑现群众举报禁毒奖励6人4万余元。对寄递物流企业单位开展安全检查行动26次，发出整改书50家次，当场整改25家次，排除隐患20家次。主动检查用人单位281家次，涉及劳动者3811人；督促2家企业依时发放工资，涉及人员576人；接待群众上门来访、咨询、投诉共49宗，涉及55人；处理网上投诉案件18宗，为18名投诉人追回拖欠工资61011.02元，以上案件结案率为100%；推进“令行禁止、有呼必应”网格化服务管理系统工作，办结网格事件44458宗。开展防诈骗宣传，覆盖小区居民9568户，2.5万余人扫码关注“广州反诈服务号”微信公众号，1.3万余人扫码下载注册“国家反诈中心”App。

是年，沙河街治安警情478宗，较2020年（下同）下降18.6%；刑事警情189宗，下降24.1%。其中，两抢警情 0 宗，下降 100%；盗窃警情 378 宗；诈骗警情 128 宗，下降 34.7%；黄赌毒警情 23 宗。

·安全生产与消防安全· 2021 年，沙河街检查安全生产领域单位 7335 家次，排查隐患 2195 项，现场整改 1423 处，移交线索 2 条。开展安全生产领域行政处罚 15 宗，处罚金额 10.35 万。累计开展安全宣传“五进”活动 1349 次，参加人数 1.2 万余人次；开展复产复工“同堂听课”26 场次。更换补充灭火器 684 个、水带 27 个、水枪 27 个、灭火器箱体 336 个，缓解老旧楼宇缺乏基础消防器材问题。

·来穗人员与出租屋管理· 2021 年，沙河街受理来穗人员随迁子女积分入学申请 108 人，来穗人员积分入户申请 162 人。

是年，沙河街累计核查出租屋 14492 间（套），新增录入流动人员信息 6196 条，注销 10389 条，系统纳管人数增至 20861 人。办理房屋租赁合同登记备案 972 份，办理居住证 5751 份，代征出租屋综合税 3397 万元。

·公共卫生与健康发展· 2021 年，沙河街累计 254 人参与“两癌”筛查，联合社区卫生服务中心举办预防出生缺陷健教讲座，组织妇产科专家开展一对一出生缺陷防控现场咨询，动员 81 对夫妻参加免费孕前检查。审核新申请办理独生子女父母奖励 481 人、计划生育家庭特别扶助 11 人。发放独生子女父母奖励 58315 人次，金额 535.70 万元；发放计划生育家庭特别扶助 1163 人次，金额 162.36 万元。

·社区建设与民政优抚· 2021 年，沙河街 7 个社区完成居委会换届选举，推进 15 分钟便民、优质生活服务圈建设，建设三级联动网络的社区组织动员体系，成立社区公共卫生委员会。最低生活保障、低收入困难家庭新增申请 12 户，续期审核 125 户。办理公租房申请、变更、续期、年审等 308 户。慰问残疾人 576 人次，认证享受“两项补贴”509 人次。建设综合养老服务中心（颐康中心）。推进家庭养老服务，建设家庭养老床位 96 张。开展困难老年人居家适老化改造和老年友好型社区创建工作；落实老年人口和老龄事业监测统计调查，开展独居孤寡老年人服务。

沙河街有城镇登记失业人员 495 人，其中就业 451 人，失业人员就业率 91.11%，就业困难人员就业率 98.23%；“零就业家庭”就业率 100%，特困失业人员就业率 100%；“充分就业社区”创建率 71.4%；应届高校毕业生就业率 93.1%。办理灵活就业社会保险补贴申领 1295 人。

沙河街拥军优属，走访慰问 248 人次，发放慰问金和慰问品 13.68 万元。增发 9 枚“中国人民志愿军抗美援朝出国作战 70 周年”纪念章，对符合条件的 15 位抗美援朝老同志发放慰问金 7.5 万元，对 5 户烈属家庭发放慰问金 5500 元，发放义务兵家庭优待金 62328 元。

·科教文体· 2021 年，沙河街举办“春节·我们的节日”、亲子阅玩、十大好书推荐、文化艺术培训（手机摄影）和全民运动会等文化体育活动。按照网格化管理标准，安排专人对辖区内的历史文化、传统风貌建筑进行定期巡查，督促保护责任人做好挂牌、日常管养维护工作。

2021 年 11 月 3 日，沙河街辖内 21 家服装批发市场组队参加天河区微型消防站业务技能比武竞赛，获得集体奖村（居）组一等奖、消防安全重点单位组二等奖 （游开庚 摄）

【街道经济】 2021 年，沙河街辖内生产总值（GDP）60.06 亿元，比 2020 年（下同）增长 6.5%。营利性服务业营业收入 15.05 亿元，增长 25%；商品销售总额 6.16 亿元，增长 31.7%；社会消费品零售总额 94.32 亿元，增长 4.0%；住宿和餐饮业营业额 0.33 亿元，增长 14.2%；资质内建筑业总产值 17.57 亿元，增长 33.6%。

【沙河街创建市容环境卫生责任区制度示范街】 沙河街有广州最大的服装批发商圈，销售旺季人流量激增的同时产生大量垃圾，部分商家贪图方便随意卸货堆货占道经营。2021 年 4 月，沙河街推进创建广州市 2021 年市容环境卫生责任区制度示范街工作。沙河街发挥党建引领作用，引导辖内的居民、单位、商家等参与示范街创建。同时街道内部建立健全示范街的创建机制，调动街道综合指挥中心、城管办、执法办等各部门的积极性，细分网格化管理。通过街道综合指挥中心的平台串联辖内各个科室。沙河街城市管理办公室与商会联合组成市容环境卫生联合督导队，日常巡查主次干道沿线的交通基础设施、绿化，确保人、车、货有序分流；整治内街“六乱”，发现问题立即拍照汇报反馈。沙河街基本形成政府主导、商会协作、市民支持的“共策共治”做法。

【沙河街交通综合整治行动】 2021年，沙河街开展“奋战三百天，全力保畅安”交通综合整治行动。在辖内服装批发市场、居民楼、重要路口、路段开展交通安全宣传活动34次。查处非机动车、行人交通违法行为1134宗，签订《我与交警有个约定》承诺书5000余人次，抄写《非机动车、行人交通安全“八不准”法规条文》3800余人次。在林和西横路路口、广州大道禺东西路路口至白云区医院路段增设水马围栏、非机动车通行线，分离出非机动车道，减少非机动车抢道、逆行、闯红灯等交通违法行为。查扣“五类车”440辆，查处非法营运车辆9台。规划电动自行车停放区域，并对违规车主进行批评教育并签订保证书1000余份；整治非机动车拖拉挂、占用机动车道等交通违法行为1200余宗，暂扣手拉车340台，拆卸电动手拉车195台。联合交警、派出所、运政等职能部门整治占道装卸货物、电动手拉车上路行驶等“马路市场”问题及噪声扰民现象，暂扣占道乱卸货车辆360辆。清运乱停放共享单车19万余辆。

【沙河街抗击新冠肺炎疫情】 2021年，沙河街加强“常态+应急”处置能力建设，对接白云区人民医院、广州中医药大学第一附属医院先烈东门诊部与星河门诊部等医疗机构，组建封闭、封控、警戒、常态等4种模式社区“三人小组”90支，24小时处置情况。持续排查重点地区来穗返穗人员，对需居家隔离人员落实管控措施，对居家健康监测人员落实监测措施，排查纳管3345人，核酸采样人数3345人，结果均为阴性。沙河街辖内设有核酸检测点29个。5—6月，开展密接人员所在楼栋全员核酸检测8次；妥善做好万佳服装批发市场、南城市场、星海音乐学院（沙河校区）、先烈东横路48号1栋涉疫情封闭、封控工作，加强人员关怀和生活保障，完成居家医学观察约1300人次。6月14—16日，建立沙河街新冠疫苗接种点，日接种能力从800人次提升至2000人次。另设置10处临时便民利民接种点，全街累计接种疫苗7.4万余剂。

（张玉）

表71 沙河街道社区居委会情况一览表

社区名称	居委会地址	居委会主任
左竹园	先烈东路159号10栋102房	钟藩
西街	龙岗东5号	张群英
新一街	新二街9号之二108房	黄小珍
先烈东横路	先烈东横路11号大院5号楼102房	邓广华
濂泉西	先烈东横路403号大院15栋103房	吴海燕
水荫四横路	水荫横路15号201房	刘家崧
永福正街	水荫一横路87号之一	曹显森

五山街

【概况】 五山街建于1953年，前身是白云区五山镇。五山街位于天河区中央，东起汇景新城东边山冈，与棠下街相依；南到广深铁路，与石牌街、林和街相连；西到东莞庄，与兴华街相接；北至北环高速公路，与长兴街相邻，面积10.41平方千米。街下辖13个社区居委会：茶山、岳洲、东莞庄、华工、华农、广外艺、瘦狗岭、五所、粤垦、农科院、白石岗、高胜、汇景社区居委会。2021年，五山街户籍人口84875人，出生615人；常住人口92215人，出生773人；流动人口（居住一个月以上）25059人，出生68人。

中华人民共和国成立前，五山地区主要为中山大学校区；中华人民共和国成立后，五山成为广州高校和科研单位密集的地区，也是广州著名文化街区。街辖内有华南理工大学、华南农业大学、暨南大学华文学院、广东外语艺术职业学院、广东科学技术职业学院、广东科贸职业学院、广州中学（五山校区）等院校；有工业和信息化部电子第五研究所、中科院广州地球化学研究所、中科院广州能源研究所、广东省农业科学院、广东省蚕业技术推广中心、广东省钢铁研究所等科研单位。

五山街内有华南东侧路、华南快速、五山路、岳洲路、粤汉路、汇景北路、东莞庄路、粤垦路、翰景路、广园快速路、长福路、能源路、大丰路等主要道路。辖区内有汇景新城、半山雍景苑、五山花园、半山翠庭、茶景苑、华农茶山小区、睿峰园、南门苑、馨辉园、东莞庄花苑、侨英花园、春晖苑、丽晴轩、农垦总局大院、富力院士庭、高胜花园、嘉逸花园、翰景轩、园田居、天华苑、金山轩等住宅小区。

【街道建设与管理】 ·街区管理及环卫建设· 2021年，五山街持续优化城区规划，全年小修小补80余处，提升翠花苑周边交通环境，定期为岳洲路、粤汉路花箱更换时花。拆除汇景新城E3地块内房屋、科韵路车陂飞地板房、广州市半导体材料研究所科研楼工程板房、中衡山合丰汽车修理厂、瘦狗岭路金万丽商务酒店后方华南理工大学地块楼房、华南理工大学汽修厂、华南农业大学资产中心楼房、华南农业大学汽修厂等违法建设45宗，总面积56384.08平方米。

开展垃圾分类宣传活动136场，全街62个小区全部完成楼层撤桶，32个住宅小区实行垃圾分类“定时定点”投放模式，30个小区实行“定点不定时”投放模式，建设垃圾分类星级投放点8个，“两网融合”网点3个。全年分离出厨余垃圾8938.46吨。

2021年，五山街需完成达标创建的排水单元共93个，总面积237公顷。是年处理各类河涌问题30余宗，处理各类涉水问题40余宗。按时按质完成223家典型排水户的巡检录入，发现并整改问题6宗。加大对内街内巷及实验田等易发生露天焚烧行为地方的巡查力度，控制施工工地扬尘。整治“散乱污”场所4家，对东莞庄南街、白石岗乐天创意园区域“散乱污”场所开展“回头看”，防止出现反弹。

·社会治安综合治理· 2021年，五山街受理上级交办信访件109宗，受理司法类调解86单，办理广州“12345”政府服务热线工单4115单，全部按期办结。社区调解委员会处理各类民间纠纷182宗，调解率100%，涉及金额244万元。司法所及各社区法律顾问接待来访来电法律咨询600多件。五山社区法律顾问累计服务1300人次，其中接访咨询495件，参与调解纠纷122件，开展线上线下法制课及法治培训48次，其他法制宣传活动13次。

2021年10月28日，五山街举行“绿色校园，安全无毒”禁毒宣传进校园活动 （康达文 摄）

是年，五山街治安警情442宗，较2020年（下同）下降8.5%；刑事警情343宗，下降10.2%。其中，盗窃警情256宗，下降12.9%；诈骗警情384宗，上升4.6%；黄赌毒警情24宗，上升84.6%。

·安全生产与消防安全· 2021年，五山街监督检查各类生产经营单位2943家次，发出限期整改告知函1081份，开出现场复查记录1063份。检查企业单位及商铺1352家次，发现并消除消防安全隐患387处。为五山地铁广场、广东省地震局宿舍、茶山233号无物业小区配置微型消防站。吸取湖北十堰市燃气爆炸事故教训，对辖内餐饮单位进行消防安全及燃气安全排查整治，检查餐饮食肆68家次，督促整改存在的隐患问题。在重点节假日期间开展消防夜查活动31次。

·来穗人员与出租屋管理· 2021年，五山街通过完善管理机制、人屋数据督导、量化绩效考核、细化工作职责、加大巡查登记力度、联同派出所开展每周2次的出租屋清查行动等措施，确保辖区“人屋”信息登记率达95%以上。

是年，五山街累计核查出租屋17.03万间（套），新增录入流动人员信息1.05万条，注销1.38万条，系统纳管人数为2.6万人。办理房屋租赁合同登记备案0.08万份，办理居住证0.95万份，代征出租屋综合税2069万元，印花税1.69万元。

·公共卫生与健康发展· 2021年4月，五山街开展专题讲座，普及社区居民的卫生应急自救互救知识。7月27—29日，为辖内349名已婚育龄妇女提供免费“两癌”筛查服务。为辖内孕妇发放产前筛查及诊断服务券202份，组织172名辖区群众参与免费孕前优生健康检查。元旦、春节期间慰问辖内4户计生家庭，发放慰问金6500元。是年，发放城镇独生子女父母奖励金7760人次，发放计划生育家庭特别扶助金109人次。开展环境卫生整治统一行动42次，累计发动各单位开展爱国卫生活动300余次，举办防传染病、控烟、健康教育、病媒防治宣传活动5场。

·社区建设与民政优抚· 受疫

情影响，2021年度，五山街居家养老“大配餐”共运营3个月，10个长者爱心助餐配餐点为约12.8万人次长者提供爱心午餐。停运期间，居家养老运营团队定期对辖内长者电话探访，为不便出门的长者提供送菜、送药等上门服务。街道颐康中心试运营。五所社区入围全国示范性老年友好型社区评选，创建健康机关（社区）。推动华工社区创建和谐社区，开展公益志愿活动，协商改造社区环境，救护精神残疾居民。开展新时代文明实践活动49场，承办主场活动1场。辖内有社会救助最低生活保障对象22户34人，发放低保金约34.77万元；为3名特困人员发放救助金59136元；为3人次发放补充医疗救助45386.36元；为19人次发放住院医疗救助39457.08元；为1名事实无人抚养儿童发放救助金28270元。资助困难人员参加社会医疗保险零星报销15人9188元，实物救助46户8280元；为1名特困人员提供照料护理15120元。救助流浪乞讨、生活困难人员26人次。发放义务兵家庭优待金31.16万元；为3名申请退役军人应急救助资金约10万元；为7名优抚对象申请医保补助约4923.5元；为2名优抚对象申请临时医疗救助资金约12000元。

·科教文体· 2021年，五山街图书馆上架图书1100余册。巡查管理辖内26处社区体育健身路径。2月，开展“美育五山·形体塑人”2021年五山街新时代好少年公益形体礼仪讲座活动。3月，举办五山街2021年“美育五山·争当新时代好少年”街舞公益讲座活动。7月，开展“聆听花语·静谧花香”2021年五山街艺术插花公益讲座活动。9月，举办“百年礼赞，红色传承”五山街庆祝中国共产党成立100周年艺术书画展活动。11月，开展“宁静至美·静心养性”瑜伽知识文化教育系列讲座活动。12月，举办五山街“花影香间·修身益心”艺术插花公益讲座活动。

【街道经济】 2021年，五山街辖内生产总值（GDP）205.7亿元，比2020年（下同）增长6.7%，总量占全区的3.42%。限额以上商业销售额92.94亿元，增长30.9%；限额以上住宿餐饮业营业额1.93亿元，增长10.5%；社会消费品零售总额19.27亿元，增长12.5%；规模以上工业总产值6.88亿元，增长41.4%；建筑业总产值40.05亿元，增长16.7%。1—11月（错月统计），营利性服务业营业收入142.44亿元，增长5.6%，其中软件业和技术信息服务业78.93亿元，增长0.3%；其他营利性服务业63.51亿元，增长12.9%。

【五山街历史文化建筑保护】 2021年，五山街辖内有64处不可移动文物、15处历史建筑和10处传统风貌建筑。建立完善巡查管理台账、历史建筑和不可移动文物档案。探索建筑文物数字化保护，将互联网、三维、AR等数字化新技术引入文化遗产保护和传承中。结合党史学习教育，以“家门口的红色学堂”为主题，借助街道党群服务中心、华南理工大学图书馆、华南农业大学图书馆等平台筹办“百年史薪火相传、奋斗梦生生不息”五山地区历史文化建筑图片展，展现五山片区历史文化内涵、保育成果及红色印记，提高居民的文物保护意识。累计接待6000余人次，提供团体讲解40余次，开展“小小讲解员展风采”活动14场次。

【汇景国际社区服务中心运营】 2021年3月15日，汇景国际社区服务中心揭牌并正式开放。该中心具备“四站一厅”的基本功能，包括境外人士服务站、中外居民文化交流融情站、涉外志愿服务站、涉外人才服务站、中外居民共商共治议事厅，为中外居民提供一站式服务。中心结合区域特色传统文化，发动外籍人士参与以中华传统文化为内容的社区主题活动，推动中外居民多元文化交融；构建社区居民和境外人士共同参与社区发展治理平台，发动鼓励境外人士加入志愿服务队伍，打造国际化志愿者队伍。

【五山街综合养老服务中心运营】 2021年12月23日，五山街综合养老服务中心（颐康中心）举行运营启动仪式。该中心位于五山街道东莞庄路114号自编（3～7层），建筑面积1570.37平方米，中心共配置67张床位，可提供生活照料、康复护理、助餐配餐、医疗保健、日间托管、临时托养、精神慰藉、康复辅助器具租赁、文化娱乐等多种养老服务。中心通过“政府主导、专业运营、多元联动”的方式，在工业和信息化部电子第五研究所原有宿舍楼的基础上，由广州七喜集团有限公司投资约670万元，联合广州市北斗星社会工作服务中心和广州市盈泽信息科技有限公司共同运营，按照颐康中心的规模、标准和要求重新设计改造而成。

【五山街老旧小区微改造】 2021年，暨华苑、侨办商品房、新光厂宿舍、南海厂宿舍改造完成，第一季度办理移交手续。广东省地震局宿舍项目基本完成改造。推进街道牵头项目——华南农业大学老旧小区微改造，起草华南农业大学校内住宅小区微改造方案及华南农业大学校内住宅小区微改造工作协调小组议事制度，经五山街、华南农业大学两轮入户派发表决票、征求业主意见，改造方案于2021年9月26日获小区过半数业主表决通过。协调推进天一新村H7栋、D5栋以及华南农业大学嵩山住宅区

24栋加装电梯工作，处理加装电梯施工投诉2宗。

【五山街抗击新冠肺炎疫情】 2021年，五山街贯彻“外防输入、内防反弹”策略，做好常态化疫情防控。累计核查涉疫风险人员30775人，落实核酸检测9627人。对涉疫场所（广汽研究院、广东农业科学院蚕业研究所）实行分级分类管控，落实值班值守、监控巡查、环境消杀、垃圾清运等工作，及时收集群众需求、纾解群众情绪。根据疫情防控需求，5月31日至6月1日开展第一次核酸大排查，街道设20个采样点39个采样台，共检测162932人，核酸检测率144.34%。6月23—24日开展第二次核酸大排查，设26个采样点90个采样台，共检测14.97万人。8月13日开展第三次核酸大排查，设26个采样点100个采样单元；同月14—26日继续设东莞庄和茶山2个采样点7个采样单元，共检测11.04万人。配合疾控部门做好核酸检测复核和流行病学调查等工作。做好广州中学五山校区周边属地保障，完成2021年普通高等学校招生考试的保障任务。分年龄段、分职业有针对性发动居民接种新冠病毒疫苗，在颐和大厦、金山大厦、省第二中医院门诊、汇景社区维纶特莱会所、暨南大学华文学院等设置新冠疫苗临时接种点，建立疫苗接种小分队，是年辖内累计接种31.76万剂次。

【五山街扶贫协作】 2021年，五山街通过开展产业帮扶、建设光伏发电项目、危房改造、安装自来水管、开拓扶贫产品销售渠道、重要路口安装摄像头等多项措施完成兴宁市黄槐镇槐东村脱贫攻坚工作，驻村工作队和驻村干部获得2019—2020年期间广东省农村工作小组表扬。五山街动员社会力量结对帮扶毕节市纳雍县姑开乡深度贫困村和乡村振兴示范村，助推当地脱贫攻坚与乡村振兴有效衔接。举办东西部协作“万企帮万村”五山街结对帮扶毕节市纳雍县姑开乡签约仪式，发动辖内上海翼殿信息技术有限公司（创思）、宇丰建投集团和华工信元通信技术有限公司分别结对帮扶阿楷箐、高山田和火把村，每年支援结对村5万元帮扶经费。广州抖佳佳文化传媒、人心网络科技有限公司、乐天企业管理有限公司、五山街道商会和兴源公司联合结对帮扶合心村，合力支援该村5万元帮扶经费。（邓成菊）

表72 五山街道社区居委会情况一览表

社区名称	居委会地址	居委会主任
五所	东莞庄路112号5号楼205、206房	邓晓婕
岳洲	岳洲路9号306	陈敏
白石岗	半山雍景苑小区大堂半山道4号	何疏影
粤垦	东莞庄路33号省农垦总局大院43栋一楼东	余楚贤
华农	华农大嵩山区41栋旁	周伟健
汇景	汇景新城龙熹山小区E2街区C1栋负一层	贺淑芬
东莞庄	东莞庄一横路3号	毛泰虎
广外艺	瘦狗岭路463号大院旧行政楼106	郑丽娜
高胜	东莞庄伟逸街33号	黄玫樱
瘦狗岭	瘦狗岭路567号三楼	李雅莹
茶山	茶山路230号04房	李媛媛
华工	五山路381号华工东区东一集十五栋旁	叶少君
农科院	金颖路21号	王政平

员村街

【概况】 员村街建于1960年7月，由东圃镇划出员村、程界村地区组成。员村街位于天河区最南部。东起简下涌西岸、广州国际金融城起步区；南达珠江南岸，与海珠区广州国际会展中心隔江相望；西到华南快速干线，与冼村街、猎德街相接；北至黄埔大道中南侧，与天园街相邻，面积5.32平方千米。员村街下辖16个社区居委会和1个村改制公司，分别是二横路、新村、绢麻、侨颖、山顶、华颖、南富、程界西、程界东、美林海岸、新墟、四横路、新街、昌乐园、天福、怡景社区居委会和石东实业有限公司，全街划分成156个基础网格，实行网格化管理。2021年，员村街户籍人口52094人，出生358人；常住人口123669人，出生1257人；流动人口（居住一个月以上）81047人，出生817人。

员村地区生活服务设施较为完善，辖内有三甲医院1家，社区卫生服务中心1家，社区卫生服务站1家；公办中学2所（其中包含1所9年制学校）、公办小学4所、民办小学2所、民办中学1所（九年制学校）、特殊教育学校1所、大专院校1所、公办幼儿园5所、民办幼儿园11所、国企幼儿园1所；大型连锁超市2家。20世纪50年代起，员村地区为广州轻工业基地，国有企业较多。2000年以来，因广州城市规划东进，企业相继关停、转型或搬离。2013年6月，辖内广州国际金融城正式开工建设，对广州加快新型城市化发展具有重大战略意义，也为员村地区经济及各项事业发展提供重大机遇。

【街道建设与管理】·街区管理及环卫建设· 2021年，员村街加强垃圾分类宣传，制作垃圾分类宣传栏、垃圾分类责任公示牌等宣传资料，组织在职党员、志愿者等开展主题宣传活动150余次，入户宣传43825户次，入户宣传率100%。在辖内设置106个垃圾投放点，设置第二批6个星级投放点、6个“两网融合”点。对经营商铺、餐饮场所、机团单位、小区开展常态化垃圾分类督导检查。

完成乐学街及穗源阁范围的“三线”下地工作，解决乐学街多年违停收费问题，还路于民。开展乐学街全面升级改造工程，路面铺设沥青，人行道铺设大理石砖，施画道路标线，安装路灯，提升容貌环境。是年员村街拆除违法建设337宗，面积约26.12万平方米。是年员村街有99个排水单元任务，任务面积81.25公顷；已完成任务38个，面积34.47公顷。

·社会治安综合治理· 2021年，员村街综治中心前台和省一体化信访信息系统共受理群众诉求720宗；承办广州“12345”政府热线投诉6472宗，办结5716宗；处理劳资纠纷242宗，涉及521人，追讨欠薪415.3万元。开展社会综合治理专项整治，发动“广州街坊”群防共治力量，佩戴“广州街坊”红袖章上岗，开展定点守护及巡逻防控。开展常态化扫黑除恶斗争、清理整治寄递物流行业、打击传销、防范电信网络诈骗和禁毒等工作。

是年，员村街总警情689宗，比2020年（下同）下降8.6%；刑事警情434宗，上升8.8%。其中，两抢警情2宗，下降50%；盗窃警情518宗，下降27.6%；诈骗警情367宗，下降9.6%；黄赌毒警情233宗，下降5.3%。

·安全生产与消防安全· 2021年，员村街开展企业安全生产检查3705家次，开出限期整改告知函1992份，全部整改完成。行政执法15单，罚款金额61000元。开展消防安全检查4232家次，开出整改通知书251份，口头整改760家次。开展安全生产宣传“五进”活动，其中“进企业”16场，“进校园”12场，“进社区”12场，“进农村”1场。开展消防生产宣传教育41场，受训人员4339人。

2021年，员村街新街社区广州通百惠百货有限公司被区政府列为挂牌督办重大火灾隐患单位。员村街道与区有关部门、社区居委会、业主单位通力合作，对该公司进行消防评估、隐患整改，升级改造消防系统，已完成验收。

·来穗人员与出租屋管理· 2021年，员村街继续开展来穗人员随迁子女积分制入学和来穗人员积分入户申请受理服务工作，工作前台累计受理积分入学申请232人，164人成功入学。81人成功入户。

是年，员村街累计核查出租屋78335间（套），新增录入流动人员信息32223条，注销56662条，系统纳管人数增至99314人。办理房屋租赁合同登记备案1044份，办理居住证22873份，代征出租屋综合税约2019.97万元，印花税52640.6元。

·公共卫生与健康发展· 2021年，员村街受理2366例生育登记，其中一孩生育登记1507例，二孩生育登记757例，三孩生育登记102例。为群众提供免费孕前优生健康检查，632人次参加。贯彻免费产前筛查和诊断服务惠民政策，283人次参加。

·社区建设与民政优抚· 2021年，员村街16个社区全部完成城乡社区居民议事厅平台建设，是年议事次数67次，形成决议52次，完成执行并落实54件，落实决议涉及资金金额64万元。完成员村街3个社区（山顶、二横路、绢麻）和谐社区建设活动。16个社区均完成15分钟城市生活服务圈建设，并与猎德街进行相互检查督导。公开招聘20名社区专职工作人员。完成员村街第七届社区居民委员会换届。新一届社区“两委”成员平均年龄约38岁。举办“学党史，提能力”——员村街道第七届社区“两委”成员培训会议。

是年员村街办理医疗救助21次惠及146人。新增特困户5户5人、低保11户15人、低收入1户5人、困境儿童4户4人。开展临时救助8次惠及8户9人，涉及金额24560元。全年有60户家庭通过申请入住公租房。员村街有失业人员816人，就业率72.9%；就业困难人员342人，就业率86.26%；高校毕业生237人，就业率92.82%。为2376人次申请灵活就业补贴467.84万元。居民城乡养老保险参保78人，残疾人城乡居民养老保险参保150人，居民医疗保险参保6856人。

2021年，员村街居家养老综合服务平台建成并投入运营，累计探访

表73　员村街“长者大配餐”服务点信息表

服务点名称	地址
华颖社区金鹏社区服务站	员村街一横路7号华颖花园50栋
美林海岸社区金鹏社区服务站	员村街椰林路72号美琳湾畔6座
山顶社区金鹏社区服务站	员村街恒隆街43号凝光阁旁首层
员村街日间托老服务中心（昌乐园社区）	员村二横路昌乐园15号之一颐养苑
四横路社区星光老年之家	员村四横路5号大院9栋平房
员村街长者乐园（绢麻社区星光老年之家）	员村二横路11号大院18号
员村街天福社区长者之家	黄埔大道中天荟公馆地下停车场入口斜对面

特殊困难老年人4359人次。开展医养结合服务，与附近医疗机构、护理站签约开展医疗服务。全年建成家庭养老床位110张，为有家居改造需求的老人提供扶手、防滑垫等适老化改造服务。为33名老年服务对象建立基本的健康档案并提供助洁、助行、助医、代办、精神慰藉等生活照料服务。

·科教文体· 2021年，为庆祝中国共产党成立100周年，员村街组织辖内20名员村厂区老职工、老党员开展口述，挖掘散落在民间、展示员村时代发展精神的故事。开展“悦读·阅美·守望美好”亲子朗诵会、春风送暖庆元宵文艺志愿者进企业、指尖上的艺术剪纸工作坊、“最是书香能致远——世界读书日”阅读分享会、“学党史 唱红歌”、“翰墨飘香，写意人生”中国画培训、百姓学堂免费培训等科普宣传活动。对辖内子富冼公祠、程介西村李氏宗祠、程界东李氏宗祠、广州南方面粉厂南筒库区4处文物保护单位开展文物安全巡查6次。

【街道经济】 2021年，员村街辖内生产总值（GDP）108亿元，比2020年（下同）下降12.5%。规模以上工业总产值0.52亿元，下降34.8%；营利性服务业营业收入38.62亿元，增长12.2%；商品销售总额125.29亿元，增长28.5%；社会消费品零售总额48.2亿元，增长2.7%；住宿和餐饮业营业额4.35亿元，增长16.4%；资质内建筑业总产值31.15亿元，增长88.2%。

【华颖小区微改造】 华颖小区位于天河区员村一横路，与珠江新城比邻，建成于20世纪70年代后期，是员村街人口较多的老旧小区之一。2021年，为进一步提升民生福祉，改善人居环境，员村街对该小区开展综合改造提升。充分发挥基层党组织在社区治理体系中的领导作用，广泛听取意见、细化改造流程、加强质量监管、跟进后续管理。改造内容包括小区主干道路面重铺、规划道路标线、人车分流、绿化完善、“三线”规整、垃圾分类设施等提升小区综合配套为主的基础性改造。铺设的道路总长约1.1千米、绿化花草面积约300平方米、新设宣传栏6个、垃圾分类亭4个。

【天河区“国际反家庭暴力日”主题活动】 2021年11月25日，天河区“我为群众办实事”暨“11·25”反家暴主题活动在员村街都市广场举行。活动主会场表演原创情景剧《模拟法庭》，该剧由天河区律政佳人反家暴大使和绢麻社区党员及群众代表联合编排，揭示家庭暴力的危害性及应承担的法律后果。分会场设置宣传板展示反家暴经典案例、反家暴维权指引、婚姻家事、未成年人保护、老年人权益保护等内容。

【员村街交通综合整治行动】 2021年，员村街开展“奋战三百天，全力保畅安”交通综合整治行动。员村街成立“三人小组”负责路口整治工作，在重点路口、重点路段设教育劝导岗，全年累计劝导非机动车逆行、闯红灯、不配戴头盔等交通违法行为9.8万余人次。开展交通安全出行宣传活动，派发“一盔一戴”宣传单张、致社区居民的一封信，向辖区学校派发交通小卡片。在员村二横路口、员村工人文化宫、辖区消防局正门围墙、黄埔大道科韵路立交桥转角设置交通安全宣传标识。张贴交通海报800份，设立交通安全宣传橱窗25个，利用电子显示屏不间断播放交通宣传视频，在辖内企事业单位开展大型交通宣讲活动30余场。

全年开展“红棉剑锋”行动72次，查扣“五类车”457辆。对长期占用巷道、小区、社区公共部位停车位等影响城市形象、安全隐患较大的“僵尸车”进行全面排查，组织整治主次干道、内街内巷60次，劝离违停车辆800台。组织拆除私设地锁专项行动5次，拆除38把地锁，还路于民。推进“双微改造”（交通组织微循环、交通设施微改造），综合运用车道瘦身、待行区、借道左转等措施，完成4个重点路口、2个重点路段改造。

2021年11月25日，天河区开展“我为群众办实事”暨“11·25”反家暴主题活动之模拟法庭（王卉 摄）

【员村街抗击新冠肺炎疫情】 2021年，员村街开展常态化疫情防控。全年收到122个疫情防控专项排查任务，密切跟进入境人员管控并全部落实第七天核酸检测。为辖内低保、低收、特困、困境儿童、居家养老对象发放口罩5776个，洗手液160瓶。联合市场监管所巡查督导人员密集场所4625家次。开展疫情防控宣传，派发宣传海报10万余张，派发户外喇叭200个，省内传统媒体报道12篇，省内新媒体报道268篇，印发信息时报新员村社区报疫情防控专刊10万份。增设南富、天荟公馆、新街、绢麻、华颖新冠疫苗临时接种点，解决流动人员接种问题。在四横路、华颖、新村等老年人口较集中的社区设立接种小分队，便利老年人就近接种。在绢麻、美林、新墟、侨颖等社区投入移动疫苗接种车。超8.4万人完成全程接种，辖区内18—59岁人群全程接种覆盖率79.05%。联合社工站、团工委、区总工会、街道商会、区应急局等多方力量，组织志愿者2000余人参与核酸检测秩序维护、信息录入。完成两次员村街大规模核酸检测工作，累计共采集核酸检测样本27.5万余份。通过红棉热线等方式为辖区群众提供服务，为300户困难群众送去抗疫物资。

【石东村(石东实业有限公司)】 1951年，由石牌村东边几个自然村组成石东乡，后改名石东生产队，1986年改为石东村委会。石东乡当时隶属石牌区管辖，因位于石牌东边而得名。石东村包括程界东村、程界村、员村、潭村、甲子村5个自然村。各自然村建立于南宋嘉定年间或南宋，村民均由南雄珠玑巷迁入，主要姓氏为李、冼、钟、姚、利五大姓。石东村东接棠下新墟村，南临珠江，西邻猎德村、新庆村，北至中山大道，面积约3平方千米，原村民经济收入以种植蔬菜、水稻、药材为主。自1956年国家开始征地建设以来，村情村貌发生巨大变化。1995年，石东村从东圃镇划归员村街管辖。1999年6月，完成撤村改制，成立广州市石东实业有限公司，经济收入以物业租赁为主。 （王卉）

表74 2021年员村街道集体股份公司情况一览表

名称	注册资本（万元）	股民（人）	经营总产值（万元）	董事长	总经理
石东实业有限公司	280	2802	25717.46	何伟雄	何伟雄

表75 员村街道社区居委会情况一览表

社区名称	居委会地址	居委会主任
山顶	员村黄埔大道恒隆街25号	刘丽华
华颖	员村一横路七号大院50栋首层	高歌
员村四横路	员村四横路二号大院27号103房	文小玲
员村二横路	员村康湖大街93号103房	徐雪华
侨颖	员村西街6号大院2号102房	陈铁城
新村	员村新村53号一楼	张春辉
绢麻	员村二横路兰亭街E1座101室	范红梅
昌乐园	员村昌乐园51号102房	叶婉玲
新街	员村三横路东巷1号首层	肖喜冬
新墟	棠下荷光路一横路12号701房	李剑明
美林海岸	员村椰林路74号	唐美娇
程界东	员村四横路百合院30号102房	刘荣耀
程界西	程界西子富新村四街一号101房	江小州
南富	南富社区东社大街18号二楼	麦海
天福	黄埔大道中186号负一层	蔡燕
怡景	员村大道怡景大街99号	刘建安

车陂街

【概况】 车陂街建于1981年5月，由东圃公社划出车陂地区组成。车陂街位于天河区中南部，状似不规则长方形。东起天力街、东圃二马路等街巷，与前进街、黄村街相接；南达珠江，与海珠区相望；西到车陂路、简下涌（白沙浦涌），与员村街、天园街、棠下街相接；北至北环高速公路、车陂涌，与新塘街相邻，面积约5.61平方千米。街下辖17个社区居委会和1个撤村改制公司，分别为东圃、西湖、天雅、龙口、西岸、沙美、东岸、美好、广氮、车陂北、旭景、假日园、天坤、西华、新涌口、慧雅、智源社区居委会和车陂经济发展有限公司。2021年，车陂街户籍人口50899人，出生536人；常住人口149241人，出生1680人；流动人口（居住一个月以上）117238人，出生1139人。

街辖内有美好居、城市假日园、旭景家园、富力天禧、广氮花园、阳华国花苑、天健上城、江源半岛等多个较大规模小区，还有近万人口的原广氮集团生活区、车陂经济发展有限公司。辖内还有联合社区（东西片区）、四季时尚荟、时尚TIT广场、苏宁广场、东圃购物中心、摩登商业城、美华超市等园区和大型商场，天河区人民医院、暨南大学附属第一医院东圃分院、车陂街社区卫生服务中心、广州家家乐康复医院等医疗机构。街内环境优美，有车陂公园、沙美公园和车陂涌。

【街道建设与管理】 ·街区管理及环卫建设· 2021年，车陂街全力推动东圃大马路、东圃二马路的品质化提升，全线铺设沥青约1.6万平方米，道路标识划线约700平方米。增设非机动车道，并设置机非隔离栏，安装井盖约300套，安装护栏近1300米。完成雅怡阁和广氮新村两个小区微改造。开展车陂村基础数据调查工作，车陂村实施范围内集体物业测量593宗，入户率100%；村民住宅入户4888栋，未入户171栋，入户率96.62%。

是年，车陂街拆除乱搭建99宗，面积24.82万平方米，超额完成区年度违建治理总任务。约谈工地负责人13人次，责令限期整改84宗，立案16宗，罚款38.95万元。开展垃圾分类联合检查801次，责令限期整改215宗，立案150宗，处罚50535元。参加燃气安全应急演练1次，责令限期整改40宗，立案10宗，处罚41500元。拆除违规广告招牌121宗，面积5041平方米。在车陂地铁口、车陂南地铁口、学校周边、农贸市场周边及主干道临街商铺进行守点，全年共整治“六乱”22000余宗。2021年，车陂街创建12个星级投放点、10个“两网融合”网点以及车陂公园生活垃圾分类体验馆。

·社会治安综合治理· 2021年，车陂街辖区未发生重大恶性治安案件和治安灾害事故。是年，车陂街治安警情1149宗，较2020年（下同）上升2%；刑事警情637宗，下降23%。其中，两抢警情2宗，下降50%；盗窃警情575宗，上升11%；诈骗警情604宗，下降23%；黄赌毒警情193宗，下降17%。

·安全生产与消防安全· 2021年，车陂街检查各类生产经营单位4321家次，排查各类隐患1274条，发出责令限期整改指令书1274份，整改复查意见书1274份；一般程序执法案件15宗，罚款54000元。是年有117家生产经营单位购买安全生产责任保险。举办消防演练、宣传及培训等活动71次，参与人数5724人次。

·来穗人员与出租屋管理· 2021年，车陂街受理积分入户申请119人，成功入围114人，受理来穗人员积分入学申请242人。是年，车陂街累计核查出租屋95.19万间（套），新增录入流动人员信息87079条，注销94704条，系统纳管人数增至12.87万人。办理房屋租赁合同登记备案603份，办理居住证8077份，代征出租屋综合税2161.13万元，印花税1.9万元。

·公共卫生与健康发展· 2021年，车陂街30人完成免费婚检，303对夫妇完成免费孕前检查，300名育龄妇女完成“两癌”筛查。一孩生育登记3065例，二孩生育登记1452例，三孩生育登记172例。

·社区建设与民政优抚· 2021年，车陂街有低保户53户82人，低收户4户9人，特困户3户3人。全年为3618名70岁以上老人发放长者长寿金，发放金额约252.57万元。车陂街居家养老综合服务平台上门生活照料服务对象36人，累计服务648人次；开展居家养老服务系列进社区宣传活动1次，服务43人次。在新冠疫情防控期间为长者提供代办服务。受疫情影响长者独自在家情况有所增加，大配餐服务保持开放。辖内2个配餐点日均服务60人次，累计服务约1.3万人次。车陂街居家养老服务综合平台与29人签订上门医疗服务，与35人签订精神慰藉服务。开展9场健康讲座，内容涵盖疫情防控、个人卫生和季节保健等。对35名长者提供适老化家居改造服务，并向善城基金会项目申请为25名困难长者进行一次性适老化家居改造。联合东圃供销社物业为10名长者提供定期巡防服务，每季度一次检查水、电、煤气等运行设施。

·科教文体· 2021年，车陂街维修健身器材20件，更新旭景家园C区和龙口社区东景花园2条健身路径，申报建设广氮篮球场。完成天河区关于社区公共文体设施公建配套历史遗留问题的摸查统计工作。

开展2021年迎春送福活动。举办6场读书活动。沙美、西岸居委会开展2场大型文艺汇演活动。开展“认识阿尔茨海默症，守护爱的记忆”科普讲座和宣传活动。开展主题为“光聚民心　花儿献党”公益文化艺术普及活动之蜡烛压花课程。开展主题为“传承非遗　欢度国庆”手工艺活动。4月22日，“颂百年风华　传红色基因”2021广州市家庭文明建设现场会暨家庭亲子阅读活动在车陂街龙舟博物馆家教家风基地开展，全国家庭亲子阅读基地落户车陂街。

做好日常文物巡查，协调处理辖区村民上报的文物认定工作，并组织专家评审会议。梅友郝公祠修缮工程进入竣工验收阶段。整治西岸社区存在的文物安全隐患。落实车陂街12处文物保护单位安全直接责任人公示牌上牌工作。

通过广府龙舟文化平台，加强非遗学习交流，开展“龙舟文化品牌再放光芒之我见——促龙舟文化品牌再创辉煌”理论研究活动。实施非遗传承创新力提升行动，设置多样化非遗手工制作室、在重点位置设立非遗活动宣传栏等。推动非遗进图书馆博物馆、进校园、进社区，拓展非遗保护领域。车陂村成功申报2021—

2023年度广东省民间文化艺术之乡。

【街道经济】 2021年，车陂街辖内生产总值（GDP）78.31亿元，比2020年（下同）增长11%。规模以上工业总产值3.27亿元，增长21.8%；营利性服务业营业收入29.62亿元，增长3.5%；商品销售总额167.81亿元，增长31.9%；社会消费品零售总额92.88亿元，增长5.3%；住宿和餐饮业营业额2.10亿元，增长15.3%；资质内建筑业总产值8.54亿元，增长83%。

【“3＋1＋3”车陂社区社联自治创新实践】 2021年2月20日，车陂街社区社会组织联合会以“3＋1＋3”车陂街社区社联自治创新实践入围“全国市域社会治理创新优秀案例（2020）”。车陂街是广州市典型的城乡接合部，外来人口多、居住人口密度高，辖区还有一个广州市的超大型城中村——车陂村。为推动社会治理重心向基层下移，车陂街社区社会组织联合会在车陂街道党工委的领导下，采取“党建引领、多元联动、精准提升、专业服务”的运营模式，打造“3＋1＋3”的社区治理路径。“3”即联合基层党建促进平台、社区文化营造平台和公益服务枢纽平台，“1”是指打造一个党建引领社区发展治理支持中心，“3”即提供社区治理专业人才培育、创新社区治理品牌引领、社区志愿公益平台搭建等专业服务。

截至2021年，车陂街社区社会组织联合会利用自身影响力，整合街道内各类资源，建成社区社会组织孵化基地，发展13个会员单位，并与高校、社会团体、企业商会等党支部结对共建。成功孵化新时代新车陂联防共治守望相助志愿队、退伍老兵联勤联防巡逻队伍、河流守望者志愿队，并培育车陂救援平安志愿队、车陂涌悦和志愿服务队、车陂女子凤船队、车陂艺术团等近10支志愿服务精品团队。围绕“一水同舟”品牌文化，打造“一馆、一节、一剧、一曲、一视频、一项目、一电影”的“七个一”活化非遗项目，逐步让传统龙舟文化焕发与时俱进的新活力。

【车陂街环境保护纠纷人民调解工作室成立】 2021年4月28日，广东省首个街道基层环境保护纠纷人民调解工作室在车陂街美好社区揭牌。该调解室是由广东省环境保护纠纷人民调解委员会联合区司法局、市生态环境局天河分局、车陂街道办事处等共同设立，整合生态环境专家学者、专业律师、环保志愿者、人民调解员等资源，旨在解决发生在基层影响群众生产生活的生态环境保护、环境污染等各类矛盾纠纷，以及因生态环境破坏、污染等引发的涉及民间损害赔偿的矛盾纠纷。

【车陂村集体物业复建项目】 广州国际金融城起步区车陂村集体物业复建项目是车陂村三大版块项目之一，涉及车陂联社及车陂第9、10、11经济社，总建筑面积超过4万平方米，拟打造成集商场、办公、酒店等多功能业态于一体的商业商务大厦。2012年开始征地拆迁。2021年7月8日，该项目在区农村集体资产交易平台招标合作方，广州合利创兴控股有限公司成功中标。7月21日，车陂经济发展有限公司举行广州国际金融城起步区车陂村集体物业复建项目签约仪式。车陂股份合作经济联社与广州合利创兴控股有限公司就复建项目的实施计划、目标方向进行探讨，该项目进入复建实施阶段。

【旭景社区获2021年广东省“民主法治示范村（社区）”称号】 2021年9月25日，旭景社区被评为2021年广东省“民主法治示范村（社区）”称号。旭景社区主动联合辖内社会组织、社工站、企业、学校、幼儿园等机构，按照“资源共享、优势互补、相互促进、有机联动”的理念，以社区党建为引领，协同解决社区问题，推动社区发展和社区治理，打造广州市优势主导型“三社（社区、社会组织、社工）联动”试点社区。旭景社区成立流动党员党支部，与社区支部形成“双核驱动”。组建社区治安巡逻、垃圾分类指导、网格员巡查等队伍，以群众的兴趣点为前提，开展多

2021年4月28日，车陂街环境保护纠纷人民调解工作室揭牌

（车陂司法所供稿）

种社区文化活动。设置以议事、决策、执行、监督为流程的“四位一体”民主自治协商平台，形成以居民、楼长、片长、社区居委会为主体的楼片长沟通反馈机制，实现社区自治常态化、制度化。

【车陂街河涌水环境治理】 2021年，车陂街辖内6处小微水体（风水塘）河长制管理，通过日常巡查整治+专业治理管养的方式，实现小微水体“三无”（污水无直排、水面无垃圾、水质无黑臭）目标。推动排水单元达标工作开展，是年达标认定93个，挂牌面积150.68万平方米。开展车陂涌（文化水乡段）碧道建设，是年完成车陂涌核心段主观赛台及登船处改造、车行桥美化改造、同章简公祠周边环境提升工程。实施“水滴计划”，该计划由水滴学堂和水滴行动组成。水滴学堂包括党领治水、水知识科普、巡河知识科普，水滴行动包括巡河护水、生态考察、为水发声。该计划涉及车陂小学、东圃小学、东明荔园学校、华附天河实验学校、南国学校、西华幼儿园等学校，旨在引导更多中小学生参加治水活动。

【车陂街交通综合整治行动】 2021年，车陂街开展“奋战三百天，全力保畅安”交通综合整治行动。对各类交通违法行为开展常态化教育劝导；设置交通文明宣传岗、劝导岗，联合交警部门对未佩戴头盔的交通违法者进行处罚。劝导各类交通违法行为2万余人次，抄写交通法规5000余份。规范设置各类警示、提示标志，摆放水马300余米。在东圃大马路、中山大道恢复非机动车道，东圃大马路增设机非隔离栏约700米，全面提升道路公共服务能力，消除各类交通安全隐患。组织市场监管、应急、城管等部门对辖内销售电动单车的门店开展检查。全年组织开展“五类车”查扣行动40余次，查扣“五类车”500余辆。清运共享单车1.6万余辆，提高道路通行效率。

【车陂街抗击新冠肺炎疫情】 2021年，车陂街组建30支党员突击队，完成2轮近36万人次全员核酸检测任务。开展疫苗接种，辖内3～11岁常住人口至少接种1针剂13546人，全程接种11331人，全程接种覆盖率109.37%；12～17岁常住人口至少接种1针剂7604人，全程接种7033人，全程接种覆盖率142.66%；18岁以上常住人口至少接种1针剂127904人，全程接种113835人，全程接种覆盖率80.59%。60岁以上常住人口至少接种1针剂8763人，全程接种8083人，全程接种覆盖率65.73%。

【车陂村（车陂经济发展有限公司)】 车陂在宋元时属永泰乡，后称龙溪村，再改车陂。据《简氏族谱》记载，宋末元初居住村东岸的王道夫裔孙中有一位名叫龙溪，在村中很有名气和影响力，后人为纪念他，将流经村中心的河流取名龙溪，龙溪村因此得名。清康熙二十五年（1686）番禺鹿步司设12个堡，龙溪村归属车陂堡，为车陂堡办公所在地，以堡为名而称车陂。车陂之名，有两种说法：一种说法是该处用水车抽取陂水，灌溉农田，取其意称作“车陂”。另一种说法是，明清时期车陂北侧有一条官路（今中山大道）通往京城，村民出行十分方便，是有“车”；龙溪上游筑陂拦水，自流灌溉农田，是有“陂”，故取名“车陂”。车陂村分

表76　2021年车陂街道集体股份公司情况一览表

名称	注册资本（万元）	股民（人）	经营总产值（万元）	董事长	总经理
车陂经济发展有限公司	300	8813	18000	简铭钜	麦子豪

表77　车陂街道社区居委会情况一览表

社区名称	居委会地址	居委会主任	办公电话
东圃	东圃大马路7号汇友苑小区汇宁阁F层	黄志庚	82300451
西湖	车陂明豪三街5号125	潘仲灵	82555727
天雅	中山大道中266号首层	吴淑艺	82311475
龙口	龙口大街2号三楼	邹成桃	32371749
西岸	北牧大街28号	单鹏飞	82161558
沙美	启明大街南7巷2号三楼	刘玉清	82161556
东岸	北正大街27号三楼	郭艳红	82309340
美好	中山大道中69号夹层101室	刘金洲	82579451
车陂北	富力天禧花园A2栋首层	梁淑华	82187533
广氮	车陂北街22号广氮新村52栋一楼	苏艳凤	82326619
旭景	旭景东街35号C8—103	姚沛现	82551498
假日园	假日北街17号A5栋首层	梅晶	82567533
天坤	广氮花园南环街2号楼首层	石淑芳	38915383
西华	车陂东溪大街24—1号	杨惠芹	31606542
新涌口	新涌口西14号	郝小红	82109867
慧雅	天河区和祥街1号首层	汤燕	38816086
智源	天河区上城东街7号首层118～120室	李州坤	38815433

四约、东岸、沙美三部分，四约位于车陂涌西侧，东侧称东岸，沙美在车陂涌西侧南端。中华人民共和国成立后，水上人家集居珠江河边的新涌口村并入车陂，划归东岸。世居车陂的村民主要姓氏有9个：郝、苏、王、梁、黄、简、黎、马、麦，村民先祖大部分由南雄珠玑巷迁入。

车陂村龙舟传统文化积淀深厚，龙舟活动保留起龙、采青、赛龙、藏龙、散龙等传统步骤，是广府龙舟文化的代表。2017年，"车陂村扒龙舟"入选广州市第六批非遗代表性项目。2021年12月5日，车陂村被广东省文化和旅游厅授予2021—2023年度"广东省民间文化艺术之乡"称号。

1999年5月，原车陂村撤村改制，组建车陂经济发展有限公司。11月，车陂街全面接管公司各项工作，公司下属机构有15个经济社。

（高艳梅）

石牌街

【概况】 石牌街位于天河区中西部，形似一面迎风飘扬的旗帜，东起华南快速干线，与棠下街、天园街相依；南到黄埔大道西，与冼村街相连；西到石牌涌，与林和街、天河南街相接；北至广深铁路、华南师范大学，与五山街相邻。1987年3月20日，岗顶街道办事处成立。岗顶街由原沙河镇划出石牌村组成，因位于石牌岗顶而得名。1987年8月3日，岗顶街更名为石牌街。全街面积4.08平方千米。街下辖23个社区居委会和1个撤村改制公司：绿荷、南镇、朝阳、逢源、南大、东城、东海、石东、冠军、龙口西、松岗、南苑、穗园、瑞华、暨大、华师大、金田、金帝、鸿景园、华标、龙口花苑、芳草园、龙口东社区居委会和石牌三骏企业集团有限公司。2021年，石牌街户籍人口125532人，出生1029人；常住人口216256人，出生1039人；流动人口（居住一个月以上）90724人。

石牌地区教育、医疗资源丰富。街辖内有大学、中、小学及幼儿园31所，其中有华南师范大学、暨南大学2所"211"高校，有华南师范大学附属中学、暨南大学附属中学、广州市第一一三中学陶育实验学校（初中部、小学部）、石牌小学、龙口西小学等中小学校、幼儿园29所，有广州华侨医院、中山大学第三附属医院三甲医院2所。石牌地区商业氛围浓厚，有集文化、休闲、购物于一体的天娱广场、被评为"金鼎百货店"的摩登百货岗顶店，以及阿里巴巴旗下新零售业态广州首家"盒马鲜生"进驻的曜一城广场。街辖内以石牌西为中心，汇聚百脑汇、天河电脑城、总统数码港、展望数码广场、新赛格电子城等14家IT电子产品批发市场，是珠三角及华南地区最大的电子产品贸易集散地之一。

【街道建设与管理】 ·街区管理及环卫建设· 2021年，石牌街优化升级253个垃圾分类投放亭（点），建成8个星级投放点和4个"两网融合"点。开展垃圾分类站桶值守试点工作，引导居民开展垃圾分类；成立"白+黑"生活垃圾分类巡查专班，对辖内物业小区（含"三无"小区）、机团单位、商铺开展垃圾分类执法检查，口头教育1338人次，立案124宗，处罚37300元。将辖内排水单元达标等工作任务纳入网格管理，签订排水单元责任书238份，总面积完成率83.81%。完成既有住宅加装电梯开工建设信息备案42宗，划拨加装电梯补助经费280万元。拆除违法建设88宗，面积涉6万平方米。推动天润路东段"断头路"通行，完成地铁十三号线（石牌南）征地工作，带动石牌商圈、产业、人口趋于合理布局。开展"防疫有我，爱卫同行"环境卫生综合整治行动106次，重点提升城中村、"三无"小区、市场及校园周边市容环境质量。打造美丽石牌村居品牌示范点，结合石牌村历史与现状，突出能力建设和体系建设。

·社会治安综合治理· 2021年，石牌街以网格为单位，建立314个最小应急单元，通过"广东省社会治安综合治理信息系统"App调度处理网格事件3.93万件；通过广州市天河区城市社区网格化管理服务系统调度处理网格事件19.47万件，结案率100%。发挥"综治+派出所+司法所+一社区一律师"四方联调作用，接待群众来访493人次，受理群众来访投诉案件168件，办结率98%。发动2万余名"广州街坊"开展平安创建、禁毒、扫黑除恶、交通秩序整治、全民防电信诈骗等专项整治行动。

是年，石牌街治安警情996宗，比2020年（下同）下降14.1%；刑事警情615宗，下降5.1%。其中，两抢警情1宗，下降50%；盗窃警情626宗，下降6.3%；诈骗警情663宗，下降6.6%；黄赌毒警情229宗，下降0.9%。

·安全生产与消防安全· 2021年，石牌街落实安全各项责任，辖内未发生人员伤亡和重大财产损失事故。签订安全生产和三防责任书46份。检查各类生产经营企业133家次，巡查各类生产经营企业3062家次，安全生产立案16宗，处罚金额12.95万元。91家企业购买安全生产责任保险，处置初起火警警情68宗，跟进"12345"工单86宗。投入61.4万元增设"三无"小区、社区微型消防站消防设备。开展安全宣传"五进"活动3398次，受众69209人次。开展汛前（汛期）隐患排查，"三防"应急响应47次，完成中山大道西44号危房解危修缮，联合地铁三号线岗顶站、华师站开展防汛演练2次，投入1万元增设“三防”应急抢险器材，推动冠军等10个社区创建综合减灾社区。完善“一键通”应急干部、灾害信息员组织架构，推动第一次全国自然灾害综合风险普查开展。

·来穗人员与出租屋管理· 2021年，石牌街214人成功申请积分入学账号；295人次申请办理积分制入户，196人成功报名积分制入户。

是年，石牌街累计核查出租屋7.55万间（套），新增录入流动人员信息46217条，注销104711条，系统纳管人数增至90387人。办理房屋租赁合同登记备案1939份，办理居住证18571份，代征出租屋综合税5283万元，印花税24.04万元。

·公共卫生与健康发展· 2021年6月28日，石牌街成立街道公共卫生委员会，指导辖内23个居委会完成公共卫生委员会建设。推进人口卫生与计生信息化建设，对省全员人口信息系统数据进行查漏补缺。办理各类登记、证明、审批等3368例，受理独生子女奖励金1203例，新增计划生育家庭特别扶助7例。慰问计划生育特殊家庭73户，并搭建特殊家庭三级联系人制度、落实家庭医生签约服务全覆盖、提供就医便利服务。开展免费三大出生缺陷筛查，累计参与2022户。动员638人参加免费孕前优生健康检查、410人参加妇女免费两癌筛查。发动7066名老年人参加健康体检，2218名65岁以上户籍老年人免费接种流感疫苗。开展第五次全国城乡老年人生活状况抽样入户调查共40户。组织开展“母亲节暨幸福工程活动”筹集捐款20563.8元。检查托育机构及月子服务机构11家。开展职业病防治联合检查宣传活动、打击“两非”活动、天河区母婴安康生育综合保障服务工作培训、免费婚孕产免费筛查宣传等活动约15场。石牌街组织开展5场无偿献血活动，累计献血量29.87万毫升。

·社区建设与民政优抚· 2021年，石牌街坚持社区民主协商议事机制，召开居民代表会议227次，形成决议数225次，执行落实219件。1月27日，完成第七届社区居委会换届选举投票工作，社区“两委”当选委员191人。石牌街“双百工程”社工站和23个社工点全面挂牌，配备直聘社工25名，实现社会工作服务站（点）100%覆盖，困难群众和特殊群体社会工作服务100%覆盖。

街道儿童督导员、社区儿童主任定期走访辖内60名困境儿童，对有需求的困境儿童给予临时性生活照料。组织开展“时代楷模”主题作品展播活动、学雷锋志愿宣传活动。

设立街道综合养老服务中心（颐康中心），建立“高校+企业+中央厨房配送+自建厨房”配餐模式，辖内开设助餐配餐服务点9个，11942人申请服务。设置家庭养老床位169张。石牌街羊城家政基层服务站被评为2021年度“天河区南粤家政省级基层服务示范站”。开展“银龄安康”工作，为辖内20811名60周岁及以上户籍老年人购买意外伤害综合保险，为115名老人申请安装“平安通”。

·科教文体· 2021年，石牌街组织社区开展主题月文明实践活动以及“我们的节日”主题活动，拓展新时代文明实践所（站）建设。组织开展“党史学风沁，石牌书香溢”读书分享会活动，举办“学史力行文化惠民”——石牌街道“礼赞时代精神，激扬爱国热情”社区电影放映惠民活动，惠及10万人。

【街道经济】 2021年，石牌街辖内生产总值（GDP）约542.59亿元，比2020年（下同）增长8.6%，两年平均增长7.7%，全区排第3名。其中规模以上工业总产值2.46亿元，下降6.04%；规模以上服务业营业收入426.21亿元，增长10.48%；其中营利性服务业营业收入169.87亿元，增长8.45%；商品销售总额496.34亿元，增长76.81%；住宿和餐饮业营业额7.44亿元，增长21.1%；资质内建筑业总产值33.92亿元，增长13.8%。促进岗顶片区转型升级，成

2021年3月28日，石牌街举行庆祝建党100周年，垃圾分类绿色环保公益科普系列文艺宣讲快闪活动
（穗园社区居委会供稿）

立石牌商圈高质量发展专班，把资源优势转化为经济优势，发动108家优秀企业组成石牌商会。

【石牌街设立综治中心社会心理服务室】 2021年4月，为推进市域社会治理，天河区在石牌街设置综治中心社会心理服务室。服务室设置来访接待室、心理咨询室、放松训练区、谈话调解室等多功能分区，引进中山大学附属第三医院精神科的专科执业医生，定期到石牌街综治中心社会心理服务室坐诊。服务室由街综治中心牵头，街道公共服务办、社区卫生服务中心、派出所等多部门配合协作。接待群众150人次，解决心理问题个案34件，促进社会平安和谐。

【石牌街河涌水环境治理】 2020—2022年，石牌街需全面完成243个排水单元达标创建任务，总任务面积310.60万平方米。2021年，完成达标认定单元167个，达标认定面积253.04万平方米，占达标创建总任务面积比例的81.47%。开展“散乱污”专项整治行动，上报新增“散乱污”场所8家，完成整改8家；排查辖区内314家污染源工业企业，形成整治清单，按照关停取缔、整合搬迁、升级改造的方式实施分类整治。

【石牌街交通综合整治行动】 2021年，石牌街开展“奋战三百天，全力保畅安”交通综合整治行动。制定整治方案，成立领导小组，定期研究部署相关工作，动态调整重点路口整治方案。开展“五进”宣传教育，在重点场所（校园等）、重点路段展示交通宣传展板。录制个性化交通劝导语音在各物业小区、学校周边交通路口循环播放。开展“成长之路、平安相伴”为主题的交通安全教育进校园活动，组织“模拟驾校”等宣传活动。全区域开展“五类车”整治行动，联合区交警大队、石牌派出所出动1300余人次开展联勤执法，查扣电动三轮车800余辆，两轮电动车80余辆，现场处罚违规两轮电动车辆3800辆。2.28万人次交通志愿者站岗指挥，累计劝导教育5.6万人次。选定2个电动自行车流动上牌点，提供便民上牌服务。

【石牌街扶贫协作】 2021年，石牌街助力梅州市兴宁黄槐镇等地区开展帮扶活动，石牌三骏企业集团特设2间店铺用于展销扶贫点农特产品。发动辖内干部职工及企事业单位通过“832”平台购买扶贫点农特产品，消费扶贫39.83万元。发动辖内企业、爱心人士参与2021年广东扶贫济困日募捐活动，募捐款项50余万元。

【石牌街抗击新冠肺炎疫情】 2021年，石牌街发动辖内13个单位，建立封闭区358组、封控区148组、警戒区89组“三人小组”，不定期开展业务培训提升素质。是年累计核查重点地区68912人，居家隔离3778人，解除居家隔离3718人。在全市

表78　2021年石牌街道集体股份公司情况一览表

名称	注册资本（万元）	股民（人）	经营总产值（万元）	董事长	总经理
石牌三骏企业集团有限公司	5000	7897	44399	池锦玲	池荣斌

表79　石牌街道社区居委会情况一览表

社区名称	居委会地址	居委会主任
绿荷	和喜里1号二楼	全球
南镇	南镇东大街6巷17号1楼	潘艳明
朝阳	朝阳东大街38号2楼	池淑雯
逢源	逢源大街14号1楼	潘绍发
东城	五山路116号101房	陈建帆
东海	石牌西直街25号102房	吕明亮
石东	陶育路19号	冯穗欢
冠军	天河路590号武警部队大院13栋102房	温玉珊
龙口西	龙口西路天龙街5号201房	魏伟萍
松岗	龙口中路134号首层	冯敏玲
南苑	黄埔大道西465号102室	何淑娴
穗园	天阳路132号首层	孙明芳
南大	石牌东路127号南楼二楼	郑素云
瑞华	五山路265号瑞华大厦六楼	林爱帆
暨南大学	虹口街18号首层	陈涛
华南师范大学	华师南区9栋101房	曾仕珍
金田	龙口西路金田西街6号107房	方旭灿
金帝	龙口中路3号首层	朱文辉
鸿景园	龙怡路117号首层	彭飞燕
华标	龙口东路329号首层	徐晓玲
龙口花苑	龙口西路龙盛街72号101房	喻婷
芳草园	天润路94号一楼	杨智萍

率先探索将疫苗接种点设置到村的做法，在石牌村董氏祠堂搭建“方舱”设置临时接种点。为全员接种疫苗的商户颁发“小蓝卡”，调动辖内商铺接种疫苗积极性，实现“商家—消费者”双向激励效果。石牌街累计接种逾34万剂次，其中石牌村接种点近11万剂次。辖内开展3次全员核酸检测，累计采样60万余人次。做好广武酒店集中隔离点管理，累计接待入境人员5615人，率先探索实行机器人送物等智能化管理。

【石牌村（石牌三骏企业集团有限公司）】 石牌村始建于南宋咸淳九年(1273)，因该地有较多石雕，故名石牌。村内主要姓氏有池、董、潘、陈、冼、谢、罗等。村辖有石牌、东石牌、新庆村3个自然村。其中，东石牌村于1965年被暨南大学征用而搬到现在的石牌村。新庆村于2000年划归冼村街，2002年为配合珠江新城的发展进行整体拆迁。20世纪80年代起，石牌村土地陆续被征用，村经济逐步转向物业出租，第三产业代替农业。1997年5月，石牌街率先在全区进行撤村改制工作，撤销石牌村民委员会，组建石牌三骏企业集团有限公司，其股东由石牌股份合作经济联社以及属下27个经济社组成。

（贺铁艺、彭纤雯）

天河南街

【概况】 天河南街于1993年8月由石牌街划出部分地区组建而成，因位于天河体育中心南侧，故名。天河南街位于天河区西南，东靠猎德涌，南临黄埔大道，西靠广州大道中，北接天河北路。全街面积2.57平方千米。街下辖12个社区居委会：南一路、育蕾、体育西、体育东、南雅苑、天河东、体育村、天河直街、广州大道中、天河村、天荣、广和社区居委会。2021年，天河南街户籍人口102690人，出生848人；常住人口69844人，出生957人；流动人口(居住一个月以上)21906人，出生270人。

天河南街地处广州中心城区，位于天河路商圈核心区域，大型商场和金融机构多，人口密度和人流量大，体育赛事频繁，商贸发达，经济总量一直位于天河区前列。辖内交通四通八达，有主干道11条，街巷15条，公交车线路70多条，多条地铁线路交会。街辖内有天河城广场、正佳广场、万菱汇、天环广场、维多利广场等大型商场；有天河城粤海喜来登酒店、正佳广场万豪酒店、皇家国际酒店、新天河宾馆、广州华侨友谊酒店、天河大厦等；有天河体育中心、广州市购书中心、天河南街文化站等文化、体育场所。

辖内天河城于1996年8月18日正式开业，是广州现代商业标志和市民游客购物观光休闲首选场所。正佳广场总建筑面积42万平方米，是当今中国最大的完全贯彻“体验式消费”模式，集零售、休闲、娱乐、餐饮、会展、康体、旅游及商务于一体的现代化购物中心之一。天环广场于2015年建成，建筑面积11万平方米，包括地上两层、地下三层，拥有大面积户外绿化广场和下沉式主题广场。广州市购书中心占地面积5475平方米，常年图书备货品种10万余种，其他音像制品、文化用品3万多种，是广州市跨世纪文化工程。天河体育中心占地58万平方米，周长3.8千米，是中国改革开放后第一个大型综合体育设施，也是第六届全运会和第九届全运会主要赛场。

【街道建设与管理】 ·街区管理及环卫建设· 2021年，天河南街修复地面3391处4800平方米，安装修复止车杆(石)、石凳、井盖等293根(个)，补种绿化2896平方米，修复墙体45处，疏通下水道约6500米，增设单车停放区域划线、交通标线27070米，“三线”规整152处。提升垃圾分类工作，完成5个“两网融合”网点建设，优化调整辖内垃圾投放点布局，撤除不合理、实用性低的投放点10个，完成8个星级投放点创建。

2021年，天河南街各级河长累计巡河1126次，发现并上报问题50个，全部办结。是年排水达标单元创建认定完成43个，面积46.31公顷。天河南街加快推进天河村全面改造，基础数据调查工作基本完成，片区策划方案初步成果编制已完成，并上报区城市更新领导小组审批。完成4个老旧小区微改造，7个小区微改造项目开展后期管养，15个小区纳入城市更新改造五年计划。推进电梯安装管理工作，累计加装电梯335台。

是年，天河南街以天河路商圈为重点，加强市容环境治理，整治乱摆卖722宗，乱拉挂、乱张贴1482宗，占道经营5153宗，整理清运单车22.23万辆，劝阻流浪乞讨、沿街卖唱1283宗。全年累计拆除各类违法建设19宗，面积约4.6万平方米。

天河南街继续大力开展环境卫生保洁，开展周末“三清”环境卫生整治行动45次，清理各类垃圾、杂物74车约51吨，冲洗路面约65200平方米，清理卫生死角275处。天河南街组织开展“爱国卫生月”活动，清理卫生死角78宗，更换15个防蚊闸，清除积水373宗，疏通沟渠6处，投放缓释剂164处，灭蚊消杀面积约4850平方米。灭鼠行动投放灭鼠药598公斤，安装灭鼠屋53个，堵塞鼠洞92个。

·社会治安综合治理· 2021年，天河南街开展协调会58次，处置聚集维权28次。受理群众来访、转办信访 113 宗，并全部办结；处理劳资纠纷 244 宗，为 486 名劳动者追回金额约 157.7 万元；办理转办案件 238 宗；人民调解委员会受理调解各类纠纷 376 宗。为 92 名本地户籍吸毒人员建档造册，录入广州市吸毒人员管控系统；成立吸毒人员帮扶小组，累计帮扶 36 人次；为 127 名严重精神障碍患者监护人发放补贴。

是年，天河南街落实“寄递物流五个 100%”工作，更新辖内 18 家寄递物流经营单位名录信息，开展联合执法行动 12 次，5 家寄递物单位流停业整顿。开展平安建设、扫黑除恶、反诈骗专题活动 104 场，3.7 万余人下载“国家反诈中心”App。

是年，天河南街治安警情 1022 宗，比 2020 年（下同）下降 9.3%；刑事警情 707 宗，下降 22.4%。其中，两抢警情 5 宗，上升 150%；盗窃警情 788 宗，下降 9.2%；诈骗警情 579 宗，下降 17.9%；黄赌毒警情 89 宗，下降 7.3%。

·安全生产与消防安全· 2021 年，天河南街开展安全生产专项检查行动 18 次，日常检查各类生产经营单位 8841 家次，发现隐患 1824 处，发出责令限期整改指令书 1355 份。事故隐患排查治理系统注册企业 173 家，上报率 100%；累计上报一般隐患 4521 条，整改率 100%。组织召开安全生产工作会议 132 次，培训企业负责人和安全生产管理人员 625 人。开展安全宣传“五进”活动，累计宣讲 7724 次，参与企业、家庭、学校、农村和社区 8355 家次。组织辖内企业单位开展各类应急救援演练 78 次，约 5.4 万人员参加。与辖内居委会、村改制公司、重点单位签订安全生产责任书 166 份，81 家企业购买安全生产责任保险。

是年，天河南街开展各类消防专项行动 10 次，日常检查各类场所企业 8199 家次，发现隐患 1690 家并全部整改，处理投诉 268 宗，组织消防宣传活动 64 次。处罚 5 宗，罚款 13 万元。2021 年，天河区微型消防站消防业务技能比武大赛中天河南街杨箕联社获得集体奖第二名，天河又一城获得消防安全重点单位组第二名。天河南街道办事处被评为 2021 年度天河区消防安全工作先进单位。

·来穗人员与出租屋管理· 2021 年，天河南街累计新增来穗人员 42339 人次，注销来穗人员 50480 人次，系统纳管人数增至 40523 人，重点来穗人员新登 285 人，注销 275 人。受理来穗人员积分入户 52 人、随迁子女积分入学申请 61 人。天河南街登记在册出租屋 23705 套，开展出租屋联合清查行动 26 次，累计排查出租屋 2.1 万多套次。办理房屋租赁合同登记备案 3054 份，办理居住证 1856 份，签注续期居住证 6347 张，代征印花税、出租屋综合税 6372.4 万元。

·公共卫生与健康发展· 2021 年，天河南街办理一孩二孩生育登记 860 例，办理三孩生育登记 14 例，再生育审批办结 11 例，流动人口生育登记 36 例。辖内新增独生子女父母计划生育奖励对象 533 人，发放奖励金 1238.19 万元，惠及 79713 人。新增发放计划生育家庭特别扶助对象 5 人，发放特别扶助金 140.34 万元，惠及 946 人。慰问辖内 112 个计生特殊困难家庭。为 337 对夫妻发放预防出生缺陷产前筛查和诊断券，256 人参加免费孕前优生检查。开展妇女儿童关爱活动 10 场。开展妇女病“两癌”筛查惠及 398 人。动员辖内机团单位参与幸福工程募捐行动，筹得善款 3.6 万元，被评为优秀贡献爱心单位。是年在册精神疾病患者数 279 人，常住人口严重精神障碍患者检出率 2.27‰，为在管精神患者登记造册，建档率 100%。

·社区建设与民政优抚· 2021 年，天河南街举办招聘会 3 场，提供岗位信息 651 个，实现再就业 967 人；受理社保业务 6051 件，做好 9145 名退管人员社会化管理工作。受理公租房申请 133 件；为 17 户低保户、困难家庭发放救济金约 23.6 万元。医疗救助 4.2 万元，服务困境人群及家庭 2317 人次。为 75 名残疾人办理业务，发放相关补贴约 21.9 万元，办理报销约 38 万元。颐康中心建成运营，共建家庭养老床位 116 张，居家养老服务 1.35 万人次，长者饭堂

2021 年 3 月 12 日，天河南街“零距离就业·零距离服务”社区招聘会现场
（李洁婷 摄）

养老大配餐9533人次。办理老年人优待证业务1558人，为68280人发放长寿保健金约432.76万元。天河南街开展拥军优属，派发慰问金和慰问品约6.1万元，为24名抗美援朝老兵颁发纪念章和慰问金共8万元。

·科教文体· 2021年，天河南街协同启智社工在育蕾文化站点内举办活动，主要有青少年历奇辅导小组活动、“爱在天河”——长者志愿服务体验活动、“红色放映员”——露天红色电影进社区活动、“爱老助困，仁爱无疆”——关怀困难长者中秋慰问活动、“漫步历史长廊，追寻革命足迹”——青少年红色研学活动、“爱心伴长者，耆志迎新年”社区活动、“铭记革命历史，传承红色基因”青少年红色主题教育活动、“垃圾齐分类、共创文明城”——垃圾分类进校园游园活动、“志在义起”志愿者通识培训——青少年志愿服务主题、“义剪汇关爱 温暖进社区”义剪工作坊。天河南街多渠道多方式开展创建第七届全国文明城市系列活动，运用传统手段和现代媒介宣传推广，开展网上学习和答题活动。

【街道经济】 2021年，天河南街辖内生产总值（GDP）721.11亿元，比2020年（下同）增长10.8%。规模以上工业总产值665.45亿元，增长10.3%；营利性服务业营业收入210.54亿元，增长14.1%；商品销售总额3988.28亿元，增长39.2%；社会消费品零售总额243.5亿元，增长25%；住宿和餐饮业营业额31.56亿元，增长32.8%；资质内建筑业总产值329.44亿元，增长30.3%。

【天河南街颐康中心建成运营】 2021年7月，天河南街颐康中心在广和路27号建成。该中心由商铺改造而成，面积约1300平方米，内设长者日间活动区、全托住养区、康养康复花园区、理疗护理站、棋牌活动室、认知障碍照护专区。服务范围涵盖长者的日常需求，包括全托入住、康复理疗、助餐配餐、家庭养老服务床位、居家服务、文化娱乐、辅具租赁。天河南街以“智慧养老”模式，打造智能化、适老化、舒适化、便利化、安全性的复合型颐康中心。

【天河南街综合应急救援队成立】 2021年9月26日，天河南街综合应急救援队授旗仪式暨应急救援培训活动在天河区体育中心举行。这是天河南街成立的首支综合应急救援队伍，旨在维护社区社群安全、打造平安社区、建设美丽楼宇、营造幸福天河。该队伍整合应急民警、民兵、社区居委会、基层网格员、小区物业、商场物业、医务人员、红十字救护员、社区群众等，共约300人，以专业力量带动半专业力量。以12个社区为单位，下设12支应急响应小分队。活动现场为12支应急响应小分队授旗，并培训应急救援知识。

【天河南街交通综合整治行动】 2021年，天河南街开展“奋战三百天，全力保畅安”交通综合整治行动。街道迅速成立三人小组，建立专班机制推动整治，召开会议研讨11次，累计出动执勤人员1.5万余人次，在辖内重要路口、路段劝阻非机动车逆行、闯红灯11308起，现场教育22751人次，劝导骑乘人员佩戴头盔13630人次，劝阻非机动车违规停放1561起。

【天河南街抗击新冠肺炎疫情】 2021年，天河南街成立疫情防控指挥部和办公室，召开疫情防控指挥部会议28次，成功处置“5·21”广州本土疫情、涉越秀疫情等。强化商圈、社区、企业、商铺等社会面疫情防控，严格落实佩戴口罩、测温、扫（亮）码、一米线设置等防控措施。常态化开展重点场所专项检查行动，检查重点场所4305家次；排查核实涉疫风险重点人员，分级分类落实集中隔离、居家隔离、居家健康监测等管控措施。开展3轮大规模核酸检测，发动党员、志愿者等2000余人次增援社区，累计检测251703人。推进新冠病毒疫苗接种，完成3岁以上全年龄段新冠疫苗接种65396人、181687剂次。

【天河村】 天河村位于天河南街南部，中山一路立交桥东北处。明末清

表80 天河南街道社区居委会情况一览表

社区名称	居委会地址	居委会主任
南一路	六运一街5号102房	梁沛瑜
天河东	天河东路德欣街1号之二	姚锐华
体育西	天河南一路124号102房	肖文丹
南雅苑	体育东横街14号104房	徐泽微
广和	广和路20号	何秀芳
天荣	体育西路7号骏汇大厦二楼	林欣
育蕾	体育西路育蕾三街4号102房	李琦
体育村	天河北街18号102房	劳德军
天河直街	天河直街146号首层	马世强
广州大道中	广州大道中964号104房	廖锦标
天河村	天河村龙溪里26号1楼	闵正文
体育东	天河南二路25号德兴阁首层	许海

初建村，原名大水圳。清康熙年间，溪面扩宽，河水清澈似天河，故有“跨过天河大水圳”之说。1917年，全村老人集体商议，决定将大水圳村改为天河村。李湛（1884—1913），清朝番禺县鹿步司大水圳村（今天河村）人，中国同盟会会员，民团团长。清宣统三年（1911），组织暗杀广州将军凤山并光复广州，后在剿匪战斗中阵亡。（邓心怡）

林和街

【概况】 林和街建于1995年12月，由沙河镇划出林和村与石牌街、天河南街、沙河街、五山街划出部分组建而成。林和街位于天河区中部，东起猎德涌，与石牌街相依；南达天河路、天河北路，与天河南街相连；西到广州大道中，与沙河街相接；北沿禺东西路至兴华路口、瘦狗岭，与沙东街、兴华街相邻，面积3.19平方千米。街下辖13个社区居委会：雅康、华新、侨庭、德荣、天寿、天誉、恒怡、紫荆、润和、天河北、禺东西、花生寮、林和西社区居委会；1个撤村改制公司——林和润杨经济发展有限公司。2021年，林和街户籍人口68705人，出生572人；流动人口（居住一个月以上）15634人，出生134人。

林和街位于广州市商务、金融、外事中心区域，也是广州市高档住宅和人居环境特色区。林和街商务名片是中信广场和太古汇。中信广场坐落于广州市商业、金融业繁盛的天河北路，楼高391米，由一座高80层的主楼和左右两座各高38层的副楼，以及高5层的中天购物城裙楼组成。太古汇位于天河中央商务区核心地段，人流密集，总楼面面积约35.8万平方米，由一个大型购物商场、两座甲级办公楼、一个文化中心、广州首家文华东方酒店及酒店式服务住宅构成。太古汇云集逾180家国内外知名品牌，是集休闲娱乐、商贸活动、文化艺术于一体的综合商业体。旅游名片是广州火车东站及其水景瀑布——天河飘绢。文物名片是刘氏家庙（广州市文物保护单位）和冯如坠机处遗址。

【街道建设与管理】 ·街区管理及环卫建设· 2021年，林和街大力开展市容环境综合整治，拆除违法建设20696平方米。举办垃圾分类培训及宣传活动103场，建设6个“两网融合”点和7个星级投放点，开展垃圾分类执法检查110余次，发出责令限期改正通知书169份，立案处罚114宗，教育整改55宗。2021年排水单元总任务93个，面积146.72公顷，验收通过64个单元，面积90.10公顷。完成华康小区和润寿小区微改造及沾益直街、信诚北街、华升街优化提升。雅康社区被评为广州市2021年容貌品质社区，侨庭等8个社区被评为广州市2021年绿色社区。新增加装电梯备案19台，提交申请补助梯口31宗。办理中央环保督察交办案件13宗，均已办结。

·社会治安综合治理· 2021年，林和街深入推进市域社会治理现代化工作，建设社会治安防控最小应急处置单元194个，在天河区最小应急处置单元大比武中获得三等奖。受理各类矛盾纠纷903宗，办结830宗。处理劳监案件435宗，涉及人数2489人，追回劳资88.36万余元。

是年，林和街治安警情584宗，比2020年（下同）下降16%；刑事警情444宗，下降23.8%。其中，两抢警情0宗，下降100%；盗窃警情301宗，下降14%；诈骗警情430宗，下降23.8%；黄赌毒警情89宗，下降20.5%。

·安全生产与消防安全· 2021年，林和街严格落实安全生产责任制，出动执法人员4000余人次，检查各类场所2000家次，发现事故隐患330处，现场整改290项，发出限期整改指令书30份，依委托进行行政处罚12宗，处罚金额7.3万元。辖内环贸中心获得天河区2021年微型消防站业务技能比武竞赛重点单位组别第1名，林和村（林荣物业）获得村居组别第2名。

·来穗人员与出租屋管理· 2021年，林和街受理积分入学申请510人次，成功提交积分制入学申请47人；受理积分制入户申请109人次。

是年，林和街累计核查出租屋34719间（套），新增录入流动人员信息8856条，注销11992条，系统纳管人数增至25680人。办理房屋租赁合同登记备案4188份，办理居住证4534份，代征出租屋综合税6014.43万元，印花税36.19万元。

·公共卫生与健康发展· 2021年，林和街推行计划生育“一站式”服务，办理各项登记、证明、回函、申请等1420宗。新增独生子女父母奖励金申请506例，在册独生子女奖励对象59056人。开展孕前优生健康检查222人，地中海贫血筛查104户，常见染色体非倍体疾病筛查182人，六大明显组织畸形筛查167人，妇女“两癌”筛查296人，B超生殖健康检查50人。

·社区建设与民政优抚· 2021年，林和街设置长者大配餐服务点8个，为10.58万人次提供配餐服务。推进居家养老服务，完成家庭养老床位建设102张，颐康中心于3月建成投入运营，在全区率先接收日托、全托老人。针对辖内因病致贫、失独、重残等困难家庭以及低保、低收家庭，分配广东中烟公司2020年度第二期捐助款15.95万元和2021年度第一期捐助款14.5万元。完成广东省退役军人服务中心（站）星级创建和全国示范型退役军人服务中心(站)创建工作，全街“1＋13”个退役军人之家全部投入使用。

·科教文体· 2021年，林和街完善国民体质检测系统和数据库，推动全民健身活动的开展，组建站点体质监测队，完成1000例体质监测。维护健身路径7条，新建健身路径1条。加强对街辖内的刘氏家庙、冯如坠机处、黄埔军校燕塘分校3处不可移动文物的日常巡查和保护工作，指定专人担任文物保护监督员，每周巡查次数不少于3次，建立巡查记录、文物记录档案以及文物安全管理制度，刘氏家庙、冯如坠机处、黄埔军校燕塘分校继续作为未成年人爱国主义教育和红色教育的基地。

【街道经济】 2021年，林和街辖内生产总值（GDP）1001.78亿元，占天河区总量的16.66%，位居全区第二；比2020年增长10.7%，两年平均增长8.9%。规模以上工业总产值29.36亿元，增长43.8%；营利性服务业营业收入267.06亿元，增长22.6%；商品销售总额1468.46亿元，增长22.3%；社会消费品零售总额211.04亿元，增长13.9%；住宿和餐饮业营业额25.35亿元，增长18.3%；资质内建筑业总产值45.41亿元，增长5.2%；商品房销售面积179449平方米，增长52.9%。

【华康小区微改造】 林和街华康小区建于20世纪80年代末，基础设施年久失修破损严重，居民文体活动广场、垃圾房等公共配套场所不健全。2021年，华康小区开展容貌品质培育提升工程，组建在职党员志愿者队伍、在职党员先锋队、在职党员突击队，发动社区党员群众参加。修复小区屋面防水层6813.98平方米，解决房屋漏水问题。全面翻新小区道路，铺设沥青7512平方米，铺设透水砖540平方米，并重新规划车位线及指示线。华升街、华康街等主要道路完成“三线”下地，铺设地下管线5134米，消除强弱电相互搭设的安全隐患。增设体育运动设施。推动旧楼加装电梯21台。

【林和街社区慈善基金启动】 2021年3月25日，林和街社区慈善基金揭牌仪式暨点亮荧光微心愿圆梦计划启动仪式在林和街社工服务站举行。林和街社区慈善基金经广州市慈善会审批，以“街道＋社工站＋企业＋社区居民”多方联动沟通的形式进行管理，面向社区募集资金、筹措资源，开展林和街辖内的公益慈善活动。仪式现场启动点亮荧光微心愿计划，为林和街辖区两名困难家庭的居民代表颁发“圆梦牌匾”，将企业捐赠的善款用于改善困难家庭生活质量。

【林和街综合养老服务中心（颐康中心）揭牌】 2021年3月27日，林和街综合养老服务中心（颐康中心）正式揭牌。该中心占地面积1200平方米，配备多功能厅（长者用餐、文化娱乐）、日托服务区、书画室、棋牌室等多个功能区域。中心是在市、区民政局、林和街道办事处等单位指导下开办的嵌入式、综合性、普惠型社区养老项目，用于补充完善林和街辖内机构养老、社区养老、居家养老服务，满足社区长者对上门服务、文娱、精神及基本医疗服务专业机构的需求。在全区率先接收日托、全托老人，实现正常运营。

【林和街交通综合整治行动】 2021年，林和街大力开展“奋战三百天，全力保畅安”交通综合整治行动，在重点考核路口、路段设置12个逆行劝导点，4个逆行引导点，现场劝导教育群众31287人次，处罚抄写《非机动车、行人交通安全“八不准”法规条文》2391份，查处“五类车”967宗。完善路口交通设施及道路交通标线，安装护栏165米，无障碍设施改造14处，完善斑马线、非机动车道、停止线、非机动车等候区等标线3600米。对天河东路与天河北路路口实施绿化带改造、非机动车通道流线完善等工程。制作“文明出行 有你才行”宣传单张6850份，派发“致社区居民群众的一封信”，

2021年7月30日，“同庆建军节 共续鱼水情”庆祝中国共产党成立100周年系列活动上，广东省军区广州第十七离职干部休养所被授予“林和街道红色教育基地”牌匾 （廖文波 摄）

表 81　2021 年林和街道集体股份公司情况一览表

名称	注册资本（万元）	股民（人）	经营总产值（万元）	董事长	总经理
林和润杨经济发展有限公司	600	933	3257	何荣清	何荣清

表 82　林和街道社区居委会情况一览表

社区名称	居委会地址	居委会主任
侨庭	天河北路 372 号首层	张钻芬
华新	天河东路 77 号首层	黄小兰
花生寮	花生寮七巷 3 号首层	黄嘉乐
雅康	天河东路信成南街 1 号 104 房	尹燕
德荣	天河东路 262 号 105	黎可智
天誉	林和中路 140 号 6 楼	赖焕银
润和	林和东路 269 号润和居委会	李小平
紫荆	林和东路 133 号 101 房	邓志涛
恒怡	林乐路侨林街 70 号首层	黄美红
天河北	天寿路 10 号 243 室	杨斌
禺东西	瘦狗岭路 313 号庆云街 5 号 2 楼	杨秀敏
天寿	天寿路 164 号二楼	张勇超
林和西	林和西路 109 号 101 室	庄丽凤

每个社区开设 1 个交通安全宣传橱窗，利用辖区企事业单位电子显示屏开展宣传。采购 102 个低音喇叭，在 13 个社区的各小区出入口进行广播，倡导居民群众文明安全出行。在重点整治路段增设 11 处交通安全宣传牌，在重点整治路口及周边路段护栏增设 60 处文明交通宣传板。联合交警、派出所等走进广州中学、华阳小学、华康小学等开展“小手拉大手”活动，加强广大师生交通法制观念和文明交通意识。

【林和街抗击新冠肺炎疫情】 2021 年，林和街落实各项常态化防控措施，做好重点场所疫情防控，加强入境（解除隔离）人员返回社区人员管理，协调转运对接确保“点对点”闭环转运。完成远东大厦 14 天封闭管理、天河东路 173 号 7 天封控管理。远东大厦封闭管理经验做法得到《广州日报》、《南方日报》、《羊城晚报》、广东电视台、广州电视台等媒体的报道。街道承接华厦国际商务酒店的疫情服务管理工作，规范设置三区两通道，推进无害化垃圾处理，做好人文关怀，接受省、市、区各级领导和检查督导组检查指导工作 50 余次。

【林和村（林和润杨经济发展有限公司）】 林和村村名由来有 2 种主流说法：一说林和村原是明崇祯三年（1630）一位林姓状元买下庄田，由其太婆看管，故被称为“林婆庄”，后因称呼不雅改称“林和庄”。另一说该处地势较高，灌溉不便，需要人工挑水淋禾，故称“淋禾庄”，后改为“林和庄”。该处土地贫瘠，居民先祖均是清代陆续迁入，所以村内姓氏较多，主要有陆、何、池、丁、余、梁、刘、凌。其中，陆姓源自黄埔区乌冲，何姓源自增城新田，池姓源自石牌村分支，丁姓源自扼山，余姓源自东莞交界的伯江，梁姓源自猎德及车陂两地，刘姓源自河水，凌姓源自东圃佛楼口。林和行政村原辖林和村和沙东解放新村 2 个自然村。中华人民共和国成立前，林和村隶属广东省番禺县十六区。中华人民共和国成立初期，隶属石牌区，后石牌与沙河合并为白云区，该村隶属白云区沙东乡。人民公社时期，林和村成为沙河人民公社沙河营的一个连，后改为白云区的生产大队——林和生产大队。1999 年 5 月撤村改制，组建林和润杨经济发展有限公司。

（廖文波、廖嘉蕙）

沙东街

【概况】 沙东街建于 1995 年 12 月，由沙河镇划出沙东村地区组成，因辖区内有沙东村，故名。沙东街位于天河区西北部，东起沙太南路、兴华路，与兴华街相依；南达广深铁路，与沙河街相连；西到广园东路和永福路交会处永福桥，与沙河街和越秀区西坑村、白云区相接；北至五仙桥街，与兴华街相邻，面积 2.08 平方千米。街下辖 6 个社区居委会和 1 个撤村改制公司：沙和、濂泉、天平架、范屋、天河山庄、陶庄社区居委会和沙东有利集团公司。2021 年，沙东街户籍人口 20991 人，出生 111 人；常住人口 36572 人，出生 358 人；流动人口（居住一个月以上）23801 人，出生 181 人。常住人口已婚育龄妇女 7234 人，政策生育率 92.18%。街辖内有广园东路、禺东西路、广州大道北、沙太路、兴华路、濂泉路 6 条主要道路。

沙东街集聚不少大型批发市场，如沙东有利国际服装批发城、益民服装城、新天地服装城、天平架装饰材料城、广园中综合市场等。其中，沙东有利国际服装批发城是沙东有利集团有限公司打造的辐射华南，面向全国和世界的现代化专业服装批发市场。沙东街大力推进村集体物业升级改造，将陶庄路5号、甘园路51—52号打造为众创空间，带动辖内环境整体提升及经济发展。陶庄路五号空间先后被授予“国家级众创空间”“海峡两岸青年创业基地”“广东省港澳台众创空间”等称号。沙东街驻地部队众多，军民工作扎实，连续多年被评为广州市军警民共建先进单位、广州市拥军优属标兵单位。

【街道建设与管理】·街区管理及环卫建设· 2021年，沙东街加强城区环境管理巡查，修补路面76处、疏通下水道300多米、更换下水道井盖30个、划设道路禁停线2980米、增设通标志牌8个、补种绿化约900平方米。拆除违规及安全隐患广告招牌10宗，面积123.5平方米；拆除违法建设62宗，面积40050.91平方米，年度拆违任务完成率100.13%。推进涂屋村环境综合整治提升项目，村内道路沥青铺新532平方米、人行道改造345平方米。累计教育整改“六乱”7946宗次，处理群众投诉、信访、督办、交办案件862宗。优化辖区4个“两网融合”点和6个星级垃圾投放点。与辖区餐饮酒店、设有饭堂的责任单位签订餐饮垃圾收运协议234份，累计开展垃圾分类主题活动44次、“四进”宣传活动40次、“洗楼式”上门指导21022次，居民垃圾分类知晓率持续提升。

·社会治安综合治理· 2021年，沙东街运用“区—街—社区”三级联动综信维稳体系，以“一支队伍联勤执法”为平台，不断提升“令行禁止，有呼必应”综治网格化管理水平。全年受理各类信访及矛盾纠纷137宗，办结134宗，办结率97.8%，帮助追讨欠薪63.9万元。组织矛盾纠纷排查457次，排查出矛盾纠纷3宗。开展扫黑除恶专项行动20次。开展打假专项联合整治行动40次，查获涉假酒30箱，查获10处制假酒窝点。开展非法社会组织排查行动6次，未发现非法社会组织。开展“五类车”专项整治行动11次，查扣“五类车”违规三轮车132辆，教育放行104宗。开展电信网络诈骗违法犯罪防范宣传活动30场次、防诈骗宣传讲座24场次，民众反诈骗意识显著提升。开展出版物市场和网络文化环境监督专项整治行动，辖内总体状况良好。开展反邪教宣传80场，辖内未发生涉邪教事件。

是年，全街总警情4050宗。其中，刑事治安警情369宗，下降27.9%;“两抢”警情0宗，下降100%;盗窃警情151宗，下降20.1%；诈骗警情88宗，下降31.8%。

·安全生产与消防安全· 2021年，沙东街对辖内所有生产经营单位安全生产继续实行分类监察，确保4个月检查1次。组建31人综合应急救援队伍，建设1个储备应急装备物资储备库。定期开展安全生产、消防安全、“三防”安全、交通安全等专项检查59次，检查各类生产经营单位场所14172家次，发现整改隐患5610处，安全生产领域行政处罚16宗，处罚金额5万元，辖区生产安全、消防安全责任零事故。推进“雪亮工程”视频项目建设，设各类视频监控点位394个。

·来穗人员与出租屋管理· 2021年，沙东街受理积分入学申请127人。是年，沙东街累计核查出租屋40285间（套），新增录入流动人员信息9741条，注销10526条，系统纳管人数20872人；办理房屋租赁合同登记备案734份，办理居住证15922份，代征出租屋综合税506.13万元，印花税2125元。

·公共卫生与健康发展· 2021年，沙东街开展爱国卫生运动活动13次。加强辖内133名在册严重精神障碍患者管控及服务，协助送院治疗精神障碍患者5人；与辖内94名严重精神障碍患者监护人签订监护协议，发放监护补助，明确监护人责任。82名育龄群众参加免费孕前优生健康检查，符合条件的250名常住妇女进行“两癌”筛查。发放独生子女父母奖励2367人，计划生育家庭特别扶助36人。发动辖内单位和群众开展救助贫困母亲活动，捐款10002元。

·社区建设与民政优抚· 2021年，沙东街完成辖内6个社区居委会换届选举。完成社工站、养老服务中心等第三方机构监管对接工作。辖内颐康中心为16位居家养老对象提供上门生活照料服务，为5名居家养老服务对象申请服务。为23名长者建立健康档案管理，提供常规电话探访服务。为22名长者申请家庭养老床位资助，为45名长者提供自费家庭养老床位。城乡养老保险参保251人。办理退休人员养老资格认证327人次。完成24户低保户、4户特困家庭走访。辖内登记在册失业人数297人，实现再就业297人，再就业完成率100%；创建充分就业社区4个；举办“线上+线下”就业招聘会4场，提供682个就业岗位。发放灵活就业人员社会保险补贴1079人次，金额210万余元。是年开展4场网上祭扫烈士活动，参加人数37人，祭拜烈士数8位。

·科教文体· 2021年，沙东街举办全街性健身活动5次、文化活动2次。举办2021年国民体质监测，完成500例国民体质检测。为辖内社区新建健身路径2条、标准篮球场4片，维修辖内健身路径器材16件次。街道退役军人服务站同时承担天河区图书馆分馆及天河区文化馆分馆服务职能，是年站内购置图书1071册，接待读者逾16000人次。维修保养辖内新一军公墓墓门东门楼。

【街道经济】 2021年，沙东街新增

“四上”企业12家。是年，沙东街辖内生产总值（GDP）37.09亿元，比2020年（下同）增长14.9%。营利性服务业营业收入4.46亿元，增长35.4%；商品销售总额28.19亿元，增长22.7%；社会消费品零售总额45.75亿元，增长3.8%；住宿和餐饮业营业额1.35亿元，增长36.5%；资质内建筑业总产值11.5亿元，增长38%。

【沙东街交通综合整治行动】 2021年，沙东街开展“奋战三百天，全力保畅安”交通综合整治行动。开展道路交通安全宣讲会10余次。辖内设执法劝导点2处，交通劝导站4处，对非机动车逆行、闯红灯、不配戴头盔等交通违法行为进行整治。设15处宣传点，向辖内小学及幼儿园学生赠送500多顶头盔。除交警执法处罚之外，采用抄写《非机动车、行人交通安全“八不准”法规条文》、违法行为发朋友圈集赞、体验交通指导10分钟、亲戚朋友送头盔“四选一”的形式加强教育劝导效果。协调辖区部队让路于民，将门前铁马退缩2～3米。完善广州大道北广园东路路口规划，增设非机动车道及交通标志线；在人行道与绿化草地间安装护栏，保护绿化；在广州大道北与兴华路交会处的人行道中间设置水马，划分人行道和非机动车道，并安排专人在人行道前后疏导人流。

【沙东街河涌水环境治理】 2021年，沙东街继续实施河涌巡查工作机制，街级河长每月巡查河涌不少于3次、村居河长不少于4次。是年，上报河涌问题12宗，协调解决问题12宗，办结率100%。对42家餐饮、医疗、汽修企业进行检查，整改9家。完成排水达标认定单元20个，总面积19.79公顷。完成中央环保督查迎检工作，办结案件2宗。对重点145家餐饮企业常态化开展环保检查复查行动，督促90家餐饮企业按要求安装餐饮废水及餐饮油烟预处理设备并投入使用，督促辖内14家汽修企业、14家医疗单位完成废水预处理设备的安装及危险废物的合理回收，油烟及废水污染问题得到有效治理。完成排水户任务数18家，面积18.56公顷，辖区南蛇坑、沙河涌实现“岸绿水清景美”；强化燃气巡查，辖区未发现有违法情况。

2021年12月24日，沙东街完成辖内沙东有利服装批发市场南城3～5楼2023年商铺租赁使用权抽签工作 （沙东有利集团有限公司供稿）

表83 2021年沙东街道集体股份公司情况一览表

名称	注册资本（万元）	联社股民（人）	经营收入（万元）	董事长	总经理
沙东有利集团有限公司（沙东街沙东股份合作经济联社）	5000	1336	40666	张国耀	黎贵棠

表84 沙东街道社区居委会情况一览表

社区名称	居委会地址	居委会主任
天河山庄	江园街165号107房	赵翠环
陶庄	侨乐街96号	何倩文
沙和	江园街128号大院8栋1楼	李振宏
范屋	广州大道北冠庭园绿安街38号	刘雅兰
濂泉	广园东路1850号金园大厦	李腾飞
天平架	天平架兴华路1号天河峰景B栋1楼	龚敏维

【沙东街抗击新冠肺炎疫情】 2021年，沙东街开展多次大规模核酸检测，累计完成6万人。启动“三人小组”工作机制排查重点人员12000余人，纳管人员5000余人；落实居家隔离医学观察353人，后续全部解除隔离。处理违反居家隔离规定情况4例，满足就医需求5例。落实入境“四类人员”集中隔离解除后回到社区开展14天健康管理。设2个疫苗接种点，接种新冠疫苗数量16万余

针次，全程接种完成率全区第一。

【沙东村（沙东有利集团有限公司）】 沙东村建于清乾隆年间，至今已有280年历史。因位于沙河和沙河墟东侧，故名。沙东村原属沙河镇管辖，1995年8月划归沙东街。村辖内有花生寮、沙河新村、江屋、范屋、菜寮、塘寮、左竹园、甘园、桐油岗、石鼓岭、陶庄、涂屋、南蛇坑、天平架、大洲地、沙河顶、永福村、田心村、墟地街等20多个自然村。

在农村城市化进程中，沙东村历经沙东乡、沙东高级农业合作社、沙东大队革命委员会、沙东村委员会等建制。1989年11月18日，沙东村完成农村社区集体经济产权制度改革，建立起“还股于民、按份共有”的新型共有股份合作制产权制度。1999年4月，在天河区委、区政府的指引下，沙东村撤销村民委员会，同年7月改制成立广州市沙东有利集团有限公司。

广州市沙东有利集团有限公司是沙东联社资产的运营管理企业，内设党委会、董事会、监事会机构，拥有8家下属企业，下设13个职能管理部门，以第三产业为主体，以自营市场、物业租赁为支柱，物业分布范围：东至沙太路71号，南至水荫直街六巷20—22号，西至永福北约10号，北至南蛇坑52号。（王逸凡）

兴华街

【概况】 兴华街建于1995年12月，由原沙河镇银河村及五山街划出地段组成，因辖内兴华路而得名。兴华街位于天河区西北部，北临白云山风景区，形状像一片树叶。东起银河公墓，与五山街华南理工大学相依；南达瘦狗岭山脊北坡、兴华路，与林和街相连；西到五仙桥街、白云山东侧山脚，与沙东街、白云区相接；北至黄猄坳、石油培训中心、沙太南路，与白云区相邻，面积4.12平方千米。广州地铁3号线、6号线在辖内设有燕塘、天平架、梅花园3个站；北环高速、广州大道北、沙太路、燕岭路、粤垦路、兴华路等城市主次干道横贯辖区，路网四通八达，交通便捷，地理位置优越，区位优势明显。街辖有11个社区居委会和1个村改制公司：燕塘、侨源阁、鳌鱼岗、牛利岗、伍仙桥、兴华、苏庄、河水、金燕、建武、沙太社区居委会和银河经济发展有限公司。2021年，兴华街户籍人口48693人，出生587人；常住人口116620人，出生1679人；流动人口（居住一个月以上）69371人，出生1211人。

辖区内主要有广东省地质环境监测总站、省地质装备中心、省国土资源测绘院、省水文大队，以及广州市军队离退休干部疗养所、市殡葬服务中心、市银河烈士陵园管理处等省、市机团单位。有长讯通信服务有限公司、省交通规划设计研究院股份有限公司、广垦绿色农产品有限公司、省燕塘投资有限公司，以及广州风行乳业股份有限公司、八合里海记餐饮文化有限公司、影子科技有限公司等知名企业。有南华工商学院（广东省总工会干部学校）、广东省外语艺术职业学院（天平架校区）、广东农工商职业技术学院、广东工贸职业技术学院等6所院校；广州市第七十五中学、四海小学、银河小学等12所中、小学；广州市民政局幼儿园（金茂府园区），区第二、三实验幼儿园，金燕幼儿园（总园）等18所幼儿园。有燕岭大厦（四星）、银河大酒店（三星）等星级酒店。有力达广场、金燕大厦、燕东大厦、燕都商务大厦、粤垦华资大厦等10多个商业办公楼宇。有砼创汇（国家级众创空间）、拾成众创生态园、广州金企科技园、苏荷独立艺术园区等4家众创空间、孵化器。有广州银利茶叶博览中心、银兴汽配城、天平水果批发市场、天平日杂批发市场、天平农贸市场、燕塘农贸市场等大中型专业市场。有天河金茂府、时代花生雅苑、新燕花园、金燕花苑、日出观山苑等30多个住宅小区。有鸡颈坑公园、牛利岗文化广场以及FUN范影城等娱乐休闲场所。有武警部队广东省总队医院、广东省燕岭医院2间区级以上医院。有福瑞馨养老院、广东燕岭医院炎康楼、谷丰养老等养老机构。辖内的广州市银河烈士陵园（又称广州市银河革命公墓）是民政部、广东省委、省政府和广州市委、市政府分别授牌的爱国主义教育基地，是广州市党员教育基地、广州市中共党史教育基地。辖内还有云从龙墓、沙基惨案烈士墓、粤军第一师诸先烈纪念碑、林伟民墓等省、市、区级文物保护单位。

【街道建设与管理】 ·街区管理及环卫建设· 2021年，兴华街处置小金燕花苑登革热疫情，消杀面积约105万平方米，清理垃圾39吨、积水1900处。开展城市管理和垃圾分类专项检查，检查各类地点、场所524处，发现问题97宗并全部整改。取缔占道经营7122宗、乱摆卖6548宗、乱堆放398宗、乱拉挂363宗、乱张贴113宗、拆除违规搭建雨棚及广告牌65宗、规范乱停放共享单车13899辆、劝离流浪乞讨人员34人次、整治违规饲养及售卖家禽23宗。拆除辖内白云山缓冲区违法建筑32宗7444平方米，粉刷161栋房屋外墙43545平方米，统一设置广告牌982.90平方米，铺设道路沥青10470.22平方米，人行道改造5604.70平方米。全年拆除各类违法建设100宗51918平方米；行政处罚151宗，罚款141.65万元。

升级改造垃圾分类星级投放点7个，新建“两网融合”点7个；开展垃圾分类考核9次，考核单位495次；开展垃圾分类全民行动日活动20次，发动各社区开展垃圾分类主题宣传396次。推动银河村城市更新美丽村居建设，完成2585栋村民楼及集体物业基础数据入户测量工作。实施零星工程28个，推进南方集装箱宿舍和天鸿阁居民燃气管道安装。录入住宅楼加装电梯工程信息21宗，依法拨付49个梯口的补助款490.00万元，化解6宗电梯加装纠纷。指导时代花生、坤隆苑、金晖花园等成立物业管理委员会，沙太南路66号大院和广州大道北743号大院成立物业管理委员会。开展污染源“一企一册”普查，622家企业登记存档造册。检查登记餐饮企业582家、危险废物企业85家。开展第二轮工业企业污染源排查整治工作，排查上报221家。

·社会治安综合治理· 2021年，兴华街接待来访群众150余人；处理群众集体上访17批30余人次；受理群众来信来访案件45宗，办结41宗。巡查用人单位412家，督促企业补签劳动合同125份，立案处理各类劳资纠纷12宗，调解成功率100%。开展扫黑除恶专项行动，入户宣传7300户，巡查企业155家。开展寄递物流安全专项整治行动50余次，检查物流企业800家次。开展平安建设、禁毒、防诈骗、非法集资等各类公益宣传活动超过120场。

是年，兴华街治安警情560宗，比2020年（下同）下降11.4%；刑事警情290宗，下降13.4%。其中，两抢警情1宗，下降66.7%；盗窃警情277宗，下降1.1%；诈骗警情340宗，下降5.6%；黄赌毒警情138宗，下降14.3%。

·安全生产与消防安全· 2021年，兴华街开展安全生产、道路交通、应急救援等排查行动，排查各类企业2626家次、各类隐患988项，建立辖内水浸黑点、地质隐患点、消防安全风险点“一点一策”工作台账。全年推进企业购置安全生产责任险73家，辖内危险化学品企业100%参保。强化安全生产执法监察，累计检查企业2626家次，排查各类隐患988项，立案处罚13宗，行政处罚9.85万元。构建应急救援能力体系建设，制定各级各类应急预案7项，开展应急演练活动13场。排查“九小”场所1412家次，发现并整改火灾风险隐患217处。组织召开消防安全培训会议5次；开展“三合一”专项整治行动3场，排查村民自建房1721户、“三小场所”15017家次、出租屋1807户，发现并整改较大隐患257处。检查危化品、汽修行业等重点企业单位1271家次。开展安全宣传“五进”活动517场次，覆盖人群约2.1万余人次。组织辖内企业负责人和管理人员326人开展安全培训。开展2021年村居微型消防站业务技能比武活动，兴华街获区微型消防站业务技能比武竞赛集体三等奖、1项个人单项第一名。是年辖内未发生生产安全和火灾亡人事故。

·来穗人员与出租屋管理· 2021年，兴华街累计核查出租屋392378间（套），新增录入流动人员信息23240条，注销64211条，系统纳管人数增至65501人。办理房屋租赁合同登记备案2569份，办理居住证22237份，代征出租屋综合税1177.79万元，印花税4.84万元。审核来穗人员积分入户申请365宗，申请来穗人员随迁子女积分入学申请207宗，兴华街公共集体户迁入1530人。

·公共卫生与健康发展· 2021年，兴华街开展“母亲节暨幸福工程救助贫困母亲”活动，募得善款6200元；春节、中秋慰问走访辖内的计生特扶、计生困难家庭115户。为236对人口家庭发放出生缺陷干预产前筛查免费券，为计划怀孕的夫妻发放免费孕前检查券262份。350名妇女参与“两癌”筛查。30人开展母婴安康险理赔。发放独生子女父母奖励金3846人681.94万元；为特别扶助家庭59人发放121.26万元。2021年12月，兴华街被广州市第七次全国人口普查领导小组授予第七次全国人口普查优秀集体。

·社区建设与民政优抚· 2021年，兴华街有在册低保户21户（特

2021年10月29日，兴华街开展2021年村居微型消防站业务技能比武活动

（兴华街党政办供稿）

困 2 户），发放最低生活保障金约 55 万元，特困金 31500 元。开展低保困难人员医疗救助 15 人次约 18.81 万元。投入 5280 元为 1 户困难群众开展适老化改造。综合养老服务中心（颐康中心）建成并投入运营，为辖内居民群众提供上门生活照料、助餐配餐、日间托管、家庭养老床位、临时托养等各项服务。全年为 173 人次提供居家养老上门照料服务，长者大配餐服务超 2.3 万人次。

举办天河区 2021 年“点亮微心愿，筑梦新时代”之关爱困境儿童暨扶贫济困日活动，为 41 名困境儿童送上慰问品。办理残疾人康复资助 123 人次，金额 60.59 万元。办理“幸福天河”残疾人补贴 3146 人次，发放 21.07 万元。办理全日制托养资助 90 人次，发放资助款 33.07 万元。6 月，举行辖内“广东 630 济困日”捐款活动，募得捐款 19717.50 元；全年购买对口帮扶地农副产品 50.87 万元。是年省委授予兴华街 2019—2020 年脱贫攻坚突出贡献集体称号。

举办就业创业政策宣传活动 6 场，发放灵活就业补贴 239 万元，新增就业 3498 人，帮扶登记失业人员实现再就业 224 人。举办“春风行动”网络招聘会和 2 场“零距离”线下企业招聘会，提供 500 多个岗位、公益性岗位 4 个。“零就业家庭”就业率 100%，特困失业人员就业率 100%。

1 月 23 日，兴华街完成社区居委会换届选举。牛利岗社区顺利通过广州市和谐社区创建中期和末期评估。辖内 11 个社区建设全民健身路径；完善 12 个新时代文明实践所（站）的建设。

9 月初，开展广州市星级示范型退役军人服务站创建，投入 20 多万元用于场地建设和硬件配置。12 月，兴华街退役军人服务站被省评为五星级示范退役军人服务站。

·科教文体· 2021 年，在街文化广场和各社区居委会设立文化走廊、文化宣传栏。为辖区群众模特队、民乐社、舞蹈队、书画社等社团聘请专业教练，每周一、三、五开展健身课程，每周四上午开展声乐、舞蹈、模特队排演。参加广州市第三届群众原创音乐大赛。开展“挥毫泼墨迎新春，翰墨飘香送祝福”活动。举办“纪念中国共产党建党 100 周年诗书画展”活动。全年建设全民健身路径 34 处、儿童游乐设施 5 处、乒乓球桌 3 处，累计服务人数 8 万余人。日常对辖内 25 处文物本体进行巡查，上报文物重点事项 1 处。

【街道经济】 2021 年 11 月，将比亚迪股份有限公司子公司项目成功引入兴华街。是年，兴华街辖内生产总值（GDP）90.49 亿元，比 2020 年（下同）增长 7.1%。规模以上工业总产值 9.53 亿元，增长 19.51%；营利性服务业营业收入 27.62 亿元，增长 11.24%；商品销售总额 108.56 亿元，增长 21.15%；住宿和餐饮业营业额 2.62 亿元，增长 47.22%；资质内建筑业总产值 53.48 亿元，下降 4.66%。

【兴华街打假专项行动】 2021 年，兴华街成立打假专项整治行动工作领导小组，制定 2021 年酒类制贩假摘牌专项整治行动方案。全街设置 30 个打假宣传栏。8 月，伍仙桥社区安装覆盖 400 栋 5140 套出租屋的门禁系统，巡查出租屋 9000 余套。查获假卷烟 219 箱、假酒 325 箱、散酒 191 瓶、空酒瓶 1109 箱、涉案“五类车”71 辆、制假机器 55 台；处罚涉假窝点屋主 16 宗，罚金 13300 元。整治涉假出租屋 12 套。兴华街涉假酒问题挂牌整治获全市优秀等次。

【兴华街交通综合整治行动】 2021 年，兴华街在燕岭路、兴华路、广州大道北等重点路口、交通“黑点”开展道路交通专项整治，累计教育交通违规人员 3359 人，扫码学习文明交通安全出行规则 1000 余人；查处“五类车”违规违章 324 辆。设定交通劝导站点，整合街道应急办、执法办、派出所、交警中队等力量参与整治工作，高峰期全力疏导、平峰侧重劝导纠违。组建街道交通安全宣讲团，到学校、社区、企业、单位开展宣讲 30 余次；开设交通安全宣传专栏 11 个，充分发挥融媒体、社区喇叭、微信公众号等媒介作用。在主干道、路口设置交通宣传标语牌 47 块、警示牌 25 块、宣传帐篷 6 顶、语音提醒点 13 个。

【兴华街河涌水环境治理】 2021 年，兴华街在天河北苑、新燕花园等地开展主题为“全民治水护水，共绘水韵兴华”的宣传活动；在天平架水果市场开展“你我齐参与，河湖水更美”大型宣传活动。开展“河涌垃圾清理整治大会战”洗河行动 15 次，清理各类垃圾 18 吨。拆除银锭塘后街 72 号后侧、燕岭路 29 号燕岭大厦西北侧、沙太南路 86 号、天泽中学等多处骑占渠箱等违法构筑物，面积合约 405 平方米。修复河涌护栏、围网、健身路径等各类附属设施，排除各类安全隐患 18 处。整治“散乱污”场所 12 家，对辖区 209 家典型排水户开展季度巡查整治。处理中央督导交办案件 6 件。辖区业主自筹资金完成排水单元达标认定共 86 家 120.35 公顷。

【兴华街抗击新冠肺炎疫情】 2021 年，兴华街做好常态化疫情防控工作。依托网格管理，组建社区网格党组织 112 个、党群服务队 124 个，划分党员责任区 899 个，社区网格全部组建党支部。修订完善防疫领导小组指挥调度机制、街领导挂点社区工作机制、“三人小组”防疫机制、基础网格员日常巡查制度、重点场所联防联控治理机制等5项工作机制。成立重点人员排查数据专班，加强对涉疫风险人员的追踪排查和健康观察。及时做好河水、建武社区4栋楼宇封控管理；辖内中国石油培训中心培训人员密接集中隔离。派遣工作人员130名援助凤凰、五山街疫情防控。采取“固定采样点+机动采样队”相结合模式，提升重点人员核酸检测速度和检测率。是年，兴华街完成核酸检测28万多人次；辖内18岁以上人群完成第二针接种120924人，接种率128.24%。

【银河村（银河经济发展有限公司）】 银河村居民先祖自清嘉庆年间陆续从各地迁徙到银河村，大多是客家人，未形成特别大的姓氏。比较大的姓氏有邱姓，其中，银锭塘和苏庄邱姓来自梅县松口，始祖为邱昌富兄弟；河水邱姓来自花县紫坭庄。另有陈姓，从嘉庆州长乐大岭背陈洞村迁至太和后，再分支迁到河水村。伍仙桥李姓始祖为甘肃陇西人，先迁至福建上杭，尔后迁往广东梅县大埔，再迁至太和谢家庄，最后定居伍仙桥。牛利岗刘姓是清光绪年间自惠州冷水坑迁来，始祖为两兄弟。兴华村邓、黄、刘三姓村民于清光绪十五年（1889）自开平蚬岗牛仔湖迁至燕塘龙船岗，清光绪二十四年（1898）移居至兴华村。鸡荔村陈姓从五华县迁来，钟姓来自增城黄村，还有部分自外地迁来的姓氏。

中华人民共和国成立初期，原银锭塘、河水、兴华村一带均属番禺龙洞乡第十保，伍仙桥、鸡荔村、苏庄、牛利岗一带则属同安乡。不久，银锭塘、河水、兴华村一带合并为一乡，并从银锭塘、河水各取一字，名“银河乡”，后来与同安乡合并，沿用“银河乡”名字。1953年互助合作运动后，银河乡逐步分成10个初级农业合作社：一社兴华村、二社马蹄岗、三社银锭塘、四社鸡荔村、五社伍仙桥、六社苏庄、七社牛利岗、八社河水西、九社河水中、十社河水东。1955年，一批印度尼西亚华侨回国定居，在鳌鱼岗买地建华侨果木场。1956年，上述11个单位组建为银河农业高级合作社。1985年，天河区成立，银河乡随沙河区公所划归天河区。两年后，成为沙河镇管辖下行政村，直至1995年12月天河区设立兴华街，银河村划归兴华街。1999年6月撤销银河村村民委员会，成立银河经济发展有限公司。（麦蕙雯）

表85　2021年兴华街道集体股份公司情况一览表

名称	注册资本（万元）	股民（人）	经营总产值（万元）	董事长	总经理
银河经济发展有限公司	500	1754	8103	周少波	刘德伟

表86　兴华街道社区居委会情况一览表

社区名称	居委会地址	居委会主任
河水	河水西大街自编1号	邓智勇
鳌鱼岗	鳌鱼岗大街自编13～15号	张广平
金燕	燕都路32号首层	叶丽琴
燕塘	燕兴路128、130号	房韵莉
牛利岗	牛利岗大街一巷5号2楼	薛晓燕
侨源阁	粤垦路163号首层	许海城
兴华	兴华直街33号二楼	林金梅
苏庄	时代花生雅苑一期商铺20号	宋增臣
建武	燕岭路242号	黄广明
伍仙桥	广州大道北鸡颈坑30号	何燕玲
沙太	牛利岗大街110号夹层	胡建飞

棠下街

【概况】 棠下街建于1997年12月，由东圃镇、石牌街、棠下街、五山街划出地段组成，因辖内有棠下村，故名。2002年12月东圃镇撤镇设街，将棠东村划入棠下街管辖。棠下街位于天河区中南部，形状似金字。辖区以棠下村为基础组成，东北面边界不规则。东起车陂路，与车陂街相依；南到中山大道西，与天园街相连；西至华师大东围墙旧铁路棠下支线，与石牌街相接；北面边界不规则，为丘陵地区，从汇景中路、丫髻岭、北环高速公路北侧车陂涌拦河水坝一带，与五山街、长兴街、新塘街相邻，面积6.91平方千米。

街下辖20个社区居委会和2个撤村改制公司：棠德南、棠德北、华景东、华景西、尚景、达善东、达善西、枫叶、邮电、荷光东、荷光西、加拿大花园、祥龙、丰乐、东南、天安、广棠、泰安、东升社区居委会和棠下、棠东经济发展有限公司。2021年，棠下街户籍人口85409人，出生819人；常住人口238974人，出生1815人；流动人口（居住一个月以上）175567人，出生1032人。辖内主要住宅小区有华景新城、加拿大花园、历德雅舍、珠江俊园、棠德花苑、天朗明居、春江花园、泰安花园、信华经理人家园等。

【街道建设与管理】 ·街区管理及环卫建设· 2021年，棠下街重点整治中山大道沿线占道广告牌，清理上社口岗大街、棠下片区及广棠片区内街巷乱堆放大件杂物，组织查处“六乱”行动280多次。整治占道经营4500宗、乱摆卖3600宗、乱拉挂600宗、乱丢吐130宗、乱堆放140宗，开出责令限期整改通知书158份，立案查处“六乱”行为21宗，罚款2060元。清运无序停放共享单车16800辆，规范乱停放共享单车17600辆。

组织垃圾分类入户宣传、守桶站桶、“全民行动日”等各类宣传活动396场次，参与活动的党员1523人次，志愿者2820人次。居民生活垃圾分类知晓率99%，参与率86%，居住小区厨余垃圾分类准确率65%。是年规划建设6个星级投放点，新建或利用现有公房改造“两网融合”点8个。星级投放点和“两网融合”点全部完成建设。

2021年3月14日，棠下新墟1904套安置房完成摇珠分房，村民开始回迁。

·社会治安综合治理· 2021年，棠下街综治信访维稳中心受理投诉案件117宗。受理拖欠农民工资案件110宗，涉及农民工210人，追回工资102.66万元。

2021年，棠下街加强打击防范电信网络诈骗，对出租屋屋主、“二手房东”、大中小学校学生、创意园及商场工作人员等进行现场宣传，召开现场宣传会180多场次，投入资金约26万元。

依法打击“黄赌毒”及“套路贷”、虚拟诉讼敲诈等新型涉黑恶犯罪，提高防范打击能力。持续推进吸毒人员网格化管理服务。加强毒品预防教育，加强辖内寄递物流企业管控。是年棠下街有在册吸毒人员127人，社戒社康执行率100%。棠下派出所接报涉毒有效警情19起，破获涉毒案件1起，抓获涉毒嫌疑人9人，强制戒毒1人，社区康复12人。

2021年，棠下街辖内刑事治安总警情1958起，比2020年（下同）下降11%，其中刑事警情729宗，下降13.4%；治安警情1285宗，下降8.5%。电信网络诈骗警情746宗，下降34%；立案859宗，下降6%；破案291宗，上升64%，破案率33.80%。

·安全生产与消防安全· 2021年，棠下街开展安全生产和消防安全隐患排查整治行动，20个社区居委会累计检查各类场所7228家次，发现隐患199处，整改隐患189处。是年辖区有13个物业小区完成电动自行车集中充电场所建设，累计建立87个。重新配置调整棠下街19个微型消防站，更换破损、老化过期器材。安排人员定期对辖区内涝点、地质灾害隐患点进行检查。组织村社以及各社区居委会、物业公司开展消防演练宣传培训26次，指导危险化学品企业举办应急救援演练15次，参加培训演练1122人次。累计开展安全宣传“五进”活动6017场，受训人员约27000人。

·来穗人员与出租屋管理· 2021年11月27日，棠下街山海心连之家服务站在正佳极地海洋世界举行“山海连心·乐在天河”贵州籍在穗务工人员稳就业出游活动，共124名贵州籍在穗务工人员参加。是年，棠下街受理来穗人员积分入户申请157人次、来穗人员随迁子女积分入学申请363人次。

是年，棠下街累计核查出租屋860181间（套），新增录入流动人员信息151005条，注销160368条，系统纳管人数增至177969人。办理房屋租赁合同登记备案7205份，办理居住证44507份，代征出租屋综合税1992.2万元，印花税8.17万元。

·公共卫生与健康发展· 2021年，棠下街办理生育登记824例，再生育审批27例。奖励全街在册独生子女父母6004人，每月发放918750元；有独生子女伤残扶助对象54人、独生子女死亡扶助对象35人，每月发放金额11.73万元。慰问关爱“贫困母亲”5户，发放慰问金1500元。举办预防出生缺陷主题讲座、育龄妇女病普查普治宣传等多种关爱流动人口和普及生殖健康宣传服务活动，为1807对夫妻发放免费产前筛查诊断券；742人参加免费孕前优生健康检查。

·社区建设与民政优抚· 2021年，棠下街有低保户125户230人，低收入家庭10户20人，特困20人，孤儿2人。为低保、低收入户申请普通门诊医疗救助757人次8.91万元。为69人次申请困难家庭补充医疗、广州市医疗救助零星报销及其他人员医疗救助20.57万元。救助流浪乞讨人员3人。

办理本地户籍和外埠户籍60岁以上老年人优待证2562张。推进棠下街颐康中心建设，为社区居民提供全托、日托等养老服务。完成100张家庭养老床位设置。辖内有上门生活照料服务对象14人，助餐配餐服务对象167人，日间托管服务对象5人，日托休息床位10张。是年，提供上门医疗服务150人次，康复护理服务106人次，临时托养服务1人，精神慰藉服务35人，安全援助服务140人，临终关怀服务1人。

是年，街道住房保障服务窗口受理公租房申请55人次，期满审查109人次，家庭情况变更申请88人次。发布空岗信息4062条，举办1场春风行动暨就业援助月网络招聘会，举办2场零距离现场招聘会，发放灵活就业补贴3265人次，申报公益性岗位4个。10月下旬，组织辖内31名居民参加“粤菜师傅”“南粤家政”工程专项职业技能培训，开办汤养指导师培训班。对辖内6605人次失业人员开展跟踪服务。完成全国示范型退役军人服务中心（站）评定工作和广东省星级示范退役军人服务中心（站）评定工作。

【街道经济】 2021年，棠下街辖内生产总值（GDP）312.42亿元，比2020年（下同）增长5.6%。规模以上工业总产值1.78亿元，增长18.8%；营利性服务业营业收入185.96亿元，增长6.1%；商品销售总额173.82亿元，增长8.7%；社会消费品零售总额136.39亿元，增长4.9%；住宿和餐饮业营业额4.31亿元，增长5.0%；资质内建筑业总产值11.16亿元，增长3.1%。

【棠下街交通综合整治行动】 2021年，棠下街从3月1日起开展为期300天的道路交通秩序整治专项行动，会同棠下派出所、交警大队、街道综合保障中心以及社会志愿者，在重点整治路口、路段设点执勤，纠正不戴头盔和逆行、闯红灯行为9028人次，现场手抄《非机动车、行人交通安全“八不准”法规条文》5569份，签订守约书3459份。开展“五类车”查处行动52次，查扣“五类车”559辆，查处无证驾驶11人。排查整治隐患路段9处，维修路灯57处，维修沙井盖14处，拆除护栏及安装警示桩1处，修剪绿化2处，规范39间校园周边道路交通安全设施。重点推进清华附中湾区学校周边道路车陂西路与广棠路的交通标志设置。

【棠下街河涌水环境治理】 2021年，棠下街级河长累计有效巡河28.77小时，累计上报问题37次。推进棠下涌污染溯源排查和整治，复核217间“五违散乱污”场所和355间“其他类污染源”场所，排查辖内888家工业企业，并完成每月一报，确保工业企业无污水排放。拆除渠箱涉水违建25宗，面积2350平方米。3月，召开棠下街排水单元达标动员大会，成立排水单元达标攻坚专项推进小组。是年，棠下街与215家排水单元签订责任书，其中138家完成达标认定，面积137.44公顷，占比51.46%。

【棠下中心花园开园】 2021年7月，棠下中心花园完成改造，该园位于天河区棠下达善大街44号，占地面积1925平方米。棠下中心花园工程是毛泽东视察棠下农业生产合作社旧址（毛主席视察棠下纪念馆）周边环境提升工程的重要部分。此园原为鱼塘，随着村民陆续在周围建房，鱼塘水质污染日益严重，影响人居环境。经村民代表集体商议，棠下村于是年筹资填埋鱼塘，并在原址上建立中心花园，作为村民们民俗节日庆典活动和经济社开会的场所，同时安置亭廊、英石假山、文化长廊、甘棠书屋等。

【棠下街抗击新冠肺炎疫情】 2021年，组织棠下街社区卫生服务中心、棠下街第二社区卫生服务中心、慈惠医院、鼎富时代广场作为常态疫苗接种点，在人口聚集的城中村及社区先后增设棠东老人院、棠下上社公园、华景东星光老年之家、华景新天地党群服务中心等接种点及疫苗接种小分队。在枫叶路、达善广场、荷光路等人流密集出入口设置流动接种大巴车，方便长者就近接种。组织餐饮行业从业人员、长者、儿童等特殊人群疫苗接种专场。按照居住地、接种点、预约方式“三个不限制”持续推进疫苗接种。根据疫情防控需求，分别在5月31日至6月6日、6月27—29日开展辖内大规模核酸检测，做到应检尽检、愿检尽检，累计检测51.41万人，核酸检测结果均为阴性。棠下街按照分级、分类标准分别组建封闭状态、封控状态、警戒状态、常态化“三人小组”446个、228个、112个、25个。核查重点人员名单，并对照实时风险地区管控要求，将应纳管人员逐一落实相关管控措施，提供人文关怀服务，及时掌握居家隔离人员的健康状况及生活需求等。通过社区宣传栏、居民服务微信群、张贴海报等方式，进村社、进小区、进楼宇，引导居民主动接种、就近接种疫苗。组建一支新冠疫苗接种文艺宣传队，创作三句半《防疫抗疫靠大家》、快板《疫苗接种你我他，守住健康靠

2021年7月30日，棠下街举办棠下中心花园开园活动　（王林 摄）

表 87　2021 年棠下街道经济发展有限公司情况一览表

名称	注册资本（万元）	股民（人）	经营总产值（万元）	董事长
棠下经济发展有限公司	280	6869	70758	钟浩华
棠东经济发展有限公司	300	4434	3236	潘美春

表 88　棠下街道社区居委会情况一览表

社区名称	居委会地址	居委会主任
尚景	华景北路 193 号首层	杨彩梅
华景西	华景街 31 号 104 房	罗丽菁
华景东	中山大道华景路华晖街 4 号 B4 首层	黄冬梅
枫叶	华景东路 214 号首层	罗碧英
邮电	中山大道西 139 号 34 栋 1 梯首层	姚丽贤
加拿大花园	枫叶路 8 号之 5 首层	陈若芸
荷光西	棠下上社胡岗新村上景园首层商铺东 1 号	谢结英
荷光东	荷光路 8 号金雅苑公寓首层	王诒东
达善西	棠下村涌东路棠莲苑 A 座楼下	李浏美
达善东	中山大道西 501 号新大舜商务中心 E 栋 102 室	钟达海
祥龙	棠下村农科路粮油城二楼	钟浩强
棠德南	棠德东二街 70 号	黄彩清
棠德北	棠德西四街 3 号后座二楼	刘丹
丰乐	中山大道西自编 787 号	叶慧娟
东南	泰安北路 42 号	陈慧文
天安	天朗路 317 号	何瑞英
广棠	棠东段横岭工业区 2 号之二 2 楼	巫国坚
泰安	车陂路 471 号 C 座首层	陈超豪
东升	上社东升五巷 28 号	钟志安
华景北	华景路 80～118 号 103 房	郑晓霞

大家》等文艺作品，累计演出 24 场。

【棠下村（棠下经济发展有限公司）】棠下村形成于南宋时期，村名起源有二，一是先祖在“甘棠树下”开村，故名；二是出自典故“周朝召公出巡”，曾在路边甘棠树下听讼决狱，后人感其恩德，不忍砍伐，故“甘棠树下”历来有缅怀先人遗德的意思。村民以钟、潘、梁等姓为主。1958 年 4 月，毛泽东视察该村农业生产合作社，随后周恩来、贺龙及朝鲜领导人金日成先后视察该村。村原属东圃镇管辖，1997 年划归棠下街，下辖达善、上社、新墟 3 个自然村。1999 年 5 月，原村民委员会撤销，组建棠下经济发展有限公司，下设 15 个股份合作经济社。

【棠东村（棠东经济发展有限公司）】棠东村形成于宋代，历史上曾是棠下村一部分，1953 年划出成为独立行政村，因位于棠下村东侧，故名。该村东邻车陂街，西靠棠下村，南临中山大道，北达广深（九）铁路、广州氮肥厂，包括东南村、东北村和丰乐村等自然村。2002 年 12 月 4 日，棠东村从东圃镇划归棠下街管理。村民以钟、潘、李等姓为主。曾冒险收殓黄花岗起义七十二烈士遗体的著名民主革命活动家潘达微是棠东村人。1999 年 5 月，原棠东行政村撤村改制，组建棠东经济发展有限公司，下设 9 个股份合作经济社。（宋素瑜）

天园街

【概况】天园街建于 1999 年 9 月 30 日，由石牌街、员村街、棠下街、车陂街划出部分地区，以及由原东圃镇棠东村划出部分地区组成，因辖内有天河公园而得名。天园街位于天河区南部，形状似长方形。东起车陂路，与车陂街相依；南达黄埔大道中，与员村街、车陂街相连；西到华南快速干线，与石牌街相接；北至中山大道西，与棠下街相邻，面积 4.2 平方千米。街下辖 13 个社区居委会：科韵、腰岗、翠湖、华港、穗东、骏景北、骏景南、东成、东晖、东方、环宇、文昌、东逸社区居委会。2021 年，天园街户籍人口 73131 人，出生 506 人；常住人口 92845 人，出生 765 人；流动人口（居住一个月以上）31068 人，出生 270 人。

天园街辖内高档住宅小区较多，主要有骏景花园、翠湖山庄、新世界东逸花园等。辖内有天河科技园科韵园区、羊城创意产业园、黄洲工业园 3 个园区，有中石化、中建四局等传统支柱产业，有网易、酷狗等新兴产业，有麦德龙、百安居、沃尔玛等专业卖场，规模以上企业 284 家。其中，天河软件园科韵园区集国家高新技术产业开发区、国家软件产业基地（CSIB）、国家火炬计划软件基地、国家网友动漫产业基地、国家软件出口创新基地、中国软件出口欧美工程（COSEP）试点基地和中国服务外包基地城市广州示范区于一身，是天河区、广州市乃至广东省高新技术产业的经济增长点。辖内天河公园以自然生态景观为主，占地总面积 70.7 公顷，是全国第一个以扶残助残、残健共融为主题的爱心公园。

【街道建设与管理】 ·街区管理及环卫建设· 2021 年，天园街建成垃圾分类投放点 179 个，其中星级投放点 10 个，累计开出整改通知单 90 份。完成老旧小区微改造项目 8 个，其中东成花苑微改造项目被广州市列为老旧小区微改造项目样板，完成腰岗小区容貌社区建设。推动电梯加装工程 20 宗，累计完成备案 115 宗，建成 94 宗。清拆违法建设 45000 多平方米。开展市容“六乱”整治 9200 余次，清理环境卫生黑点 140 处，清运各类垃圾、大件废弃物等 7500 多吨。开展综合行政执法 9000 余次，整治乱堆放共享单车近 10 万辆次。

·社会治安综合治理· 2021 年，天园街常态化开展扫黄打非、禁毒、电信诈骗、交通秩序整治等执法行动，防范化解社会矛盾风险，全年没有发生政治案件、重大刑事治安案件、重大群体性事件。完成“国家反诈中心”App 注册 4.2 万人次。街道及社区开展司法、人民调解 283 宗，处置涉劳资纠纷 534 宗。

是年，天园街治安警情 614 宗，比 2020 年（下同）下降 0.8%；刑事警情 403 宗，下降 2.2%。其中，两抢警情 0 宗，下降 100%；盗窃警情 367 宗，下降 14.3%；诈骗警情 368 宗，下降 11.8%；黄赌毒警情 55 宗，下降 9.8%。

·安全生产与消防安全· 2021 年，天园街检查企业场所 1948 家次，发现并整改隐患 569 处；立案 16 宗，处罚金额 6.1 万元。指导 63 家企业购买安全生产责任险。开展安全宣传“五进”活动 1139 次，参加人员近 14000 人次；派发各类安全宣传资料 2 万余份。组织开展消防演练 25 场次，给辖区 15 个微型消防站新增消防设备器材金额约 5.63 万元。是年辖内未发生重大安全事故。

·来穗人员与出租屋管理· 2021 年，天园街受理积分入学申请 151 人，85 人入围；受理积分入户 261 人，82 人通过审核。是年，天园街有在册来穗人员 38571 人，出租屋 967 栋、23247 套。巡查出租屋 23247 套次，核对来穗人员 38571 人次，其中新登记来穗人员 13581 人次，注销 24373 人次；办理居住证业务 9490 宗；办理房屋租赁备案合同 2131 宗；代征个人出租房屋税约 3907.2 万元。

·公共卫生与健康发展· 2021 年，天园街组织 200 对夫妻参加孕前优生检查，组织 150 对夫妻参加出生缺陷干预工程筛查，并及时进行随访。开展妇女“两癌”筛查，共 250 人参加。宣传母婴安康、银龄安康、疫苗卫士保险、分娩无忧等惠民保险。为 403 人次发放独生子女父母奖励金 901.63 万元；为 44 人办理计划生育家庭特别扶助金，共发放金额 64.95 万元。开展家庭健康主题活动、计生协会“5·29”会员活动日宣传服务活动、“家庭发展促进月”宣传服务活动、“婚育新风进万家”活动等。

·社区建设与民政优抚· 2021 年，天园街依法依规完成第七届社区委员会换届投票选举，创建穗东社区、骏景南社区 2 个和谐社区，累计创建市级和谐社区 6 个，区级和谐社区 10 个。环宇社区“党建引领、军民共建”共建共治共享基层治理模式被评为广州市基层治理典型案例。

全街在册困难家庭 50 户，其中低保家庭 5 户（2021 年新增 2 户）、特困家庭 5 户（2021 年新增 1 户）、困境儿童 40 户（2021 年新增 3 户，迁出 1 户）。累计救助困难人员 51 人次，节日慰问困难家庭 136 户。是年天园街有失业人员 965 人，707 人成功就业，就业率 73.26%，其中有 298 名为就业困难人员再就业。帮扶应届毕业生就业 190 人次，毕业生就业率 93.33%。是年无困难家庭高校毕业生，“零就业家庭”动态清零。优化东成、环宇退役军人服务站政治文化环境建设，开设“最美退役军人”事迹专栏，滚动播放“最美退役军人”事迹、全国优秀退役军人中的典型代表事迹及在本地区涌现的优秀退役军人代表事迹，街道退役军人服务站于

2021 年 7 月 1 日，“百年风华正茂 逐梦扬帆起航”——天园街道庆祝中国共产党成立 100 周年活动在天园街党建基地举行　（天园街党政办供稿）

9月通过创建全国"示范型"退役军人服务站的验收工作。

·科教文体· 2021年，天园街开展以"百年润泽·书香致远"为主题的"悦"读艺术沙龙系列活动6场。结合全国科普日，组织开展科普讲座、义诊等活动26场。组织开展古筝、舞蹈、健身培训等活动，1100人次参与。持续开展"天园杯"书画摄影展品牌活动，举办"翰墨颂伟业"庆祝中国共产党成立100周年暨第十五届"天园杯"书画作品展系列活动，收集书画作品107副，并选出80幅优秀书画作品在街道党群服务中心展出。加大文物巡查力度，对邓世昌衣冠冢墓手开裂、护岭下沉等情况提出修缮申请建议，建立文物保护周巡查工作机制。

【街道经济】 2021年，天园街辖内生产总值（GDP）484.98亿元，比2020年（下同）增长6%。规模以上工业总产值21.01亿元，增长2.1%；营利性服务业营业收入708.24亿元，增长19.9%；商品销售总额934.26亿元，增长25.5%；社会消费品零售总额103.59亿元，增长3.5%；住宿和餐饮业营业额1.85亿元，增长10.4%；资质内建筑业总产值528.35亿元，增长11.6%。

【腰岗社区容貌品质提升】 天园街腰岗社区成立于1999年，面积0.06平方千米，有住户6050人，社区人口偏老龄化，60岁以上858人。2021年，天园街制定腰岗社区容貌品质社区培育提升方案，并成立督导检查队伍。

·腰岗小区微改造· 该小区始建于20世纪60年代，是社区内典型的老旧小区，基础设施残旧、道路坑洼、"三线"凌乱、乱搭建、缺少物业公司管理。是年，天园街翻新4栋老旧楼体外墙，并以此为核心向周边辐射，对小区道路进行人车分流，翻新道路旁围墙及保安亭，并增设公益宣传画，提升改造小区入口。将小区内400平方米荒地变文化长廊，新建体育健身路径，建设大榕树居民议事亭，翻新花坛，完善雨污分流工程，建设无障碍通道，推进"三线整治"。统一规整商铺招牌，新建垃圾分类投放点。

·粤韵庭园小区微改造· 该小区建于2003年，基础设施较为完善。天园街在原基础上升级打造垃圾分类星级投放点，主要对地面、排水槽、投放亭、箱体等进行提升或翻新，并在周围增加花槽。

【天园街被评为广州市首批法治示范街道】 天园街从加强党对法治工作的领导、坚持科学规范制度建设、全力构建法治政府、大力支持公正司法、坚持多元化普法、推进基层治理等六方面探索具有天园特点的依法治街工作体系和途径。构建"一核多元"蜂巢式社区事务共建共商模式，依托街居两级党群服务中心、新时代文明实践站以及居民议事厅三大平台，按照"社区党组织+居委会+物业公司+业委会（居民代表）+执法部门+法律顾问"的基本模式，依法依规解决关乎群众利益的问题。2021年5月，天园街被评为广州市首批法治示范街道。

【天园街交通综合整治行动】 2021年，天园街开展"奋战三百天，全力保畅安"交通综合整治行动。在各交通要道、社区、中小学幼儿园、公共场所设置宣传海报、标语、立牌、标识牌等150张（个），在住宅小区出入口设置宣传牌133张，向辖区居民发出倡议信、宣传单张20000份。系统防范化解道路交通安全风险，开展"五类车"专项整治行动52次，查扣摩托车、改装机动三轮车、电动三轮车、超标二轮电动车等486辆，处罚非标电动车违法违规行为1079辆次，约谈共享单车运营企业26次，检查工地泥头车2700余辆次，安排文明交通志愿者6820人次。

【天园街抗击新冠肺炎疫情】 2021年，天园街无新增本土确诊病例，无新增本土无症状感染者。累计接收核查重点区域专项数据22233条，落实纳管人员5470人。完成18—59岁接种新冠疫苗61771人，第一剂接种人

表89　天园街道社区居委会情况一览表

社区名称	居委会地址	居委会主任
骏景南	骏景花园骏景路107号（骏灏轩H座首层）	张丽军
骏景北	骏景花园骏逸轩C座二楼	池冠华
东晖	天府路161号隽园商务楼204	曾巧玲
东方	中山大道西东方新世界丽阳街12号首层	杨玲
文昌	棠下涌边一横路自编18号	邓春生
科韵	建华路27号二楼	蒋华平
腰岗	棠石路锦明街83号首层之一	刘美玲
穗东	棠石路鸿运花园伟诚街10号102房	李智云
东成	黄埔大道中159号首层	吴金枝
华港	华港南街18号首层	彭赞
环宇	翠园街8号之二首层	雷群燕
翠湖	翠湖街4号楼负一层	王彩凤
东逸	天府路11号之一方圆小院首层	赵六林

数81924人，第二剂接种人数96417人，第二针接种率156.09%；60岁以上人群接种任务12609人，其中第一剂接种人数9734人，第二剂接种人数9439人，第二剂接种率74.86%。新冠疫苗加强针可接种人数68335人，完成加强免疫人数27638人，完成加强免疫人数占可加强免疫人数比例40.44%。是年，天园街集中力量开展两轮次全员核酸检测采样工作，累计设置核酸检测点31个、采集单元144个，采样累计21万余人次。

（傅文强）

冼村街

【概况】 冼村街建于1999年12月，由沙河镇划出冼村地区组成，因辖区内有冼村，故名。冼村街位于天河区西南部，形状似长方形。辖区四面是主干道，四至规则。东起华南快速干线，与员村街相依；南达花城大道，与猎德街相连；西到广州大道中路，与越秀区杨箕村相连；北达黄埔大道，与石牌街、天河南街相邻，面积3.6平方千米。街下辖8个社区居委会和1个撤村改制公司：冼村、杨箕东、新庆村、潭骏、跑马地花园、金城、金园、金珠社区居委会和冼村实业有限公司。2021年，冼村街户籍人口52164人，出生285人；常住人口47408人，出生493人；流动人口（居住一个月以上）25379人，出生30人。

街辖内楼宇众多，经济发达。有嘉裕君玥、星汇云锦、星汇园、跑马地花园、星汇雅苑、誉峰苑、中海观园、汇峰苑、领峰苑、保利心语、隽峰苑、中海景晖华庭、珠江别墅、尚东美御、粤海丽江花园等高档住宅小区。有中国移动、中国联通、恒大集团、中化国际、华润集团、龙浩航空集团、通用电气、雷诺、普利司通、夏普、三菱电机、三井物产、日本永旺集团等32家世界500强企业。有富力盈力、富力盈隆、富力盈泰、邦华国际中心、珠控国际中心、津滨腾越、科讯大厦、奥园大厦、汇美大厦、珠江城、利通广场、广晟国际大厦、恒大中心、高德置地和中国风投大厦等甲级、超甲级写字楼。有高德置地广场、珠江道商业广场、太阳新天地购物中心等市民游客购物休闲场所；有永旺、华润OLE精品市场等大型超市。有广东省国家税务局、广东省人民检察院、广东省党史研究室、广州市人民检察院、广州海关、广东烟草、广州赛马娱乐总公司、广州无线电集团、中国联通广东省分公司、广东省农村信用社联合社等企事业单位。珠江公园坐落于珠江新城中心腹地，占地面积28万平方米，是集观赏、游憩、文化、休闲于一体的公园。

【街道建设与管理】 ·街区管理及环卫建设· 2021年，冼村街完成8个星级垃圾分类投放点、3个“两网融合”网点建设。全年开展垃圾分类主题宣传活动20次、垃圾分类专项整治行动12次、联席会议8次、入户宣传活动75次，覆盖户数44640户。冼村街通过认定排水单元有111个，面积197.66公顷，占冼村街总面积的87.8%。是年，冼村街累计纠正、整治占道经营和乱摆卖2983宗，清拆乱拉挂、乱堆放288宗，保障重点线路70余次，开具限时整改单83份，立案处理40宗，罚款27700元。开出户外广告整改单21宗，拆除违法户外广告5宗，总面积1055平方米。配合做好中央环保督察工作，处理并完成涉生态环境保护问题、舆情、线索共25单。组织拆除违法建设104宗，面积44225.43平方米。立案查处偷排黄泥水、无证排放、无证运输、夜间浇筑、超时出泥、余泥污染路面、无证装修等违法行为21宗，处罚金额71.28万元。2021年，冼村改造进入全面开发建设阶段，累计签约1417户1943栋，剩余未签约4户7栋；累计拆除1936栋，已签约房屋拆卸率99.64%，累计拆卸率99.28%。

·社会治安综合治理· 2021年，冼村街发生经济纠纷20起、物业纠纷8起、劳资纠纷9起。是年，冼村街受理各类信访案件155件，涉及信访人数2780人，按期回复率100%。走访辖内81家涉金融企业，宣传抵制非法集资，清退辖内P2P企业，辖内现存1家。打击9类案涉黑恶犯罪案件5宗，破获5宗，破案率100%。

是年，冼村街累计检查企业320家，处理劳资纠纷案件596宗，累计涉案人数1489人，追回工资款或工程款项879万元，结案率98%。对辖内25家企业展开劳动用工和疫情防控措施落实情况检查，未发现辖内企业存在强迫劳动、使用童工等违法行为。

是年，冼村街治安警情849宗，比2020年（下同）下降12.7%；刑事警情597宗，下降25.5%。其中，两抢警情4宗，下降33.3%；盗窃警情503宗，下降6.7%；诈骗警情556宗，下降19.8%；黄赌毒警情122宗，下降5.2%。

·安全生产与消防安全· 2021年，冼村街巡查企业4340家次，整改隐患1348处，开出限期整改告知函1096份，移交消防隐患16宗，移交安全生产违法行为线索65宗。开展安全生产“五进”宣讲活动，进企业1300余家次，覆盖安全管理人员4000余人次、学校师生4300余人次。辖区单位开展消防演练、三防演练80余次，参演人员约16000余人次。

·来穗人员与出租屋管理· 2021年，冼村街受理来穗人员随迁子女积分制入学申请37人。是年，冼村街累计核查出租屋215643间（套），新增录入流动人员信息23118条，注销28460条，系统纳管人数增至21617人。办理房屋租赁合同登记备案7381份，办理居住证5363份，代征出租屋综合税1.21亿元，印花税101.36万元。

·公共卫生与健康发展· 2021年，冼村街开展环境卫生保洁、病媒生物、预防传染病等工作的宣传活动2次。按照环境治理为主、药物消杀为辅的原则，在辖区开展环境卫生治理活动，消除沟渠、下水道口、垃圾收集点周边、绿化带等卫生死角，累计消杀410余万平方米、清除积水约20处、蚊虫滋生地26宗，安装鼠屋80个、投鼠药120千克。开展周末“大清扫、大清洗、大清理”活动，组织环卫站、消毒站在市场周边、河涌两岸、公共花园等区域开展16次环境卫生综合整治行动，清理卫生死角51处，清运各类垃圾约24吨。

是年，冼村街组织209对夫妻参加出生缺陷干预工程免费重点病种产前筛查，326人参加免费孕前健康检查，294人参与“两癌”筛查。办理生育登记350宗。春节、计生协会“会员活动日”慰问辖内计生模范户、困难户30户，派发节日慰问品6000元，发放慰问金1500元。开展“幸福工程——救助贫困母亲”活动，筹集善款21870元。

·社区建设与民政优抚· 2021年，冼村街重新修订完善居委会各项制度，组建公共卫生委员会、公共服务委员会，组织各居委重新修订居民公约。是年，冼村街举行多种符合人民需求的居民活动，投入经费51.28万元。加强对辖内公建配套设施产权的确认和摸查；金园社区成功创建和谐社区。

辖内有在册困境儿童22人，在册低保特困人员5人，是年慰问困境儿童43人次，慰问在册低保特困人员10人次。冼村街有在册失业人员580人，失业人员实现就业437人，无“零就业”家庭，无“特困”失业人员家庭。7079家用人单位办理就业登记。冼村街办理城镇居民医疗保险2153人；城乡居民养老保险参保新增19人。开展拥军优属，发放慰问金约65350.07元。

·科教文体· 2021年，冼村街联合广东省应急救护培训基地在辖内8大社区共组织开展8次“应急救护，救在身边”——冼村街应急救护培训活动。为辖内居民播放红色爱国题材电影6场。图书馆为群众办理读者借书证32张，借阅526人次，阅览4356人次。开展文物检查约50次，确保不可移交文物安全。

【街道经济】 2021年，冼村街累计新增“四上”企业236家。天河区重点企业357家，冼村街有105家。是年，冼村街辖内生产总值（GDP）1323.82亿元，比2020年（下同）增长7.3%。规模以上工业总产值3.27亿元，增长51.4%；营利性服务业营业收入639.21亿元，增长8.9%；商品销售总额2360.12亿元，增长27.8%；社会消费品零售总额375.29亿元，增长29.6%；住宿和餐饮业营业额22.51亿元，增长15.9%；资质内建筑业总产值80.50亿元，增长29.1%。

【冼村街小哥爱心驿站】 2021年6月24日，天河区冼村街小哥爱心驿站在越秀财富世纪广场正式启动。广场内设有停车区域、物流分拣区等，面积超过100平方米。同时设置临时休息室，提供免费茶水、手机充电、应急药箱、微波炉加热、共享雨伞、书籍阅读等便民服务。小哥爱心驿站是市委组织部、区委组织部强化党建引领，赋能新经济、新业态，关爱关心新群体的新举措，综合解决快递小哥送货难、停车难、休息难等问题，推动楼宇货运、基层治理有序化。

【冼村街交通综合整治行动】 2021年，冼村街开展“奋战三百天，全力保畅安”交通综合整治行动。成立专项整治行动领导小组，制定冼村街道路交通秩序整治行动方案。在每个重点路口、重点路段区域安排交警机动巡查，每天出动8名街道干部、8名交通协警、32名志愿者、16名城管执法队员进行交通劝导及宣传。投入

2021年9月30日，歌声献给祖国——天河区冼村小学2021年迎国庆爱国主义歌曲学唱活动在该校举办 （姚颖珊 摄）

表 90　2021 年冼村街道集体股份公司情况一览表

名称	注册资本（万元）	股民（人）	经营总产值（万元）	董事长	总经理
冼村实业有限公司	1200	4782	31699.02	卢洪健	冼嘉龙

表 91　冼村街道社区居委会情况一览表

社区名称	居委会地址	居委会主任	办公电话
杨箕东	黄埔大道西 30 号首层	何川	38282046
金城	金穗路 70 号保利心语花园 H 栋首层	张力文	87536537
金园	珠江新城海乐路 11 号南国商苑 D 栋首层	利淑宜	87514135
冼村	珠江新城兴国路 32 号之一盈嘉花园 A 栋 4 楼	严小玲	87504390
新庆村	金穗路 719 号（中海观园 F 栋）209	陆铭源	87566363
跑马地花园	平云路 177 号马赛国际公寓 B 座首层	温宇涛	85270160
潭骏	潭村路 16 号星汇雅苑 A3 栋首层	吕远东	85270393
金珠	华穗路 398 号 2 层	刘锋	38343210

经费 40 万元，设计制作道路交通指示牌 28 块；购买指挥旗 300 面、口哨 500 个、小喇叭 100 个，同时聘请 32 名志愿者在非高峰时段在重点路口开展劝导整治工作。是年，查扣“五类车”347 辆，查处违规非机动车 1000 多宗，劝导教育违规行人及非机动车约 5.6 万余人次。

【冼村街抗击新冠肺炎疫情】 2021 年 5 月 21 日，广州本地突发疫情，冼村街迅速成立领导小组、工作小组，制定工作方案、应急预案，部署全街 8 个社区于 6 月 4—6 日、6 月 25—26 日开展两次全员核酸检测。是年，冼村街累计报告确诊病例 6 例，境外输入病例 1 例，关联病例主要为家庭聚集病例，6 名患者均治愈出院。累计落实居家隔离 3254 人，累计转运密接、次密人员 173 人次。冼村街跑马场新冠肺炎疫苗接种点 18 岁以下人群接种 13961 人、18—59 岁人群接种 109249 人、60 岁以上老人群体接种 8509 人。

【冼村（冼村实业有限公司）】 冼村建于明代中期，村中以冼姓居多，故名。村民主要有罗、梁、冼、卢、潘等姓。冼姓始祖冼皋宗于南宋绍兴六年（1136）自南雄珠玑巷迁居而来。卢姓始祖卢元前于南宋咸淳元年（1265）从番禺县慕得里司神山村迁居而来。清末民初，潘姓自番禺县鹿步司棠下上社迁入冼村定居。1999 年 8 月，冼村撤村改制，组建冼村企业公司，主要企业有广州市天河区冼村经济发展公司、广州市冼村物业管理有限公司、广州市冼村实业有限公司。（林泽航）

猎德街

【概况】 猎德街建于 1999 年 12 月 30 日，由沙河镇划出猎德村地区组成。猎德街位于天河区西南部，形状似长方形。辖区三面是主干道，一面临江，四面较为规则。东起华南快速干线，与员村街相依；南到珠江，与海珠区隔江相望；西到广州大道中，与越秀区五羊邨相接；北至花城大道，与冼村街相邻，面积约 3.6 平方千米。街辖 7 个社区居委会和 1 个撤村改制公司：猎德、利民、远洋明珠、誉城苑、南国花园、华海、广粤国际社区居委会和猎德经济发展有限公司。2021 年，猎德街户籍人口 36056 人，出生 428 人；常住人口 44831 人，出生 564 人；流动人口（居住一个月以上）15804 人，出生 99 人。

作为天河中央商务区核心区所在街道之一，猎德街得益于珠江新城发展规划及广州亚运会，经济社会各项建设持续健康发展，入驻辖区的金融机构逐年递增，其中不乏地区总部和总部经济，如广州市燃气集团、广东振戎能源有限公司、广州壳牌石油化工有限公司、广州新中轴建设有限公司、红牛维他命饮料有限公司、四季酒店、丽思卡尔顿酒店、本田贸易（中国）有限公司等。此外，猎德辖内拥有东塔、西塔、广东省博物馆、广州市图书馆、广州大剧院、广州市第二少年宫等地标建筑以及海心沙亚运公园。

【街道建设与管理】 ·街区管理及环卫建设· 2021 年，猎德街在辖区 33 个物业居住小区、36 个机团单位、37 个经营区域、2 个公共场所、写字楼以及各大餐饮企业全面推进垃圾分类，召开垃圾分类工作专班联席会等各类工作会 29 次，巡查督导 790 余次，开具责令整改通知书 79 份，入户宣传 200 余次，走访居民 5 万余户，更新标识、发放宣传资料超 5 万份，签订餐饮垃圾收运协议单位约 400 多家，设立及优化提升垃圾分类投放点 124 个。规范推进生活垃圾收运网和可回收物收运网“两网融合”建设，完成 4 个网点建设；完成第二批 8 个星级投放点建设。完成每天 120 吨生活垃圾的清运任务，做到日产日清。2021 年垃圾分类四季度考核位列全区第一名。是年，猎德街教育整改占道经营、乱摆卖、乱张贴等 7100 余宗，立案查处“六乱”案件 121 宗，拆除违法建设 25 宗，拆除面积 5015.32 平方米。处理网上

"12319"系统投诉2504宗，"12345"系统投诉2184宗，其他交办、督办等17宗，回复率100%。

·社会治安综合治理· 2021年，猎德街构建"全警反诈，全社会反诈"格局，推进"国家反诈中心"App下载安装。加强校园及周边排查整治，减少安全隐患。主动监察用人单位210户次，涉及职工1.4万余人，接待各类劳动者来访400余人次，为169名劳动者追讨工资约58万元。受理举报投诉案件139宗。创建劳动关系和谐单位评审工作，发动33家企业、6个社区居委会参评。强化"综治中心+网格化+信息化"建设，完善信访、扫黑除恶、扫黄打非、国家安全教育、法制、保密等工作，在天河区平安建设考核中排名第二，获得优秀奖及进步奖。南国花园社区被评为全省首批民主法治示范社区。

是年，猎德街治安警情1040宗，比2020年（下同）下降8.9%；刑事警情455宗，下降8.5%，两抢警情1宗，下降50%；盗窃警情428宗，上升1.7%；诈骗警情357宗，下降14%；黄赌毒警情55宗，上升5.8%。

·安全生产与消防安全· 2021年，猎德街开展燃气安全专项排查整治行动14次，宣传教育8235人次；开展燃气执法行动，打击燃气无证经营行为39宗。做好应急、"三防"、消防等专项检查活动，检查企业3700余家，出动人员约7500人次，开出限期整改通知书769份，复查企业561家。组织开展"开学安全第一课"安全宣传进学校活动15家，深入企业、社区、学校开展安全生产宣传教育3039家次。组织商圈、写字楼开展大型消防演练10余次，提高各单位应急处置能力。

·来穗人员与出租屋管理· 2021年，猎德街全面开展来穗人员和出租屋登记纳管工作，在册出租屋套数1.4万套，登记来穗人员1.53万人，排查来穗人员1.76万人次。排查出租屋隐患，告知市场监管部门238件隐患，告知派出所406件隐患。代征出租屋综合税6373万元，印花税60万元。

·公共卫生与健康发展· 2021年，猎德街推进各项计生惠民政策落实到位，慰问辖内失独家庭、贫困家庭，为特扶家庭发放特别扶助金30.7万元，为独生子女父母发放奖励金435.6万余元。

·社区建设与民政优抚· 2021年，猎德街加强和完善社区就业工作，为辖内2397家企业办理劳动用工备案，备案人数9445人，网办审核人数9334人。鼓励就业登记网上办理，网办率95.48%。在网上发布空岗信息职位1512个，信息有效通过率100%。做好长者助餐配餐服务，累计服务长者3.38万人次，为辖内非户籍长者提供助餐补贴；为1867名70岁以上长者发放长寿保健金99万余元。申请、发放各类救济金30余万元，及时将符合条件的23名困境儿童纳入监控保护范围。医保办理总人数2115人，社保办理总人数6469人。为辖内持证的215名残疾人建立康复服务档案，为15名残疾人提供居家安养、寄宿托养服务和住房无障碍改造，划拨残疾人帮扶经费74万余元。

·科教文体· 2021年，猎德街推进新时代文明实践站猎德人家建设，开展"童心向党"等党史学习活动，构建家门口的公共服务圈。开展群众性文体活动，举办"中国梦·猎德情"等活动10余次。

【街道经济】 2021年，猎德街新增"四上"企业103家。是年街辖内生产总值（GDP）424.7亿元，比2020年（下同）增长12.2%，增速位于全区第二。规模以上工业总产值91.27亿元，下降8.6%；营利性服务业营业收入124.23亿元，增长20.6%；商品销售总额1190.67亿元，增长49.4%；社会消费品零售总额192.95亿元，增长61.6%；住宿和餐饮业营业额51.58亿元，增长48.1%；资质内建筑业总产值1.08亿元，增长278.6%。

【广粤国际社区服务中心开始试运营】 2021年1月，天河区首批国际社区

2021年3月19日，"猎德人家"举办"中国梦·猎德情"主题作品征集比赛

（孙振林 摄）

试点之一的猎德街广粤国际社区服务中心开始试运营。服务中心设“四站一厅”，包括境外人士服务站、中外居民文化交流融情站、涉外志愿服务站、涉外人才服务站、中外居民共商共治议事厅，为涉外人员提供含人才绿卡、海外人才引进、外国人签证、居留许可等方面的服务，为中外居民提供一站式服务。10月18日，天河区外国人工作许可服务点在广粤国际社区设置的服务中心窗口开始对外试运行。

【联合国官网刊登猎德桥底微改造经验】 2021年3月，广州市向联合国提交《活力 包容 开放 特大城市的绿色发展之路——联合国可持续发展目标广州地方自愿陈述报告》，联合国官网可持续发展目标专栏全文发布，这是联合国网站首次登出中国城市提交的地方自愿陈述报告。其中，天河区猎德大桥试点开展桥下空间微改造作为可供借鉴的经验被写入报告当中。2017年11月，《南方都市报》联合区住建园林局发起“桥下空间，你我共建”天河区桥下空间综合利用方案有奖征集活动。猎德桥底是天河区首批纳入改造计划的桥下空间，改造后变为龙舟文化公园。

【“易税家”税收服务站进驻广粤国际社区】 2021年4月，区税务部门联合区民政部门共同打造的大湾区“易税家”广州国际社区税收服务站（以下简称“易税家”税收服务站）正式进驻广粤国际社区服务中心。“易税家”税收服务站聚集税务部门、地方政府、第三方机构、社区志愿者力量，提供多语种服务，推出一系列便民办税举措，旨在打造成为国际化全方位多功能税费服务平台。该平台可实现76项涉税费业务“云上”即时受理和46项业务“云端”自助办理。同时，依托互联网开设“大湾区税收线上学堂”，借助平台定期开展涉税费服务需求调查，收集涉税业务问题、掌握个人需求，开展定制化个性服务。

【花城广场党群服务站揭牌运营】 2021年6月30日，街辖内的花城广场党群服务站、新时代文明实践站揭牌运营。该服务站总占地面积约730平方米，融合新时代文明实践中心、政务服务站、志愿者驿站等功能，分为红色书吧、连心驿站、游客之家、政务小屋4个驿站。花城广场党群服务站由天河区委组织部和广州城投集团党委共同打造，与东塔、西塔党建阵地形成“两塔一平台”，与海心桥、广州塔云听新时代驿站形成“一纵三节点”的新中轴线城市党建矩阵。

【广州市首个涉外公共法律服务室入驻猎德街】 2021年11月30日，广州市首个涉外公共法律服务社区实体平台——广粤国际社区涉外公共法律服务室（中外居民人民调解室）揭牌仪式在猎德街广粤国际社区举行。服务室制作中、英、韩、日四国语言的《天河区猎德街广粤国际社区公共法律服务指引》，由精通英日韩语的涉外律师定期值班，引进涉外公证，满足天河区广粤国际社区的涉外法律咨询、公证、调解等服务需求。

【猎德街河涌水环境治理】 2021年，猎德街召开河涌研讨会议4次，处理广州河长管理信息系统问题10宗，处理上级交办案件12宗。制定水环境治理任务风险清单，解决风险点24处，做好中央生态环境保护专项督察迎检工作。完成达标认定排水单元103个。加强天德食街的整治力度，3名专职河涌巡查员每天巡视河涌，并及时上报河涌情况。增加7个监控设备24小时实时监控，维持猎德涌治水成效。2021年，猎德街道排水单元达标考核全区排名第一。

【猎德街交通综合整治行动】 2021年，猎德街开展“奋战三百天，全力保畅安”交通综合整治行动。制定猎德街道路交通整治行动方案，召开交通大整治宣传会24次，加强花城广场、天德广场及临江大道等区域整顿，解决天德广场东门交通投诉黑点问题，保障春节等重点时期的平安有序。开展整治行动80余次，查扣“五类车”547余台，查处非机动车

表92　2021年猎德街道集体股份公司情况一览表

名称	注册资本（万元）	股民（人）	经营总产值（万元）	董事长	总经理
猎德经济发展有限公司	5000	4554	43000	李炽熿	李曼成

表93　猎德街道社区居委会情况一览表

社区名称	居委会地址	居委会主任
南国花园	珠江新城南国花园小区A2夹层	谭润坚
猎德	海文路20号一楼	李建星
利民	珠江新城兴民路214号2楼	朱虹
誉城苑	海清路9号108房	曹容榕
远洋明珠	珠江新城华利路23号远洋明珠大厦东塔首层	谢春慧
华海	珠江新城华府街9号首层	戴立良
广粤国际	清风北街24号1楼	周航

违规行为1100余宗，劝导教育违规行人及非机动车6.6万余人次，引导违规人员学习抄写《非机动车、行人交通安全“八不准”法规条文》2500份，转发微信朋友圈500条，发出《交警致人民群众一封信》1.5万份，整治乱停放共享单车2.3万辆次，推动交通秩序整治工作。

【猎德街抗击新冠肺炎疫情】 2021年，猎德街设置8个常态化“三人小组”和87个战时“三人小组”开展返回社区人员的健康管理以及隔离人员的闭环管控工作，将新冠肺炎疫情相关风险的影响控制到最小。做好1700余名居家隔离人员、800余名入境人员管理服务和核酸检测工作，核酸采样1.3万余人，核酸采样率100%。在广州国际金融中心、周大福金融中心、富力中心先后设立新冠肺炎疫苗临时接种点，为辖区居民接种疫苗12万余剂次，做到“应接尽接”。完成两次街辖内全员核酸检测任务。强化辖内4所学校、10所幼儿园、38家校外培训机构、58家健身场所、10家酒店的疫情防控。

【猎德村（猎德经济发展有限公司）】 猎德村名源自古籍，意为追求道德完美。自宋代开村，至今有800多年历史。猎德村位于珠江新城南部，南临珠江。猎德涌自北向南贯穿猎德村，将猎德村分为东村和西村。猎德先辈从粤北珠玑巷南迁，最后落籍猎德村，历代繁衍生息，至今已发展至7000余人，姓氏有李、梁、林、麦等81个。村民民风淳朴，崇尚礼仪文化。猎德地理位置得天独厚，水网交错，土地肥沃。祖辈以农业耕种为主，少部分人经商，极少数人海外谋生。历史上猎德盛产杨桃、甜橙等水果，是知名水果产地和集散地。

民国时期，猎德村属番禺县第四区。中华人民共和国成立后，曾划入广州市白云区、郊区、东山区。1985年，天河区成立，由天河区管辖。1999年从天河区猎德镇划出由猎德街道办事处管理。2002年12月撤村改制，组成猎德经济发展有限公司。2007年10月16日，猎德村拆迁工作正式启动，成为广州城中村改造的第一村。2010年9月27日，猎德村改造全面完成，村民正式回迁。

（孙振林）

元岗街

【概况】 元岗街成立于2001年12月25日，由沙河镇划出元岗行政村组建而成。因辖内有元岗村，故名。元岗街位于天河区西北部，形状似长方形，四至不规则。东起广东交通职业技术学院、天源路，与龙洞街三宝墟、长湴村相依；南达燕岭路，与五山街华南理工大学、兴华街银河村相连；西至犀牛角山、富胜村、市水暖器材厂、广州华丰电子工业公司，与白云区相接；北达银坑岭，与龙洞街、白云区相邻，面积3.24平方千米。街下辖5个社区居委会和1个撤村改制公司：上元岗、下元岗、中人、南兴、天源社区居委会和元岗经济发展有限公司。2021年，元岗街户籍人口8976人，出生124人；常住人口50339人，出生447人；流动人口（居住一个月以上）48359人，出生293人。

街辖支柱企业有元岗经济发展有限公司、智汇创意产业园、天汇创意产业园、天河汽车客运站、天河新天地、广州汽车市场、谷裕农产品批发市场等。其中天河汽车客运站是广州公路主枢纽的第一个现代化客运站，位于燕岭路633号，占地面积4.6万平方米，投入建设资金1.4亿元，高速快车、普通客车、短线班车，分别在3个区域同时发车，同一时刻可发送班车60多个班次，运输能力达1500班次/天、42000人次/天。

【街道建设与管理】 ·街区管理及环卫建设· 2021年，元岗街投资80余万元完成麒麟岗环境优化提升工程并建设厨余垃圾中转房。启动元岗村旧村改造，于2021年5月完成基础数据调查和勘测定界单位招标工作。升级改造9个生活垃圾分类定时投放点，建设星级投放点4个和“两网融合”点6个，在元岗·智汇Park创意产业园建成广州首个工业园区垃圾分类示范点。开展生活垃圾专项执法检查行动326次，检查各类单位1463家次，教育整改133宗，立案处罚97宗，处罚金额10450元。

是年，元岗街拆除各类违法建设95宗，面积18.84万平方米。开展市容环境“六乱”整治行动5532次，整治乱摆卖4139宗、占道经营7750宗、乱堆放90宗。组织环境卫生整治行动17次，清理卫生死角81处，清理各类垃圾杂物12.9吨，清洗路面污渍约16万平方米。

·社会治安综合治理· 2021年，元岗街开展涉黄专项整治行动24次，检查疑似涉黄场所共192家，查封涉黄出租屋52间。综合维稳信访接待中心接待上访群众26批次共79人，受理案件7宗并全部成功调处，结案率100%，现场办结率100%。受理群众电子信访件12宗并全部成功调处，答复率100%。

是年，元岗街刑事治安警情592宗，比2020年（下同）上升3.9%。其中，两抢警情3宗，上升50%；入屋盗窃警情6宗，下降33.3%，其他盗窃警情212宗，上升15.8%；诈骗警情284宗，上升6%，电信诈骗239宗，上升6.2%；涉黄警情110宗，下降0.9%；涉赌警情100宗，上升22%；涉毒警情3宗，上升200%。

·安全生产与消防安全· 2021年，元岗街检查各类生产经营单位2980家次，排查各类隐患1114处，责令现场整改448处，发出限期整改告知函666份，行政处罚立案8宗，处罚金额6.02万元。举办安全生产宣传教育活动193次，应急演练7次，派发宣传资料3600余份。广州市事故隐患排查治理系统累计注册企业37家，上报隐患企业家数24家，上报率64.86%；累计上报一般隐患210条并全部整改。

是年，元岗街组织消防联合整治行动35次，排查各类场所1424家，发现消防隐患621处，完成整改485处，行政处罚4宗，罚款95400元。开展辖区燃气执法检查行动356次，检查餐饮单位958宗，检查燃气经营站点场所220个次，检查燃气运输车辆86台次，限期整改燃气违规行为22宗，责令整改出租屋违规使用燃气行为26宗，燃气类立案处罚2宗，罚款600元。

·来穗人员与出租屋管理· 2021年，元岗街受理来穗人员随迁子女积分制入学申请113人次，成功办理112人次；受理来穗人员积分制入户申请58份，成功办理19人次。

是年，元岗街累计核查出租屋115909间（套），新增录入流动人员信息31903条，注销33215条，系统纳管人数增至38931人。办理房屋租赁合同登记备案2266份，办理居住证3852份，代征出租屋综合税812.14万元，印花税3.56万元。

·公共卫生与健康发展· 2021年，元岗街办理各项计生业务759单，设置22个避孕药具免费发放网点，免费避孕药具覆盖率48%。开展“两癌”筛查活动，为204名已婚育龄妇女完成妇科病普查普治，组织152名育龄妇女参加产前检查。发放独生子女奖励3508人次共55.88万元。是年，元岗街开展打击非法行医“回头看”专项行动，整治1家黑诊所；组织6次打击卖卵代孕黑色产业链专项行动，查处8个场所。做好辖内美容美发、旅业等公共场所卫生管理工作，督促61家商店完善健康证等信息。

·社区建设与民政优抚· 2021年，元岗街办理失业登记173人，认定就业困难本地户籍人员37人，实现再就业34人。办理就业登记企业1209家，29家企业发布招聘信息1355条，空岗信息通过率100%。发布求职者信息采集数139人次，通过率100%。开展“广式点心”职业技能培训班，惠及36人次。

是年，元岗街为低保、低收家庭新申请、续期24户次，为辖内困难人员申请医疗救助金9994.72元，为在册困难家庭发放实物救助金780元。为6817人次老人提供长者配餐服务、上门照料、医养结合等服务；开展文化娱乐、精神慰藉等活动，服务老人3480人次。培育社区志愿团队12支，组织3480人次志愿者为51298人次提供志愿服务。走访慰问驻军部队5个，走访慰问优抚对象。

·科教文体· 2021年，元岗街入选“学史力行，天河争先”天河区群众文艺会演《我宣誓》合唱节目。继续开展舞蹈、石磬培训计划。街道少儿图书馆上架新图书300册，赠送元岗小学图书1400册。是年，元岗街完成文物洪圣庙修缮前期准备工作。

【街道经济】 2021年，元岗街新增“四上”企业25家，其中服务业12家、批发零售业12家、建筑业1家。是年，元岗街辖内生产总值（GDP）62.14亿元，比2020年（下同）增长2.2%。规模以上工业总产值13.94亿元，增长43.2%；营利性服务业营业收入35.13亿元，增长28.3%；商品销售总额53.69亿元，增长20.9%；社会消费品零售总额22.26亿元，增长8.8%；住宿和餐饮业营业额3.56亿元，下降0.1%；资质内建筑业总产值37.14亿元，增长6.0%。

【元岗街颐康中心运营】 2021年5月，元岗街颐康中心运营。中心选址元岗北街120号，占地面积1500多平方米，设有医疗室、康复训练室、评估室、书画室、长者活动室、多功能活动区、长者饭堂、长者阅览区、老年教育区、日间照料室及全托室等。周边有多个居民住宅小区，如元侨楼小区、南兴花园小区。场地整合

2021年10月27日，元岗街开展应急疏散和灭火救援演练活动 （蒋萍 摄）

元岗街党群服务中心、元岗街社工服务站、元岗街羊城家政服务站等功能资源，开展康复护理、生活照料、助餐配餐、医疗保健、日间托管、临时托养、文化娱乐、安全援助、全托照护、家庭养老床位等服务。

【元岗街河涌水环境治理】 2021年，元岗街开展日常污染源巡查1234次，“散乱污”巡查114次。整治元岗北街雨水渠道，解决元岗北街黑臭水渠问题。清理污渠并对400余米雨水渠硬底化，对300多米“三不管”地段安装污水管道。2021年排水单元年度总任务165.52公顷，认定达标33个单元，面积101.5公顷，完成率65%。

【元岗街交通综合整治行动】 2021年，元岗街开展“奋战三百天，全力保畅安”交通综合整治行动。在元岗横路增设2条、加宽1条人行横道线，拆除占道电线杆、宣传栏拓宽人行道。组织90多家机团单位开展交通管理培训，签订交通安全责任承诺书。组织志愿者在重要路口劝导、纠正违反交规行为3万人次。开展“五类车”联合整治行动24次，查扣“五类车”576台，三轮摩托车178台，三轮电动车189台，两轮摩托车133台，两轮超标电动车76台。

【元岗街抗击新冠肺炎疫情】 2021年，元岗街完成两次大规模核酸检测，累计采样107869人次。全年排查下发线索7011人次，服务纳入管理对象3497人次，完成远洋天骄B1栋封控管理工作。在天河客运站地铁站建立天河新天地新冠肺炎疫苗接种点，累计接种108283剂次。

【元岗村（元岗经济发展有限公司）】 元岗村位于广汕公路西侧，东邻长湴村，南接银河村与河水交界，西接新沙太路，北与龙洞村交界，属丘陵地带。元岗村分上元岗村、下元岗村2个自然村。北宋中叶，凌姓在下元岗开村。元至正二十八年（1368），谭姓先祖谭明远先由开平迁往番禺县石牌乡石马嘴，再迁往下元岗村。上元岗开村于南宋，南宋淳祐年间（1241—1252）谭姓先祖谭贡元居羊城，其子桂芳带兄弟3人迁居上元岗，上下元岗谭姓同出一祖。元岗村以谭、梁、陈三姓为主，其中谭姓最多，占70%；梁姓次之，约占20%。梁姓始祖梁子富于清雍正六年(1728)由长湴迁入下元岗。陈姓原是九佛山龙村人，清道光十四年（1834）大旱，下元岗与长湴因争水发生械斗，由于村小寡不敌众，便请萧岗、九佛等地的村民救援。为防再次械斗，下元岗父老决议，请陈姓在此定居。现陈姓约占全村的10%。清代械斗时，凌姓迁走避祸。民国时期，下元岗已没有凌姓人家。

2001年12月元岗街成立，元岗村从沙河镇归元岗街管辖。2002年12月，元岗村撤村改制，成立元岗经济发展有限公司。村中农业人口全部转为居民户口后，村委会建制自然撤销，由社区居委会的自治组织取代。（黄思源）

表94 2021年元岗街道集体股份公司情况一览表

名称	注册资本（万元）	股民（人）	经营总产值（万元）	董事长	总经理
元岗经济发展有限公司	1000	2317	16114	谭桂宁	谭健辉

表95 元岗街道社区居委会情况一览表

社区名称	居委会地址	居委会主任
上元岗社区	上元岗东大街19号二楼	梁思慧
下元岗社区	下元岗东大街14号	谭淑明
中人社区	中成路324号	张吉盛
南兴社区	元岗路303号101房	熊朝霞
天源社区	元岗路613号A栋6101～6104	钟建伟

黄村街

【概况】 黄村街建于2001年12月25日，由原东圃镇划出黄村行政村组成，因辖内有黄村，故名。黄村街位于天河区东部，辖区由黄村、大观村及前进龙步村组成，形状似长方形，四至不规则。东起钟岭、马坟山，与珠吉街钟岭、大灵山相依；南达中山大道中，与前进街相连；西到车陂涌，与车陂街、新塘街相接；北至横岗涌、大观街，与新塘街相邻，面积6.17平方千米。街下辖9个社区居委会和1个撤村改制公司：黄村西、荔苑、天雅、江夏、体委基地、大观、康城、龙步、庙元社区居委会和黄村实业有限公司。2021年，黄村街户籍人口27558人，出生333人；常住人口86879人，出生754人；流动人口（居住一个月以上）59321人，出生421人。

街辖内有东圃汽车客运站、奥体中心客运站公交车场。住宅小区有中海康城、东圃广场、帝景山庄、天雅居等。重点企业有广州天银大厦、广州天银科创投资有限公司（TIMETABLE粤港澳青年之家）、优托邦购物中心、广州贪玩信息技术有限公司、广州找塑料网络科技有限公司、迪卡侬（广州）体育用品有限公司、广州市锦龙汽车发展有限公司、宝悦（宝马）汽车服务有限公司、广东中汽南方汽车销售服务有限公司、广州市新福利巴士服务有限公司、广州奥克新材料有限公司、广州中京环境监测有限公司。

黄村体育事业较发达，作为省体育训练基地和国家棒球队训练基地，培养出许多世界冠军；2001 年建成的广东奥林匹克体育中心有各类国际竞赛标准体育场馆，成功承办第九届全国运动会和 2010 年广州亚运会、亚残运会等国内、国际体育赛事。

康城社区先后被评为广东省科普示范社区、广东省儿童之家示范项目、广州市优秀社区家长学校、广州市妇女之家示范项目、广州市十大最幸福社区、广州市创先争优先进基层党组织，是广州市幸福社区、智慧社区和社区党建工作“三重”示范点，也是广州市低碳示范社区创建单位和社会管理体制改革试点观察项目。2018 年 5 月，中海康城社区被授予广东“最美儿童之家”称号，为全市唯一；2021 年 10 月，被授予天河区党群服务中心示范点、天河区健康促进社区。

【街道建设与管理】 ·街区管理及环卫建设· 2021 年，黄村街继续推进基础设施建设和市容整治。深涌流域环境综合整治项目包括文化站广场、天和百货小广场、龙船基地、石桥头小公园、黄村公园、沿线闸口等相应节点景观建设，以及河涌沿线轻车慢行景观带建设。完成三丫涌段的路灯、树木迁移、护栏整饰、人行道、机动车道及闸口等项目改造。全年拆除违法建设 244 处，拆除面积 23.57 万平方米。

辖内城中村建设 22 个垃圾投放点，小区建设 55 个垃圾投放点，厨余垃圾收运总量达标。加强保洁工作，开展大扫除 52 次，清理卫生死角 96 处、垃圾杂物 115 吨。每季度对辖区内主干道进行深度清洗，对部分重污染路段实施每周一次清洗，清洗道路面积约 40 万平方米。

·社会治安综合治理· 2021 年，黄村街加强信访源头化解力度，对来访群众做到“四个到位”，即教育疏导到位、问题解决到位、责任落实到位、依法处理到位，努力化解矛盾纠纷。接听“12345”市民投诉案件 2042 宗，办结率 100%；成功调解劳资纠纷 280 宗，涉及 597 人，追回工资约 447 万元。是年，黄村街刑事警情 294 宗，比 2020 年（下同）下降 9.3%；“两抢”警情 1 宗，下降 80%；诈骗警情 307 宗，下降 6.4%；黄赌毒警情 152 宗，下降 11.6%。率先在全区开展毛发毒品检测，建设“毛发验毒”数据库，防范吸毒人员复吸行为。

·安全生产与消防安全· 2021 年，黄村街检查企业、重点场所 4045 家次，发现隐患 1041 处，排查整治 2955 处“三小场所”。发出整改通知书 1129 份。企业举办应急演练活动 214 场、“双盲”应急演练 1 场，“五进”宣讲活动 2079 次。

·来穗人员与出租屋管理· 黄村街辖内在册来穗人员 62925 人，登记出租屋 3370 栋 46471 套。全年共巡查出租屋 209118 套次，核对来穗人员 282176 人次，其中新登记来穗人员 48399 人次，注销 53256 人次；办理居住证业务 12699 宗；办理房屋租赁备案合同 6873 宗；代征个人出租房屋综合税 1731 万元，印花税 10.9 万元。受理积分制入学 174 份。

·公共卫生与健康发展· 2021 年，黄村街开展家庭健康促进活动 36 场次，为 200 人提供“两癌”筛查服务。197 人进行孕前优生检查，548 人进行出生缺陷筛查，办理生育服务登记 512 宗，再生育审批 5 宗。为 117 人办理独生子女父母奖励金，计划生育家庭新增特别扶助对象 3 人，为 1 人报销“四术”费。为患有低风险的严重精神障碍患者开展心理咨询 11 次，走访评估 45 人。在爱国卫生活动月期间，以“携手防疫抗艾 共担健康责任”为主题向辖区居民派发艾滋病宣传单张 1200 份，开展 9 次进社区宣传预防知识讲座。为加强病媒生物密度控制，清除滋生地 80 处，清理卫生死角 9 处，清运垃圾 8.5 吨，出动 205 台次消杀器械对社区公共场所和绿化带进行消杀，累计消杀面积 165 万平方米。是年街辖内累计接种新冠肺炎疫苗 162550 剂次。

·社区建设与民政优抚· 2021 年，黄村街社工服务站依托社区需求，以困难群体为主要服务对象，开展专业社工工作服务。开展专业个案 69 个，社区活动 84 次。培育志愿者团队 4 支，发展志愿者 342 人，开展志愿者培训 7 场，志愿者开展活动 18 次，服务 29480 人次。

2021 年，黄村街辖内 3 个派餐点为长者派餐 3388 人次；3 名长者接受日间托管服务。街综合养老服务中心（颐康中心）是年为 186 名长者建档；为 13 名居家养老对象提供上门生活照料；开展 5 场健康管理活动，提供健康监测、健康咨询及指导服务等。开展 5 场情感支援服务。开展平安通使用跟进服务，提供居家改造、环境评估及巡查服务。开展 4 场临终关怀服务。累计建成 43 张家庭养老床位；培育一支初老党员服务志愿队。

是年累计走访慰问优抚对象（含在册义务兵）107 人次，走访慰问无军籍离退休职工 10 人次，向优抚对象发放慰问品 2 万多元。烈士纪念日慰问在册烈士遗属家庭 1 户，发放慰问金 500 元。是年组织 500 多名“红棉老兵”参与疫情防控、垃圾分类、植树造林、探访孤老等活动。

·科教文体· 2021年，黄村街开展主题活动60多场次，其中大型活动6场次、培训教育8场次，承办区级活动1场次。邀请专家教授、辖内光荣老党员到街党校开讲专题党课40场次；开展线上线下党史知识竞赛12场次；组织党员干部参观爱国主义教育基地10多场次。举行文体活动8场次，累计3000人次参与。每周巡查辖内文物2次，全年累计巡查约60次。维修辖内健身路径4条。

【街道经济】2021年，黄村街辖内生产总值（GDP）76.48亿元，比2020年（下同）增长12%。规模以上工业总产值5.01亿元，增长6.2%；营利性服务业营业收入36.69亿元，增长33.4%；商品销售总额176.75亿元，增长24.8%；社会消费品零售总额57.66亿元，增长14.80%；住宿和餐饮业营业额2.75亿元，增长49.7%；资质内建筑业总产值25.16亿元，增长75.8%。2021年，黄村街推进优托邦（奥体店）升级改造，加大招商引资力度。

【黄村街设立综治中心社会心理服务室】 2021年3月，为推进市域社会治理，天河区在黄村街设置综治中心社会心理服务室。服务室设置来访接待室、心理咨询室、放松训练区、谈话调解室等多功能分区，引进中山大学附属第三医院精神科的专科执业医生，定期到黄村街综治中心社会心理服务室坐诊。组建以心理专科医生为专业主导、街道心理服务室工作者和社区居委工作者、社区民警等为主的专业服务队伍，并在服务过程中为需要治疗的患者开辟绿色就医通道。

【福元贝尔幼儿园挂牌民族之家】 2021年12月7日，黄村街辖内的福元贝尔幼儿园举行“民族之家”挂牌仪式。通过成立民族之家，该园进一步把国防教育与民族团结进校园有机结合，加强幼儿爱国意识和中华民族共同体意识。该园以国防教育课程为特色，在尊重民族文化差异的基础上，打造让民族文化相互交流、学习、融合的平台，积极开展爱国主义教育活动，主动接纳来自各地的少数民族子弟入园就读，联合社区举办各类民族团结和爱国主义教育活动。

【黄村街河涌水环境治理】 2021年，黄村街召开河长制工作会议17次，开展河长培训4次。街级河长带头履职巡河178次，现场督导60多次。各级河长累计巡河1246人次，发现并解决问题120多个。各社区落实每季度排水户巡检，累计巡检357家次。开展“散乱污”场所“回头看”行动，累计排查5326家次。2021年度

2021年12月7日，黄村街福元贝尔幼儿园举行“民族之家”挂牌仪式，图为幼儿学生向参观者介绍藏族年夜饭 （黄村街党政办供稿）

表96 2021年黄村街道集体股份公司情况一览表

名称	注册资本（万元）	股民（人）	经营总产值（万元）	董事长	总经理
黄村实业有限公司	500	4350	5887	黄浩斌	无

表97 黄村街道社区居委会情况一览表

社区名称	居委会地址	居委会主任
黄村西	黄村西路84号	丘秀
荔苑	黄村荔苑邨G栋一楼	李美玲
天雅	黄村路天雅居东侧3部	罗玉意
江夏	黄村中心街29号	胡锦秀
体委基地	黄村奥体路818号4栋东1梯	谢彩萍
大观	黄村大观村门前商铺1～5号	刘银霞
康城	黄村蝴蝶兰街27号1楼	吴绚
龙步	黄村龙步北商业街自编3～66号3楼	张干凡
庙元	黄村围福里马路边6号	麦锦发

排水单元达标攻坚任务109个，总面积141.71公顷。是年5个小微水体消除黑臭，水质达地表水V类标准，水面无垃圾无异味，各个指标检测合格。

【黄村街交通综合整治行动】 黄村街位于城乡接合部，交通环境较为复杂，尤其是黄村西路路口、东圃客运站路口是三条街道的汇集点，人车混行、行人横穿马路、共享单车占道乱停放等问题严重。黄村街以整治"五类车"、非机动车逆行、闯红灯、不佩戴安全头盔为切入点，与交警、派出所等部门协作，开展交通秩序整治。通过宣传教育惩罚相结合、定岗定位定职等措施，同时开展自制宣传视频、送盔活动等特色活动，辖内道路交通环境得到改善。

【黄村（黄村实业有限公司）】 黄村于南宋嘉定五年（1212）建村。黄村古称梅林，因盛产青梅而得名。明嘉靖年间更名为黄村，并沿用至今。黄村包括2个自然村：黄村和黄村新村。黄村村民是在魏晋、五代时期的民族大迁徙中，从中原地区南迁过来的移民，而黄村新村村民是1958年从水口水库迁过来的移民。黄姓是黄村大姓，占总人口的99%以上，另有简、魏、温、何、钟、朱等姓氏。黄村历史文化悠久，自建村以来，每年农历九月二十八日"黄村会"（建村纪念日）举行游龙、舞狮、唱大戏等一系列纪念活动。黄村人热爱体育锻炼，乒乓球、篮球是黄村人传统体育强项。自1998年开始，村委会（现黄村实业有限公司）每两年举行一次黄村农民运动会。2021年，黄村人口约5000人。黄村环境优美，道路四通八达，高楼林立，建有休闲公园4个，村民公寓小区4个，大型综合体育运动场1个，辖内学校幼儿园、商场、医院、农贸市场等各类生活基础配套设施齐全。2002年12月，黄村正式实行撤村改制，成立黄村实业有限公司。

（庞益萌）

龙洞街

【概况】 龙洞街建于2002年12月31日，以原沙河镇辖内龙洞村地区为基础组成，因街内有龙洞村，故名。龙洞街位于天河区最北部，东起广东金融学院、迎福路与华美路交会处，与凤凰街相依；南达广汕公路三宝墟、火炉山猪头石，与元岗街、长兴街相连；西到洞旗峰、园岗顶（银坑岭），与白云区金盘岭隧道、耙齿沥水库相接；北至大和嶂，与白云区太和镇相邻，面积12平方千米。街下辖8个社区居委会和1个改制公司：中社、南社、上社、西社、育龙、绿洲、林海、瑜翠社区居民委员会和龙洞龙汇实业有限公司。2021年，龙洞街户籍人口32343人，出生309人；常住人口81787人，出生994人；流动人口（居住一个月以上）46555人，出生658人。

街内主要单位有龙洞龙汇实业公司、沙河兆联经济发展公司、龙洞第一工业区、矮岭工业区、兴楠创意园、龙山工业园、龙洞第三工业区。有广东工业大学龙洞校区、广东金融学院、广东司法警官职业学院、广东食品药品职业学院、广东省林业科学研究院等院校和科研单位。有龙洞农贸市场、华润万家等大型市场和龙洞商业步行街。街辖有文化活动中心和文化体育广场。文化活动中心于2000年建成，投资400多万元，占地3500多平方米，设有党建工作室、歌舞厅、书画室等10多个活动场地，均免费向群众开放。文化体育广场于2002年建成，投资1000多万元，占地1.4万多平方米，内有1500多个座位的露天剧场、12平方米大型电子屏幕，以及足球场、篮球场、羽毛球场、健身路径和休闲公园等设施。街道先后被授予广东省特级文化站、广东省十优文化广场、广东省先进体育社区、广州市科普进社区示范街、广州市十佳农村文化室、广州市城市体育先进街等荣誉称号。

【街道建设与管理】 ·街区管理及环卫建设· 2021年，龙洞街投入580.64万元建设31个基础设施项目，涉及人行道护栏安装工程、垃圾分类和环卫工程、道路养护、排水单元建设等。完成华南快速路石门堂山隧道扩建工程天河区段土地及房屋征收补偿项目，涉及龙洞街约2.7万平方米征地补偿工作。推进珠三角城际轨道交通广佛环线天河区段国有土地征收补偿项目，完成广东国林珍稀植物培育中心2.9万平方米征地补偿工作。加快土地勘测定界和入户基础数据调查测绘，完成宣传发动、确定中标单位等前期准备工作。拆除违法建设149宗，面积30.17万平方米。持续开展市容环境巡查督导，整治市容"六乱"行为5873宗，查获"五类车"444辆。

2021年，龙洞街开展生活垃圾分类专项执法检查行动406次，检查垃圾强制分类单位594家，教育整改178宗，其中责令限期改正37宗；检查餐饮垃圾单位804家，教育整改223宗，其中责令限期改正30宗；其他垃圾分类相关行业小区231家，教育整改73宗，其中责令限期改正263宗，立案处罚178宗。

规范辖区环卫保洁和垃圾清运，2021年日均清运约110吨。开展病媒生物防制，放置防蚊闸300多个，新增鼠屋450多个，投放老鼠诱饵2000多公斤。开展城中村登革热防控覆盖性消杀18次。辖内单位、物业小区平均每月常规消杀3次，平均每月消杀面积约256万平方米，消耗各类灭蚊药物约7000公斤。

·社会治安综合治理· 2021年，龙洞街受理各类信访投诉63宗并全部成功调处。开展常态化扫黑除恶宣传活动20余次，召开专题会议2次。通过“令行禁止、有呼必应”网格化服务管理系统上报各类事件214045宗，有效立案率99.99%，结案率100%。处理劳资纠纷案件256宗，通过调解成功追回金额约763.71万元。另外受理“12345”转办案件和国家欠薪平台的投诉案件36宗，追回金额27593.16元。全面开展“城中村”综合整治行动，消除治安和安全隐患。

是年，受疫情影响，龙洞街案件类警情有小幅上升。治安警情844宗，比2020年（下同）上升6.2%；刑事警情471宗，下降11.1%。其中，两抢警情2宗，上升100%；盗窃警情469宗，上升16.7%；诈骗警情499宗，上升4.4%；黄赌毒警情118宗，上升7.3%。

·安全生产与消防安全· 2021年，龙洞街开展各类企业安全生产专项整治活动，检查企业864家次，完成整改311项，行政立案处罚16宗，行政罚款10.5万元。依托网格化管理，组织开展“安全生产月”宣传活动，推动辖区消防隐患排查和整治提升，排查各类场所6202家次，排查隐患5259处，派出所拘留违反消防法10人，罚款10宗11.69万元，实现2021年度火灾事故“零伤亡”目标。创建街道应急救援队和村公司消防救援队2支兼职消防队伍，开展安全应急救援培训与演练。开展消防宣传“五进”活动，进企业628家次，进校园91家次，进社区9个。全年组织开展消防救援40多场。开展以“落实消防责任，防范安全风险”为主题的消防安全宣传暨技能比武活动。

·来穗人员与出租屋管理· 2021年，龙洞街开展出租屋清查整治行动145次，整治各类隐患1229处，不断提升出租屋和来穗人员服务管理水平。为121名来穗人员办理积分入学审核，为168名来穗人员办理积分入户审核，成功入户77人。

是年，龙洞街累计核查出租屋109135间次（套），新增录入流动人员信息43904条，注销46895条，系统纳管人数增至57593人。办理房屋租赁合同登记备案2429份，办理居住证4265份，代征出租屋综合税648万元。

·公共卫生与健康发展· 2021年，龙洞街慰问失独计生家庭、计生贫困家庭共61户。完成出生缺陷干预274户、“两癌”筛查362人次，免费孕前优生健康检查320人次。开展全国第33个爱国卫生运动月活动和以“生育关怀活动”为主题的中秋国庆计生慰问活动。

·社区建设与民政优抚· 2021年，龙洞街投入78.48万元完成“村改居”社区道路及附属设施维护服务项目。慰问困难残疾人232人次，为残疾人办理两项补贴205人次共53.6万元，落实康复资助52人次共15.8万人。新办老人卡569人，惠及常住龙洞的外埠户籍老人，为1326名老人发放长者长寿保健金。完成龙洞街颐康中心建设，开展助餐配餐、居家养老、日托照料等服务，提升社区居家养老水平。受理医保业务4791件，社保业务1255件。举办3场招聘会提供856个就业岗位，为3名就业困难人员提供公益性岗位。建立广州市失业人员失业状态跟踪调查台账。完成退役军人服务站星级创建工作，总面积约3000平方米。

·文物保护· 2021年，龙洞街再次被评为广东省特级文化站。根据文物不同现状，有针对性地对辖内25处文物保护单位采取保护措施。完成区级文物有余书室的修缮工程和玉山家塾修缮工程的申报工作。

【街道经济】 2021年，龙洞街辖内生产总值（GDP）45.36亿元，比2020年（下同）增长7.8%。规模以上工业总产值3.4亿元，下降18.3%；营利性服务业营业收入5.06亿元，增长5.0%；商品销售总额52.48亿元，增长13.0%；社会消费品零售总额43.29亿元，增长10.5%；住宿和餐饮业营业额1.54亿元，增长1.0%；资质内建筑业总产值4.93亿元，增长243.6%。

【龙洞街抗击新冠肺炎疫情】 2021年，龙洞街疫情防控工作小组和14支党员突击队、1支党员突击支队持续抗击新冠肺炎疫情，街班子成员到社区督导疫情防控各项工作。加强与村改制公司、小区物管的沟通协调，强化联防联控。严格监督落实社（村）封闭管理和测温、验码、登记等防疫措施，发动自治共治力量，开展居家隔离人员服务管理，帮扶慰问困难人员。研究制定复工复产复学工作方案，成立工作专班，出台暖企帮扶措施4条，协调各方资源对复工困难企业开展针对性帮扶。开展复学督查60多次，辖内15所大中专小院校全部正常复学复课，未出现确诊和疑似病例。按照“应接尽接”原则，继续推进新冠疫苗接种。

【龙洞街河涌水环境治理】 2021年，龙洞街继续推进河长制工作，各级河长开展有效巡河2950次。成立“巡河护涌”志愿服务队2支共30人，实现街道、社区、网格全覆盖。开展车陂涌（龙洞段）以及欧阳支涌流域、植物园支涌流域两岸专项整治行动，整顿“散乱污”经营企业193家并定期组织“回头看”。对辖区已完成“洗楼”的3503栋房屋“回头看”。

做好典型排水户的巡查，每季度完成巡检任务2400户，完成率100%。完成38个排水单元整改和挂牌，面积58.86公顷。

【龙洞街交通综合整治行动】2021年，龙洞街开展“奋战三百天，全力保畅安”交通综合整治行动。在迎龙路口至广东生态职业学院门口路段、华南快速龙洞入口、龙洞东路路口、龙洞牌坊、龙会酒店路口设立多个道路劝导点，开展守点疏导引导整治工作。在天源路龙洞牌坊路段及龙洞东路路口增加文明安全交通劝导工作人员，对非机动车逆行及不佩戴头盔等违反交通规则的行为进行现场纠正和教育，劝导非机动车辆驾驶人员遵守交通规则，文明出行。全年劝导纠正交通违规行为17000余次，签订《我和交警有个约定》3500余份，抄写《非机动车、行人交通安全“八不准”法规条文》4000余份。迎龙路新增设非机动车道划线约500米，采用水马进行非机动车道物理隔离约35米。

【龙洞村（龙洞龙汇实业有限公司）】龙眼洞又称龙洞，其村名的由来有多种说法。一是据龙眼洞村《樊姓族谱》记载，龙眼洞村曾称龙岗、龙峒、龙洞村，北宋徽宗时期（1100—1125）时称乌涌龙眼洞村。二是由于龙眼洞村四面环山，中间形成小盆地（古称窝）。风水学称山脉为龙，窝为洞，龙眼洞建在山窝里，故称龙洞。三是说罗浮山、帽峰山、大和嶂、峒旗峰、白云山群山连绵起伏，像一群出海蛟龙，龙眼洞西山有一条山脉直下龙眼洞方向，而龙眼洞村建筑于龙眼上，故称龙眼洞。四说由于村南北向长800米，宽300米，村中间岗头像龙头，左面元头岗和右面西元岗像一对龙眼，前面蒲岗像龙鼻，故称龙眼洞。五是据民国《白云、越秀二山合志》载：此处广植龙眼树，故称龙

2021年7月14日，龙洞街向天河区龙洞医院捐赠物资并慰问抗疫一线人员

（龙洞街党政办供稿）

表98　2021年龙洞街道集体股份公司情况一览表

名称	注册资本（万元）	股民（人）	经营总产值（万元）	董事长	总经理
龙洞龙汇实业有限公司	1000	6067	37000	樊倩玉	樊建明

表99　龙洞街道社区居委会情况一览表

社区名称	居委会地址	居委会主任
育龙	天源路育龙居小区A5栋首层	潘秋颜
绿洲	天源路品翠街60号	樊润明
上社	迎福路289号	樊翠玲
中社	龙洞东路二横路1号	樊伟明
林海	林海小区林泊街12号地下室5层08室	樊文耀
西社	龙洞迎龙路201号201室	刘带娣
南社	迎龙路163号	樊淑贞
瑜翠	荟龙路十四号之二首层	樊月梅

眼洞村。六是根据“九龙归洞”而名的，这“九龙归洞”又有三个解释，一是龙眼洞村周围有9座山：尧子峰、火罗岭、虾公岭、飞蛾岭、水冲岭、长行岭、峒旗峰、鬼王山、大和嶂，这9座山像9条龙，故称龙洞；二是当时龙眼洞周围有9个较大的自然村，伏塘岗村、三岗头村、西元庄、梁婆山村、瓦窑岗村、村哺、林屋山村、陈村岗、上村等，这9个村像9条龙，故称龙洞；三是龙眼洞周围有9条溪水，东边坑、乌蛇坑、龙眼仔坑、石陂坑、官塘窿坑、大坦坑、白虎窿坑、三松坑汇聚一起，流经岑村到车陂坑。古时人们以水为龙，故称龙洞。龙洞有樊、谭、凤、马等姓，樊为大姓。

2002年12月，龙洞街建立，龙洞村由沙河镇划归龙洞街管辖。2005年6月，龙洞村完成撤村改制工作，组建龙洞龙汇实业有限公司。

（马凯欣）

长兴街

【概况】长兴街建于2002年12月4日，以原沙河镇辖内长湴村、岑村地

区为基础建成。长兴街位于天河区中部偏北，东起凌塘新村，与凌塘村相依；南达环城高速公路，与五山街相连；西到天源路，与元岗街相接；北至华南植物园的天源路东侧，与龙洞街相邻，面积12.6平方千米。街下辖11个社区居委会和2个村改制公司：长湴东、长湴西、岑村西、岑村东、科艺、兴科、乐意居、天鹅、建丽、兴安、兴韵社区居委会和长湴、岑村经济发展有限公司。2021年，长兴街户籍人口30058人，出生320人；常住人口105572人，出生726人；流动人口（居住一个月以上）77888人，出生554人。

街道范围内有中国科学院华南植物园、广东省工业技术研究院（广州有色金属研究院）、中科院广州化学有限公司、广东省生态环境与土壤研究所、广州市体育研究所、广州市绿化公司长虹苗圃等科研院所；有长湴小学、广州市体育职业技术学院（原广州伟伦体校）、广州市轻工职业学校、广东省科学技术学校、广州市艺术学校、广东省城市建设技工学校等各类学校，其中长湴小学是全球500佳和全国绿色环保学校之一；有长湴公园、岑村火炉山森林公园、长湴村文化活动中心等文化体育娱乐休闲场所；有“广州第一村”飞鹅岭新石器时代遗址、抗日战争革命根据地长湴村旧址。

【街道建设与管理】·街区管理及环卫建设· 2021年，长兴街组织开展清理行动86次，清理绿化带垃圾4.31万平方米，清运垃圾杂物1200余吨，清理卫生死角820余处，清理乱张贴、乱涂写40000余处，清运建筑余泥2100余吨。依法拆除各类违规设置的户外广告和招牌688宗2236平方米。优化提升生活垃圾分类投放点87个，建设星级生活垃圾分类投放点6个，“两网融合”网点6个。组建垃圾分类党员志愿者服务队伍11支，全年开展宣传活动、“站桶”督导活动300场。新增垃圾分类宣传栏10个。成立环卫、分类、执法“三合一”的垃圾分类执法专班，全年开展专项执法检查630家（次），教育整改410宗，责令整改220宗，立案处罚66宗，行政罚款13200元。

·社会治安综合治理· 2021年，长兴街总警情9807宗，比2020年（下同）上升16.7%；治安警情509宗，下降8.9%；刑事警情344宗，上升2.7%；其中，两抢警情0宗，下降100%；盗窃警情293宗，上升14.9%；诈骗警情363宗，下降4.2%；黄赌毒警情99宗，下降26.1%。是年长兴街接受群众投诉事项76宗，受理62宗，办结59宗，按期办结率100%。

·安全生产与消防安全· 2021年，长兴街组织辖内社区居委会、村改制公司以及136家重点单位与街道办事处签订安全生产、消防安全责任书；安全生产行政委托执法立案16宗，行政罚款11.2万元。检查各类安全生产企业5016家次，发出巡查记录3192份，限期整改告知函1837份，现场复查记录1824份，发现并消除一般安全隐患1883处。辖内63家企业在广州市安全隐患排查治理系统注册，企业自报隐患数1540条，监管人员复查上报隐患数1540条，实现闭环管理。督促指导辖区内72家企业购买安全生产责任保险；开展应急救援演练16次，开展安全宣传“进企业、进学校、进社区、进家庭、进农村”活动2950次。

·来穗人员与出租屋管理· 2021年，长兴街受理来穗人员积分制服务管理申请2510人；受理积分入学申请344宗；受理积分入户申请229宗。2021年11月，长兴街开展来穗人员子女教育融合活动——“430课堂”，兴科居委学习点每逢周一到周五下午四点半，为辖区内3—6年级的来穗学生群体免费提供安全课后学习托管场所。

是年，长兴街累计核查出租屋57100间（套），新增录入流动人员信息43300条，注销63300条，系统纳管人数增至99400人。办理房屋租赁合同登记备案1245份，办理居住证20700份，代征出租屋综合税659.77万元，印花税2.57万元。

·公共卫生与健康发展· 2021年，长兴街为335人提供孕前优生健康检查，有302对夫妇办理产前出生缺陷干预筛查（即重点病种免费产前筛查诊断），群众满意度100%。辖内有广州市城镇独生子女父母奖励对象1151人，广东省特别家庭子女死亡扶助对象16人，广东省特别家庭子女伤残扶助对象11人。办理一孩生育登记592人，二孩生育登记385人，再生育8人。

·社区建设与民政优抚· 2021年，长兴街有5970人参加城乡医疗保险，其中新参保517人，续保5453人；有202人参加城乡养老保险（7人新参保）。长兴街辖内有在册低保户29户人，特困户4户，是年发放最低生活保障金453049元，特困金75558元。充分发挥联席会议的作用，协助警察、执法队为辖内1名流浪乞讨人员通过信息和DNA认证寻亲回家团聚。辖内城镇登记失业人员再就业人数367人；其中登记失业的应届高校毕业生28人，就业26人，就业率92.86%。完成帮扶就业困难人员再就业165人；申领灵活就业补贴人数约292人；全年创建8个充分就业社区，创建率70%。2021年，长兴街开展春节、八一走访慰问驻街部队活动，购买慰问品折合金额15885.80元。走访慰问登记在册现役军人军属102人，实现走访慰问全覆盖；11月10日，联合街武装部、居委会到被评为优秀士兵的退役军人家中送喜报。

·科教文体· 2021年，长兴街开展10场文体活动。10月28日，天河区文明旅游主题月活动——“印象长兴”全民健身徒步活动在长湴公园举行。活动吸引近100名居民报名参与，组成9支队伍。11月26—28日，2021年“大学村规划杯”长湴青年三人制篮球赛活动在长兴路优托邦西区的M6体育公园举行。比赛吸引32支男子队伍和12支女子队伍参赛。12月25日，2021年第六届“天河狮王杯”传统南狮争霸赛暨长湴村“红色醒狮文化传习基地”揭牌仪式在街辖内长湴公园举行。

【街道经济】 2021年，长兴街辖内生产总值（GDP）69.95亿元，比2020年（下同）增长12%。规模以上工业总产值3.2亿元，增长15.2%；营利性服务业营业收入87.82亿元，增长89.3%；商品销售总额252.3亿元，增长184.1%；社会消费品零售总额51.16亿元，增长44.5%；住宿和餐饮业营业额0.57亿元，增长33.6%；资质内建筑业总产值13.73亿元，下降8.6%。

【广东散文诗学会科艺社区创作基地挂牌】 2021年12月4日，“科艺书苑”文学讲座暨广东散文诗学会作家采风活动在长兴街科艺社区华南植物园举行。活动现场广东散文诗学会授予科艺社区“广东散文诗学会科艺社区创作基地”牌匾，与会的广东作家代表向社区图书馆捐赠著作，并开展文学讲座沙龙活动。广东散文诗学会在科艺社区创作基地图书馆内设立“广东散文诗学会会员著作专柜”，推动与长兴街科艺社区共建社区图书馆项目，丰富社区藏书，推动社区文学创作，助力学习型、书香型社区建设。

【长兴街抗击新冠肺炎疫情】 2021年，长兴街坚持“三人小组”每日一调度，排查管控涉疫风险人员；坚持开展“三个一律”，确保三方数据同步；平稳开展涉疫区域管控，完成集中隔离医学酒店——V酒店的管理。完成两轮全员核酸大排查工作，累计采集近25万人。全力推动疫苗接种工作，突破城中村等薄弱环节。分年龄段、分社区建档立册，做好12～17岁团体接种、辖区老年人接种服务，督促、落实重点人群的摸底排查和第三针接种工作。长兴街接种人群任务数127792人，至少接种1针85690人，全程接种人数75817人，全程接

表100 2021年长兴街道经济发展有限公司情况一览表

名称	注册资本（万元）	股民（人）	经营总产值（万元）	董事长	总经理
长湴经济发展有限公司	258	1798	12719.49	梁国华	—
岑村经济发展有限公司	160	3525	6342	黄耀初	黄剑光

表101 长兴街道社区居委会情况一览表

社区名称	居委会地址	居委会主任
天鹅	长兴路139号首层	梁杏婷
岑村西	岑村南街自编2号（旧村委2楼）	罗惠青
建丽	长兴路344号首层	万海林
科艺	兴科路自编721号	彭春荣
长湴西	长湴中路2号（党群服务中心2楼）	梁坤明
长湴东	长湴东路58号1楼	吴非凡
兴科	长兴路363号有色金属研究院男生单身宿舍首层	黄美芳
乐意居	长兴路翠景街46号	江素芬
兴安	华观路1404号104	邓珍
岑村东	岑村圣堂工业区自编二号1楼A	马骏腾
兴韵	嘉苑北大街9号—2	梁凤娥

2021年6月5日，天河区长兴街党员突击支队在长兴路295号核酸检测点开展服务

（长兴街党政办供稿）

种覆盖率59.33%，完成加强免疫人数占可加强免疫人数的55.69%。

【长兴街河涌水环境治理】 2021年，长兴街街级河长开展有效巡河74次，居级河长开展有效巡河897次，发现、处理各类河涌问题95宗。16名环卫工人常态化开展河涌保洁工作，清理水域周边卫生死角、绿化带杂草，水面漂浮物、河涌砂石等共5800余处。街道、居委开展水环境治理宣传活动112次。推进河湖管理范围内违法建设清拆，拆除6宗合流渠箱建筑物，拆除河湖管理范围违法建设972.17平方米。受理并办结95宗"广州河长"App投诉。开展源头减污及典型排水户巡检工作，排查整治食品加工坊、私宰点、畜禽养殖场、涉煤洗水厂等"五违散乱污"场所32个。长兴街有典型排水户288户，是年完成4轮排水户巡检工作。处理并回复上级交督办件25件。长兴街完成排水单元挂牌70个。

【长兴街交通综合整治行动】 2021年，长兴街组织综合执法行动50余次，彻底整治天源路地铁口、长湴东路、长兴路口、行云路、广东省生态环境与土壤研究所一带等"六乱"重点区域10余个，纠正各类"六乱"现象580宗，现场处置治安事件2宗，查扣五类车520台，综合执法工作取得成效。

【长湴村（长湴经济发展有限公司）】 长湴村于宋末开村，村内主要姓氏有梁、招、陈，现居村民先祖均于明代从北方迁来。古时候长湴一带都是沼泽地，地下六七米深处有古河道。沼泽地称湴，所以取名长湴村。长湴村历史悠久，辖内有"广州第一村"飞鹅岭新石器时代遗址。1992年，长湴村集资兴建高标准别墅式住宅小区——长湴新村。长湴新村占地面积17.56万平方米，总建筑面积215.30万平方米。新村东面建有占地面积160亩的大型公园——长湴公园。公园前门广场3000多平方米，园内绿树成荫，绿地面积10000多平方米。新村建成后大大改善人居环境，先后被授予全国造林绿化千佳村、广东省生态示范村、广州市小城镇建设样板工程等荣誉称号。2002年12月4日，长湴村从沙河镇划归长兴街管辖。2005年5月，该村完成撤村改制工作，组建长湴经济发展有限公司。

【岑村（岑村经济发展有限公司）】 岑村地处广州市区东北，东邻凌塘村、沐陂村，西接长湴村、华南植物园，北邻柯木塱、龙洞村，南接棠下村、五山街。岑村始建于宋代，古名金村，后改为岑村。现居村民先祖自南宋淳祐年间至清顺治年间分别由东圃车陂、广州西郊石井小坪、河浦等地迁入。村中主要姓氏有黄、罗、刘、陈、苏。村内有黄氏宗祠（贻燕堂）、远耕公祠（贻谷堂）、敬恒公祠（崇德堂）等文物古迹，其中远耕公祠（贻谷堂）是1972年周恩来总理视察岑村旧址，2008年广州市人民政府将其列为广州市文物保护单位。兴建于2000年初的岑村火炉山森林公园是国家级风景名胜区，内有著名景点——周总理视察岑村纪念林。2002年12月4日，岑村从沙河镇划归长兴街管理。2005年5月，该村完成撤村改制工作，组建岑村经济发展有限公司。

（梁锦春）

凤凰街

【概况】 凤凰街设立于2002年12月31日，是由原沙河镇撤镇建街时划出渔沙坦村和柯木塱村组建而成，因辖内有凤凰山而得名。凤凰街位于天河区东北部，东起广汕公路方屋村，与现黄埔区联和街相接，南至省良种繁殖场，与新塘街相连；西至黄屋村，与龙洞街相邻；北至太和嶂山，与白云区太和镇相依，面积22.98平方千米。三面环山，林地面积约1.4万亩，森林覆盖率50%；东面凤凰山森林公园和南面火炉山森林公园树木葱郁，是"火龙凤"生态休闲区重要景点；北面太和嶂层峦叠翠，筲箕窝水库水波潋滟，风景秀丽。

全街辖内有4个社区居委会（渔沙坦、凤凰、柯木塱、高塘石）和2个村改制公司（渔沙坦盛达经济发展有限公司、柯木塱经济发展有限公司）。2021年，凤凰街户籍人口17783人，出生239人；常住人口67935人（居住半年以上、户籍人口），出生369人；流动人口（居住一个月以上）62337人，出生411人。广州地铁6号线在辖区设有柯木塱、高塘石2个站点，广州通往粤东及福建的陆上交通大动脉广汕公路（国道G324线4.2千米）贯穿全街。街辖内有柯木塱农贸市场、渔沙坦综合市场等农贸市场5个；有5所大中专院校、9所中小学校。

凤凰地区是广州市客家人主要集聚地之一，客家山歌、婚俗等民间传统风俗保持完好。2004年10月，凤凰街成立天河区第一个以民间艺术形式命名的协会——凤凰街客家山歌协会；同年12月，举办凤凰地区首届客家山歌大赛，此后凤凰街客家山歌成为天河区对外宣传的一个文化品牌。

【街道建设与管理】 ·街区管理及环卫建设· 2021年，凤凰街开展美丽村居建设。制定城中村环境品质化提升工作流程范例，统一提升工程的建材、颜色及施工标准，环境改善工程因地制宜。实施53项工程补短板弱项，在华美路口、水库大坝转盘等重要节点植入美观、有认知度的“山水凤凰　美丽客人”统一标识。复耕复种撂荒地19.67万平方米，打造小菜园、小公园、小果园、小花园，点缀美丽乡村。优化环卫保洁运行架构、作业时间，定人定岗；新增垃圾收运、快速保洁车31辆。治理“六乱”行为7300多宗；全面清理27个经济社房前屋后、内街内巷的卫生死角。新建垃圾分类投放点44个、“两网融合”点6个。拆除违法建设140宗42.39万平方米，违法建设零新增。整治违法用地，整治国家审计图斑10 个、林业图斑6个、“大棚房”问题图斑4个。

·社会治安综合治理· 2021年，凤凰街以司法所、派出所、律师事务所、凤凰法庭为核心，建立“4＋X”多元化解等制度，联动联调案件6宗，成功化解3宗，三级调委会就地调处化解矛盾纠纷268宗。区禁毒办“天目——2021”铲毒行动启动仪式在凤凰街举行，禁毒工作通过市禁毒委回头看检查。街道、派出所和渔沙坦、柯木塱村公司组成反诈防骗宣传服务队，提高“国家反诈中心”App下载安装覆盖率。打击侵犯知识产权和制售假冒商品行为，查获假烟仓库2处，涉案金额共51.22万元。2021年12月，凤凰街应急办获得2021广州最美应急集体称号；2022年1月，凤凰街被省委宣传部、省应急管理厅评为2021年度广东最美应急集体。

是年，凤凰街治安警情564宗，比2020年（下同）上升2.4%；刑事警情332宗，下降10%；其中，两抢警情1宗，下降50%；盗窃警情315宗，下降7.6%；诈骗警情408宗，上升12.7%；黄赌毒警情112宗，下降4.3%。

·安全生产与消防安全· 2021年，凤凰街推进建设应急管理体系，形成统一调度指挥机制。实行每月安全风险与自然灾害研判报告制度，街领导带队开展安全生产检查180多次，约谈6家企业负责人。编制25个应急救援预案，组织应急培训4次、演练50多场。通过“人防＋技防”的模式，提升森林火灾防范能力。排查、整改企业安全生产隐患566处，立案查处违反安全生产等行为22宗；打击瓶装液化气违法违规问题，立案罚款9宗，火灾事故“灭早灭小”成功率达到90%。

·来穗人员与出租屋管理· 2021年，凤凰街受理来穗人员随迁子女积分制入学申请245人，243人成功申请账号；受理积分制入户申请195人次，55人成功获得广州入户卡。

是年，凤凰街累计核查出租屋186979间（套）/次，新增录入流动人员信息16855条，注销18219条，系统纳管人数增至90566人。办理房屋租赁合同登记备案466份，办理居住证9721份，代征出租屋综合税384.92万元，印花税12991元。

·公共卫生与健康发展· 2021年，凤凰街组织258对夫妇参加出生缺陷干预工程，84人参加免费孕前优生健康检查，356名育龄妇女参加妇女病普查及“两癌”筛查。办理生育登记451对，再生育审批9对。开展灭蚊、灭鼠等消杀“四害”工作，使用药物2000余公斤，消杀500多万平方米。加强对全员核酸检测采样点、疫苗接种点和涉疫场所、居家隔离人员的环境消毒，消杀约300万平方米，收运隔离垃圾、医疗垃圾约65吨。每月巡查美容美发、公寓酒店等公共场所卫生保洁，监督整改存在的卫生问题，督促办理员工健康证等。

·社区建设与民政优抚· 2021年，凤凰街排查困境儿童4次，动态管理20名困境儿童，落实关爱服务和生活保障措施。为163名严重精神障碍患者建立台账。为235人办理第三代残疾人证，并落实康复资助、扶残助学、幸福天河等各项救助行动；动态管理在册低保家庭17户、低收家庭2户，及时办理各项救助业务。筛选辖内19户家庭困难群众，实施精准帮扶。在春节、清明、八一、烈士纪念日等重要节日走访慰问优抚对象。组织就业服务招聘会，93家企业提供岗位1970个；街道“羊城家政”基层服务站共对224人次提供家政技能培训，提升失业人员、就业困难人员的就业、转岗能力。

·科教文体· 2021年，凤凰街举办系列文化活动，丰富群众精神生活。组织观看《长津湖》等爱国主义电影11场，联合辖内小学在全民阅读月开展“童心向党诵经典”活动。举办茶艺和插花、“我们的节日”系列客家美食寻味、书画大赛及展播红色经典电影等活动，举办“金牛迎新，挥春送福”抖音线上送福活动，邀请书法家为群众撰写春联300多对。

【街道经济】 2021年，凤凰街班子成员分工分片包干负责联系企业，全覆盖服务164家企业，为企业排忧解难；引导224家企业注册“信易贷”，自主开展融资活动；积极协调为两家企业寻找到合适的场地，让企业留在天河；新增“四上”企业23家，完成招商线索3条。

是年，辖内生产总值（GDP）50.56亿元，比2020年（下同）增长0.3%。规模以上工业总产值26.12亿元，增长12.8%；营利性服务业营业收入11.44亿元，下降10.6%；商品销售总额80.12亿元，下降33.6%；社会消费品零售总额21.32亿元，下降62.7%；住宿和餐饮业营业额2.97亿元，增长79%；资质内建筑业总产值9.96亿元，增长11.3%。

【柯木塱社区公园】 2021年，凤凰街改善柯木塱社区环境。利用闲置地块，在柯木塱社区新建中心公园

（1900 平方米），区住建园林局支持建设绿化公园（5922 平方米），两园相连，绿地面积超过 4500 平方米，栽植凤凰木、桂花、香樟及地被，设置可移动花箱 100 个；改造周边道路、人行道，规范停车秩序；拆除原有架空线缆，实行“三线”下地等工程；公园内建有儿童乐园、配备康体设施等；主要出入口设置统一的导览牌和客家文化精神 logo，利用周边厂房外墙，绘制客家生产生活气息浓郁、特色鲜明的主题文化 3D 涂鸦墙 300 平方米。

【凤凰街河涌水环境治理】 2021 年，凤凰街开展环保攻坚行动，街、村、居三级河长累计巡河 989 次 1752 千米，通过“广州河长”App 上报问题工单 121 单，并全部处理完毕。清理 1400 处水域周边杂草、水面漂浮垃圾等 60 吨；28 个河长制管理水体未反弹黑臭问题。推进排水单元达标挂牌创建工作，完成达标认定和挂牌 61 个。对照清单排查整治工业企业污染源 308 家，监督 10 家企业整改存在问题；整治“散乱污”场所 63 家，完成市、区下发污染源治理相关交督办件 8 件。

【凤凰街交通综合整治行动】 2021 年，凤凰街开展“奋战三百天，全力保畅安”交通综合整治行动。完善交通安全设施，安装违停监控系统 26 套，新设人行横道 68 处、禁停标线 91718 米、地面标志 728 个；安装广角镜 30 个、标志牌 192 个，张贴路灯反光膜和电线杆刷漆 794 处。清理道路两旁废弃电杆 67 根，整治主次干道三线，规整杂乱线路 31121 米。铺设人行道 10977 平方米，修复路破损沿石 1357 米，安装人行道护栏和道路隔离栏 5871 米。组织志愿者 5000 余人次，在各交通要点、地铁站宣传交通法规，劝告电动车骑乘人员“一盔一戴”，劝阻闯红灯、逆行等行为超过 11000 人次。开展“五类车”专项整治行动，查扣“五类车”715 辆，清理“僵尸车”43 辆；查处机动车乱停放行为 72 次，抄牌处理机动车 2859 辆，拆除地锁 507 把，引导规范停车，还路于民。

表 102　2021 年凤凰街道集体股份公司情况一览表

名称	注册资本（万元）	股民（人）	经营总收入（万元）	董事长	总经理
渔沙坦盛达经济发展有限公司	200	4035	7705	杨丽芸	李伟斌
柯木塱经济发展有限公司	50	4908	12374	杨九胜	涂国富

表 103　凤凰街道社区居委会情况一览表

社区名称	居委会地址	居委会负责人
渔沙坦	渔兴路 41 号三楼	童丽
凤凰	渔沙坦蓝屋新街 4 号	李勖成
高塘石	高塘石塘石二街一巷 7 号	顾东培
柯木塱	榄元街 62—1 号	于书娥

柯木塱社区公园　（吴煜辉 摄）

【凤凰街抗击新冠肺炎疫情】 2021 年，凤凰街完善疫情防控机构，成立公共卫生委员会，积极应对重大疫情、重大公共卫生事件，优化新冠肺炎疫情常态化防控工作方案。社区“三人小组”及时核查国内高风险地区来穗返穗重点人线索 16912 条。6 月组织 2 轮全街大规模核酸筛查；分级分类管控重点区域和严管区域，滚动开展全员核酸筛查，检测结果均为阴性。推进接种新冠肺炎疫苗，在广州新华学院广州校区和广东省工程职业技术学院开设 2 个专场接种点，累计为 1.5 万名师生职工接种疫苗；设置临时接种点 2 个，方便居民群众就近就便接种。

【渔沙坦村（渔沙坦盛达经济发展有限公司）】 渔沙坦相传原名渔沙潭，后淤积为滩（坦），改现名。渔沙坦地处广州市东北部丘陵地区，三面环山，北高南低，东北方向群山耸立，主要有凤凰山、太和璋等；南部地形较为平坦，大坝河、旺岗河、蓝屋河流往龙洞。渔沙坦村有 12 个自然村：中山村、金鸡村、黄屋村、水口村、旺岗村、张屋村、大坝村、楼角村、李屋村、梁屋村、廖屋村、蓝屋村。村民大部分是在明末清初和清乾隆年间先后从粤东等地迁移来的客家人。渔沙坦主要姓氏有李、黄、陈、徐、廖、范、梁、蓝、张、曾、温等。中华人民共和国成立后隶属广州市凤凰公司（原广州市畜牧场）。1987 年 9 月 14 日，渔沙坦村划入天河区作为代管村，但行政上仍属广州市凤凰公司管理。1994 年划归天河区沙河镇管辖，2002 年 12 月划归凤凰街管辖。2005 年 5 月，渔沙坦村完成撤村改制工作，组建渔沙坦盛达经济发展有限公司。

【柯木塱村（柯木塱经济发展有限公司）】 传说柯木塱村过去到处都是柯树（客家人称河树），故称柯木塱。柯木塱属丘陵地形，周边有石狮顶山、公坑顶山、火炉山，地域狭长，沿广汕公路南北两侧分布成 15 个自然村：背坪村、新欧村、榄元村、贺屋村、新村、新元村、新屋村、上涂村、下涂村、邹屋村、杨屋村、方屋村、欧岗村、元墩村、大坪村。村民主要由兴宁、焦岭、河源、木强等地迁来，主要姓氏有杨、张、涂、徐、贺、廖、刘、曾、彭、李、黄、邹等。中华人民共和国成立后，隶属广州市凤凰公司（原广州市畜牧场）。1987 年 9 月 14 日，柯木塱村划入天河区作为代管村，但柯木塱村在行政上仍属广州市凤凰公司管理。1994 年划归天河区沙河镇管辖。2002 年 12 月，划归凤凰街管辖。2005 年 5 月，柯木塱村完成撤村改制工作，组建柯木塱经济发展有限公司。 （李华州）

前进街

【概况】 前进街成立于 2002 年 12 月 4 日，以原东圃镇前进村地区为基础组成，由此得名。前进街位于天河区东南角，东起深涌右支涌，与黄埔区相依；南达珠江北帝沙岛，与海珠区黄埔村隔江相望；西到东圃二马路、车陂涌珠江入口处，与车陂街相接；北至中山大道，与黄村街、珠吉街相邻，面积 4.86 平方千米。街下辖 11 个社区居委会和 1 个村改制公司：石溪、宦溪、莲溪、美林湖畔、羊城花园、天力居、怡东、盈彩、桃源、菁品、兰亭社区居委会和前进置业发展有限公司。2021 年，前进街户籍人口 30712 人，出生 442 人；常住人口 78563 人，出生 1095 人；流动人口（居住一个月以上）57867 人，出生 645 人。

前进街地理位置优越，交通便利，位于两大交通动脉——中山大道和黄埔大道之间。辖内杨桃公园占地约 16 公顷，杨桃树林连片，环境优美。2021 年 9 月 22 日，集科技示范、生态观光、科普教育于一体的天河精品农业公园开园迎客。辖内单位主要有中国人民武装警察部队广东省总队、武警总队广州市支队、天河区人民法院、华润万家、福朋喜来登、美林基业集团、北京居然之家投资控股集团有限公司、宜家家居、山姆会员店、广东省出版集团数字出版公司等。大型楼盘有羊城花园、美林湖畔花园、盈彩美居、中兴花园、阳光桃源、上品菁园、菁品园、远洋明苑、兰亭盛荟、宝兴翠园等。

【街道建设与管理】 ·街区管理及环卫建设· 2021 年，前进街实施石宦路、宦溪西路市政维修和道路划线工程、开展市政零星工程修补、宦溪涌支涌排水及两车道及以下道路管养等。对辖区主干道和美林天地商城、三溪和东圃地铁口、宦溪北路食街等重点区域实施 24 小时巡查，共整治乱摆卖 5802 宗、占道经营 5148 宗、乱堆放 785 宗、乱拉挂 420 宗、拆除违规户外广告 37 宗，整治乱停放非机动车 4.8 万辆，累计出动执法人员 700 人次。立案处罚 124 宗，罚款 1.79 万元。利用无人机等设备，对辖内村集体物业、住宅小区、农田地块等进行勘查，共清拆违法建设 165 宗，拆除面积 22.24 万平方米。推动城市更新工作，协助羊城花园业主更换电梯和美林湖畔花园 T45、T46 栋加装电梯。优化提升垃圾分类投放点 108 个，其中 7 个投放点成为星级点，羊城花园社区居民垃圾分类自治示范点建成。每月至少组织 1 次垃圾分类全民行动宣传活动，发动社区每月至少开展 1 次垃圾分类宣传与培训活动。

·社会治安综合治理· 2021 年，前进街开展打击非法买卖易制毒化学品违法犯罪专项活动，累计开展 45 次化工企业清查活动，检查企业 330 家，累计检查城中村出租屋 562 栋 9016 户，清退违规经营化工企业 39 家。累计开展扫黑除恶宣传活动 11 次，辖内未发现涉黑涉恶情况。以社区为宣传阵地，推动电信网络诈骗防范宣传“六进”工作，累计开展宣传活动 17 次。同时开展社会面反诈宣传工作，张贴宣传海报 310 张，制作反诈宣传栏海报 11 张，滚动播放反诈宣传视频 3000 多次。综合运用人民调解、司法调解、行政调解、治安调解等方法进行对居民矛盾纠纷疏导化解。办理云信访案件 15 宗，信访转办函 6 宗，前台受理 67 宗。

·安全生产与消防安全· 2021 年，前进街安全生产、消防安全形势总体平稳，未发生生产安全事故和亡人火灾事故。检查各类场所、单位 2514 家次，排除隐患 1160 条，发出责令限期整改指令书 1160 份，立案查处安全生产违法案件 15 宗，实施经济处罚总额 16.9 万元，没收违法所得 58520 元。督促企业购买安全生产责任保险 131 份。全年开展应急演练活动 18 场次，开展安全生产、消防安全知识宣传教育活动 2163 场次。

·来穗人员与出租屋管理· 2021 年，前进街受理来穗人员随迁子女积分制入学申请 201 人，积分制入户申请预审通过 91 户。把城中村门禁建设与疫苗接种管理有机结合，在门禁系统中录入租户疫苗接种信息，进而对居住人员疫苗接种情况进行动态管理，并梳理总结形成找场地、签文书、装门禁、登信息、汇情况、贴标识的“六步工作法”，门禁系统推进进度排名全区第一。

是年，前进街纳管出租屋约 0.37 万栋，约 4.77 万套（间），累计新增约 0.05 万套，注销约 0.02 万套，巡查约 29.82 万套次；纳管来穗人员约 6.72 万人，累计新增约 2.98 万人，注销约 3.84 万人，更新 7.11 万人次，办理居住证近 1.75 万张；征收个人出租屋综合税及印花税约 1695.96 万元，办理房屋租赁登记备案约 0.23 万宗，租赁面积约 23.62 万平方米。

·公共卫生与健康发展· 2021 年，前进街推进创建幸福家庭、科学育儿、高龄育龄女性生殖力评估和咨询、关爱青少年健康发展等服务。全年 294 人参加免费孕前优生检查券，462 名育龄妇女参加普查普治，250 人参加“两癌”筛查，278 人参加妇女儿童健康检查。

·社区建设与民政优抚· 2021 年，前进街家庭综合服务中心累计服务居民 14 万余人次。为辖内低保、低收户发放救济金 98556 元，为低保户审核办理普通门诊医疗救助及年度资助参保报销 7200 元，救助流浪人员 14 人。办理社会保险业务 6500 余人次，发放工伤、失业、退休、死亡等补贴 1000 余万元。城乡居民医疗保险新参保 1500 人，续保 5013 人。

办理非户籍老年人优待卡 1120 张、广州市户籍长者优待卡 173 张。发放长者长寿保健金 53.42 万元；居家养老“大配餐”工作服务 4025 人次。发放义务兵优待金 291240 元。开展春节、七一、中秋拥军优属慰问活动，慰问 237 人次，发放慰问品及慰问金近 8 万元。

是年辖内新增失业人员 385 人，在册失业人员共 456 人，其中 355 人实现就业和再就业，就业率 77.85%。审核灵活就业补贴申领人员 1284 人次，核发金额 260 余万元。办理就业登记 1896 家次，为 6142 人办理流动人员录用备案。完成安置类公益性岗位 8 个，成功安置 7 人。开展专场招聘会 3 场，37 家企业提供职位 1157 个，登记求职者信息 32 条，31 人实现就业。开展职业技能培训进社区活动 2 场，61 名辖区居民参加相关培训并通过考试取得职业资格证书。开展职业指导进社区活动 2 场，59 名辖区居民参加政策指导讲座。网上发布有效空岗信息 1636 条，登记求职者信息 410 条，为 434 名群众免费提供职业推荐，完成公益性岗位网上申报 120 条。申请创建市级创业基地 1 个。

·科教文体· 2021 年，前进街通过开展太极拳培训、曳步舞培训和组织“建党百年·凝心聚力”拔河、跳绳比赛、乒乓球大赛及 11 个社区群众体育活动等，发动大家参与到全民健身中。辖内各居委会举办红歌大合唱比赛、摄影、书画大赛等多场社区文艺活动，并多次组织辖内 30 余支艺术团体进行文化交流活动 100 余场，累计服务群众 10 余万人次。街道组织专题调研，邀请村里的长者带着领导班子成员走街串巷现场讲解辖内古树、文物、河流、耕地背后的历史故事，了解古村风土人情和历史文化。

【街道经济】 2021 年，前进街利用广州国际金融城东区建设和构建“两轴两带多片区”空间格局契机，做好招商引资工作，优化现代化国际化营商环境，打造天河东部新商圈。是年 7 月，位于天河东部商圈的广州东山姆会员商店和美林 M·LIVE 天地 2 期同步开业。深化商旅文融合发展，构筑特色消费场景，以数字经济激活消费新市场。

是年，前进街辖内生产总值（GDP）55.31 亿元，比 2020 年（下同）增长 11.1%。规模以上工业总产值 11.48 亿元，下降 1.0%；营利性服务业营业收入 16.04 亿元，增长 34.1%；其他营利性服务业营业收入 8.29 亿元，增长 34.3%；软件业营业收入 7.75 亿元，增长 33.8%；商品销售总额 173.39 亿元，增长 7.5%；社会消费品零售总额 34.99 亿元，下降 6.4%；住宿和餐饮业营业额 1.92 亿元，增长 23.1%；资质内建筑业总产值 21.42 亿元，增长 89.3%；商品房销售面积 28784 平方米，增长 100%。

【宦溪村“美丽村居”建设】 2021 年，前进街充分发挥党建引领作用，全面推进村改居管理体制综合改革。委派一名街道党工委委员担任村改制公司党组织书记、村改制公司所在“村改居”社区党组织书记、居委会主任，加强党对“村改居”的全面领导。推进领汇创展商业中心周边环境提升项目、天河精品农业公园观光路线环境整治提升项目、宦溪—杨桃公园融合区环境提升项目、前进村旧村改造等“村改居”环境提升项目。加强“村改居”社区公共事务管理体制专项改革，与派出所联动开展整治城中村治安专项行动。城中村实行 16 小时保洁制度。3 月初，完成宦溪村改造，修复石宦路脱落墙体，重建南涧祠公厕，新建南涧塘健康步道。建设集党群服务中心、政务中心、新时代文明实践中心、志愿者驿站于一体的宦溪新文明实践中心。

【前进街河涌水环境治理】 2021 年，前进街清理石溪渠箱沉泥和杂物，冲洗管网，整治污水管渗漏点，对官溪片区3处小微水体水环境和周边道路进行统一管护。启动官溪涌河床修整工程，同步开展官溪支涌生态系统构建工程。全年摸查排水户1632户，查处污染源4处、门前乱倒水行为174宗并全部整改。立案处理违法企业2宗，罚款30300元，查处废水污染周边环境事件1宗。整治“散乱污”场所7个，整治问题排污口50余个。拆除河涌管理范围内及骑压渠箱违法建设7宗，面积约1万平方米。开展河涌整治行动48次，清运垃圾杂物80余吨，清理涌边共享单车约5500余辆。推进小微水体治理，整治面积约11500平方米，完成25家排水单元户达标任务。

【前进街交通综合整治行动】 2021年，前进街开展“奋战三百天，全力保畅安”交通综合整治行动。加强与区交警大队、街道派出所、相邻街道的沟通联动，10个重点路段安装交通视频监控，加大违法行为查处力度。同时加强对“五类车”的整治，查扣“五类车”100多台，规范乱停放共享单车1万多辆，劝导不佩戴安全头盔行为10000多宗。在辖内各重点单位及主要交通出入口设立交通安全宣传栏，设“骑行戴盔，禁止逆行”交通警示牌28块，设“摩电整治点”“五类车查扣点”20个。小区居委会联合物业管理，在小区业主群、小区门岗开展交通安全宣传活动；通过街道来穗人员管理服务短信平台发送交通安全信息；在城中村主要出入口开展“一盔一带”劝导工作，组织出租屋屋主和管理者开展宣传和教育。辖内1200多名物业保安、志愿者参与到交通劝导和宣传活动中来。组织专业设计单位，重新评估交通设施设置，累计投入50多万元，对辖内主要道路设立名牌、施划交通标志标线，同时对存在不合理

表104　2021年前进街道集体股份公司情况一览表

名称	注册资本（万元）	股民（人）	经营总产值（万元）	董事长	总经理
前进置业发展有限公司	3000	4969	21375	刘明森	梁志标

表105　前进街道社区居委会情况一览表

社区名称	居委会地址	居委会主任
官溪	官溪北路3号	曾志涛
石溪	石溪永宁街22号一楼	谢懿璐
莲溪	莲溪东路3号二楼	朱铮
怡东	前进街康乐新村一巷4号	凌昊星
天力居	东圃二马路天力街天力居6号一楼	周玉清
羊城花园	中山大道羊城花园康苑二街6号101房	陆秀娟
盈彩	中山大道1092号外围商铺二楼（中心花园G栋二楼）	蓝晓倩
美林湖畔	桃园南二街198号一楼（美林湖畔小区内）	刘雪婷
桃源	桃园路33号1楼（阳光桃源8栋1楼）	鄢程
菁品	菁品园小区菁玥街1号102房	潘树柠
兰亭	盛荟横街2号自编1131号	张则鸣

2021年11月25日，省港澳办经济合作处党支部与美林湖畔社区党委开展党建共建暨主题党日活动　（凌志斌　摄）

的地方进行重新设计和施工。在桃园中路口、桃园路段，通过安放石墩、水马、围栏等方式，规范非机动车道。

【前进街抗击新冠肺炎疫情】 2021年，前进街坚持24小时疫情防控应急值守，继续实施联防联控、群防群治防疫工作机制。做好来（返）穗人员健康管理，做好涉疫人员排查管控，按照风险等级分类落实健康监测、核酸检测、隔离管控等措施。是年处理各类疫情防控工作重点人员数据18517条。完成两轮全员核酸检测工作任务，累计采样200768人，检测结果均为阴性。建设盈科智谷疫苗接种点，全年累计完成141826人次接种。

【前进村（前进置业发展有限公司）】前进村建于南宋，原名石宦龙村，取其自然村石溪、宦溪、龙水埗三者首字而名。姓氏以凌、刘、屈、秦姓为主。村辖下有石溪、宦溪、龙水埗、莲溪4个自然村。1958年，改名为前进大队。1985年，改名为前进村民委员会。1991年，成立前进股份合作经济联社，原属东圃镇管辖。2005年6月，前进村完成撤村改制工作，组建广州市前进置业发展有限公司，与前进股份合作经济联社同时并行运作，下辖12个经济社。

（郑聪逊）

珠吉街

【概况】珠吉街建于2002年12月4日，以原东圃镇辖内的珠村、吉山村地区为基础组成，取两村名第一字而得名。珠吉街位于天河区东部，东起科珠路、岐山路，与黄埔区广州科学城、茅岗村相依；南达中山大道，与前进街相连；西到钟岭、马坟山、奥体西路，与黄村街相接；北至牛山、大石鼓岭，与新塘街相邻，面积8.26平方千米。街下辖8个社区居委会和2个改制公司：珠村南、珠村北、吉山东、吉山西、岐岗、翠屏苑、安厦、悦景社区居委会和珠村、吉山实业有限公司。2021年，珠吉街户籍人口27837人，出生427人；常住人口71315人，出生1147人；流动人口（居住一个月以上）84878人，出生918人。

天河区儿童公园、珠村公园等自然景观闻名遐迩，乞巧“摆七娘”、端午龙舟会、祠堂建筑群等传统人文风俗独具魅力。辖内有广州现代信息工程职业技术学院、广州市蓝天高级技工学校、珠村小学、吉山小学、灵秀小学、奥体东小学等学校以及安厦花园、富力花园、翠屏富通雅苑等住宅小区。

【街道建设与管理】·街区管理及环卫建设· 2021年，珠吉街成立创建市容环境卫生责任区制度示范街工作领导小组。清理珠村“三角塱”“崩坎”地块环境黑点，拆除地块上违法建（构）筑物9863平方米，清退“散乱污”场所12家。推进居民生活垃圾分类，优化提升原有桶点12个，建成住宅小区“两网融合”点8个。排水单元达标认定63家，面积179万平方米。开展“六乱”综合整治行动308次，整治“六乱”3487宗，拆除面积14544平方米；拆除户外广告招牌107块，拆除面积2751平方米。发出责令限期改正通知书82份，暂扣物品7宗；处罚占道经营3宗、乱摆卖24宗、随意倾倒住宅装饰装修废弃物3宗、乱扔吐4宗。重点整治执信中学天河校区周边综合环境拆除乱搭建8宗，拆除面积14394平方米。开展街道公共区域的日常清扫保洁和垃圾清运工作，每天出动21桶垃圾装运车5台、8桶垃圾装运车17台。

·社会治安综合治理· 2021年，珠吉街按照“以点带面、整体覆盖，突出重点、严防严控、明确责任、专群结合”的工作思路，推动社会综合治理各项工作。全年累计接访群众392批807人次，化解矛盾纠纷案件323宗，维护群众利益628万。接报110刑事治安警情1203起，比2020年（下同）下降2%；其中入室盗抢警情38起，下降25.5%；涉黑恶警情198起，下降31.3%；黄赌毒警情172起，下降28.6%；诈骗警情421起，下降3.4%；查封涉诈骗企业2家，清除涉诈骗风险企业18家。

·安全生产与消防安全· 2021年，珠吉街持续开展安全隐患排查整治，检查各类企业、场所4748家次，发现并整改隐患818条，行政立案处罚24宗，行政罚款19.15万元，83家企业投保安全生产责任险。开展“五进”宣讲活动3844次，参与企业4536家次，参与人员25000余人次，悬挂宣传横幅36条。全年未发生安全生产亡人责任事故，零发生火灾亡人事故。成立珠吉街安全生产委员会、消防安全委员会、“三防”指挥所、森林防灭火指挥部4个应急管理指挥机构，印发《珠吉街应急管理工作制度汇编》，制定发布《珠吉街应急管理工作权责清单》。街、村、居、重点企业共组建36支250人的志愿应急救援队伍，组织开展应急业务培训12次，应急演练28次。

·来穗人员与出租屋管理· 2021年，珠吉街有效受理积分入户申请68人，积分制入学申请213人。累计核查出租屋237054间（套），新增录入流动人员信息113427条，注销115962条，系统纳管人数增至127814人。办理房屋租赁合同登记备案1259份，办理居住证19358份，代征出租屋综合税2381万元，印花税31万元。

·公共卫生与健康发展· 2021年，珠吉街办理生育登记506例、计划生育证明382例。为729人发放独生子女父母奖励。组织302人参加免费孕前优生健康检查、534人参加免费出生缺陷干预检查，为301名育龄妇女提供免费常见病普查，落实“八术”跟踪和随访1户，免费发放药具3.9万只。开展计生慰问活动5次，慰问扶助71户家庭。

·社区建设与民政优抚· 2021年，珠吉街选举出8名社区党组织书记，“一肩挑”比例100%，其中女性5名；平均年龄为43岁，其中45岁以下的6名；具有大专以上学历的8名。选举产生居委会主任8名、副主任16名、委员48名，其中非户籍常住居民委员5名。

2021年，珠吉街辖内有低保、低收入34户，困难儿童34名，为辖内孤儿成功申请助学金1万元，为低保户报销普通门诊救助金额16531.8元，办理住院医疗救助零星报销55955.46元。发放低保金39.38万元，发放分类救济金4.55万元。救助流浪乞讨人员4人次。投入30万元，在街党群服务中心建成珠吉街颐康中心，面积1551平方米。全年经办医保业务2018单，社保业务1868单。为辖内1072名70岁以上老人发放长寿金75.32万元，办理老年人优待卡235份，协助62名异地居住退休人员办理养老金认证，帮助2名退休劳模申请生活困难补助金13504.80元。

是年登记新增失业人数467人，366名失业人员实现再就业，就业率78.37%；帮助400人申请灵活就业社会保险补贴122.35万元。重点帮扶高校毕业生开展就业，辖内登记失业的应届高校毕业生就业率92%。发布空岗信息1516条，组织招聘会3场，扶持创业基地1个。

2021年，在重大节日走访慰问辖内退役军人。协助退役军人申请省应急资金，为新入伍士兵颁发“光荣之家”光荣牌，协助1名残疾退役军人就业。12月，珠吉街退役军人服务站被评为广东省五星级退役军人服务站。

·科教文体· 2021年，珠吉街开展读书月活动7场，播放社区电影2场，完成2021—2023年“广东省民间文化艺术之乡”申报工作。举办第17届广州乞巧文化节，围绕“乞巧是新时代女性对传统文化传承与创新的载体”内容主线，组织乞巧艺人、民间艺术家，把乞巧节打造成为非遗传承。维护2条全民健身路径，完成珠吉街国民体质监测500例。做好辖内42处不可移动文物的日常巡查、保护、督查等工作，开展巡查100余次。推进珠村农民协会旧址、潘文治将军故居、晋庆庙修缮工程。

【街道经济】 2021年，珠吉街推动经济转型升级，商业和营利性服务业的产业比例逐步上升。是年珠吉街辖内生产总值（GDP）64.02亿元，比2020年（下同）增长10.8%。规模以上工业总产值7.58亿元，下降6.2%；营利性服务业营业收入9.01亿元，增长3.2%；商品销售总额196.64亿元，增长29.2%；社会消费品零售总额60.4亿元，增长5%；住宿和餐饮业营业额4.09亿元，增长45.3%；资质内建筑业总产值6.71亿元，增长79.3%。

【灵秀小学科技嘉年华活动】 2021年4月24日，以“珍爱地球，人与自然和谐共生”为主题的天河区第52个“世界地球日”纪念活动暨灵秀小学科技嘉年华活动在灵秀小学举行。该次活动由区科学技术协会、区教育局、区科工信局、珠吉街道办事处联合主办。活动以科技赋能环保为理念，结合国家确定的“碳达峰、碳中和”目标，组织开展中小学“科普小能手”网络竞赛、灵秀小学科技嘉年华和“碳达峰、碳中和”主题网上科普知识竞答等系列宣传活动，用科学普及、动手实践、阅读思辨、创意创造等方式呼吁人类珍视生命、珍惜资源、保护地球。

【珠村口袋公园】 珠村口袋公园位于珠村，南临中山大道中，东临风水塘，内部地势较为平坦，占地面积约450平方米。地块西侧设有110千伏配电房，场地内有电缆线贯穿，周边建筑以城中村居民住宅楼为主，是一片高密度的生活区，公共活动空间少，人居环境品质亟待提升。2021年，珠村口袋公园改造成为一个集健身、休闲、娱乐等多功能的活动空间，设有花坛、草地、树木、坐凳、亭廊、健身器材、乒乓球桌、象棋桌等设施，注重为老人、儿童提供舒适安全、便利美观的服务。

【珠吉街交通综合整治行动】 2021年，珠吉街开展“奋战三百天，全力保畅安”道路交通秩序大整治行动。重点开展摩电交通安全专项整治行动和工地泥头车交通安全隐患专项整治行动。加大资金用于改造交通指示牌、增设隔离水马、购买劝导站帐篷和工衣等，提升道路公共服务能力。在东环路、珠吉路、护林路等主要干道交界处及公交站点设立交通劝导站20个。累计出动整治人员约1.3万余人次，现场纠正未佩戴头盔电动车驾驶员、逆行和闯红灯等交通违规人员1.6万人次，抄写交通法规5300余份，处罚违停100余宗，行政罚款36人，3000余人签订遵守交通规则承诺书，劝阻纠正轻微交通违规行为6000余人。查扣“五类车”796辆、泥头车8辆。

【珠吉街抗击新冠肺炎疫情】 2021年，珠吉街开展3轮大规模核酸检测，完成核酸检测277106份，结果均为阴性。动员辖内居民接种新冠疫苗，全街18岁以上人群全程接种疫苗人数102884人，全程接种覆盖率84%；60岁及以上人群全程接种疫苗人数3862人，全程接种覆盖率70.1%。

【珠村（珠村实业发展有限公司）】 珠村东邻黄埔区，南接前进村，西临黄村，北至广深高速公路，村内有多条河涌，是典型岭南水乡。珠村始建于南宋绍兴元年（1131），历史悠久，因村旁有3个小山冈而得名，初称三珠岗，后称珠村。自南宋开始，先后有潘姓、钟姓、陈姓等族人迁入，形成以潘、钟两姓村民为主体的传统村落。其中潘姓有11个房支，钟姓有2个房支，随着宗族繁衍分支，13个房支经传统发展演变，形成13个经济社。2002年12月，珠吉街建立，

表 106　2021 年珠吉街道集体股份公司情况一览表

名称	注册资本（万元）	股民（人）	经营总产值（万元）	党支部书记	董事长
珠村实业有限公司	200	5241	66742.25	熊文华	潘锦城
吉山实业有限公司	100	3974	10700.00	林青青	梁礼忠

表 107　珠吉街道社区居委会情况一览表

社区名称	居委会地址	居委会主任
珠村南	珠村东桥大道 68 号首层	林小芳
珠村北	珠村祠前横路 10 号	戴婷婷
吉山东	吉山坑尾路 13 号 13～15 铺	潘柳玉
吉山西	吉山村上街 48 号之 3 两层	梁晓华
岐岗	吉山大粒沙路 4 号	周丽惠
翠屏苑	富通街翠屏富通雅苑 E 栋首层	李小芳
安厦	珠吉路安厦一街 25 号首层	郭娟
悦景	雍华东四街 3 号 01 房	杨奇

珠村由东圃镇划归珠吉街管辖。2005 年 6 月，珠村完成撤村改制工作，组建珠村实业发展有限公司。

珠村有丰富多彩的传统民俗文化生活，如祭北帝、唱大戏、端午节赛龙舟、拜七娘（又名乞巧节）等岭南民间风俗。每年端午节，在珠村深涌段都举办龙舟竞渡。农历七月初七是传统民间节日拜七娘，珠村村民延续传统手工工艺，制作各种各样向往和反映美好生活的展品。2005 年起，珠村每年举办广州乞巧文化节，吸引海外来宾众多，成为广州的一张文化名片。2011 年 6 月，天河乞巧习俗正式入选第三批国家非物质文化遗产名录。2012 年，以珠村乞巧习俗为代表的天河区珠吉街入选文化部 2011—2013 年度中国民间文化艺术之乡。珠村尚有文物建筑 44 处保存完好，剩下的历史建筑群建筑面积约 8000 平方米，珠村农民协会旧址、海军一条巷、民国海军将领潘文治故居等都在其内。

【吉山村（吉山实业发展有限公司）】 吉山村位于天河区东部，东邻黄埔区茅岗，南接珠村、中山大道、广九铁路、广园东路，西到珠村，北靠广州科学城，下辖吉山、岐山、大淋岗 3 个自然村。吉山建村于明洪武十三年（1380），主要为梁姓人居住。岐山建村于清顺治年间（1644—1661），大淋岗建村于清光绪二十六年（1900），这两个村庄原属珠村，由珠村潘姓人分支居住。东园桃李、西郊牧笛、南涧潮平、北岭寒梅、山亭远眺、松径禽音、三山荔赤、十里橙黄为原吉山八景，现村内建有供村民休闲娱乐的橄榄公园和岐山公园。吉山传统民间文娱活动有大戏（粤剧）、飘色游行、唱八音、盲公唱盲音等。2006 年，恢复纪念清顺治年间抗匪英雄大型村会。

2002 年 12 月，珠吉街建立，吉山村由东圃镇划归珠吉街管辖。2005 年 6 月，吉山村完成撤村改制工作，组建吉山实业发展有限公司。

（李勇峰）

新塘街

【概况】 新塘街建于 2002 年 12 月 4 日，以原东圃镇内新塘、凌塘、沐陂、玉树村 4 个村为基础建成，因辖区原属广州市新塘农工商公司管理、辖内有新塘村得名。2005 年 6 月 7 日，玉树村划归萝岗区（现黄埔区）。新塘街位于天河区东北部，东起科翔路、光宝路，与黄埔区广州科学城相依；南部与珠吉街、黄村街、车陂街相连；西至凌塘新村凌塘小学，与长兴街相接；北部与黄埔区科学城、凤凰街相邻，面积 10.8 平方千米。街下辖 8 个社区居委会（新塘、新园、新景、迎宾、沐贤、高塘、云溪、天慧）和 4 个村改制公司（广州市亿骏置业发展有限公司、广州市沐陂置业有限公司、广州市云溪实业有限公司、广州市新合经济发展有限公司）以及广州市国营新塘农工商联合公司。2021 年，新塘街有户籍人口 14303 人，出生 218 人；常住人口 58662 人，出生 1044 人；流动人口（居住一个月以上）79856 人，出生 811 人。

新塘街交通便利，广深高速公路横贯东西，大观路连通南北。街辖内有私立华联学院、广东岭南职业技术学院、广东食品药品职业技术学校、广东省电子商务技术学院、大观学校、新塘小学、沐陂小学、凌塘小学、天英小学等大中专院校和中小学校。

【街道建设与管理】 ·街区管理及环卫建设· 2021 年，新塘街拆除违法建设 236 宗，面积 43.07 万平方米，任务完成率 100%。打造 5 个星级垃圾分类投放点及 7 个“两网融合”网点。开展垃圾分类宣传活动 10 场、约 2000 人次参与活动。推进广州新白云国际机场第二高速公路南段工程天河区段、车陂路北延线工程、天河智谷片区小新塘分片区等市、区重点工程项目的征（借）地工作。组织开展并完成沐陂西路外立面整饰工程、沐陂村隧道高架桥底整治等工作。整治占道经营4798宗，乱摆卖1931宗，规范停放、通报转运共享单车5000辆次。2021年，新塘、新合城中村改造回迁项目50栋复建住宅楼全部实现封顶。11月21日至12月2日，新塘街开展新塘、新合城中村改造回迁安置房D地块摇珠分房活动。

·社会治安综合治理· 2021年，新塘街接办信访案件59宗，其中有效案件办结54宗。全街共接调涉及群众利益的民间矛盾纠纷74宗，调解成功69宗，调解成功率93%；处理劳资纠纷案件212宗，涉及人数3651人，为劳动者成功追回劳动报酬4231.99万元。2021年9月，重点解决新塘新园云溪片区存在的基层治理问题和短板，推进省市重点工程。

是年，新塘街治安警情653宗，比2020年（下同）上升6.5%；刑事警情419宗，上升4.5%。其中，两抢警情1宗，下降50%；盗窃警情347宗，上升15.3%；诈骗警情511宗，上升10.8%；黄赌毒警情126宗，下降8.7%。

·安全生产与消防安全· 2021年，新塘街每季度召开会议专门听取和研究安全生产和消防工作情况。组织开展专项检查行动12次，检查各类生产经营单位2171家（次），发现生产、火灾隐患1056项，开具限期整改告知函和复查意见书941份，排除事故隐患1006项，限期整改隐患50项，持续推进企业安全生产和消防安全综合整治。全年完成委托执法行政处罚案件15宗，行政处罚金额13.5万元。督促企业购买安全生产责任保险61家，超额完成区下发指标任务。开展新塘街安全生产与消防安全“五进”宣讲活动1604次，覆盖企业、学校、社区2115家次，培训人数1.7万余人。街辖内开展各类应急演练26场次。

·来穗人员与出租屋管理· 2021年，新塘街开展公共集体户服务管理工作，办理迁入人员信息1476人次；受理户口迁出528人次。受理积分入户申请2603人次。有257位积分入学申请人通过初审。

是年，新塘街累计核查出租屋54649间（套），新增录入流动人员信息49363条，注销57278条，系统纳管人数增至83214人。办理房屋租赁合同登记备案2354份，办理居住证7966份，代征出租屋综合税861万元，印花税1.78万元。

·公共卫生与健康发展· 2021年，新塘街实施一对夫妇可生育3个孩子政策，推进计划生育工作转型发展，开展宣传教育、优生优育等惠民活动。发放独生子女父母奖励金164人29.52万元；发放计划生育家庭特别扶助金5人8.28万元；办理独生子女综合保险80人4800元。358人参加免费孕前优生优育检查。开展65岁以上常住人口老人免费体检活动。组织115对新婚夫妇参加免费婚检；组织199名妇女参加常见病普查；完成“两癌”筛查199人、出生缺陷筛查419人；孕前优生检查108人；免费为128名妇女开展计划生育服务。

·社区建设与民政优抚· 2021年，新塘街完成云溪社区居委会场地调整，组织指导辖内8个社区居委会开展换届选举。是年招聘6名社区专职工作人员并按工作需求分配至各居委。做好社会救助困难群众兜底保障，受理25户公租房申请，复核5户公租房分配资格。完成57户家庭经济状况核对，慈善募捐4755元。新塘街综合养老服务中心（颐康中心）建设完成并投入运营，通过政府采购的方式购买专业养老服务。是年长者大配餐就餐823人次，发放就餐补贴3749元；发放长者长寿金7056人次38.93万元。

·科教文体· 2021年，新塘街举办美术书法摄影作品展、曲艺培训等15场文化活动，惠及群众1200余人。每月定期对辖区24处体育设施、16处文物保护单位、不可移动文物等进行日常巡查，及时掌握体育设施、古文物建筑现状。在珠江嘉苑申请新建1条健身路径和乒乓球桌。

【街道经济】 2021年，新塘街推动经济转型升级，新增规模以上企业52家。制定服务企业工作方案，成立工作领导小组，街主要领导累计走访企业264家。是年，新塘街辖内生产总值（GDP）197.12亿元，比2020年（下同）增长9.2%。规模以上工业总产值32.76亿元，增长16.8%；营利性服务业营业收入266.83亿元，增长15.4%；商品销售总额69.21亿元，增长16.1%；社会消费品零售总额18.23亿元，下降1.8%；住宿和餐饮业营业额3.07亿元，下降2.9%；资质内建筑业总产值46.43亿元，增长25.9%。

【新塘街抗击新冠肺炎疫情】 2021年，新塘街加强组织领导，及时调整防控方向。根据实际情况制定新塘街疫情防控工作方案，同时要求4个村改制公司各自组建一支由民兵、治保会队员组成的应急队伍。引导辖内居民积极参与疫苗接种，累计完成全程接种人数13.51万人次。组织开展3次辖内大规模核酸大筛查工作，累计采样25.15万人次。

【新塘街河涌水环境治理】 2021年，新塘街完成排水单元达标认定挂牌109个，面积370.99公顷。定期开展辖内河湖、河涌、小微水体及边沟边渠水面保洁，清理垃圾杂物约89.5吨。完成开展第四轮（2021年）工业企业污染源501家排查整治工作，开展巡河护河志愿行动、组织群众参与治水活动等15次。

【新塘街交通综合整治行动】 2021年，新塘街开展“奋战三百天，全力保畅安”交通综合整治行动。处罚电动车闯红灯、不按车道行驶及机动车道逆行445宗，开展五类车整治行动32次，查扣五类车469辆，拘留1人。对骑自行车逆行及不戴头盔驾驶人签订交通安全承诺书4403份，教育劝导人数29511人。联合村改制公司、社区居委会通过公告栏、户外广告屏幕、电子屏幕、粘贴宣传单等方式对行人、车辆开展交通安全宣传，并组织50人以上的群众、学生开展15次交通安全培训。

2021年6月29日下午，新塘街举行“学党史，感党恩，永远跟党走”——庆祝中国共产党成立100周年活动 （陈宗明 摄）

【新塘村（亿骏置业发展有限公司）】 新塘村建于元代，简姓人于明代初年迁入，后发展成大姓，现有人口近2000人。明代，因村中新挖10多口鱼塘，后形成30多亩大塘而得名。1999—2000年，新塘村因国家建设征地4230.5亩。村里利用征地补偿金，加大对第二、第三产业投入，投资数千万元，建成南北两片工业园及1.5千米长的商业街。2005年6月，新塘村完成撤村改制工作，组建广州市亿骏置业发展有限公司（公司起用前沿用原广州市天河区东圃镇新塘村民委员会），公司于2007年9月12日注册成立，下设4个股份合作经济社。

【沐陂村（沐陂置业有限公司）】 沐陂村由潘氏族人组成，外来人员较多。2005年11月，沐陂村完成撤村改制工作，组建广州市沐陂置业有限公司，下设两个股份合作经济社，现有村民1360人。

【凌塘村（云溪实业有限公司）】 相传于宋代建村，村民认为住在火炉山脚，需有冷水相助，故名。凌塘开村时仅有梁、韦两姓，民国时期广东省省长陈济棠的侄子陈元宝在凌塘村开办农场，从太和穗丰、新丰、龙门、增城、梅县、博罗等地招聘民工耕种，其中温姓者多为太和穗丰和新丰人氏，中华人民共和国成立后，此批人便在凌塘村落户。1958年，又有陈、李、范、魏等姓从天鹿湖迁居凌塘，人数占全村的30%，至今凌塘村姓氏有39个。2005年6月，凌塘村完成撤村改制工作。2008年，组建广州市凌塘实业有限公司，下设5个股份合作经济社。

【谭村（新合经济发展有限公司）】 谭村原属新塘村下的1个自然村。2010年10月，由新塘街新塘村原三、四、五、六、七及谭村6个生产社的新塘村简氏和谭村林氏村民组成并建立联社——广东省广州市天河区新塘街谭村股份合作经济联社，至2021年有人口近3000人。同时，组建广州市新合经济发展有限公司，属独立法人主体，主营租赁厂房、铺位场地及物业管理。 （陈炎南）

表108 2021年新塘街道集体股份公司情况一览表

名称	注册资本（万元）	股民（人）	经营总产值（万元）	董事长
亿骏置业发展有限公司	200	1594	15712	简树华
沐陂置业有限公司	150	1210	2061	潘成畅
云溪实业有限公司	500	1548	43383	陈展林
新合经济发展有限公司	50	2282	5387	简焯基

表109 新塘街道社区居委会情况一览表

社区名称	居委会地址	居委会主任
新塘	新塘长庚大街大塘边10号2楼	陈华
新园	大观中路新园新村一横路49号2楼	廖志冰
新景	合景路89号天河星作东区2栋1楼28～29号	简杏娟
迎宾	大观中路新泰街D栋1楼	胡卫海
沐贤	沐陂大街7号3楼	邹荣泉
高塘	凌塘上街南1号2楼	王强
云溪	新村北街路上十六巷5号	单文锋
天慧	软件路11号5楼501室	刘国荣

人物和荣誉

先进人物简介

·詹雯

詹雯，女，1975年8月生，天河区车陂小学校长、纳雍天河实验学校首任校长。詹雯一直坚守在教育教学一线，参加工作以来历经3省、11间学校多个岗位的锻炼。2017年，她响应号召前往贵州省毕节市纳雍县支教，原定支教3个月，后主动申请延期至3年。支教期间，詹雯走遍纳雍29个乡镇300多所学校，探索出教育帮扶“六个三”模式。她促成纳雍县72所中小学幼儿园和天河区59所学校签约结对，组织开展校际交流达1.3万人次；促成华南师范大学研发的首间AI人工智+教师能力提升实验室落地纳雍，打造9间“梦想教室”；组织纳雍县118名教育后备干部到天河区挂职跟岗学习，组织55名贫困优秀学生到广州研学；组织开展“星火计划”、主讲“正面教育”等培训56场，培训教师9000多人次；创办“詹雯名校长领航工作室”，培养118名校长；引进社会捐赠财物折合人民币1385.83万元，牵线爱心人士资助50名优秀贫困学生直至大学毕业。2021年，詹雯先后被授予“全国脱贫攻坚先进个人”“广东省优秀共产党员”称号。

·尹良红

尹良红，女，1961年1月生，天河区辖内暨南大学附属第一医院肾内科主任、大内科副主任，广州市恩德氏医疗制品实业有限公司董事长。1984年毕业于同济医科大学医学系，获医学学士学位；1997年获联邦德国自由大学医学博士。20世纪末，中国临床血液透析设备及耗材被国外垄断，透析病人及国家医疗财政为此承担高昂费用。为填补国内空白，尹良红于1998年毅然回国，在没有任何可借鉴的技术经验困难下，带领团队自主设计、制图、组建CNC加工中心，攻下血液透析机核心关键——血泵转子，其偏差精度优于进口机。又经过大半年研制，尹良红团队开创性地设计出“双腔配液平衡供液系统”，实现进口血透机40多年来没能实现的技术。她将首台国产血液透析机从原理样机到生产成品再推向临床应用，造出“中国人工肾脏”，打破中国血透行业长期被国外垄断的局面，迫使进口机降价，并成为继德国、瑞典、日本、意大利之后第5个能够生产血透机的国家。尹良红曾获得1项发明专利和8项实用新型专利，其发明专利获广东省知识产权局“优秀专利奖”以及主持国家级、省市级科研金9项。2020年12月1日，尹良红获第八届“中国侨界贡献奖”一等奖。是年，尹良红入选2021年中国工程院院士候选人名单。

逝世人物简介

·林水锡

林水锡（1969—2021），男，汉族，1990年7月参加公安工作，中共党员，一级警督，生前系广州市公安局天河区分局林和派出所所长兼林和街道党工委委员、三级高级警长。林水锡从警31年来，先后完成2008年春运抗冰雪灾害、广州亚运安保、新中国成立70周年安保等急难险重任务，在打击经济犯罪、“猎狐”追逃等重大工作中屡立战功，多次破获亿元体量的大案要案。他在实际工作中总结提炼出“前置取证”侦查法，有效破除非法套现案件取证难的困境。在基层一线单位工作期间，共参与侦破各类刑事案件90余起，抓获犯罪嫌疑人及在逃人员385人。2021年2月4日，林水锡在前往分局参加会议途中，突发疾病，后经抢救无效，因公殉职。2021年2月5日，广州市公安局天河区分局确认其为因公牺牲。林水锡先后获个人一等功1次（追授）、嘉奖7次、年度考核优秀5次，带队获集体二等功1次、三等功2次、嘉奖1次。

表 110　　2021 年区属单位获市级以上（含市级）荣誉称号表

颁奖时间	获奖部门	荣誉称号	颁奖单位
2021 年 1 月	中共广州市天河区委办公室	2020 年度广东省党委办公厅（室）系统信息工作先进单位	中共广东省委办公厅
2021 年 1 月	广州市天河区国家保密局	广东省保密工作先进集体	广东省人力资源和社会保障局、广东省国家保密局
2021 年 1 月	广州市天河区人民政府石牌街道办事处	广东省星级示范退役军人服务中心	广东省退役军人事务厅
2021 年 2 月	中共广州市天河区委办公室	2020 年度广州市党委系统信息工作优秀单位	中共广州市委办公厅
2021 年 3 月	广州市天河区人民法院	2020 年度广东省法院信息工作成绩突出集体	广东省高级人民法院
2021 年 3 月	区委依法治区办公室	2020 年度广东省普法依法治理工作网上量化评估县（市、区）第 1 名	广东省普法办公室
2021 年 4 月	华南农业大学动物科学学院	全国工人先锋号	中华全国总工会
2021 年 4 月	广州市公安局天河分局国保大队	全国公安反邪教工作示范点	公安部防范和处理邪教犯罪工作局
2021 年 4 月	中共广州市天河区委政法委员会维稳协调科	2018—2019 年度广东省平安建设先进集体	中共广东省委政法委员会、广东省人力资源社会保障厅
2021 年 4 月	广州市公安局天河分局人口管理大队	2018—2019 年度广东省平安建设先进集体	中共广东省委政法委员会、广东省人力资源社会保障厅
2021 年 6 月	广州市天河中央商务区南区联合党委	广东省先进基层党组织	中共广东省委员会
2021 年 6 月	广州市天河区人民政府天河南街道办事处	广东省脱贫攻坚先进集体	中共广东省委员会、广东省人民政府
2021 年 6 月	中共广州市天河区委全面依法治区委员会办公室	广州市 2020 年督查激励	广州市人民政府
2021 年 6 月	广州市天河区人民检察院	2019—2020 年广东省脱贫攻坚突出贡献集体	中共广东省委农村工作领导小组
2021 年 6 月	广州市天河区教育局	2019—2020 年广东省脱贫攻坚突出贡献集体	中共广东省委农村工作领导小组
2021 年 6 月	广州市天河区农业农村局（区扶贫开发办公室）	2019—2020 年广东省脱贫攻坚突出贡献集体	中共广东省委农村工作领导小组
2021 年 6 月	广州市天河区人民政府兴华街道办事处	2019—2020 年广东省脱贫攻坚突出贡献集体	中共广东省委农村工作领导小组
2021 年 6 月	广州市天河区人民政府元岗街道办事处	2019—2020 年广东省脱贫攻坚突出贡献集体	中共广东省委农村工作领导小组
2021 年 6 月	广州市天河区人民政府沙河街道办事处党政综合办公室	2019—2020 年广东省脱贫攻坚突出贡献集体	中共广东省委农村工作领导小组
2021 年 6 月	广州市天河区发展和改革局驻兴宁市刁坊镇河塘岭村扶贫工作队	2019—2020 年广东省脱贫攻坚突出贡献集体	中共广东省委农村工作领导小组
2021 年 6 月	广州市天河区民政局驻兴宁市水口镇荷树村扶贫工作队	2019—2020 年广东省脱贫攻坚突出贡献集体	中共广东省委农村工作领导小组
2021 年 6 月	广州市天河区人民政府五山街道办事处驻兴宁市黄槐镇槐东村扶贫工作队	2019—2020 年广东省脱贫攻坚突出贡献集体	中共广东省委农村工作领导小组
2021 年 6 月	广州市天河区人民政府五山街道汇景社区党委	广州市先进基层党组织	中共广州市委员会
2021 年 6 月	广州市天河区冼村街道党工委	广州市先进基层党组织	中共广州市委员会
2021 年 7 月	广州市天河外国语学校	广州市先进基层党组织	中共广州市委员会、市委组织部
2021 年 9 月	中共广州市天河区委政法委员会	2021 年度《长安》杂志宣传通联先进单位	中央政法委办公厅
2021 年 9 月	广州市天河区人民法院	2020 年度广州市法院审判执行工作先进集体	广东省高级人民法院
2021 年 10 月	广州市天河区司法局天河南司法所	全国模范司法所	司法部
2021 年 10 月	广州市天河区人民政府五山街道五所社区	全国示范性老年友好型社区	国家卫生健康委、全国老龄办
2021 年 10 月	广州市天河区第七次全国人口普查领导小组办公室	广东省第七次全国人口普查先进集体	广东省第七次全国人口普查领导小组

续表 110

颁奖时间	获奖部门	荣誉称号	颁奖单位
2021 年 10 月	广州市天河区人民政府石牌街道办事处	广东省第七次全国人口普查先进集体	广东省第七次全国人口普查领导小组
2021 年 10 月	广州市天河区人民政府棠下街道办事处	广东省第七次全国人口普查先进集体	广东省第七次全国人口普查领导小组
2021 年 10 月	广州市天河区人民政府龙洞街道办事处	广东省第七次全国人口普查先进集体	广东省第七次全国人口普查领导小组
2021 年 10 月	广州市天河区人民政府沙东街道办事处	2019—2020 年广东省脱贫攻坚突出贡献集体	广东省农村工作领导小组
2021 年 11 月	广州市天河区人民检察院	第十届全国检察机关“文明接待室”	最高人民检察院
2021 年 11 月	广州市天河区人民法院	全国优秀直播法院	中国法院网
2021 年 11 月	中共广州市天河区纪委监委	宣传工作先进单位	中央纪委国家监委新闻中心
2021 年 11 月	广州市公安局天河分局天园所东晖社区	第二批广东省“岭南标杆警务室”	广东省公安厅
2021 年 12 月	广州市天河区司法局	2016—2020 年全国依法治理创建活动先进单位	中央宣传部、司法部、全国普法办公室
2021 年 12 月	广州市天河区工商业联合会	2020—2021 年度全国“五好”县级工商联	中华全国工商业联合会
2021 年 12 月	广州市公安局天河分局人口管理大队	集体二等功	广东省公安厅
2021 年 12 月	广州市天河区人民政府兴华街道办事处退役军人服务站	广东省五星级示范退役军人服务站	广东省退役军人事务厅

表 111　2021 年个人获市级以上（含市级）荣誉称号表

颁奖时间	获奖个人	所属单位	荣誉称号	颁奖单位
2021 年 1 月	朱海山	中共广州市天河区委员会办公室	2020 年度广东省党委办公厅（室）系统信息工作先进个人	中共广东省委办公厅
2021 年 2 月	詹雯	广州市天河区车陂小学	全国脱贫攻坚先进个人	中共中央委员会、中华人民共和国国务院
2021 年 2 月	林希丹	中共广州市天河区委员会办公室	2020 年度广州市党委系统信息工作先进个人	中共广州市委办公厅
2021 年 4 月	刘涛	暨南大学新闻与传播学院	全国五一劳动奖章	中华全国总工会
2021 年 4 月	赵淦森	华南师范大学计算机学院	全国五一劳动奖章	中华全国总工会
2021 年 4 月	黄春春	中共广州市天河区委政法委员会	2018—2019 年度广东省平安建设先进工作者	中共广东省委政法委员会、广东省人力资源社会保障厅
2021 年 4 月	许光明	广州市天河区建设工程质量安全监督站	2019—2020 年广东省脱贫攻坚突出贡献个人	中共广东省委农村工作领导小组
2021 年 5 月	林水锡（追记）	广州市公安局天河分局林和派出所	个人一等功	广东省公安厅
2021 年 5 月	李劲松	广州市公安局天河分局看守所	个人二等功	广东省公安厅
2021 年 5 月	李国印	广州市天河区天河南街道综合保障中心	广东省五一劳动奖章	广东省总工会
2021 年 6 月	曾巧玲	广州市天河区人民政府天园街道办事处东晖社区	全国优秀党务工作者	中共中央
2021 年 6 月	方兆丰	广州市天河区农业农村局	广东省脱贫攻坚先进个人	中共广东省委员会、广东省人民政府
2021 年 6 月	陶小民	广州市天河区工商业联合会	广东省脱贫攻坚先进个人	中共广东省委员会、广东省人民政府
2021 年 6 月	黄小林	广州市天河中学	广东省脱贫攻坚先进个人	中共广东省委员会、广东省人民政府
2021 年 6 月	熊冠华	广州市天河区人民政府冼村街道社区卫生服务中心	广东省优秀党务工作者	中共广东省委员会
2021 年 6 月	苏敷伟	中共广州市天河区委政法委员会	广东省教育转化专家	中共广东省委政法委员会
2021 年 6 月	金雄	广州市公安局天河分局人口管理大队	个人二等功	广东省公安厅

续表 111

颁奖时间	获奖个人	所属单位	荣誉称号	颁奖单位
2021 年 6 月	陈旭日	广州市天河区人民检察院	2019—2020 年广东省脱贫攻坚突出贡献个人	中共广东省委农村工作领导小组
2021 年 6 月	余洪	广州市天河区人民法院	2019—2020 年广东省脱贫攻坚工作表现突出表扬奖	中共广东省委农村工作领导小组
2021 年 6 月	周红涛	广州市天河区发展和改革局	2019—2020 年广东省脱贫攻坚工作中表现突出	中共广东省委农村工作领导小组
2021 年 6 月	田宁	广州市天河区人民政府五山街道办事处	2019—2020 年广东省脱贫攻坚突出贡献个人	中共广东省委农村工作领导小组
2021 年 6 月	郑狄杰	广州市天河区人民政府沙东街道城管办	2019—2020 年广东省脱贫攻坚突出贡献个人	中共广东省委农村工作领导小组
2021 年 6 月	余文伟	广州市天河区棠下街道办事处综合治理办公室	广州市优秀共产党员	中共广州市委员会
2021 年 6 月	杨丽萍	广州市天河区棠下街道办事处	广州市优秀党务工作者	中共广州市委员会
2021 年 6 月	张其鹏	广州市天河区中医医院	广州市优秀共产党员	中共广州市委员会
2021 年 7 月	张翼	广州市天河区人民法院	庆祝中国共产党成立 100 周年全国法院党建主题征文优秀作品	最高人民法院
2021 年 7 月	黄雯	广州市天河区汇景实验学校	广东省优秀党务工作者	中共广东省委员会、省委组织部
2021 年 7 月	詹雯	天河区教育局、广州市天河区车陂小学	广东省优秀党员	中共广东省委员会、省委组织部
2021 年 7 月	梁绍威	广州市公安局天河分局车陂派出所	2019—2020 年度广东省公安系统优秀人民警察	广东省人社厅、广东省公安厅
2021 年 7 月	梁剑锋	广州市公安局天河区分局刑警大队	个人一等功	广东省公安厅
2021 年 7 月	王华睿	广州市天河区人民法院	广州市优秀共产党员	中共广州市委员会
2021 年 7 月	陈琼	广州市天河区人民政府天园街道办事处党建工作办公室	广州市优秀党务工作者	中共广州市委员会
2021 年 8 月	王文越	国家税务总局广州市天河区税务局第一税务所	全国税务系统百佳税务所长（书记）	国家税务总局
2021 年 8 月	田美萍	广州市天河区学前教育指导中心	广东省特级教师	广东省人民政府
2021 年 8 月	陈艳萍	广州中学	广东省特级教师	广东省人民政府
2021 年 8 月	吴晓辉	广州市天河外国语学校	广东省特级教师	广东省人民政府
2021 年 8 月	葛红霞	广州市天河区教师发展中心	广东省特级教师	广东省人民政府
2021 年 8 月	肖彩芳	广州市天河区先烈东小学	广东省特级教师	广东省人民政府
2021 年 8 月	刘莎	广州市天河区奥体东小学	广东省特级教师	广东省人民政府
2021 年 8 月	邹文君	广州市公安局天河分局刑警大队四中队	广东省公安机关扫黑除恶专项斗争先进个人	广东省公安厅
2021 年 8 月	管玮	中共广州市天河区委政法委员会	中共广州市优秀共产党员	中共广州市委员会
2021 年 9 月	李其雄	广州市第八十九中学	南粤优秀教育工作者	广东省教育厅
2021 年 9 月	肖艳	广州市天河中学	南粤优秀教师	广东省教育厅
2021 年 9 月	孙华	广州市第八十九中学	南粤优秀教师	广东省教育厅
2021 年 9 月	林琼宇	广州市第七十五中学	南粤优秀教师	广东省教育厅
2021 年 9 月	朱冰清	广州市天河职业高级中学	南粤优秀教师	广东省教育厅
2021 年 9 月	肖天旭	广州市天河区汇景实验学校	南粤优秀教师	广东省教育厅

续表 111

颁奖时间	获奖个人	所属单位	荣誉称号	颁奖单位
2021 年 9 月	王偶偶	广州市天河区启慧学校	南粤优秀教师	广东省教育厅
2021 年 9 月	司徒敏	天河区体育东路小学海明学校	南粤优秀教师	广东省教育厅
2021 年 9 月	熊浩	广州市天河区盈彩美居小学	南粤优秀教师	广东省教育厅
2021 年 10 月	郭丽君	广州市公安局天河分局经侦大队	全国打击虚开骗税违法犯罪两年专项行动成绩突出个人	国家税务总局、公安部、海关总署、中国人民银行打击虚开骗税工作领导小组
2021 年 10 月	侯利荣	中共广州市天河区委宣传部	广东省第七次全国人口普查先进个人	广东省第七次全国人口普查领导小组
2021 年 10 月	黄国业	中共广州市天河区委政法委员会	广东省第七次全国人口普查先进个人	广东省第七次全国人口普查领导小组
2021 年 10 月	王本成	广州市天河区统计局	广东省第七次全国人口普查先进个人	广东省第七次全国人口普查领导小组
2021 年 10 月	张敏	广州市天河区统计局	广东省第七次全国人口普查先进个人	广东省第七次全国人口普查领导小组
2021 年 10 月	曾卫宁	广州市天河区统计局	广东省第七次全国人口普查先进个人	广东省第七次全国人口普查领导小组
2021 年 10 月	杜薇	广州市天河区统计局	广东省第七次全国人口普查先进个人	广东省第七次全国人口普查领导小组
2021 年 10 月	孔维守	广州市天河区统计局	广东省第七次全国人口普查先进个人	广东省第七次全国人口普查领导小组
2021 年 10 月	张英	广州市天河区统计局	广东省第七次全国人口普查先进个人	广东省第七次全国人口普查领导小组
2021 年 10 月	李江滨	广州市天河区统计局	广东省第七次全国人口普查先进个人	广东省第七次全国人口普查领导小组
2021 年 10 月	李明霖	广州市天河区统计局	广东省第七次全国人口普查先进个人	广东省第七次全国人口普查领导小组
2021 年 10 月	欧秀兰	广州市天河区统计局	广东省第七次全国人口普查先进个人	广东省第七次全国人口普查领导小组
2021 年 10 月	吴桐	广州市天河区统计局	广东省第七次全国人口普查先进个人	广东省第七次全国人口普查领导小组
2021 年 10 月	陈启韵	广州市天河区统计局	广东省第七次全国人口普查先进个人	广东省第七次全国人口普查领导小组
2021 年 10 月	高燕军	广州市天河区统计局	广东省第七次全国人口普查先进个人	广东省第七次全国人口普查领导小组
2021 年 10 月	陈梓华	广州市天河区统计局	广东省第七次全国人口普查先进个人	广东省第七次全国人口普查领导小组
2021 年 10 月	吴叶枫	广州市天河区统计局	广东省第七次全国人口普查先进个人	广东省第七次全国人口普查领导小组
2021 年 10 月	许卉卉	广州市天河区统计局	广东省第七次全国人口普查先进个人	广东省第七次全国人口普查领导小组
2021 年 10 月	蓝慧珍	广州市天河区统计局	广东省第七次全国人口普查先进个人	广东省第七次全国人口普查领导小组
2021 年 10 月	罗振苗	广州市天河区人民政府冼村街道办事处	广东省第七次全国人口普查先进个人	广东省第七次全国人口普查领导小组
2021 年 10 月	薛燕媚	广州市天河区人民政府车陂街道办事处	广东省第七次全国人口普查先进个人	广东省第七次全国人口普查领导小组
2021 年 10 月	王小惠	广州市天河区人民政府车陂街道办事处	广东省第七次全国人口普查先进个人	广东省第七次全国人口普查领导小组
2021 年 10 月	李强	广州市天河区人民政府棠下街道办事处	广东省第七次全国人口普查先进个人	广东省第七次全国人口普查领导小组
2021 年 10 月	龚敏维	广州市天河区人民政府沙东街道天平架社区	广东省第七次全国人口普查先进个人	广东省第七次全国人口普查领导小组
2021 年 11 月	莫滔	中共广州市天河区纪委监委	优秀通讯员	中央纪委国家监委新闻中心
2021 年 11 月	冯景佩	广州市公安局天河分局人口大队一中队	2020—2021 年度“岭南百佳社区民警”	广东省公安厅
2021 年 12 月	梁广升	广州市公安局天河分局指挥中心	个人二等功	广东省公安厅
2021 年 12 月	陈智威	广州市公安局天河区分局药食环侦大队	个人二等功	广东省公安厅
2021 年 12 月	曹虎	广州市天河区人民法院	2021 年度《法庭》“十佳作者”	广东省高级人民法院

附 录

2021年广州市天河区国民经济和社会发展统计公报

2021年，是中国共产党成立一百周年，是“十四五”规划和第二个百年奋斗目标开局起步之年。天河区坚持以习近平新时代中国特色社会主义思想为指导，全面贯彻中央决策部署，牢记使命、接续奋斗，统筹疫情防控和经济社会发展，凝心聚力做好改革发展稳定各项工作，不断巩固经济运行“稳”的势头，实现“十四五”良好开局。

一、综合经济

生产总值

根据广州市地区生产总值统一核算结果，全年地区生产总值（GDP）6012.20亿元，比上年（下同）增长8.2%，总量连续15年全市第一。三次产业比例为0.03∶7.45∶92.52。其中，第一产业增加值2.00亿元，增长0.2%；第二产业增加值447.81亿元，增长5.5%；第三产业增加值5562.39亿元，增长8.5%。人均GDP 26.78万元，增长12.0%。

现代服务业增加值4300.69亿元，增长7.2%，占GDP比重71.5%。五大主导产业增加值4134.08亿元，增长8.1%，占GDP比重68.8%。其中，金融业增加值1189.79亿元，增长4.9%，占GDP比重19.8%；新一代信息技术增加值1105.70亿元，增长7.9%，占GDP比重18.4%；现代商贸业增加值820.75亿元，增长16.7%，占GDP比重13.7%；高端专业服务业增加值675.19亿元，增长4.8%，占GDP比重11.2%；现代都市工业增加值342.65亿元，增长7.9%，占GDP比重5.7%。

财政收支

全年税收收入879.20亿元，增长3.3%。其中，增值税322.05亿元，增长7.5%；企业所得税274.85亿元，下降0.4%；个人所得税143.15亿元，增长20.6%。现代服务业税收收入650.14亿元，增长4.7%。五大主导产业税收收入474.66亿元，增长7.7%，占全年税收收入比重54%。其中，金融业税收收入205.63亿元，增长7.2%；现代商贸业税收收入150.02亿元，增长11.8%；新一代信息技术税收收入86.03亿元，增长13.9%；商务服务业税收收入73.67亿元，增长17.1%；现代都市工业税收收入32.98亿元，下降15.5%。

一般公共预算收入77.76亿元，增长2.0%。其中，增值税20.84亿元，下降9.6%；城建税12.76亿元，增长9.0%；印花税7.94亿元，增长9.2%；房产税7.89亿元，增长11.6%；企业所得税7.84亿元，增长7.6%。来源于税收的收入61.30亿元，增长1.8%，占一般公共预算收入的比重78.8%。

一般公共预算支出（含市资金）160.56亿元，增长8.6%。区级一般公共预算支出147.82亿元，增长4.8%。其中，教育支出38.87亿元，增长1.8%；城乡社区支出25.13亿元，增长0.9%；一般公共服务支出16.71亿元，下降0.1%；卫生健康支出14.84亿元，增长8.3%；公共安全支出12.01亿元，下降8.8%。

市场主体

现有各类市场主体63.08万户。其中，企业48.55万户，占全市企业总量比重26.8%。新增企业16.35万户，增长37.5%，占全市新增企业比重35.6%。其中，新增注册资本1000万元以上企业0.48万户，增长2.1%，占全市同类新增企业比重25.8%。内资企业按行业分，新增批发和零售业企业7.88万户，增长21.0%；新增信息传输、软件与信息技术业企业2.87万户，增长153.1%；新增租赁和商务服务业企业2.73万户，增长96.5%；新增科学研究和技术服务业企业1.11万户，增长13.1%。新增“四上”企业1307家（含固定资产投资单位），增长21.5%，占全市比重17.8%。

固定资产投资

全年固定资产投资额（按项目在地）增长8.1%。按产业分，第二产业固定资产投资额下降2.4%，第三产业固定资产投资额增长2.5%。按构成分，其他固定资产投资额增长21.8%，房地产开发投资额下降5.5%。建筑安装工程投资额下降6.2%。131个重点建设项目，年度计划投资219亿元，全年完成投资278亿元，完成年度计划的126.8%。

对外经济

全年外贸进出口总值689.55亿元，增长13.9%。其中，出口283.82亿元，增长18.2%；进口405.73亿元，增长11.1%。服务外包全口岸执行额43.44亿美元，增长11.1%；离岸执行额13.85亿美元，增长8.1%。服务贸易总额3.17亿美元，下降14.3%。

合同利用外资33.84亿美元，下降38.3%；实际利用外资12.60亿美元，增长88.2%。新设外资项目998个。其中，新设及增资合同外资超千万美元项目32个。新接洽入库项目358个，签约项目119个。

平台建设

天河中央商务区（建成区）全年实现规模以上工业总产值789.35亿元，增长8.1%；资质以上建筑业企业总产值454.54亿元，增长27.5%；社会消费品零售总额1035.42亿元，增长29.7%。天河中央商务区（包括在建区）全年共出让产业用地10宗，用地面积11.18万平方米，计容总建筑面积76.76万平方米，协议总投资额419亿元。

天河智慧城竣工投产重点产业项目2个，新增注册资本超亿元企业25家。全年实现规模以上工业总产值95.86亿元，增长18.5%；资质以上建筑业企业总产值200.35亿元，增长9.1%；社会消费品零售总额229.53亿元，下降4.5%。天河智谷片区开发建设提级推动，完成产业用地出让6宗。天河科技园完成技工贸总收入2849亿元，增长8%；软件园完成软件业务收入1445亿元，增长12%。

二、行业经济

工业

全年实现规模以上工业总产值938.32亿元，增长8.6%。工业产品生产销售衔接良好，产销率达99.2%。按企业规模分，大型企业完成工业总产值739.07亿元，增长10.7%；中型企业完成工业总产值67.49亿元，增长21.3%；小型企业完成工业总产值131.76亿元，下降6.3%。分行业看，制造业完成工业总产值198.16亿元，增长2.9%；电力、热力、燃气及水的生产和供应业完成工业总产值740.16亿元，增长10.2%。

建筑业

全年完成建筑业总产值1315.82亿元，增长18.8%。其中，省外完成产值343.03亿元，增长10.5%；省内完成产值972.79亿元，增长22.0%。按构成分，建筑工程产值1148.27亿元，增长16.3%；安装工程产值114.62亿元，增长54.9%；其他建筑业产值52.93亿元，增长13.3%。完成建筑竣工产值356.33亿元，增长31.9%。全年新签合同额2468.76亿元，增长35.0%。

国内商业

全年实现社会消费品零售总额2050.64亿元，增长15.1%，占全市比重20.3%。主要商品中，限额以上新能源汽车类商品零售额增长109.8%，限额以上金银珠宝类商品零售额增长57.8%，限额以上石油制品类商品零售额增长24.0%。网上零售保持较快增长，限额以上批发和零售业通过公共网络实现的商品零售额249.87亿元，增长38.3%。

金融业

全区持牌金融机构243家，占全市比重达70%以上。其中，法人金融机构23家，占全市比重约40%。实现增加值1189.79亿元，增长4.9%。新增境内外上市企业4家，占全市比重17.4%；累计境内外上市企业42家（正常存续），占全市20.6%；累计新三板挂牌企业64家（正常存续），占全市26.7%；在广东股权交易中心累计挂牌展示企业2420家，占全市26.5%。

房地产业

全年房屋施工面积960.1万平方米，下降0.5%；房屋竣工面积32.69万平方米，下降63.3%。商品房销售面积88.78万平方米，增长19.9%。其中，现房销售面积26.45万平方米，下降20.6%；期房销售面积62.33万平方米，增长53.0%。

营利性服务业

全区规模以上营利性服务业实现营业收入合计3430.81亿元，增长13.7%。互联网和相关服务、软件和信息技术服务业营业收入2184.75亿元，增长11.0%。其中，软件和信息服务业营业收入1425.88亿元，增长15.3%；互联网和相关服务业营业收入758.87亿元，增长3.9%。其他营利性服务业营业收入1246.06亿元，增长18.6%。其中，租赁和商务服务业营业收入725.73亿元，增长17.1%；科学研究和技术服务业营业收入451.06亿元，增长20.3%；文化、体育和娱乐业营业收入44.23亿元，增长31.6%；居民服务、修理和其他服务业营业收入25.04亿元，增长14.2%。

三、科技创新

创新主体

新增科技类企业3.89万户（含市工商局登记），增长80.8%，占全市新增企业比重为38.2%。国家高新技术企业2995家，占全市比重26.0%；认定国家科技型中小企业库入库企业2755家，占全市比重22.0%；入选2021年中国互联网百强企业5家，占全市比重55.0%；省级企业技术中心数量累计57家。现有省级以上重点实验室136家，工程技术研究中心461家。2020年全社会

R&D经费投入175.02亿元，占GDP比重3.29%。

创新服务

粤港澳大湾区（广东）创新创业孵化基地投入使用，累计引入项目157个。其中，港澳项目136个，港澳项目占比达86.6%。全区港澳青年之家协助港澳台青年创办企业223家。高标准推动国家数字服务出口基地建设，成功开设自由贸易账户企业625家，全区实现服务贸易出口额15.6亿美元。新增国家级孵化器4家，科技企业孵化器和众创空间总数达225家。其中，国家级孵化载体32家，省级孵化载体36家。

创新环境

中国工业互联网研究院广东省分院成功落户。广州（国际）科技成果转化天河基地累计入驻创新项目27个，孵化具有国际引领性、突破性成果15项。专利授权量3.19万件，增长19.4%。其中，发明专利授权量6847件，增长45.8%。PCT国际专利申请量442件，增长27.3%。高价值发明专利量1.12万件，占全市比重30.0%。商标有效注册量44.92万件，增长18.7%。10项成果入选国家科学技术奖，占全市比重45.5%。

四、社会事业

教育

区属公办高中特控率连续5年全市第一，特控线上线人数首次突破1500、特控率首次突破50%、本科上线率首次突破90%“三个突破”。区属公办初中教育教学质量稳步提升，超600分的学生占比近50%。全区公办幼儿园在园人数占比50.5%，普惠性幼儿园在园幼儿占比达86.2%。新增正高级教师8名、特级教师6名、南粤优秀教师（教育工作者）10名。认定新一轮省市名师、名校长工作室主持人42名，市优秀教师（教育工作者）5名。

文化

区文化馆通过国家一级馆评估定级，21个街道文化站通过省特级文化站评估定级。推进区域总分馆体系建设，现有2个区级总馆（均为国家一级馆），21个街道文化馆分馆，21个街道图书馆分馆，20个社会合作图书馆分馆，26个学校图书服务点。举办群众文化活动1792场，公益文化艺术普及活动220场。其中，广州乞巧文化节共吸引300万名观众参与。获得39个国家、省、市级文艺大赛奖项，《向幸福出发》等13个节目荣登“学习强国”平台。

体育

全区共有体育场地3733个，体育场地面积344.30万平方米，人均场地面积1.54平方米/人。全民健身路径371条，其中，新建或更新健身路径20条，新建篮球场5个。安装3套临江大道智能公共体育设施，维修维护辖内公共体育设施300余件。参加广州市第十八届青少年运动会，夺得金牌98枚。

卫生

全区共有医疗卫生机构909个，包括：54个医院，844个基层医疗卫生机构，8个专业公共卫生机构，3个其他卫生机构。医疗卫生机构床位数1.38万张。其中，医院1.34万张。全区社会办医院床位数3420张，占医院床位总量比重为25.4%。在岗职工3.63万人。其中，卫生技术人员2.96万人，注册护士1.40万人，执业（助理）医师1.08万人，中医执业（助理）医师0.13万人。医疗卫生机构总诊疗量2302.11万人次，住院人数45.90万人次。医疗病床使用率73.0%，出院者平均住院日7.92天。

五、城区建设

规划建设

完成机场二高南段工程天河区段等5个省市级重点项目征拆任务，推进火炉山隧道等10个项目征拆工作。完成棠德南路等10个拥堵点整治。对56条（段）道路进行探地雷达无损探测，探测道路总里程约54.85千米，整改空洞和脱空面积合计169.81平方米。

市容环卫

创建垃圾分类星级投放点199个，建成特色线路4条。累计开展大清洁行动51次，参与人次3.6万，清理卫生死角1480余处，清运各类垃圾杂物超过1020吨。新建公厕10座，改造公厕11座。1257座厕所实现手机导厕服务精确化。检查广告招牌3788块，发现安全隐患91宗，完成整改91宗。

环境保护

全年空气质量达标321天，环境空气质量综合指数3.68，空气质量达标天数比例87.9%。NO_2、PM_{10}、$PM_{2.5}$和O_3第90百分位浓度分别增长5.3%、9.8%、4.5%和6.6%；SO_2和CO第95百分位浓度持平。棠下涌水质指数下降2.9%，猎德涌水质指数下降12.7%，车陂涌水质指数下降34.2%。珠江猎德断面水质为Ⅳ类，五日生化需氧量浓度下降11.1%，化学需氧量浓度上升7.1%，总磷浓度上升5.3%，氨氮浓度持平。

安全生产

全年发生各类生产安全事故19起，死亡16人，分别下降24.0%和增长14.3%，未发生较大以上生产安全事故。检查、巡查各类生产经营单位7.53万家次，出动执法人员约19万人次，发现并消除隐患2.66万条，立案423宗，处罚金额775.87万元。完成100个减灾示范社区创建任务，开展安全宣传6.33万次，宣讲单位6.74万家次、宣讲人数5.18万人次。

综合治理

刑事治安警情下降11.8%，平安建设（综治工作）考核连续7年全市第一。清理整治各类“六乱”行为20.27万宗，立案处罚298宗，罚款6.85余万元。垃圾分类执法立案处罚3117宗，罚款65万余元。环境保护相关立案62宗，罚款114.74万元；拆除违法建设2600宗，拆除面积393.41万平方米；拆除白云山风景区保护范围的缓冲区73宗，周边违法建（构）筑物2.05万平方米。

法律服务

受理人民调解案件3556宗，调解成功3530宗，调解成功率99.3%。累计接收社区矫正对象4178人，累计期满解除3610人，在册社区矫正对象568人。刑满释放人员889人，帮教率100%，安置率100%。社区法律顾问累计服务对象2.71万次，提供包括诉讼及非诉讼服务总件数0.83万件。法律援助处提供法律援助咨询5234人次，受理法律援助案件1525件。其中，农民工劳动争议案件483件，占民事案件比重69.3%。

六、人民生活

人口

年末常住人口223.86万人，下降0.6%；年末户籍人口104.93万人，增长3.8%；户籍人口出生数为1.04万人，出生率10.1‰，死亡率3.3‰，自然增长率6.8‰。城镇常住居民人均可支配收入89206元，增长12.3%。

就业

全区新增就业人数6.61万人，帮扶登记失业人员实现再就业1.13万人，举办各类型公益招聘会134场，就业困难人员实现再就业4602人，开展“阳光就业”高校毕业生系列招聘会和校园供需见面会28场，邀请优质企业617家，提供就业岗位1.4万余个。开展线上线下灵活用工专场招聘会13场，提供灵活就业岗位3736个，累计采集灵活用工岗位信息1.6万个；灵活就业人员参保13.02万人。

社区服务

21个“双百工程”社会工作服务站、230个“双百工程”社会工作服务点全部挂牌。开展居家探访或电访服务6.8万人次，个案服务1963个，小组服务3177节，社区活动1683场，服务社区居民达78万余人次。依托社工站设立21个社区慈善捐赠站点、21个广州公益“时间银行”志愿服务站点，培育10个社区慈善基金，279支志愿服务队伍，发展在册志愿者2.4万人；组织开展各类社区志愿服务活动2889场，服务居民162万余人次。

民生保障

向困难群众发放各类社会救助金3252.2万元，救助流浪乞讨、露宿人员934人次。打造高品质“家政+养老”服务，累计服务2568人，累计服务6.46万人次。养老“大配餐”服务中，104个长者饭堂为2.1万名老人提供就餐服务，累计服务145万人次，送餐服务9146人次。发放70周岁及以上长者79.7万人次，长寿保健金4910万元。

说明：

1. 本公报数据为年度初步统计数，正式数据以《2021年广州市天河区国民经济统计资料》为准。

2. 本公报地区生产总值、各产业增加值和总产值绝对数按当年价格计算，增长速度按可比价格计算。

3. 本公报中部分数据取自相关部门统计数据。

4. 部分数据因四舍五入的原因，存在着与分项合计不等的情况。

新闻选载

附表1

2021年媒体新闻报道选载题录

标题	主要内容	出处
广州各区环境竞争力评价公布	市生态环境局公布广州市各区环境竞争力评价（2019年版），天河区排名第四。专家表示随着各区不断加强环境竞争力建设，各区环境竞争力差距在缩小，呈现出均衡发展的态势	《广州日报》1月3日
天河区人大常委会“创新代表暗访调研机制，找准监督突破口，构建垃圾分类监督工作新常态”项目喜获第三届广东省县乡人大工作创新案例	天河区人大常委会向省人大申报的“创新代表暗访调研机制，找准监督突破口，构建垃圾分类监督工作新常态”项目经省人大常委会党组会议研究通过，被评为第三届全省县乡人大工作创新案例	《潇湘晨报》1月6日
集园区展示、资讯发布于一体，天河区村级工业园服务平台上线	“天河区村级工业园服务平台”小程序在微信正式上线。该平台将打造成天河区村级工业园及产业园区的资源整合平台，整合天河园区资源，助力天河区村级工业园整治提升工作	《南方都市报》1月6日

续附表 1

标题	主要内容	出处
广州市“最美关工组织”公布	广州市“最美关工组织”公布，天河区占 7 个，包括：天河区关工委、天河区教育局关工委、天河区棠下街关工委、天河区五山街关工委、天河区天园街关工委、天河区黄村街康城社区关工小组、天河区棠福学校关工小组	大洋网 1 月 7 日
华南第一商圈再“跃升”创建离境退税示范街区，打造国内商旅文体融合发展第一商圈	7 日，天河区举办关于推动天河路商圈高质量发展新闻发布会。会议介绍《关于推动天河路商圈高质量发展的工作方案》出台背景及主要内容，提出天河路商圈的发展定位和发展目标	《南方日报》 1 月 8 日
论剑“科技创新”广州哪区更强？黄埔天河番禺得分居前三	2019 年广州各区创新指数综合排名前六位分别是黄埔区、天河区、番禺区、海珠区、南沙区和白云区。黄埔区和天河区延续历年突出表现，在多个指标上的得分远超其余各区	大洋网 1 月 8 日
广州科技信贷放款突破 300 亿 科技金融智慧大脑实现科技信贷数据实时交换	7 日，广州首届“资金池”“工作站”“特派员”联动创新大会在广州（国际）科技成果转化天河基地举办。广州市科技型中小企业信贷风险损失补偿资金池在 2020 全年为全市科技型中小企业提供的授信支持规模位居全国前列，累计放贷突破 300 亿元	《南方都市报》 1 月 8 日
广州有所应急安全教育特色幼儿园，还是全国首创	天河区金穗幼儿园是全国第一所以应急安全教育为特色的公办全日制幼儿园，以培养幼儿安全应急能力为主要目标，将生存教育融入幼儿安全教育课程。其安全教育课程体系未来将在全市推广	《广州日报》 1 月 8 日
广州警方举行庆祝 2021 年中国人民警察节警营开放日活动	10 日，为庆祝首个中国人民警察节、广州 110 报警服务台成立 35 周年纪念日，2021 年中国人民警察节警营开放日活动在海心沙亚运公园举办	《广州日报》 1 月 11 日
“桶点”变“景点”，天河完成首批 66 个星级投放点创建	天河区首批 66 个垃圾分类星级投放点建成并投入使用，投放点集投放功能、垃圾收集房功能、可回收物资源房功能于一体，突出两网融合	《信息时报》 1 月 12 日
广东省科学技术厅关于公布 2020 年度广东省科技企业孵化载体的通知	天河区港澳青年之家总部被评为“2020 年度广东省科技企业孵化载体——粤港澳众创空间”	大洋网 1 月 13 日
过年还能行花街吗？广州各区花市最新调整一览	2021 年天河区迎春花市将继续在天河体育中心开办，花市的规模维持 2020 年水平，计划设置总档位数 318 档	《广州日报》 1 月 13 日
大方县：“跨省通办”群众点赞	天河区与大方县开辟政务审批服务“绿色通道”，形成政务服务创新改革跨地域合作机制，最大程度方便天河区到大方县投资企业和大方县到天河区企业务工人员办理相关业务	天眼新闻 1 月 14 日
广州天河：“互联护苗计划”启动，检察官入驻关爱平台	由天河区人民检察院、广州网易计算机系统有限公司联合打造的“互联护苗计划”在区辖内广州市图书馆正式启动。这是国内首个有检企合作的未成年人网络保护公益项目	金羊网 1 月 15 日
致敬！全国学雷锋先进典型，广州 14 代表候选	2020 年度全国学雷锋志愿服务“四个 100”先进典型的广东省推荐名单公布，广州地区 14 个代表入选，天园街道东方社区入选最美志愿服务社区	大洋网 1 月 15 日
广州首个综合能源项目落户金融城	广州国际金融城起步区是广州市能源改革先行先试的示范项目，也是广州市首个综合能源项目。该项目总投资约 13.48 亿元，总供冷规模 70811 冷吨，达产后将实现系统综合能效提高 4.17%、区域能源消费总量降低 2.13%	大洋网 1 月 16 日
11 个街镇获通报奖励！看看他们怎样做好市容卫生	2020 年市容环境卫生责任区制度示范街（镇）创建工作情况公布，天河区前进街、石牌街市容卫生成绩排名全市前 11 名，获通报奖励。其中前进街获 A 档奖励，石牌街获 C 档奖励	《广州日报》 1 月 16 日
“巨无霸”出坞，车陂路—新滘东路隧道建设取得新进展	18 日，国内首座全断面浇筑内河沉管隧道，车陂路—新滘东路隧道工程首批两节重达 6 万吨的“巨无霸”沉管（E3、E4 沉管）浮运出坞。该隧道预计 2022 年底建成通车，开通后可从车陂路直通新港东路	《广州日报》 1 月 18 日
2020 年度“广州榜样”公布！“最美逆行者”占半数	19 日，由中共广州市委宣传部、广州市文明办主办的“致敬身边的榜样 难忘 2020——‘广州榜样脸谱·城市年谱’”年度发布活动在广州市广播电视台举行，活动发布“广州榜样”2020 年度“榜样个人”和“榜样集体”各 10 名，以及“特别致敬人物”钟南山。天园街道办事处东晖社区党总支书记、居委会主任曾巧玲入选 2020 年度“榜样个人”	《广州日报》 1 月 19 日

续附表 1

标题	主要内容	出处
广州这个领域独角兽最多！企业“修炼”成功平均要 4.46 年	“2020 年发现广州‘独角兽’创新企业榜单”发布。天河区上榜“独角兽”企业 2 家，“未来独角兽”企业 20 家，“高精尖”企业 3 家。广州本土“独角兽”生态已具规模，黄埔区、天河区是“独角兽”高密集节点	大洋网 1 月 21 日
天河区新联会举行 2020 年年会暨游戏电竞分会成立仪式	天河区新的社会阶层人士游戏电竞分会成立，成立仪式上为天河区新媒体人士工作站——天河区新联会“新媒体同心汇”授牌，正式搭建天河区新联会“1＋4＋6＋N”创新型组织架构	金羊网 1 月 21 日
全面推广！利好广州超万家科创企业	21 日，广州市科创企业 FT 账户启动会召开。即日起，广东自贸区 FT 账户向广州市科创企业全面推广，1 万多家高新技术企业和科技型中小企业将享受高水平贸易投资便利化的政策红利	大洋网 1 月 22 日
天河中央商务区南区联合党委获评省两新组织党建工作示范点	广州市委组织部、天河区委组织部授予天河中央商务区南区联合党委“广东省‘两新’组织党建工作示范点”荣誉称号	南方 Plus 1 月 25 日
出台扶持游戏产业政策，三年最高奖 1.5 亿元　天河将打造大湾区游戏产业引领区	《广州市天河区关于扶持游戏产业健康发展的实施意见》发布，该意见围绕助力天河区建设成为粤港澳大湾区游戏产业引领区的目标，提出游戏产业“三个一批”工程	《南方日报》 1 月 26 日
全国首个线上花市地图将在穗推出	高德地图在广州上线全国首个线上花市地图，市民通过搜索“广州花市”可以了解到距离最近的购花点	《南方日报》 1 月 28 日
2020 年广州市“最美社区工作者”表彰！30 位社区工作者上榜	2020 年广州市“最美社区工作者”公布，棠下街达善东社区非户籍委员张明清、冼村街冼村社区书记严小玲入选	羊城派 1 月 28 日
广州天河启动巾帼志愿者服务队	天河区妇联协同各界力量创建天河特色“巾帼志愿者”品牌，成立巾帼志愿者服务队，进一步促进天河妇女儿童事业的发展	《广州日报》 1 月 28 日
越秀集团广州环贸中心获评广州市数智化楼宇（试点）单位	26 日，《2020 年湾区・广州楼宇经济发展报告》发布媒体见面会举行。会上，广州环贸中心被评为“广州市数智化楼宇（试点）单位”，成为湾区数字经济专业楼宇示范项目	《潇湘晨报》 1 月 29 日
“2021 中国县域电商竞争力百强榜”发布	广东省 13 个区（市）上榜“2021 中国县域电商竞争力百强榜”，其中荔湾区位居第 8 名，白云区居第 12 名，海珠区居第 16 名，天河区排名第 50 名，番禺区居第 83 名	中国小康网 2 月 1 日
涉案 72 亿元！广州天河警方破获特大非法集资案“购物返款”原来是非法集资	天河警方侦破一宗特大非法集资案件，涉案的广州新动力信息科技有限公司非法集资 72 亿元，涉及利益受损群众 3 万余人	《广州日报》 2 月 2 日
科技创新轴“发动机”动力升级五大产业集群蓄势待发，智慧产业新区加速建设	4 日，推动天河智慧城高质量发展实施意见专场新闻通气会举行。会上透露，广州天河智慧城将以数字经济和人工智能赋能高质量发展，以城市更新赋能产城融合，着力打造成“智慧产业新区、品质宜居新城”	《南方日报》 2 月 5 日
数字经济党建领军人物创新案例出炉，天河区三家企业上榜	2020 年 12 月 25 日，首届“数字驱动未来・党建引领发展——数字经济党建高峰论坛”在杭州市举办。天河区三七文娱（广州）网络科技有限公司党委书记、集团高级副总裁杨军获“数字经济党建领军人物”提名奖，天河区非公企业党委、三七文娱（广州）网络科技有限公司党委、广州动景计算机有限公司党委的项目分别入选“数字经济党建创新案例”，天河区广州酷狗计算机科技有限公司党支部的项目获“数字经济党建创新案例”提名奖	《南方》 2 月 7 日
天河区工商联商会工作荣获 2020 年度“创新中国”最佳案例	区工商联商会工作的亮点《“一抓三同步”强化街道商会党建》获 2020 年度“创新中国”最佳案例，其构建形成的以大党建推动大统战、大统战彰显大党建的工作格局被专家称为“街道商会党建的天河模式”	《南方》 2 月 7 日
全国第四！广州天河发布又双叒叕获奖了	“广州天河发布”微博入选 2020 年“全国十大广电微博”，位列全国第四，较于 2019 年度排名上升 4 位，连续 4 年上榜	澎湃新闻 2 月 7 日
海心沙花团锦簇　广州园博会今日开幕	9 日，第 28 届广州园博会在海心沙正式开幕，展期至 2 月 18 日（后延长至 26 日）	《新快报》 2 月 9 日
桥底空间变身小公园，天河这些高快速出入口华丽变身	天河区对高快速路出入口的 7 个站点进行品质化改造提升，至今有 5 个站点完工，建设内容包括收费站点及周边环境综合整治，高快速路出口的人行道及退缩空间改造，涉及有绿化改造、电气照明、机动车路面、道路给排水、交通工程等	《信息时报》 2 月 9 日

续附表 1

标题	主要内容	出处
金融城东区规划正式获批！6 项措施优化交通	《广州国际金融城东区（AT0914、AT1018 规划管理单元）城市设计优化及控制性详细规划》正式获广州市人民政府批准。新规划将金融城东区的控高从 300 米提高到 330 米，总建设量提高到 317 万平方米，并提出 6 项措施优化金融城东区交通	大洋网 2 月 16 日
每天处理 20 余吨！广州天河区供销社大件垃圾收运处理项目刷新进度	天河区大件垃圾收运处理中心全面对接天河区 21 个行政街道的收运处理服务，中心运输处理量日均达到 15 车，每天可实现垃圾减量 20 吨以上	《潇湘晨报》 2 月 19 日
前浪后浪一起来 资深教师与二年级学生共研信息化教学	广东省提升工程 2.0 及国家课程数字教材“五合一”“四应用”现场会在广州天河区汇景实验学校举行。此次活动是尝试以学校为单位开展微能力认证工作的一次重要突破	《广州日报》 2 月 24 日
广州天河：“校长妈妈”詹雯获评全国脱贫攻坚先进个人	全国脱贫攻坚总结表彰大会在北京举行，天河区车陂小学校长、纳雍天河实验学校首任校长詹雯获得全国脱贫攻坚先进个人称号	《南方都市报》 2 月 25 日
广州河湖“长制久清”	广州市国家监管的 147 条黑臭水体和 50 条重点整治河涌全部消除黑臭，并达到“长制久清”标准。天河车陂涌断面水质全面达标，惊现白鹭	大洋网 2 月 25 日
广州 2020 年技术合同成交逾 2200 亿元 居全国第二	2020 年全国技术合同交易数据公布，广州的技术合同成交额为 2256.53 亿元，在全国城市中排名仅次于北京，居第二。其中，天河区、黄埔区、越秀区、海珠区、南沙区技术合同成交额超百亿，天河区、黄埔区分别以 735.42 亿元和 618.48 亿元的成交额位列全市前两位	中国新闻网 2 月 25 日
2020 年广州文化产业新业态势头猛	2020 年，广州全市规模以上文化及相关产业总体发展态势逐步回稳向好，文化新业态表现亮眼，发展势头迅猛。其中，天河规模以上文化产业营收占全市四成	《信息时报》 2 月 25 日
预计今年国庆前完工！穗港澳职工青年双创基地揭牌	26 日，穗港澳职工青年创新创业基地暨工匠学院签约及揭牌在员村举行。仪式上，广东省总工会为其授予“广东省总工会粤港澳大湾区职工交流服务（广州）中心”牌匾	《广州日报》 2 月 26 日
员村老人又多一个好去处！提供全周期养老服务	员村街道综合养老服务中心具备全托、日托、上门服务、对下指导、统筹调配资源等综合功能，为有需要的老年人提供康复护理、生活照料、助餐配餐、医疗保健、日间托管、临时托养（喘息服务）等 12 项覆盖老年人全生命周期的各项养老服务	《信息时报》 3 月 1 日
点赞！猎德桥底微改造成“广州经验”登上联合国官网	《活力 包容 开放 特大城市的绿色发展之路——联合国可持续发展目标广州地方自愿陈述报告》（简称《报告》）在联合国官网可持续发展目标专栏全文发布。其中，天河猎德大桥试点开展桥下空间微改造作为可供借鉴的经验被写入报告当中。这是联合国网站首次登出中国城市提交的地方自愿陈述报告	《CBDTIMES》 3 月 1 日
天河枫叶路扩宽并新划人行道，缓解拥堵之困	枫叶路拓宽工程在保持原道路等级标准、在结合道路现状的情况下，对枫叶路南段进行拓宽改造，将原来的双向两车道变为双向四车道，并重划斑马线设置港湾式公交站	《信息时报》 3 月 2 日
喜报！车陂这个组织又获全国性荣誉！	车陂街社区社会组织联合会以“3＋1＋3”车陂街社区社联自治创新实践成功入围“全国市域社会治理创新优秀案例（2020）”	《信息时报》 3 月 3 日
天河边检站执勤三队获评广东省“巾帼文明岗”	天河边检站执勤三队被授予 2020 年度广东省“巾帼文明岗”荣誉称号	大洋网 3 月 8 日
广州 30 个社区获 2020 年市级容貌示范社区称号	天河区前进街天力居社区、沙河街水荫四横路社区被评为 2020 年广州市容貌示范社区	金羊网 3 月 8 日
“国内 CAD 一哥”上市！广州这家企业登陆科创板	广州中望龙腾软件股份有限公司正式在上海证券交易所科创板上市，成为国内 A 股首家研发设计类工业软件上市企业	南方 PLUS 3 月 11 日
“许钦松艺术空间”落户天河公园	广东省美术家协会名誉主席许钦松个人名家工作室“许钦松艺术空间”正式落户天河公园	《信息时报》 3 月 12 日
全市首批！天河区新的社会阶层人士到政府“兼职”	天河区开展全市首批新的社会阶层代表人士兼职锻炼工作。首批 3 名新的社会阶层代表人士分别进入 3 个群团组织担任副职领导，进行为期一年的兼职锻炼	《南方都市报》 3 月 15 日
国际范＋中国风＋岭南味！五山又多一个网红打卡点，就在这里	15 日，天河区汇景国际社区服务中心正式揭牌运营	《信息时报》 3 月 15 日

续附表 1

标题	主要内容	出处
广州警方侦破一宗特大电信网络诈骗案 涉案金额9600余万元	天河警方侦破一宗特大电信网络诈骗案，虚假股票投资平台“某泰”App涉及800多名事主，涉案金额9600余万元	央广网 3月16日
广州企业创新50强，7家在天河！	广州企业创新TOP50榜（2020）发布，天河区7家企业入选，分别是酷狗、极飞科技、日立电梯、电信广东院、亿航智能、佳都集团和优视网络科技	澎湃新闻 3月17日
共建创业实践基地 广州天河区携手华工助力双创	由天河区港澳青年创业服务中心与华南理工大学共建的华南理工大学学生就业创业实践基地在天河区港澳青年之家总部挂牌成立	南方PLUS 3月18日
情绪失控就能袭警？天河检察批捕广州首例袭警案嫌疑人	15日，天河区人民检察院批准逮捕广州市首例涉嫌袭警罪案件嫌疑人	大洋网 3月20日
全国首家！广州暨大港澳子弟学校将于9月正式开学	21日，广州暨大港澳子弟学校签约暨启动仪式在广州奥园集团大厦举行。该校以港澳学生为主要招生对象，适当招收台湾及外籍人员子女，是涵盖学前、小学、初中及高中阶段教育的非营利性质的国际学校。该学校将于是年9月开学，首招300人	南方PLUS 3月22日
广州这些基层医院被国家卫健委通报表扬	《国家卫生健康委办公厅国家中医药局办公室关于通报表扬2020年“优质服务基层行”活动中表现突出、成效显著机构的通知》公布，广州市38所社区卫生服务中心和乡镇卫生院获通报表扬，其中天河区5所基层医院上榜，分别是车陂街社区卫生服务中心、沙东街社区卫生服务中心、天元街社区卫生服务中心、冼村街社区卫生服务中心、五山街华工社区卫生服务中心	《南方都市报》 3月23日
全流程电子化网上竞价！广州天河农村集体资产交易新规出台	天河区农村集体资产交易新规《天河区农村集体资产交易管理实施细则》正式公布。对比旧规，新规在交易形式、资产评估、职责范围、公告期限等方面，均有调整。新规全面推广使用电子竞价交易系统	金羊网 3月26日
粤港澳大湾区（广东）创新创业孵化基地开园，就在广州天河！	29日，粤港澳大湾区（广东）创新创业孵化基地在天河区开园。孵化基地由广东省人力资源和社会保障厅、天河区人民政府合作共建，建筑面积6.65万平方米，总投资超7亿元	《广州日报》 3月29日
全国首个殡葬主题数字博物馆上线	29日，全国首家以殡葬为主题的公益类数字博物馆——广州殡葬博物馆在广州市殡葬服务中心正式开馆上线、面向公众开放。该馆虚拟展览面积1000多平方米，展示从汉代以来的广府丧葬文化	《羊城晚报》 3月30日
5G数字楼宇群亮相，重磅政策发布！投资年会上天河释放这些利好	30日，“数字赋能 智创天河”2021中国广州国际投资年会天河区专场正式举行。会上，天河中央商务区正式获得“国家数字服务出口基地”授牌，天河区5G数字经济大厦宣布启动招商	南方PLUS 3月30日
中国人寿南方金融中心项目主体工程正式奠基	30日，中国人寿南方金融中心项目奠基活动在广州市国际金融城举行。中国人寿南方金融中心主要包括广发银行总部大楼及中国人寿大厦超高层双子塔，项目总投资79亿元，预计2023年底建成	新华网 3月30日
广州成立首支“广州街坊”警站共建平安队	旨在发动市民参与平安地铁群防群治工作，首支“广州街坊”警站共建平安队在体育西路站成立	《信息时报》 4月1日
广州5家示范基地获评“国字号”四星级基地	工信部公布2020年全国新型工业化产业示范基地评价结果，广州5家示范基地被评为四星级。其中，天河区软件和信息服务·广东广州天河软件园示范基地由上一年度的“三星级”升为“四星级”	《信息时报》 4月2日
华快石门堂至春岗段新开2条出入口匝道，凤凰收费站开通	2日，华南快速路石门堂山隧道至春岗立交段增设出入口匝道工程建成通车，正式开通凤凰收费站	南方PLUS 4月2日
天河首个新冠病毒疫苗临时接种场所进园区启动	2日，天河区启动首个新冠疫苗临时接种场所——前进街盈科智谷临时接种场所，由南医三院与华侨医院医护团队进驻	《南方日报》 4月5日
服务20万新阶层人士，天河区这个创业之家入选中央重点项目	天河区“新阶层创业之家”入选中央统战部第三批新的社会阶层人士统战工作实践创新基地重点项目。这是广州市首个“新阶层创业之家”	《南方都市报》 4月8日
全球创新要素“入穗”广州国际技术交易服务中心成立	8日，广州国际技术交易服务中心市场化运营主体——广州国际技术交易服务中心有限公司正式成立，成立仪式暨项目路演对接活动在广州（国际）科技成果转化天河基地举行。广州国际技术交易服务中心是中国科协指导、广州市人民政府建设的全链条国际化技术交易服务平台，旨在打造适应科技与产业变革加速演进的技术服务与交易平台载体	央广网 4月8日

续附表 1

标题	主要内容	出处
天河边检站助力 12367 平台上线运行	8 日，国家移民管理机构 12367 服务平台上线运行。天河边检站设立专门客服座席，全天候提供服务。天河边检站是 12367 服务平台广州东站口岸通关与边境通行咨询事项的受理机构，受国家移民管理局和广州出入境边防检查总站垂直领导，主要担负广州东站铁路客运口岸的出境入境边防检查任务	《信息时报》4 月 9 日
穗深城际铁路石牌站今日起正式开办客运业务	10 日，穗深城际铁路石牌站（位于长岗广园快速路与科韵路交会处西南侧）正式开办客运业务。旅客可由石牌站乘车快速直通肇庆、佛山、东莞、深圳等周边主要地区，肇庆至深圳间无需再中转换乘	金羊网 4 月 10 日
天河区率先打出港澳学生新冠疫苗第一针	12 日，天河区在全市率先为暨南大学港澳籍学生开展新冠病毒疫苗接种工作。这是全省港澳及外籍人员新冠疫苗接种第一针，也是全国针对此类人群规模接种的第一针	《信息时报》4 月 12 日
广州天河区法院发布金融审判白皮书 欲构建跨境金融解纷平台	《广州市天河区人民法院金融审判白皮书（2018—2020 年）》暨十大典型案例发布，天河区人民法院将构建跨境金融解纷平台，运用法治力量优化营商环境，打造国际化金融法律服务高地	中国新闻网 4 月 13 日
“沿着高速看中国（广东）”首站走起！看广州城市新中轴线	14 日，“沿着高速看中国（广东）”主题采访活动在广州启动，采访活动以高速路为经纬，探访广东 21 个地市经济社会发展亮点。采访团调研的第一站是天河区	《南方都市报》4 月 14 日
鱼珠隧道环评公示，预计 5 月开工，2025 年 5 月建成通车	鱼珠隧道项目（原鱼琶隧道）在市生态环境局网站上进行环评审批前公示，该项目连接海珠、天河及黄埔三区，工程建设总投资超 55 亿元，计划 2021 年 5 月年开工建设，2025 年 5 月建成通车	大洋网 4 月 15 日
华师附中入选北大首批三星级“博雅人才共育基地”	16 日，北京大学博雅人才共育基地——华南师范大学附属中学基地授牌仪式在华附举行。华南师范大学附属以中学数学、物理、语文三个学科入选北京大学首批三星级“博雅人才共育基地”，是广州第一所也是广州唯一一所获得该三星级基地授牌的中学	羊城派 4 月 16 日
大湾区企投家联盟揭牌成立	19 日，“大湾区企投家联盟”在广州（国际）科技成果转化天河基地揭牌成立，旨在大力推动大湾区企投家通过产业资本去推动产业发展，从而推动广州市乃至大湾区的科技创新事业发展	《信息时报》4 月 19 日
广州期货交易所揭牌仪式在穗举行	19 日，国家级金融机构——广州期货交易所在天河区正式揭牌办公，这是中国首家混合所有制的交易所，也是境外机构首次获准入股内地期货交易所	大洋网 4 月 20 日
南沙直达天河冼村！广州地铁十八号线首通段全线贯通！	20 日，广州地铁十八号线首通段（万顷沙至冼村）全线贯通。该线路连接广州市中心城区与南沙自贸区，是粤港澳大湾区首条 160 千米时速的地铁线路	南方 PLUS 4 月 20 日
“大湾区、大未来”主题采访走进天河	20 日，由中央广播电视总台、《经济日报》、《中国日报》等多个媒体组成的“大湾区、大未来”采访团在天河区港澳青年之家总部开展集中采访活动	澎湃新闻 4 月 20 日
2021 赛季中国足球协会超级联赛在广州开幕	20 日，2021 赛季中国足球协会超级联赛在天河体育场开幕	羊城派 4 月 21 日
天河区知识产权调解工作站成立，下设固定和流动调解工作室	21 日，天河区知识产权调解工作站正式成立。该工作站主要承担知识产权人民调解、行政调解、法律咨询、法治宣传等法律服务职能。工作站下设固定和流动的知识产权调解工作室，其中固定工作室设在天河区知识产权联合会大都会办公点，流动工作室设在天河辖区内的 21 个市场监管所和 7 个执法大队	《南方都市报》4 月 21 日
中国工业互联网研究院广东分院落户广州天河	22 日，中国（广州）人工智能与数字经济融合大会召开，会上举行中国工业互联网研究院广东省分院暨国家工业互联网大数据中心广东省分中心签约仪式，该院正式落户天河智慧城核心区	南方 PLUS 4 月 22 日
广东省首个！车陂街环境保护纠纷人民调解工作室揭牌成立啦！	28 日，广东省首个街道环境保护纠纷人民调解工作室——车陂街环境保护纠纷人民调解工作室，在车陂街美好社区成立并举行揭牌仪式。该调解室的成立有利于完善社会矛盾纠纷多元预防调处化解综合机制	《信息时报》4 月 30 日
广州天河珠江东消防站获“全国五四红旗团支部”荣誉称号	天河区珠江东消防救援站团支部被共青团中央授予“全国五四红旗团支部”荣誉称号	《南方都市报》5 月 1 日
下楼就能办税务，广州天河“易税家”税收服务站进驻国际社区	大湾区“易税家”广州国际社区税收服务站正式进驻广粤国际社区服务中心。该服务站推出一系列便民办税举措，进一步打通服务纳税人缴费人的“最后一千米”	《南方都市报》5 月 1 日

续附表 1

标题	主要内容	出处
沙河片区更新改造将启动，将主打“演艺文化、文创商贸”	广州市城市规划委员会通过《天河区白云山南麓（沙河）片区城市设计及控制性详细规划》，规划将对沙河片区 1.47 平方千米的范围进行更新改造，形成“两轴两组团”的新发展格局，即“南部演艺文化组团”和“北部文创商贸组团”，以及“空间提质轴”和“文创体验轴”，以文化激发沙河发展新活力，实现从吸引力逐渐降低的“老城区”向进发创造新活力的“理想目的地”转变	《广州日报》5 月 6 日
广东省首个“线上+线下”家庭药师居家药学服务在天河区启动	7 日，天河区药学联盟居家药学服务项目正式启动。该项目将在全区铺开实行广东省首个“线上+线下”家庭药师居家药学服务	《南方都市报》5 月 7 日
洋葱集团登陆纽交所，广州这个园区 7 年来每年都有企业上市	7 日，洋葱集团正式在美国纽交所上市。洋葱集团落户的羊城创意产业园连续 7 年每年都有企业上市，累计培育 9 家上市企业	羊城派 5 月 9 日
粤港澳电竞发展研究院落户天河	8 日，粤港澳电竞发展研究院在广州体育职业技术学院正式挂牌成立。该研究院落户广州天河，将成为具有学术引领作用的华南地区首家电子竞技研究创新基地	《信息时报》5 月 9 日
“贪玩”来了！进驻广州国际金融城	游戏界的头部企业贪玩游戏分公司择址广州国际金融城 CFC 汇金中心	《羊城晚报》5 月 14 日
广州天河率先推出全国首个智能咨询热线+ 5G 消息平台	全国首个智能咨询热线+ 5G 消息平台正式上线。该平台由区政务服务数据管理局与中国电信广州分公司共同打造，将政务咨询服务从传统的单一、被动的方式逐步转变为精准、主动和高效的“可视化”智能服务模式	《南方都市报》5 月 26 日
天河区家政服务人才培养联盟成立	天河区家政服务人才培养联盟正式宣告成立，未来将推进“南粤家政”人才保障体系建设，多渠道扩大天河家政人才供给	《广州日报》5 月 26 日
天河环卫技能大比拼，工匠精神精益求精	27 日，天河区第五届“工匠杯”环卫技能竞赛在天河体育中心南广场开幕。竞赛设置公共卫生间保洁技能、小型扫路机清扫技能、人工清扫及快速保洁车作业技能、香口胶污迹清洁技能、油污清洁技能竞赛、垃圾分类知识竞赛等 6 个项目，竞赛持续至 10 月 13 日	《广州日报》5 月 27 日
广州天河警方率先试点应用社区民警电子名片	天河警方在全市率先试点应用社区民警电子名片。市民可以通过手机识别名片上的二维码进入社区网上警务室，了解社区最新的安全防范信息、反映问题、表达诉求等。目前电子名片已在天园派出所东晖社区试点	新华网 5 月 28 日
今年天河区积分入学计划招 2432 人	29 日，天河区教育局公布《2021 年广州市天河区积分制入学学位申请指引》。是年天河区来穗人员随迁子女积分入学招生计划总数为 2432 个（小学 1314 个、初中 1118 个），解决全区申请人学位比例达 70%	《信息时报》6 月 1 日
2020 年省河湖长制工作考核结果出炉 广州市连续三年获评优秀	广东省 2020 年度全面推行河湖长制工作考核结果公布，广州市连续三年获评优秀。是年，广州全市 13 个国省考断面水质全部达标，获得第十批（2020 年度）国家节水型城市称号。天河区民间河长苏志均当选全国“十大最美河湖卫士”	《广州日报》6 月 3 日
即日起至 6 日 广州天河区开展全区全员核酸检测	4—6 日，天河区将对全区户籍人口、来穗人员开展全员核酸检测工作。天河区采取“现住址+就近采样”的原则，将辖区户籍人口、来穗人员合理划分区域和采样时段，组织引导辖区居民分时段、就近前往采样点进行核酸检测	央广网 6 月 4 日
金融城起步区首座 220 千伏变电站投产	位于 AEC（美林）变电站的广州市首座跨河配网电力行人桥架正式吊装完毕，该桥有效解决附近变电站为周边供电的输送问题，并为居民出行提供便利。金融城起步区首座 220 千伏员热变电站投产，为金融城片区的电网网架提供强力电源支撑	《南方都市报》6 月 18 日
重磅！第 22 届中国专利奖授奖名单公布	国家知识产权局公布第二十二届中国专利奖授奖的决定，天河区获 14 项奖项，其中华南理工大学凭借“一种城市污水改良 A2/O 强化脱氮除磷处理装置及工艺”获中国专利金奖，广州小鹏汽车科技有限公司申报的“汽车”获中国外观设计金奖	腾讯网 6 月 26 日
天河 11 所民办初中电脑派位招生，录取 1204 人	28 日，天河区教育局组织开展 2021 年民办初中电脑派位招生工作。区内 30 所民办初中有 11 所学校需以电脑派位方式招生，11 所民办初中从 5428 名学生中录取 1204 人	《信息时报》6 月 28 日
广州天河智慧城党群服务中心揭牌启用	29 日，天河科技园党委与企业共建的天河智慧城党群服务中心揭牌启用	《南方都市报》6 月 30 日

续附表 1

标题	主要内容	出处
天河公园地铁站区域复绿换新颜	天河公园地铁站场复绿及景观提升工程顺利完工，工程充分结合市民游客的需求开展建设改造，将公园打造成为一个轻盈通透的现代风公园	《信息时报》 7月7日
小鹏汽车赴港上市 成港股电动车第一股 募资超140亿港元	7日，小鹏汽车在香港联合交易所主板挂牌交易，成为港股上市的“智能电动车第一股”	证券日报网 7月8日
让金融、科技人才互通学习，广州数字金融学习基地落户天河	15日，广州市数字金融协会、广州数字金融学习基地落户天河区科技金融集聚区，有利于引导金融业态与数字科技深度融合	《南方都市报》 7月15日
广州暨大港澳子弟学校揭牌 今年9月1日开学	18日，广州暨大港澳子弟学校在天河区正式揭牌，这是全国首家港澳子弟学校。该学校将于是年9月1日正式开学，首批300人的招生计划基本完成	中国新闻网 7月19日
离“天河路商圈”更近一步！天河东部新商圈再添商贸载体	20日，位于天河东部商圈的美林M·LIVE天地二期开业。落户该商场的广州东山姆会员商店同步开业，这是沃尔玛山姆会员店系列中的华南地区唯一一家旗舰店	《南方都市报》 7月21日
路况如何？“发光路牌”话你知	由广州城投旗下市政维修处负责实施的广州首个LED交通诱导可变信息标志系统，在天河区天寿路—天河东路—猎德大道路段投入试运行。该系统为驾驶人提供到达目的地时间预测显示、交通拥堵状况实时显示功能，改善驾驶员获取道路信息的能力	《信息时报》 7月26日
广州成功申办2023年世界田联接力赛	广州成功申办2023年世界田联接力赛，这是广州继举办亚洲田径锦标赛后再次举办的重大田径赛事。2023年世界田联接力赛将于2023年5月在天河体育中心体育场举办	央广网 7月28日
家门口的一站式养老服务机构来了！广州天河建成21个颐康中心	截至10日，天河区21个颐康中心均基本建设完成，19个已投入运营	羊城派 8月10日
广州城市更新高端商贸业政企对接会在天河举行	广州市城市更新高端商贸业政企对接会在天河区广州国际金融中心举行。这是广州市今年以来举办的第三场政企对接活动，本次活动以天河区为主场，意在依托天河商贸资源优势及城市更新发展空间，打造两者相结合的“天河样本”	大洋网 8月11日
广州天河：“四大创新”打造党建“天河样本”	15日，天河区委组织部和广州日报数据和数字化研究院（GDI智库）联合发布《广州市天河区两新组织党建白皮书（2021）》，这是广州首份聚焦区域两新组织党建工作的白皮书	《广州日报》 8月16日
位列全国“第一梯队”，广州天河连续五年上榜赛迪百强区榜单	赛迪顾问城市经济研究中心编制的《2021年中国城区经济高质量发展白皮书暨2021年赛迪百强区》正式发布，天河区位列2021年中国城区高质量发展水平第二	南方PLUS 8月17日
广东省妇幼天河院区今起试业	19日，广东省妇幼天河院区开始试业，开放床位300张	大洋网 8月19日
广州天河区签订16省46县“跨省通办”合作协议	20日，天河区作为广东省唯一一家签约单位与15个省（自治区）45个县（市、区），以“跨省云签”方式签署《省际联盟“跨省通办”合作协议》，正式启动涵盖企业登记、个体工商户登记等81项高频政务服务事项“跨省通办”	《广州日报》 8月24日
陈建荣任广州市天河区人民政府副区长、代理区长	23日，广州市天河区九届人大常委会第六十二次会议任命陈建荣为天河区人民政府副区长并决定其为天河区人民政府代理区长	金羊网 8月24日
“山水校园”亮相！刚刚，广州市执信中学天河校区启用	28日，执信中学天河校区启用仪式举行，办学最大规模90个班（初中30个班，高中60个班），学生总数约4500人	南方PLUS 8月29日
天河区4所新校今日正式开学	1日，天河区4所高质量学校——天河区体育东教育集团均和小学、天河区智慧城第一小学、清华附中湾区学校、广州市执信中学天河校区正式开学	《信息时报》 9月1日
羊城创意产业园亮相服贸会，汇报分享数字文化创新出海成果	4日，首届国家文化出口基地论坛于中国国际服务贸易交易会期间在国家会议中心举行。论坛上，商务部、文化和旅游部、广电总局为第二批国家文化出口基地授牌，国家文化出口基地联席机制成立并发表联合倡议。天河区内近20家重点园区与企业约50人随团参展，羊城创意产业园在论坛上作汇报分享	羊城派 9月5日
广州首个工业园区垃圾分类示范点亮相	广州市首个工业园区垃圾分类示范点亮相天河区元岗·智汇Park创意产业园。该垃圾分类示范点引入两网融合和智能化地埋式垃圾桶的规划设计，并设置智能“绿色快递回收箱”	南方PLUS 9月7日

续附表 1

标题	主要内容	出处
天河被评为中国楼宇经济高质量发展标杆范例，两大写字楼入选中国楼宇经济新地标	7 日，《2021 中国楼宇经济高质量发展白皮书》在 2021 中国楼宇经济北京论坛上发布，天河被评为中国楼宇经济高质量发展标杆范例，天河区两大数字楼宇广州环贸中心、越秀金融大厦入选中国楼宇经济新地标项目	南方 PLUS 9 月 8 日
双向 4 车道变双向 8 车道！华快石门堂山隧道堵点 16 日“打通”	华南快速路石门堂山隧道扩建工程预计 16 日通车，隧道通车后从原双向 4 车道变为双向 8 车道。其中新建石门堂山隧道全长 670 米，是国内首条紧邻既有双连拱隧道新建的超大跨度隧道	南方 PLUS 9 月 14 日
在线拿 offer！广州天河这场企业直播宣讲约定你！	13 日，为期一个月的“披荆斩棘，智荟天河——2021 广州天河名校百企空中双选会”公益活动在智联招聘、“天河企聘”小程序上同步开展，活动采用“直播推介+线上平台互动”的方式	《广州日报》 9 月 14 日
广州马场地“复活”：曾是亚洲第二大赛马场 如今估值 500 亿元	中国政府采购网发布《天河区马场地块功能提升发展策划项目中标（成交）结果公告》，广州市城市规划勘测设计研究院中标。中标人需在签订合同后一年内，完成马场地块基地研判、功能定位、案例分析、空间设计 4 项规划设计成果	《时代周报》 9 月 15 日
两大农业主题公园揭幕！广州天河打造全国农科“硅谷”示范区	22 日，天河区举办庆祝 2021 年中国农民丰收节暨农业公园开园仪式活动。两大农业主题公园——大湾区首个都市现代农业园花城农园和天河精品农业公园同日开园	南方 PLUS 9 月 22 日
天河区第十次党代会召开，提出争创新时代高质量发展典范 今后五年要打造万亿级商圈	27 日，中国共产党广州市天河区第十次代表大会召开，区委书记陈加猛代表九届区委向大会作报告，会议回顾过去五年天河区各个领域取得的成就，明确未来五年的工作要求	《信息时报》 9 月 28 日
2021 广州国际购物节拉开帷幕	29 日，2021 广州国际购物节启动仪式及主会场活动在天河路商圈举行，各区重点商圈也设立分会场，重点打造商贸数字化、时尚消费、首店经济、文商旅体深融合四大主题购物月活动。此次购物节持续至 10 月 28 日	大洋网 9 月 29 日
这个国际顶尖学会中国部落户广州南医三院	29 日，国际矫形与创伤外科学会（SICOT）中国部落户南方医科大学第三附属医院，将负责 SICOT 在中国的学术发展和推广。同时，南方医科大学第三附属医院的骨科大楼正式启用，将提供骨科床位超 600 张，医院总床位增加至 1500 张	《南方都市报》 9 月 29 日
广州环贸中心开业 天河北商圈再迎新综合体	29 日，广州城市新中轴线北端起点——广州环贸中心开业（广州 ICC），同时举行“数字广州·智启未来”2021 广州数字经济发展论坛，本次活动以“湾区力量 拥抱世界”为主题	《新快报》 9 月 30 日
《烽火·冼星海》打头阵 广州优秀剧目展演“益街坊”	30 日，酷狗剧院 2021“天河呈现·酷狗酷艺术优秀剧目展演”正式开幕，国内首部以冼星海为题材的原创音乐剧《烽火·冼星海》同时上演	中国新闻网 9 月 30 日
数位知名冠军运动员加盟，“花城全民健身志愿服务队”成立	30 日，由中共广州市天河区委党史学习教育领导小组办公室指导，区委组织部、区委宣传部主办的“祖国耀我心 冠军伴我行”天河区城市体育文化发展史宣传活动在花城广场党群服务站开幕，花城全民健身志愿服务队正式成立	羊城派 9 月 30 日
天河区四家创业基地被评为广州市港澳台青年创新创业示范基地	广州市推进粤港澳大湾区建设领导小组支持港澳台青年来穗创新创业专项小组召开会议审议 2020 年度广州市港澳台青年创新创业示范基地复审结果及 2021 年度广州市港澳台青年创新创业示范基地名单公布，天河区港澳青年之家总部、微谷众创社区两家创业基地被评为 2021 年度广州市港澳台青年创新创业示范基地，专创·众创空间、TIMETABLE 精品联合办公通过 2020 年度广州市港澳台青年创新创业示范基地复审	南方 PLUS 10 月 11 日
登顶广州第一高楼！国际垂直马拉松在广州东塔鸣枪开赛	10 日，由广州市天河区文化广电旅游体育局、广州市垂马协会共同主办的 2021 国际垂直马拉松公开赛在广州周大福金融中心举行。作为天河区“一区一品”经典赛事项目，该国际垂直马拉松系列赛已连续举办六年	《广州日报》 10 月 12 日
新增教学面积 3 万平米，广州市第八十九中学迎新校区	位于天河区东北部的广州市第八十九中学北校区 9 月初投入使用，新增教育教学面积 3 万平方米，提供宿位 2100 个	《广州日报》 10 月 15 日
广州国际金融城地标建成：CFC 汇金中心昨日封顶！	14 日，位于广州国际金融城起步区的地标项目 CFC 汇金中心封顶，高度 320 米，是广州唯一可售的地标资产	《广州日报》 10 月 15 日

续附表 1

标题	主要内容	出处
广州7社区拟被评为“2021年全国示范性老年友好型社区”	国家卫生健康委老龄司公布2021年全国示范性老年友好型社区拟命名名单，广州市共有7个社区入选，包括天河区五所社区	金羊网 10月15日
天河区田径协会成立，广东女飞人梁小静分享拼搏故事	15日，广州市天河区田径协会举行成立大会，会议颁布天河区田径人才奖励基金激励政策，协会与区少年儿童业余体校签订合作协议	《广州日报》 10月15日
天河外国语学校将建智慧城校区：设置90个班、提供4500个学位	《天河外国语学校智慧城校区地块控制性详细规划》在广州市城市规划委员会地区规划及城市设计专业委员会上获得通过，该学校选址天河区东北部的长湴三鸟市场地块。该校规划设置60个高中班，30个初中班，学生4500人	大洋网 10月27日
秀出数字经济实力，天河区率团亮相广州博览会	27日—30日，第29届广州博览会在中国进出口商品交易会展馆举办，天河区以“追梦新天河，共筑大湾区”为主题，带领20多家高科技企业和数字企业参展，参展面积396平方米	南方PLUS 10月27日
国内少有！东坡文化主题展落地天河	30日，由区文联、区民间文艺家协会主办的“岭南苏韵·天河风华——致敬东坡古今书画特展”在天河艺苑开展。本次展览是继北京、杭州东坡主题书画邀请展之后国内少见的东坡文化主题展	南方PLUS 10月27日
广州第二棉纺厂地块规划通过，金融城将再添打卡地	《天河区第二棉纺厂地块（AT0805规划管理单元）控制性详细规划》在广州市城市规划委员会地区规划及城市设计专业委员会上获得通过，该地块规划定位为中国人工智能（广州）产业园	《广州日报》 10月28日
天河北部将再增商业体，但不止于商业……古风、国潮、绿色都齐了	28日，信达金茂广场·益田假日世界的概念发布会于广州源汀宅院举行。信达金茂广场·益田假日世界由信达地产、中国金茂与益田旅游商业三方联袂打造，是一座依托于大型城市综合体的新型绿色生态型体验商业项目。该项目位于广州大道北，将打造广州文化潮流体验新商业中心	《广州日报》 10月30日
“了不起的广州·海心沙之夜”开启广州国潮节 第五届文创产业大会·天河峰会将于本月22—26日举行	31日，由第五届文创产业大会·天河峰会组委会主办，天河文创产业协会等单位承办的“了不起的广州·海心沙之夜”国潮时尚文化活动，拉开第五届文创产业大会·天河峰会暨广州国潮节的序幕。天河峰会开幕式及系列主题论坛将于11月22—26日在广州图书馆举行。广州国潮节将从10月持续至12月，分别在海心沙、天河路商圈、CBD等文商旅综合体开展系列国潮主题活动	《羊城晚报》 11月1日
政企面对面有了“聊天室”广州市民营企业服务周启动 首个政企沟通服务中心成立	1日，在中共广州市委统战部、广州市工业和信息化局、广州市工商联联合主办的2021年广州市民营经济服务大会暨民营企业服务周启动仪式上，广州市政企沟通服务中心揭牌成立。政企沟通服务中心是有关政企恳谈会、政策调研会以及政策解读宣讲会等“政企面对面”活动的实体阵地。首个政企沟通服务中心将由广州市工商联和天河区人民政府在广州（国际）科技成果转化天河基地合作共建	《广州日报》 11月2日
“头雁”领飞，广州市天河区10项成果获2020年度国家科学技术奖	3日，2020年度国家科学技术奖励大会在北京人民大会堂召开，国家科学技术奖励大会颁布国家科学技术奖获奖名单，广州地区获奖22项，天河区占10项，其中包括2项国家自然科学奖，2项国家技术发明奖，6项国家科学技术进步奖	《广州日报》 11月8日
广州市天河区政府门户网英文网站正式上线 开启国际交流合作新窗口	广州市天河区政府门户网英文网站近日正式上线	中国日报网 11月9日
广州首家来穗人员服务区级示范中心在天河揭牌运营	9日，位于天河区前进街兰亭盛荟裙楼的天河区来穗人员服务示范中心正式揭牌运营，总占地面积约1300平方米，设置12个功能服务区，这是广州市首家集来穗业务办理和融合服务于一体的区级示范中心	南方PLUS 11月9日
广州市写字楼首例直升机救援演练 直升机飞上楼顶“空地联动”救人	9日，广州超甲级写字楼首个“数字化+急救”服务体系在区辖内越秀金融大厦落地，同时开展“空地联动”航空医疗救援模拟演练，这也是广州市首例直升机救援演练案例	《广州日报》 11月10日
“天河区兜底民生服务社会工作双百工程”社会工作服务站（点）顺利挂牌	“天河区兜底民生服务社会工作双百工程”社会工作服务站（点）挂牌仪式10月20日在天园街举行。全区21个“双百工程”社会工作服务站、230个“双百工程”社会工作服务点全部完成挂牌	广州资讯 11月14日

续附表 1

标题	主要内容	出处
大湾区“菜篮子”产品韶关配送中心增添广州运营中心	15 日，粤港澳大湾区“菜篮子”产品韶关配送中心（广州运营中心）在天河区正式揭牌，该平台的成立将全面拓宽农产品大湾区和出口业务	羊城派 11 月 15 日
百余件辛亥革命先驱书法珍品在天河艺苑展出	16 日，区文联、区文化广电旅游体育局联合胜宝投资控股（广东）有限公司在天河艺苑举办“孙中山和辛亥革命先驱的墨迹”——纪念辛亥革命 110 周年主题展。展期持续至 11 月 22 日	羊城派 11 月 16 日
全省唯一！广州市天河区投资服务中心获评“年度最佳招商服务团队”	在 9 日举行的 2021 广东省营商环境创新实践评选活动中，天河区投资服务中心获“年度最佳招商服务团队”称号，是广东省唯一获此称号的政府招商团队	《广州日报》 1 月 17 日
助力减污降碳，天河区环保产业行业协会成立	17 日，天河区首届绿色发展论坛暨广州市天河区环保产业行业协会成立大会在广州（国际）科技成果转化天河基地召开，协会与广东省人力资源研究会、广州市绿色金融协会、广州市志愿者协会环保志愿总队建立战略合作伙伴关系，同时启动“绿色小天使”公益项目	《广州日报》 11 月 18 日
大揭秘！广州这两个地方凭什么入选国家级名单？	17 日，文化和旅游部正式公布第一批国家级夜间文化和旅游消费集聚区名单，越秀区北京路和天河区正佳广场入选	《广州日报》 11 月 19 日
国际社区里练咏春，广州天河迎来省级非遗项目交流活动	20 日，天河区猎德街广粤国际社区举办广东省级非遗项目“米机王”咏春拳交流活动	《广州日报》 11 月 22 日
11 项数字文化创意成果亮相！第五届文创产业大会・天河峰会开幕	23 日，第五届文创产业大会・天河峰会在区辖内广州图书馆举行。本届文创大会以“文化创新，数字赋能”为主题，“文化科技融合”为主线，突显创意经济和新国潮，涵盖数字文化、创意设计、非遗创新、影视传媒等领域	南方 PIUS 11 月 23 日
广州天河位列全国第一！赛迪投资竞争力百强区榜单发布	工信部下属机构赛迪顾问城市经济研究中心发布《赛迪投资竞争力百强区（2021)》，广州市天河区位列全国 906 个地级市市辖区第一名	南方 PIUS 11 月 24 日
全国首个线下电竞解说技能专业大赛在天河上演	26 日，由第五届文创产业大会・天河峰会组委会、网易电竞、广东省电子竞技运动协会等共同举办的“2021 最强星主播”暨电竞主持解说职业技能专业大赛在广州图书馆举办，这是全国首个线下电竞解说技能专业大赛	《信息时报》 11 月 26 日
厉害了！广州天河 5G 消息+无人机 AR 亮相数字政府建设峰会	26—27 日，在 2021（第十六届）中国电子政务论坛暨首届数字政府建设峰会上，天河区展示“5G 消息+政务智能咨询”“天河区无人机 AR 融合指挥调度平台”两项数字政府创新应用成果	《广州日报》 11 月 29 日
优化营商环境，天河区聘任 20 名社会监督员	30 日，天河区召开优化营商环境社会监督员聘任仪式暨培训上岗会议，选聘 20 名人大代表、政协委员、企业人士担任天河区营商环境的社会监督员	《信息时报》 11 月 30 日
亚洲知识产权营商论坛在天河举行	2 日，由广东省市场监督管理局（知识产权局）、香港知识产权署、澳门经济及科技发展局、香港贸易发展局、天河区人民政府主办的 2021 年第十一届亚洲知识产权营商论坛——“粤港澳大湾区专题论坛”在天河区召开。该论坛以“‘十四五’规划下粤港澳大湾区的知识产权机遇”为主题展开讨论	《新快报》 12 月 2 日
第四届广州户外艺术节点亮城市中轴线	3—19 日，由中共广州市委宣传部、尚天河文化季组委会指导举办的 GOA 第四届广州户外艺术节在区辖内花城广场举行。此届艺术节以“城市气息 Urban Breath”为年度主题，开展音乐会、舞蹈、戏剧、跨界创作等展演活动	《信息时报》 12 月 5 日
文学进社区！广东散文诗学会科艺社区创作基地挂牌	4 日，“科艺书苑”文学讲座暨广东散文诗学会作家采风活动在中国科学院华南植物园举行。讲座现场，天河区长兴街科艺社区获“广东散文诗学会科艺社区创作基地”授牌，标志着广东散文诗学会创作基地正式落户长兴街科艺社区，这是广东散文诗学会发展的首个社区创作基地	《广州日报》 12 月 6 日
龙头企业集聚！2021 广州文化企业 30 强，有 12 家在天河	5 日，2021 广州文化企业 30 强发布暨粤港澳大湾区背景下文化产业高质量发展论坛系列学术会议在广州越秀国际会议中心举行，12 家天河企业入选 2021 广州文化企业 30 强	南方 PLUS 12 月 6 日
广东省六强之一，广州天河又上榜一国家级榜单	中共中央政法委员会官网中国长安网公布《2017—2020 年度平安中国建设示范市、县拟授牌命名名单的公示通知》，天河区作为广东省六强之一上榜 2017—2020 年度平安中国建设示范县（区）拟定名单	《广州日报》 12 月 7 日

续附表 1

标题	主要内容	出处
2021 广州文化产业园区系列榜单揭晓，上榜 20 家园区总产值超千亿元	7 日，广州文交会系列活动之 2021 广州文化产业园区系列榜单发布会暨广州文化产业园区（基地）高质量发展研讨活动在羊城创意产业园举行。会上发布“2021 广州最具价值文化产业园区 10 强”“2021 广州最具成长潜力文化产业园区 10 强”榜单。天河区羊城创意产业园、怡祥·盛达创新园入选“2021 广州最具价值文化产业园区”，众创五号空间、时代 TIT 广场入选“2021 广州最具成长潜力文化产业园区”	羊城派 12 月 8 日
落户广州！这个“总部”将带来涉外法律服务人才	8 日，盈科律师事务所华南区总部落户天河区珠江新城，盈科律师事务所是全球首家单体突破 10000 名律师的律师事务所，可提供全球“一站式”商务法律服务	羊城派 12 月 8 日
水墨画中的岭南意象邀你来赏，就在天河这个艺术中心	7 日，由中共天河区委宣传部、天河区文化广电旅游体育局指导，广东美术家协会、广州高新技术产业开发区天河科技园管理委员会、后山当代艺术中心主办的“岭南意象——从巴黎到广州”中国广东水墨八人展在天河区后山当代艺术中心开展	金羊网 12 月 8 日
天河智慧农业公园揭牌！都市休闲农业与智慧农田看这里	12 日，以“绿色引领　种业振兴”为主题的中国农业绿色产业大会暨第二十届广东种业大会在天河柯木塱举办，开幕式上举行天河智慧农业公园揭牌仪式。天河智慧农业公园是广东省农业技术推广中心和天河区人民政府共同建设的现代都市农业示范项目，毗邻天河智慧城和火炉山森林公园	南方 PLUS 12 月 2 日
羊城同创汇首入天河惊艳亮相：致力于打造“大湾区首个全媒体互联网文化产业示范标杆”	由羊城晚报报业集团携手同创集团共同打造的羊城同创汇（天河园区）开园。羊城同创汇（天河园区）位于广州国际金融城，是同创汇首次进入天河的项目	《羊城晚报》 12 月 14 日
推动“一中心三平台”参与社会治理，广州天河社会组织联合会成立	13 日，天河区社会组织联合会成立大会暨第一届第一次会员大会在怡祥·盛达创新园召开，会上宣布天河社会组织联合会成立，通过《广州市天河区社会组织联合会章程》，发布天河区社会组织联合会的 LOGO	《广州日报》 12 月 15 日
天河占比超全市三分之一！国家级科技企业孵化器 2020 年度评价结果出炉	科技部火炬中心发布国家级科技企业孵化器 2020 年度评价结果，广州 19 家国家级科技企业孵化器获评优秀（A 类），其中天河区 7 家，占比超全市三分之一	大洋网 12 月 16 日
全市唯一！天河区荣获“平安中国建设示范县（市、区、旗）”	15 日，平安中国建设表彰大会在北京举行，天河区被评为“平安中国建设示范县（市、区、旗）”，为广州市唯一	《广州日报》 12 月 17 日
环卫保洁是门“工匠活”！天河区城管局第三保洁所省赛获亚军	16 日，由广东省住房和城乡建设工会委员会、广东省民营企业工会联合会、广东省环境卫生协会共同主办的广东省第二届职业技能大赛——住房城乡建设行业保洁员（人行道清洗保洁工）竞赛举行，代表广州市参赛的天河区城市管理和综合执法局第三保洁所获得团体总分第二名	《南方都市报》 12 月 18 日
广州天河成立“区域+产业”创新联合体，解码协同创新新范式	20—22 日，2021 广州国际创新节在广州（国际）科技成果转化天河基地举办。是届创新节以“聚力策源　协同创新”为主题，开幕式上发布广州首个由政府牵头成立的区域类创新联合体——环五山协同创新联合体，以及五大行业创新联合体	《南方都市报》 12 月 20 日
优化校内课后服务，天河区将对第三方机构实行白名单管理制度	天河区教育局公布《天河区校内课后服务引入第三方机构白名单遴选方案》，将参与校内课后服务的第三方机构实行白名单管理制度	《南方都市报》 12 月 21 日
一年一度天河人才盛宴今日开幕，感受人才服务“天河温度”	22 日，2021 第五届天河人才文化节在广州（国际）科技成果转化天河基地举行。是届文化节以“行稳致远，再创新篇”为主题，设置主会场和五大系列分会场活动	《广州日报》 12 月 22 日
获评 2021 年度中国优秀政务网站，这个政府门户网为什么能？	中国信息化研究与促进网联合国衡智慧移动大数据联盟等权威机构发布《2021 年中国优秀政务平台推荐及综合影响力评估结果通报》，天河区政府门户网站被评为优秀政务网站，区门户网英文网站被评为设计创新型外文版政府网站	《广州日报》 12 月 30 日
换新装，迎新年！天河法院新诉讼服务中心正式启用！	升级改造后的广州市天河区人民法院诉讼服务中心正式启用，集安检、立案、信访、档案查阅、诉调对接、自助服务等功能于一体，并设置 24 小时自助立案区，实现诉讼服务全年无休	澎湃新闻 12 月 31 日

索 引

说明：

一、本索引采用主题分析方法编制，设条目索引、表格索引、随文图片索引三个分目，按索引款目首字的汉语拼音字母（同音字按声调）顺序排列，依次类推。

二、文中的篇目题、分目题、子分目题用黑体字标明，其余用宋体字排印。

三、索引款目后的数字表示内容所在页码，数字后面的 a、b、c 分别表示该页码的左、中、右栏。

四、同一主题内容在文中多次出现的，在其款目后用不同页码注明。

五、“特载”“大事记”“人物和荣誉”“附录”篇目不做索引。

条目索引

数字、字母

A

B

C

W

X

表格索引

随文图片索引